船舶辅机

CHUANBO FUJI

主　编／涂志平　王　强

副主编／叶晓华　王福秋　潘建中

主　审／李可顺

大连海事大学出版社

图书在版编目 (CIP) 数据

船舶辅机 / 涂志平，王强主编. — 大连：大连海
事大学出版社，2023.1
ISBN 978-7-5632-4364-8

Ⅰ. ①船… Ⅱ. ①涂… ②王… Ⅲ. ①船舶辅机
Ⅳ. ①U664.5

中国版本图书馆 CIP 数据核字（2022）第 246305 号

大连海事大学出版社出版

地址：大连市黄浦路523号　邮编：116026　电话：0411-84729665（营销部）　84729480（总编室）
http://press.dlmu.edu.cn　E-mail：dmupress@ dlmu.edu.cn
大连永盛印业有限公司印装　　　　　　　　　　大连海事大学出版社发行
2023 年 1 月第 1 版　　　　　　　　　　　　　2023 年 1 月第 1 次印刷
幅面尺寸：184 mm×260 mm　　　　　　　　　　　　　　　印张：32
字数：731 千　　　　　　　　　　　　　　　　　　　印数：1～1000 册

出版人：刘明凯

责任编辑：董洪英　　　　　　　　　　　　　　　　责任校对：高　颖
封面设计：解瑶瑶　　　　　　　　　　　　　　　　版式设计：解瑶瑶

ISBN 978-7-5632-4364-8　　　定价：90.00 元

内
容
简
介

　　本书系统地介绍了船舶辅助机械(简称船舶辅机)的工作原理、基本结构、性能特点、日常操作管理和维护保养要点,以及常见故障的分析处理方法。

　　全书共分为十六个项目,每个项目安排了若干个工作任务。项目一为认识船用泵,项目二为往复泵的操作与管理,项目三为齿轮泵的操作与管理,项目四为螺杆泵的操作与管理,项目五为离心泵的操作与管理,项目六为旋涡泵的操作与管理,项目七为喷射泵的操作与管理,项目八为船用活塞式空压机的操作与管理,项目九为船舶辅助管系的操作与管理,项目十为认识液压元件,项目十一为液压舵机的操作与管理,项目十二为液压甲板机械的操作与管理,项目十三为船舶制冷装置的操作与管理,项目十四为船舶空气调节装置的操作与管理,项目十五为船用辅锅炉的操作与管理,项目十六为船用海水淡化装置的操作与管理。此外,书后附有常用液压元件图形符号。

　　本书可作为高等职业教育专科院校"轮机工程技术"专业教材,也可作为海船船员职务晋升培训教学用书,还可供相关企事业单位轮机技术人员学习参考。

前言

　　"船舶辅机"是轮机工程技术专业核心课程之一。本书紧扣船舶轮机工作岗位的实际需求,根据国际海事组织制定的《海员培训、发证和值班标准国际公约》、中华人民共和国交通运输部发布的《海船船员培训大纲(2021版)》的要求组织编写而成,内容涵盖了船舶值班机工、二/三管轮、大管轮等职务船舶辅助机械设备科目培训与考试内容。

　　本书适合作为航海院校轮机工程专业学生、轮机员履约培训教材以及船舶技术人员的参考用书。

　　本书由青岛远洋船员职业学院涂志平、王强任主编,青岛远洋船员职业学院叶晓华、王福秋和中国船级社大连分社潘建中任副主编。中国极地研究中心陈晓东轮机长和周豪杰轮机长参与了本书的编写。其中,项目一至项目六由涂志平和陈晓东编写,项目七、项目八、项目十四、附录等由涂志平和周豪杰编写,项目九、项目十六由叶晓华编写,项目十至项目十二由王强编写,项目十三由王福秋编写,项目十五由潘建中和涂志平编写。全书由涂志平、王强统稿,由大连海事大学李可顺教授主审。

　　本书在编写过程中,得到了各海事管理机构、中国海事服务中心、航运企业、兄弟院校以及船舶相关技术人员的帮助和支持,在此一并表示衷心的感谢!

　　本书引用、参阅了国内外专家同行的图书资料,在此,谨致以诚挚的谢意!

　　由于编者专业水平有限,书中的缺点和不足之处在所难免,敬请各位专家和广大读者批评指正。

编　者

2022 年 10 月

目　录

项目一

认识船用泵

任务一 船用泵的功用及分类

学习目标：

1.熟悉船用泵的功用

2.知道船用泵分类

任务 1.1 泵在船上的应用

在自然状态下液体总是从高处向低处流动。如果要将液体从低处向高处输送，就需要向液体提供能量。向液体提供机械能(包括位置能、速度能和压力能三种形式)并输送液体的机械称为泵。在船上经常需要输送海水、淡水、污水、滑油和燃油等各种液体。一般说来，一艘柴油机动力的货船，需要 36～50 台各种类型的泵，其数量占船舶机械设备总量的 20%～30%。

根据在船上用途的不同，泵可大致归纳为以下几类：

(1)主动力装置用泵。对柴油机来说，一般有主海水泵、缸套冷却水泵、油头冷却泵、滑油泵、燃油供给泵以及燃油驳运泵和滑油驳运泵等。

(2)辅助装置用泵。例如：柴油发电机的副海水泵和淡水泵，辅锅炉装置用的给水泵、燃油泵，制冷装置用的冷却水泵，海水淡化装置用的海水泵、凝水泵，舵机或其他液压甲板机械用的液压泵等。

(3)船舶安全及生活设施用泵。主要有：调驳压载水的压载泵，将舱底积水驳出舷外的舱底泵，提供消防及甲板、锚链冲洗用水的消防水泵，提供生活用水的日用淡水泵、日用海水泵(卫生水泵)和热水循环泵，通常还有兼作压载、消防、舱底水泵用的通用泵。

1

（4）特殊船舶专用泵。某些特殊用途的船舶,还需设有为满足其特殊营运要求而专门设置的泵,例如:油船用于装卸的货油泵,挖泥船用以抽吸泥浆的泥浆泵,深水打捞船上的打捞泵,喷水推进船上的喷水推进泵,无网捕鱼船的捕鱼泵等。

任务 1.2　泵的种类

泵的种类很多。按工作原理的不同,船用泵主要有以下几类:

（1）容积式泵

容积式泵依靠工作部件的运动实现工作容积周期性地增大和缩小而吸排液体,并靠工作部件的挤压而直接使液体的压力能增加。根据运动部件运动方式的不同,容积式泵可分为往复泵和回转泵两类,根据运动部件结构不同,往复泵又可分为活塞泵和柱塞泵,回转泵又可分为齿轮泵、螺杆泵、叶片泵和水环泵。

（2）叶轮式泵

叶轮式泵依靠叶轮带动液体高速回转而把机械能传递给所输送的液体。根据泵的叶轮和流道结构特点的不同,叶轮式泵又可分为离心泵、轴流泵、混流泵和旋涡泵。

（3）喷射式泵

喷射式泵依靠工作流体产生的高速射流引射流体,然后通过动量交换使被引射流体的能量增加。

任务二 船用泵的性能参数

学习目标:

1.熟悉船用泵的性能参数
2.掌握参数对泵性能的影响

泵的性能参数表征泵的工作特性,可以用来比较泵的优劣。泵的主要性能参数有:流量、扬程、转速、功率、效率和允许吸上真空度等。泵铭牌上标注的参数是指泵的额定工况下的数值,而泵实际工作时的参数与泵的工作条件有关,不一定等于铭牌上的数值。

任务 2.1　泵的流量

流量指泵在单位时间内所排送的液体量,常分为体积流量和质量流量。体积流量:

用体积来度量所送液体量,用 Q 表示,单位是 m³/s 或 m³/h、L/min。质量流量:用质量来度量所送液体量,用 G 表示,单位是 kg/s 或 t/h、kg/min。如用 ρ 表示液体的密度（kg/m³）,则有

$$G = \rho Q \tag{1-2-1}$$

任务2.2 泵的扬程

扬程,俗称压头,是指单位重量液体通过泵后所增加的机械能,即泵传给单位重量液体的能量,常用 H 表示,单位是 Nm/N＝m。单位重量液体的机械能又称能头或水头,包括位置能 Z（位置水头）,压力能 $p/(\rho g)$（压力水头）,动能 $v^2/(2g)$（速度水头）。

泵的工作扬程可用泵出口和吸口的水头之差来求出,亦即由液体在泵进出口处的压力头之差、位置头之差和速度头之差相加而得到(见图 1-2-1)。

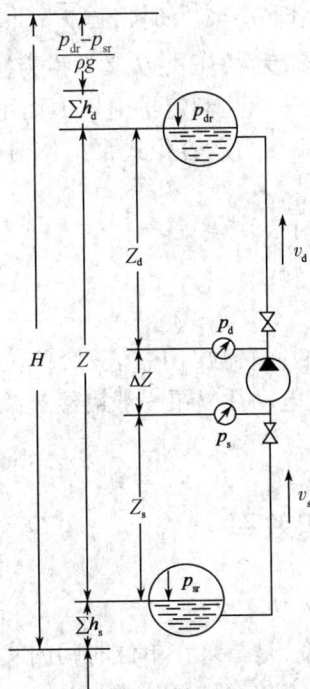

图 1-2-1 泵装置简图

如图 1-2-1 所示,单位重量液体(1 N 液体)在泵的吸、排口间增加的位置能为 ΔZ,压力能为 $(p_d - p_s)/(\rho g)$,动能为 $(v_d^2 - v_s^2)/(2g)$,三者的单位均为 m(液柱)。其中位置能和速度能的增加都很小,可以忽略不计。这样,单位重量液体在泵内增加的能量主要是压力能,故泵的压头计算式为

$$H = (p_d - p_s)/(\rho g) + \Delta Z + (v_d^2 - v_s^2)/(2g)$$
$$\approx (p_d - p_s)/(\rho g) \tag{1-2-2}$$
$$\approx p_d/(\rho g)$$

式中,p_d、p_s——泵工作时其排出口和吸入口处的压力,Pa;

ρ——液体密度,kg/m³;

g——重力加速度，9.8 m/s²。

式(1-2-2)表明单位重量的液体通过泵后所增加的能量(即泵的压头 H)主要是单位重量液体所增加的压力能。

我们也可以从液体需消耗多少能量的角度求得泵的压头表达式。液体通过泵及其管路系统从吸入液面被输送到排出液面的过程中所需消耗的能量有三项:提升液体高度 Z;克服吸排液面的压差能 $(p_{dr}-p_{sr})/(\rho g)$;克服吸排管路流动阻力损失 $\sum h$。由此可得

$$H = Z + (p_{dr} - p_{sr})/(\rho g) + \sum h \quad \text{m(液柱)} \tag{1-2-3}$$

式中，Z——吸排液面间的高度差，m;

p_{dr}、p_{sr}——排、吸液面上的压力，Pa;

$\sum h$——吸排管路中的总流阻损失，m(液柱)。

当吸排液面上均为大气压(即 $p_{dr}=p_{sr}$)时，且 $\sum h$ 很小时，$H \approx Z$，即泵的压头 H 大体上等于泵使液体提升的几何高度，故压头 H 又常称为扬程。

另外，容积式泵的铭牌上往往标注额定排出压力而不标注额定扬程，它是按试验标准使泵连续工作时所允许的最高压力。容积式泵工作时的实际排出压力不允许超过额定排出压力。

任务2.3　泵的转速

泵的转速是指泵轴每分钟的回转数，用 n 表示，单位是 r/min。大多数泵系由原动机直接传动，两者转速相同。但电动往复泵一般需经过减速，故其泵轴(曲轴)的转速比原动机要低。

任务2.4　泵的功率和效率

泵的功率有输出功率和输入功率之分。

泵的输出功率又称有效功率，是指泵在单位时间内实际传给排出液体的能量，用 P_e 表示，单位是 W 或 kW。泵的输出功率计算公式为

$$P_e = \rho g Q H \approx (p_d - p_s)Q \approx p_d Q \quad \text{W} \tag{1-2-4}$$

式中，Q——泵的体积流量，m³/s;

H——泵的工作压头，m;

ρ——泵所输送液体的密度，kg/m³;

g——重力加速度，9.8 m/s²;

p_s、p_d——泵的吸入压力和排出压力，Pa。

泵的输入功率也称轴功率，即原动机传给泵轴的功率，用 P 表示。

泵铭牌上标注的功率指的是额定工况下的轴功率。

泵的配套功率是指所配原动机的额定输出功率，用 P_m 表示。当原动机是通过传动装置与泵连接时，要考虑传动效率;另外，考虑到泵运转时可能超负荷等情况，泵的配套

功率应大于额定功率,即

$$P_\mathrm{m} = K_\mathrm{m} P \qquad (1\text{-}2\text{-}5)$$

式中,K_m——功率储备系数,必要时允许适当降低 K_m 值。

泵的效率(总效率)是指泵的输出功率与输入功率之比,即

$$\eta = \frac{P_\mathrm{e}}{P} \qquad (1\text{-}2\text{-}6)$$

泵的能量损失包括:

(1)容积损失:由泄漏及吸入液体中含有气体等造成的流量损失,用容积效率 η_v (实际流量 Q 与理论流量 Q_t 之比)来衡量,即

$$\eta_\mathrm{v} = \frac{Q}{Q_\mathrm{t}} \qquad (1\text{-}2\text{-}7)$$

(2)水力损失:液体在泵内流动因摩擦、撞击、涡流等水力现象造成的扬程损失,用水力效率 η_h(实际扬程 H 与理论扬程 H_t 之比)来衡量,即

$$\eta_\mathrm{h} = \frac{H}{H_\mathrm{t}} \qquad (1\text{-}2\text{-}8)$$

(3)机械损失:由于泵运动部件的机械摩擦所造成的能量损失,用机械效率 η_m(按理论流量和理论扬程计算的水力功率 P_h 与输入功率 P 之比)来衡量,即

$$\eta_\mathrm{m} = \frac{P_\mathrm{h}}{P} = \frac{\rho g Q_\mathrm{t} H_\mathrm{t}}{P} \qquad (1\text{-}2\text{-}9)$$

由此可得

$$\eta = \frac{P_\mathrm{e}}{P} = \frac{\rho g Q H}{\rho g Q_\mathrm{t} H_\mathrm{t}} \cdot \frac{\rho g Q_\mathrm{t} H_\mathrm{t}}{P} = \eta_\mathrm{v} \eta_\mathrm{h} \eta_\mathrm{m} \qquad (1\text{-}2\text{-}10)$$

泵的铭牌上标注的效率是指泵在额定工况下的总效率。

任务2.5　泵的允许吸上真空度

泵要吸入液体,吸入口处应有一定的真空度,但此真空度高到一定程度时,即泵的吸入压力 p_s 低到一定程度时,液体在泵内的最低压力可能等于或小于其饱和蒸汽压力 p_v,液体就会汽化,造成气蚀,使泵不能正常工作。因此,需要规定泵的允许吸上真空度。

允许吸上真空度是指泵在额定工况下保证不发生气蚀时泵进口处能达到的最大吸入真空度,用 H_s 表示,单位是 MPa。

允许吸上真空度是衡量泵吸入性能的重要标志,是管理中控制最高吸入真空度的重要依据。它与泵的型式、结构和工况有关,例如:泵内流道表面不光滑、流道形状不合理,泵内液体压降大,会使泵的允许吸上真空度变小;在船上对于既定的泵而言,大气压力 p_a 降低、泵流量增加(使泵吸入腔压降增大),液体温度升高(使饱和蒸汽压力 p_v 提高),也会使泵的允许吸上真空度减小。

泵的铭牌上标注的允许吸上真空度 H_s,是由制造厂在标准大气压(760 mmHg)下,以常温(20 ℃)清水在额定工况下进行试验而得出的。试验时逐渐增加泵的吸入真空度,容积式泵以流量比正常工作时下降3%时所对应的吸入真空度为 H_s 的标定值;叶轮

式泵则以扬程或效率下降的规定值为临界状态,再留一定余量,以必需气蚀余量 Δh_r 的形式标注。

水泵的允许吸上真空度常用水柱高度(m)来表示,称为允许吸上真空高度,用 $[H_s]$ 表示,则有

$$[H_s] = H_s/(\rho g) \qquad (1\text{-}2\text{-}11)$$

最大允许吸上高度指泵的最大可以吸上液体的高度,即许用吸高,用 $[Z_s]$ 表示,则有

$$[Z_s] = [H_s] - v^2/(2g) - \sum h_s \qquad (1\text{-}2\text{-}12)$$

式中,$v^2/(2g)$——泵的吸入速度头;

$\sum h_s$——泵的吸入管路阻力损失的水头。

任务三 船用泵的正常工作条件

学习目标:

1. 掌握泵的正常吸入条件及影响因素,并能排除相关故障
2. 掌握泵的正常排出条件及影响因素,并能排除相关故障

任务 3.1 保持泵的正常吸入条件

(1)泵本身能够形成足够高的吸入真空度

泵本身能够形成足够高的吸入真空度,在泵的吸入口形成足够的低压,才能把液体吸上来。泵本身的吸入真空度主要取决于泵的密封性能和泵的运动部件的性能特点。

以吸入液面为基准值,吸入口与吸入液面间伯努利方程式如下:

$$\frac{p_s}{\rho g} + \frac{v_s^2}{2g} + Z_s = \frac{p_{sr}}{\rho g} - \sum h_s \qquad (1\text{-}3\text{-}1)$$

由此可得泵的吸入压力

$$p_s = p_a - \left(Z_s + \frac{v_s^2}{2g} + \sum h_s\right)\rho g \qquad (1\text{-}3\text{-}2)$$

只有形成足够低的吸入压力,液体才能在吸入液面压力的作用下,克服吸高、吸入管路中的速度头和管路阻力进入泵内。若吸入条件不变而吸入真空度降低,原因可能是:

①泵内密封不良或元件损坏造成内部严重泄漏。

②吸入管漏气。

③吸入管口或滤器露出液面。

（2）实际吸入真空度不能大于允许吸上真空度

泵工作时实际吸入真空度不能大于允许吸上真空度，这样方可保证泵内最低吸入压力大于液体的饱和压力，否则液体就会汽化。而泵的实际真空度主要取决于工况。

若不能满足该条件，有可能是以下原因导致液体汽化：

①吸入液面压力太低

在其他条件不变时，吸入液面压力 p_a 越小，吸入压力 p_s 就越小，即吸入条件越差。当吸入液面是与大气相通的自由液面时，吸入液面压力 p_a 与大气压力相同。对海船来说，大气压力终年变化很小。但从真空容器吸水的泵，例如凝水泵，吸入液面压力 p_a 接近凝水的饱和压力，故吸入条件很差。

②吸高过大

在其他条件不变时，吸高 z_s 越大，吸入压力 p_s 就越小。当吸入液面作用的是大气压力时，大多数水泵的许用吸高不超过 $5\sim6$ m。如果吸入管路阻力较大，则 Z_s 还应减小。而吸入条件很差的泵，如热水泵、凝水泵等，往往必须安装于吸入液面之下，即 $Z_s<0$（泵吸口低于吸入液面的高度，称为流注吸高），以提高吸入压力 p_s。

③吸入管路阻力太大

在其他条件不变时，吸入管流速 v_s 和管路阻力 $\sum h_s$ 越大，则 p_s 越小。由流体力学可知，管路阻力包括沿程阻力（$\sum h_f = \sum \lambda \dfrac{l}{d}\dfrac{v_s^2}{2g}$）和流经弯头、阀门、滤器等的局部阻力（$\sum h_j = \sum \xi \dfrac{v_s^2}{2g}$）。为了减小吸入管路阻力损失，设计时应尽量缩短吸入管路的长度，选用适当的管径和管内流速，并尽可能减少吸入管路中的弯头和各种附件。管理中，若需要对管路系统进行改造或维修，应尽可能缩短吸入管路的长度，选用较大的管径，并尽量减少弯头和各种附件。除此以外，使用时还应注意开足吸入管路中的阀门，及时清洗吸入滤器，防止吸入管路阻塞。

对油泵来说，油在吸入管中一般是层流，管壁粗糙度对阻力的影响不大，但油温越低，油的黏度越高，流动阻力就越大。对水泵来说，由于水在吸入管中一般是紊流，管壁粗糙度大会使阻力增大，但水温变化对管路阻力的影响甚微。

④液体温度升高

液体温度越高，越容易汽化。当液体温度变化的泵（如锅炉给水泵）因水温升高造成吸入失常时，应降低泵的转速或降低水温。

⑤被输送液体密度的影响

在其他条件相同时，所输送液体的密度 ρ 越大，泵的吸入压力 p_s 就越低。当所输送液体的品种变化导致密度改变时，其管路阻力和饱和蒸汽压力也会改变。故在输送各种油类、液态化学品时，就需对泵的吸入条件做专门的考虑。

⑥惯性水头的影响

惯性水头是在液体做不稳定流动（即各处流速随时间而变）时才存在的附加水头，可用 h_i 表示。它与做变速运动的液段长度及加速度成正比。做加速运动的液流，后面截面处的压力必须比前面截面处低一定数值,才能产生维持液段做加速运动的附加压差,这时 $h_i>0$;而当液流做减速运动时,后面截面处的压力要比前面截面处高出一定数值,即 $h_i<0$。往复泵为了避免因流量脉动引起的惯性水头使吸入压力脉动过大,常采用多作用泵,必要时可设吸入空气室。

任务 3.2　保持泵的正常排出条件

(1)必须能产生足够高的排出压力

泵的排出压力由管路特性决定,主要取决于系统中排出液面的压力、排出液面的高度及排出管路的阻力。

$$p_d = p_{dr} + \left(Z_d + \sum h_d\right)\rho g \tag{1-3-3}$$

式中:p_d——泵的排出压力,Pa;

p_{dr}——系统中排出液面的压力,Pa;

Z_d——排出液面的高度,m;

$\sum h_d$——排出管路的阻力,m。

(2)容积式泵的排出压力不超过额定排出压力,叶轮式泵的扬程不超过封闭扬程

容积式泵的排出压力超过额定值可能导致安全阀开启、原动机过载、密封失效或部件损坏。叶轮式泵关闭排出阀时的扬程称为封闭扬程,封闭扬程为泵的最大扬程。若叶轮式泵所需要的工作扬程超过封闭扬程,就不能排出液体。管理中可在泵工作正常时记下排出压力,如果其他条件未变而排出压力变低,则通常因为泵的流量减小使得管路阻力降低;若排出压力过高而非排出液面压力过高或排出高度过大,则多是因排出阻力太大。管理中应开足排出管路上的阀门,防止排出管路或滤器堵塞。

项目二

往复泵的操作与管理

任务一 往复泵的工作原理和特点

学习目标:

1.熟悉船用往复泵的主要类型、基本结构和工作原理
2.掌握作用数对泵性能的意义以及往复泵的特点

任务 1.1 往复泵的主要类型和基本结构

（1）主要类型

往复泵可分为活塞泵和柱塞泵两大类。活塞泵活塞的直径较大且长度较短,呈盘状结构,其上装有活塞环,因密封性能较差,不适于高压环境。而柱塞泵因柱塞直径较小且长度较长,圆柱面经过精密加工且车有若干道环形均压槽,有良好的密封性,故适用于高压环境。

（2）基本结构

图 2-1-1 是单缸双作用往复泵的结构简图。它主要由活塞、泵缸、吸入阀和排出阀等部件组成。

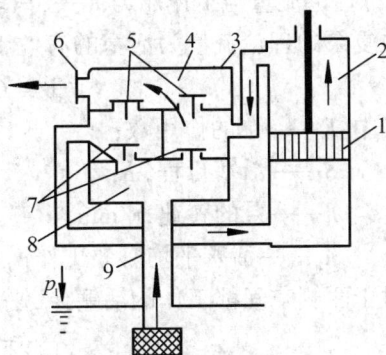

图 2-1-1 单缸双作用往复泵的结构简图
1—活塞;2—泵缸;3—阀箱;4—排出室;5—排出阀;
6—排出管;7—吸入阀;8—吸入室;9—吸入管

任务 1.2   往复泵的工作原理的作用数

（1）工作原理

往复泵是一种容积式泵。它利用活塞的往复运动,使泵缸内的容积大小发生周期性变化,通过阀箱中的吸入阀和排出阀控制液流方向,从而实现由吸入管吸入液体和由排出管排出液体。往复泵阀箱一般分三层,上层与排出管相连,下层与吸入管相连,中间层与泵缸相连。

（2）作用数

往复泵曲轴每转一周理论上排送液体容积相当于多少个泵缸工作容积(活塞杆侧略小于另一侧),这一数量称为往复泵的作用数。往复泵每往复行程活塞两侧各吸排一次,是双作用泵。单缸柱塞泵只有单侧工作,是单作用泵,每往复行程吸排一次。分别由三个单作用泵缸和两个双作用泵缸配合同一曲轴组成的往复泵即称为三作用泵和四作用泵。

任务 1.3   往复泵的特点

（1）有较强的自吸能力。

泵的自吸能力,是指其靠自身即有抽出泵内及吸入管路中的空气并将液体从低于泵的地方吸入泵内的能力。

自吸能力可用自吸高度和吸上时间来衡量。泵在排送气体时能在吸口造成的真空度越大,则自吸高度越大,造成足够真空度的速度越快,则吸上时间越短。

自吸能力与泵的型式和密封性能有着重要关系。当往复泵的泵阀、泵缸等密封性变差,或余隙容积较大时,其自吸能力就会降低。故泵启动前如能将缸内灌满液体,则可改善泵的自吸能力,同时也可减少摩擦和磨损。

（2）理论流量与工作压力无关,只取决于转速、泵缸尺寸和作用数。

往复泵的理论流量为活塞的有效工作面积在单位时间内所扫过的容积:

$$Q_t = 60KA_eSn \quad m^3/h \tag{2-1-1}$$

式中:K——泵的作用数;

S——活塞行程,m;

n——泵的转速,r/min;

A_e——活塞平均有效工作面积,m^2。

对于两侧空间都工作的活塞泵,平均有效工作面积为:

$$A_e = \frac{\pi}{4}(D^2 - \frac{d^2}{2}) \quad m^2 \tag{2-1-2}$$

式中:D——泵缸直径,m;

d——活塞杆直径,m,一般 $d = (0.12 \sim 0.5)D$,低压泵取小值。

由式(2-1-1)可知,往复泵的理论流量与工作压力无关。

因此,往复泵不能采用调节排出阀开度的节流调节法来调节流量,应采用变速调节法或回流(旁通)调节法。有些特殊结构的往复泵可以通过调节柱塞的有效行程来改变流量。

往复泵的实际流量比理论流量小的原因是:

①活塞环、活塞杆填料等处由于存在一定的间隙以及泵阀关闭不严等会产生泄漏。

②活塞换向时,由于泵阀关闭迟滞造成液体流失。

③泵吸入的液体可能含有气泡,压力降低时溶解在液体中的气体会逸出,同时液体本身也可能汽化;此外,空气还可能从填料箱等处漏入。

往复泵的容积效率 η_v 与泵的转速、液体的性质、工作压力、泵阀的加工精度、泵的装配质量等有关。往复泵的 η_v 一般在 85%~95%。

(3)额定排出压力与泵的尺寸和转速无关,主要取决于泵原动机的功率、轴承的承载能力、泵的强度和密封性能等。为了防止过载,往复泵启动前必须打开排出阀,且在排出阀的内侧必须装设安全阀。

以上(1)~(3)是容积式泵共有的特点。此外,往复泵还有以下特点:

(4)流量不均匀,从而会导致排出压力波动。

往复泵活塞的运动速度($v=r\omega\sin\beta$,r 为曲柄半径,ω 为曲柄角速度,β 为曲柄转角)不是均匀的,在上、下止点位置时为零,在行程中间位置时速度最大,所以其瞬时流量($q=Av$,A 为活塞工作面积)在不同时刻是不相同的。

如图 2-1-2 所示,对于单作用泵,由于活塞在上、下止点时的瞬时流量 q 为零,在上、下止点的中间时瞬时流量 q 最大,故单作用泵的流量最不均匀。对于多作用往复泵,由于其瞬时流量为各缸在同一时刻排出的瞬时流量的叠加,显然多作用往复泵瞬时流量的均匀程度要比单作用泵好。一般而言,增加作用数能够改善往复泵的流量均匀性,但也使其结构趋于复杂,故往复泵的作用数最多为四作用泵。其中,三作用泵因曲柄间各差 120°,其瞬时流量的均匀程度比单作用泵、双作用泵、四作用泵都好。

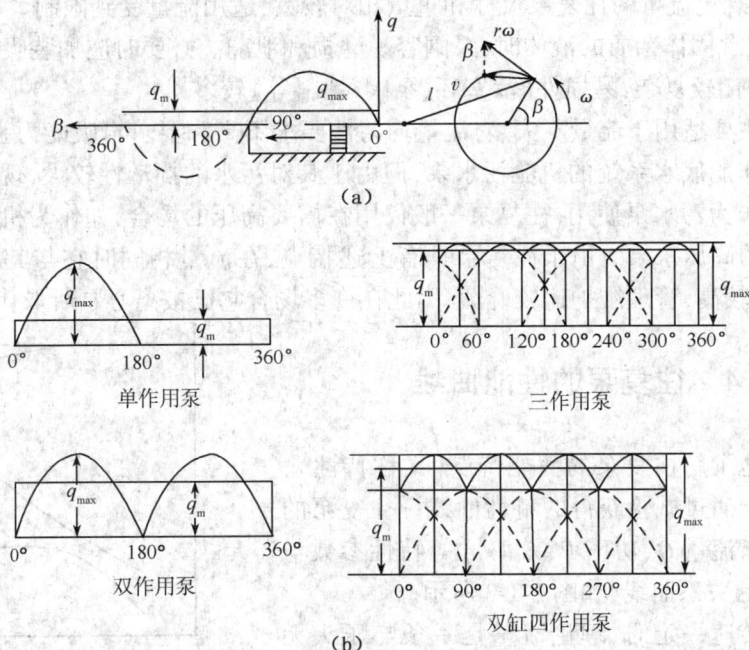

图 2-1-2 电动往复泵的流量变化曲线

往复泵流量脉动大,因而管路阻力变化也大,还会产生惯性能头,导致吸入和排出压力波动,在某些情况下会妨碍往复泵的正常工作。为减少这种弊端,常用吸入空气室和排出空气室来降低往复泵吸、排管中的流量脉动和相应的压力脉动。

为表示往复泵供液不均匀的程度,可用流量不均匀度 δ_Q 或流量脉动率 σ_Q 表示,即

$$\delta_Q = \frac{q_{max} - q_m}{q_m} = \frac{q_{max}}{q_m} - 1 \qquad (2\text{-}1\text{-}3)$$

$$\sigma_Q = \frac{q_{max} - q_{min}}{q_m} \qquad (2\text{-}1\text{-}4)$$

式中:q_{max}——最大瞬时流量;
$\quad\quad q_{min}$——最小瞬时流量;
$\quad\quad q_m$——平均瞬时流量。

各种往复泵 σ_Q 的理论值如表 2-1-1 所列,它与曲柄连杆长度比($\lambda = r/L$)有关。

表 2-1-1　电动往复泵流量脉动率

作用数 K	1	2	3	4
$\sigma_Q(\lambda = 0)$	3.14	1.57	0.14	0.32
$\sigma_Q(\lambda = 0.2)$	3.20	1.60	0.25	0.32

(5)转速不宜太快。

在原动机和往复泵之间一般装有减速机构,电动往复泵转速多在 200~300 r/min 以下,一般最高不超过 500 r/min,高压小流量泵最高不超过 600~700 r/min。如果转速过高,泵阀迟滞造成的容积损失就会相对增加,而泵阀撞击更为严重,引起的噪声增大,磨损也将加剧;此外,液流和运动部件的惯性力也将随之增加,从而产生有害的影响。由于转速受限,既定流量的往复泵尺寸和重量相对较大,适用流量受到限制。

(6)运送含固体杂质的液体时,泵阀容易磨损和泄漏。必要时应加装吸入滤器。

(7)结构比较复杂,易损件(活塞环、泵阀、填料等)较多。

往复泵主要适用于流量不大、对流量均匀性要求不高和要求自吸能力强的场合,在船上主要用作舱底水系统的机舱污水泵,但由于其对污水的扰动性较大,现代船舶已不再将往复泵作为污水泵使用,往复泵一般仅用在需要高压的场合,如作为机舱高压细水雾灭火系统的高压水泵。由于往复泵具有上述特点,在流量相同时它与其他泵相比显得笨重,造价较高,管理维护比较麻烦,因此在许多场合它已被离心泵所取代。

任务 1.4　往复泵的性能曲线

要定量地了解往复泵的性能特点(又称特性),就需要借助于通过试验获得的特性曲线。往复泵的特性曲线是指流量 Q、功率 P、效率 η 等特性参数与压头 H 之间的关系曲线,如图 2-1-3 所示。

当泵轴转速一定时,理论流量是一条与压头无关的直线。但实际上压头 H 增高时,由于泄漏的增

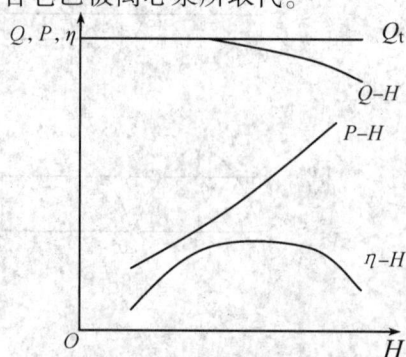

图 2-1-3　往复泵的特性曲线

加,实际流量略有减少。功率曲线($P-H$)是一条随压力增高而上升的近似直线。效率曲线($\eta-H$)是一条上拱曲线,且在一个相当宽的压头范围内,保持较高值,最高效率点对应的压头即为泵的额定工作压头。

任务二 往复泵的主要结构部件

学习目标:

1.熟悉船用往复泵的主要结构部件
2.掌握空气室的作用和管理

任务 2.1 泵缸与阀箱

往复泵的泵缸与阀箱常用铸铁铸成一体,其结构如图 2-2-1 所示。

往复泵的泵缸是一个内表面经过加工的圆筒体,其一端做成喇叭形,方便安装活塞组件。大中型泵为避免海水腐蚀和磨损后便于更换,常在泵缸内腔衬有青铜或不锈钢缸套。泵缸缸套的圆度和圆柱度应符合要求。活塞环装入后用灯光检查,整个圆周上的漏光点不得多于两处,且与开口距离不小于 30°,每处径向间隙弧长不超过 45°。必要时可用内径千分尺或量缸表测量缸套的圆度和圆柱度,若发现磨损超过标准,即需镗缸,并换新活塞。镗缸后,其厚度减少量不应超过 15%,否则应换新。缸套磨损或镗缸后如果厚度减少量超过 15%,则应换新。

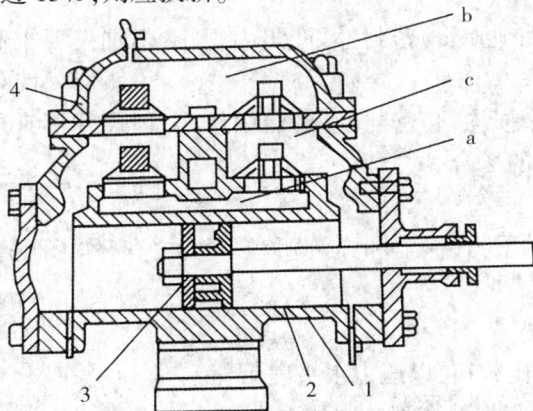

图 2-2-1　往复泵的泵缸与阀箱
1—泵缸;2—泵缸衬套;3—活塞;4—阀箱;a—吸入室;b—排出室;c—中间腔室

往复泵的阀箱分三层:底层是吸入室,与吸入管连接;上层是排出室,与排出管连接;中间一层用隔板隔成两个互不相通的工作室,分别与泵缸两端的工作空间连通,吸、排阀分组安装在中层空间上、下层隔板的阀孔座上。《船用电动往复泵》(GB/T 11034—2008)规定,泵缸、阀箱、缸盖和安全阀阀体等受压零件应进行水压试验,试验压力是安全阀排放压力的 1.5 倍,试验时间不低于 5 min,不应有渗漏现象。

任务2.2　阀与阀座

1.阀与阀座的结构

往复泵的泵阀有吸入阀和排出阀,其作用是使泵缸工作腔交替地与吸排管接通或隔断,以完成泵的吸排过程。常见的泵阀结构有盘阀、环阀、锥阀、球阀等几种,如图2-2-2 所示。

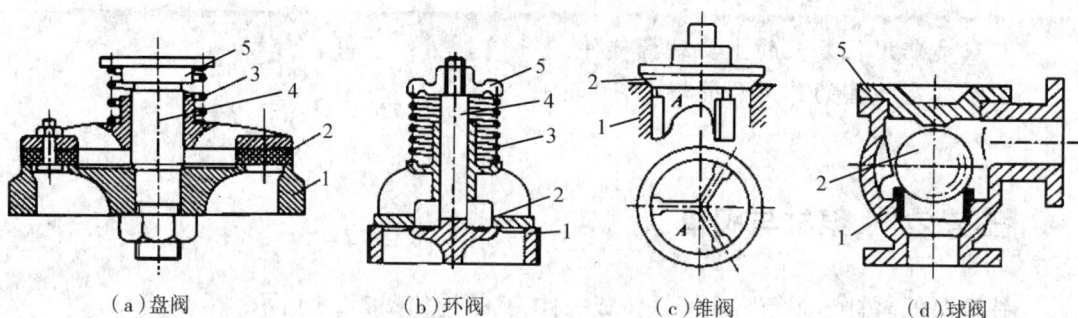

（a）盘阀　　　（b）环阀　　　（c）锥阀　　　（d）球阀

图 2-2-2　往复泵泵阀的结构
1—阀座;2—阀芯;3—弹簧;4—导向装置;5—升程限制器

2.泵阀的特点

盘阀:结构简单,容易加工,经久耐磨,应用广泛,但水力损失较大,适用于清水、低压场合。

环阀:结构简单,容易加工,流阻较小,应用较广,但刚性较差,适用于低压、大流量场合。

锥阀:快速关阀,无须弹簧,密封性好,阻力很小,但加工要求高,适用于高黏、高压场合。

球阀:结构简单,磨损均匀,密封性好,流阻较小,但尺寸不宜过大,适用于高黏、低压、小流量和泵速不高的场合。

3.比载荷

单位阀盘面积上的重力(阀盘和弹簧)和弹簧力之和,称为阀的比载荷,即

$$H_v = \frac{G_{vs} + R_s}{\rho g A_v} \tag{2-2-1}$$

式中:H_v——阀的比载荷,以压力水头表示,m;

$\quad\quad G_{vs}$——阀盘和弹簧在液体中的重力,N;

$\quad\quad R_s$——阀盘加装的弹簧的张力,N;

$\quad\quad \rho$——液体的密度,kg/m³;

A_v——阀盘面积，m^2。

式(2-2-1)表明，如果增大弹簧张力使阀的比载荷增加，则有利于保持泵的密封性（因为泵阀与阀座的预压力增加），但泵阀阻力（启阀阻力和开启后的流阻）增大。此外，泵阀阻力还与盘阀在启闭过程中的不等速运动惯性力有关。阀开启后，弹簧由于受进一步压缩，其张力略有增加，使比载荷 H_v 也略有增加。比载荷 H_v 和阀的惯性力共同构成启阀阻力。阀开启后，阀盘上、下压差 Δp 即为阀的流阻损失。

4.对泵阀的要求

泵阀的工作状况对泵的工作和工作性能有极大影响，因此对泵阀有以下要求：

(1)关闭严密。它主要依靠阀与阀座的加工精度及接触面的研配质量来保证。关闭不严会使容积效率下降，泵的自吸能力变差。所以，当阀与阀座的接触面上出现伤痕或磨损不均时，就需重新研磨或更换新阀件。重新研磨或更换新阀件后，对阀与阀座的接触面必须进行密封试验，即将阀与阀座倒置后注入煤油，5 min 内应无渗漏。

(2)关闭时撞击要轻，工作无声。为减轻阀关闭时的撞击，须限制阀落到阀座上时的速度。阀落到阀座上时的速度与阀的最大升程 h_{max}(mm)和泵转速 n(r/min)的乘积成正比。试验得出泵阀无声工作的条件为：

$$h_{max} \cdot n \leqslant 600 \sim 650 \qquad (2\text{-}2\text{-}1)$$

当 n 较高时，$h_{max} \cdot n$ 可提高到 $700 \sim 750$；对有橡胶密封面的阀，$h_{max} \cdot n$ 允许提高到 $800 \sim 1\,000$。

(3)启闭迅速。阀的启闭滞后角过大，泵的容积效率下降，自吸能力变差。为此，应适当降低转速、增大比载荷，以限制阀的最大升程。

(4)泵阀的阻力要小。这不仅可以提高泵的水力效率，还有助于增大泵的允许吸上真空度。这就要求阀的质量和比载荷都不宜过大。

可见，提高泵的转速，虽可增加泵的流量，但也会使阀的升程增加，使阀关闭滞后和敲击加重，严重时会损坏阀的升程限制器，故应限制往复泵转速的提高。

减轻泵阀比载荷可减小阀的阻力，但同样会使阀的升程加大，而使阀关闭滞后和敲击加剧。比载荷一般取 $2 \sim 3$ m，最大为 $4 \sim 6$ m。通常低压泵泵阀的比载荷选小值，以免 η_h 过低；高速泵选大值，以减小阀的升程，使阀关闭及时、撞击减小。此外，为利于提高泵的允许吸上真空度，吸入阀的比载荷值常比排出阀小。

任务 2.3　活塞与活塞环

活塞是泵工作的主要部件，用青铜或铸铁铸成，通常设 $2 \sim 3$ 道活塞环槽。活塞和活塞环如图 2-2-3 所示。活塞 2 靠螺母 4 固定在活塞杆 1 上，为了避免螺母松动，螺母常用开口销锁死。活塞直径一般比缸径小。泵缸与活塞间的气密靠活塞上安装的活塞环 3 来保证。

活塞环(又叫胀圈)在环槽中要能松动自如，活塞环借助本身外张弹力和缸壁贴紧。活塞环磨损过度，搭口间隙超过规定值时，应予以换新。活塞环材料应比缸壁软，常用材料包括铸铁、青铜和非金属材料(如夹布胶木)等，要根据输送液体性质选用，当采用青铜和非金属材料时，活塞环内侧常加衬弹簧，以增大弹力。活塞环是重要的密封件和

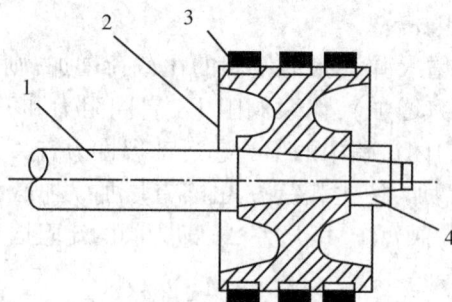

图 2-2-3　活塞和活塞环
1—活塞杆;2—活塞;3—活塞环;4—螺母

易损件。一般水泵多用夹布胶木作活塞环,它的缺点是在水中浸泡会胀大,长期离开水又会干缩,工厂制造这种活塞环时,都是先经热水浸泡后才进行加工。活塞环的切口一般切成 45°~60°。活塞环关系到泵缸两端工作空间的气密性,它的弹力以及在环槽中的弹性直接影响泵的吸排工作,因此活塞环在安装时必须注意下列两点:

(1)先测量后安装

安装新夹布胶木活塞环或干缩的旧环时,应先用热水将其浸泡至软后取出,并将口撑开,等冷却后放入缸内和环槽内,测量各间隙值,确认间隙正常后再安装使用。安装活塞环时,上、下两环的搭口应错开 120°或 180°。

(2)安装间隙要合适

安装间隙过大会造成泄漏,间隙过小又会卡死,同样会造成泄漏。

任务2.4　填料函

为了防止空气漏入泵缸和液体从泵缸中漏出,往复泵的活塞杆通常采用浸油棉纱、麻丝或石棉等软填料轴封。一般在活塞杆的伸出处设置填料函,如图 2-2-4 所示。

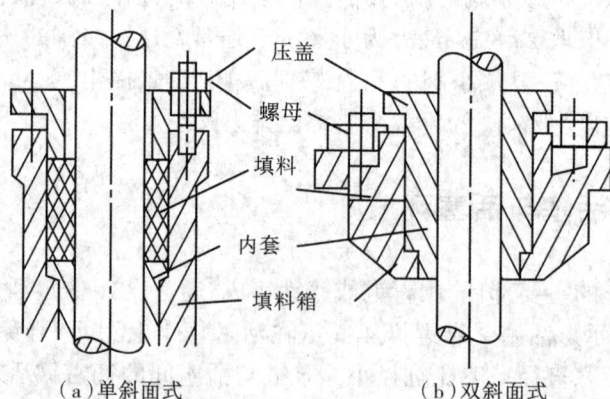

压盖
螺母
填料
内套
填料箱

(a)单斜面式　　　　(b)双斜面式

图 2-2-4　填料与填料函

舱底水泵活塞杆填料一般用浸油棉纤维等材料制成。当填料用久变质发硬而失去密封作用时,必须进行更换。更换填料时应注意:

(1)新填料的宽度应按活塞杆与填料函的径向间隙选取,稍宽可适当锤扁。

（2）长度应根据活塞杆周长截取填料，切口最好呈 45°。

（3）填料要逐圈安装，相邻填料的切口要错开。

（4）填料圈数不要随意增减。

（5）填料装满后其松紧可借压盖螺母进行调整。上螺母时要注意用力平均，防止单边用力，使压盖倾斜，碰到活塞杆。

填料的松紧以填料箱不发热，并能有少许液体渗出以满足活塞杆的润滑和冷却为宜（约 60 滴/分钟）。

任务 2.5　安全阀

往复泵必须设安全阀，能在排出压力过高时自动开启，使排出室与吸入室相通，从而限制排压进一步升高。GB/T 11034—2008 规定，安全阀的开启压力应为泵的额定排出压力的 1.1~1.15 倍。当泵排出管路阀门全闭时，安全阀的排放压力通常应不大于泵额定压力加 0.25 MPa。安全阀在泵出厂时经调试合格，必要时可重新验证，即在泵运转时逐渐关小排出截止阀，当排压升高到规定的开启压力时，安全阀即应开启。另外，在全关排出截止阀时，泵的排出压力（即安全阀的排放压力）也应符合上述规定。

任务 2.6　空气室

装设空气室是往复泵减小流量和压力波动的常见措施之一。空气室是一个充有空气的容器，装设在泵的吸口或排出口附近，分别称为吸入空气室和排出空气室。

图 2-2-5 是空气室工作原理图。当往复泵的瞬时流量大于平均流量时，管路流动阻力较大，压力较高，空气室内的气体被压缩，液体一部分进入空气室储存；当瞬时流量小于平均流量时，管路流动阻力较小，压力较低，空气室内的气体膨胀，一部分液体自空气室流向管路，从而使管路中的流量接近均匀。船用双缸四作用电动往复泵排出空气室的容积应大于液缸行程容积的 4 倍。

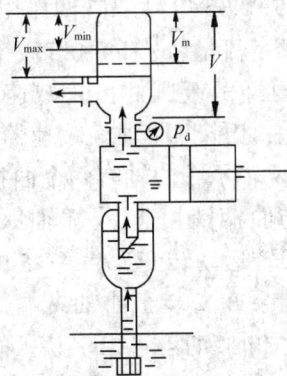

图 2-2-5　空气室工作原理图

装设空气室后，虽然空气室和泵之间的流量仍然是不均匀的，但空气室之外的排出（或吸入）管路中的流量比较均匀。因此，空气室安装时应尽量靠近泵的排出（或吸入）

口,以缩短泵和空气室之间做不稳定流动的液段长度。

工作时,由于溶解在液体中的气体逸出,吸入空气室内的气体增多,使泵吸入大量气体而导致吸入间断,故常在该吸入短管下端钻出许多小孔,或做成斜切口,在吸入空气室液面降低时,少量气体就可以不断地随吸入液体吸出。另外,吸入空气室的下端离进泵短管的管口不能太近,否则,液体就可能从吸入管直接流进泵缸,从而使空气室失去作用。泵排出空气室内的气体会因压力较高,溶入液体减少,从而使空气室的稳压作用降低。当发现排出压力波动增大时,应向排出空气室补气。有的空气室顶部设有专门用来补充压缩空气的接头;排压不太高的泵,也可以用吸入少量气体的方法补气;有的往复泵在泵阀箱中层壳体上装有截止止回阀用以补气。

任务三 | 电动往复泵的操作与管理

学习目标:

1.知道船用电动往复泵的结构
2.能正确进行船用电动往复泵的操作与管理
3.能正确分析与排除电动往复泵的故障

任务3.1 电动往复泵的典型结构

图 2-3-1 所示为国产 CDW25-0.35 电动双缸四作用往复泵。其型号含义为:C—船用;D—电动;W—往复泵;25—额定流量(m^3/h);0.35—额定排出压力(MPa)。

电机 4 通过挠性联轴器 3,再经两级圆柱齿轮减速器 1 减速后,带动曲轴 5 回转。拆卸曲轴时必须拆卸减速器壳体,才能将曲轴经减速器侧的圆孔取出。曲轴由三个滚柱轴承支承,其中最后一个是定位轴承。曲轴有两个曲拐,互成90°角,以减小流量和功率的脉动。连杆 7 的大端轴承与曲柄销相连,小端轴承经十字头 9 与活塞杆相连。通过曲柄连杆机构即可将曲轴的回转运动转变为活塞 15 的往复运动。

泵采用强力润滑。齿轮滑油泵 6 安装于曲轴右端,由曲轴直接带动回转。滑油箱17 经吸油管 8 吸入,排油一路经曲轴和连杆中的孔道润滑曲轴轴承和连杆大、小端轴承,另一路经吸油管 8 去润滑减速齿轮,并分别由油管 19、20 流回油箱。滑油一般采用40 号机油,压力应保持在 0.08~0.12 MPa,油温不应超过 70 ℃。泵出口设有安全阀16,能在排出压力过高时自动开启,使吸、排室相通。调整安全阀弹簧即可改变其开启压力。

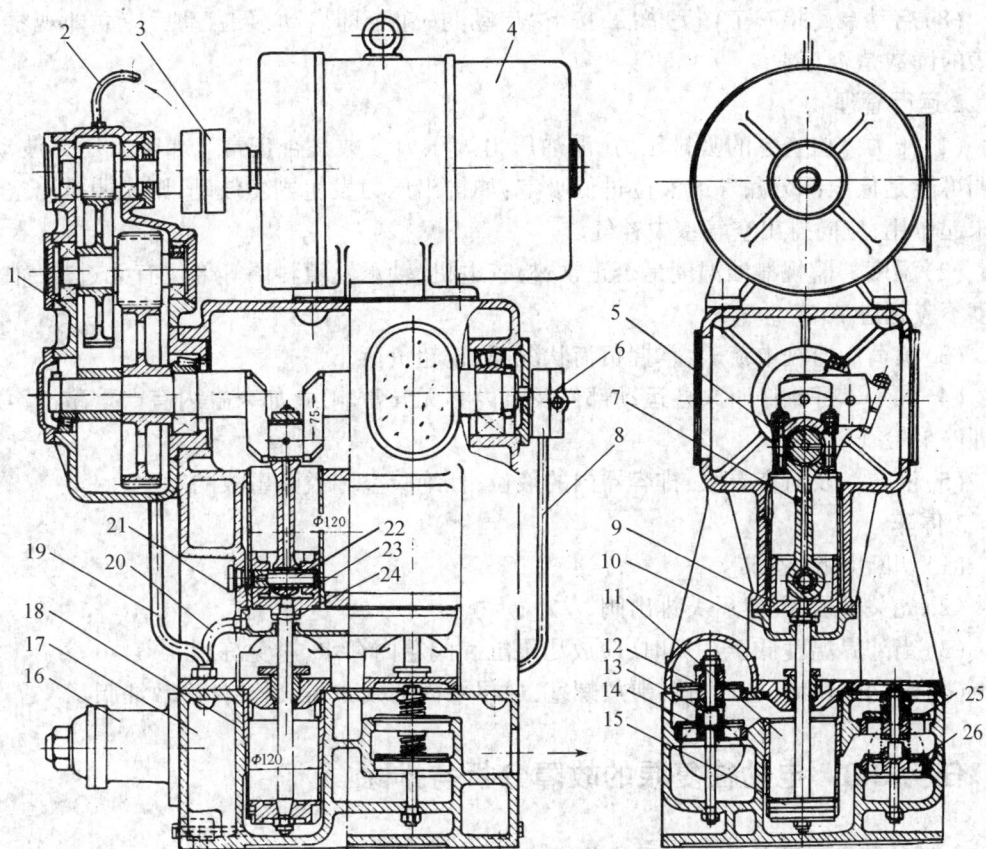

图 2-3-1 CDW25-0.35 电动双缸四作用往复泵

1—减速器;2、19、20—油管;3—挠性联轴器;4—电机;5—曲轴;6—齿轮滑油泵;7—连杆;8—吸油管;9—十字头;
10—油盘;11—泵缸套;12—排出阀;13—固定螺栓;14、26—吸入阀;15—活塞;16—安全阀;
17—滑油箱;18—泵缸体;21、22—十字头销、套口;23—锁紧螺母;24—螺塞;25—定位弹簧

任务 3.2 电动往复泵的操作与管理要点

1.启动

(1)检查工作环境。检查泵是否处于适宜启动状态,移除一切可能妨碍机器运转的物件。

(2)检查灵活性。久置未用或刚检修过的泵应盘车使曲轴转动 1~2 转,以检查运动部件有无卡阻。

(3)检查润滑油。检查油箱中的油位是否合适,人工加油的部位应加入适量的润滑油。

(4)检查电气系统。检查系统接线是否坚固,接触器是否合上。

(5)检查泵的转向。对于压力润滑的电动往复泵,检查电机转向是否与泵上标志一致。采用"点动"方法检查,即按下启动按钮后立即按停止按钮,观察转向是否正确。

(6)检查阀件开关情况。全开吸、排管路的截止阀。

(7)确保泵缸内有水。久置未用或刚检修过的泵应尽量使泵缸中有水,以防胀圈干缩和干摩擦。

（8）启动泵。检查工作完毕后，按下"启动"按钮泵即启动，泵启动后应立即观察各仪表的读数是否正常。

2.运行管理

（1）压力。检查泵的吸排压力、滑油压力等压力参数是否正常。如吸入压力波动，说明可能是低压部分漏气或液位过低吸空；如排出压力发生剧烈波动，则说明排出空气室未起作用，应向排出空气室中补气。

（2）温度。监视滑油温度是否正常；检查电机、轴承及填料函等部位有无过热，轴承温度不应超过 70 ℃。

（3）负荷。监视电流表，掌握负荷状况，防止超负荷。

（4）噪声。仔细倾听泵各运动部件及泵内有无异常响声，如果缸内有严重敲击声应立即停泵检查。

（5）液位。及时查看吸、排容器内的液位，杜绝吸空和溢流事故的发生。

3.停车

（1）切断电源，停泵。

（2）先关吸入阀，然后关排出阀。

（3）当外界温度低于 0 ℃时，应放尽泵缸和阀箱内存水，避免冻裂。

（4）长期停用时，应通过各泄放螺塞，放尽泵内的残水，各运动件涂敷油脂。

任务3.3　电动往复泵的故障分析与排除

电动往复泵主要故障分析及排除措施见表 2-3-1。

表 2-3-1　电动往复泵主要故障分析

故障现象	故障原因	分析	排除措施
1.启动后不能供液	1.吸入容器已排空无水； 2.吸入或排出截止阀未开或未开足； 3.吸入管漏气； 4.吸入滤器或底阀堵塞； 5.胶木胀圈干缩； 6.吸排阀损坏、泄漏或垫起； 7.活塞环、缸套或填料磨损过多； 8安全阀弹簧太松或阀泄漏	根据泵装置的构成和泵正常吸排条件，从泵装置吸入管口逐步向排出管口分析	1.补充水； 2.全开； 3.查明漏处，消除漏气； 4.清洗滤器或排出堵物； 5.引水浸泡； 6.检查研磨、清除污物或换新； 7换新或修复； 8.更换弹簧或检修阀
2.安全阀顶开或电动机过载	1.排出截止阀未开； 2.排出管堵塞； 3.安全阀失灵； 4.缸内落入异物卡死； 5.泵久置不用，活塞因锈蚀而咬死； 6.填料或轴承太紧	造成此故障的原因无非三个方面： 1.排出压力过高； 2.安全阀本身有问题； 3.机械运动阻力过大	1.全开截止阀； 2.检查管炉，排出堵物； 3.检查原因并校验安全阀； 4.检查取出； 5.拆出锈蚀； 6.调整或更换

续表

故障现象	故障原因	分析	排除措施
3.泵发生异常响声	1.泵缸内有敲击声,缸内掉进东西或活塞固定螺帽松动; 2.泵缸中的摩擦声,可能是填料过紧或胀圈断裂; 3.阀箱中的敲击声,可能是弹簧断裂,或弹力不足; 4.传动部分间隙过大	从运动部件找原因	1.停车解体检查; 2.更换活塞环,调松填料压盖; 3.换新弹簧,减小阀升程; 4.予以调整,更换零件
4.填料箱泄漏	1.填料硬化失效; 2.压盖未上紧; 3.活塞杆变形或磨损	从形成动密封的填料和活塞杆两方面找原因	1.换填料; 2.拧紧压盖; 3.修复活塞杆
5.摩擦部件发热	1.配合间隙过小; 2.滑油不足; 3.摩擦面不清洁	从摩擦面上不能形成良好而完整的油膜来分析	1.调整间隙; 2.补充滑油或调整油压; 3 清洗后更换滑油

项目三

齿轮泵的操作与管理

任务一 齿轮泵的工作原理和结构

学习目标:

1.熟悉齿轮泵的结构
2.掌握齿轮泵的工作原理
3.掌握困油现象的特点并能采取适当的措施消除
4.了解齿轮泵的径向受力情况
5.熟悉齿轮泵容积效率的影响因素

任务 1.1 齿轮泵的常见类型

齿轮泵类型通常是根据其主要工作部件——齿轮的形状、相互啮合的方式以及可否逆转来划分的。齿轮泵按齿轮的形状可分为正齿轮泵、斜齿轮泵和人字齿轮泵三种,其中正齿轮泵结构较为简单,应用较多;按可否逆转可分为可逆转齿轮泵和不可逆转齿轮泵两种;按相互啮合的方式可分为外啮合齿轮泵和内啮合齿轮泵两种。

任务 1.2 齿轮泵的结构与工作原理

一、外齿轮泵

1.工作原理

图 3-1-1 为外啮合齿轮泵的结构简图。图中,一对完全相同而互相啮合的主动齿轮1 和从动齿轮 2 分别安装在两根平行的转轴上,主动齿轮轴的一端穿过泵体 3 的端盖,

由原动机带动做等速回转。齿轮的齿顶和两端面分别被泵体和前、后端盖所包围,端盖和泵体之间有定位销定位。由于相互啮合的轮齿 A、B、C 的分隔,与吸入口 4 相通的吸入腔和与排出口 5 相通的排出腔彼此隔离。当齿轮按图示方向回转时,轮齿 C 逐渐退出啮合,其所占据的齿间的容积逐渐增大,压力相对降低,于是液体在吸入轮液面上的压力作用下,经吸入管从吸入口 4 流入该齿间。

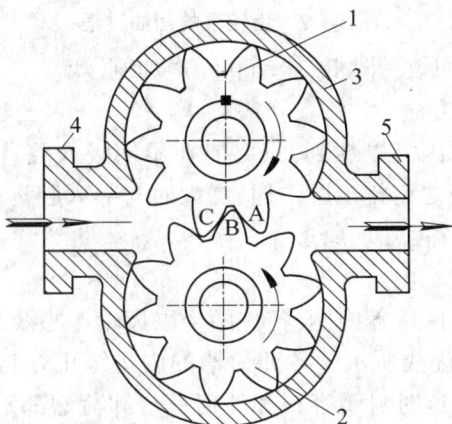

图 3-1-1 外啮合齿轮泵的结构简图
1—主动齿轮;2—从动齿轮;3—泵体;4—吸入口;5—排出口

随着齿轮的回转,一个个吸满液体的齿间转过吸入腔,沿泵壳内壁转到排出腔,当它们渐次重新进入啮合时,充满齿间的液体即被轮齿不断挤出,并从排出口连续排出。普通齿轮泵如果反转,其吸排方向也就相反。齿轮泵摩擦面较多,一般只用来排送有润滑性的油液。

2.困油现象

(1)困油现象产生的原因

外啮合齿轮泵的轮齿一般都采用模数已标准化的渐开线齿形。齿轮泵为了转运平稳,要求齿轮的重叠系数 ε 大于1。如图 3-1-2 所示,其中图(a)表示新的一对齿刚啮合时,前一对啮合齿尚未脱离啮合时,它们之间形成了一个封闭容积 $V=V_a+V_b$。由于存在齿侧间隙,V_a 和 V_b 是相通的。当齿轮按图示方向回转时,V_a 逐渐减小,V_b 逐渐增大,而它们的容积之和 V 开始是逐渐减小的;当齿轮转到图(b)所示位置时,封闭容积 V 达到最小,再继续回转,V_a 继续减小,V_b 继续增大,V 则逐渐增大,直至前一对齿即将脱开啮合的瞬间,如图(c)所示,V 增加到最大。由此可见,在部分时间内相邻两对齿会同时处于啮合状态,它们和端盖之间就形成一个封闭空间,使一部分油液困在其中,而这封闭空间的容积又将随着齿轮的转动而变化(先缩小,后增大),从而产生困油现象。

(2)困油现象造成的危害

困油现象会降低齿轮泵的工作性能和缩短其使用寿命。

当封闭容积减小时,其中液体受挤压,压力急剧升高(可达排出压力的 10 倍以上),油液将从零件密封面的缝隙中被挤出,产生噪声和振动,使轴承受额外的径向力,功率损失增加。

当封闭容积增大时,其中液体压力下降,溶于油中的气体析出,产生气泡,这些气泡

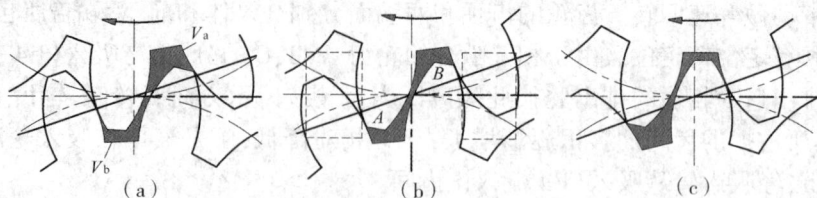

图 3-1-2　齿轮泵的困油过程

被带到吸入腔,使泵的容积效率降低,振动和噪声加剧。

（3）消除困油现象的方法

从困油现象产生的原因可以想到,只要能在不使吸入腔、排出腔沟通的前提下,设法在封闭容积 V 变小时使之与排出腔沟通,增大时与吸入腔沟通,使一对啮合的齿轮形成不了困油空间,即可消除困油现象。

①对称卸荷槽法

在与齿轮端面接触的两端盖内侧,各挖两个以齿轮连心线为对称轴的矩形凹槽(卸荷槽)如图 3-1-2(b)中的虚线所示。各卸荷槽的内边缘正好与封闭容积最小时两对啮合齿的啮合点 A、B 相接,这时封闭容积和任何一个卸荷槽都不通。在封闭容积减小至最小值前,始终能通过右边的卸荷槽和排出腔相通,以使多余的油液得以排出;在封闭容积逐渐增大时,能通过左边的卸荷槽和吸入腔相通,使油液得以补入。这种卸荷槽结构简单,容易加工,且对称布置,泵正、反转时都适用,因此被广泛采用。

②不对称卸荷槽法

中、高压齿轮泵齿侧间隙很小,当齿轮转过图 3-1-2(b)所示位置时,容积 V_a 仍在继续减小,其中压力仍会升高,挤出油液产生的噪声较大,振动较剧烈。为更好地解决这个问题,可使同一端盖上的两个卸荷槽一起向吸入侧移过适当距离,这样就延长了 V_a 与排出腔相通的时间。当然,这同时也会推迟 V_b 与吸入腔相通的时间。由于齿侧间隙较小,V_b 中的真空度会稍有增大,不过影响很轻微。

③单卸荷槽法

只在排油侧开设偏向中心线的卸荷槽,使封闭容积存在期间始终与排油卸荷槽相通,而当封闭容积与吸油腔相通时正好脱离卸荷槽。采用不对称卸荷槽和单卸荷槽的齿轮泵噪声更低,对容积效率的影响并不大,但不允许泵反转使用。

④修正齿形法

在从动齿轮的工作齿廓上加工一个成 50° 角的卸压斜面,使齿轮在相互啮合时线性接触变成点性接触,从而不能形成齿封空间,达到卸压的目的。

同样采用斜齿轮和人字齿轮也能消除困油现象,因为困油现象仅产生于正齿轮泵中。

⑤卸压孔法

在从动齿轮的每一个齿顶和齿根都径向钻孔,通过从动轴上的两条月牙形沟槽与吸入腔、排出腔相通,以消除困油现象。

3.结构实例

图 3-1-3 为国产 CB-B 型外啮合齿轮泵的结构图。主动齿轮 7 和从动齿轮 9 分别用键安装在主动轴 6 和从动轴 8 上,轴的两端由滚针轴承 10 支承。齿轮的齿顶和端面

分别被泵体 2 和前端盖 3、后端盖 1 包围。端盖、泵体由定位销 12 定位,用 6 根螺栓固定在一起。

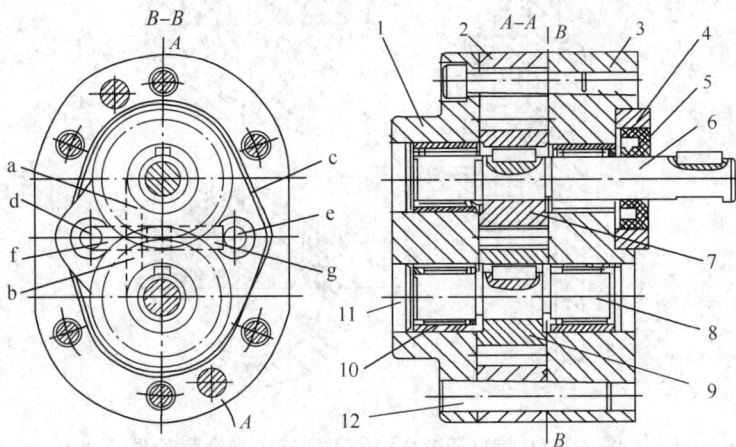

图 3-1-3 CB-B 型外啮合齿轮泵的结构图

1—后端盖;2—泵体;3—前端盖;4—轴封套;5—油封;6—主动轴;
7—主动齿轮;8—从动轴;9—从动齿轮;10—滚针轴承;11—闷盖;12—定位销

泵体 2 上铣有油槽 c,将端面漏油引回吸入腔,可降低泵体与端盖间的油压力,防止外泄。部分端面油可进入各轴承腔帮助润滑,漏往轴承腔的油又可经前、后端盖上有的油槽 a、b 吸回吸入腔。闷盖 11 和油封 5 可防止轴承腔漏入空气或向外漏油,CB-B 型齿轮泵端面间隙为 0.025~0.06 mm,齿顶间隙为 0.13~0.26 mm。

油封 5 又叫旋转轴唇形密封圈,是工作压力不高的回转泵的泵轴常采用的密封形式,由弹性体、金属骨架和弹簧组成。弹性体由皮革、橡胶或聚四氟乙烯等制成,其内径比轴径略小,装在轴上靠内侧唇边的过盈量抱紧轴表面。弹簧常置于弹性体内侧唇边的外缘,用以增加唇边与转轴间的接触压力,并补偿唇边的磨损,有的型式也可省去弹簧。包在弹性体内的骨架用来增加弹性体的机械强度和刚性。

标准型油封耐压不大于 0.5 MPa,耐压型国内产品可达 1~3 MPa,德国产品可达 10 MPa。其使用线速度小于 15 m/s,油温不大于 120~200 ℃,依所用弹性体的材料而不同。油封结构简单紧凑,拆装方便,对轴的振动和偏心适应性好,最大泄漏量仅为 1 滴/小时,停机时不漏,但摩擦功率稍大。转轴或轴套与油封弹性体接触面的粗糙度应较小。安装时唇缘朝向油液侧,接触面应涂敷油液或油脂,可用专用工具推入,务必防止偏斜。

二、内齿轮泵

内齿轮泵有带月牙形隔板的渐开线齿形(如内齿轮泵)和摆线齿形(如转子泵)两种形式。

1.带月牙形隔板的内齿轮泵

图 3-1-4 为一种带月牙形隔板的可逆转内啮合齿轮泵。它被用作轴带的润滑油泵,即使轴反转,油泵的吸排方向也不变。

齿环 3 与图(a)中右侧的圆盘做成一体,该侧盘另一侧有随车带动的泵轴,左侧的底

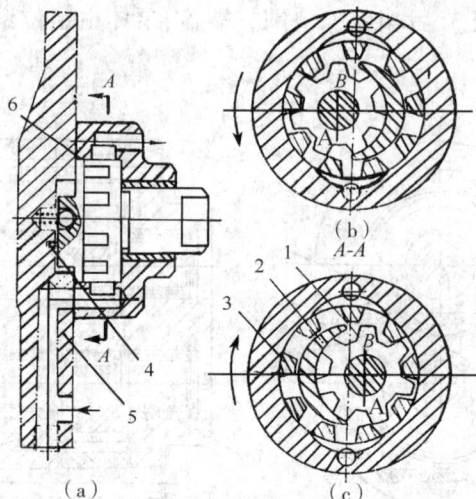

图 3-1-4 带月牙形隔板的可逆转内啮合齿轮泵
1—齿轮；2—月牙形隔板；3—齿环；4—销钉；5—盖板；6—底盘

盘 6 上有月牙形隔板 2 和与泵轴偏心的短轴，短轴上空套着齿轮 1。当泵轴带齿环转动时，与齿环呈内啮合的齿轮也随之转动，产生吸排作用，其工作原理与外啮合齿轮泵相似。

底盘 6 的背面圆心处有带弹簧的钢球，帮助其与带齿环的圆盘贴紧；此外底盘背面还有一个偏心的销钉 4，卡在盖板 5 的下半部的半圆形环槽内。当泵轴逆时针旋转时，啮合齿的作用力传到底盘 6 的偏心短轴上，将产生逆时针的转矩，使底盘 6 转至其背面的销钉卡到半圆形环槽的最右端位置为止。这时，齿轮与齿环的相对位置如图 3-1-4（b）所示，泵是下吸上排。当泵轴改为顺时针转动时，啮合齿传至偏心短轴上的力则产生一顺时针转矩，使底盘 6 转过 180°，直至其背面的销钉卡到半圆槽的左终端为止。这时齿轮与齿环的相对位置如图（c）所示，从而使泵的吸排方向保持不变。

与外啮合齿轮泵相比，月牙形隔板式内啮合齿轮泵的吸油区大、吸入性能好；流量脉动小；啮合长度长，工作平稳；还可采用特殊齿形显著减轻困油现象，或在齿环的各齿谷中开径向孔来导油，从而完全消除困油现象，故噪声很低。其缺点是制造工艺较复杂，且泄漏途径多，容积效率比外啮合低。

2.转子泵

图 3-1-5 所示为转子泵，其外转子 2 比内转子 1 多一个齿，且两者轴线偏心，异速转动，内、外转子均采用摆线齿形。工作时所有内转子的齿都进入啮合，相邻两齿的啮合线与泵体和前盖、后盖形成若干个密封腔。转动时密封腔的容积发生变化，通过端盖上的吸、排口即可吸、排油液。

与其他齿轮泵相比，转子泵配流口的中心角较大（接近 145°），且为侧向吸入，不受离心力影响，故吸入性能好；能用于高速运转，常用转速为 1 500～2 000 r/min，最高可达 10 000 r/min 以上；而且齿数较少，工作空间容积较大，结构简单紧凑，此外，由于两个转子同向回转且只差一个齿，故相对滑动速度很小，运转平稳，噪声低，使用寿命

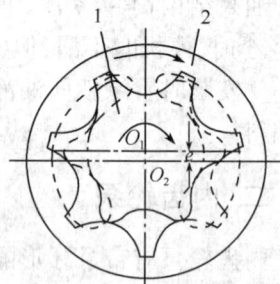

图 3-1-5 转子泵
1—内转子；2—外转子

长。转子泵的缺点是齿数少时流量和压力脉动较大;而且密封性较差,容积效率较低,制造工艺不如渐开线齿轮简单。

三、高压齿轮泵

齿轮泵存在轴向、径向和齿间间隙,随着工作压力的增大,这些间隙处泄漏量会增多而使容积效率降得太低,其中轴向间隙(端面间隙)因泵的端面受力外移而变大,该处的泄漏量最大,达总泄漏量的 70%~80%。

高压齿轮泵为防止泄漏增多需要采用液压间隙补偿装置,其中最常用的是轴向间隙补偿装置。轴向间隙补偿装置的具体型式很多,但其基本原理都是在齿轮端面与泵体之间夹设浮动元件,并在工作时将排出的压力油引至该元件的外侧,使作用在浮动元件外侧向内的液压力稍大于浮动元件内侧向外的液压力,以使该浮动元件在泵工作时能够贴靠在齿轮端面上,自动地补偿齿轮端面处的磨损,从而使轴向间隙始终保持很小的数值。浮动元件有浮动压板、浮动轴套等。

任务 1.3 齿轮泵的径向力

齿轮泵工作时,吸、排两端液体存在压差,作用在齿轮四周的液体压力是从排出腔到吸入腔沿齿轮外周逐级降低的,如图 3-1-6 所示,作用在每一齿轮外周的液体压力的合力 F_0 大致上是通过齿轮中心指向吸入端的。啮合齿因传递转矩而在主、从动齿轮上所产生的径向力 F_m 则大小相同、方向相反。这样,主动齿轮和从动齿轮所受径向力的合力 F_1 及 F_2 不仅方向不同,而且 F_2 将大于 F_1。精确地说,齿轮泵由于流量及排出压力的脉动和啮合位置周期性变化,其径向力的大小和方向都是周期性变化的。

齿轮泵工作时所产生的径向力增加了轴承的负荷,它是影响齿轮泵的使用寿命的主要原因之一。显然,泵的工作压力越高,该径向力就越大。

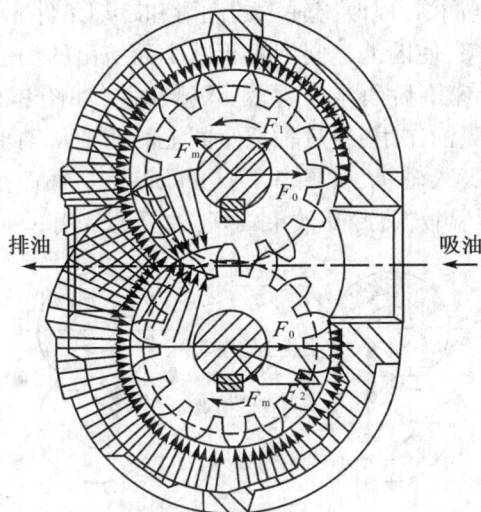

图 3-1-6 齿轮泵的径向力

对高压齿轮泵来说,需要设法限制径向力,延长轴承的使用寿命,具体措施有:

(1)采用较少的齿数(一般为 6~14),以便在保持所要求流量的前提下能够减少齿宽和齿轮直径,从而减小径向力,并加强齿的强度。

(2)减小泵排出腔在周向所占的角度。有时为使排出口具有足够的通流面积而将其轴向尺寸相应放大,做成椭圆形。

(3)采取平衡径向力的措施。图 3-1-7 为齿轮泵径向力的液压平衡,是一种在泵的端盖或轴承座圈上开设压力平衡槽,借以平衡径向液压力的方法。也可仅在靠近吸入口一两个齿的地方保持较小的齿顶间隙,而使其余齿保持较大的齿顶间隙,这就使作用在这些齿顶上的液压力基本接近排出压力,从而使大部分径向力得以平衡。然而,上述这些方法都将使容积效率降低。

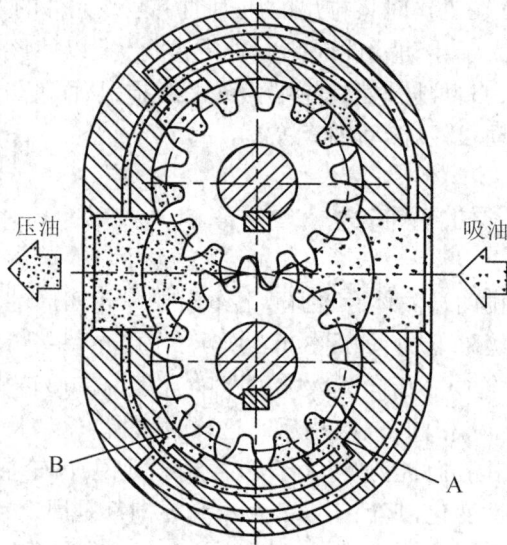

压油　　　吸油

B　　　　　　A

图 3-1-7　齿轮泵径向力的液压平衡

(4)齿轮泵轴承强制润滑,以改善轴承的润滑和冷却条件。齿轮泵轴承强制润滑主要利用齿轮泵的困油现象,使困油空间因容积减小而挤出的油液,通过轴承座圈上的凹槽注入轴承,然后从轴承座圈后面流出,再汇入排出腔,如图 3-1-8(a)所示。或者利用困油空间容积增大时的吸油作用,通过轴承座圈上的凹槽从轴承吸油,同时使泵吸入腔的油液从轴承座圈后面吸入轴承,如图 3-1-8(b)所示,从而改变轴承的润滑和冷却条件。两者相比,后者因油温较低,冷却效果较好,故更为常用。

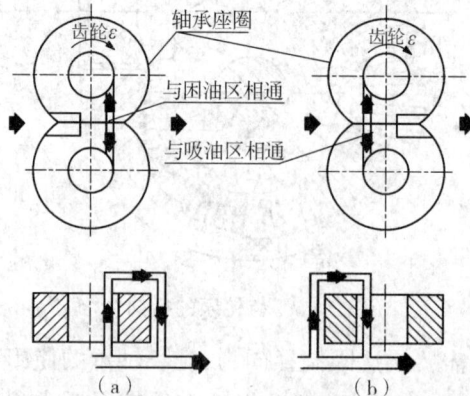

齿轮ε　　轴承座圈　　　　　齿轮ε

与困油区相通

与吸油区相通

(a)　　　　　　(b)

图 3-1-8　齿轮泵轴承强制润滑示意图

（5）采用承载能力较高的滑动轴承或带隔离圈的高精度滚针轴承,也可使滑动轴承带有挠性支座,以使支座能随泵轴一起变形,从而使两者的接触更加均匀。

任务 1.4　齿轮泵的流量与容积效率

1.流量

假设齿谷内的油液能够全部排出,并设齿间工作容积等于轮齿的有效体积,则泵的每转理论排量 q_t 即为一个轮齿扫过的环形体积,故平均理论流量 Q_t 可以按下式计算

$$Q_t = q_t n \times 10^{-6} = \pi D h B n \times 10^{-6} = 2\pi D m B n \times 10^{-6} = 2\pi m^2 z B n \times 10^{-6} \quad \text{L/min}$$

$$(3\text{-}1\text{-}1)$$

式中:D——齿轮分度圆直径,mm;

$\quad\quad h$——齿轮的有效工作高度($h = 2$ mm),mm;

$\quad\quad B$——齿宽,mm;

$\quad\quad n$——转速,r/min;

$\quad\quad m$——模数($m = D/Z$,Z 为齿数),mm。

实际上,齿间工作容积大于轮齿有效体积,因此,式(3-1-1)需要修正系数 K 进行修正。修正系数 K 与齿数有关。通常,中、低压齿轮泵为了使流量均匀,一般齿轮齿数较多,$Z = 13 \sim 20$,$2\pi K$ 取 6.66;高压齿轮泵齿数较少,$Z = 6 \sim 14$,$2\pi K$ 取 7。同时,考虑到容积效率 η_v 的影响,齿轮泵的实际平均流量 Q 为

$$Q = 2\pi K D m B n \eta_v \times 10^{-6} \quad \text{L/min} \quad\quad (3\text{-}1\text{-}2)$$

一般外啮合齿轮泵 $\eta_v = 0.7 \sim 0.9$,采用间隙液压补偿装置时,η_v 可达 $0.8 \sim 0.96$。

2.影响齿轮泵流量的因素

由式(3-1-1)和式(3-1-2)可见:

（1）齿轮泵转速越高,流量越大,但转速太高会因油液来不及充满齿谷,使泵的容积效率下降。

（2）在齿轮分度圆直径不变的条件下,因为 $m = D/Z$,所以齿轮泵的齿数越少,模数越大,泵的流量就越大,脉动越大。

（3）齿轮泵的流量与齿宽成正比,流量与模数的平方成正比。

（4）容积效率对既定的泵的实际流量影响最大。

3.影响齿轮泵容积效率的因素

（1）密封间隙。齿轮泵主要的内漏途径是齿轮端面和两侧盖板(或轴套)间的轴向间隙以及齿顶和泵体内侧的径向间隙。此外,通过轮齿的啮合线也会产生泄漏。这些泄漏量占总泄漏量的 70% ~ 80%,由于泄漏量的大小是与间隙值的立方成正比的,密封间隙特别是轴向间隙对泵的容积效率影响甚大。

（2）排出压力。泄漏量与间隙两端的压差成正比。排出压力升高,泄漏量增加,容积效率下降。

（3）吸入压力。当吸入真空度增加时,吸油中气体的析出量增加,容积效率降低。

（4）油液的温度和黏度。所排送油液的温度越高,黏度越低,泄漏量就越大;但油温过低,则黏度太高,又会使吸入条件变差,吸入真空度变大,析出的气体量增多,也会使

容积效率下降。

(5)转速。泄漏量与转速关系不大,但转速过高又会造成吸入困难,使容积效率降低;转速低,理论流量就小,也会使容积效率降低。当 $n<200\sim300$ r/min 时,容积效率会很低。

任务二 齿轮泵的特点与操作

学习目标:

1.熟悉齿轮泵的特点
2.能正确操作和管理齿轮泵
3.能正确分析与排除电动往复泵故障

任务 2.1　齿轮泵的特点

齿轮泵的工作部件是做回转运动的,其泄漏途径多、密封性较差,结构上的差异使其有自己的特点。

(1)齿轮泵有一定的自吸能力,可装得比滑油液面高,但自吸能力不如往复泵。齿轮泵摩擦部位较多,间隙较小,线速度较高,初次启动前齿轮表面必须有油,不允许干转。吸油高度一般不大于 0.5 m。

(2)理论流量是由工作部件的尺寸和转速决定的,与排出压力无关。

(3)额定排出压力与工作部件的尺寸、转速无关,主要取决于泵的密封性能和轴承承载能力。为了防止泵在超过额定工作压力的情况下工作,一般应设安全阀。

(4)流量连续,但有脉动。脉动率取决于转速与齿数的乘积,齿数越少,脉动率越大。外啮合齿轮泵流量脉动率大,噪声较大。内啮合齿轮泵流量脉动率较小,噪声也较小。

(5)转速较高。齿轮泵工作部件做回转运动,又无泵阀,通常可与电动机直连,转速较高,一般为 1 500 r/min。与同样流量的往复泵相比,齿轮泵的尺寸、重量小得多。

(6)齿轮泵易损件少,耐冲击,工作可靠,结构简单,价格低廉。

(7)摩擦面较多,适用于排送不含固体颗粒且具有润滑性的油类。对油液的清洁度要求随工作压力的升高而不断提高。低压齿轮泵一般作油液驳运泵或润滑油泵,对污染敏感度不高,吸口一般设 100 目的滤油网即可。中、高压泵一般作液压泵,对滤油精度要求较高,可根据工作压力选定使用类型。

在船上,齿轮泵一般被用作排出压力不高、流量不大,以及对流量和排出压力的均匀性要求不严的油泵,常用作滑油泵、驳油泵以及液压传动中的供油泵等。由于齿轮泵结构简单,价格低廉,又不易损坏,故高压齿轮泵在船上用作液压泵。

任务 2.2　齿轮泵的操作与管理要点

1.启动

(1)检查润滑油。启动前必须确保泵内有油,避免在启动过程中发生干摩擦,造成严重磨损。油脂杯压盖根据情况旋进半圈。一般每周加一次油脂即可。

(2)防止吸入空气。齿轮泵吸入空气不但会使流量减少,还是产生噪声的主要原因。除保持吸入油面有足够的高度外,还应防止吸入管泄漏。

(3)检查电气系统是否正常。

(4)检查阀件开关情况。开足吸入、排出截止阀。

(5)检查外观环境。检查机器外观是否处在适宜启动状态。移除一切可能妨碍机器运转的物件。

(6)检查灵活性。久置未用或刚检修过的泵,应盘车使其转动 1~2 转,以检查运动部件有无卡阻,并有利于滑油分布在摩擦面。

(7)检查泵的转向。电动机新接过线的情况下要点动启动,以检查电动机的转向是否和机体上的标志方向一致,一般齿轮泵反转会改变吸排方向。

(8)接通电源,启动泵。

2.运行管理

(1)压力

检查泵的吸排压力是否正常,吸入压力不得过低,否则将使溶入油液中的气体因吸入压力低于空气分离压力而大量析出,使泵发生气蚀,损坏泵内零件表面。为此,在管理中应经常清洗滤器。不含轻馏分的油在工作温度范围内饱和蒸气压很低,在一般吸入压力下不会汽化。但矿物油在常温和大气压下溶有 6%~12% 的空气(水中仅 2%),压力低于某数值时溶于油中的气体会大量逸出,该压力称为空气分离压,它因液体种类和空气的溶解量而异,温度高,则空气分离压也高。当吸入压力低于空气分离压时,油在低压区会析出很多气泡,使流量降低;当气泡随油来到高压区时,空气重新溶入油中,形成局部真空,四周的高压油液就会以高速流入进行填补,产生液压冲击,并伴随剧烈的噪声,产生气穴现象。工作中还要防止吸入空气。吸入空气不但会使流量减少,而且是产生噪声的主要原因。除保持吸入油面有足够高度外,还要防止吸入管泄漏。若泵工作时噪声很大,可在吸入管各接口处逐个浇油检查,若在某个接口处浇油后噪声降低,则说明该处漏气。

(2)温度

保持吸入液体的温度和黏度正常。如果油温太高或黏度太低,则泄漏量增加,还容易产生气穴现象;黏度过高同样也会使吸入困难,容积效率降低。在工作油温范围内运动黏度以 25~33 mm²/s 为宜。检查电机、轴承以及填料函等部位有无过热现象,轴承温度不应超过 70 ℃。

（3）液位

检查吸入容器和排出容器的液位是否正常，防止吸空而造成干摩擦，或排出容器溢流而造成污染和浪费。

（4）负荷

启动时及运行管理过程中，要注意观察启动控制箱上的电流表，判断机械的工作负荷是否正常。若工作电流大于正常值，则说明轴承、轴封、齿轮等运动部件摩擦加重，或轴线对中不良，或电机绝缘不良，要及时停泵处理。对于填料轴封，如果压盖压偏或压得太紧也会造成工作电流增大。通常要求齿轮油泵在填料轴封处有微量渗漏，这是减轻摩擦所必需的。在船上各仪表处通常由轮机长或主管轮机员标上该设备正常工作时的参数变化控制范围和额定值，便于巡回检查实际工作值是否正常。

（5）噪声

仔细倾听泵各运动部件及泵内部有无异常响声，如果泵内有严重敲击声，应立即停车检查；如果噪声和振动很大而非敲击声，则说明可能有空气漏入或吸入液体中的气体析出。

3. 停车

（1）切断电源，停泵。

（2）先关吸入阀，再关排出阀。

4. 检修要点

（1）转向与连接

除专门设计成可逆转的齿轮泵以外，一般不允许反转运行，原因有：吸、排口直径不同；卸荷槽是非对称形式或单卸荷槽；设有单向作用的安全阀。因此，检修时应注意电动机接线不可接错。泵和电动机应保持良好对中，轴器对轴线的同轴度应在 0.1 mm 以内。

（2）重要部件

齿轮、端盖以及轴封是齿轮泵的重要部件。检修时应仔细检查齿轮和端盖的工作面有无擦伤、划痕，如有应进行研磨，予以消除。机械轴封属于比较精密的部件，拆装时要防止损伤密封元件。

（3）重要间隙

检查各配合间隙。端面间隙（轴向间隙）是齿轮泵最重要的间隙，对齿轮泵的自吸能力及容积效率影响最大，可用压铅丝的方法测出，通常外啮合齿轮泵端面间隙为 0.04～0.08 mm，内啮合齿轮泵端面间隙为 0.02～0.03 mm。压力较低的滑油泵与驳油泵的端面间隙可增至 0.10～0.25 mm。压力较高的锅炉燃油泵或液压泵则应按照说明书要求严格把控。必要时可调整端盖与泵体之间的垫片厚度，磨损过大时可将泵体与端盖结合面磨去少许，进行补救。

检查泵轴与轴承的间隙。轴与轴承的径向间隙一般为 0.03～0.08 mm，间隙大于磨损极限时，应换新。

泵检修装复后，用手转动泵轴，应转动灵活。当手感既无卡阻也不松动时，则间隙正常。

任务 2.3　齿轮泵的常见故障分析

1.启动后不能排油或流量不足

（1）吸入真空度不足：①泵内间隙过大，或新泵及拆修过的泵齿轮表面未浇油，难以自吸；②泵转速过低、反转或卡阻；③吸入管漏气或吸口露出液面。

（2）吸入真空度过大：①吸高太大（一般应不超过500 mm）；②油温太低，黏度太大；③吸入管路阻塞，如吸入滤器脏堵或容量太小、吸入阀未开等。

（3）排出方面的问题：①排出管泄漏或旁通；②安全阀或弹簧太松；③排出阀未开或排出管滤器堵塞，安全阀被顶开。

（4）油温过高产生气穴现象。

2.工作噪声太大

（1）液体噪声：①漏入空气；②吸高太大；③油温太低，黏度太大；④吸入管路阻塞；⑤油温过高。

（2）机械噪声：①泵与原动机对中不良；②滚动轴承损坏或松动；③安全阀跳动；④齿轮磨损严重而啮合不良；⑤泵轴弯曲或因加工、安装不良引起泵内机械摩擦。

3.泵磨损太严重

①油液含磨料性杂质；②长期空转；③排出压力过高，泵轴变形严重；④装配失误引起中心线不正。

项目四

螺杆泵的操作与管理

任务一 螺杆泵的工作原理和结构

学习目标：

1. 熟悉螺杆泵的结构和工作原理
2. 掌握机械轴封的结构和原理

任务 1.1 螺杆泵的分类

螺杆泵是利用螺杆的回转来吸、排液体的。根据泵内工作螺杆的数目，螺杆泵有单螺杆泵、双螺杆泵、三螺杆泵和五螺杆泵之分。

任务 1.2 单螺杆泵的结构和工作原理

图 4-1-1 是单螺杆泵的结构和工作原理图，其主要部件是螺杆 1、泵缸 2 及万向轴 3 等。

螺杆可视为一个半径为 R 的圆[如图 4-1-1(c)所示]，其圆心 O_1 以螺距 t 绕半径为 e、轴线为 K 的圆柱体旋转而成的。因此，螺杆截面中心在螺峰位置[如图 4-1-1(c)中的 1、5、9 剖面所示]和螺谷位置[如图 4-1-1(c)中的 3、7 剖面所示]的径向距离 $2e$。

泵缸 2 由丁腈橡胶制成。其截面由两个中心距等于 $4e$、半径为 R 的半圆弧用两段直线(长 $4e$)连接而成。整个泵缸可视为由这样的截面以两倍于螺杆的螺距 $T=2e$ 绕 O 轴旋转而成。

单螺杆泵能将吸、排口完全隔断，属于密封型螺杆泵。当泵运转时，螺杆与泵缸与右端吸口相通的工作容积不断增大而吸入液体，然后与吸口隔离形成封闭容腔(轴向长

34

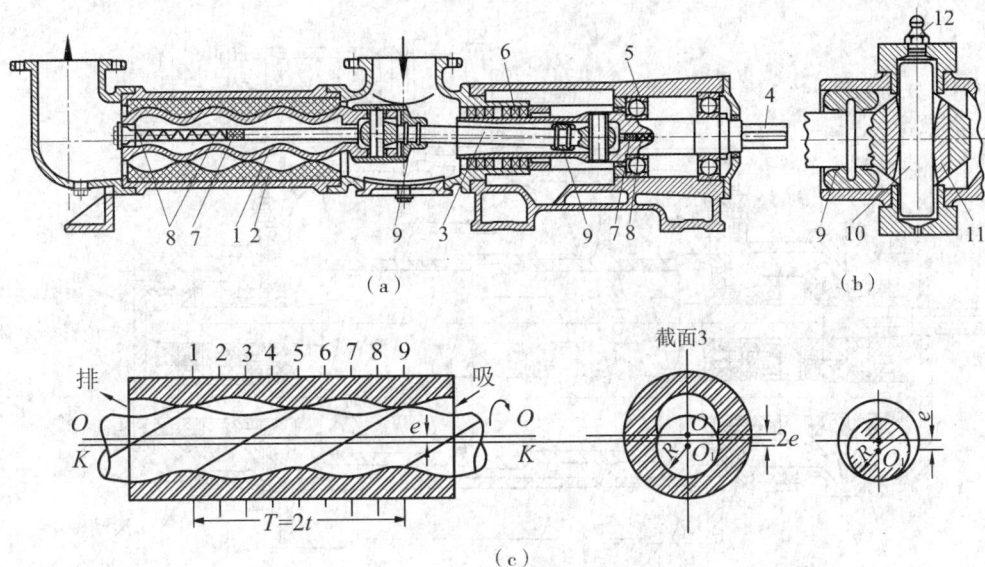

图 4-1-1　单螺杆泵的结构和工作原理图

1—螺杆；2—泵缸；3—万向轴；4—主动轴；5—轴承；6—填料箱；7—小活塞；8—弹簧；
9—挠性保护套；10—销轴；11—销轴套；12—注油口

度为 T)，继而左移与左端排出口相通，该空间容积又不断减小而排出液体。

　　泵运转时泵缸和主动轴 4 轴线的相对位置是不变的，而螺杆轴线 K 相对于泵缸轴线 O 则以 e 为半径，按与螺杆相反转向在做圆周运动，所以在主动轴 4 与螺杆间就需设万向轴 3。为保护万向轴连接部分不受工作液体浸蚀，通常设有起隔离作用的挠性保护套 9，如图 4-1-1(b) 所示。万向轴联轴器的销轴 10 与销轴套 11 间的润滑，可借油枪从注油口 12 向联轴器内注入润滑脂来解决。注油时小活塞 7 克服弹簧 8 的张力而移动，让出空间贮存油脂，工作中则靠弹簧将活塞推动而挤出油脂，补充润滑脂的损耗。

任务 1.3　双螺杆泵的结构和工作原理

　　双螺杆泵有密封型和非密封型两种。密封型和非密封型双螺杆泵只是在螺纹型线、传动方式等结构上略有不同，其工作原理基本相同，退出啮合端为吸入端，进入啮合端为排出端。图 4-1-2 为非密封型双螺杆泵，它不能满足传动条件，需在主、从动螺杆间设置同步齿轮，常设成对称结构，以此来消除轴向力，双螺杆泵在船上常用作低压泵。

任务 1.4　三螺杆泵的结构和工作原理

　　三螺杆泵属于密封型螺杆泵，图 4-1-3 示出其典型结构。这主要由固定在泵体 6 中的缸套 7，安插在缸套中的主动螺杆 4 及与其啮合的从动螺杆 3 和 5 组成。三螺杆泵的主动螺杆是凸螺杆，从动螺杆是凹螺杆，它们都是双头螺杆。主、从动螺杆转向相反。各啮合螺杆之间以及螺杆与缸套内壁之间的间隙都很小，并可借啮合线从上到下形成多个彼此分隔的容腔。随着螺杆的啮合转动，与泵吸入腔相通的容腔首先在下面吸入

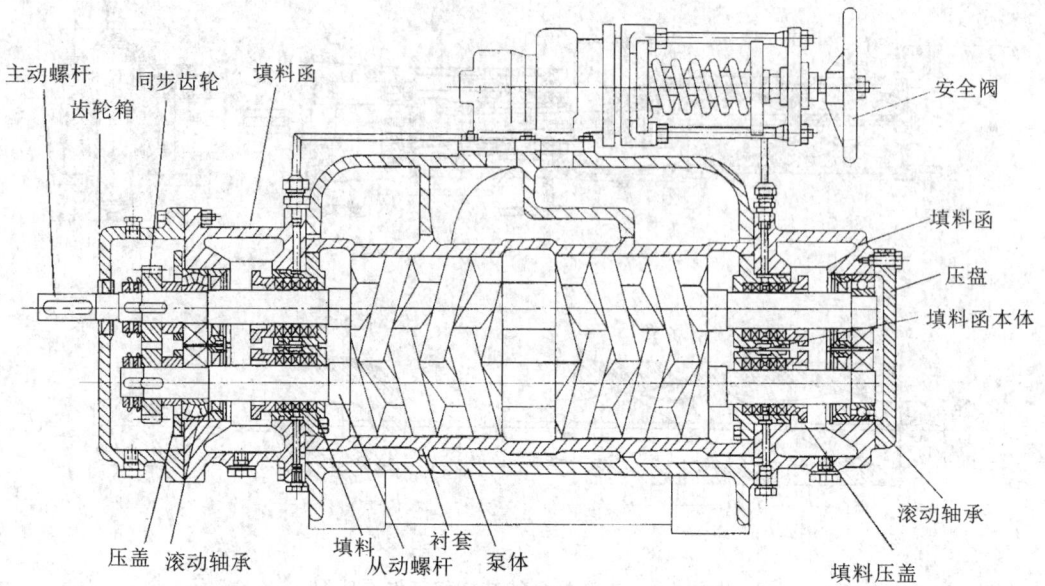

图 4-1-2　非密封型双螺杆泵

端开始形成并逐渐增大(如图中Ⅳ位置所示),不断吸入液体,然后封闭。接着这个封闭容腔沿轴向不断向上推移直至排出端(犹如一个液体螺母在螺杆回转时不断沿轴向上移),同时新的吸入容腔又紧接着在吸入端形成。一个接一个的封闭容腔移到排出端与泵排出腔相通,其中的液体就不断被挤出。如果螺杆反转,则泵的吸、排方向也就相反。

为防止泵的排出压力过高,图 4-1-3 所示的三螺杆泵中装有双向作用型安全调压阀。

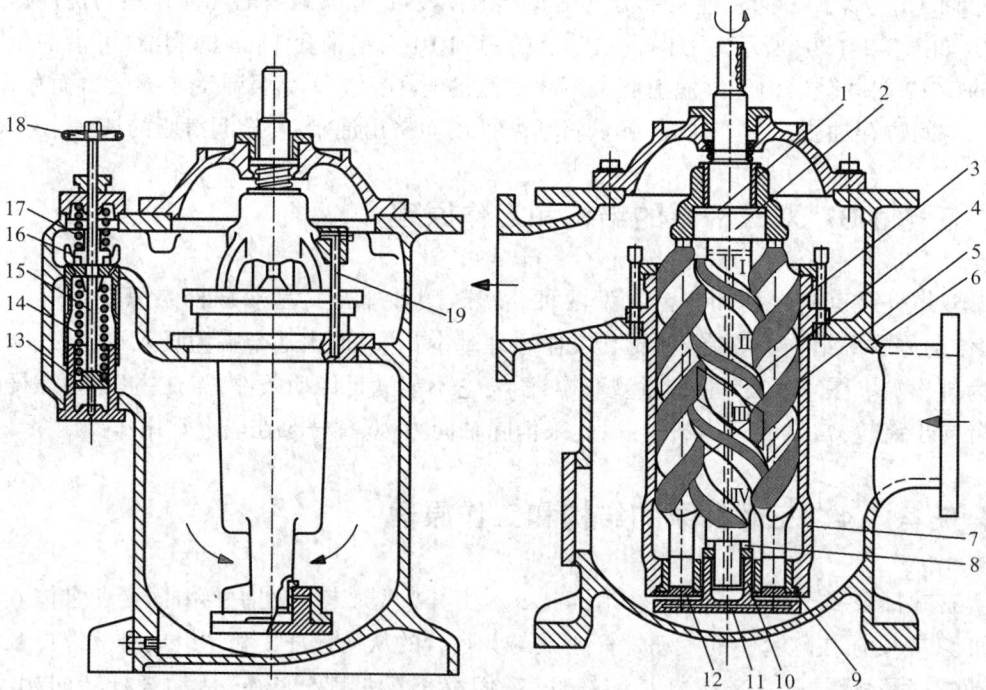

图 4-1-3　三螺杆泵典型结构

1、8—推力垫圈;2—平衡活塞;3、5—从动螺杆;4—主动螺杆;6—泵体;7—缸套;9、10—平衡轴套;11—盖板;
12—推力垫块;13—防转销;14、17—弹簧;15—调节螺杆;16—安全阀体;18—调节手轮;19—泄油管

为避免吸、排两端直接沟通,螺杆的最小工作长度为 $1.09t$(t 为导程),泵套的最小工作长度为 $0.932t$,通常泵套与螺杆的最小长度取 $(1.2\sim1.5)t$。高压螺杆泵应适当增加密封长度,以提高容积效率。

这种泵的吸、排口分别设在泵体中部和上部,可保证每次停用后泵内都存有部分液体,以免下次启动时干转。主动螺杆的轴伸出端设有机械轴封。

任务 1.5 机械轴封

如图 4-1-4 所示,机械轴封主要由动环、静环、O 形密封圈、压紧弹簧等组成。机械轴封有三个密封面:A 为动环与静环间的动密封面,B 为动环与轴之间的静密封面,C 为静环与端盖之间的静密封面。动环与静环之间是靠弹性元件(弹簧、波纹管等)与密封液体压力在相对运动的动环和静环的接触面(端面)上产生一适当的压紧力,使两个光洁、平直的端面紧密贴合,端面间维持一层极薄的液体膜从而达到密封的作用。这层膜具有液体动压力与静压力,它起着平衡压力和润滑端面的作用。两端面之所以必须高度光洁、平直,是为了给端面创造完美贴合和使比压均匀的条件,这是相对旋转密封。动环和静环一般用硬度不同的两种材料制成,静环可用硬度较高的不锈钢或硬质合金,动环可用浸渍树脂碳石墨或浸渍巴氏合金碳石墨。

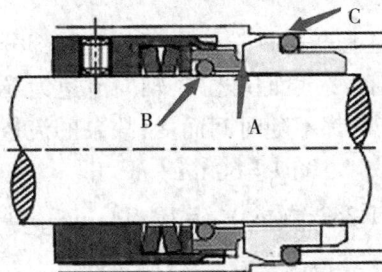

图 4-1-4 机械轴封

机械密封性能好,按《船用泵轴机械密封装置》(CB/T 3345—2008)的规定,静止时,承受 1.5 倍的工作压力,当泵轴公称直径为 $D\leqslant50$ mm、$D>50$ mm 时,对应的平均泄漏量应分别不大于 3 mL/h、5 mL/h。其优点是工作寿命长,泄漏量少,转动阻力小;其缺点是价格高昂,制造和安装工艺复杂,不宜使用含颗粒的液体,更换困难。

任务二 | 螺杆泵的特点与操作

学习目标：

1. 熟悉螺杆泵容积效率的影响因素
2. 了解三螺杆泵的受力情况
3. 熟悉螺杆泵的性能特点
4. 正确操作与管理螺杆泵

任务 2.1 螺杆泵的流量

螺杆泵运转时,液体从缸套与螺杆端面之间的空隙部分连续流出,其过流面积 A 为缸套内腔横截面积与螺杆端面横截面积之差,轴向流速为导程 $t(\mathrm{m})$ 与转速 $n(\mathrm{r/min})$ 的乘积。过流面积 A 和轴向流速都不随时间而变,故泵的流量十分均匀,其理论流量为:

$$Q_t = 60Atn \quad \mathrm{m^3/h} \tag{4-2-1}$$

对于标准三螺杆泵,$A = 1.243d_\mathrm{H}^2(\mathrm{m^2})$,$t = 10/3d_\mathrm{H}(\mathrm{m})$,其中 d_H 为螺杆节圆直径,故其理论流量应为:

$$Q_t = 248.6d_\mathrm{H}^3 n \quad \mathrm{m^3/h} \tag{4-2-2}$$

对于单螺杆泵,$A = 8eR$,其理论流量

$$Q_t = 480eRTn \quad \mathrm{m^3/h} \tag{4-2-3}$$

螺杆泵的主要内漏途径是螺杆顶圆与泵缸或衬套的径向间隙 δ,其次是啮合螺杆之间顶圆与根圆以及螺旋面之间的啮合间隙。密封型螺杆泵螺旋面啮合线的泄漏极少,非密封型则较大。减小径向间隙虽然可以减少内泄漏量,但间隙太小会使摩擦功率损失增加,此外,还要考虑螺杆的热胀和加工精度。一般 δ 约为 $0.016\sqrt{D}$,D 为螺杆顶圆直径。

由于有内漏,螺杆泵各封闭容腔的压力从排出端向吸入端递减。泵的额定排压越高,螺杆的长径比就应越大,以增加封闭容腔的数目。通常当 $p_d = 1.5 \sim 2.0$ MPa 时,取螺杆长 $L = (1.5 \sim 2.0)t$;当 $p_d = 5 \sim 7.5$ MPa 时,取 $L = (3 \sim 4)t$;当 $p_d = 15 \sim 20$ MPa 时,取 $L = (6 \sim 8)t$。

螺杆泵内泄漏量与径向间隙的立方以及工作压差成正比,而与螺杆的有效长度及液体黏度的平方根成反比。泄漏量虽然与直径成正比,但理论流量与直径的立方成正比,故增大直径时,泵的容积效率 η_v 提高。转速变化对泄漏量的直接影响不明显,但转

速增高时，Q_t增加，故容积效率η_v提高。然而过分增人转速和螺杆直径会使螺杆圆周速度增大，从而增加摩擦损失，导致发热，并因液流速度过大、吸入压力过低而产生气穴现象。

在螺杆泵中，三螺杆泵的密封性能较好，所以容积效率η_v最高，能达到$0.75\sim0.95$，其次是单螺杆泵，双螺杆泵最低。

任务2.2 三螺杆泵的受力分析

1.轴向力

三螺杆泵在排送液体时，会因螺杆两端液体压差与螺旋面上液压力的作用而承受指向吸入端的轴向推力，主动螺杆所受轴向液压力比从动螺杆大。在未开始排液的空转期间，主动螺杆通过棱边的啮合线向从动螺杆传递转矩以克服从动螺杆的摩擦力矩，这时传递给从动螺杆的力会产生指向排出端的较小轴向力。

常采用的轴向力平衡措施有：

(1)设置止推轴承。止推轴承通常装在轴向推力较大的凸螺杆上，凹螺杆则靠螺杆端面来承受轴向力。这种方法适于工作压力小于 1.6 MPa 的泵。

(2)采用双吸型式。即每根螺杆都由两段长度相等、旋向相反的螺旋组成，泵从两端吸入中间排出。这样不仅可以平衡轴向力，同时还可以降低吸入流速，改善吸入性能，适用于大流量泵。

(3)采用液力平衡装置。如图 4-1-3 所示，凸螺杆在排出端带有平衡活塞 2，其背后设有泄油管 19，以便漏油泄回吸入腔，保持背压稳定。这样，平衡活塞所受的向上的作用力，即可将大部分轴向力平衡。此外，在凸螺杆中还钻有油孔，用以将排出端的压力油液引入各螺杆下端的平衡轴套 9、10 之中，以便在螺杆的下端产生一个与轴向力方向相反的平衡力。显然只要适当选择平衡活塞的承压面积和上述各轴套的大小，即可使各螺杆上的轴向推力完全得到平衡。此外，泵还装有推力垫圈 1、8 和推力垫块 12，以弥补液力平衡系统可能出现的平衡不足。

2.径向力

图 4-2-1 为螺杆在不同轴向位置上的横截面图。图中画小点的空腔液压高于无小点的空腔。由图可见，作用于凸螺杆各处的径向液压力是完全对称的。空转时两根凹螺杆对凸螺杆的作用力也均对称。因此，当凸螺杆直立布置时，无论空转或排油时，径向力都完全平衡，故工作时不会弯曲，对轴承也不会产生额外的力。

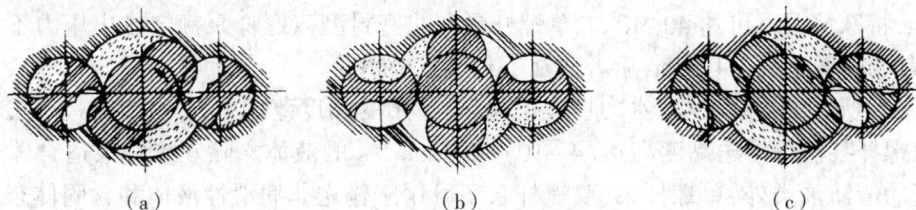

(a)   (b)   (c)

图 4-2-1 螺杆在不同轴向位置上的横截面图

凹螺杆只有一边处于啮合状态，同时由图 4-2-1 可见，同一截面处两边凹槽中的液压力不同,因此,凹螺杆无论在空转还是在排液时都将承受着径向的不平衡力。两根凹螺杆所受径向力的大小相同、方向相反,所构成力偶方向与凸螺杆转向一致。但因凹螺杆所受的径向力系由较大的衬套工作表面来承受,故比压不大,磨损较轻,而且一般不会引起螺杆变形。

3.螺杆上的转矩

对凸螺杆来说,由于工作时螺旋面上的液压力除产生指向吸入端的轴向力外,还将产生切向分力,因而也就会形成阻碍螺杆转动的阻转矩。此外,泵在空转期间,主动螺杆向从动螺杆直接传递转矩,其本身也会受到阻转矩的作用。

对凹螺杆来说,油液作用在凹槽下螺旋面上的液压力将会产生阻碍螺杆转动的力矩,作用在凹槽上螺旋面上的液压力则产生帮助螺杆转动的转矩,这两个转矩的大小一般因作用面积不同而不等。但是设计良好的螺杆泵,在开始排油后,凹槽中的油液除产生指向排出端的轴向推力外,还能产生一个正好可以克服凹螺杆摩擦力矩的转矩。这样,在泵工作时,凹螺杆不是靠凸螺杆直接传递转矩驱动,而是通过压力油驱动,因而可大大减轻啮合线的磨损。

任务2.3　螺杆泵的性能特点

螺杆泵属回转式容积式泵,具有容积式泵的一般特点:有自吸能力;理论流量仅取决于运动部件的尺寸和转速;额定排出压力与运动部件的尺寸和转速无直接关系,主要受密封性能、结构强度和原动机功率的限制。同时,它还具有回转泵无须泵阀、转速高和结构紧凑的优点。此外,螺杆泵还具有以下突出特点:

(1)没有困油现象,流量和压力均匀,故工作平稳,噪声和振动较少。试验表明,三螺杆泵在高速、高压工作时的噪声不超过 57~62 dB(A)。

(2)吸入性能好。由于轴向吸入,不存在妨碍液体吸入的离心力的影响,三螺杆泵在一定条件下允许吸上真空高度可达 8 m 水柱,单螺杆泵可达 8.5 m 水柱。

(3)流量范围大。三螺杆泵常用转速为 1 450~3 000 r/min,由透平驱动的螺杆泵转速甚至可高达 10 000 r/min 以上。因此,螺杆泵的流量范围大,三螺杆泵的流量一般在 0.6~750 m^3/h;非密封型双螺杆泵已有 1 200 m^3/h 的产品(理论上可以更大)。单螺杆泵由于采用橡胶泵缸,转速一般不超过 1 500 r/min,而且转速随黏度的增大而降低,一般流量较小,目前多为 0.3~40 m^3/h,最大可达 200 m^3/h。

(4)三螺杆泵受力平衡和密封性能良好,容积效率高,允许的工作压力高,可达 20 MPa,特殊情况下可达 40 MPa。单螺杆泵和非密封型双螺杆泵额定排出压力不宜太高,前者最大不超过 2.4 MPa,后者通常不超过 1.6 MPa。

(5)对所送液体搅动少,水力损失很少,故适用的黏度范围宽(1~10^4 mm^2/s),非密封型双螺杆甚至可排送黏度高达(4~10)×10^4 mm^2/s 的液体。除三螺杆泵适合输送润滑性好的清洁油类外,单螺杆泵、双螺杆泵还可用于输送非润滑性液体和含固体杂质的液体。

(6)零部件少,相对重量和体积小,磨损轻,维修工作少,管理方便,使用寿命长。

螺杆泵的缺点是螺杆的轴向尺寸较长,刚性较差,加工和装配要求较高。三螺杆泵的价格较高。在船上,三螺杆泵常用作主机的滑油泵、燃油泵、货油泵以及液压泵。单螺杆泵多用作油水分离器的污水泵、废物焚烧炉的输送泵、粪便输送泵、渣油泵、污油泵,也可作海水泵和甲板冲洗泵等。

任务2.4 螺杆泵的操作

1.启动

(1)检查润滑油,启动前确保泵内充满液体,单螺杆泵中万向联轴器中注有润滑脂(从专设注油嘴中注入),以免启动过程中发生干摩擦,造成严重磨损。

(2)确保吸入滤器清洁、不堵塞,以防启动后吸入压力低造成液体汽化并形成气塞。

(3)防止吸入空气。吸入空气不但会使流量减少,而且是产生噪声的主要原因。除保持吸入液面有足够的高度外,还要防止吸入管泄漏。

(4)检查阀件开关情况。除要开足吸入、排出截止阀以外,还须开足旁通阀,以降低启动负荷,待泵达到额定转速时,再逐渐关闭旁通阀。但应注意旁通阀全开的时间不能过长,以免油液回流循环引起发热,使泵因高温变形而损坏。旁通阀也起调压阀作用,泵达到额定转速后可通过调节旁通阀使泵达到所要求的排出压力,但调节幅度要小,不应靠旁通阀调节大流量回流来满足小流量的需要,以防油液过热。

(5)检查工作环境。外观检查机器是否处在适宜启动状态。移除一切可能妨碍机器运转的物件。

(6)检查电气系统是否正常。

(7)检查灵活性。久置未用或刚检修过的泵,应盘车转动1~2转,以检查运动部件有无卡阻,并有利于滑油布于摩擦面。

(8)检查泵的转向。电动机新接过线的情况下要点动启动,以检查电动机的转向是否与机体上的标志方向一致,反转会改变吸排方向,同时使轴向力平衡装置失效。

(9)接通电源,启动泵。

2.运转管理

(1)压力。检查泵的吸排压力是否正常,吸入压力不可过低,否则将使泵产生气蚀而损坏内零件表面。为此,管理中应经常清洗滤器,检查吸排阀的开度。

(2)温度。保持吸入液体的温度正常;检查电机、轴承和填料函等部位有无过热现象,轴承温度不应超过70 ℃,轴封处微量的渗漏可防止轴封干摩擦而损坏。

(3)液位。检查吸入容器和排出容器的液位是否正常,严防吸空,同时要防止排出容器溢流而造成污染和浪费。

(4)负荷。要注意观察控制箱上的电流表,判断工作负荷是否正常。如工作电流大于正常值,可能原因有:工作压力异常增大,轴承、轴封或螺杆等运动部件摩擦增加,轴线对中不良,电机绝缘不良等,需及时停泵处理。

(5)噪声。仔细倾听泵各运动部件及泵内有无异常响声,如果泵内有严重敲击声应立即停泵检查。若噪声和振动很大而非敲击声,说明有空气漏入或吸入液体中的气体析出。

3.停车

（1）切断电源，停泵。

（2）先关排出阀，待泵完全停止后再关吸入阀，以防管路和泵腔中的油被吸空，下次启动时造成干磨。

任务 2.5　螺杆泵的管理

（1）螺杆泵虽有自吸能力，但应防止干转，以免螺杆和缸套的工作表面严重磨损。单螺杆泵如断流干转，橡胶制成的泵缸很快就会被烧毁。因此，初次使用或拆检装复后应向泵内灌入所排送的液体，以使螺杆得到润滑。工作中应严防吸空。停用时也需使泵内保存液体。故吸口位于中部，停车可以残存液体。KRAL 三螺杆泵在防止泵干转方面采取了一些有效的措施，调试前，通过抽吸接口为管道和泵填充输送介质灌入液体；对于小型螺杆泵可以通过设置在高低压区及机械密封区的排气孔填充输送介质灌入液体；填充灌入液体的过程中，在与电机旋转相同的方向上，用手盘转联轴器或电机风叶以加快进程。

（2）三螺杆泵吸入管路必须装 40~60 目滤器，吸入油面应高出吸入管口 100 mm 以上。新接管路中的焊渣、铁锈等固体杂质应予清除，工作中尽量保持所排送液体的洁净，并及时清洗滤器，以免泵运转卡阻或擦伤，工作时如有异常声响，应立即停车检查。

（3）一般螺杆泵都有固定的转向，不应反转，否则会使吸排方向改变，推力平衡装置就会丧失作用，使泵损坏。检修时应注意电动机接线不要接错。泵和电动机应保持良好对中，联轴器不同心度应在 0.1 mm 以内。

（4）螺杆泵的螺杆较长，刚性较差，容易弯曲变形，在拆装和存放时应特别注意。安装时要注意保持螺杆表面间隙均匀，大流量的泵安装时应使泵的重量均布于基底，重心线尽可能通过船体肋骨。吸、排管路应可靠地固定，并与泵的吸、排口对中，尽量避免牵连泵体引起变形；泵轴与电机轴的联轴器应在泵装完之后很好地对中；螺杆拆装起吊时要防止受力弯曲，备用螺杆保存时最好悬吊固定，以免放置不平而变形；使用中应防止过热而使螺杆因膨胀而顶弯。

（5）机械轴封属于较精密的部件，拆装时要防止损伤密封元件。密封元件常由石墨制成，要防止摔碎。

（6）要防止吸油温度太低、黏度过高，或吸油带入大量空气，以及吸入滤器堵塞，这些都会使泵吸入真空度过大，产生气穴和噪声。以 KRAL 三螺杆泵为例，其介质允许的温度为 −10~180 ℃，当介质温度低于 −10 ℃ 时，可以选用带加热系统的泵。

（7）注意检查螺杆与螺杆、螺杆与泵体之间的间隙应均匀；泵轴与轴承的径向间隙一般为 0.03~0.08 mm，当超过磨损极限时，应换新。

（8）泵检修装复后，用手转动泵轴，应转动灵活。手感为既无卡阻也不松动时，大体说明间隙正常。

项目五

离心泵的操作与管理

任务一 | 离心泵的工作原理和结构

学习目标:

1.掌握离心泵的工作原理
2.掌握离心泵扬程的影响因素
3.掌握离心泵的定速特性曲线
4.掌握离心泵的相似理论和比转数
5.熟悉离心泵的性能特点

任务 1.1 离心泵的工作原理

离心泵属于叶轮式泵,利用泵壳内的叶轮的高速回转直接将能量传给液体,使泵能连续、稳定地产生吸排,从而输送液体。图 5-1-1 为单级蜗壳式离心泵,其主要由叶轮 1 和泵壳 3 组成。泵壳 3 呈螺旋形,称为蜗壳或螺壳。叶轮 1 由 5~7 个弧形叶片 2 和前、后盖板构成,并用键和固定螺母 7 固定在泵轴 6 上,装于泵壳 3 内,轴的另一端经填料轴封装置从泵壳中伸出,由原动机带动按标示的方向旋转。固定螺母 7 通常采用左旋螺纹,以防反复启动因惯性而松动。

一般离心泵没有自吸能力,在启动前必须首先使泵内和吸入管中完全灌注"引水"。当离心泵工作时,预先充满在泵中的液体受叶片 2 的推压,随叶轮 1 一起回转,产生一定的离心力,从叶轮中心向四周甩出,于是在叶轮中心处形成低压,液体便在液面上的气体压力作用下被吸入接管 4 吸进叶轮。从叶轮流出的液体,压力和速度都比进入叶轮时增大了许多。蜗壳将它们汇聚并平稳地导向扩压管 5。扩压管流道截面逐渐增大,

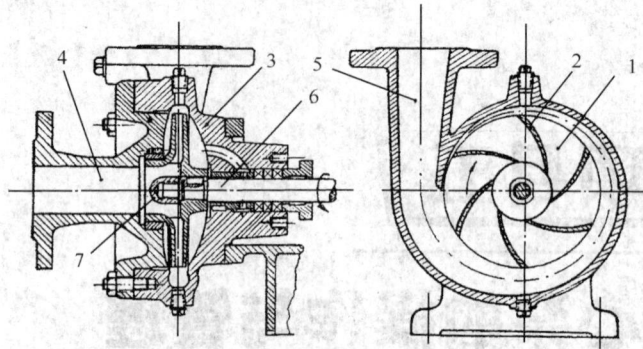

图 5-1-1 单级蜗壳式离心泵

1—叶轮;2—弧形叶片;3—泵壳;4—吸入接管;5—扩压管;6—泵轴;7—固定螺母

液体流速降低,大部分动能变为压力能,然后进入排出管。因此,只要叶轮不停地回转,液体的吸排也就会连续地进行。液体通过泵时所增加的能量,显然是原动机通过叶轮对液体做功的结果。

由此可见,只要叶轮不停地单向回转,液体就会连续不断地吸排,所以离心泵的排量是均匀的。

任务 1.2 离心泵的扬程和流量

1.液体在叶轮中的流动

叶轮中的液体既随叶轮一起旋转,又受离心力的作用做径向运动,液体在叶轮中的流动情况非常复杂,为使研究方便,特做以下假设:

(1)叶轮的叶片为无限多、厚度为无限薄且断面形状完全相同;

(2)液体为无黏性的理想液体,没有摩擦、撞击和涡流等水力损失。

当叶轮以角速度 ω 回转时,叶轮流道中的任一液体质点:一方面随叶轮一起回转,以圆周速度 u 做圆周运动,方向与该质点的圆周相切;另一方面又沿叶片引导的方向向外流动,以相对速度 w 做相对运动,方向与叶片的型线相切。两种速度合成的绝对速度 c 即液体质点的绝对运动,即 $c=u+w$。(液体质点 A_0 进出叶轮的绝对运动路径即可由图 5-1-2 中的 A_0C_0 所表示。)

因此,液体在叶轮中的流动情况,可用 u、w 和 c 三个速度构成的速度三角形来表示,如图 5-1-3 所示,绝对速度 c 和圆周速度 u 之间的夹角是液流角,用 α 表示,决定了液体质点的绝对运动方向;相对速度 w 与圆周速度 u 反方向的夹角是安装角,用 β 表示,由叶片的弯曲情况而定;通常将绝对速度 c 分解为相互垂直的两个分速度,一个是与圆周速度 u 一致的周向分速度,用 c_u 表示,另一个是与圆周速度 u 垂直的径向分速度,用 c_r 表示。当叶轮的流量、转速和尺寸既定后,叶轮内各处的速度三角形也就确定了。

2.离心泵的理论流量

根据连续流动方程,理论流量 Q_t 即可由叶轮外周出口的有效过流面积 A_2 与垂直于该面积的液流速度(即液体质点在叶轮出口处绝对速度的径向分速度) c_{r2} 垂直的过流面

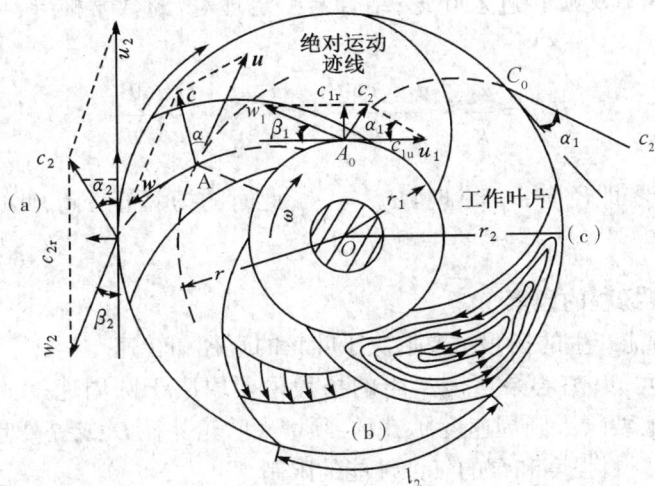

图 5-1-2 液体在叶轮中的流动

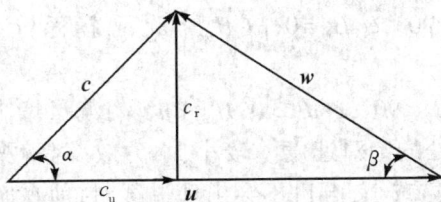

图 5-1-3 液体在叶轮中的速度三角形

积求得：

$$Q_t = A_2 c_{r2} = \pi D B \psi \eta_v c_{r2} \tag{5-1-1}$$

式中：D——质点所处位置的叶轮直径，mm；

B——质点所处位置的叶轮宽度，m；

ψ——排挤系数（一般为 0.75～0.95，小泵取小值），用于考虑叶片厚度使流道截面积减小的影响；

η_v——泵的容积效率。

3.离心泵的理论扬程

离心泵的理论扬程 $H_{t\infty}$ 就是液体离开叶轮和进入叶轮时所具有的水头之差，经数学推导可得离心泵的扬程方程式(即欧拉方程)如下：

$$H_{t\infty} = \frac{u_2^2 - u_1^2}{2g} + \frac{w_1^2 - w_2^2}{2g} + \frac{c_2^2 - c_1^2}{2g} \tag{5-1-2}$$

等式右边最后一项 $\dfrac{c_2^2 - c_1^2}{2g}$ 表示液体经叶轮后因绝对速度增加而提高的速度头。右边前两项 $\dfrac{u_2^2 - u_1^2}{2g} + \dfrac{w_1^2 - w_2^2}{2g}$ 即液体所增加的静压头，静压头中第一项 $\dfrac{u_2^2 - u_1^2}{2g}$ 是离心力所做的功，占绝大部分；第二项 $\dfrac{w_1^2 - w_2^2}{2g}$ 由因叶片流道截面变化而引起的相对速度下降所产生，一般不大。

由于液体通常是无旋转进入叶轮,结合余弦定理等,经数学推导,可得到扬程方程式的另一表达式:

$$H_{t\infty} = \frac{u_2^2}{g} - \frac{u_2 c_{2r} \cot\beta_2}{g} = \frac{u_2^2}{g} - \frac{u_2 Q_t \cot\beta_2}{gA_2} \tag{5-1-3}$$

可知,流量为零即径向 $c_{2r} = 0$ 时,$H_{t\infty} = \dfrac{u_2^2}{g}$。此时的扬程值最高,此扬程称为离心泵的封闭扬程。

4.影响离心泵扬程的因素

(1)离心泵所能产生的扬程主要取决于叶轮的直径和转速。

由式(5-1-3)可知,离心泵所能产生的扬程主要取决于圆周速度 u_2。由圆周速度 $u_2 = \pi D_2 n/60$ 可知,要增大圆周速度 u_2,就必须增大叶轮外径 D_2 或提高叶轮的转速 n,但会受到泵的尺寸、材料强度和泵的气蚀性能的限制。

(2)离心泵的扬程随流量而变,并与叶片出口安装角 β_2 有关。

由式(5-1-3)可知:

①用径向叶片时,$\beta_2 = 90°$,$\cot\beta_2 = 0$,故 $H_{t\infty} = u_2^2/g$,扬程与流量改变无关,如图 5-1-4(a)所示。

②采用后弯叶片时,$\beta_2 < 90°$,$\cot\beta_2 > 0$,$H_{t\infty} < u_2^2/g$,流量增大则 $H_{t\infty}$ 减小,如图 5-1-4(b)所示。后弯叶片出口处的绝对速度 c_2 较小,水力效率高,噪声低,工作稳定,经济性好;另外,Q_t 的增加会使 $H_{t\infty}$ 减小,电机不会出现过载,目前在实际应用中离心泵采用后弯叶片。

③采用前弯叶片时,$\beta_2 > 90°$,$\cot\beta_2 < 0$,$H_{t\infty} > u_2^2/g$,流量增大则 $H_{t\infty}$ 增加,如图 5-1-4(c)所示。前弯叶片的出口绝对速度 c_2 较大,水力损失和噪声大,而速度能转换为压力能时也要消耗能量,故效率较低;另外,Q_t 的增加会使 $H_{t\infty}$ 增大,易使驱动电机过载,但在泵叶轮尺寸相同时,前弯叶片要比后弯叶片产生更高的压头,故常用在离心风机中。

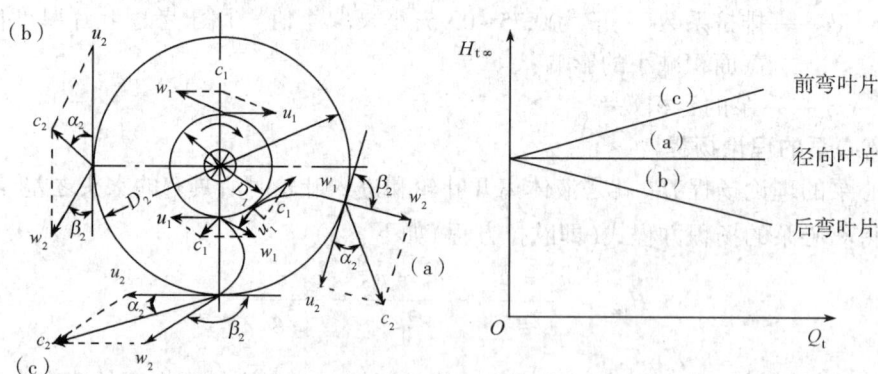

图 5-1-4　叶片出口角对理论扬程的影响

(3)离心泵的理论扬程与所输送流体的性质无关。

在离心泵的扬程方程式中,没有反映所输送流体性质的参数,因此说,离心泵输送不同流体时只要流量 Q 相同,离心泵的理论扬程 H_t 便相同。实际中,流体的黏度会影响泵的实际压头和排量,因为黏度不同,水力损失和容积效率会有所不同;流体的密度会影响泵所能产生的压差,由泵的吸、排压差 $p_d - p_s = \rho g H$ 可知,液体的密度 ρ 越小,泵所能产生的压差越小。因此,当离心泵启动时,不进行引水驱气的话,泵的叶轮带动空气旋转所能产生的压差仅为带动水旋转时的 $1/800$ ($\rho_{空气}/\rho_{水}$ 约为 $1/800$),泵的吸入口处产生的真空度为 0.001 267 MPa,换算吸入真空高度为 0.126 7 m(水柱),表明泵只能将水吸上 12.67 cm 的高度,故可认为离心泵是没有自吸能力的。

5.离心泵的能量损失

离心泵在实际工作时会产生各种损失,从而使离心泵的实际压头和流量总是低于理论压头与流量。离心泵的损失主要包括以下几部分:

(1)水力损失

水力损失是指流体通过泵内时由摩擦、旋涡、撞击等造成的损失,通常由沿程摩擦损失和冲击损失两部分组成。水力损失是影响离心泵效率的主要因素。其中,沿程摩擦损失与流量的平方成正比;冲击损失与液体流动的冲角有关,通过合理设计可使泵在额定工况时的液流冲角为零,从而使冲击损失为零。若泵的实际流量偏离额定工况越远,冲击损失越大。泵的水力效率一般在 0.7~0.9。

(2)容积损失

容积损失是指由泄漏造成的损失。泄漏包括内漏和外漏。离心泵内有流体通过叶轮与泵壳间隙漏向吸入侧,通过泵轴向外泄漏以及为平衡轴向力和冷却、润滑而设置的泄漏,如水封环、平衡管、平衡孔等。间隙的泄漏量与压力、黏度及间隙的端面积和阻程长短等有关。泵的容积效率一般在 0.92~0.98。

(3)机械损失

机械损失,又称摩擦损失,是指轴承、轴封及叶轮圆盘与液体的摩擦所消耗的能量。其中,轴承、轴封的摩擦损失占轴功率的 1%~5%,采用机械轴封时较小;圆盘摩擦损失占主要部分,占轴功率的 2%~10%,尤其对中低比转数的离心泵,圆盘摩擦损失更大,甚至可高达 30%。圆盘摩擦损失与叶轮的外径的 5 次方和转速的 3 次方成正比,由此可见,用增大叶轮外径来提高泵的扬程将导致圆盘摩擦损失急剧增加,因此,提高叶轮转速相应减小叶轮的外径反而是合适的。机械效率一般在 0.8~0.97。

6.离心泵额定扬程和流量的估算

离心泵如果铭牌失落或缺乏有关技术资料时,可按下列方法估算其额定扬程和额定流量。

(1)额定扬程

可根据叶轮外径 D_2(m)和转速 n(r/min)来估算其额定扬程(多级泵再乘以级数 i)

$$H = iKn^2D_2^2 \quad \text{m} \tag{5-1-4}$$

式中:系数 $K = (1 \sim 1.5) \times 10^{-4}$。

(2)额定流量

排送冷水的离心泵,设计的进口流速一般大约为 3 m/s,额定流量可按下式估算:

$$Q = 5D_0^2 \quad \text{m}^3/\text{h} \tag{5-1-5}$$

式中:D_0——泵吸口直径,用英寸(1 in ≈ 25 mm)计算。

若不用英寸计算,则

$$Q = 5\left(\frac{D_0}{25}\right)^2$$

式中：D_0——泵吸口直径，mm。

任务 1.3　离心泵的定速特性曲线

1.定速特性曲线

离心泵存有各种损失，而且这些损失是无法计算的，因此离心泵的性能参数需经过试验测得。在恒定转速下，通过改变排出阀开度的方法，测出泵在不同工况下的流量 Q 及相应的扬程 H、轴功率 P，计算出对应的效率 η，按一定比例绘出 Q-H 曲线和 Q-P 曲线，以供使用时查阅。

泵在一定的转速下，离心泵的扬程 H、功率 P 和效率 η 等性能参数与流量 Q 的函数关系曲线，称为离心泵的定速特性曲线，如图 5-1-5 所示。

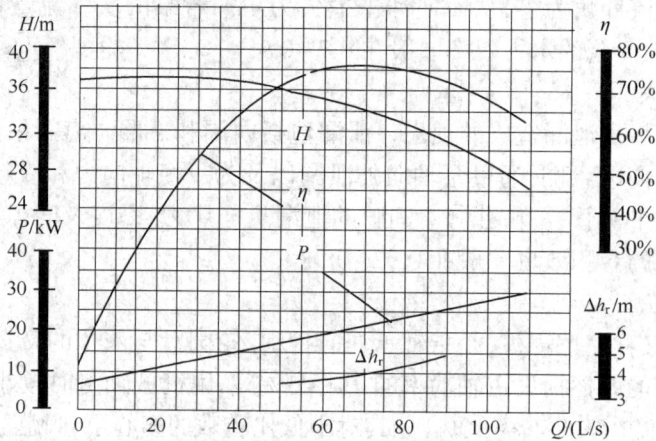

图 5-1-5　离心泵的定速特性曲线

2.对定速特性曲线的分析

对离心泵的定速特性曲线可做以下说明：

（1）离心泵都采用后弯叶片，Q-H 曲线下倾，大致可分为以下三类（如图 5-1-6 所示）：

①陡降形（高比转数泵）。如图 5-1-6 中 A 线所示，叶片出口角较小，扬程变化时流量变化较小。它适用于扬程变动较大而需要流量较稳定的场合，如舱底水泵、压载泵等。

②平坦形（低比转数泵）。如图 5-1-6 中 B 线所示，叶片出口角稍大，扬程变化时流量变化较大。它适用于经常需要调节流量而又不希望节流损失太大的场合，如凝水泵、锅炉给水泵和压力水柜的水泵等。

③驼峰形。如图 5-1-6 中 C 线所示，叶片出口角较大，在同一扬程下，曲线上峰点 K 的左右一段区域内会出现两种流量，因而会引起工况不稳定，工作时可能发生喘振，某些小流量高扬程的驼峰形 Q-H 曲线的泵，应尽量避免在静压头过高的场合下使用。适当限制叶片出口角和叶片数，即可避免 Q-H 曲线出现驼峰。

（2）离心泵的 Q-P 曲线上倾。Q-P 曲线是合理选择原动机功率和泵启动方式的依据。由图 5-1-5 可知，泵的轴功率随流量的增加而增加，流量为零时（排出阀关闭时），其

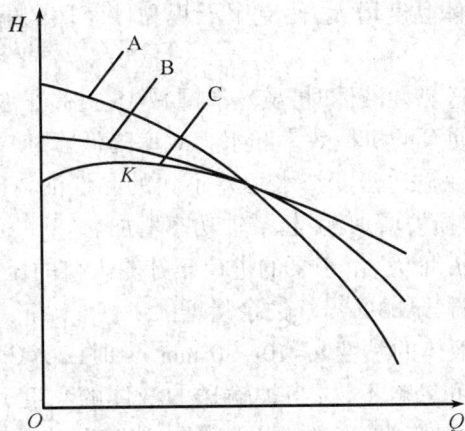

图 5-1-6　各种形式的 Q-H 曲线

轴功率最小,一般仅为额定功率的 35%～50%,这时泵的扬程(亦称封闭扬程)也不很高,仅为额定扬程的 1.1～1.3 倍,故离心泵可封闭启动,以减小启动负荷,但不可长时间封闭启动,因为封闭启动时消耗的功率用于搅动液体发热,泵的效率为零,泵很快发热。

(3)Q-η 曲线。Q-η 曲线是判断泵工作经济性的依据。由 Q-η 曲线可以看出,泵只有在额定工况附近工作时,才具有较高的效率。泵工作时的效率不应与最高效率相差超过 5%～8%。在非额定工况下工作,无论流量偏大还是偏小,偏离额定流量越多,叶片进出口处的冲击损失越大,泵的效率越低。

3.输送黏性液体时离心泵的性能

离心泵说明书所标明的性能参数和提供的特性曲线,一般是在 20 ℃清水试验得出的。当输送液体的黏度较大时,会在泵中造成更大的能量损失,因而会使泵的流量、扬程减小,效率降低,而轴功率和泵的必需气蚀余量(Δh_r)增大,如图 5-1-7 所示。

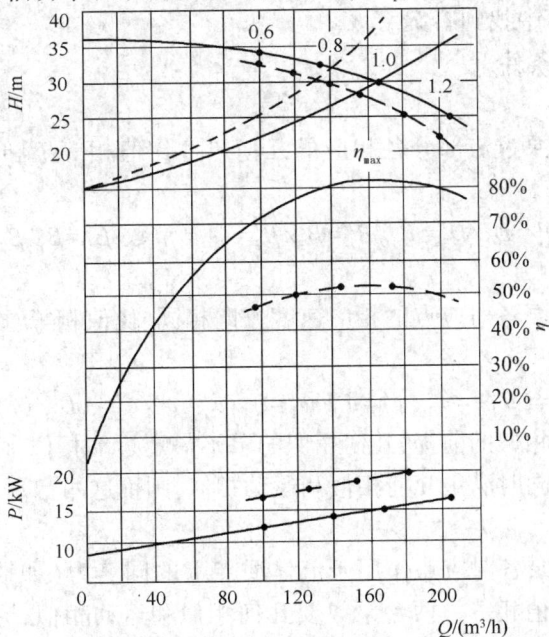

图 5-1-7　输送不同黏度的液体时泵特性曲线和管路特性曲线

泵的扬程 H 降低：液体黏度增大，使克服沿程黏性摩擦的能量增加，从而降低了泵的扬程。

泵的效率 η 降低：输送黏性液体时，虽然泄漏减少，提高了泵的容积效率，但圆盘摩擦损失和水力损失增加，使泵的机械效率和水力效率降低，致使泵的总效率降低。

泵的轴功率 P 增加：在输送密度与水相差不大的黏性液体时，由于液体黏度增大，泵的圆盘摩擦损失和沿程损失增加，引起泵轴功率增加。

泵的必需气蚀余量 Δh_r 增大：由于泵的进口至叶轮入口的压降随液体黏度的增加而增大，因此输送黏性液体时，泵的必需气蚀余量增大。

试验表明，当被输送液体的黏度 $\nu = 10 \sim 20 \ \text{mm}^2/\text{s}$ 时（20 ℃清水 $\nu = 1.007 \ \text{mm}^2/\text{s}$），泵的变化很小，黏度影响可忽略不计；当被输送的液体的黏度 $\nu > 20 \ \text{mm}^2/\text{s}$ 时，泵的流量、扬程、功率都将开始发生变化；当被输送液体的黏度 $\nu = 30 \sim 50 \ \text{mm}^2/\text{s}$ 时，扬程特性线与输水时仍很接近，但功率曲线明显升高；当被输送液体的黏度 $\nu > 50 \ \text{mm}^2/\text{s}$ 时，扬程、功率和效率曲线都将发生较大变化。对于有粒度小于 $0.05 \ \text{mm}^2$ 的固体颗粒（如泥浆）的液体，也可将其看作黏度不同的均质混合物，它对泵性能的影响也可参照黏性液体来确定。

另外，图5-1-7示出了泵所输送液体黏度变化时，泵的特性曲线和管路特性曲线的变化（虚线为黏度较大的液体），黏度增加后不仅使扬程曲线下移，而且使管路阻力增加导致其特性曲线变陡，流量将减少很多，扬程和功率则变化较小。

任务 1.4　离心泵的相似理论和比转数

从对离心泵的研究中发现，离心泵的性能参数的大小及特性曲线的形状与叶轮的尺寸和形状有密切的关系，其中的奥秘可以从离心泵的相似条件、相似定律和相似准则数（比转数或型式数）中找到答案。

1.离心泵的相似条件

（1）几何相似

几何相似是指两泵过流部分各相应的几何尺寸比值相等，且叶片数和对应的叶片安装角相等。即

$$D_1/D_1' = D_2/D_2' = B_1/B_1' = B_2/B_2' = \cdots = 常数 ; \beta_1 = \beta_1', \beta_2 = \beta_2' \tag{5-1-6}$$

（2）运动相似

运动相似是指两泵各对应点的相应速度方向相同、比值相等，即各对应点的速度三角形相似。即

$$c_1/c_1' = c_2/c_2' = w_1/w_1' = w_2/w_2' = u_1/u_1' = u_2/u_2' = nD_2/(n'D_2') \tag{5-1-7}$$

几何相似是运动相似的前提，几何相似的泵不一定运动相似，而运动相似的泵必定几何相似。若两台泵同时满足几何相似和运动相似，则称这两台泵的工况相似。

（3）动力相似

动力相似是指两泵各对应点作用于流体质点上的同名力（如惯性力、黏性力、重力和压力）方向相同、比值相等。两台泵只要几何相似和运动相似，一般认为满足动力相似的要求。

2.离心泵的相似定律(满足相似三条件)

凡满足相似三条件的离心泵具有下列关系:

(1)流量相似关系

$$Q/Q' = (D_2/D_2')^3(n/n') \qquad (5\text{-}1\text{-}8)$$

(2)扬程相似关系

$$H/H' = (D_2/D_2')^2(n/n')^2 \qquad (5\text{-}1\text{-}9)$$

(3)功率相似关系

$$P/P' = (D_2/D_2')^5(n/n')^3 \qquad (5\text{-}1\text{-}10)$$

对同一台离心泵来说,由式(5-1-8)至式(5-1-10)可推导出离心泵的两个相似定律特例。

(1)比例定律

$$Q/Q' = n/n'; H/H' = (n/n')^2; P/P' = (n/n')^3 \qquad (5\text{-}1\text{-}11)$$

(2)切割定律

$$Q/Q' = (D_2/D_2'); H/H' = (D_2/D_2')^2; P/P' = (D_2/D_2')^3 \qquad (5\text{-}1\text{-}12)$$

3.离心泵的比转数 n_s

(1)只含泵的设计参数 Q、H、n,而不包括几何尺寸 D_2,用以判断两离心泵是否相似的相似准则数,称为比转数 n_s。将比转数作为对离心泵进行分类的依据。

$$n_s = 3.65nQ^{1/2}/H^{3/4} \qquad (5\text{-}1\text{-}13)$$

式中,n——转速,r/min;

　　　Q——流量,m^3/s(双吸泵取总流量的 1/2);

　　　H——扬程,m(多级泵取每级叶轮的扬程)。

(2)在国际标准中,以型式数 K 代替比转数 n_s

$$K = \frac{2\pi}{60g} \frac{nQ^{1/2}}{H^{3/4}} \qquad (5\text{-}1\text{-}14)$$

式中,g——重力加速度,m/s^2。

$$n_s = 193.2K; K = 0.005\ 157n_s$$

满足相似三条件的离心泵的比转数 n_s 相等。几何相似的泵输送同一种液体,在额定工况下其比转数相等;但比转数相等的泵不一定几何相似,如比转数相等的泵可设计成叶片数叶片出口角不同,因此,并不几何相似。

(3)利用比转数 n_s 可对叶轮式泵进行大致分类,如表 5-1-1 所示。

表 5-1-1　叶轮式泵按比转数的分类表

泵的类型	离心泵			混流泵	轴流泵
	低比转数泵	中比转数泵	高比转数泵		
比转数	30~80	80~150	150~300	300~500	500~1 000
叶轮简图					

续表

泵的类型	离心泵			混流泵	轴流泵
	低比转数泵	中比转数泵	高比转数泵		
尺寸比	$D_2/D_0 \approx 3$	$D_2/D_0 \approx 2.3$	$D_2/D_0 \approx 1.8 \sim 1.4$	$D_2/D_0 \approx 1.2 \sim 1.1$	$D_2/D_0 \approx 1.0$
叶片形状	圆柱形叶片	进口处扭曲形叶片 出口处圆柱形叶片	扭曲形叶片	扭曲形叶片	扭曲形叶片
性能曲线形状					
流量-扬程曲线特点	封闭扬程为设计工况的 1.1～1.3 倍,扬程随流量增加而减小,n_s 减小,变化较缓		n_s 增加,曲线变陡	封闭扬程为设计工况的 1.5～1.8 倍,扬程随流量的增加而减小,n_s 减小,曲线变陡	封闭扬程为设计工况的 2 倍,扬程曲线呈马鞍形,变化较急
流量-功率曲线特点	封闭功率较小,轴功率随流量增加而增加,n_s 越大,曲线越趋平坦			流量增加,轴功率略为减小	封闭功率最大,设计工况附近曲线呈驼峰,流量继续增大,功率又下降
流量-效率曲线特点	比较平坦,n_s 增大,高效区变窄			高效区比离心泵窄,比轴流泵宽	急剧上升后又急剧下降

①比转数 n_s 的大小与叶轮形状的关系

比转数 n_s 小的泵,叶轮径向剖面叶型较"窄长",即叶轮外径与进口直径之比 D_2/D_0 大,叶片呈圆柱形;中比转数 n_s 的泵,叶片进口扭曲;比转数 n_s 大的泵,叶轮叶型较"短宽",即 D_2/D_0 越小,叶片进、出口都扭曲,比转数 n_s 增大到一定值,至 $D_2 = D_0$,就成为轴流泵了。

②比转数 n_s 的大小与泵的特性曲线的关系

比转数 n_s 相同的泵的特性曲线相似,具体情况如下:

转速相同时,比转数 n_s 小的泵 H/Q 较大,即扬程相对较大,流量相对较小;比转数 n_s 大的泵 H/Q 较小。

低比转数泵 H-Q 曲线较平坦,P-Q 曲线较陡,适合节流调速和封闭启动。

随比转数增大,H-Q 曲线下降趋势变陡;P-Q 曲线上升趋势变缓,混流泵和轴流泵的 P-Q 曲线甚至向下倾斜;高效区变窄。

总之,"窄长"叶型叶轮式泵的比转数 n_s 小,流量不大扬程高,H 线平功率陡,高效区宽宜节流。

任务 1.5　离心泵的性能特点

(1)本身没有自吸能力,一般在吸入管下端装设单向阀为底阀,空泵启动时须灌注引水。要解决引水问题,需在结构上采取特殊措施,如排出侧采取气水液分离室的自吸式离心泵,或采用真空引水泵(水环泵、喷射泵等)。

(2)流量随工作扬程而变。一般工作扬程升高,流量减小;当工作扬程达到封闭扬程时,泵即空转而不排液。因此,它不宜作为要求流量不随扬程而变的泵(如液压泵、滑油泵等)使用。其流量范围很大,常用范围是 $5 \sim 20\ 000\ \text{m}^3/\text{h}$。

(3)流量连续均匀,工作平稳。

(4)所能产生的扬程有限,主要由叶轮外径和转速决定,不适合小流量、高扬程工作状态。离心泵无须设置安全阀。

(5)转速高,可与电动机或汽轮机直接相连。

(6)主要受水力损失,机械损失和内、外漏影响,效率比一般容积式泵低(水环泵除外)。

(7)对杂质不敏感,船上主要用作各种冷却水泵、货油泵,配备了自吸装置或结构的离心泵,可作为压载泵、舱底水泵、油船扫舱泵等。现代船舶用深井式离心泵作为主机滑油泵。

(8)结构简单,管理方便,尺寸和重量比同样流量的往复泵小得多,价格低廉。其可以采用节流法调节流量,非常方便。

(9)易损件少(仅密封环、轴封和轴承),使用寿命较长,管理和维修较方便。

任务二 | 离心泵的主要部件

学习目标:

1. 能正确检修离心泵的叶轮、压出室、密封环、轴和轴封等主要部件
2. 掌握离心泵轴向力的平衡方法
3. 了解离心泵径向力的平衡方法
4. 熟悉离心泵的自吸方法并能进行正确管理
5. 掌握水环泵的工作原理和特点并能正确操作和管理

任务2.1 叶轮

叶轮是将原动机的机械能传递给被排送液体的部件,对泵的工作性能有决定性影响。叶轮可按两侧有无盖板分为闭式、半开式和开式三种,如图 5-2-1 所示。兼有前、后盖板的叶轮称为闭式叶轮,如图 5-2-1(a)所示。它工作时液体漏失少,效率较高,使用普遍。只有后盖板的叶轮称为半开式叶轮,如图 5-2-1(b)所示。开式叶轮则只有叶瓣和部分后盖板,如图 5-2-1(c)所示。后两种叶轮铸造比较方便,但工作液体容易漏失,

多用于输送含固体颗粒或黏性较高的液体。

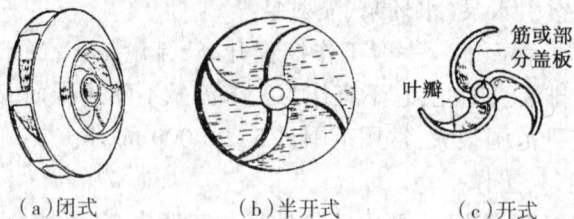

图 5-2-1　离心泵的叶轮

叶轮又可按吸入方向分为双侧吸入式和单侧吸入式两种,如图 5-2-2 所示。我们知道,为了减少吸入管中流阻损失,吸入管中的流速不能太高,一般为 3 m/s,最大不超过 5 m/s。这样,当流量小于 300 m³/h,吸入管径不超过 200 mm 时,一般多采用结构较简单的单侧吸入式叶轮。当流量较大,吸入管径超过 200 mm 时,则就需采用双侧吸入式叶轮,以增大叶轮进口处的流通面积,降低叶轮进口处的流速,提高离心泵的抗气蚀性能。双侧吸入式叶轮安装时不要装反,否则,后弯叶轮变成前弯叶轮,会造成运行时过载(分析工况点便知)。

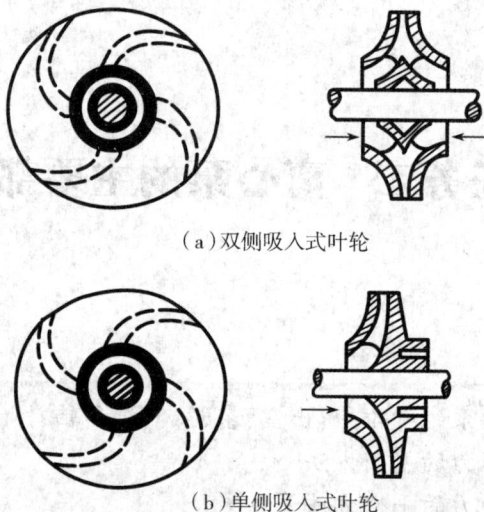

(a)双侧吸入式叶轮

(b)单侧吸入式叶轮

图 5-2-2　双侧吸入式叶轮和单侧吸入式叶轮

叶轮遇有下列情况之一时应予换新:

(1)出现裂纹而无法补焊;

(2)因腐蚀或气蚀而损坏严重,形成较多的孔眼;

(3)盖板及叶片因冲刷而显著变薄,不能保证具有足够的机械强度;

(4)进口靠密封环处严重偏磨而无法修复。

如叶轮的裂纹或腐蚀孔眼不太严重,可用黄铜补焊来修复,即先把被焊件加热到 600 ℃ 左右,在补焊处挂锡,再用黄铜气焊。焊完后使其逐渐冷却回火,以免产生裂纹。冷却后再进行机械加工。如叶轮进口处偏磨不太严重,可用砂布打磨,在厚度允许时亦可光车。修复的叶轮应进行静平衡试验,不平衡的部分超过允许限度时可铣去部分盖板以兹校正,但铣去的厚度不得超过盖板厚度的 1/3,切削部分应与盖板平滑过渡。

任务2.2 压出室

离心泵压出室的主要任务就是要以最小的水力损失汇聚从叶轮中流出的高速液体,将其引向泵的出口或下一级,并使液体的流速降低,将大部分动能转换为压力能。离心泵的压出室常见的主要有蜗壳和导轮两种。

1.蜗壳

采用蜗壳作泵壳的离心泵称为蜗壳泵。蜗壳包括螺线形蜗室和扩压管两部分,这两部分的分隔处称为泵舌(喉部)。泵舌与叶轮的径向间隙会影响泵的效率和性能。

蜗室的作用是汇集从叶轮中流出的高速液体,并将少部分动能转换成压力能。扩压管的作用是进一步降低液流速度,将其中的大部分动能进一步转换为压力能。

蜗壳设计成在设计流量时使蜗壳中靠近叶轮出口处液流速度正好与叶轮出口的液流速度大小相等和方向相同,撞击损失最小。扩压管的扩散角一般为 $6° \sim 8°$,过大会引起液体脱流,过小则达不到扩压效果;由于泵壳的扩压管不宜过长,为满足进一步降速的要求,有时还需在其出口再加装一段锥形接管。

2.导轮

采用导轮作泵壳的离心泵称为导轮泵。导轮安装在叶轮的外周,如图 5-2-3 所示,导轮由两个圆环形盖板(或只有后盖板)及夹在其间的 $4 \sim 8$ 片导叶及后盖板背面的若干反导叶构成。导叶的数目与叶轮中的叶片数应互为质数,否则运行时可能会产生共振。导轮外径一般为叶轮外径的 $1.3 \sim 1.5$ 倍。

导轮兼有汇集液体和扩压的作用。导轮背面的反导叶是将处在泵壳内壁区域的排出液体引导到下一级叶轮的中心吸入区。如图 5-2-3 所示,导叶的 BH 段是一条螺旋角为常数的对数螺线,以便平顺地收集从叶轮流出的液体。HC 以后才是扩压段。液体离开导叶扩压段后,即经一环形空间进入反导叶间的流道。反导叶出口角一般取 $90°$,也有的反导叶做成使液体进入下一级叶轮时稍有预旋。

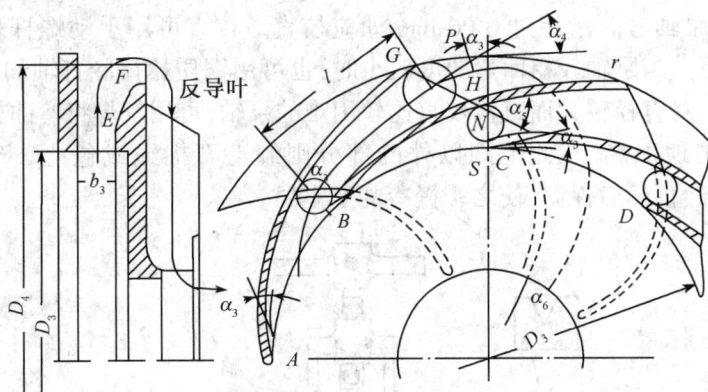

图 5-2-3 离心泵的导轮

3.蜗壳泵与导轮泵的比较

两种型式的泵效率相差不多。蜗壳泵在非设计工况及车削叶轮后效率变化较小,高效率区较宽,水力性能更完善;但蜗壳只能整体铸造,其内表面不能加工,铸造的精度和光洁度也不易保证,故目前只用于二级以下的离心泵中。而导轮泵多用于三级以上的多级离心泵中,这种泵制造加工方便,结构紧凑,而且随着级数增加,零件较多,拆修不便。目前,单级泵(尤其是低扬程的单级泵)一般为蜗壳式;多级泵既有蜗壳式又有导轮式,也有做成组合式的,即先导轮式后蜗壳式。

蜗壳泵在非设计工况下运行时会产生不平衡的径向力,而导轮泵在任何工况下不存在不平衡的径向力。

泵体可能因机械应力和热应力的作用而出现裂纹。裂纹可用手锤轻敲听其有否破哑声来判断,必要时在可疑处浇上煤油,然后擦干再涂以白粉,再轻击壳体让煤油渗出,以显示裂纹。

如裂纹发生在不承受压力或不起密封作用的地方,可在裂纹两端各钻一个直径约 3 mm 的不穿透的小孔,以防裂纹继续扩大。如裂纹出现在承压的地方,应进行补焊。焊条与被修补金属的化学成分应基本相同。禁止用堵塞、敲击等办法修补受压铸件的缺陷。

受压铸件应进行水压试验,试验压力应为泵的最高工作压力的 1.5 倍,试验时间不少于 10 min,铸件表面不得有渗漏及"冒汗"现象。补焊后的受压零件应重新做水压试验,试验压力应为最高工作压力的 1.7 倍。

任务 2.3　泵轴

泵轴一端(或一段)用于安装叶轮,另一端通过联轴器与电动机相连,是接受原动机输入功率,并向叶轮传递转矩的部件,其应具有足够的强度和刚度,一般用碳钢或合金钢制成。泵轴用于输送海水时,常在轴外加装青铜轴套以防腐蚀。

叶轮与泵轴的周向位置采用键与键槽方式固定。叶轮与泵轴的轴向位置,对于小型单侧吸入悬臂式离心泵,通过泵轴端部锥面和反向细牙螺母固定;对于多级泵,采用定位套固定,且每个叶轮两侧均有轴承支撑。

经常工作于非额定工况下的泵轴,受到由不平衡径向力产生的交变负荷的作用,泵轴易发生弯曲,泵轴弯曲量超过 0.06 mm 即应校直。校直可用手动螺杆校正机(如图 5-2-4 所示)进行。当泵轴较粗而弯曲度较小时,也可用铜质捻棒冷打轴的凹部,使其表面延伸而校直。对直径较大而直接校直比较困难的泵轴,可用气焊将弯曲处 20~40 mm 的长度缓慢均匀地加热,在此范围以外的部分则缠上石棉绳或包上玻璃棉,加热至 600~650 ℃后校直,然后保温,使之缓慢冷却至室温。

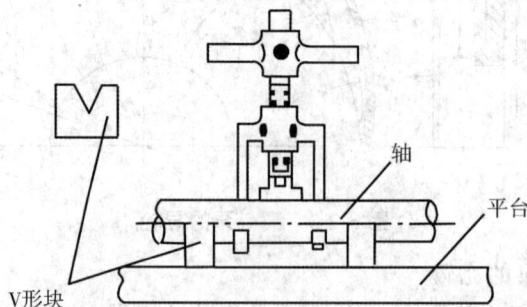

图 5-2-4　手动螺杆校正机

当泵轴产生裂纹、严重磨损影响强度、弯曲严重无法校直时应予换新。

● 任务2.4　密封环

离心泵叶轮所排出的液体可能会从叶轮与泵壳之间的间隙漏向吸入口,这种内部泄漏会降低泵的容积效率,使泵的流量和扬程减小,因此在泵壳和叶轮进口处装设密封环。

密封环也叫阻漏环或口环,安装在泵壳和叶轮进口处,如图5-2-5所示。安装在叶轮与泵壳上的密封环分别称为动环和静环,它们可成对使用,较小的叶轮也可只装设静环。密封环是离心泵的易损件,通常用铜合金制成,也有用不锈钢或酚醛树脂制作的。根据密封环的形式,离心泵密封环有平环和曲径环两类,如图5-2-5所示。曲径越多,其阻漏效果越好,但制造和装配的要求也越高。因此,曲径环多用在单级扬程较高的离心泵中。

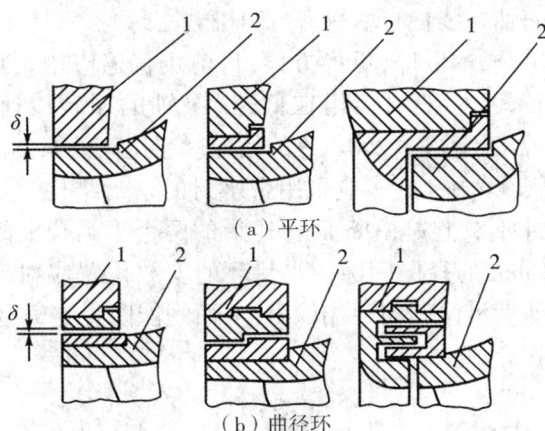

（a）平环

（b）曲径环

图 5-2-5　离心泵密封环的形式

1—泵壳;2—叶轮

离心泵转子在工作中难免有抖动和偏移,排送热的液体时还会受热膨胀。若密封环的径向间隙过小,则容易产生摩擦,甚至咬死;但若间隙过大,泄漏又会显著增加。试验表明,当密封环间隙由 0.30 mm 增至 0.50 mm 时,效率下降 4%~4.5%。密封环的密封间隙应符合表5-2-1的规定。

表 5-2-1　离心泵密封环间隙　　　　　　　　　　　（单位:mm）

名义直径	半径方向安装间隙的允许值	半径方向磨损后间隙的允许值
50~80	0.06~0.36	0.48
>80~120	0.06~0.38	0.48
>120~150	0.07~0.44	0.60
>150~180	0.08~0.48	0.60
>180~220	0.09~0.54	0.70
>220~260	0.10~0.58	0.70
>260~290	0.10~0.60	0.80
>290~320	0.11~0.64	0.80

泵工作约 2 000 h 后,应检查密封环的间隙。当半径方向的间隙超过表 5-2-1 的允许值时,即应更换。也可以在内表面堆焊后光车(但此法易引起变形),或涂敷塑料后再进行机械加工。密封环换新后,必须检查安装间隙,确保其符合表 5-2-1 所列的数值。必要时可用涂色法(在静环内侧或动环外侧的环形面上涂以很薄的红铅油,然后盘车)检查密封环是否彼此擦碰。

任务 2.5 轴封

泵轴伸出泵壳处也有间隙,叶轮排出的液体可能由此漏出,称为外漏。外漏不仅会降低容积效率,还可能污染环境;有时泵壳出轴处的内侧压力低于大气压,这时空气可能漏入,增加噪声和振动,严重时甚至会使泵失吸。因此,在泵轴伸出泵壳处都设有轴封装置。离心泵常用的轴封装置有填料密封和机械密封。

填料密封结构简单,成本低廉,更换方便,目前仍普遍应用。其缺点是磨损和泄漏相对较大,使用寿命较短,一般只能用在低速(泵轴的回转线速度 ≤ 20 m/s)、低压(≤3~5 MPa)和液体温度不高(≤200 ℃)的场合。船用离心泵为防止填料密封内腔的压力低于大气压时空气漏入泵内,多应采用带水封的密封结构。如图 5-2-6 所示,在填料之间加装了一个水封环 2,它是由断面呈 H 形的两个半圆合成的圆环,与泵轴(或轴套)之间留有 0.4~0.5 mm 的径向间隙。水封环的安放位置应对准轴封壳体上的水封管,以便引入压力水,然后沿泵轴向两端渗出,从而既能防止空气吸入泵内,又能给泵轴和填料以适当的润滑和冷却。

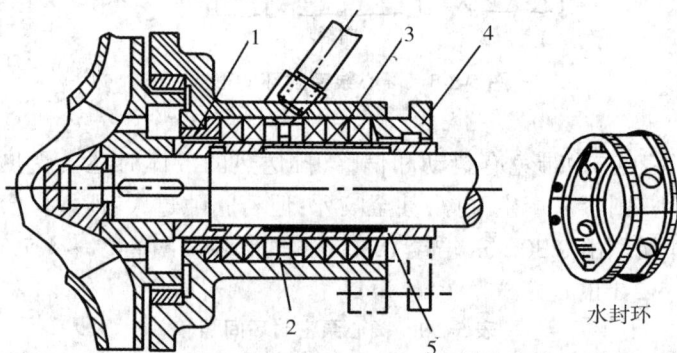

图 5-2-6 离心泵的填料密封
1—填料内盖;2—水封环;3—填料;4—填料压盖;5—轴套

填料密封合理的泄漏量是泄漏液体应保持每分钟不超过 60 滴。泄漏量太大可对称地适当压紧填料压盖,但要避免压得过紧,以防填料箱发热。填料老化变硬后应及时更换。

离心泵所用的机械轴封的结构与齿轮泵的机械轴封相似。与填料密封相比,机械密封泄漏量少(不超过 10 mL/h),摩擦损失功率小。机械密封安装正确时,在一定时间内可以不加调整,使用寿命长。所以,机械密封广泛用于输送高温、高压和强腐蚀性液体的离心泵中。但机械密封制造复杂,安装精度要求高,损坏时更换不如填料密封方便,且不适于输送含有固体杂质的液体。一般为保证动密封面有良好的润滑和冷却,都将泵输送的液体引入轴封室流通。

检修时应检查动环和静环的摩擦面,表面有划痕、锈斑应进行研磨消除;两环或弹簧断裂,则应予换新。安装时两环摩擦面应注意清洁并且平行贴合,防止一侧贴合引起偏磨。

任务2.6　离心泵轴向力的平衡

1.轴向力的产生及危害

当叶轮回转时,处于叶轮与泵壳之间的液体也将随叶轮而回转,因而产生离心力,使叶轮与泵壳间的液体压力沿径向按抛物线规律分布。图5-2-7示出单侧吸入式叶轮左、右两侧的压力分布情况。由图可见,在密封环半径 r_w 以外,叶轮两侧的压力对称,而在密封环半径之内,作用在左侧的压力为较低的进口压力 p_1,两侧的压差可由面积 $abcd$ 来表示。因此,单级式叶轮工作时必将受到一个由叶轮后盖板指向叶轮进口端的轴向推力 F_a,轴向推力 F_a 的大小与泵每级叶轮的扬程、叶轮两侧的不对称面积、液体密度和级数有关。关系式如下

$$F_a = KH_i\rho g\pi(r_w^2 - r_h^2) \tag{5-2-1}$$

式中:K ——经验系数,当 $n_s = 40\sim200$ 时,K 一般为 $0.6\sim0.8$;

　　　H_i ——单级扬程,m;

　　　ρ ——液体密度,kg/m^3;

　　　r_w ——密封环半径,m;

　　　r_h ——轮毂半径,m。

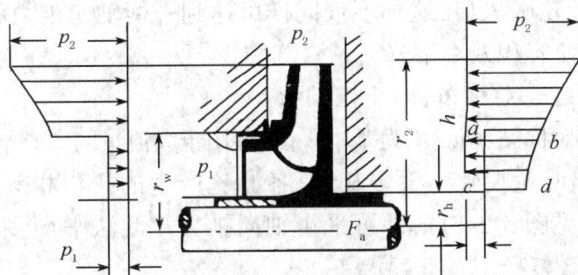

图 5-2-7　单侧吸入式叶轮左、右两侧的压力分布

液体在叶轮进口处从轴向变为径向流动时,还会在叶轮上产生一个方向与 F_a 相反的轴向动反力。在泵正常工作时,动反力与轴向推力 F_a 相比数值很小,可忽略不计,但在启动时由于泵的正常压力还未建立,动反力作用较明显,起主导作用,一旦压力建立起来,轴向推力起主导作用。此外,对于单侧吸入悬臂式泵,还必须计入由进口压力作用在轴头上的与 F_a 方向相反的附加轴向力,而立式泵还有重力引起的轴向力。在多级泵中有时轴向推力可能达到相当高的数值,可能引起转子窜动、叶轮与壳体擦碰以及破坏机械轴封等,因此要采取一些有效措施来平衡它。

2.轴向推力平衡方法

（1）止推轴承

止推轴承虽能承受一定的轴向推力,但承受能力有限,故只有小型泵才能用它来承

受全部轴向推力,而在大多数泵中仅将它作为平衡措施的补充手段,以承受少数剩余的轴向推力,并起轴向定位作用。

(2)平衡孔或平衡管+止推轴承

平衡孔法是在叶轮后盖板上加装与前密封环尺寸一样的后密封环(见图5-2-8),并在后密封环以内的后盖板上开出若干个圆孔(平衡孔),孔的总面积应为密封环间隙通流截面积的3~6倍。这样,在后盖板密封环之内的区间中,即可保持与吸入压力大致相等的压力,从而使轴向推力得以基本平衡。此法比较简单,但会使泵的容积效率下降,而且由平衡孔漏回叶轮的液体干扰主流,会使泵的水力效率降低。

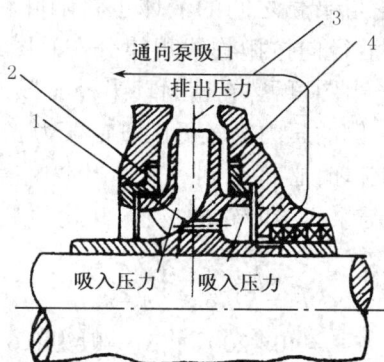

图 5-2-8　离心泵的平衡管和平衡孔

1—平衡孔;2—前密封环;3—平衡管;4—后密封环

平衡管法在叶轮后盖板上不开平衡孔,而是将从排出端漏入叶轮后密封环之内的液体用平衡管引回叶轮吸入口,这样不仅同样可达到平衡轴向推力的目的,同时不致使水力效率降低,但仍使容积效率下降。

(3)双吸叶轮或叶轮对称布置+止推轴承

双吸叶轮因形状对称,故两侧压力基本平衡,多用于大流量的离心泵(见图5-2-9)。

多级离心泵各级叶轮尺寸一般多相同,各叶轮产生的扬程相等,当叶轮为偶数时,只要将其对称布置(见图5-2-10),即可平衡轴向推力。此法平衡多级泵的轴向推力效果较好,但泵壳结构较复杂。

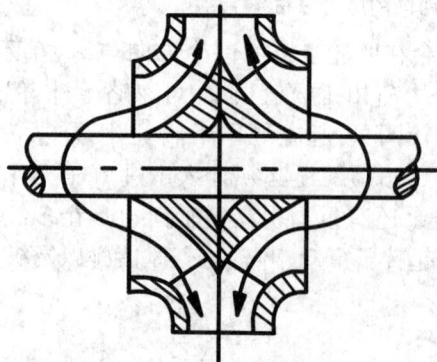

图 5-2-9　双吸叶轮法

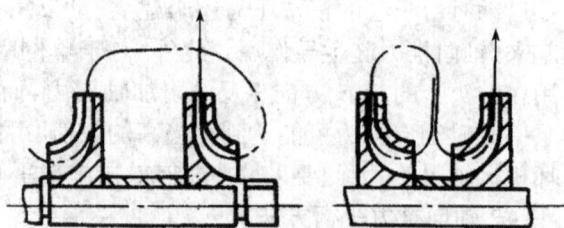

图 5-2-10　叶轮对称布置

必须指出,采用上述(2)、(3)项所列平衡轴向力的平衡方法,叶轮两侧密封环制造和磨损情况难免有差别,叶轮在加工上也会存在误差,故叶轮两侧的压力分布难以完全对称,不可能完全平衡轴向推力,仍需设置止推轴承以承受剩余的不平衡轴向推力。

(4)平衡盘

多级泵轴推力较大,可采用平衡盘来平衡轴向推力,这是一种液力自动平衡装置。平衡盘装置的结构如图 5-2-11 所示。

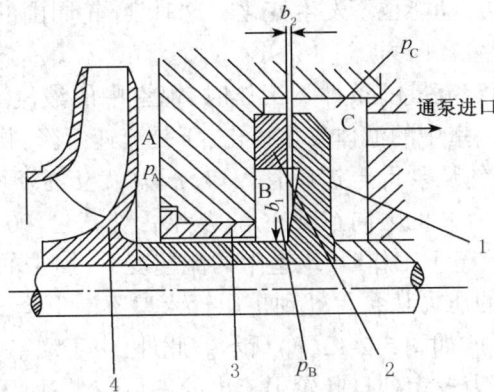

图 5-2-11 离心泵的平衡装置
1—平衡盘;2—平衡板;3—平衡套;4—末级叶轮

在末级叶轮 4 的后方,有平衡板 2 固定在泵壳上。而紧贴着它的平衡盘 1 用键装在泵轴上,随泵轴一起转动。当泵工作时,末级叶轮背面的空间 A 处的压力 p_A 较高,有少量液体经平衡套 3 的间隙 b_1 流到空间 B,压力下降为 p_B,再经平衡板与平衡盘之间的轴向间隙 b_2 流到盘后的平衡室 C。C 室有泄放管通泵的吸入端,其压力 p_C 接近吸入压力。这样,在平衡盘两侧存在着压力差($p_B - p_C$)。因此,就有一个与叶轮所受轴向推力方向相反的平衡力作用在平衡盘上。

在泵工作扬程变化时,叶轮上的轴向推力随之变化。这时,平衡力也能与推力相适应地自动增减。因为,当泵扬程增加,方向向左的轴向推力大于平衡盘的平衡力时,泵的转动组件就会被推向左移,使轴向间隙 b_2 减小,泄漏量随之减少,于是压力 p_B 增加(更接近 p_A),直至(p_B-p_C)增加到使向右的平衡力与轴向推力相等时,泵转子也就在 b_2 较小的位置上达到新的平衡;反之,当轴向推力小于平衡力时,转动组件就会右移,使轴向间隙 b_2 增加,p_B 下降(更接近 p_C),从而在 b_2 较大的位置上达到平衡。综上可知,转子的轴向位置是随工作扬程的变动而不断调整的。因此,采用这种平衡装置的泵不能使用有轴向定位作用的滚动轴承,而应采用滑动轴承。

一般径向间隙 b_1 的间隙能使压差(p_B-p_C)/(p_A-p_C)= 0.5~0.55 较为合适,径向间隙 b_1 一般为 0.2~0.4 mm,如液体黏度较大或含有泥沙等杂质时,则应适当加大。b_1 太小,则 p_B 太低,平衡盘的尺寸就必须加大,使加工精度难以保证,摩擦损失也因而增加;而 b_1 太大,又因 p_B 更接近 p_A,导致变化不太灵敏,从而使平衡盘的轴向移动量增大,容易发生擦碰,多级离心清水泵平衡盘泄漏量为泵流量的 2%~3%。

任务 2.7　离心泵径向力的平衡

1.径向力的产生

对蜗壳式离心泵而言,在设计蜗室时,一般使蜗室中靠近叶轮出口处的流速在额定流量时恰好与叶轮出口的绝对速度大致相等,即在设计工况下,自叶轮流出的液流不会与蜗室中的液流发生撞击,动能也不发生变化。这时,叶轮周围的压力大体上也是均匀分布,故在叶轮上不会产生径向力。

然而,当泵在小于额定流量的条件下工作时,蜗室中的液流速度也就相应减小,从叶轮甩出的流体就会与蜗室中的液体发生撞击,于是流速下降,将一部分动能转化为压力能。这样,蜗室中的液体从泵舌至扩压管入口,压力就会逐渐增高,从而在叶轮上产生一个径向液压合力 R,力 R 的方向在圆心角(从泵舌处算起)90°处,如图 5-2-12(a)所示。而当泵在大于额定流量下工作时,蜗室中的流速变大,撞击的结果是蜗室中的液体付出能量,因此,蜗室中的压力从泵舌处到扩压管入口不断下降,径向液压合力 R 就会作用在与前者相差 180°处,如图 5-2-12(b)所示。此外,由于蜗室中的压力分布不均,叶轮各处的流出量不等,压力较大处自叶轮中流出的液体较少,而压力较小处自叶轮中流出的液体较多,作用在叶轮圆周上的动反力也不一样,其分布规律正好与液体压力相反,蜗室压力小处动反力大。由于动反力是与叶轮出口速度方向相反的反作用力,而接近圆周方向($\alpha_1 = 6° \sim 15°$),动反力的合力 T 的方向差不多从合力 R 的方向逆转了 90°(见图 5-2-12)。而作用在叶轮上的径向力即上述两种力的合力 F_r。实际流量偏离额定流量越远,泵的扬程越高或泵的尺寸越大,产生的径向力也就越大。

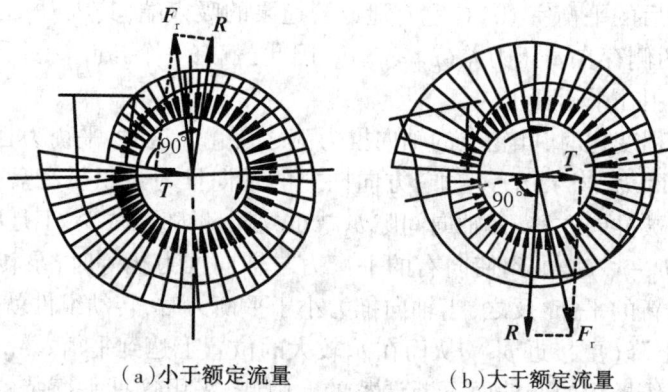

（a）小于额定流量　　　　　（b）大于额定流量

图 5-2-12　非额定流量时涡室中的压力分布

导轮式多级泵由于导叶沿圆周均匀分布,理论上无论在何种工况下运行,各导叶产生的径向力都将平衡。但实际上转轴难免存在一定的偏心,因此无论其是否处在设计工况下工作,总会有一些径向力产生,使转轴产生振动。由于船用泵经常在非额定流量下工作,在设计泵轴和轴承时,应计算和考虑径向力的影响。只有扬程和尺寸特别大的泵,才采用特殊的平衡径向力的措施。

2.径向力的危害

对于转动的泵轴来说,径向力是一个交变载荷,它可能使轴因疲劳而被破坏;同时径向力还会使泵轴产生挠度,甚至使密封以及其他间隙较小的部件发生擦碰。

3.径向力的平衡方法

平衡径向力,除了合理设计和采用导轮式泵外,还可以采用增加泵轴刚度、双层蜗室、双蜗室结构,而在多级泵中可将相邻蜗室成180°布置等(见图5-2-13)。

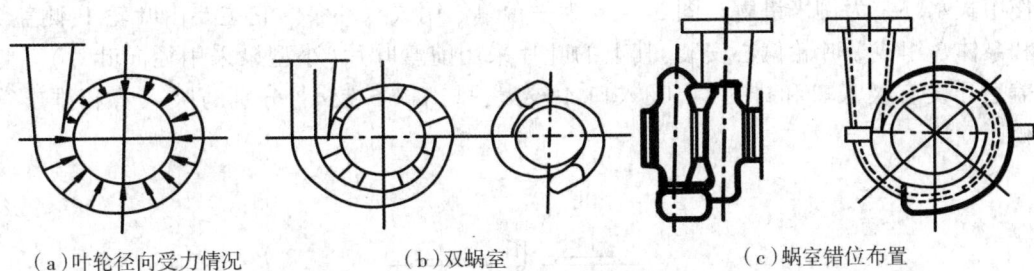

（a）叶轮径向受力情况　　　（b）双蜗室　　　（c）蜗室错位布置

图5-2-13　径向力平衡方法

任务2.8　离心泵的自吸装置简介

普通离心泵没有自吸能力,但在船上许多泵的位置可能高于吸入液面,如压载泵、舱底泵、日用海水泵和淡水泵、油船扫舱泵等,这些泵都需要自吸。

船用离心泵实现自吸的方法通常包括采用特殊的结构形式,或装设辅助引水装置来引水。习惯上,把前者具有自吸结构的离心泵称为自吸式离心泵,而把后者称为离心泵的自动引水装置。新造船舶大多需要在自吸式离心泵上附加自吸装置,自吸成功后即自动脱离工作,灵活方便,也不会降低泵的工作效率。

1.自吸式离心泵

这类自吸装置是将泵壳做成特殊的结构形式,如图5-2-14所示。首先,吸排管在上方,保证停车存液;其次,吸口有单向阀,防止停车虹吸;最后,螺壳为双流道,形成气水分离室,使其在排出端具有气水分离作用,以便在启动期间能利用预先存留在泵内的液体,使其能反复进出叶轮,将泵和吸入管内的气体裹携出去,然后正常吸排液体。为方便返回的液体重新进入吸轮,叶轮常用不带前盖板的半开式叶轮。

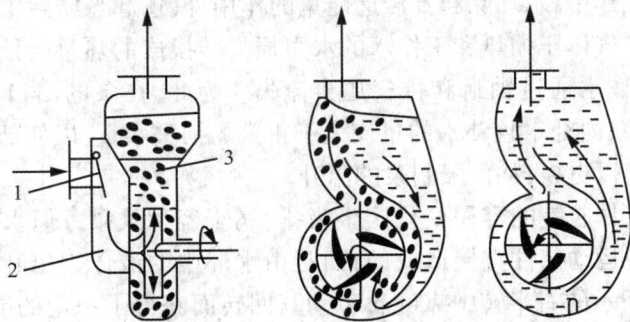

图5-2-14　自吸式离心泵
1—吸入单向阀;2—吸入室;3—气液分离器

2.带水环泵的离心泵自吸装置

（1）水环泵

①水环泵的结构

水环泵有单作用式和双作用式两种。单作用式水环泵在船上较为常见，下面以单作用式水环泵为例来讲解。图 5-2-15 为一台单作用式水环泵。它主要由叶轮 1、侧盖 2 和泵体 3 组成。叶轮偏心安装，其上的叶片采用前弯叶片(小型泵采用径向叶片)。侧盖上开设有吸入口和排出口，吸入口 4 较大，排出口 5 较小，分别与吸入管和排出管相通。

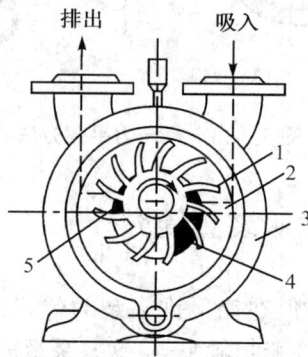

图 5-2-15 单作用式水环泵结构简图
1—叶轮;2—侧盖;3—泵体;4—吸入口;5—排出口

②水环泵的工作原理

工作前泵内充以一定数量的工作水是水环泵能够工作的必要条件。向泵充入水后，当叶轮旋转时，水被带动旋转，形成一紧贴泵壳内壁的水环。水环内表面与叶轮轮毂表面及两侧盖端面之间形成一个月牙形的工作空间。该空间被叶轮的叶片分隔成若干个互不相通的腔室。这些腔室的容积随着叶轮的回转将会周期性地变大和变小。显然，腔室容积变大时将会吸入气体，腔室容积变小时将会挤压和排出气体。吸入、压缩和排出三个工作阶段便组成了水环泵的一个工作循环。

在水环泵的工作中，水环除起到传递能量的作用外，还起着密封工作腔室和吸收气体压缩热的作用。气体压缩热和工作水的水力损失转换成的热量会使部分工作水在工作过程汽化，而工作水通过轴封和排气还会流失。为此，在泵的出口常设有气液分离器，并需连续地向泵内补水且补水的量应大于正常的损失水量，以使部分工作水能随气体的不断排出而得以更换，从而限制泵的温升。

水环泵是靠工作腔室的容积变化产生吸排，属于容积式泵。但水环泵工作容积的变化并不是由刚性运动部件直接造成的，而是由水环中的液体进出叶间造成的。这些液体在图 5-2-15 所示的右半转中靠叶轮带动其回转而获得了一定的能量，并被甩到叶外的流道中;而在其进入左半转后，也就只能凭借其已获得的动能挤入叶间，压缩气体。这样，叶轮外的液体流速必然会随着压力的升高而降低。当排出压力升高到一定的数值时，叶轮外液体的速度也就会降到很低，从而不能进入叶间去压缩气体。也就是说，水环泵中的气体在压缩阶段压力能的增加完全是靠工作水获自叶轮的动能转换而来的。因此,水环泵提高所输送介质压力的能力是有限的,这一点又像叶轮式泵。

③水环泵的特点

a.自吸能力很强,当工作水温为 15 ℃时,单级水环真空泵可达到的最大抽空能力是绝对压力降到 4 kPa（30 mmHg）。但水环泵对于工作水温很敏感。工作水温升高,流量和所能造成的真空度将随之减小。因为工作水温越高,水的饱和蒸汽压力越高,工作水的汽化速度也将加快,从而使抽气流量和可达到的真空度减少;反之,当工作水温较低时,由于吸气中的部分水蒸气可能液化,实际流量和可达到的真空度增加。

b.理论流量主要取决于叶轮的尺寸和转速。转速一般为 1 500 r/min,流量比较均匀,水环泵的最大流量约为 300 m^3/min。

c.所能达到的压力比（排出与吸入绝对压力之比）取决于叶轮的结构尺寸和转速。水环泵的压力比 x 通常都是逐渐增大的。当 $x \leqslant x_{cr}$（临界压力比）时,理论流量不变,随着 x 的增加,实际流量会因泄漏增加而相应减少;当 $x > x_{cr}$ 时,则流量就会迅速减少,而当 $x = x_{max}$（极限压力比）时,流量即降为零,故水环泵即使在关闭排出阀的条件下,其排出压力也不会无限增加,因而无须安全阀。这是水环泵与其他容积式泵的最大不同之处。

d.效率较低。这不仅是因为水环泵的容积效率不高（一般为 65% ~ 82%,压缩比小、尺寸大的泵容积效率取较大值）,更主要是由于水力效率较低。在排送气体时水环泵的总效率一般为 30% ~ 50%,最高不超过 55%。如用以排送液体,则效率更低,不超过 20%,故一般都不用来排送液体。

e.工作过程接近于等温压缩,因此它适用于输送易燃、易爆、有毒或温度升高时容易分解的气体,水环泵输送的气体不受滑油污染。

f.水环泵结构简单,没有相互直接摩擦的零件,没有吸、排阀,容易维护,工作平稳,噪声小。

④水环泵的维护与管理

a.启动、运转和停车

除与前述回转泵类似以外,水环泵的维护与管理还应注意:

Ⅰ.水环泵的径向间隙很大,主要靠水环密封,所以泵在使用前必须灌入适量的水。

Ⅱ.水环泵用作抽气泵时,运行中需不断补充工作水,以弥补由排气、汽化、泄漏而造成的工作水减少,同时可置换部分工作水,以限制水温升高。

Ⅲ.水环泵不允许长时间封闭运转,否则会引起工作水温度升高。

b.检修维护要点

Ⅰ.转向与连接。检修时应注意电动机接线不要接错转向,必须与标定转向一致。泵和电动机应保持良好对中。

Ⅱ.重要部件。拆装时叶轮方向不能装反;叶轮两侧端盖的位置绝不能改变,否则会引起吸、排口错位而不能正常工作。

Ⅲ.重要间隙。水环泵叶轮和侧盖之间的轴向间隙对容积效率影响甚大,一般轴向间隙应保持在 0.10 ~ 0.25 mm,必要时可对垫片厚度予以调整。

泵检修装复后,用手转动泵轴,应转动灵活。手感为既无卡阻也不松动时,大体说明间隙正常。

（2）水环泵自吸装置的工作原理

图 5-2-16 为离心泵的水环泵自吸装置的工作原理图。驱动离心泵 1 的电机 4 可同时靠离合器 5 驱动水环真空泵 6。使用前，气液分离柜 2 应加满水，并开启其底部补水管上的旋塞向水环泵预冲工作水，截止止回阀 3 也要开启。启动离心泵时，靠离合器同时驱动水环泵工作，水环泵吸气管从离心泵的吸入管中抽气排往气液分离柜进行气液分离，气体冒逸，水则落入柜中，再经补水阀连续向水环泵补水。一段时间后，离心泵吸入管中的气体被抽走，水即进入离心泵。

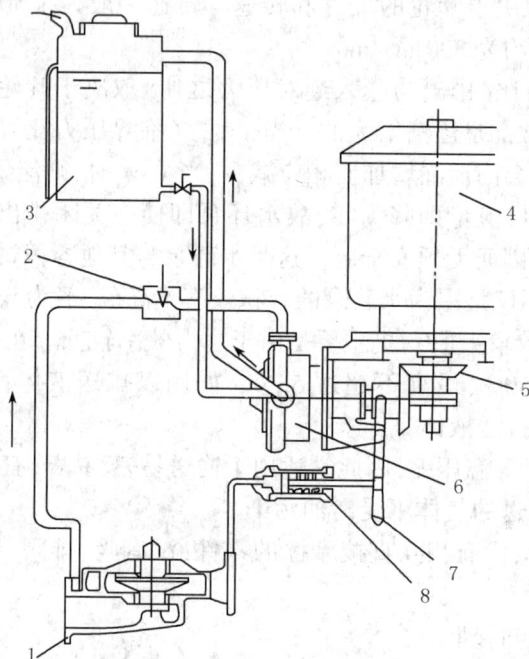

图 5-2-16 离心泵的水环泵自吸装置工作原理图
1—离心泵；2—气液分离柜；3—截止止回阀；4—电机；5—离合器；6—水环真空泵；7—控制杆；8—液压缸

当离心泵自吸成功并建立压力后，排出压力水进入液压缸 8 克服弹簧推动控制杆（液压缸失灵时，可手动应急操纵控制杆使之脱开），使离合器脱开，水环泵停止工作；开启离心泵排出阀使之投入工作，此时截止止回阀 3 在水环泵停后，靠重力自动关闭，避免气液分离柜 2 中的气体漏入离心泵吸入侧。但离心泵停止后需关排出阀，否则会顶开截止止回阀 3 向分离柜和水环泵倒灌。为防倒灌，可将截止止回阀 3 改为自动阀控制。

这种装置无须借助压缩空气即可工作，其缺点是在离心泵自吸完成之前离心泵处于干摩擦状态，因而泵不允许使用机械轴封和以水润滑的轴承。

3.带空气喷射器的离心泵自吸装置

图 5-2-17 为采用空气喷射器的离心泵自吸装置工作原理图。将控制箱 5 上的选择开关置于自动（AUT）位置，按下按钮启动离心泵，因泵尚未建立压力，压力继电器 4 的常闭触点处于闭合状态，电磁阀 1 通电开启，0.5~0.7 MPa 的压缩空气进入空气喷射器 2，同时使常闭式气动阀 3 开启，开始抽吸离心泵吸入管中的气体，同时控制电路中时间

继电器开始通电计时。

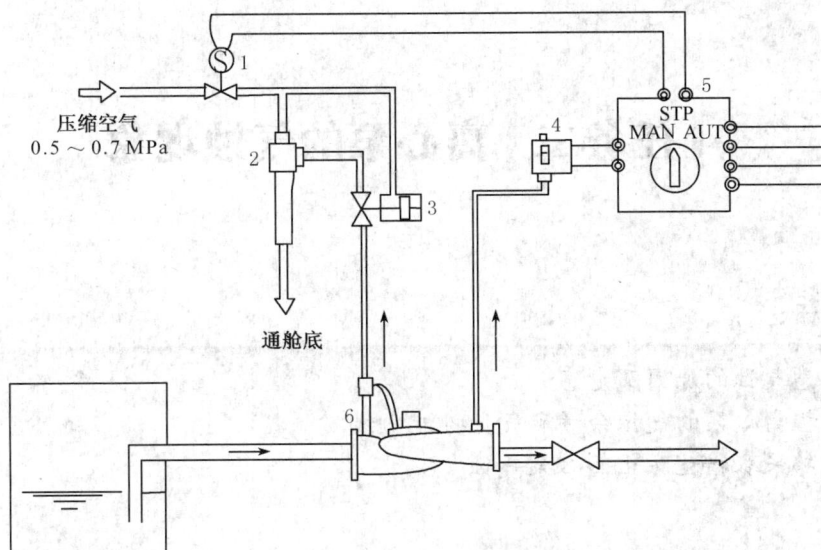

图 5-2-17　采用空气喷射器的离心泵自吸装置工作原理图

1—电磁阀;2—空气喷射器;3—常闭式气动阀;4—压力继电器;5—控制箱;6—离心泵

当时间继电器设定的延时时间达到后,电机常开触电闭合,离心泵运转,这时如果自吸成功,泵便产生排出压力,使压力继电器的常闭触点断开,电磁阀1断电关闭,空气喷射器停止工作;如果泵在运行中一旦吸入过多气体引起排压下降,则压力继电器的触点再次闭合,重开电磁阀,再次抽气。

万一压力继电器失灵,也可将控制箱上的选择开关在开启(MAN)和关闭(STP)位转换,使电磁阀1启闭,人为控制喷射器的工作。

这种自吸装置靠来自空气瓶的低压气源(0.5~0.7 MPa)来为离心泵抽气引水,结构紧凑,离心泵可延时启动,从而避免了干转。但延时时间需根据泵的实际状况在0~180 s内准确调节,正确的调节是使延时时间较短,但不能短于自吸所需时间,避免自吸成功前启动泵而造成干转。故有的在离心泵的抽气管上设有浮子室,只有自吸成功使浮子开关闭合才会启动离心泵和停止抽气,可使泵完全避免干转。但浮子开关的故障率显然比时间继电器高得多。

配有自吸装置的离心泵如果长时间连续工作,吸入管无须设置底阀;但若每天需要启停多次,即使配有自吸装置,也最好设置底阀,否则,每次启动时需启用自吸装置,势必延误工作时间,并造成能量浪费。

任务三 离心泵的气蚀现象

任务 3.1　气蚀的原因及危害

　　任何泵在工作时其吸入真空度都必须小于该泵的允许吸上真空度,否则液体在吸入泵内后就可能汽化,出现气穴现象。离心泵吸入的液体在从泵吸入口流到叶片进口开始提高能量前,还会因流速增加(进叶轮后通流截面积减小且流速分布不均匀)和流阻损失而使压力进一步下降。当泵的流量小于设计流量时,液流在进口的相对速度 w_1 撞击叶片正面,压力最低的部位出现在叶片进口处靠近前盖板的叶片背面上,如图5-3-1中 K_2 处所示。而当泵流量超过设计流量时,液流撞击叶片背面,压力最低的部位就会发生在叶片进口靠近前盖板的叶片正面上,如图 5-3-1 中 K_1 处所示。如液体的压力降低到饱和蒸汽压力 p_v 或更低时,液体就会汽化而产生大量的蒸气泡,其中还有原来溶于液体现因压力降低而逸出的气体,这种现象称气穴现象,又叫空泡现象。这些小气泡随液体流到高压区,其中的蒸汽就会迅速凝结,而气体也会重新溶入液体,从而造成局部真空,这时四周的液体质点会以极大的速度冲向真空中心,并且互相撞击,产生局部高达几十兆帕的压力,引起频率为 $600 \sim 25\,000$ Hz 的噪声和振动。这时泵的流量、扬程和效率都将降低,严重时还会导致吸入中断。气穴破灭区的金属因受高频、高压的液击而发生疲劳破坏;另外,由液体中逸出的氧气等借助气泡凝结时的放热,也会对金属起化学腐蚀作用;在上述的双重作用下,叶轮外缘的叶片及盖板、蜗壳或导轮等处会产生麻点和蜂窝状的破坏。泵工作中这种因气泡形成和破灭致使材料破坏的现象,即称为气蚀。因气蚀而损坏的叶轮如图 5-3-2 所示。

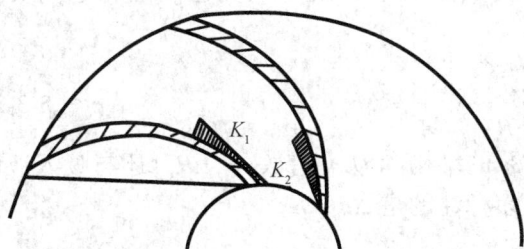

图 5-3-1 离心泵的压力最低部位　　　　图 5-3-2　气蚀损坏的叶轮

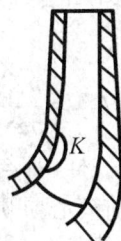

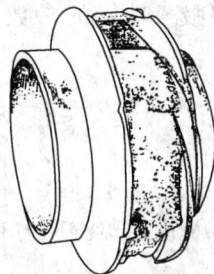

任务 3.2　离心泵的气蚀余量

气蚀余量,是指泵入口处液体所具有的总水头与液体汽化时的压力头[饱和蒸汽压力头 $p_v/(\rho g)$]之差,用 Δh 表示。国外称净正吸上水头,用 NPSH(Net Positive Suction Head)表示。气蚀余量又有有效气蚀余量(或称装置气蚀余量)Δh_a、必需气蚀余量 Δh_r 和临界气蚀余量 Δh_c 之分。

1.有效气蚀余量 Δh_a

有效气蚀余量 Δh_a 是指泵工作时实际所具有的气蚀余量,它取决于泵的安装条件,即吸入条件(p_s、吸高、管阻),液体的性质、温度(即液体的饱和压力 p_v),而与泵本身的结构尺寸无关。它表示液体在泵进口处水头超过汽化压力头的富余能量,即

$$\Delta h_a = \left(\frac{p_s}{\rho g} + \frac{v_s^2}{2g} + z \right) - \frac{p_v}{\rho g} \quad \text{m} \qquad (5\text{-}3\text{-}1)$$

式中:z——泵吸入口的位置头,m;

p_s——泵吸入口的绝对压力,Pa,$p_s/(\rho g)$ 为绝对压力头;

v_s^2——泵吸入口的流速,m/s,$v_s^2/(2g)$ 为速度头;

p_v——泵吸入口液体的饱和压力,Pa,$p_v/(\rho g)$ 为汽化压力头。

有效气蚀余量 Δh_a 越大越好。

2.必需气蚀余量 Δh_r

必需气蚀余量 Δh_r 是指泵为了避免气蚀所必需的气蚀余量。它取决于泵进口部分的几何形状以及泵的转速和流量,反映了液体进泵后压力进一步降低的程度,而与泵的吸入条件及所吸液体的饱和蒸汽压力 p_v 值无关。Δh_r 越小,表明泵的抗气蚀性能越好。叶轮式泵的产品说明书按规定必须给出 Δh_r 值。Δh_r 随 Q 的增大而增大,是因为流量增大时,液体进泵后的压降也增加。

3.临界气蚀余量 Δh_c

Δh_c 的数值用理论计算的方法很难准确求得,目前都用气蚀试验来确定。GB/T 10832—2008 规定,在试验中逐步增大吸入真空度,当泵扬程或效率下降(2+K/2)%时的气蚀余量称为临界气蚀余量,用 Δh_c 表示。而以 Δh_c 加上不小于 0.3 m 的余量定为必需气蚀余量 Δh_r。为防止泵损坏,要求 $\Delta h_a > 110\% \Delta h_r$(两者差值不小于 0.5 m)。

必需气蚀余量 Δh_r 和允许吸上真空高度[H_s]都是由同样的气蚀试验得出的用以表

示泵吸入性能的参数,故其性质是一样的,只是表示方式不同而已。两者之间关系如下:

$$[H_s] = \frac{p_a}{\rho g} - \frac{p_v}{\rho g} + \frac{v_s^2}{2g} - \Delta h_r \tag{5-3-2}$$

区别在于,$[H_s]$ 除了和 Δh_r 一样,都与泵的结构和 Q、n 有关外,$[H_s]$ 还与吸入液面气压及饱和蒸汽压力有关。目前离心泵更多标注的是 Δh_r。

任务 3.3 离心泵的气蚀特性曲线

图 5-3-3 为离心泵的气蚀特性曲线,当 Δh_a 下降发生气蚀时,有三种情况。

1.潜伏气蚀

在 Δh_a 接近 Δh_r 但尚未降到很低时,气泡虽已产生但尚未发展到很多,泵的性能参数也看不出有显著的变化。这种气蚀实际已经发生但尚未明显影响到泵性能的情况称为潜伏气蚀。泵长期处在潜伏气蚀工况下工作部件也会受到破坏,因而应该避免其发生。

2.不稳定气蚀

当 Δh_a 降到低于 Δh_r 时,气泡就已发展到一定程度,它会使叶道间的通流截面明显减小,气泡破灭时的液压冲击也要消耗能量,故泵的流量、扬程和效率都将明显降低,同时将产生噪声和振动,这时测得的流量和扬程出现脉动,即图 5-3-3 中泵特性曲线上画有斜线段的部分,称为不稳定气蚀区。泵在不稳定气蚀工况下工作时部件容易受到破坏。

3.稳定气蚀

当 Δh_a 进一步降低,液流在叶片进口处叶背一侧就开始出现脱流,形成蒸汽和水两相区域。试验表明,这时由于液流中的含汽量增加,气泡破灭时所引起的液压冲击就会明显减轻,流量和扬程的脉动消失。这时降低管路阻力只能减小扬程,使两相区的长度增加,而泵的流量几乎不再增大,在特性曲线上表现为一条近似下垂线,称为断裂工况,而特性曲线上开始陡降的那一点(K_1、K_2、K_3)称断裂点。泵在工况点处于断裂工况线上工作时振动和噪声并不强烈,部件的气蚀破坏也不明显,这种工况也称为稳定气蚀。

图 5-3-3 中分别给出了不同吸高($z_{s3} > z_{s2} > z_{s1}$)时装置的 $Q-H$ 曲线和 $\Delta h_r - Q$ 曲线。泵的 $Q-H$ 曲线中泵的吸高 z_s 越大,有效气蚀余量 Δh_a 越小,断裂工况就越向小流量方向移动,泵不发生气蚀的流量范围也就越小。

比转数 n_s 不同的泵受气蚀影响的情况不同,气蚀特性曲线也有差异。中、低比转数的离心泵叶片流道比较窄长,发生气蚀后气泡很快就会布满流道,使扬程、效率急剧下降,其特性曲线具有明显的断裂点;其中低比转数的泵发生气蚀后很快就会造成断流,难以出现稳定气蚀的工况。高比转数的离心泵、混流泵或叶轮进口直径大的高气蚀性能离心泵,叶片间的流道短而宽,所以发生气蚀后气泡不会迅即布满流道,从而使特性曲线在达到断裂点之前有较长的一段扬程和效率逐渐下降的部分。

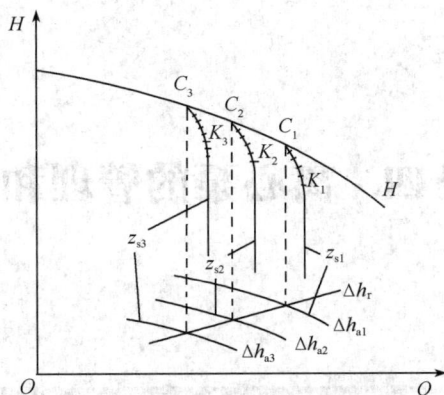

图 5-3-3　离心泵的气蚀特性曲线

任务 3.4　防止离心泵气蚀的措施

目前,除某些螺旋桨、轴流泵和离心式冷凝水泵可使其在稳定气蚀工况下工作外,其他大多数离心泵要避免在工作中出现气蚀。

在船用泵中,最容易出现气蚀现象的离心泵有三类:

(1)输送液体温度较高的泵,如锅炉给水泵、热水循环泵;

(2)吸入液面真空度较大的泵,如冷凝器和海水淡化装置中的凝水泵;

(3)工作过程中吸高会显著变化的泵,如液货泵等。

这些泵要么 p_v 较高,要么 p_s 较低,因而 Δh_a 较小,容易发生气蚀。要防止气蚀,一方面要提高装置的有效气蚀余量 Δh_a,另一方面要设法减小泵的必需气蚀余量 Δh_r。

(1)提高装置的有效气蚀余量 Δh_a 的措施有:尽可能减小吸入管路的阻力,如要开足吸入管路上的阀门、及时清洗吸入滤器、防止流量超过额定值等;减小吸上高度或增大流注高度;控制液体温度不要过高。

(2)减小泵的必需气蚀余量 Δh_r:在设计时尽量改进叶轮入口处的几何形状,例如加大叶轮的进口直径和叶片进口边的宽度,增大叶轮前盖板转弯处的曲率半径,采用扭曲叶片或双吸叶轮等;或者在泵的进口加设诱导轮。

(3)提高叶轮抗气蚀性能:采用强度和硬度高、韧性和化学稳定性好的抗气蚀材料来制造叶轮,以及提高通流部分表面的光洁度。

工作中泵如果出现气蚀现象(如吸入真空度大于允许吸上真空度,泵产生噪声、振动和性能下降),可采取的措施有:设法降低液温,减小吸上高度或增加流注高度,设法减小吸入管路阻力,关小排出阀或降低转速以降低流量等。

任务四 | 离心泵的管理和应用

学习目标：

1.掌握离心泵的管路特性曲线和工况点
2.能正确调节离心泵的工况
3.掌握离心泵的并联和串联工作
4.能正确操作离心泵
5.了解离心泵在货油系统中的应用

任务 4.1 离心泵的管路特性曲线和工况点

1.管路特性曲线

离心泵的实际工况可由离心泵的一组工作性能参数来表示,所以常将离心泵的实际工作参数组称为离心泵的工况或工况点。离心泵的实际工况并不一定等于额定工况,离心泵的实际工况取决于泵的特性(曲线)和管路特性(曲线)。

管路特性曲线是表明液体流过某既定管路时所需的压头与流量间的函数关系曲线。液体从吸入液面通过某一管路流至排出液面所需的压头包括三个方面:

(1)单位重量液体克服吸、排液面存在的高度差所需的能量,即位置头 Z;

(2)单位重量液体克服吸、排液面存在的压力差所需的能量,即压力头$(p_{dr}-p_{sr})/(\rho g)$;

(3)单位重量液体克服管路阻力所需的能量,即管路阻力 $\sum h$。管路阻力 $\sum h$ 与管路中流速的平方成正比,故也与流量的平方成正比,即 $\sum h = KQ^2$,式中常数 K 为管路阻力系数。

其中,位置头 z 和压力头$(p_{dr}-p_{sr})/(\rho g)$与管路流量 Q 无关,在流量变化时,它们静止不变,故称为管路的静压头,用 H_{st} 表示,即

$$H_{st} = Z + (p_{dr} - p_{sr})/(\rho g) \tag{5-4-1}$$

因此,单位重量液体从吸入液面通过某一管路流至排出液面所需的压头为

$$H = H_{st} + \sum h = Z + (p_{dr} - p_{sr})/(\rho g) + KQ^2 \tag{5-4-2}$$

管路特性曲线如图 5-4-1 所示:静压头 H_{st} 与流量无关,函数关系曲线是一条水平线,而管路阻力 $\sum h$ 与流量的平方成正比,是一条二次抛物线,其向上倾斜的程度取决于管路阻力系数的大小;它们叠加而成的管路特性曲线在纵坐标的起点位置取决于管

路的静压头。当管路阻力变化时,如关小排出阀时,K 值增加,曲线变陡,从曲线 A 变为曲线 A′;再如,向一压力容器供水,随着水位的上升,排出液面压力随之升高,于是,静压头 H_{st} 增大,曲线上升,从曲线 A 变为曲线 A″。

2.离心泵的工况点

泵的特定曲线 Q-H 和管路特性曲线 $H=H_{st}+KQ^2$ 的交点 C,即为离心泵的工况点。交点 C 所表明的参数即离心泵在该管路条件下的工作参数,此时,泵所产生的压头正好等于液体流经管路所需要的压头。

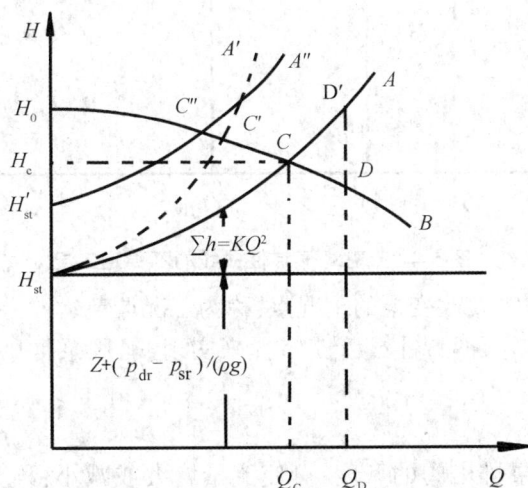

图 5-4-1　管路特性曲线与泵的工况点

离心泵有自动平衡的能力。若受一外界因素的干扰,如转速脉动,使泵的流量暂时增加,即泵的工况点向右移至 D,则产生的扬程 H_D 将减小,不能满足液体以大流量流过该管路所需的压头 $H_{D'}$,则液体流过泵的流量将减小,直到流量回到 Q_C,即工况点 C 点为止。这样的工况是稳定工况。

若关小排出阀,管路阻力系数 K 变大,工况点由 C 移到 C',则泵的流量减小,扬程增大,泵在新的工况点下稳定工作。

通常情况下,泵的特性曲线是向下倾斜的,工况点稳定。有驼峰形扬程曲线的泵向流动阻力较大的管路输液,如向压力容柜供液,如图 5-4-2 所示,开始时其压力 p_{dr} 并不太高,管路的特性曲线如Ⅰ所示,泵在工况点 A 向水柜供水;随着 p_{dr} 的升高,管路特性曲线可能是Ⅱ、Ⅲ,如果在Ⅱ和Ⅲ之间,那么,将有两个工况点,其中左边工况点工作不稳定,会产生液体倒灌、噪声、振动,甚至喘振等现象。

离心泵要尽量避免使用有驼峰形扬程特性曲线的泵,并在设计时注意向静压头较高的容器供液时不要选用扬程太低的泵。同时也要注意使泵尽可能地在额定工况点工作,因为在额定工况下工作效率最高。

任务 4.2　离心泵的工况调节

离心泵在实际工作中的扬程和流量是由泵的特性曲线和管路特性曲线的交点——工况点决定的。在船上,各种冷却水泵、锅炉给水泵、凝水泵、货油泵等在工作中往往需

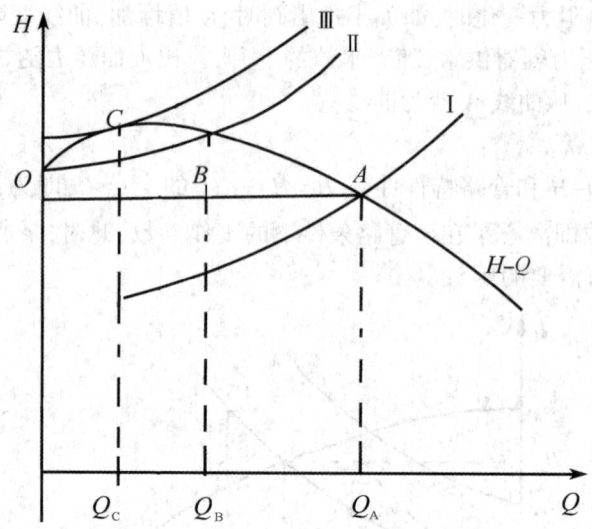

图 5-4-2　驼峰形特性曲线的不稳定工况

要调节流量,也就是说需要改变泵的工况点,称为工况调节。

工况调节可借改变泵的特性或管路特性来实现,船用泵常用的工况调节方法有以下几种。

1.节流调节

增加或减小离心泵排出阀的开度,可使流量增大或减小,称为节流调节。图 5-4-3 示出离心泵的节流调节工况。由图可见,随着排出阀开度的减小,管路曲线变陡,例如从 R 变为 R_1,泵的工况点就从 A 点移至 A_1 点,流量也就相应地从 Q_A 减小为 Q_1。同时,轴功率 P 降低,允许吸上真空度 H_s 增大。这时泵的工作扬程虽然由 H_A 提高到 H_1,但是原管路所利用的扬程仅为 H_1',扬程 H_1-H_1' 是关小排出阀后所增加的节流损失。而节流后工况点偏离设计工况点,泵本身的效率也会降低。

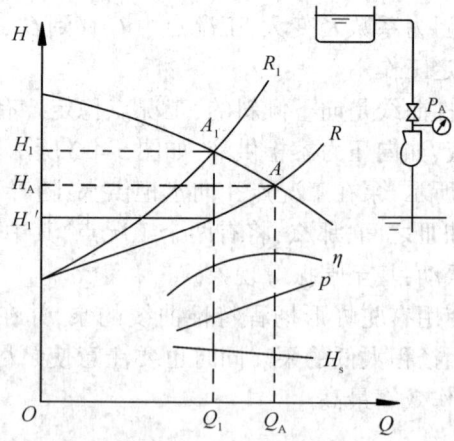

图 5-4-3　离心泵的节流调节工况

节流调节简便易行,故应用普遍,但经济性差;而且节流程度太大,当以很小流量工作时,泵有可能发热。当泵的特性曲线比较平坦(n_s 小的离心泵),管路特性曲线也较平坦(管路阻力不大)时,采用节流调节损失较小。

减小吸入阀的开度虽也能实现节流调节,但会使泵在吸入截止阀后的吸入压力降低,有可能产生气穴现象,甚至失吸,故应慎用。

2.回流调节

改变旁通回流阀的开度,改变液体从泵排出口流回吸入管路(或容器)的流量,以调节主管路的实际流量,称为回流调节。

回流调节时泵的工况点的变化如图 5-4-4 所示。当回流阀全关时,泵只向主管路供水。假设泵在某一转速下的特性曲线为 $A_1A'A$,主管路的特性曲线为 R_1,工况点就是两者的交点 A_1,流量和扬程分别为 Q_1 和 H_1。当回流阀开启后,泵即同时向主管路 1 和回流管 2 供水,而回流管的特性曲线为 R_2。这时,液体向两条管路流动都是靠泵所产生的同样的扬程。两条管路的总流量则等于每条管路在该扬程下的流量之和。因此,增加了回流管的并联管路的特性曲线 R 应按"在同样扬程下,两并联管路流量相加"的原则,由 R_1 和 R_2 叠加而成。曲线 R 和泵特性曲线的交点 A,就是回流阀开启后的工况点。这时,泵的扬程由 H_1 降为 H_A,流量由 Q_1 增加为 Q_A,主管路的流量却由 Q_1 减小为 Q_3,其中 $Q_A - Q_3 = Q_4$ 的流量则经回流管返回吸入侧。

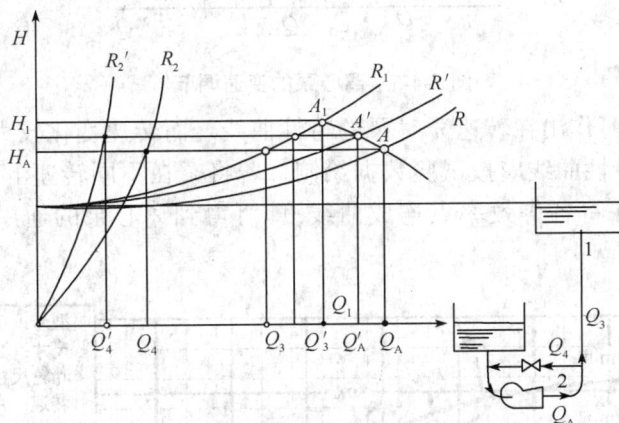

图 5-4-4　离心泵的回流调节工况

关小回流阀,回流管的特性曲线变陡,变为 R_2',总的管路特性曲线变为 R',这时工况点移至 A',泵的流量由 Q_A 减为 Q_A',回流量相应地由 Q_4 减为 Q_4',主管路流量则由 Q_3 增为 Q_3'。相反,若开大回流阀,则主管路的流量减少。

回流调节法对离心泵来说经济性很差。因为开大回流阀,减少了主管路中的流量,泵的流量和轴功率反而增加,甚至可能超过额定功率,这里有相当一部分功率浪费于回流液体的阻力损失上了。而且随着泵的流量增大,允许吸入真空度降低而实际吸入真空度增大,如后者超过了前者,即可能发生气蚀。因此,只有在某些特殊场合下,例如锅炉给水泵有时要求将流量调到很小,这时单用节流调节难以精确,则可用回流调节作为补充调节手段。

回流调节的回流管以不直接通泵吸口为宜,否则小流量液体工作时其容易因循环而发热。

3.变速调节

通过调节离心泵转速来改变泵的特性曲线,从而实现工况调节的方法,称为变速调节。

如图 5-4-5 所示,当泵的转速由 n 变为 n' 时,如果转速的变化量不是很大,变化前、后的流量、扬程和轴功率可通过比例定律计算：

$$Q/Q' = n/n' ; H/H' = (n/n')^2 ; P/P' = (n/n')^3$$

变速调节能使泵在较大范围内保持较高的效率,经济性比节流调节、回流调节都好,而且降速不会引起气蚀。但转速改变有一定的限制,一般转速增加不超过 10%,降低不超过 50%。

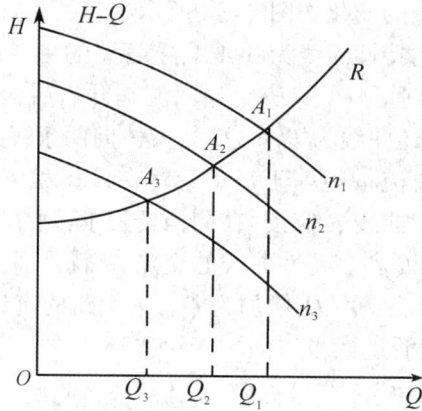

图 5-4-5　离心泵的变速调节

根据比例定律可作出在转速 n 时泵的特性曲线。而转速变化较大时,比例定律误差较大,变速后的特性曲线应按试验数据绘制。若将泵在不同转速下的特性曲线画在同一个坐标图上,并将各等效率点连成曲线,即可得到离心泵的通用特性曲线,如图5-4-6 所示。

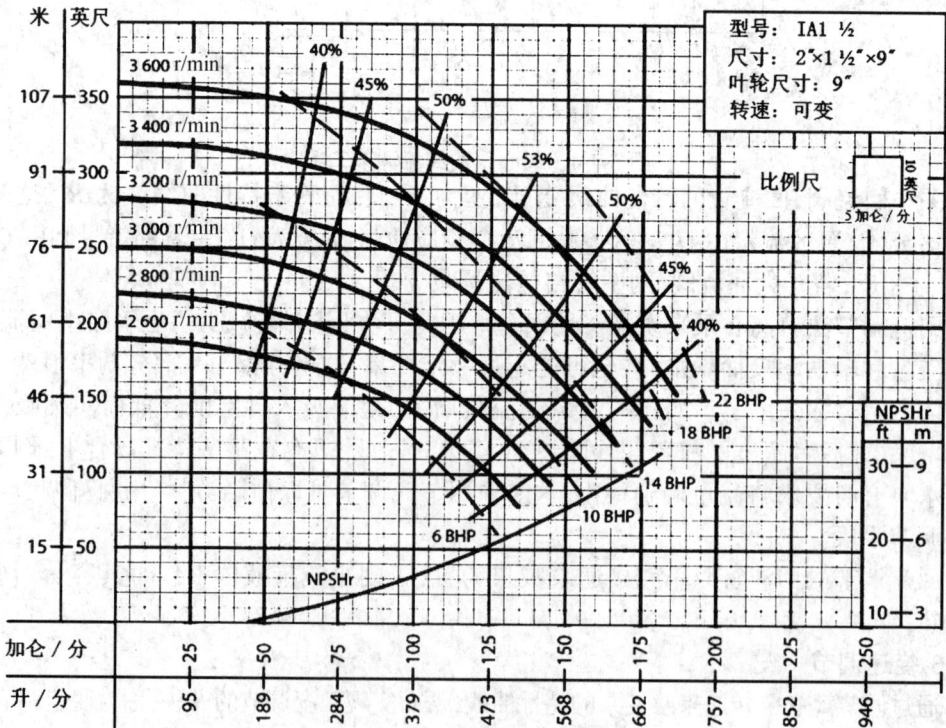

图 5-4-6　离心泵的通用特性曲线

近年来随着交流变频技术的发展,在某些采用中央冷却器的船上,有的已采用变频交流电动机拖动的主海水泵实现了变速调节。由于增加转速将会使泵的功率和排出压力增大,气蚀性能降低,若须超过额定转速使用,必须征得制造厂家的同意。

4. 叶轮切割法

若某些离心泵的流量和工作压力超出实际需要,可用切割叶轮外径的方法来降低离心泵的特性曲线(如图 5-4-7 所示),使工况参数改变,从而节省功率。制造厂家亦常将原型叶轮车削外径后制成一些派生的型号,以扩大产品的适用范围。

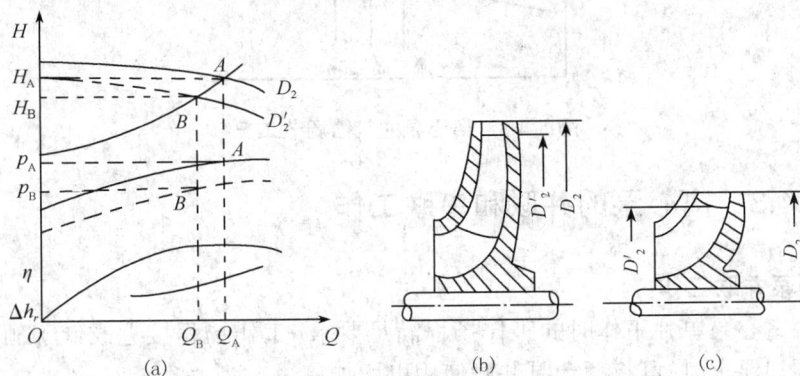

图 5-4-7 离心泵的切割调节法

切割前后流量、扬程和轴功率可通过切割定律计算:

$$Q/Q' = (D_2/D_2') ; H/H' = (D_2/D_2')^2 ; P/P' = (D_2/D_2')^3$$

为了不使叶轮切割后效率下降过多,不同比转数的泵其叶轮的最大允许切割量如表 5-4-1 所示。

表 5-4-1 叶轮外径允许的最大切割量

n_s	60	120	200	300	350
$(D_2-D_2')/D_2$	20%	15%	11%	9%	7%
效率下降值	每切割 10% 下降 1%			每切割 4% 下降 1%	

中、低比转数的叶轮,应做等外径的车削。为了减少圆盘摩擦损失,也有将前、后盖板同时切去的。

高比转数叶轮则应斜向车削,使叶片靠前盖板处的外径大于靠后盖板处的外径,而平均外径应符合车削量的要求。

对导轮式离心泵,一般车削叶片时不车削盖板,以便使叶轮外径与导叶的间隙保持不变,这样能较好地引导水流。

5. 气蚀调节法

运用泵的气蚀特性曲线在流量达到某种程度时,其特性曲线就会出现断裂工况线。如 5-4-8 所示,凝水水位越低,即流注高度越小,有效气蚀余量也就越小,断裂工况线就越向小流量的方向移动。气蚀调节法就是使泵的工况点 A_1、A_2、A_3……落在断裂工况线上,使泵在稳定的气蚀状况下工作。当凝水水位降低时,工况点 A 即自动向小流量方向移动。这样不仅很方便地实现了自动调节,而且运行经济性很好。

气蚀调节法多用于真空度大的凝水泵,实现凝水水位的自动调节。

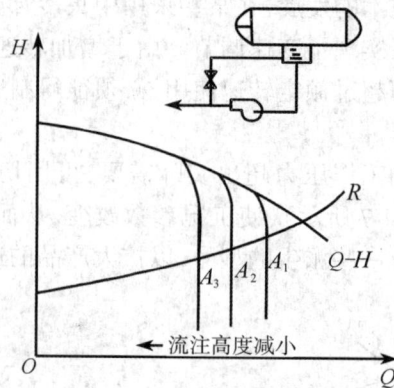

图 5-4-8　离心泵的气蚀调节工况

任务 4.3　离心泵的并联和串联工作

1.离心泵并联工作

当一台离心泵单独工作时的工作扬程满足要求(工作扬程接近或低于额定扬程),而流量达不到要求时,可将两台泵并联使用以增加流量。

两台泵并联时排出压力必然相同,而吸入压力一般不会相差太大,故可认为泵的工作扬程相同;总的流量则为两台泵在并联工作扬程下各自流量之和。因此,可按"每一扬程下并联泵流量叠加"的原则,由每台泵的特性曲线求出泵并联后的扬程特性曲线。

如图 5-4-9 所示,管路特性曲线的交点 A、B、C,分别代表每台泵单独工作时以及两台泵并联工作时的工况点。可见,泵并联工作时的总流量 Q 比每台泵单独工作时的流量 Q_1 或 Q_2 大,但小于两泵单独工作时的流量之和,即 $Q<Q_1+Q_2$。这是因为并联时系统中流量增大,流阻增大,泵是在比单独工作时更高的扬程下工作,因而每泵的流量 Q_1'、Q_2' 分别比单独工作时的流量 Q_1、Q_2 小,故两台离心泵并联后的总流量 Q 达不到各泵单独工作时的流量之和,即 $Q<Q_1+Q_2$。

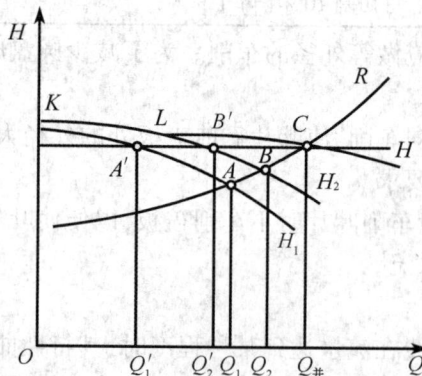

图 5-4-9　离心泵的并联工作工况

当两台并联泵的扬程特性曲线不同时,若扬程较高的泵在该系统单独工作时的工作扬程大于另一台泵的最高扬程(即工况点落在特性曲线的 KL 段),则泵并联后另一台扬程较低的泵可能发生倒灌(如出口没有止回阀),或在零流量下运转而发热。因此,泵并联运行时一般都采用型号相同的泵,或至少是扬程相近的泵,而管路也应以阻力较小(特性曲线较为平坦)为宜。

若特性相同的两台离心泵在某管路中单独工作时,各泵的流量为 Q,扬程为 H,在同管路中并联工作时,其流量为 $Q_并$,扬程为 $H_并$,关系为: $Q<Q_并<2Q$, $H_并>H$。

2.离心泵串联工作

离心泵的流量满足要求(工作扬程接近封闭扬程),而扬程无法满足所在系统的需要,则可通过采取将两台或几台泵串联工作的方法来解决。

串联工作时,各泵的流量相等,总的扬程则等于串联后各泵工作扬程之和。因此,泵串联工作的扬程特性曲线 H 可按"相同流量下各串联泵的扬程叠加"的原则,由各台泵的扬程特性曲线 H_1、H_2 叠加而成。

如图 5-4-10 所示,串联时的工况点就是 H 曲线与管路特性曲线的交点 A。显然,这时泵组的扬程已大大提高。串联工作时的总扬程 H_A 比每台泵单独工作时的扬程 H_1、H_2 都高,却小于两泵单独工作时的扬程之和,即 $H<H_1+H_2$,而泵串联工作时的总流量 Q_A 比每台泵单独工作时的流量 Q_1 或 Q_2 大。

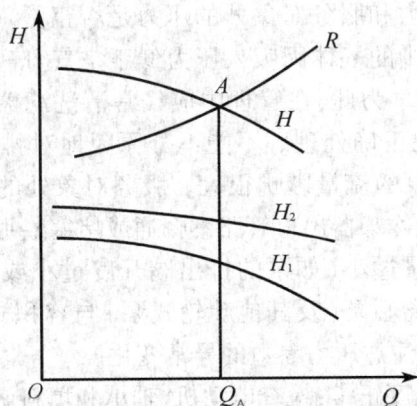

图 5-4-10　离心泵的串联工作工况

串联时,各泵的型号不一定要相同,但其额定流量应相近,否则就不能使每台泵都处于高效率区工作。此外,串联在后面的泵其吸、排压力都将比单独工作时要高,故应注意其密封情况和强度能否允许。

若特性相同的两台离心泵在某管路中单独工作,各泵的流量为 Q,扬程为 H,在同管路中串联工作时,其流量为 $Q_串$,扬程为 $H_串$,关系为: $H<H_串<2H$, $Q_串>Q$。

任务 4.4　离心泵的操作

1.启动

(1)检查润滑油或油脂情况。用油环润滑的轴承,油环应被浸没约 15 mm;用油脂润滑的轴承,油量应占轴承室容积的 $1/3\sim1/2$,若之前累积工作已达 500 h 左右,应在启动前换油。

(2)检查水密状况。离心泵常用作水泵,启动前应采取措施(如注水、引水等)确保泵内有水,以防填料等处因干摩擦而损坏。

(3)检查气密状况,防止吸入空气。吸入空气不但会使流量减少,而且会在工作中产生气蚀和噪声。为此除保持吸入液面有足够的高度外,还要防止吸入管泄漏。

(4)检查电气系统是否处于适宜启动泵的备用状态。

(5)开足吸入阀,除排出截止阀暂时保持关闭外,排出管路上其他通向接收液体的容器、设备等的阀全部开足,对带自吸装置的离心泵还需将排气阀打开。

(6)外观检查机器是否处在适宜启动状态。移除一切可能妨碍机器运转的物件。

(7)久置未用或刚检修过的泵,应用手盘动联轴器1~2转,以检查运动部件有无卡阻和异常,并有利于使滑油或油脂布于摩擦面。

(8)电机新接过线的情况下要点动启动,以检查电机的转向是否与机体上的标志一致。离心泵反转虽不会造成吸排方向改变,但会造成电机过载和工作效率极低。

(9)接通电源,启动泵,待泵起压后打开排出阀。此过程不应超过2~3 min。若泵的起压时间过长,泵会因干摩擦而损坏;若封闭运行时间过长,泵会因叶轮搅拌液体而发热。排出阀的开度应根据供液对象的压力调节并保持适当开度。

2.运转

(1)检查泵的吸、排压力和服务对象处的压力是否正常。吸入压力不可过低,否则将使溶入水(或被吸液体)中的气体因吸入压力低于空气分离压力而大量析出,使泵产生气蚀,损坏泵内零件表面。为此,在管理中应经常清洗滤器;排出压力异常降低或升高都必须立即找出原因,并正确处理。不能不分原因地对排出阀开度进行盲目调节。泵的服务对象处的压力对泵的流量影响很大。服务对象处的压力过高时,泵的流量可能会过小甚至为零(如海水冷却器出口管路不畅通或堵塞);服务对象处的压力过低,也可能是流经服务对象的流量过小(如泵的排出阀开度过小或泵、管路等处泄漏过大)。工作压力直接导致流量式离心泵(及其他叶轮式泵)与容积式泵在性能方面的重大不同,故在运行管理中应特别注意压力参数的异常变化。

(2)保持吸入液体的温度正常;检查电动机、轴承和填料函等部位有无过热,轴承温升不应超过35 ℃,轴承外表温度不应超过75 ℃;对设有填料箱水封管、水冷轴承、水冷机械轴封的离心泵,应检查并保持其水管通畅。

(3)检查吸入容器和排出容器的液位是否正常,严防吸空而造成干摩擦,或排出容器溢流而造成污染和浪费。

(4)检查电流表,防止超负荷。

(5)仔细倾听泵各运动部件及泵内部有无异常响声,若泵内有严重敲击声,应立即停车检查;若噪声和振动很大而非敲击声,说明可能有空气漏入或吸入液体中的气体析出。检查有无泄漏。轴封处微量的渗漏(填料轴封速度≤60滴/分)是正常的,也是必需的,否则轴封会因摩擦发热而损坏。

3.停车

(1)关闭排出阀。

(2)切断电源停泵。

(3)关闭吸入阀。

(4)泵停用时,如环境温度可能降到0 ℃以下,即应放尽泵内液体,以免冻裂。长期停用的泵,应在外露的金属加工面上(如泵轴、轴承、填料压盖、联轴器等)涂以防锈油,以免锈蚀。

任务 4.5　离心泵的常见故障及其原因、排除方法

离心泵的常见故障及其原因、排除方法如表 5-4-2 所示。

表 5-4-2　离心泵常见故障及其原因、排除方法

故障现象	分析思路	故障原因	排除方法
1.泵启动后不供液,且吸排压力表指针基本不动或吸入真空度不足	吸入表指针不动说明泵无法产生真空,故在无法产生真空方面找原因	1.泵轴不转或叶轮不转; 2.未引水、引水不足、吸入底阀卡在常开位置或引水装置失灵; 3.轴封或吸入管漏气严重; 4.吸入口露出液面	1.检查原动机、联轴器、叶轮销键等; 2.加强引水,检修引水部件或装置; 3.消漏; 4.停泵或降低吸口位置
2.泵启动后不供液,且吸入真空表指示较大真空度	吸入真空度大说明吸入管路不通或阻力大	1.底阀卡在关闭位置或吸入阀未开; 2.吸入滤器淤塞,吸入阻力过大; 3.吸高太大,出现气蚀	1.打开吸入管路各阀; 2.清洗滤器; 3.减小吸高
3.泵启动后不供液,且排出压力小于正常值	有排出压力,但排不出去说明泵本身工作效能降低	1.叶轮与轴打滑; 2.叶轮淤塞或损毁严重; 3.转速太低或反转	1.拆检、修理; 2.疏通、修理; 3.检修原动机与联轴器
4.泵启动后不供液,且排出压力为封闭压力值	排出压力等于封闭压力值,说明泵和吸入是正常的,但排出管路不通或阻力太大	1.排出阀未开或虚开(如闸板阀与阀杆滑丝); 2.排出管路阻力太大或背压太高	1.开阀或检修; 2.减小管路阻力
5.泵流量不足	上述泵不能排液是泵排量不足的极限情况,两者的原因基本相同,仅程度不同而已。分析泵不能排液是以原因为主线的,本故障我们将换一种分析归纳方式,尝试以泵装置结构的空间顺序为主线,从泵装置吸入口至排出口逐一分析。还可从泵的特性和管路特性两个方面进行分析	1.吸入液面降低或液面压力降低或液体温度太高; 2.吸入滤器脏堵; 3.吸入管漏气; 4.吸入阀未开足; 5.泵的转速不足、叶轮淤塞或有损伤; 6.泵的填料箱漏气或水封管堵塞,密封环(阻漏环)磨损,泄漏过多; 7.使用扬程太高、排出阀开度不足、排出管路流阻太大	1.检查并做相应处理; 2.清洗滤器; 3.消漏; 4.开足吸入阀; 5.检查原动机,清洗或换新叶轮; 6.调整或更换填料,疏通水封管,修理或换新密封环; 7.检查排出管路

续表

故障现象	分析思路	故障原因	排除方法
6.原动机过载,功率消耗过大	从流量大、运转阻力大和电气绝缘方面考虑	1.转速太高; 2.使用扬程过低,流量过大; 3.填料轴封太紧; 4.泵轴对中不良; 5.泵轴转向不对或双吸叶轮装反; 6.泵轴弯曲或磨损过度; 7.轴承过紧; 8.电气绝缘不良	1.检查电机; 2.关小排出阀; 3.放松填料压盖; 4.对中找正; 5.检查和纠正转向; 6.校直修复或更换泵轴; 7.检查或更换轴承; 8.检查并提高电气绝缘
7.填料密封或机械密封装置泄漏过多	从组成密封面的两个方面(填料密封:填料/泵轴;机械密封装置:动/静密封面)加以分析	1.填料松散,或机械密封装置的两个静密封面失效,或一个动密封面不均匀磨损; 2.填料或密封部位泵轴(或轴套)产生裂痕; 3.泵轴弯曲或轴线不正	1.视情况调整,修理或换新; 2.检查后决定修理或换新; 3.校直或更换泵轴,校正轴线
8.运转时有异常振动和噪声	可从部件运动和液体流动两个方面,从运动源开始分析	1.原动机振动。 2.联轴器对中不良、管路牵连等原因造成泵轴失中。 3.泵基座不良。 4.运动部件因腐蚀、偏磨、淤塞等原因造成动、静不平衡。 5.动、静部件碰擦。 6.气蚀现象。 7.因工况点不稳定造成的喘振现象(只有具有驼峰形 $H-Q$ 曲线的泵,工作点才有可能不稳定。当工作压头升高至驼峰点时,排出液体就会突然倒灌,周而复始,造成喘振)	1.检修原动机。 2.对中找正,管路固定,避免牵连。 3.改善泵基座,紧固地脚螺丝。 4.检修运动部件。 5.保持间隙适当。 6.采取适当关小排出阀等防止气蚀的措施。 7.避免排出管路或容器出现气囊,以防排出压头升高和波动。避免使用有驼峰形 $H-Q$ 特性曲线的泵
9.轴承发热		1.泵轴弯曲或磨损过度; 2.泵轴对中不良; 3.润滑脂过多、过少或变质; 4.轴承损坏或水进入轴承使轴承与轴颈生锈	1.检查、修复泵轴; 2.对中找正; 3.检查滑油量或更换; 4.更换轴承或清洗泵轴

任务 4.6　离心泵在货油系统中的应用

　　离心泵因结构简单、运转平稳、流量范围很大,被广泛用作油船、化学品船等液货船的液货泵。在运输单一油品的油船上,每舱货油由装在泵舱的液货泵卸出,每舱由吸入支管连到液货泵的吸入总管上,液货泵由蒸汽透平或电动机驱动。在运输多种液货的化学品船上,每舱底部常装有由油马达或长轴驱动的独立货泵,如图 5-4-11 所示为液压深井泵。

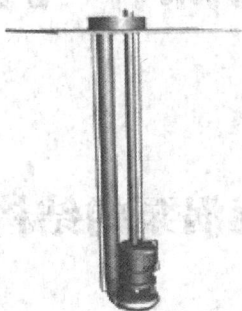

图 5-4-11　液压深井泵

　　在油马达驱动的液货泵中,油马达和货泵的连接轴之间设有一个干隔腔,可有效防止液压油泄漏污染液货或液货污染液压油。使用管理中(尤其是载货期间)每天要用压缩空气通过外接管吹扫干隔腔,通过另一个外接管是否有吹出物或什么吹出物来监控油马达及干隔腔的轴封状况,并视情检修。同时,液压系统的保压泵要每天 24 h 运转,保持液压系统要求的最低油压,确保液压系统不进空气及液压油不被液货污染。

　　对装在泵舱内的液货泵,使用管理中要加强货泵轴封的监控,如装有蒸汽清洗装置,泵启动前和停止后要按要求对轴封进行吹洗,避免启动时轴封被残留液货黏着而造成损坏。两台泵并联运行时,要保持两台泵同速运转,以免转速低的泵发生倒灌而诱发危险。工作中由于某种原因,一台泵转速降低,其封闭扬程也低于另一台泵的排出压力,那么转速低的泵会因无法排液而发热,有发生爆炸的危险。在这种情况下,应立即调节泵的转速,使其与另一台泵相同(即排压相同);否则,立即停止此泵。

　　无论是何种形式的液货泵,在现代液货船上通常都兼作扫舱泵使用。在扫舱阶段应严格按照说明书要求操作,确保抽真空装置的效用,尽量将液货舱清扫干净,减少货损及对海洋的污染,并杜绝爆炸等高危事故的发生。

项目六

旋涡泵的操作与管理

任务一 | 旋涡泵的结构和工作原理

学习目标:

1. 了解旋涡泵的分类
2. 掌握旋涡泵的结构和工作原理

旋涡泵是利用叶轮旋转时液体产生旋涡运动而吸、排液体的泵,亦属叶轮式泵,根据所用叶轮形式的不同,其可分为闭式旋涡泵和开式旋涡泵两类。

任务 1.1 闭式旋涡泵的结构和工作原理

闭式旋涡泵的典型结构如图 6-1-1 所示。它采用圆盘形的闭式叶轮 1,叶轮外缘带有 20~60 个径向短叶片。闭式叶轮是指其叶片部分设有中间隔板(或端盖板)。泵体 2 和泵盖 3 以很小的间隙紧贴叶轮,在它们与叶片相对应的部位则形成等截面的环形流道 4。流道占据了大半个圆周,其两端顺径向外延形成吸、排口,圆周的剩余部分则由泵体上的隔舌 6 将流道的吸、排两方隔开。这种两端(或一端)直通吸、排口的流道称为开式流道。闭式旋涡泵必须配用开式流道。

叶轮回转时,带动泵内的液体一起回转,产生离心力。叶轮中液体的圆周速度要比流道中液体的圆周速度大,产生的离心力也大,因而液体会从叶片间甩出,进入流道,并迫使流道中的液体产生向心流动,再次从叶片根部进入叶间,这种环形流动称为纵向旋涡。液体在叶片和环形流道中的运动轨迹就是绕泵轴的圆周运动和纵向旋涡的叠加,对固定的泵壳来说,它是一种前进的螺旋线;对转动的叶轮来说,它是一种后退的螺旋线。这样,液体在沿整个流道前进时,也就会多次进入叶间获取能量,如同多级离心泵

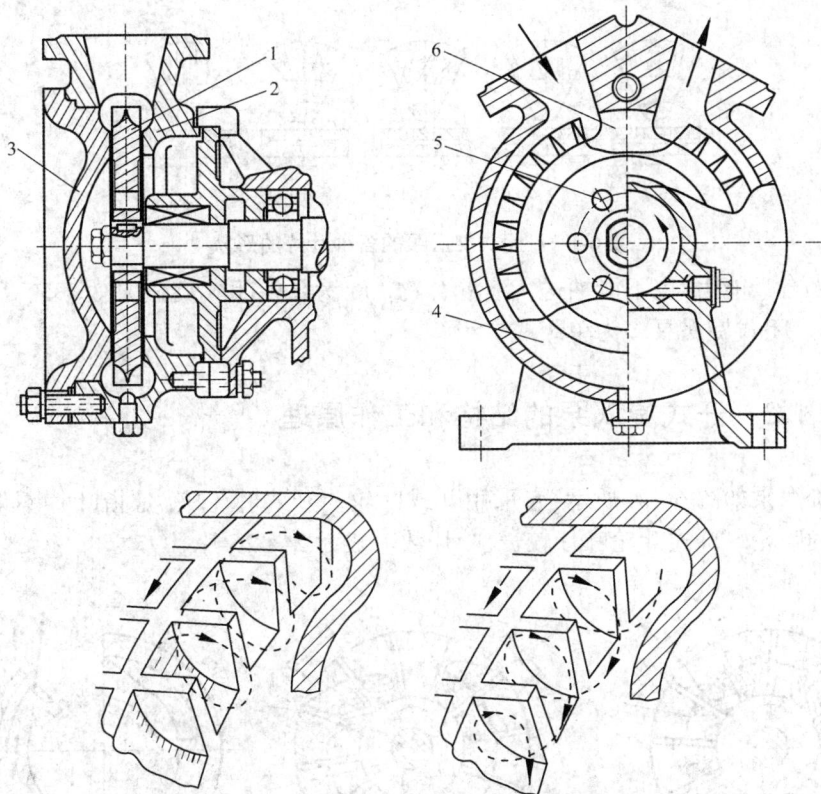

图 6-1-1 闭式旋涡泵

1—叶轮;2—泵体;3—泵盖;4—流道;5—平衡孔;6—隔舌

一样,直到最后从排出口排出为止。

旋涡泵主要依靠纵向旋涡的作用来传递能量。纵向旋涡越强,液体质点进入叶轮的次数越多,泵所能产生的扬程就越高。纵向旋涡的强弱一方面取决于叶轮内液体和流道内液体的离心力之差,另一方面受纵向旋涡流动阻力大小的影响,即与叶片和流道的形状及叶片的数目有关。

图 6-1-2 及图 6-1-3 分别给出了闭式旋涡泵的叶轮和流道的各种截面以及叶片的形状。其中,流道截面为矩形时,纵向旋涡的流阻较大,扬程和效率相对较低,但流量较大;流道为半圆形断面时,扬程和效率相对较高,但流量较小。而叶片的倾斜角度和方向不同,泵特性曲线的形状也有差异。

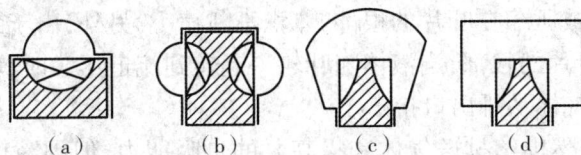

（a） （b） （c） （d）

图 6-1-2 闭式旋涡泵的叶轮和流道的各种截面

闭式旋涡泵的吸入口处在叶轮外周,液流要从圆周速度较大的叶轮外缘进入泵内,与离心力反向,损失较大,因此抗气蚀性能较差,必须有较大的气蚀余量。此外,由于闭式旋涡泵的排出口位于流道外缘,聚集在叶片根部的气体不易排出,如无专门措施,闭

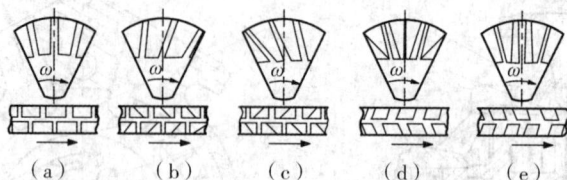

图 6-1-3 闭式旋涡泵的各种叶片的形状

式旋涡泵无自吸能力,也不能抽送气液混合物。旋涡泵中闭式旋涡泵效率较高,可达到 35%～45%。闭式旋涡泵多为单级或二级。

任务 1.2 开式旋涡泵的结构和工作原理

开式旋涡泵如图 6-1-4 所示,它采用开式叶轮。开式叶轮,就是指叶片不带间隔板或端盖板的叶轮。开式叶轮叶片较长,叶片数一般为 24～26 片。

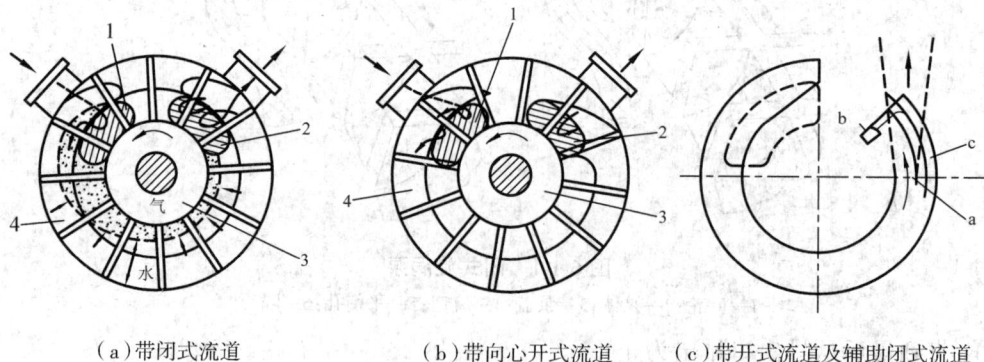

（a）带闭式流道　　　　　（b）带向心开式流道　　　　（c）带开式流道及辅助闭式流道

图 6-1-4 开式旋涡泵

1—吸入口;2—排出口;3—叶轮;4—流道;a—排出口;b—气体压出口;c—闭式流道

在图 6-1-4(a)所示的结构中,流道两端不直接通吸、排口,称为闭式流道。泵的吸、排口是开在侧盖靠叶片根部处。这样,在液流进入叶轮处叶片的圆周速度较小,气蚀性能比闭式旋涡泵好。采用闭式流道的开式旋涡泵只要将吸、排口朝上安装,并在初次启动前向泵内灌满液体,就具有自吸和抽送气液混合物的能力。这是因为在流道的起始部分,液体在离心力的作用下从叶间甩入流道后,叶间就会形成真空,将气体从吸进口吸入叶间。随着叶轮回转,流体的压力将变大,而且越靠近排出口压力越大。这样,气体的密度较小,就会被压缩在叶片的根部,体积不断缩小;另外,由于泵的排出口是开在流道的尽头并靠近叶片的根部,当液体随叶轮一起转到流道尽头时,就会急剧地变为向心方向流入叶间,将气体从排出口挤出。

采用闭式流道虽然能够排送气体和提高泵的自吸能力,但因液体必须在排出口处急剧地改变运动方向,并克服离心力做功,故能量损失较大,致使泵的总效率仅为20%～27%,比闭式旋涡泵效率低。开式旋涡泵也可以采用吸入端为闭式,排出端为普通开式的流道,以保持较高的效率,但这会使它失去自吸能力。为了既保持自吸能力,同时又尽量减少排出端的水力损失,可采用向心开式流道的形式,如图 6-1-4(b)所示,这样泵的效率可提高到 27%~35%。另外一种折中的办法是在排出端采用开式流道并附加辅助闭式流道,如图 6-1-4(c)所示,即在主流道的排出端让大部分液体从排出口 a 排出,而使其余的一部分液体进入辅助闭式流道 c,以便让这部分液体能够在辅流道的末端进入叶片间,把气体从泵体侧面与压出室相通的气体压出口 b 排出。

开式旋涡泵可做成单级,也可做成径向剖的分段式多级,最多可至 6 级。

旋涡泵内部的泄漏途径主要是叶轮端面与泵体和泵盖之间的轴向间隙,该间隙一般为 0.1~0.15 mm;其次是叶轮外圆与隔舌之间的径向间隙,该间隙一般为 0.15~0.30 mm。

任务 1.3　离心旋涡泵

与离心泵相比,旋涡泵扬程较高,较容易实现自吸,但抗气蚀性能差;而离心泵扬程低,但抗气蚀性能相对较好。离心旋涡泵就是将这两种泵串联并结合在一起:第一级为离心叶轮,以减小泵的必需气蚀余量;第二级为旋涡叶轮,以提高泵的压头。这样不但抗气蚀性能好,泵的压头也较高。离心旋涡泵如图 6-1-5 所示。

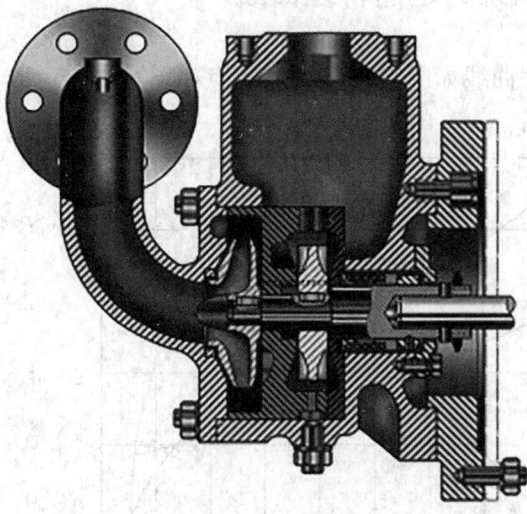

图 6-1-5　离心旋涡泵

任务二 旋涡泵的性能特点和管理

学习目标:

1.了解旋涡泵的定速特性曲线、流量和扬程
2.熟悉旋涡泵的性能特点
3.能正确操作和检修旋涡泵

任务 2.1　旋涡泵的定速特性曲线

旋涡泵的定速特性曲线如图 6-2-1 所示,特点如下:

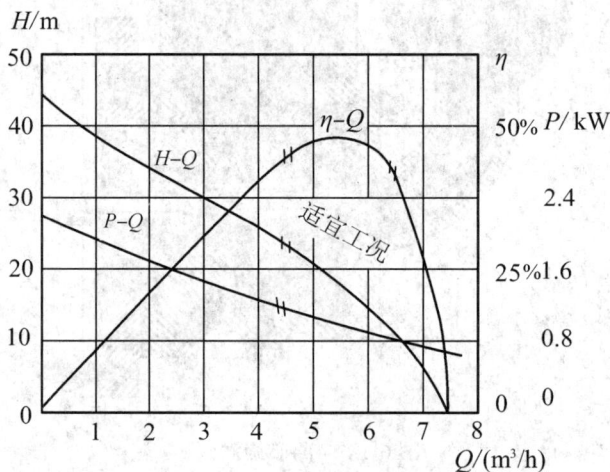

图 6-2-1　旋涡泵的特性曲线

(1)H-Q 曲线陡降。

当泵的流量为零时,液体在流道中的平均圆周速度 c 也为零,这时从叶间甩出的液体与流道中液体的离心力之差最大,纵向旋涡最强,泵的扬程也就最大。但随着流量的增加,液体在流道中的圆周速度也将加快,纵向旋涡随之变弱,扬程也就迅速下降。理论上,当 $c=u$,即流道中和叶轮里的液体圆周速度一样时,引起纵向旋涡的力消失,泵的扬程也就为零。但实际上由于阻力的影响,当 c 达到 $(0.7\sim1.0)u$ 的某一数值时,泵的扬程即降为零,而这时泵的流量最大。旋涡泵具有陡降的扬程特性,因此,旋涡泵在工作扬程变化时对流量的影响小。

（2）具有下移的 $P-Q$ 功率曲线。

旋涡泵在流量增大时因扬程下降很快，故功率曲线亦呈下降的趋势。因此，在启动时就应开启排出阀，且不宜采用节流调节来改变流量。当无法使用变速调节来改变旋涡泵流量时，采用回流调节较为经济。

（3）效率曲线 $\eta-Q$ 也较为陡降，高效区比离心泵窄，最高效率不超过 45%。

任务 2.2　旋涡泵的流量和扬程

1.流量

根据旋涡泵的结构和工作原理，旋涡泵的额定流量可用下面的经验公式计算：

$$Q = cA = K_Q uA \quad \text{m}^3/\text{s} \tag{6-2-1}$$

式中：c——液体在流道中的平均圆周速度，m/s，一般为 5~6 m/s；

K_Q——流量系数，闭式泵 $K_Q = 0.45 \sim 0.56$，开式泵 $K_Q = 0.44 \sim 0.58$，n_s 大时应取大值；

u——叶轮在流道轴截面重心处的圆周速度，m/s；

A——流道轴截面面积，m^2。

可知，旋涡泵的额定流量与叶轮外径、转速以及流道轴截面面积有关，但与叶片数目等关系不大。

由旋涡泵的特性曲线分析可知，实际流量随工作扬程而变。但旋涡泵在工作扬程变化时对流量的影响较小，故适用于锅炉给水泵等压力变化较大的场合。

2.扬程

旋涡泵的额定扬程可按下式计算：

$$H = \frac{K_H u^2}{2g} \quad \text{m} \tag{6-2-2}$$

式中：K_H——扬程系数。

可见，旋涡泵所能产生的扬程和叶轮直径、转速的平方成正比。

由于旋涡泵的流道轴截面面积较小，其流量不大。然而，液体在旋涡泵中能多次进入叶轮反复获得能量，故在叶轮直径、转速和级数相同的条件下，可产生比离心泵高 3~9 倍的扬程。单级扬程可达 300 m。旋涡泵的比转数 n_s 一般为 6~40，$n_s > 40$ 时其效率远低于离心泵，故较少使用。

任务 2.3　旋涡泵的性能特点

（1）具有自吸能力。

开式旋涡泵有自吸能力，闭式旋涡泵出口设气液分离设备也可实现自吸，但启动前泵内必须灌满液体。开式旋涡泵能实现气液混合输送，适于抽送含气体的易挥发的液体以及饱和蒸汽压力很高的高温液体。

（2）流量连续均匀，工作平稳。

（3）效率较低。

液体多次进出叶轮时存在很大的撞击损失,使泵的水力效率很低。在设计工况时闭式旋涡泵的效率为 35%~45%,开式旋涡泵为 20%~35%。

(4)气蚀性能较差。

液流进入叶片时冲角较大,液流紊乱,速度分布极不均匀。特别是闭式旋涡泵,由于其进口处叶轮圆周速度很大,气蚀性能更差。

(5)叶轮承受不平衡径向力,有时还承受轴向力。

在旋涡泵中,由于从吸入口至排出口液体压力沿圆周近似地呈线性增加,在任何工况下都会产生不平衡的径向力。径向力的作用方向大致是垂直于通过隔舌的中间位置的轴截面,并指向低压一侧。径向力由轴承来承受。设计时必须避免泵轴产生过大的挠度,以防叶轮偏摆超过径向间隙范围而引起磨损,甚至卡死。

流道截面双侧对称的旋涡泵理论上不产生轴向力,但若叶轮两端面间隙不等,就会引起压力不等,有可能产生轴向力。通常可在叶轮上开平衡孔,以消除轴向力。单侧流道的旋涡泵由于两端面的液压力不同,会引起指向流道方向的轴向力,小型泵可用止推轴承来承受,有的旋涡泵则采用了液力自动平衡方法。

(6)不宜输送带固体颗粒或黏度过大的液体。

输送带固体颗粒的液体的摩擦会使密封间隙很快变大,导致效率迅速降低;旋涡泵水力效率本来就低,输送黏度过大的液体时其水力损失更为严重。一般所送液体的黏度多在 37 mm^2/s 以内,最高不大于 114 mm^2/s。

(7)其他特点:

旋涡泵结构简单,重量小,体积小,制造和维修方便。其用作耐腐蚀泵时,叶轮、泵体可用不锈钢制造,亦可用塑料或尼龙模压。

综上所述,旋涡泵适用于小流量、高扬程、功率较小和需要自吸的场合。在船上,旋涡泵常用作辅锅炉或压力水柜的给水泵、中小型柴油机的冷却水泵、汽油驳运泵。此外,也可用作小船的消防泵。

任务 2.4　旋涡泵的操作

1.启动前准备

(1)检查轴承内润滑。

(2)转动联轴器,查看是否灵活。

(3)关闭泵的出口阀。

(4)泵内灌满液体。

(5)开进口阀。

2.启动

(1)启动电机,打开排出阀。

(2)运行过程中,注意轴承温度应小于 70 ℃。

(3)检查轴封泄漏情况。

3.停车

(1)停机,关闭进、出口阀。

（2）如环境温度低，停机后放尽系统内液体。

任务2.5　旋涡泵的检修要点

1.转向与连接

检修时，应注意电动机接线不要接错，以与泵的规定转向保持一致。泵和电动机应保持良好对中，联轴器的不同心度应在 0.1 mm 以内，联轴器的轴向间隙应在 2 mm 左右，并在上、下、左、右方向保持均匀。

2.重要部件

叶轮、泵轴、轴封是旋涡泵的重要部件。检修时，应对其磨损、腐蚀、变形、损伤和裂纹等予以特别注意。

3.重要间隙

叶轮端面与泵体和泵盖之间的轴向间隙和叶轮与隔舌之间的径向间隙是旋涡泵的重要间隙。轴向间隙对容积效率影响最大。

在工作 2 000 h 后，应拆泵测量轴向间隙和径向间隙。端面间隙可通过增减纸垫片厚度的方法来调整。径向间隙如超过极限，则应换新叶轮或对泵壳上的隔块进行预热，堆焊后光车。

泵检修装复后，用手转动泵轴，应转动灵活，没有碰擦和松动。

项目七

喷射泵的操作与管理

任务一 | 喷射泵的结构和工作原理

学习目标:

1. 了解喷射泵的分类和在船舶上的用途
2. 掌握水射水泵的结构与工作原理
3. 熟悉喉嘴面积比、喉嘴距对喷射泵性能的影响
4. 熟悉水射水泵的特性曲线和性能特点
5. 掌握喷射泵的操作和管理要点

任务 1.1 喷射泵的分类和在船舶上的用途

喷射泵(亦称射流泵)的工作原理是靠高压工作流体经喷嘴后产生的高速射流来引射被吸流体,与之进行动量交换,以使被引射流体的能量增加,从而实现排送的目的。喷射泵无须任何运动部件传递能量。

通常工作流体和被引射流体皆为非弹性介质的泵称为喷射泵,工作流体只要有一种为非弹性介质的喷射泵则称为喷射器。喷射泵(器)常用的工作流体有水、水蒸气、空气;被引射流体则可以是气体、液体或有流动性的固液混合物。

按照工作流体与引射流体的不同,喷射泵(器)在船舶上的用途和名称也不一样。喷射泵在船舶上的用途如下:

(1)用液体抽吸液体的喷射泵,如舱底水喷射泵;

(2)用液体抽吸气体的喷射泵,如水射真空泵;

(3)抽吸有流动性的固体与液体混合物的喷射泵,如用于挖泥的泥浆泵;

(4)用气体抽吸液体的喷射泵,如锅炉的注水器;

(5)用气体抽吸气体的喷射泵,如空气喷射器。

任务 1.2　水射水泵的结构与工作原理

1 水射水泵的结构

水射水泵的结构如图 7-1-1 所示,其主要是由喷嘴 1、吸入室 2、混合室 3 和扩压室 4
等组成的。喷嘴由渐缩的圆锥形或流线型的管加上出口处一小段圆柱形管道所构成,
一端与工作水入口管相连,另一端一般采用螺纹与泵体相连接,插于吸入室内;与吸入
室连接的是由圆锥形管(喉管)与圆柱形管组成的混合室;混合室又称喉管,混合室常做
成圆柱形或者圆锥形与圆柱形的组合形式。与混合室相连的是截面渐扩的扩压管,类
似锥管,它前端接混合室,后端与排出管相连。

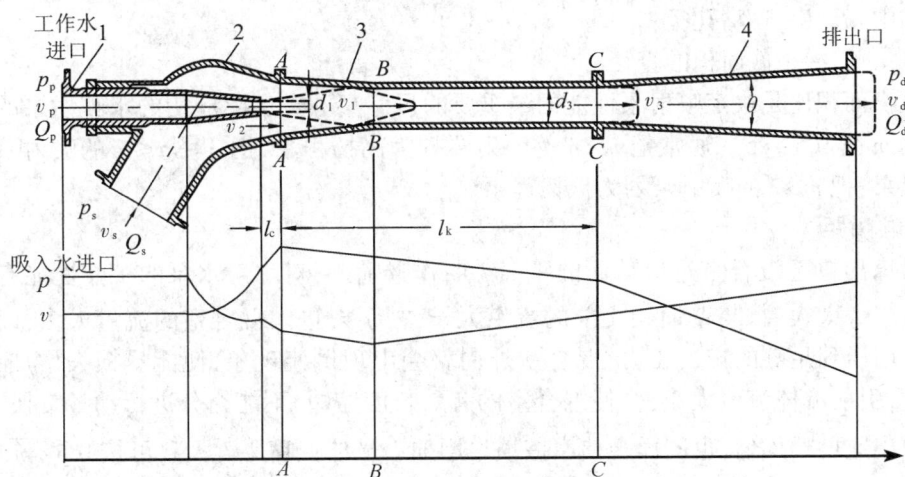

图 7-1-1　水射水泵的结构

1—喷嘴;2—吸入室;3—混合室;4—扩压室

2.水射水泵的工作原理

水射水泵的工作原理可按以下三个工作过程来分析:

(1)工作液体经喷嘴形成高速射流

通常,由离心泵提供工作压力(p_p)为 0.3～1.5 MPa 的工作水流,经喷嘴射入吸入
室,压力降到吸入压力(p_s),从而将压力能转换为动能,在喷嘴出口形成流速(v)可达
25～50 m/s。

(2)高速射流卷带被引射流体并与之在混合室进行动量交换

工作流体自喷嘴喷出后,由于射流质点的横向紊动和扩散作用,就会与周围进行动
量交换并将其带走,使吸入室形成低压,从而将被引射流体吸入。

流束离开喷嘴后,流速为 v 的核心区逐渐缩小以致消失,而紊流边界层逐渐扩大,
形成一个扩张的圆锥体,当其与混合室壁面相遇后,流束的引射作用便结束。混合室入
口处的流速很不均匀。混合室使流束中的流体充分进行动量交换,使出口流速尽可能
趋于均匀。试验表明,进入扩压室的流体速度越均匀,在扩压室中的能量损失就越少。

当混合室进口部分做成圆锥形时,其进口能量损失较小。混合室的长度 l_k 通常为其喉部直径 d_3 的 6~10 倍,过短会使出口速度不均,扩压室中的流动损失就较大,过长则会使摩擦损失增加。

(3)液流经扩压室将动能转变为压力能

扩压室可使液流在其中降低流速,增大压力,从而将动能转换为压力能。试验证明,扩压室的扩张角为 8°~10° 时,扩压过程的能量损失最小。如图 7-1-1 中压力曲线所示,在混合室圆柱段进口截面 B-B 处压力最低,该截面后,随着速度渐趋均匀,压力也随之增大。在扩压管中压力进一步逐渐增大。

3.喉嘴面积比

混合室圆柱段的截面积 f_3 与喷嘴出口的截面积 f_1 之比称为喉嘴面积比(简称面积比),用 m 表示,即

$$m = f_3/f_1 = d_3^2/d_1^2 \tag{7-1-1}$$

式中:d_1——喷嘴孔径;

d_3——截面积的直径。

喉嘴面积比是决定喷射泵性能的最重要的尺寸参数。实际应用的水喷射泵的喉嘴面积比 m 为 0.5~25。通常把 $m<3$ 的喷射泵划为高扬程泵,把 $3 \leq m \leq 7$ 的喷射泵划为中扬程泵,把 $m>7$ 的喷射泵划为低扬程泵。

4.喉嘴距

喷嘴出口至混合室进口截面的距离 l_c 叫作喉嘴距,对水射水泵的工作性能有较大影响。当 l_c 太大时,与壁面相交前的流束太长,被引射进入混合室的流量太多,以致不能将其增压到足够的排出压力,混合室外周就会出现倒流现象,使能量损失增加;当 l_c 太小时,引射流体流量太小,会使混合室的有效长度缩短,不能充分进行动量交换,以使流束的流速更趋均匀,也同样会使摩擦损失增加。最佳喉嘴距 l_c 大致可按 $0.5\sqrt{m}$ 选取,一般多在 $(0.5~2)d_1$,必要时可通过试验来确定。

任务 1.3　水射水泵的特性曲线

水射水泵的特性通常用无因次特性曲线来表示,它是流量比 μ 与扬程比 h 和效率 η 的关系曲线。

流量比为引射流体的流量 Q_s 与工作流体的流量 Q_p 之比,亦称为引射系数(或称流量系数),用 μ 表示,即

$$\mu = Q_s/Q_p \tag{7-1-2}$$

如果用质量流量来表示,则为引射流体的质量流量与工作流体的质量流量之比,用 μ_m 表示,即

$$\mu_m = G_s/G_p \tag{7-1-3}$$

扬程比为被引射流体经泵后所增加的水头 $\dfrac{p_d - p_s}{\rho g}$ 与工作流体和被引射流体进泵时的水头差 $\dfrac{p_p - p_s}{\rho g}$ 之比,亦称相对压差,用 h 表示,即

$$h = \frac{H}{H_p} = \frac{\Delta p_d}{\Delta p_p} = \frac{p_d - p_s}{p_p - p_s} \qquad (7\text{-}1\text{-}4)$$

效率指引射流体得到的能量与工作流体失去的能量之比,用 η 表示,即

$$\eta = \frac{\mu h}{1 - h} \qquad (7\text{-}1\text{-}5)$$

喷射泵靠工作流体和引射流体的动量交换来传递能量,故效率较低。

图 7-1-2 表示几种不同面积比的水射水泵的无因次特性曲线。它给出了扬程比 h、效率 η 与流量比 μ 的关系。

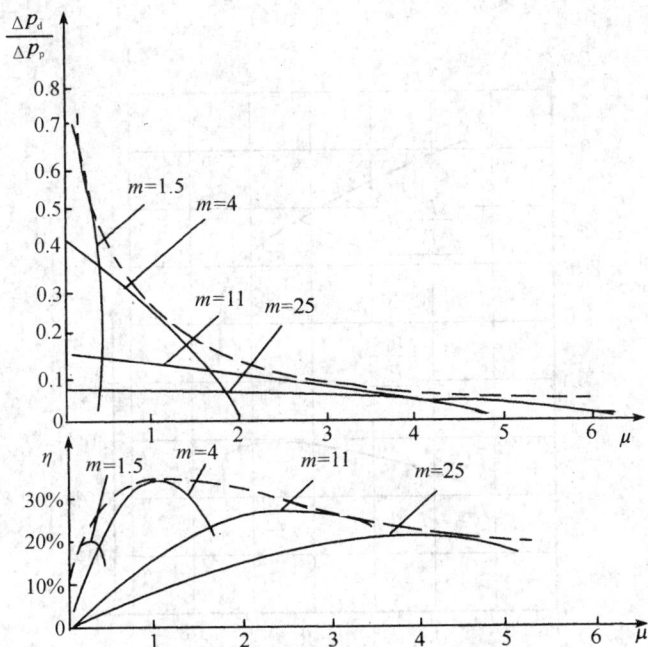

图 7-1-2　水射水泵的无因次特性曲线

m 值较小时,泵的引射系数较小,但所能达到的相对压差较大,故特性曲线比较陡峭;而 m 值较大时,泵的引射系数较大,但所能达到的相对压差较小,故特性曲线比较平坦。

造成上述情况的原因是:泵的 m 值越小,喉管截面积的相对值越小,被引射的流量也就相对较少(流量比小),所以每单位量的被引射流体所能得到的能量越多,即相对压差越大。图 7-1-2 中虚线所画出的包络线表示不同 m 值的水喷射泵所能达到的最大相对压差和最高效率。

喷射泵的效率很低。喷射泵虽不存在机械损失和容积损失,但其水力损失(包括喷嘴损失、混合室进口损失、混合室的摩擦损失、混合损失和扩压室损失)很大。m 值不同的喷射泵,其最佳工况的效率及各部分损失所占的比例也不同。m 值小的泵,因其引射的流体流量较小,混合损失也就相对较小,但流体在混合室和扩压室中的流速较大,故混合室的摩擦损失、扩压室损失要大一些,其效率曲线比较陡峭,高效区较窄。m 值较大的泵,由于被引射的流体流量、混合损失较大,其他损失相对较小,故效率曲线比较平坦。对应不同的引射系数,存在不同的最佳 m 值,采用最佳 m 值的泵效率 η 最高,能达

到的相对压差也最大。图 7-1-2 下部由虚线所画出的包络线,即表示水喷射泵在不同引射系数下采用最佳 m 值时所能达到的最高效率。$m = 3 \sim 5$ 时的水喷射泵所能达到的效率较高,其中以 $m = 4$,$\mu = 1$ 时的水喷射泵所能达到的效率最高。

图 7-1-3 给出一水喷射泵的实测无因次特性曲线,泵的 m 值为 6.25。从图中可以看出,当泵所造成的扬程比 h 降低到一定程度后,泵的流量比 μ 就不再增加,同时效率也急剧下降,这时泵的流量比称为临界流量比(或临界喷射系数),用 μ_{cr} 表示。相应的扬程比称为临界扬程比,用 h_{cr} 表示。上述现象表明尺寸既定的喷射泵存在相应的极限过流能力。实践表明,水射水泵即使长期在临界扬程比下工作,仍很平稳,并无气蚀破坏产生。

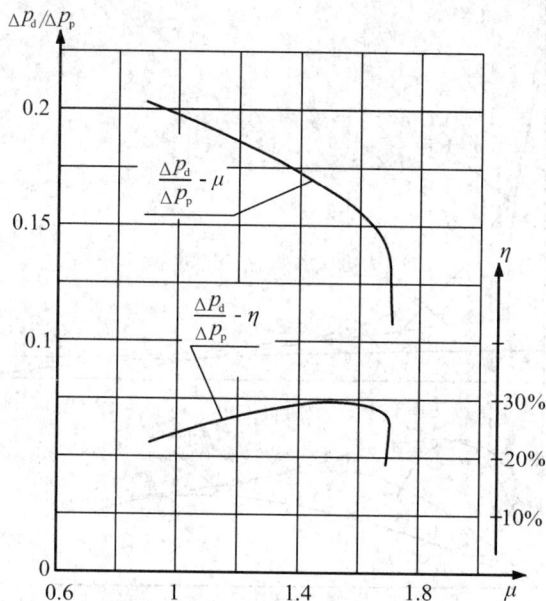

图 7-1-3　水喷射泵的实测无因次特性曲线

任务 1.4　水射水泵的特点

(1)效率低。水射水泵工作过程中水力损失很大,通常在 25% 以下。偏离最佳工况时,效率更低。

(2)结构简单,体积小,价格低廉。

(3)没有运动部件,工作可靠,噪声很小,使用寿命长,平时无须维护修理。只有当喷嘴因口径长期使用后过分磨损导致性能下降时,才更换备件。

(4)启动迅速,可产生较高的真空度,自吸能力强。

(5)可输送含固体杂质的污浊液体,即使被水浸没也能正常工作。

由于以上特点,水射水泵常用作应急舱底水泵及各种真空泵(例如自吸式离心泵自带的真空引水泵、海水淡化装置的抽真空泵和排盐泵等),以及偶尔短时间工作的货舱排水泵。

任务1.5 喷射泵的操作和管理要点

(1)保持合适的工作流体压力 p_p。

当其他条件不变时,如工作压力 p_p 降低,则扬程比 h 增大,流量比 μ 减小,故吸入流量 Q_s 减小;反之,如工作压力 p_p 升高,则 Q_s 增大。但当 Q_s 增大到一定程度时,会达到极限过流能力,效率急剧下降。因此,喷射泵要保持合适的工作流体压力 p_p。

(2)防止排出管脏堵,排出阀未开足。

排出管脏堵,排出阀未开足,会导致喷射泵的排出压力 p_d 增加,由式(7-1-4)可知,泵的扬程比 h 亦增大,由性能曲线可见,泵的流量比 μ 相应减小,即泵的吸入流量 Q_s 会减小。

(3)防止吸入阻力过大。

吸入阻力过大,导致压力 p_s 降低,则扬程比 h 增大,这时流量比 μ 减小,即吸入流量 Q_s 减小。

(4)工作流体与引射流体温度不宜过高,否则会在低压处产生气穴现象。

(5)喉嘴距不能根据流量变化或排压要求进行调整。喉嘴距过大或过小,均会产生能量损失,导致效率下降。因此,由厂方通过试验确定最佳有效喉嘴距,喷射泵工作中不要随便调整。

(6)拆修安装时,保持喷嘴、混合室和扩压室三者的同心度,否则会引起损失增加。

(7)注意喷嘴磨损情况。长期使用会导致喷嘴磨损严重,m 值减小,引射系数减小,工作效率降低,必要时应予以换新。

任务二 船舶常用喷射器

学习目标:

1.了解水射抽气器、蒸汽喷射器和空气喷射器的特点

2.了解水射抽气器、蒸汽喷射器和空气喷射器的用途

除水射水泵外,船上常用的还有水射抽气器、蒸汽喷射器和空气喷射器等。

任务2.1 水射抽气器

水射抽气器可作为船用离心泵的引水装置,也可用作蒸汽冷凝器的抽气器。当用

来从冷凝器中抽出蒸汽和空气混合物时,可使冷凝器中的绝对压力降到 0.02~0.06 个大气压。

水射抽气器是以压力通常为 0.25~0.4 MPa 的水为工作流体,用来抽除空气或空气与水蒸气的混合物。当用来产生真空时,亦称为水射真空泵。它与水射水泵的工作原理和结构基本类似。当水射抽气器的工作液体与被引射流体(空气或与水蒸气的混合物)的密度相差悬殊,为了能提高被引射流体的质量流量,有些水射抽气器设计成多喷嘴(喷嘴数可达 12~18 个)的形式,以便增大工作水与吸入室中流体的接触面积。

在水射抽气器抽吸空气时,工作水与所吸空气接触,将会蒸发出水蒸气,并因此而使实际的抽气量和所能达到的真空度降低。工作水温越高,泵的实际抽气量越少,所能达到的真空度也就越小;在水射抽气器抽吸蒸气和空气的混合物时,由于水流和蒸气之间的换热强度较大,可使绝大部分蒸气凝结成水,其抽气量也就明显增大。当水射抽气器抽吸纯蒸气时其流量比抽吸干空气时约大 10 倍。

任务 2.2 蒸汽喷射器

在装有大型锅炉的船上,蒸汽喷射器被广泛作为船舶蒸汽动力装置冷凝器的抽气器。在船用装置中,当真空度在 89.7 kPa(673 mmHg)以下时,通常都使用单级蒸汽喷射器,其压力比(p_d/p_s)最大为 8.57;而要达到更大的真空度,需要使用串联的二级喷射器。

蒸汽喷射器的工作压力通常为 0.4~1.0 MPa。蒸汽喷射器应避免使用湿蒸汽工作,因为工作蒸汽含水会使喷射器的性能变得不稳定,故一般使用有 10~20 ℃过热度的蒸汽作为工作蒸汽较为合适,也较为经济。蒸汽喷射器也可以用来抽水。在使用蒸汽喷射器时,工作蒸汽与被抽吸的水应具有足够的温差,这样从喷嘴流出的高速蒸汽就能在进入喉管前就全部凝结在所吸入的水中,从而使吸水的流量增大。显然,蒸汽喷射器用于既抽水又需使水加热的场合是更加适合与经济的。

任务 2.3 空气喷射器

船上常用空气喷射器作为离心水泵的引水装置。由于压缩空气的来源有限,空气喷射器的尺寸和流量都较小。空气喷射器用来输送液体是不可取的,因为这需要把经过喷嘴降压至吸入压力的空气再升压至排出压力,从而耗用一部分能量。所以,只有某些输送不允许被稀释的液体的小型装置才选用空气喷射器。与液体喷射器不同的是,空气喷射器的喷嘴为缩放形的拉伐尔喷嘴,以便能在较大的压降下使喷嘴出口的工作气流速度达到超声速。

项目八

船用活塞式空压机的操作与管理

任务一 认识空压机

学习目标:

1. 了解空压机的作用、分类以及船舶控制空气的预处理
2. 能正确分析空压机的理想工作循环和实际工作循环
3. 掌握活塞式空压机的热力性能参数
4. 掌握多级压缩与中间冷却的作用

任务 1.1 空压机的作用和分类

空气压缩机是用于压缩空气的机械,一般简称空压机。大中型以柴油机为主推进动力装置的船舶,一般配备 2~3 台主空压机、1 台应急空压机和 1 台甲板空压机。图 8-1-1 为某船压缩空气系统原理图。

压缩后的空气称为压缩空气,储存于空气瓶中。压缩空气在船舶上通常的用途有以下几个方面:

(1)启动主、副柴油机;

(2)操纵主机的换向机构;

(3)操纵轴系气胎离合器;

(4)充填压力水柜及液压系统的压力油柜;

(5)吹洗机件、管路、海底阀和清洁锅炉烟道等;

(6)操纵气动自动控制、气动仪表、气动阀件等;

(7)其他杂用,如鸣汽笛,作风动工具动力源等。

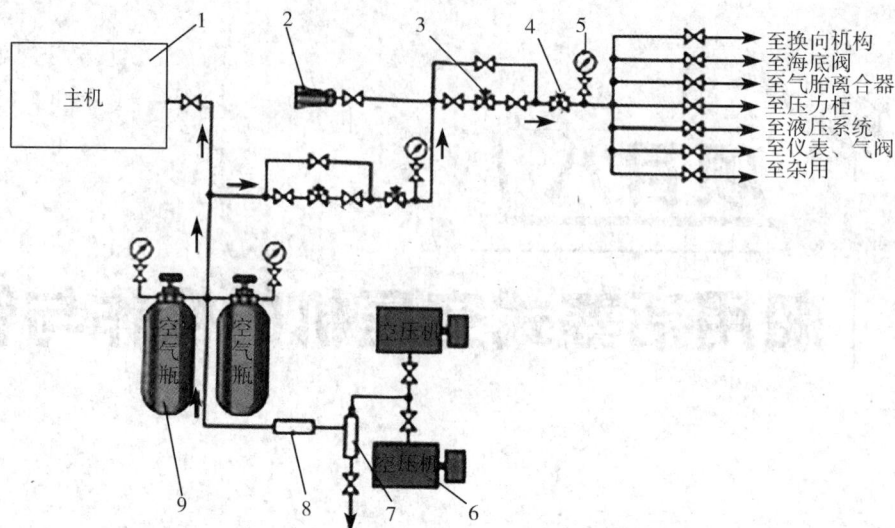

图 8-1-1　某船压缩空气系统原理图

1—主机;2—汽笛;3—调压阀;4—安全阀;5—压力表;6—空压机;7—油水分离器;
8—干燥过滤器;9—空气瓶

空压机按照工作原理分为容积式和动力式:容积式分为活塞式和回转式;动力式主要有离心式、轴流式和旋涡式。主空压机和应急空压机通常采用活塞式,甲板空压机通常采用回转式。

活塞式空压机按额定排气压力分为低压(0.2～1.0 MPa)、中压(1～10 MPa)、高压(10～100 MPa);按照排气量可分为微型(小于 1 m^3/min)、小型(1～10 m^3/min)、中型(10～100 m^3/min)和大型(大于 100 m^3/min);按压缩的级数可分为:单级、双级和多级;按原动力类型可分为:电动机、内燃机和蒸汽;按气缸中心线的形式可分为:立式、卧式、V 形、W 形。

任务 1.2　压缩空气的处理

气动控制设备对控制空气中所含的杂质很敏感。油和水所形成的乳化物有一定的黏性,不但使运动部件无法正常动作,还会加速膜片和其他橡胶制品的老化。水还会引起运动部件生锈,使之磨损或卡住。金属磨屑和其他微小的颗粒能在运动部件中产生磨蚀的现象。固体物质与油水乳化液混合后还会堵塞一些细小的孔道。因此,要使气动控制系统能够正常地运行,首先要保证控制空气的洁净和干燥。

从一台普通空压机所输送出的空气中通常都含有来自气缸的油分和在冷却器中凝结所产生的水分,压缩空气中还会有灰尘和其他细小的颗粒。通常空压机冷却器和空气瓶都需要放残,根据机舱工作环境的不同,从空压机冷却器和空气瓶中泄放出的乳化液的黏度也会有变化。很多故障由气动元件中运动部件的卡阻所引起,而卡阻现象大部分与高黏度的乳化液有关。因此,如果控制空气(包括仪器仪表用气)来源于主空压机和空气瓶,就有必要采取特殊的措施来保证空气的质量。根据控制空气系统的不同要求,减压阀可以将高压空气的压力降低到 0.7 MPa 或者 0.8 MPa。减压阀容易受到空气中所携带的乳化物的影响而出现故障,因此需要定期解体清洁以防阀芯被卡住。控制空气系统中可以安装自动泄放装置,但也有些系统安装的是需要轮机人员每天操作的手动放残装置。

使用硅酸盐滤器可以除掉控制空气中相当一部分的水分,但是要想使空气达到理想的干度,还需要使用吸收式或制冷式干燥器。有些船舶空气系统中使用三级过滤系统,即使用一个前置滤器、一个活性炭滤器和一个后置滤器来保证输出高质量的控制空气。前置滤器用来清除掉空气中的大部分固体杂质,活性炭滤器又叫吸收器或干燥器,可以吸收空气中的水蒸气或油分,后置滤器则用来防止炭颗粒进入后续的管路当中,同时还可以过滤掉残留的水蒸气。控制空气系统中,在干燥器或过滤装置之后的管路中不应再有水蒸气出现,一旦发现有任何迹象,应立即查明原因,以免发生更严重的故障。

任务 1.3 空压机的理想工作循环

如图 8-1-2 所示,船用活塞式空压机的基本结构一般包括气缸、活塞、进气阀、排气阀、滤器、冷却器等。工作中原动机带动空压机的曲轴做回转运动,通过曲柄连杆带动活塞组件做往复运动。活塞组件往复运动一次,空压机依次完成吸入—压缩—排出—膨胀四个工作过程,即完成一个完整的工作循环。只要空压机连续运转,四个工作过程会不断地重复,即持续地产生压缩空气。

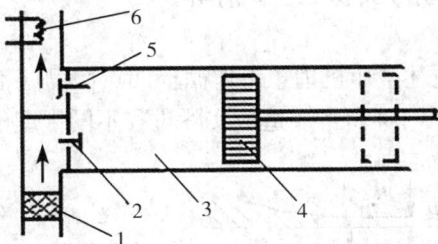

图 8-1-2 船用活塞式空压机基本结构
1—滤器;2—进气阀;3—气缸;4—活塞;5—排气阀;6—冷却器

空压机的理想工作循环,是指假定空压机工作过程无能量损失和容积损失。具体如下:

(1)气缸没有余隙容积;

(2)吸、排气过程没有压力损失;

(3)气体与缸壁无热交换;

(4)工作过程无气体泄漏;

(5)被压缩的气体是理想气体,压缩过程状态方程指数不变。

活塞式空压机的理想工作循环可用 p-V 图表示,以缸内压力 p 为纵坐标,以缸内容积 V 为横坐标,如图 8-1-3 所示。当活塞在气缸中从上止点向右移动时,活塞左侧的气缸容积增大,压力为 p_1 的空气压开吸气阀等压进入气缸,直至下时点止,这是等压吸气过程,以直线 4-1 表示。活塞从右向左移动,吸气阀关闭,活塞左边容积减小,压力升高,直至点 2,压力为 p_2,这是绝热压缩过程,用曲线 1-2 表示。如果压缩过程冷却良好,缸内气体温度不变,用等温压缩线 1-2″表示。通常缸壁有一定的冷却,实际压缩过程介于等温压缩与绝热压缩之间,称为多变过程,用 1-2′ 表示。活塞由点 2 继续左移,排气阀开启,缸内空气等压排出,直至上止点,这是等压排气过程,以直线 2-3 表示,即理想循环由等压吸气、绝热压缩、等压排气三个过程组成。根据热力学知识,$p-V$ 图上循环线 4-1-2-3-4 所包围的面积代表空压机的一个理想工作循环所消耗的压缩功。

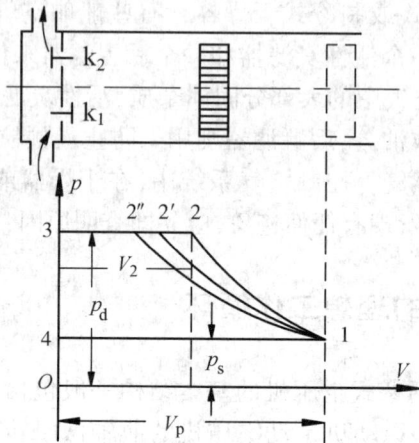

图 8-1-3　活塞式压缩机的理想工作循环

任务 1.4　空压机的实际工作循环

在实际工作循环中,上述空压机理想工作循环四点假设并不成立,活塞式压缩机的实际工作循环的 $p-V$ 图如图 8-1-4 所示。造成实际过程不同于理论过程的各种因素如下:

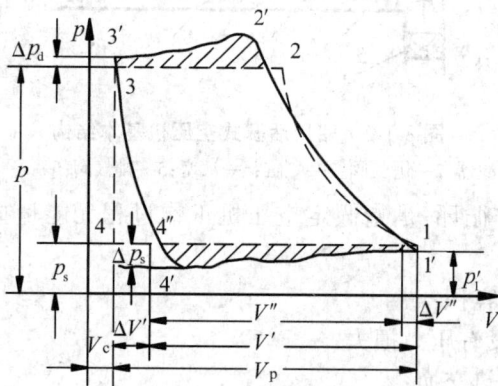

图 8-1-4　活塞式压缩机的实际工作循环

1.余隙容积的影响

余隙容积是指活塞在上止点时,气缸活塞第一道密封环以上的残余容积。余隙容积包括:活塞顶至第一道活塞环的环形空间;活塞处于上止点时活塞顶与气缸盖底的空间;气阀阀窝空间。

活塞式空压机必须有余隙容积,以免曲轴连杆机构受热膨胀或连杆轴承松动等,引起活塞撞击气缸盖和发生液击。由于余隙容积的存在,排气过程结束时,缸内会残留一部分压缩空气。如图 8-1-4 所示,当活塞从上止点右移时,残存在余隙容积的压缩空气首先膨胀,直至缸内压力降至低于吸入管中压力 p_s 一定值时,新鲜空气才压开吸气阀进入气缸。于是,实际工作循环才有一个降压膨胀过程。吸气行程由 4-1 缩短到 4'-1,吸气容积由 V_p 减小到 V',压缩机每转减少的排量是按气体进口状态计算的,如图 8-1-4 中 $\Delta V'$ 所示。显然余隙容积越大,膨胀过程越长,吸气过程越短,吸气量越小。余隙容积的影响用容积系数 λ_V 表示

$$\lambda_V = \frac{V'}{V_p} = \frac{V_p - \Delta V'}{V_p} \qquad (8-1-1)$$

相对余隙容积 V_c/V_p 是余隙容积与活塞行程容积之比,一般低压级为 7%~12%,中压级为 9%~14%,高压级为 11%~16%,V_c/V_p 越大或压力比 p_d/p_s 越高,则 λ_V 越小。为了便于检测,余隙容积常用余隙容积高度来表征,它是指活塞位于上止点时,活塞顶与缸盖间的距离,小流量中压空压机的余隙高度一般为 0.5~1.8 mm。在使用中,由于连杆两端轴承的磨损以致活塞位置下降,或换用了较厚的气缸垫片等,余隙容积有可能增大而使 λ_V 减小。检修时有必要用压铅法测量,通过调节缸盖处垫片厚度来进行调整。各种型号的船用空压机对气缸余隙都有具体规定,其一般范围如表 8-1-1 所示。

表 8-1-1 船用空压机气缸余隙的一般范围

气缸直径/mm	余隙/mm
55~90	0.40~0.55
90~120	0.50~0.55
120~150	0.60~0.75
150~200	0.70~1.0

2. 吸、排气阻力的影响

在吸气过程中,由于吸入阀和吸气通道的流动阻力,缸内压力要比吸入管中压力 p_s 低。在吸入行程终了时,缸内压力是 p_1',活塞回行必须走过一段行程后,缸内压力才能升高到吸入压力 p_s,这相当于每转排量又减少了图中所示 $\Delta V''$ 部分,吸气过程的压力损失使压缩机流量减少的程度可用压力系数 λ_p 来衡量:

$$\lambda_p = \frac{V''}{V'} = \frac{V' - \Delta V''}{V'} \qquad (8-1-2)$$

空压机第一级 $\lambda_p = 0.95 \sim 0.98$,其余各级因弹簧力相对气体力要小得多,$\lambda_p = 0.98 \sim 1.0$。

同样,在排出行程中,缸内压力也要比排出管压力 p_d 略高。这样,受吸、排气阻力的影响,压缩机每转耗功将增加(如图 8-1-4 中阴影部分所示),流量则减少。

3. 热交换的影响

实际上,气体被压缩后温度升高,使气阀、缸盖、缸壁和活塞的温度都升高。在吸气过程中,气体被热的机件加热,吸入终了时其温度比在吸气管中高,比容也增大,如折算到进口状态,每转排量又要损失一部分,称为预热损失。预热损失使压缩机流量减少的程度可用温度系数 λ_t 来衡量,$\lambda_t = 0.9 \sim 0.95$。

4. 泄漏的影响

由于气阀、活塞环等密封不严而造成泄漏,排量进一步损失。泄漏使压缩机流量减

少的程度可用气密系数 λ_1 来衡量,一般 $\lambda_1 = 0.9 \sim 0.98$。

由于余隙容积、吸气阻力、吸气预热和泄漏的影响,压缩机的实际体积流量 Q 小于压缩机的活塞行程容积 V_p[即单位时间内活塞所扫过的容积(理论体积流量)]。两者的比值 Q/V_p 称为输气系数,用 λ 表示。即

$$Q = \lambda V_p = \lambda_v \lambda_p \lambda_t \lambda_1 V_p \tag{8-1-3}$$

吸、排气阻力损失使每一工作循环的耗功增加;余隙容积和泄漏虽然使每一循环的耗功减少,但它们与预热的影响一样,都使流量下降。总的来说,它们使单位流量的耗功增加。

在其他条件不变时,压力比 p_d/p_s 增加,λ 迅速下降,因为不仅余隙容积和泄漏引起的流量损失增加,气缸的平均温度升高,预热损失也增加。

任务1.5 活塞式空压机的热力性能参数

1.排气压力

空压机排气压力由排气管处的压力表测得。空压机的排气压力是变化的,铭牌上标出的排气压力指的是额定排气压力。一般来说,空压机宜在低于额定排气压力下运行。运行中,空压机的排气压力不取决于其本身,而是决定于空气瓶的压力和排气管路阻力(两者之和称为排气背压)。空压机排气压力随排气背压的增大而增大,排气量随排气背压的增大而减少。

2.排气量或流量

空压机的理论排气量由下式决定:

$$V_p = \pi D^2 sni/240 \quad \mathrm{m^3/s} \tag{8-1-4}$$

式中:D——气缸直径,m;

   s——活塞行程,m;

   n——压缩机转速,r/min;

   i——第一级气缸数。

实际排气量可用末级排出空气容积换算成第一级进口状态(压力、温度、湿度等)下的容积值,可按下式计算:

$$V_1 = V_2 \cdot \frac{T_1 p_2}{T_2 p_1} \tag{8-1-5}$$

式中:T_1、T_2——第一级进口处和末级排出的空气热力学温度,K;

   p_1、p_2——第一级进口处和末级排出的空气压力,Pa;

   V_1、V_2——第一级进口处和末级排出的空气容积,$\mathrm{m^3/min}$。

3.排气温度

排气温度指的是各级排气管处或排气阀室内测得的温度,其值低于缸内压缩完成空气的温度。排气温度随压力比的增大而升高。

4.空压机的功率和效率

空压机用于压缩空气的耗功,称为指示功;用于克服摩擦的耗功,称为摩擦功;两者之和为轴功。与之相应,空压机有指示功率 P_i(它可以用示功器通过在运转的压缩机上

测出示功图来计算),摩擦损失功率和轴功率 P,空压机铭牌上标注的或说明书上给出的是轴功率。

空压机效率有热效率和机械效率两类。

机械效率为指示功率与轴功率之比,用 η_m 表示,即

$$\eta_m = P_i/P \tag{8-1-6}$$

空压机的理论循环计算所需功率称为理论功率,理论功率小于指示功率,两者之比称为指示效率,用 η_i 表示。理论功率可以按等温理论循环或绝热理论循环计算,分别称为等温理论功率(P_T)和绝热理论功率(P_s),相应求出的指示效率称为等温指示效率 η_{iT} 和绝热指示效率 η_{is},即

$$\eta_{iT} = P_T/P_i \qquad\qquad \eta_{is} = P_s/P_i \tag{8-1-7}$$

指示效率反映实际气体在工作过程中由吸排气阻力及气体摩擦和旋涡等造成的总能量损失的大小,反映实际消耗的指示功与最小指示功的接近程度,它的高低与空压机热力过程和冷却条件的完善程度有关;机械效率则与空压机的结构和润滑条件有关,它们都是评价空压机的经济指标。压缩机总效率为理论功率与轴功率之比,由于等温理论功率和绝热理论功率不同,又有等温总效率 η_T 和绝热总效率 η_s 之分,即

$$\eta_T = P_T/P = \eta_{iT} \cdot \eta_m \qquad\qquad \eta_s = P_s/P = \eta_{is} \cdot \eta_m \tag{8-1-8}$$

一般空压机的等温总效率 η_T 为 0.6~0.75,绝热总效率 η_s 为 0.65~0.7。风冷式空压机的经济性常以绝热总效率为评价标准,水冷式空压机的经济性常以等温总效率为评价标准。

任务 1.6　多级压缩与中间冷却

单级空压机的压力比 p_d/p_s 一般不超过 6~7。排出压力较大时可采用两级压缩或多级压缩,级间都带有中间冷却器。船用空压机一般均采用二级压缩。图 8-1-5 为二级空压机流程示意图。

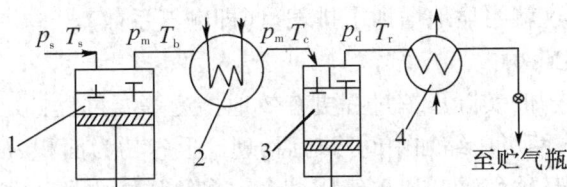

图 8-1-5　二级空压机流程示意图
1—低压缸;2—中间冷却器;3—高压缸;4—后冷却器

图 8-1-6 示出单级和两级压缩在 p-V 图上的理论工作循环。当吸入压力为 p_s、排出压力为 p_d 时:如采用单级压缩,则理论工作循环如面积 $padf$ 所示;如采用两级循环,低压缸将空气由吸入压力 p_s 压缩至级间压力 p_m,则理论工作循环如面积 $oabn$ 所示。低压缸排气经中间冷却器等压冷却后,温度降低,体积由 V_b 减为 V_c,进入高压缸再次压缩至排出压力 p_d,高压缸理论循环如面积 $cefm$ 所示。

压力比较高时采用多级压缩和中间冷却的优势是:

(1)降低排气温度和改善润滑条件

空压机压缩过程不可能是等温的,排气温度必然随排气压力的升高而升高。当排

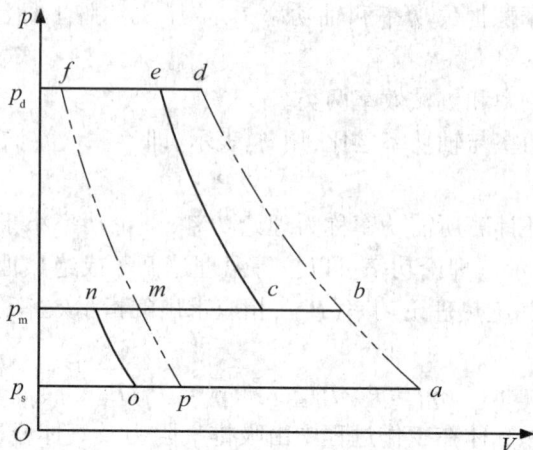

图 8-1-6　单级与两级压缩在 p-V 图上的理论工作循环

气压力达一定值时,排气温度就会接近或超过润滑油的闪点(215~240 ℃),使润滑条件恶化,润滑油变质、裂化和结焦,不但加剧了气缸和活塞的磨损,还会使吸、排气阀发生故障,严重时还可能引起爆炸事故。为了保证空压机安全、可靠地工作,一般规定固定式排气温度不超过 160 ℃,移动式不超过 180 ℃。降低排气温度的最有效措施是采用多级压缩和中间冷却,它既可使每级压缩比不超过 6~7,又降低了次级吸气温度,还改善了气缸的润滑条件。一般来说,级数越多,中间冷却越好,整个压缩过程也越接近等温压缩。

(2)提高输气系数

由于余隙容积的存在,单级压缩时,随压缩比(或排气压力)的增大,膨胀过程就延长,吸气容积减小,输气系数迅速下降。采用多级压缩,使单级压缩比减小,余隙容积的影响减小,从而使输气系数增大。如图 8-1-6 所示,由单级压缩改成两级压缩后,吸气容积由 V_{pa} 增大为 V_{oa},这就明显地增加了排气量(即输气系数)。

(3)节省压缩机耗功

由于采用中间冷却,实际压缩过程更有效地接近等温过程,减少了压缩耗功。由图8-1-6 可见,单级改成两级压缩加中间冷却后,理论上省功为面积 $cbde$ 与面积 $opmn$ 之差所示,双级压缩每循环输气量却比单级压缩多。多级压缩之所以省功,主要在于中间冷却。理论分析表明,冷却不完善,空气冷却后的温度比原始温度每降低 3 ℃,下一级的压缩耗功约减少 1%。

(4)减小活塞上的作用力

采用多级压缩,只有尺寸较小的高压级活塞承受高压,这就减小了有关机件的重量和尺寸。

空压机多级压缩时,理论上各级压缩比按均匀分配原则,则压缩机耗功越省。但在商船多级空压机的实际设计时,额定排气压力多为 3 MPa,为使空压机体积小、重量小、装置简洁,一般不以省功为主要依据,而以控制排温为主要依据。在排气温度允许的范围内,尽量采用较少的级数。一般商船空压机多为水冷,多用二级(每级压力比最高可达 6~7),风冷可用三级,并且将各级的压缩比设计成逐级略降的。这是因为:①后级比前级冷却通常要差些,压缩过程更接近绝热过程;②中间冷却不充分,后级吸气温度比前级高,若采用相同压力比,后级的耗功会较大,排气温度会较高;③高压缸相对余隙容积一般比低压缸大,若采用相同压力比,余隙容积会较大;④各级的压力损失不同。

　　压缩机各级压力比一般在 2~4。冷却条件较好的小型压缩机各级压力比可高达6~7。使用中要防止压缩机某级流量因泄漏而有较大改变,致使级间压力偏离设计值较大,这不仅使流量减小,还可能使耗功增加和排气温度升高。

任务二 活塞式空压机的结构与控制

学习目标:

1.了解活塞式空压机的基本结构
2.熟悉空压机气阀、气液分离器、卸载机构、减压阀与储气瓶的结构和用途
3.熟悉空压机润滑、冷却的作用和方法
4.熟悉活塞式空压机的自动控制

任务2.1 活塞式空压机的基本结构

　　活塞式空压机的基本结构大致可分为三部分:
　　(1)基本部分:机身、曲轴、连杆等部件,其作用是传递动力。
　　(2)气缸部分:气缸、气阀、活塞以及装在气缸上的排气量调节等部件,其作用是构成工作容积和防止气体泄漏。
　　(3)辅助部分:冷却器、气液分离器、滤清器、安全阀、油泵、注油器及管路系统。这些是保证压缩机正常运转的必要条件。下面以 CZ60/30 型空压机为例介绍空压机的结构。CZ60/30 型空压机是一种船用二级空压机,如图 8-2-1 所示。这种空压机的排气量为 60 m³/h,转速为 750 r/min。一级额定排气压力为 0.64 MPa,二级额定排气压力为3 MPa。

　　曲轴 17 只有一个曲拐,输入端装有兼作联轴器的飞轮 24,电动机通过弹性联轴器带动曲轴旋转,再经连杆、活塞销带动活塞 6 在气缸 8 内上下往复运动。气缸及铝合金铸造的活塞都分成直径上大下小的两段,活塞顶部以上为气缸的低压级工作空间,活塞不同直径段过渡锥面以下的环形空间为高压级工作空间,这种型式称为级差式。活塞上段有 6 道活塞环,下段有 6 道活塞环和 1 道刮油环。活塞销用经表面淬火的 20 号钢制造,与活塞上的销孔静配合(因为铝合金活塞热胀系数比钢大),而与连杆小端有

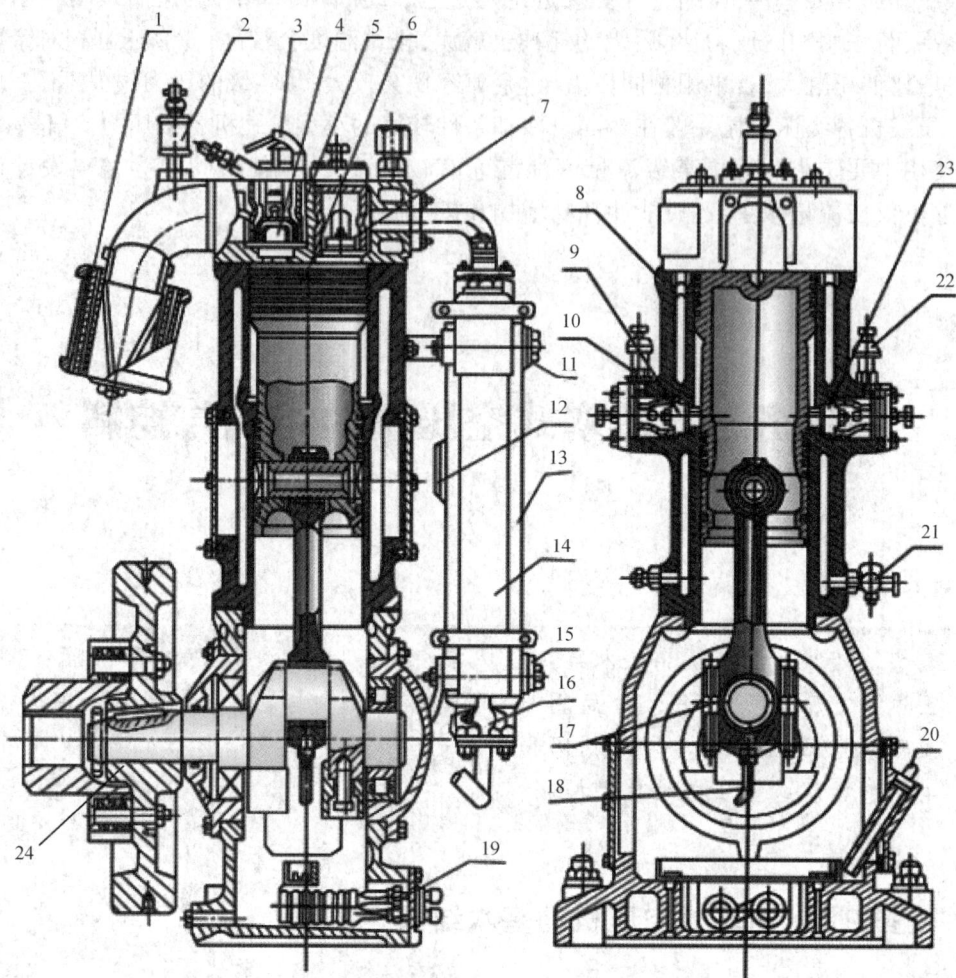

图 8-2-1 CZ60/30 型空压机

1—空气滤清器;2—滴油杯;3—卸载机构;4—一级吸气阀;5—气缸盖;6—活塞;7—一级排气阀;8—气缸;
9—二级吸气阀;10—一级安全阀;11、15—防蚀锌棒;12—安全膜;13—冷却器;14—气液分离器;
16—泄放阀;17—曲轴;18—击油勺;19—滑油冷却器;20—油尺;21—泄水旋塞;
22—二级安全阀;23—二级排气阀;24—飞轮(兼联轴器)

0.025~0.077 mm 的配合间隙。

空气经空气滤清器 1 吸入气缸上部,滤清器用金属丝网或化学纤维层滤出气体中的灰尘等固体杂质,以减轻缸内磨损。较好的滤清器过滤效率达 99.9%,滤清器阻力损失一般为 24.5~58.9 Pa,但污染后可急剧增大。一级吸气阀 4 和一级排气阀 7 装在气缸盖 5 上,升程为 3 mm。一级安全阀 10 装在二级入口处,开启压力 0.7 MPa(一般比额定排压约高 15%);二级吸气阀 9 和二级排气阀 23 装在气缸中部的阀室内,升程为 2.1 mm。二级安全阀 22 装在排气阀室出口处,开启压力为 3.3 MPa(一般比额定排压约高 10%)。

气缸 8 与曲轴箱之间的垫片厚度可影响两级工作空间的余隙容积,气缸与气缸盖间的垫片厚度可影响第一级工作空间的余隙容积,活塞在上止点时与缸盖的间隙应保持在 0.5~1.0 mm。

船用二级空压机除采用级差式外,也可以高、低压缸分开,采用并列直立式(曲轴双曲拐)或 V 形布置。

任务 2.2　气阀

气阀是压缩机中重要而易损坏的部件,其工作性能直接影响压缩机的排气量、功率和运转可靠性。对气阀的要求是:关闭严密,启闭及时,阻力小,使用寿命长。因空压机转速比往复泵高得多(1 000~2 500 r/min),不可能要求阀片工作无声,只能要求阀片与阀座撞击速度不要太大,工作寿命长(4 000 h 以上)。此外,还要求气阀通道形成的余隙容积要小。

气阀由阀座、阀片、弹簧、升程限制器等组成。气阀工作时,在阀片两边压差的作用下开启,在弹簧的作用下关闭。

阀座用于支承阀片,其上开有用阀片控制开关的气流通道,阀座与阀片的配合面要平整无痕,以保证气密性,阀座要承受阀片冲击,耐腐蚀,常采用铜、铸铁、合金铸铁、稀土球墨铸铁、锻钢等材料制造。阀片是开关气流通道的重要零件,又是易损件,工作时承受气流推力、弹簧力、惯性力和阀座、升程限制器的冲击,容易磨损和变形,一般采用强度高、韧性好、耐磨、耐腐蚀的合金钢制造。升程限制器用以限制阀片升程,并兼有阀片导向和弹簧承座的功用,升程的大小对气阀工作影响很大,升程过大,关闭时冲击大,且关闭延迟,升程过小,气流经阀时阻力损失大。升程一般为 2~4 mm,随着转速增加,气阀的升程应减小,说明书规定的升程不宜随便改变。弹簧的强弱对工作影响很大,太强则启闭阻力增加,且关闭时对阀座冲击大,影响使用寿命;太弱则对升程限制器冲击大,而且关闭不及时,使流量降低。同时由于阀片延迟落座,活塞回行,阀片在气阀上下压力和弹簧力的共同作用下,对阀座冲击更大,弹簧太软比太硬对气阀工作影响更大。一般排气阀弹簧比吸气阀弹簧硬些。

气阀是压缩机重要而易损坏的部件,其密封性能将直接影响到压缩机的排气量以及经济性和可靠性。气阀的工作寿命是决定压缩机检修周期的主要因素。因此,气阀泄漏后会造成排气温度上升、排气量下降、缸套温度异常发热。相对而言,排气阀泄漏要比吸气阀泄漏造成的影响大,高压级气阀泄漏要比低压多阀泄漏影响大。检修气阀时应注意:(1)吸、排气阀阀片和弹簧不能换错;(2)检查阀片升程是否符合要求,阀片是否有卡阻现象;(3)检修组装后的气阀要用煤油试漏,允许有滴状渗漏,每分钟滴漏量以少于 20 滴为宜;(4)气阀安装前,紫铜垫圈要进行退火处理。

对气阀的要求:结构上要求加工工艺简单,检修方便;性能上要求关闭严密、阻力小、启闭及时等。要求阀片与阀座和升程限制器的撞击速度不要太大,以确保有较长的工作寿命(4 000 h 以上)。要求尽量减小气阀通道形成的余隙容积。气阀的种类有环状阀、网状阀、条状阀和舌簧阀等。空压机普遍使用的阀是环状阀。图 8-2-2 示出本例所用的单环(高压级)和双环(低压级)环状阀。环状阀结构简单,工艺性好,价格低廉,维修方便,且便于顶开吸气阀卸载。其缺点是阀片运动的导向摩擦较大,而且为了保持足够的刚性导致阀片稍厚,质量较大,不适合太高转速($n<1\ 500$ r/min)。采用多环阀片可以加大通流面积,适应较大的体积流量,然而各圈阀片可能不同步,对工作造成不良影响。

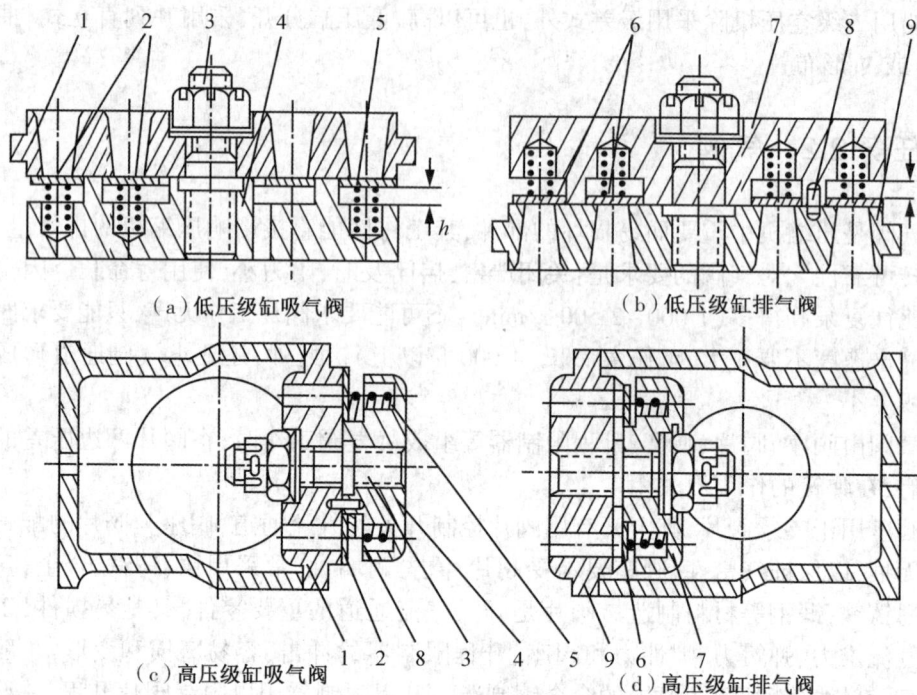

（a）低压级缸吸气阀　　　　　　　　　　（b）低压级缸排气阀

（c）高压级缸吸气阀　　　　　　　　　（d）高压级缸排气阀

图 8-2-2　环装阀

1—吸入阀阀座；2—吸入阀阀片；3—固定螺栓；4—吸入阀盖（升程限位阀）；5—阀弹簧；6—排出阀阀片；
7—排出阀阀盖（升程限位阀）；8—定位销；9—排除阀阀座

　　低转速大排气量的空压机可采用网状阀，如图 8-2-3 所示，其阀片相当于将多环环状阀的各环阀片以筋条连成一体，中心环处被夹紧在阀座与升程限制器之间，不再需要对阀片导向。这样，各环运动能保持一致，且无导向摩擦；但结构复杂，价格较高，而且工作寿命较短。

　　图 8-2-4 为碟状阀，其气流转向缓和，阻力损失小，阀片强度高，但通流面积小，质量大，多用于转速不太高的小型空压机的高压级。

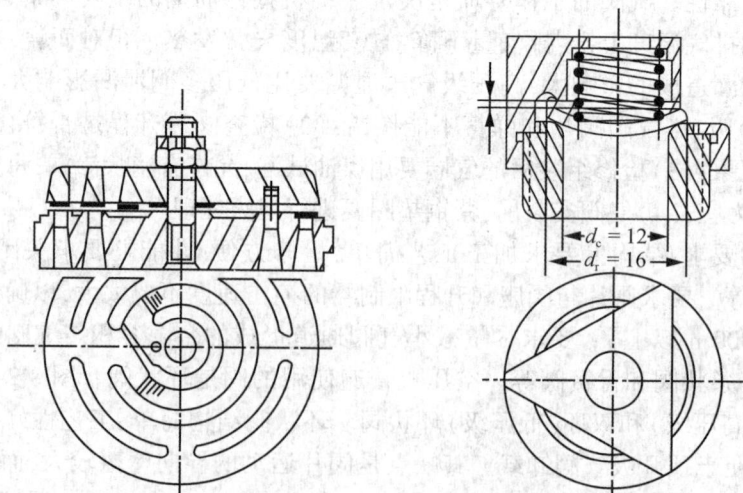

图 8-2-3　网状阀

$d_e = 12$
$d_r = 16$

图 8-2-4　碟状阀

转速较高的空压机可采用条状阀(中小型)、舌簧阀(微型)。

任务2.3 气液分离器

各级气缸的排气都会夹带有细小的油滴,而且排气中水蒸气的分压力较高,冷却后会析出凝水。这些油和水在第一级冷却后可以部分被分离出来,积于级间冷却器和高压缸进气口之间的空气管路里,通常有泄放阀可予以泄放。在冷却器后常设有气液分离器,以提高充入气瓶的压缩空气的品质。

气液分离器按工作原理分有:惯性式(利用液滴和气体分子质量不同)、过滤式(利用液滴和气体分子大小不同)、吸附式(利用液体的黏性)三种。图8-2-5示出的气液分离器属惯性式。它的工作原理是:液滴比气体分子质量大,故运动惯性大,在多次改变流动方向的过程中,撞击并附着在芯子7的壁上,聚集而流到壳体6的下部空间。为避免停车时气流返回空压机,分离器出口有止回球阀4。分离器下部的泄放阀8用来排放分离出来的油和水。

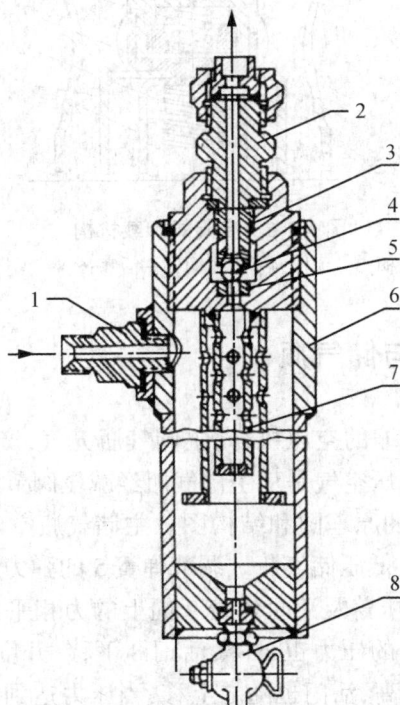

图8-2-5 气液分离器

1—进口接头;2—出口接头;3—升程限位器;4—止回球阀;5—阀座;6—壳体;7—芯子;8—泄放阀

任务2.4 卸载机构

空压机启动期间必须卸载,以减小启动电流。常用的卸载方法有顶开吸气阀和截断进气两种。前者使第一级吸气阀常开,后者则关闭第一级吸气通道,从而使排气量为零而卸载。不设上述卸载机构的空压机可以用开启各级冷却器后的泄放阀的办法来卸载。

启阀式卸载机构的结构如图8-2-6所示。提起偏心手柄2，使顶杆3下移，通过活塞5、弹簧6、导筒7和顶爪9等，强行顶开第一级吸气阀片；放下偏心手柄，顶爪等即可在弹簧作用下向上，脱离阀片使空压机正常工作。也可用压缩空气经管接头1接通活塞5的上部来实现卸载，这时，就可用电磁阀或其他方法控制压缩机的有载或卸载运行，实现卸载自动化。

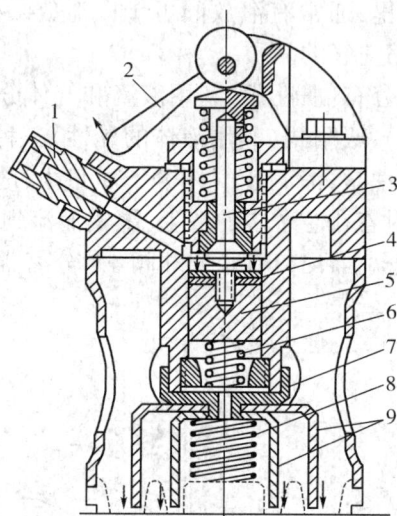

图8-2-6 启阀式卸载机构
1—管接头；2—偏心手柄；3—顶杆；4—橡皮圈；5—活塞；6、8—弹簧；7—导筒；9—顶爪

任务2.5 减压阀与储气瓶

船上一般只配备二级压缩的空压机，向主储气瓶充气，产生3 MPa的压缩空气，而所需的1 MPa、0.4 MPa等低压空气是从主储气瓶经减压阀节流降压而获得的。

图8-2-7是空气减压阀的原理图和结构图。主储气瓶空气从左边进入阀下部空间A，经节流降压从阀右边充入低压储气瓶。调节弹簧5的弹力通过弹簧垫块2、薄膜1作用在活门8上，与A、B空间压盖及活门弹簧9向上的力相平衡。当低压储气瓶的空气被消耗，压力下降时，空间B的压力也下降，活门8下移，开度增大，主储气瓶充入低压储气瓶，空气量增加，压力升高，活门也随之上移，当压力达到调定值时，活门关闭，停止充气。活门能根据输出气压变化自动上下移动，调节输气量并维持输出气压基本稳定。

转动调节螺杆4改变调节弹簧5的张力可改变低压储气瓶的压力。减压阀的常见故障是活门8上积聚垃圾或损坏，使低室压力缓慢上升，另外，薄膜破裂会使减压阀失去作用。

储气瓶是圆筒形压力容器，储气瓶头上设有主停气阀、充气阀、供气阀、安全阀、压力表、放残阀等。如在空气进气管上或在压缩机上设有安全阀并在充气时能防止瓶内压力超过设计时，则空气瓶上不装安全阀，但应装有易熔塞。易熔塞熔点约为100 ℃，其尺寸应保证失火时有效放出空气。储气瓶应进行水压试验，试验压力为1.5倍的工作压力。

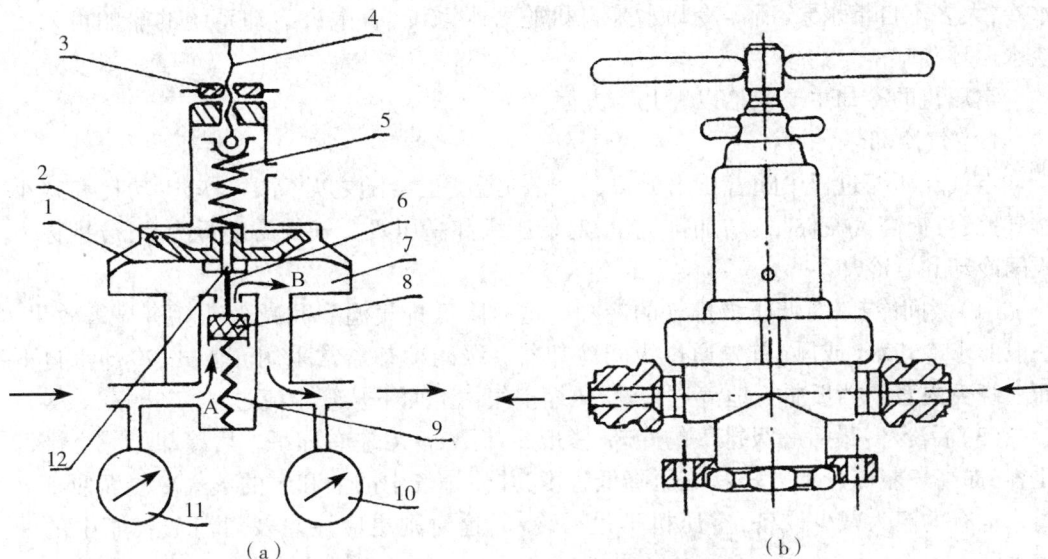

图 8-2-7　空气减压阀的原理图和结构图

1—薄膜;2—弹簧垫块;3—螺母;4—调节螺杆;5—调节弹簧;6—顶杆;7—低压室;8—活门;
9—活门弹簧;10—低压压力表;11—高压压力表;12—安全装置

任务 2.6　润滑

空压机的润滑目的在于减少相对运动部件的摩擦,带走部分摩擦热,增强气缸壁和活塞环间的气密性。空压机工作温度高,会使滑油黏度下降,氧化速度加快,容易生成酸类、胶质和沥青等,加速油质恶化,而生成物沉淀在机件工作表面和流道上,又加剧磨损,增大流动阻力。

空压机的润滑方式有飞溅润滑和压力润滑两种。船用小型空压机多采用飞溅润滑。图 8-2-1 中连杆大端轴承盖上装有击油勺 18,其斜口在击油时应正对前方。连杆大、小端都有导油孔。空压机运转时击油勺击溅曲轴箱中滑油,飞溅的油滴可润滑主轴承、连杆小端轴承和气缸下部工作面。同时一部分油沿击油勺的小孔和连杆大端的导油孔去润滑连杆大端轴承。气缸上部缸壁靠一级空气吸入管上的油杯每分钟滴入 4~6 滴油或通过连接管从曲轴箱中吸入部分油雾来润滑。曲轴箱门盖上装有测油位的油尺 20,通过它可保持箱内压力为大气压,并可由此加滑油。箱底有螺旋管式滑油冷却器 19 可通入冷却水。

一级气缸与活塞之间的润滑有以下几种形式:①滴油杯式,由设在吸入口处的滴油杯将滑油滴入,由吸气带入气缸;②油雾吸入式,通过一路与曲轴箱相通的细管吸入部分油雾润滑一级气缸;③气缸注油式,用气缸注油器将滑油均匀送到缸壁的注油点,润滑效果好,并可减少滑油消耗。

任务 2.7　冷却

冷却对空压机是十分重要的。冷却方式有水冷和风冷两种。船用空压机多数采用水冷,大多不自带水泵,所需冷却水来自机舱海水系统,有中央冷却系统的船舶可采用淡水循环冷却。

空压机的冷却主要包括以下几个方面:

1.空气冷却

空气在压缩过程中随着压力升高,空气的温度也会随之升高。为减少功耗和减小排气比容,提高气瓶储量,增加排气量,对低压级和高压级排气均需进行冷却,分别称为级间冷却和后冷却。

(1)级间冷却:对低压级排气的冷却。这对降低排气温度和减少功耗有显著效果。一般要求冷却水(或风)首先通过级间冷却器。级间冷却器常采用壳管式,冷却水自下而上绕壳内若干挡板曲折地流过管外,压缩空气由上而下从管中流过。

(3)后冷却:最后一级排气的冷却,一般冷却至 60 ℃左右即可。后冷却可减小排气比容,提高气瓶储量和减轻其气压降低程度,并使排气中的油和水的蒸气冷凝而便于分离。也有的船为减少设备,空压机不设后冷却,这时则更应注意及时泄放气瓶中的油和水。

2.气缸冷却

空压机工作温度较高,气缸和缸盖都需要冷却,以利于减少压缩功、降低排气温度和避免滑油温度过高。然而过度冷却会使缸壁温度过低,使空气中的部分水分析出而在壁面上结露,有造成水击的可能。缸壁温度一般比冷却水温度高 15~20 ℃,一般气缸冷却水温以不低于 30 ℃为宜。

3.滑油冷却

为了使滑油保持良好的润滑性能,又能对摩擦表面起到冷却作用,减缓油氧化变质的速度,需对曲轴箱中的滑油进行冷却,如图 8-2-1 所示在曲轴箱底有水冷螺旋管式滑油冷却器 13。一般要求油温保持在 50 ℃左右。

船用空压机常用海水直接进行冷却,为减轻腐蚀,冷却器中应装有防蚀锌棒。为防止水腔因排气泄漏而使冷却水腔压力过高,还设有安全膜。一般船用空压机的冷却水流程是:冷却水首先进入空气冷却器(简称空冷器),先进行级间冷却再进行后冷却。从后冷却器出来的冷却水再分成两路:一路自下而上流过气缸和气缸盖的冷却水腔,如高、低压缸分开布置,一般是串联通过,先低后高;另一路进入设在曲轴箱内的滑油冷却器。冷却水的进水管上设有验水阀。气缸下部设有泄水旋塞用于在检修空压机之前放空冷却水腔,也可用于检验冷却水压力是否符合要求。

任务 2.8　活塞式空压机的自动控制

1.自动启停

利用装在空气瓶上的压力继电器即可控制空压机的启停。当储气瓶压力达上限值时,继电器触头跳开,使空压机停转;当储气瓶压力降至下限值时,继电器触头闭合,电路接通,使空压机转向储气瓶充气。两台空压机并联自动工作时,每台空压机各由一个压力继电器控制,但主用和次用空压机的接通值和切断值都相差一定值。例如:一台2.5 MPa 启动,3.0 MPa 停车;另一台则 2.4 MPa 启动,2.9 MPa 停车。当前者单独工作不足以维持气缸压力在 2.5 MPa 以上时,气压降至 2.4 MPa,则另一台加入工作。在船上,一般应定期(每月)将压力继电器与其所控制的空压机的主、次关系转换,以保证两台空压机的工作负荷和使用寿命基本一致。

2.自动卸载和泄放

压缩机控制箱中设有定时器,它能控制卸载机构(如果有的话)电磁阀的开启。停车时,由控制电路首先打开各级冷却器泄放管路的泄放电磁阀,并保持开启。启动时将各级冷却器的泄放电磁阀延迟关闭,同时用卸载电磁阀控制压缩空气使第一级吸气阀常开,从而实现卸载启动。运行中泄放电磁阀通常还能定时(例如每 2 h)开启一小段时间,泄放从空气中分离出来的油和水。同时,电动机启动时线路按星形–三角形转换,可使启动电流减小 2/3,减轻对电站的负荷冲击。

3.冷却水自动控制

在冷却水供水管路上设电磁阀与压缩机的接通和切断同步。也可以在供水管路上设气动薄膜阀,启动后靠第一级排气使之开启,停车时排气泄放,则气动阀自动关闭切断供水。有的还可以借排气压力的升高对阀的开度进行比例调节。

4.自动安全保护

一般空压机自动控制装置中应包括温度、压力、油位等安全保护措施,其中包括:排气温度继电器、冷却水温继电器,当压缩机排气温度或冷却水温超高时,自动停车;冷却水压力继电器、曲轴箱油位继电器等,在压力或油位低于设定值时,这些保护继电器动作,压缩机自动停车。有的有显示故障的报警指示灯:

(1)滑油低压保护。对于压力润滑的空压机,当滑油压力低于调定值时,油压继电器即断电停机。由于启动时滑油泵建立油压需一定时间,由时间继电器使低油压保护延时动作。

(2)排气高温保护。国标规定,空压机后冷却器出口应备有小型易熔塞或设报警装置,当空气温度超过 121 ℃时应发出报警(应急空压机除外)。有的机型以冷却水高温保护来代替排气高温保护,当冷却水温超过设定值时,温度继电器动作使压缩机停机。

(3)电机过载保护。常用热继电器实现,同时还兼有电源缺相保护作用。

(4)过电流保护。常用空气开关或过电流继电器来实现。

5.滴油润滑自动供给与停止

当低压缸吸气管设有滴油润滑时,可设供油电磁阀和压缩机同步启停。

任务三 | 活塞式空压机的操作与管理

学习目标：

1. 掌握活塞式空压机的操作要点
2. 熟悉活塞式空压机的检修保养主要事项
3. 能分析和排除活塞式空压机的常见故障

任务 3.1　活塞式空压机的操作要点

1. 启动

（1）一般性检查。应无妨碍转动的障碍，仪表和装置正常。刚检修或久置未用的机器应盘车 1~2 转，证实内部无异常。

（2）检查曲轴箱油位。油位应保持在油尺的规定刻度内。采用击油勺飞溅润滑时，以曲轴下止点击油勺浸入油中 20~30 mm 为宜，击油勺应离底 2~3 mm。油位低会造成润滑不良，甚至使轴承缺油烧坏；而油位过高又会使飞溅量过大，不仅耗油量和功率损耗增加，而且过多的油进入气缸会影响空气品质，还容易结焦过多，使气阀和活塞环失灵。低压缸如采用滴油润滑，应注意使油杯油位不低于 1/3，并调节滴油量保持每分钟 4~6 滴。

（3）供给冷却水。打开冷却水系统各阀，并开启进水管的试水考克或气缸下部的冷却水腔泄水阀，检查有无冷却水及水压是否充足。

（4）全开通往贮气瓶管路上的截止阀。

（5）非自动控制的压缩机，低压级设有卸载机构的应手动卸载，并检查各级排气端泄放阀使其保持开启。

（6）点动启动 1~2 次，无异常后按启动按钮启动压缩机，注意观察启动电流和听声音，如负荷过大或声音异常应立即停车检查。

（7）一切正常后，非自动控制压缩机应手动停止卸载机构工作，并由低至高关闭各级泄放阀。

2. 运行

运行中的检查要点有：

（1）润滑情况。润滑的目的是减轻运动副的摩擦，同时还起到带走部分热量和增强缸壁与活塞环间气密性的作用。工作中注意滑油温度，当吸气温度不超过 45 ℃ 时，用水冷却的空压机滑油温度应不超过 70 ℃，风冷的应不超过 80 ℃。同时还应经常注意油位。如采用压力润滑,注意油压应不低于 0.1 MPa。

(2)冷却情况。当一级吸气温度不超过 45 ℃ 和冷却水温不超过 32 ℃(净水)时,国标规定各级排气温度不应超过 200 ℃,进入空气瓶的空气温度水冷时应不超过进水温度加 30 ℃,风冷时不应超过环境温度。注意,冷却水进水压力应足够,一般在 0.07~0.3 MPa,流速 1~2 m/s,冷却水进出口温升一般是 10~15 ℃。发现压缩机在工作中已经断水,必须立即停车,待自然冷却后再检查是否造成损害,切忌在气缸很热时突然通入冷却水,以免"炸缸"。风冷空压机要防止风扇叶轮装反。

(3)定时泄水。工作中每隔 2 h 左右打开级间冷却器后面的和气液分离器的泄放阀一次。放出来的水应只有在水面有油渍且沾在手上捻起来无油腻感,否则表明带出的滑油过多。空气瓶也应定时泄水。

(4)气压和气温。工作中各级排气压力是随排出容器中的压力升高而逐渐升高的,应注意各级压力比是否失常。各级排气温度通常应不超过 160 ℃。进气瓶的气温水冷时应不超过进水温度加 30 ℃,风冷时应不超过环境温度加 40 ℃。如级间压力或排气温度过高,应查明原因,排除故障。

此外,还应定时巡查空压机各处是否有气、水、油的泄漏,各气阀盖处温度是否异常,以及是否有异常噪声等。

3.停车

停车时非自动控制压缩机应先手动卸载,同时由高至低开启各级泄放阀,这样可以防止因缸内存气而在拆检时发生意外。对于自动控制的空压机,只需将开关转到"停止"位。

任务 3.2 活塞式空压机的检修保养主要事项

1.气阀的维护

气阀是压缩机中最重要的易损件。管理中应注意气阀是否严密,升程和弹簧的强弱,弹性是否合适。

气阀泄漏比往复泵泵阀泄漏对工作的影响更大,这不仅是因为气体比液体按体积计漏得更快,更重要的是经排气阀漏入气缸内的气体和经吸入阀漏入吸气腔的气体使容积效率下降,还会使单位质量排气量所耗功增加、排气温度升高。

气阀泄漏的征兆是:

(1)该阀的温度异常升高,阀盖比通常情况烫手;

(2)级间气压偏高(后级气阀漏)或偏低(前级气阀漏);

(3)排气量降低;

(4)该缸的排气温度升高。

在检修气阀时应注意以下各点:

(1)组装好的气阀用煤油试漏,允许有滴状渗漏,但每分钟的滴漏量不得超过 20 滴。不合格者应研磨或换新。

(2)吸排阀弹簧不要换错或漏装。自由状态弹簧高度允许误差:+2.0~-0.5(高度≤20 mm),+2.5~-0.5(高度为 21~40 mm),+3.0~-1.0(高度为 41~70 mm)。连续三次压缩各弹簧至各圈互相接触,其自由高度的残余变形应小于0.5%,不合格者应更换。

(3)组装阀时固定螺帽的开口销直径不能太小,更不要漏装,装入阀室前用螺丝刀推动阀片,不得卡阻;吸、排阀不要相互换错。

(4)检查阀片升程,确保其符合说明书要求。

(5)阀组件装入阀室时垫圈不要漏装,紫铜垫圈在安装前应加热退火。

(6)阀片研磨,研磨砂应先粗后细,采用"8"字形研磨。

活塞环、填料、轴封和轴承等也是活塞式空压机的易损件,其管理注意事项可参照往复泵和其他机械。

2.润滑油的选择和更换

空压机润滑油必须选用专用的压缩机油,其主要要求如下:

(1)有良好的抗氧化积炭能力。空压机中空气温度高、氧气分压力大,并有冷凝水和铜管起催化作用,此处的润滑油比在大气中更容易氧化变质,生成积炭。积炭等会加剧运动件磨损,影响活塞环和气阀的密封性能,甚至造成活塞拉缸、气道中碳沉积物自燃等严重事故。因此要求空压机油具有良好的抗氧化能力,在高温下生成积炭的倾向小,生成的积炭松软易脱落。

(2)有良好的抗乳化性。空压机工作期间及停转后,气缸及曲轴箱内易凝结水分,如果油发生乳化,会降低润滑能力,且会使金属表面因失去油膜而容易生锈。

(3)高温下应保持适当的黏度。足够的黏度才能保证足够的承载强度和密封性能,但黏度太高不仅摩擦阻力增加,而且意味着蒸发温度高,即在热区滞留时间长,故积炭会更多。国外的空压机油运动黏度多在 $5.2\sim12$ mm²/s(100 ℃)。

(4)有适当高的闪点。国标规定闪点应比气缸内的最高压缩温度高 20 ℃ 以上。空压机油闪点并非越高越安全,一般以高于压缩终了气温 $20\sim40$ ℃ 为宜。因为油的闪点越高,其碳氢化合物的分子链也越长,热稳定性能越差,容易产生积炭。积炭会加剧运动件磨损,影响活塞环和气阀的密封性能,甚至造成活塞拉缸、气道中炭沉积物自燃等严重事故。

夏季采用黏度较高的润滑油,冬季采用黏度较低的润滑油。国产压缩机油按 100 ℃ 时的运动黏度分为 13 号和 19 号两个牌号。13 号压缩机油未加添加剂,适用于排气温度小于 160 ℃、工作压力小于 4 MPa 的空压机;19 号加有抗氧化、抗磨等添加剂,适用于排气温度小于 200 ℃、工作压力为 $4\sim20$ MPa 的空压机。实践证明,上述两种滑油的黏度偏高,19 号加有灰添加剂,不仅耗功增加,而且易产生积炭。现已研制成 N68 号、N100 号、N150 号新系列压缩机油,适于排气温度在 $140\sim200$ ℃ 时使用,其中 N68 号、N100 号压缩机油在高温下也不易积炭。微型空压机使用 N68 号压缩机油为宜。在缺乏压缩机油时也可用柴油机油或饱和气缸油,后者黏度稍高些。

应定期检查曲轴箱内的滑油,当发现脏污变质时,应予全部更换。

3.冷却系统的清洗

在冷却效果明显下降时,应对冷却器和气缸冷却水腔清洗除垢,用碱洗法清洗比较安全,可用 1% 的 $NaCO_3$ 热溶液循环清洗。采用海水冷却时如结垢严重可采用酸洗法,清洗药剂和方法可参照海水淡化装置。空气冷却器的空气管也应定期吹除和清洗油污与尘垢。冷却器的防蚀锌棒应定期检查,耗蚀过多时应予换新。

4.运动部件间隙维护

检查各配合间隙。气缸余隙和轴承间隙是空压机最重要的间隙。用压铅法测量气缸余隙容积时,铅丝应放在避开气阀的位置,铅丝直径以略大于余隙为佳,一般为标准余隙的1.5倍。气缸上、下端面垫片厚度会影响余隙,因此必须采用符合说明书要求的垫片,最好用厂供备件。检查曲轴与轴承的间隙。轴与轴承的径向间隙超过磨损极限时,应换新。检修装复后,用手转动飞轮一周,应转动灵活,既无卡阻也不松动。手动盘车时应尤其注意安全,避免手指被三角皮带压断的事故发生。盘动皮带盘的正确手法是:手在大皮带轮的外侧。严禁手抓皮带盘车。传动皮带的松紧度应合适。一般用手或直尺压在皮带中间,皮带的下沉量以 10~15 mm/m 较为合适。最后注意曲轴箱加油,曲轴箱内的油位应严格保持在油尺的两刻线间。

定期检修还要测量气缸、活塞销、曲柄销和曲轴轴颈的圆度、圆柱度和磨损情况。当超过允许的极限值时应修理或换新。上述各项的安装值和极限值详见 JT 4110—79标准。现只将易损件活塞气密环的规定间隙列于表8-3-1 中。

表 8-3-1　船用空压机气密环开口间隙和侧隙的一般范围

气缸直径/mm	开口间隙/mm		侧隙/mm	
	安装值	极限值	安装值	极限值
≤60	0.200~0.300	0.50	0.020~0.050	0.100
>60~120	0.300~0.500	1.00	0.020~0.060	0.100
>120~180	0.500~0.800	1.50	0.030~0.090	0.120
>180	0.800~1.000	1.50	0.030~0.100	0.120

5.防止着火与爆炸

压缩机着火与爆炸的原因是油在高温条件下分解形成的积炭沉淀物发生自燃。油浸入积炭和铁锈之中时就会滞留在排气通道中。若排气温度高到一定程度,吸收了油的积炭沉淀物氧化加剧,而氧化是一种放热反应,促使油积炭沉淀物的局部温度进一步升高,就可能发生自燃。自燃的发生有时低于闪点,在 180~200 ℃甚至更低时发生。自燃加剧了油的蒸发,当空气中油的浓度达到一定程度时就可能爆炸。

据以上分析,防止着火与爆炸的主要措施是:

(1)选用抗氧化安定性好、黏度和闪点适当的润滑油。

(2)防止排气温度过高,空压机必须保证工作温度低于滑油闪点 20 ℃以上。

(3)及时地清除气道中的积油和积炭,积炭厚度不超过 3 mm 被认为是安全的。

(4)消除其他触发自燃的因素。例如:压缩机应接地,避免静电积聚引起电火花;不允许运动部件异常摩擦和咬死;不允许容器和管道的零件松动产生撞击;不应采用可燃性密封材料;不允许气阀严重漏气;不允许活塞环漏气量太大导致曲轴箱高温,这时若箱内运动件局部过热,有可能引起曲轴箱爆炸。

(5)防止空气中油分达到爆炸浓度。为此,压缩机空转和降低排气量运转的时间不宜过长,因为这时油气集聚浓度会较快地增大。

任务 3.2　活塞式空压机的故障分析

这里只分析空压机特有的故障。

1.排气量降低

理论排气量降低的原因有:

(1)空压机达不到额定转速,例如传动皮带打滑。

由泄漏造成排气量降低的原因有:

(1)阀片变形,磨损不均,或接触面有污物;

(2)阀座与阀孔结合面不严或忘记加垫圈;

(3)阀弹簧未装或断裂,弹簧过弱以至关闭过迟;

(4)气缸、活塞环磨损过大,以及活塞环卡死、断裂或搭口转到一起;

(5)缸盖与缸体接触不严密。

由吸气阻力过大造成排气量降低的原因有:

(1)空气滤器脏堵或气阀通道结炭过多;

(2)吸气阀弹簧过强。

其他原因有:

(1)余隙容积过大;

(2)气缸等冷却不良使吸气预热损失过大;

(3)吸气温度过高。

2.级间压力超过正常值或低于正常值

当级间压力超过低压安全阀整定值时,安全阀如果正常即会开启。

级间压力过高是由于:

(1)后一级排气量减少;

(2)级间冷却不良;

(3)级差式压缩机高压缸排气经活塞环漏入低压缸太多。

级间压力过低,如不存在级间气体外漏,则是由前一级排气量减少造成的。

3.排气温度过高

排气温度过高的原因有:

(1)气阀泄漏,气阀工作不正常;

(2)气缸或冷却器冷却不良;

(3)吸气温度过高;

(4)排气压力过高。

4.不正常的敲击声

产生不正常敲击声的主要原因有:

(1)机械敲击:轴承间隙大,气缸余隙太小,连杆螺栓松动,地脚螺栓或其他固定件松动,缸内掉进气阀碎片或气阀弹簧等;

(2)油击:气缸滑油量过多;

(3)水击:缸套冷却水温太低,产生凝水或前级凝水未及时泄放;

(4)曲柄连杆机构与气缸中心线不一致。

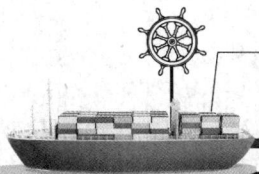

项目九

船舶辅助管系的操作与管理

　　船舶管路系统是指专门用来输送流体(液体或气体),完成一定任务的管路(管子及其附件的总称)、设备,以及检查、测控仪表的总称,简称管系。

　　船舶管系是船舶动力装置的重要组成部分,它联系主、辅机械及有关设备,保证船舶正常航行、停泊,以及满足船员和旅客的需要。船舶管系按其功用可分为两大类:

　　(1)为主推进装置、副机和锅炉等动力机械服务的管系,称为动力系统,包括燃油系统、滑油系统、冷却系统、压缩空气系统、排气系统等。

　　(2)为保证船舶的生命力、航行安全以及船员和旅客正常生活、工作和防污服务的管系,称为船舶系统,亦称通用系统,包括舱底水系统、压载水系统、消防系统、通风系统、供水系统、制冷与空调系统等。

　　另外,在专用船舶(如原油运输船、化学品运输船、液化气体运输船等)上,除上述两种系统外,还设置一些专用系统,常见的有液货装卸系统、洗舱系统、惰性气体保护系统以及液货加热系统等。

　　管系类型很多,但组成管系的基本元件是管子及其附件。本项目在介绍管路及其附件的基础上,将分别介绍船舶的常见管系。

任务一 认识船舶管系

学习目标:

1.熟悉管路布置的要求
2.了解管子的种类
3.掌握管路附件的结构

任务 1.1　管路布置的要求

1.布置原则

（1）船舶管路应能保证其工作的可靠性，在营运期间能方便地操作和维修。

（2）管路应布置成直线，尽可能减少弯头，如须弯曲，曲率半径则应大些。在满足需要的情况下，配件的数量应尽量减少，布置的位置应便于检修。

（3）管路应加以固定，以避免因温度变化或船体变形而损坏。一般要求每隔 2~4 m 设一个支承架，防止管子移动或下垂。但这些支架应不妨碍管路受热引起的膨胀。

（4）承受胀缩或其他应力的管子，应采取弯曲管子或安装膨胀接头等补偿措施。

（5）重要管路中的阀都应装上开关标志。

（6）根据管路所输送的工质及工作条件（温度、压力）而选用相应的接头垫片。

（7）在安装和修理管路及附件时，应做好管系内部的清洁工作。

2.对管系布置的要求

（1）淡水管不得通过油舱，油管也不得通过淡水舱，如不可避免，应在油密隧道或套管内通过。其他管子通过燃油舱时管壁应加厚，且不得有可拆接头。

（2）钢管应有防止锈蚀的保护措施，并在加工后施以保护涂层。

（3）应避免燃油舱柜的空气管、溢流管和测量管通过居住舱室，如有困难，通过该类舱室的管子不得有可拆接头。

（4）油管及油柜应避免设在锅炉、烟道、蒸汽管、排气管及消音器的上方。如有困难，则应采取有效措施，防止油类洒落在上述管路或设备的热表面上。

（5）所有蒸汽管和温度较高的管路，应包扎绝热材料，绝热层表面温度一般不应超过 60 ℃。可拆接头及阀件处的绝热材料应便于拆换。

任务 1.2　管子的种类

1.按管子的材料分

（1）钢管

钢管按照生产方法的不同分为无缝钢管和焊接钢管。

无缝钢管适用于高压系统。碳素结构钢 Q235A、Q255A 制成的无缝钢管用于介质温度低于 250 ℃ 的燃油、滑油、输油、CO_2 气体、压缩空气和给水、乏汽等管路。耐热钢 15CrMo 等制成的无缝钢管可用于介质温度小于 450 ℃、工作压力大于 4 MPa 的过热蒸汽管、锅炉管等。

焊接钢管可用 08、10、15、20 等优质碳素钢和 Q215A、Q235A、Q255A 碳素结构钢制成。它适用于介质工作温度和压力均较低的管路，如燃油、滑油低压吸入、油舱注入、空气和测量管路及甲板栏杆、楼梯扶手等。

按表面是否镀锌分为黑铁管和白铁管。白铁管耐蚀性较好，适用于低温、低压和腐蚀性较强的水管路，如日用水管、卫生水管、舱底水管、消防水管、乏汽管，以及水舱注入管、空气管、测量管等。

（2）有色金属管

有色金属管主要有紫铜管、黄铜管、铝合金管及铜镍合金管等。

紫铜管一般用于仪表的传压管、小直径油管、热交换器中的传热管，以及中、低压压缩空气管等。黄铜管由于对大气、淡水、海水和蒸汽有较好的耐蚀性，又具有较高的导热性能，故常用作热交换器管。铝合金管重量小、耐腐蚀、塑性好，但强度低，因此适用于低温、低压介质的管路，如舰船的燃油管、滑油管及冷却水管。

（3）塑料管

塑料管是以合成树脂为主要成分，加入添加剂，在一定的温度、压力下加工塑制成型的。用于制造机器零件、工业容器、设备、管系的塑料称为工程塑料。工程塑料一般具有较高的机械强度和较好的耐磨、耐蚀、耐热、减振和绝缘性能。船上所用的塑料管应根据其使用要求和塑料的成分、机械性能、耐温极限选用。塑料管的最大允许工作压力应不大于使用温度下爆破压力的 1/5，工作介质温度不超过 60 ℃且不低于 0 ℃。塑料管一般用于低温、低压的管系，如甲板落水管、粪便水管、卫生水管、测量管等。塑料管不能用于消防管系、舱底管系、饮水管系和机器处所内的压载管系，也不能用于动力管系、输送油类或其他易燃液体的管系以及管子泄漏或损坏后将使船舶浸水危险增加的海水管系等。

船舶水工质管路所用管子材料如表 9-1-1。

表 9-1-1　船舶水工质管路所用管子材料

工质种类	管路的名称	管子材料
水	水泵吸入管	无缝钢管、镀锌焊接钢管、铜管
	泄水、舱底水及压载水管路	无缝钢管、镀锌焊接钢管、铜管、铸铁管
	水灭火管路	无缝钢管、镀锌焊接钢管、铜管
	粪便水及污水管路、甲板流水管	镀锌焊接钢管、硬聚氯乙烯塑料管
	舷外水、清水及饮水管路	镀锌焊接钢管、铜管、硬聚氯乙烯塑料管

2.按管子的设计参数分

船舶管路中随着管路级别和用途不同，管子的材料、试验要求、连接形式和热加工工艺等也不同。对于不同用途的压力管路，按其设计压力和设计温度分为三级，如表 9-1-2 所示。

表 9-1-2　管路等级

参数＼级别 管路工质	Ⅰ级		Ⅱ级		Ⅲ级	
	设计压力/ MPa	设计温度/ ℃	设计压力/ MPa	设计温度/ ℃	设计压力/ MPa	设计温度/ ℃
蒸气和热油	>1.6	或>300	≤1.6	和≤300	≤0.7	和≤170
燃油	>1.6	或>150	≤1.6	和≤150	≤0.7	和≤60
其他介质	>4.0	或>300	≤4.0	和≤300	≤1.6	和≤200

注：①当管路的设计压力和设计温度的其中一个参数达到表中Ⅰ级规定时，即定为Ⅰ级管系；当管路的设计压力和设计温度的两个参数达到表中Ⅱ级或Ⅲ级规定时，即定为Ⅱ级管系或Ⅲ级管系。

②其他介质是指空气、水、滑油和液压油等。

③不受压的开式管路如泄水管、溢流管、透气管和锅炉放汽管等也为Ⅲ级管系。

管路设计压力是指其最高许用工作压力;设计温度则是管内流体的最高温度,但设计温度最低不小于 50 ℃。

3.按管子的颜色识别管路

为了便于管理人员识别各种管路所输送的工质和流向,防止误操作,在管子上涂有不同的颜色。一般情况下燃油管路用棕色表示;滑油管路用黄色表示;海水管路用绿色表示;淡水管路用灰色表示;舱底水管路用黑色表示;压缩空气管路用浅蓝色表示;蒸汽管路用银色表示;消防管路用大红色表示;透气、测量和溢流管路则依其介质而定。有的国家表示淡水、压缩空气的颜色与我国不同,应以船上的标志说明为准。管路上还有用标志颜色表示的介质流向的箭头符号。

任务 1.3　管路附件

管路附件是指管路的连接附件和阀件等配件,有时简称管件。

1.管路连接附件

管路连接附件用以将机械、设备、仪表和管子等连接成一体。船舶管路中常采用螺纹连接、法兰连接、夹布橡胶管式连接和膨胀接头等连接方式。

(1)螺纹连接

螺纹连接通常是用成品的螺纹接头作为连接件,一般用于管径在 150 mm 以下的管子上,各种工质压力的管路均可使用。图 9-1-1 为高压管路中使用的螺纹接头。为了便于管路变向、改变流道截面和拆装检修,除直接螺纹连接外,还有 45°、90°、T 形、十字形和活络管接头等。

(2)法兰连接

法兰连接又称凸缘连接,如图 9-1-2 所示,是最可靠的连接方法之一,其优点是易于拆装,适用范围较广,但其外形尺寸和重量都比螺纹接头大。

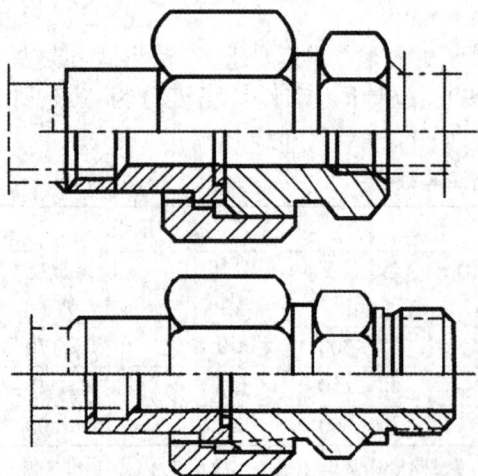

图 9-1-1　螺纹接头　　　　　　　　图 9-1-2　法兰连接

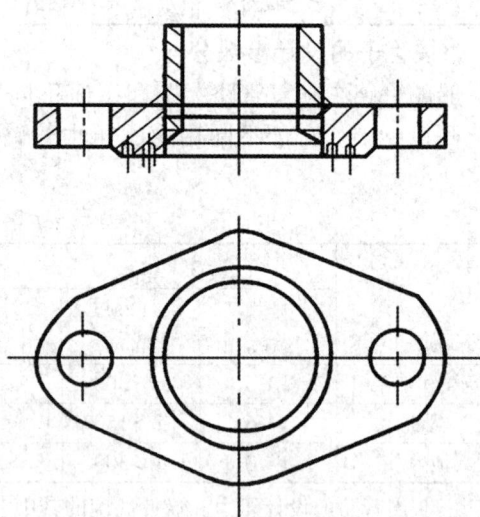

（3）夹布橡胶管式连接

将一段夹布橡胶管分别套于两根待连接的管子外壁上，而后用金属夹子固定。这种方式只适用于低温、低压管路。

（4）膨胀接头

由于管路固接于船体上，当船体变形或管路受热膨胀时，管子将产生很大的内应力，以致破坏法兰等连接的紧密性而造成管路泄漏，严重时甚至会造成管子弯曲或破裂，因此管路中常设有膨胀接头。一般膨胀接头有以下两种形式：

①弯管式膨胀接头

图9-1-3为常用的三种弯管式膨胀接头。图中（a）和（b）适用于高温蒸汽管路，（c）则适用于温度较低的管路。弯管式膨胀接头的优点是补偿能力强，易于加工，使用方便，不需维护；缺点是占空间大，对工质阻力亦大，接头材料易产生疲劳。

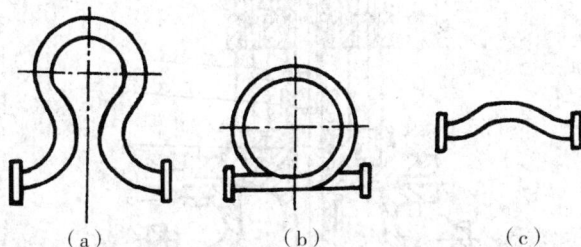

图9-1-3 弯管式膨胀接头

②波形膨胀接头

图9-1-4（a）为钢质波形膨胀接头，其内部焊有一根中间固定（也有一端固定）的光管；这种形式既防止了所送介质的压力损失，又适应了管路的热胀冷缩，适用于柴油机和锅炉的排气管路。图9-1-4（b）为胶质波形膨胀接头，主要用于管路较长的压载水和舱底水系统；其优点是结构紧凑，不需检修，缺点是承压能力小，只适用于低压管路，补偿能力弱，使用寿命短。

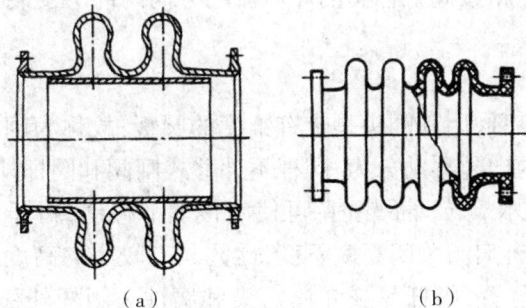

图9-1-4 波形膨胀接头

2.管路阀件

管路阀件是用来控制管路中介质的流量和流向，或者切断介质的流动的管路附件。船舶管路常用的阀件有：截止阀、闸阀、止回阀、三通阀和旋塞以及阀箱等。

（1）截止阀

截止阀也称闭塞阀，是一种最普通的阀，用来接通或切断管路中介质和控制其流量。截止阀按截止阀的进、出口中心线的位置可分为：直通式，即进、出口中心线在一条直线上；直角式，即进、出口中心线相互垂直，呈直角分布。按截止阀与管路连接方式可分为：法兰连接、内螺纹连接和外螺纹连接。船上的截止阀大多为直通法兰连接式。直通式截止阀可用于海水、淡水、燃油和温度低于 225 ℃ 蒸气的管路中，是船用阀件中应用最多的一种。直通法兰式铸铁截止阀如图 9-1-5 所示。截止阀由阀体、阀杆、阀盖和阀座等组成。转动阀杆 3，阀开启，介质自阀盘下方进入，经阀盘 4 与阀座 5 之间的通道向上流出。若反向转动阀杆 3，使阀盘 4 和阀座 5 密封，阀关闭，从而截断介质流动。

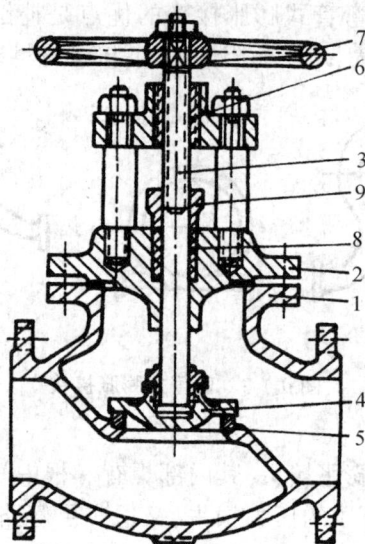

图 9-1-5　直通法兰式铸铁截止阀
1—阀体；2—阀盖；3—阀杆；4—阀盘；5—阀座；6—阀筒；7—手轮；8—填料；9—压盖

安装截止阀时应严格按阀上标明的介质流动方向的箭头安装，如标志不清可按"低进高出"的原则判断。

（2）闸阀

闸阀是截止阀的一种，因其阀头是带有锥度的圆板，故称为闸门阀或闸阀。闸阀根据阀杆是否可以自阀内向外移动分为：阀杆不外移式闸阀和阀杆外移式闸阀。阀杆不外移式闸阀如图 9-1-6 所示。转动手轮时，可使闸板上下移动，阀杆只能随之转动而不能上下移动，从而使阀的开启与关闭高度不变，此阀具有较小的高度尺寸。其缺点是阀开启时不能显示阀板的位置，阀杆易被介质污染和腐蚀。阀杆外移式闸阀如图 9-1-7 所示。转动手轮时，阀杆随之转动并带动闸板上下移动。阀杆外移的高度可显示闸板开启高度，阀杆不与介质接触，但阀的高度尺寸较大。闸阀流通截面大，对介质的流动阻力较小，介质流向不受限制，故常用于低压管路的截断位置。

（3）止回阀

止回阀又称单向阀，在管路中只允许介质单向流动，以阻止其逆流。止回阀根据其结构和作用分为以下四种形式：

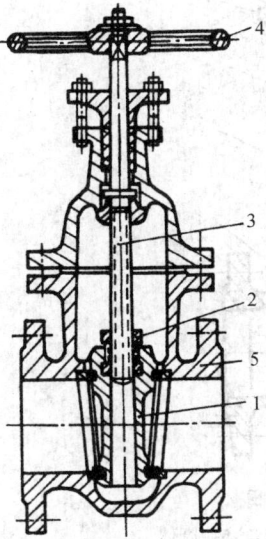

图 9-1-6 阀杆不外移式闸阀

1—楔形板;2—螺帽;3—阀杆;4—手轮;5—阀体

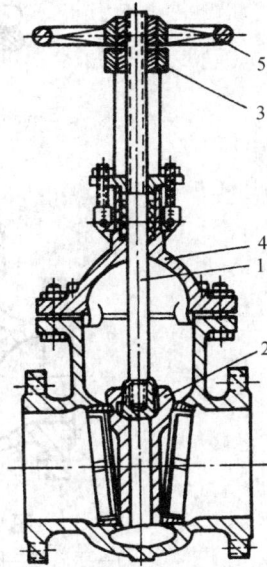

图 9-1-7 阀杆外移式闸阀

1—阀杆;2—楔形板;3—螺帽;4—阀盖;5—手轮

①升降式止回阀,如图 9-1-8 所示,具有止逆作用,按进、出口中心线相对位置分为直通式(A 型)和直角式(B 型)两种。阀盘 2 上的空心短管插入阀盖上的导管中。当介质作用在阀盘下方将阀盘顶起时,管路开通;如介质逆流,则将阀关闭,阻止介质逆流。

②旋转式止回阀,又称翼式或摇摆式止回阀,如图 9-1-9 所示。此种阀是靠阀盘两侧压差自动关闭,在低压时密封性不如升降式止回阀。当介质将阀盘顶起时,阀盘随销轴转动使管路开通;如介质逆流,则将阀关闭。

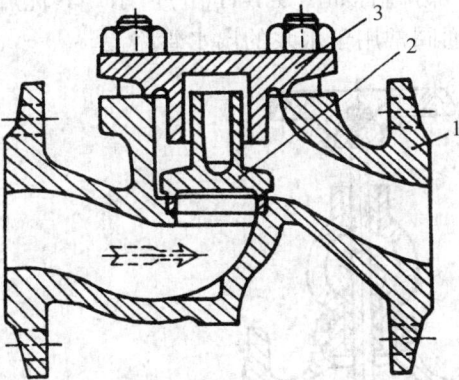

图 9-1-8 升降式止回阀

1—阀体;2—阀盘;3—阀盖

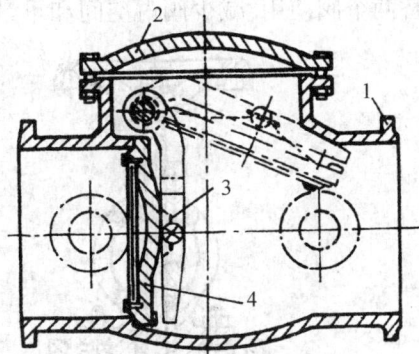

图 9-1-9 旋转式止回阀

1—阀体;2—阀盖;3—转动臂;4—摇板

③截止止回阀,具有截止和阻止介质逆向流动的双重作用,其结构如图 9-1-10 所示。阀盘 4 与阀杆 2 不固接成一体,而是阀杆端部松插于阀盘上的导孔中。转动手轮使阀杆上升时阀盘不动,仅靠阀盘下方介质将阀盘顶起后,管路开通。阀盘顶起高度取决于阀杆升起高度。介质逆流时阀盘关闭。

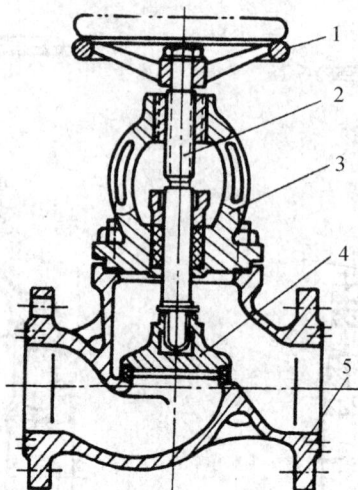

图 9-1-10　截止止回阀

1—手轮;2—阀杆;3—阀盖;4—阀盘;5—阀体

④可调节止回阀,与截止止回阀结构基本相同,只是阀杆下端带有凸肩。当阀杆上升时,阀盘不随之上升;当阀杆上升到一定位置时,阀杆凸肩将阀盘带起,管路开通。此种阀具有截止、止回和节流作用,适用于需要单向流动的场合,或者需要阀全开和不需止回作用的场合。

(4)三通阀

按介质的进入和排出方向不同,三通阀分为单座式三通阀和双座式三通阀。

单座式三通阀是介质自阀的下部进入阀内,分左、右两路排出,如图 9-1-11(a)所示。双座式三通阀介质是由阀的左端进入阀中,当阀盘下落关闭下部进口时,介质从右端排出;当阀盘上升关闭上部进口时,介质则由下部排出,如图 9-1-11(b)所示。其优点是可代替两个阀使用,减少阀占空间和重量。三通阀常用于水泵的出水管路上。

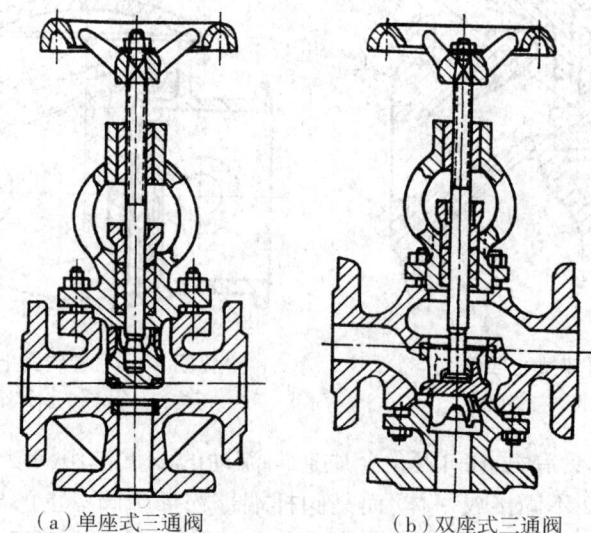

(a)单座式三通阀　　　　　　　(b)双座式三通阀

图 9-1-11　三通阀

（5）旋塞

旋塞又称考克（cock），如图9-1-12所示，它靠锥形塞芯2上通孔位置的变化来接通或切断某一管路的介质。依结构不同，旋塞有直通旋塞、三通旋塞（L形和T形）和多通旋塞。旋塞具有几乎不变的通道面积，介质流阻较小，开关转换迅速、方便。其缺点是塞芯易磨损而失去密封性或塞芯咬死。旋塞一般用于低温、低压管路上，或用于速开、速闭、转换介质流向的管路上，或用于公称直径不大于80 mm、温度不超过100 ℃、压力不大于0.6 MPa的管路上。

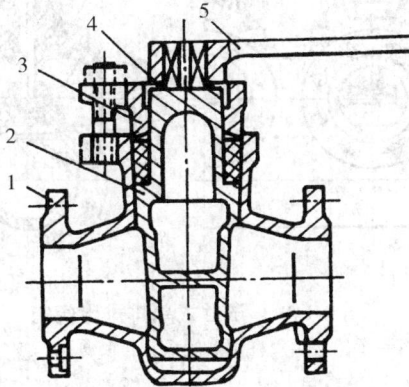

图9-1-12　直通式旋塞

1—阀体；2—塞芯；3—压盖；4—填料；5—阀体

（6）阀箱

在船舶管路中，为了便于集中管理、方便控制和节省阀件，通常将两个或两个以上的阀件组合在一起构成阀箱。阀箱依用途不同分为三种：

①吸入阀箱

这类阀箱是上部连通、下部分开的单排双联式阀箱。介质自阀箱下部接管吸入阀箱，从上部公共连通空腔的出口排出。吸入阀箱用于舱底水系统的管路上，图9-1-13为法兰式单排吸入阀箱。

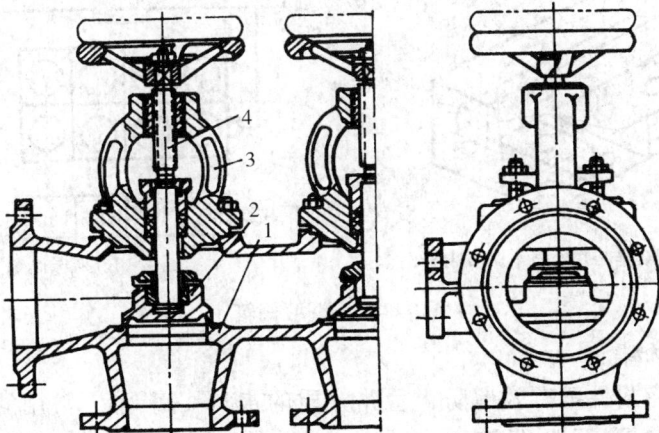

图9-1-13　法兰式单排吸入阀箱

1—阀体；2—阀盘；3—阀盖；4—阀杆

②排出阀箱

这类阀箱是下部连通、上部分开的单排阀箱。介质自下部进入连通的空腔后经各阀的阀盘分别排出,如图9-1-14 所示。

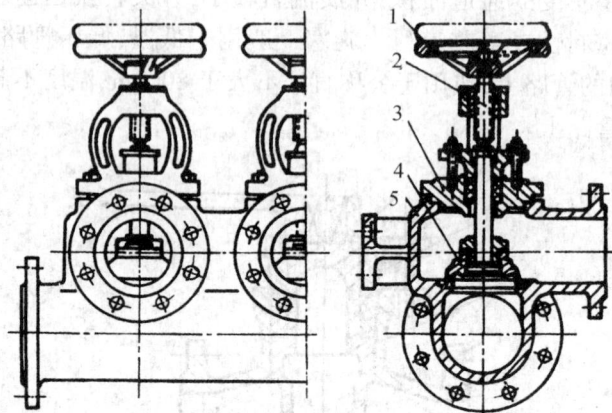

图 9-1-14   法兰式单排排出阀箱
1—手轮;2—阀杆;3—阀盖;4—阀盘;5—阀体

③调驳阀箱

调驳阀箱由吸入阀箱和排出阀箱构成,具有公共吸入室和公共排出室。图 9-1-15 (a)为一双排四联压载水调驳阀箱结构示意图。阀箱分上、下两层,上层前后横向分隔,下层两个阀一组纵向分隔。上层两端分别与压载泵的吸入和排出口连通。下层四个空间则相应与各压载舱相通。

进行调驳时,打开某舱的排水阀和另一舱的进水阀,通过操纵不同的阀完成驳入、驳出的调驳工作,如图9-1-15(b)所示。

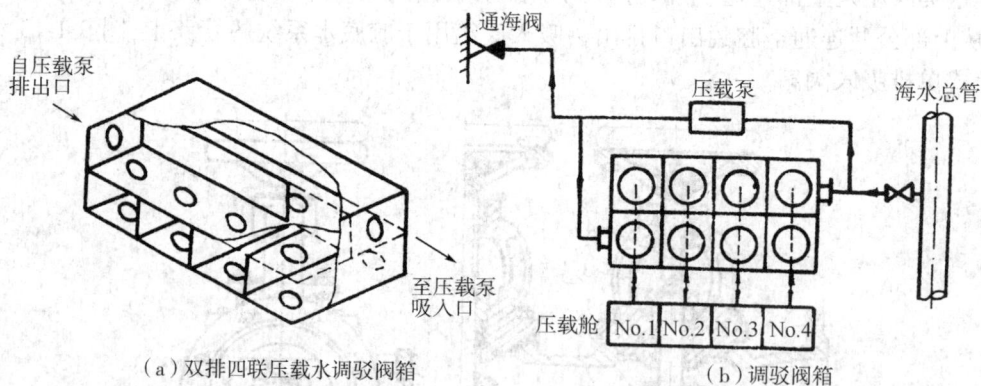

（a）双排四联压载水调驳阀箱   （b）调驳阀箱

图 9-1-15   调驳阀箱

3.管路密封材料

管路接头的密封件可有效地防止管路介质的跑、冒、滴、漏。常用的密封材料种类有很多,如橡胶、紫铜、石棉、纸箔、白漆和油麻、塑料和复合材料等。船舶管路常用的密封材料有以下几种:

（1）紫铜垫片

紫铜垫片一般用于高压压缩空气管路、液压管路，以及柴油机高温、高压零部件间的密封。紫铜垫片的厚度一般为 1~3 mm。柴油机排气管路常用 0.5~1 mm 的紫铜皮包覆复合材料（如石棉橡胶板）作为密封件。

（2）石棉橡胶板

这是一种复合材料，应用广泛，适用于各种蒸汽、海水、淡水（饮用水除外）、空气、烟气和惰性气体等管路上。

石棉橡胶板又分为：高压石棉橡胶板，呈紫色，适用于工作压力为 6.4 MPa、工作温度为 400 ℃的管路；中压石棉橡胶板，呈红色，适用于工作压力为 4.0 MPa、工作温度为 375 ℃的管路；低压石棉橡胶板，呈灰色，适用于工作压力为 1.6 MPa、工作温度为 200 ℃的管路；耐油石棉橡胶板，适用于工作压力为 6.4 MPa、工作温度为 100 ℃的燃油、滑油管路。

当蒸汽管路上采用石棉橡胶板时，应在其两面涂以石墨气缸油，以防其黏结于零件上。

（3）夹布橡皮

夹布橡皮亦是复合材料，适用于工作压力为 0.6 MPa、工作温度在 60 ℃以下的低温、低压管路，如海水、淡水（饮用水除外）、空气和燃油等管路，但绝不可用于蒸汽、高温水等管路，以防其黏结。饮用水管路的密封应为无毒夹布橡皮垫片。

（4）聚四氟乙烯密封带

聚四氟乙烯密封带是一种塑料密封材料，可以取代白漆和油麻，一般用于工作压力为 0.6 MPa、工作温度为 260 ℃的海水、淡水、空气、燃油和滑油管路。

管路附件除上述几种外，还有各种滤器、热交换器、固定支架等。

任务二 舱底水系统的操作与管理

学习目标：

1. 熟悉对舱底水系统的要求
2. 了解舱底水系统的布置原则
3. 掌握舱底水系统的布置实例
4. 掌握舱底水系统的管理

在船舶正常营运中，机舱设备的泄水、尾轴填料箱处的漏水、各种管路的泄漏、冲洗水、船体接缝不严密处的渗入、从舱口流入的雨水和水线附近甲板或舱室的疏水泄放等均聚集于舱底,形成舱底水。通常,机舱的舱底水最多。

舱底积水对船体有腐蚀作用;货舱积水会浸湿货物造成货损;机舱舱底积水会使机电设备受潮或浸水损坏,影响机器正常运转,并给管理工作带来困难。当舱底水积存过多时,将会严重地影响船舶稳性和危及航行安全。

舱底水系统的作用就是及时将机炉舱和货舱中的舱底积水排至舷外。一般规定,正常营运的船舶,机舱舱底积水量为 $1 \sim 10 \ \mathrm{m}^3/\mathrm{d}$;一般 20 万 ~ 30 万吨级的船舶,则为 $20 \ \mathrm{m}^3/\mathrm{d}$。当船舶破损时,舱底水系统还可用于排除进水。

任务 2.1 对舱底水系统的要求

(1)所有机动船舶均应设置舱底水系统,并能有效地排除任何水密舱中的积水。

(2)舱底水系统应有船舶正浮或横倾不超过 5°时,均能通过不少于 1 个吸口(一般均应在两舷设置吸口)排干任何舱室或水密区域内的积水。

(3)系统中的管路应能防止舷外海水(或河水)、来自压载水舱的水进入货舱或机炉舱或从一舱进入另一舱的可能性。对与舱底水系统和压载水系统有连接的任何深舱,应采取有效措施,以防深舱灌入水浸湿货物,或深舱压载水通过舱底排水管排出。

(4)为防止各舱底水相互连通,管路中的分配阀箱、舱底水管和直通舱底水支管上的阀门均应为截止止回阀,以保证舱底水系统管路中的水流为单向,即只出不进。

(5)若舱底水泵、压载水泵、消防水泵等相互接通,管路布置应保证各泵能同时工作且互不干扰。

(6)舱底水泵应为自吸式泵。

此外,根据不同用途的船,如客船、油船、冷藏船等的舱底水系统各有相应的附加要求。

任务 2.2 舱底水系统布置原则

为满足上述要求,舱底水系统应按以下原则布置(如图9-2-1所示)。

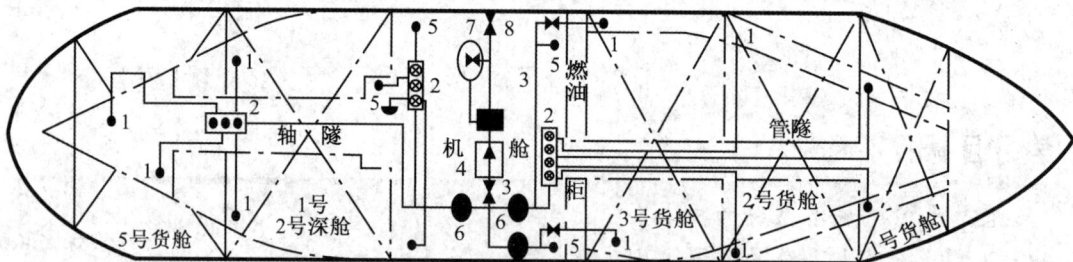

图 9-2-1 舱底水系统布置原理图

1—舱底水吸入口;2—舱底水集合阀箱;3—舱底水总管;4—舱底水泵;
5—机舱舱底水吸入口;6—泥箱;7—油水分离器;8—舷外排出口

(1)为能吸干舱底积水,各吸入管的吸入口皆应布置在每个舱底的最低处。在有舭水沟的船舱中,吸入口可位于该舱两舷的最低一端;在无舭水沟的船舱中,则需在两舷或纵中剖面处设有污水井,以便吸出。

（2）为操作方便和简化管路,位于机舱前、后的货舱和管隧及各隔离空舱的污水,都应各自从吸入口经吸入支管分组汇集于各舱底水集合阀箱2,然后经舱底水总管3通至舱底水泵4的吸入口。在通至各干货舱的管路上应不少于两个截止止回阀。

（3）机舱是整个船舶的要害地区,且经常积水较多,所以应设有两个以上的机舱舱底水吸入口5,并且至少要有一根吸入支管与舱底水泵直接相连,其余则经舱底水总管通至舱底水泵。此外,为了在机舱破损时能应急排水,在主机机舱还应设置一个应急舱底水吸口,该吸口一般应通向机舱排量最大的水泵并装设截止止回阀,阀杆应适当加长,以使手轮高出花铁板至少460 mm。应急舱底水吸口阀应安装永久性的清晰铭牌。

（4）当舱底水系统承担船舶海损时应急排水的任务时,其舱底水管的直径在设计时应按以下公式计算:

$$d_1 = 25 + 1.68\sqrt{L(B+D)} \quad \text{mm}$$
$$d_2 = 25 + 2.15\sqrt{l(B+D)} \quad \text{mm}$$

式中：d_1——舱底水总管内径,mm；

d_2——舱底水支管内径,mm；

L——船长,m；

B——船宽,m；

D——至舱壁甲板的型深,m；

l——舱室长度,m。

（5）舱底水泵应具有自吸能力。由于含油污水要经过油水分离器处理,为提高分离效果,通常在机舱中设有一台排量较小的往复泵或单螺杆泵,作为日常抽除机舱污水之用。大排量的舱底水泵多为自吸式离心泵。不少货船上还采用喷射泵,这种泵没有运动部件,能排出极其污浊的液体,构造简单,不易损坏,具有干吸能力,在某些场合下,往往具有其他类型水泵所不及的优越性。

（6）在远洋船舶上应有两台以上的舱底水泵,每台的排量 Q 不得小于按下述公式计算之值：

$$Q = 5.66 d_1^2 \times 10^{-3} \quad \text{m}^3/\text{h}$$

式中：d_1——舱底水总管内径,mm。

对于国际航行的客船,用作舱底水泵的台数应较一般船舶多1~2台,以提高船舶的安全性。为了减少机舱中水泵的数量,舱底水泵可由有足够排量的压载泵或通用泵兼任。

（7）舱底水很脏,为防止舱底污物堵住吸入口,机器处所和轴隧内的每根舱底水支管及直通舱底泵吸管(应急吸管除外)均应设置泥箱,以过滤舱底水。该泥箱应易于接近,并自污泥箱引一直管至污水井或污水沟,直管下端或应急舱底水吸口不得设滤网箱。

货舱及除机器处所和轴隧外的其他舱室的舱底水吸口端,应封闭在网孔直径不大于10 mm的滤网箱内。滤网的通流面积应不小于该舱底水吸入管截面积的2倍。

任务 2.3　舱底水系统布置实例

图 9-2-2 为某船尾机舱舱底水管系布置图。机舱尾部设一污水井,首部左、右各设一污水井,机舱舱底水应急吸口直接与中央冷却系统的主海水泵吸口相接。货舱舱底水由各支管汇集于机舱前端的阀箱上,因其一般不含有油分,故可通过舱底水泵、总用泵、消防泵中的任一台排出舷外。机舱舱底污水必须经过油水分离器处理,达到防污公约排放标准方可排出舷外,也可将污水暂存污水舱内,到港后用舱底水泵经甲板上标准排放接头驳至岸上或回收船处理。

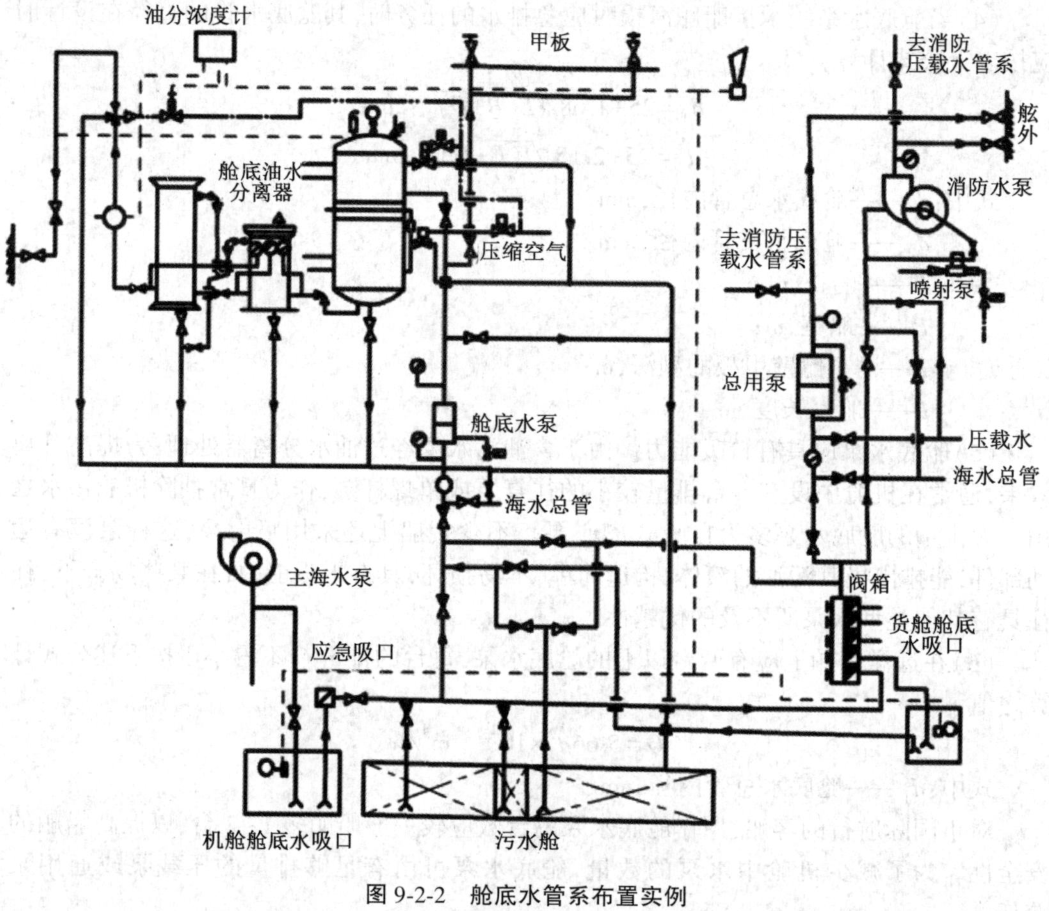

图 9-2-2　舱底水管系布置实例

该船油水分离器为 CUX-E0515 型,其舱底水泵为 NE40 型单螺杆泵($Q = 5\ \mathrm{m^3/h}$, $p = 0.5\ \mathrm{Pa}$),油分浓度计为 VR11S 型,当监测的油分超过排放标准时,出口管上的电磁气动三通阀自动关闭,将污水循环流回污水舱。分离出来的污油贮存于污油舱内,可由污油泵驳给焚烧炉污油柜,加热焚烧,或到港后用污油泵输给港方接收设备。

为便于在停止运转之前冲洗油水分离器和舱底水排出管路以及油水分离器本身工作时的需要,舱底水泵的吸入口还接有海水吸入管路。污水井内均设有浮子式水位报警装置,以监测全船舱底水水位。

任务2.4 舱底水系统的管理

舱底水系统的管理是轮机管理中的重要组成部分,主要包括对舱底水系统中的各种设备的正确使用与维护;严格遵照国际海事组织(IMO)的国际防污公约的要求进行排污;等等。

(1)按要求排放含油舱底水。经轮机长和值班驾驶员同意方可排放,并填写"油类记录簿"。

(2)注意检查舱底水系统各种设备的工作情况,如舱底水泵的吸排压力是否正常,排出压力过高则说明操作有误,系统有故障。吸水管堵塞和进气是最常见的故障,前者使泵的真空度增大,后者使泵的真空度减小或建立不起来,均造成排水困难,甚至不能排水。

(3)定期检查污水井的水位,并及时将污水排入污水舱。定期测量污水舱的水位,视情况用油水分离器处理污水舱的污水,并做记录。定期检查机舱污水井报警装置。

(4)定期清洗各污水井和舱底水泵吸入口处的滤器、泥箱,疏通污水沟与污水井,船员切勿乱丢棉纱、破布和塑料制品等,以免造成堵塞。

(5)舱底水系统应分区域排放,不宜同时打开全部舱底水的吸口,以免造成泄漏,使排放速度降低。

(6)定期检查机舱应急舱底水吸口,加强维护,确保排水的有效性。

任务三 压载水系统的操作与管理

学习目标:

1.熟悉对压载水系统的要求
2.了解压载水系统的布置原则
3.掌握压载水系统的实例
4.掌握压载水系统的管理

压载水系统的功用是将压载水注入或排出压载水舱,以达到调整船舶的吃水和保护船体纵、横向的平稳,维持安全的稳心高度,减小船体变形,以免引起过大的弯曲力矩与剪切力,降低船体振动和改善空舱适航性等目的。

随着船舶的种类、用途、结构和吨位的不同,压载水舱在船上的位置、大小和数量也不同。运输船舶的压载水量相当于船舶载重量的40%~80%,因此要有足够的压载水舱。一般船上可用首尖舱、尾尖舱、双层底舱、边舱、顶边舱与深舱等作为压载水舱。首、尾尖舱对调整船舶的纵倾最有效,边舱对调整船舶横向平衡最有效,而调节深舱压载水量可有效地调整船舶的稳心高度。

对于货船,通常将首、尾尖舱,双层底舱作为压载水舱,有的货船还把上、下边舱和深舱作为压载水舱。油船的货油舱可兼作压载水舱,有的还设专用压载舱,压载水量占油船货油量的 40% ~ 60%。

任务 3.1　对压载水系统的要求

压载水系统既要将水注入压载水舱,又要通过同一管道将压载水舱中的水排出。因此,压载水系统管道中的压载水应具有"可进可出"双向流动的工作特点。压载水系统在船上的布置随船型、装载货物等的不同而异,为了可靠地完成压载和卸载,应满足以下要求:

(1)压载水系统的管路上不可设置任何形式的止回阀。

(2)压载水管道应设置在双层底舱中央的管弄内,不可穿过货舱,以防管道泄漏发生货损;也不得穿过饮水舱、炉水舱和滑油舱。

(3)首尖舱压载水管在穿过船首防撞舱壁时,应在甲板上设置截止阀,以便发生船首海损时可立即在甲板上关闭该阀,防止海水进入压载水系统。

(4)为便于日常操作管理,各压载水舱的控制阀应相对集中。对于设有集中式遥控操作的压载水系统,其控制台设在机舱以外,便于甲板人员使用。

(5)干货舱或油舱(包括深舱)用作压载水舱时,压载水管系应装设盲板或隔离装置。同样,饮用淡水舱兼作压载水舱时亦应如此,以免两个系统相通。

(6)含油压载水的排放应符合有关防污规定。

(7)压载水系统应设置两台以上的压载水泵,其容量应以排出全部压载水所要求的时间而定,不同类型、大小的船舶排出全部压载水的时间不同。

海船压载水舱的容量很大,一般杂货船的压载水量可达船舶满载排水量的 15% 左右,其中首、尾尖舱的压载水占总压载水量的 12% ~ 17%,其余大多存于双层底舱中。通常,要求在 2 ~ 2.5 h 将最大的压载舱注满或排空,在 6 ~ 8 h 将全船压载水舱注满或排空。

任务 3.2　压载水系统的布置原则

(1)压载水系统的布置形式:

①支管式:压载水集合管设于机舱前壁或后壁,集合管和压载水泵间用总管相连,集合管和各压载水舱间用支管相连。这种形式便于管理,且各舱均可独立排水和注水,但管路较长,可用于普通货船的双层底舱、深舱、舷侧顶边舱等。

②总管式:对于压载用的双层底舱、深舱,可沿船长方向敷设总管,由总管向各舱引出支管,在支管上安装吸口和遥控阀。油船、散装货船、矿砂船等大型船舶常采用这种形式。

③管隧(弄)式：为避免隔舱开孔和便于维修，在双层底内设管隧，在管隧内敷设压载水总管或支管。这种形式多为矿砂船和散装货船等所采用。

（2）为满足压载水系统的工作特点和简化管路，多采用调驳阀箱来调驳各压载水舱的压载水。调驳阀箱的展开图如图9-3-1所示，图中与压载泵吸入管相通的下半部为阀箱的驳出侧（即自流灌入侧），该侧各阀专用于控制各压载舱水的驳出。与压载泵排出管相通的上半部为阀箱的吸入侧，该侧各阀开启时可将水分别注入各相应的压载舱。例如，欲将压载水自No.1舱（左）驳至No.2舱（右），只需将No.1舱（左）的驳出阀及No.2舱（右）的驳入阀打开即可。由此可看出，通过船上压载水系统可将全船各压载舱的压载水驳进、驳出或相互调驳。也可不用压载泵，舷外海水靠压差自动流入压载水舱，但自流式注入较慢，可根据实际情况进行操作。

（3）各压载水舱的压载吸入口应布置于有利压载水排出的位置。

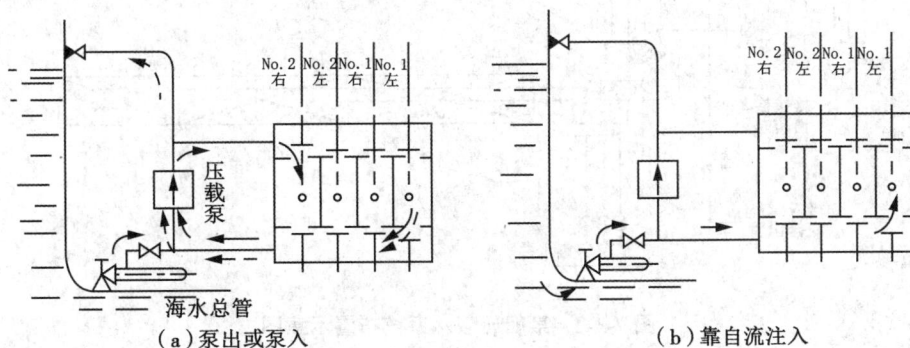

图9-3-1　调驳阀箱工作原理图

任务3.3　压载水系统的实例

某船压载水系统如图9-3-2所示。该系统管路采用支管式布置。全船压载水舱有首、尾尖舱，No.1～No.6双层底舱，No.1～No.6上部边舱，两个双层底重柴油舱亦可兼作压载水舱。在机舱中设有两台大排量压载泵，并与通用泵相接，以便应急之用。有的船上压载水泵与消防泵互为备用。

（1）压载水的注入

压载水泵自海水总管吸水，经阀箱、各舱支管进入各压载水舱，如利用海水自流式可将海水注入各双层底压载水舱。

（2）压载水的排出

双层底舱的压载水可通过压载水泵、控制阀箱将各舱支管吸入的压载水排至两舷集合水井再排至舷外；上部边舱的压载水可采用自流式或通过压载水泵排出。

（3）压载水的调驳

为了达到船舶横向的平衡，利用船上专门设置的平衡压载舱，或通过调驳阀箱进行各舱压载水的调驳。

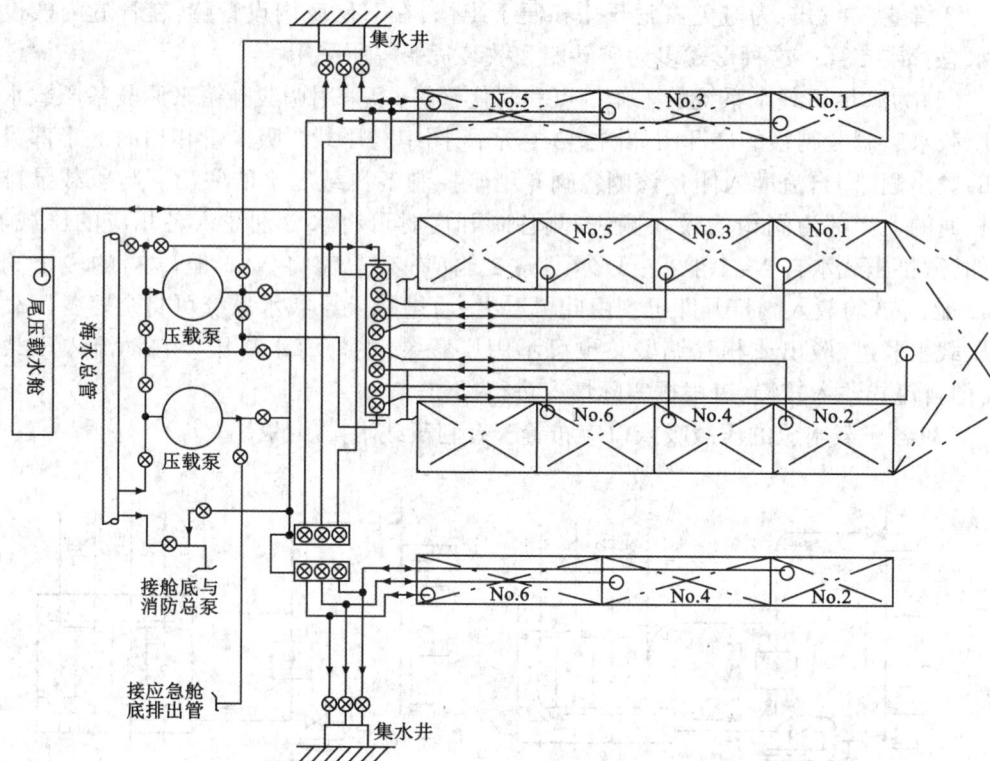

图 9-3-2　某船压载水系统布置示意图

任务 3.4　压载水系统的管理

一般船舶压载水系统的日常操作按甲板部的要求进行。自动化程度高的船舶大多是由甲板部直接进行压载水系统的日常操作,这种船舶设有专门的船舶压载-平衡水控制室,其内安装各舱液位的检测装置、泵的控制装置和各种控制阀的遥控设备。压载水系统中的各种设备均由轮机部负责日常维护管理,其要点有:

(1)压载水泵通常是大排量低压头离心泵,启动前应注油、盘车,确认无卡阻后全开吸入阀、全关排出阀进行封闭启动,以防过大启动电流冲击电网,随后逐渐开大排出阀。

(2)注意压载水泵轴封处的泄漏情况,轴承应定期加油。

(3)压载水泵出口压力一般为 0.15~0.25 MPa,可通过泵的进、出口间的旁通阀进行压力调节。

(4)熟悉设备位置,防止误操作。例如,船舶舱底水控制阀箱与压载水控制阀箱位置很近,为防止开错阀应涂以不同颜色以示区别。此外,压载水舱较多,应列出操作程序使操作规范化。

(5)对用燃油舱兼作压载水舱的船舶,压载管系应装设盲板或其他隔断装置,含油压载水的排放应符合有关防止污染的规定。

任务四 消防系统的操作与管理

学习目标：

1. 熟悉船舶着火的种类
2. 熟悉船舶消防系统
3. 掌握船舶消防系统的管理

　　船舶是在有限的空间集中了船上人员和大量物资，存在各种可燃和易燃物质。船上同时存在着许多火源：吸烟者的烟蒂、厨房的炉灶、机械的高速运转、烟囱、维修中的气焊与电焊、电气设备的短路或绝缘不良、易燃物品的保管不当，甚至静电等均可引发火灾，而船舶远离陆地，自身消防能力较差，发生火灾时难于疏散和救助，所以船舶一旦失火将会带来巨大损失甚至沉船的恶果。

　　船舶消防系统的作用是预防和制止火灾的发生和蔓延，并可迅速灭火，将火灾的损失减至最低程度。

　　船舶消防的基本原则是防火、探火和灭火。船舶防火是从船体材料、船体结构、船体布置和设施上来防止和限制火灾的发生与蔓延；船舶探火是使人们及早发现火情，及早采取灭火措施，减少损失；船舶灭火是根据火灾的情况、灭火介质等的不同，采用不同的灭火系统。

任务4.1　船舶着火的种类

　　（1）普通火（甲类火），由固体，如木材、纸、布、煤炭等易燃固体物质，引燃着火，主要用水施救。

　　（2）油类火（乙类火），油类、油气着火，有爆炸危险，采用泡沫施救。泡沫较油轻，形成覆盖层使之与空气隔绝，但绝不可用水施救。

　　（3）电气火（丙类火），由电器等漏电、过载、短路等引起的火灾。施救时有触电危险。

　　施救时应先切断电源，再用干粉、四氯化碳、二氧化碳等不导电介质灭火。

任务4.2　船舶消防系统

　　船舶消防系统实际上是指船舶的灭火系统。根据中国船级社的《钢质海船入级规范》、国际公约和我国法规的规定,船舶应设置固定式消防系统。它是固定安装在船舶上的灭火系统和使用有效的灭火剂,如水、CO_2、卤代烷、泡沫、干粉和蒸汽等。固定式消防系统主要分为四大类,即水消防系统、气体消防系统、泡沫消防系统和干粉消防系统。

(1)水消防系统

水消防系统是由消防泵、管路、消火栓、消防水带和水枪等组成的,是所有船舶均必须设置的固定式灭火系统。灭火时,消防泵从舷外抽取海水送至船上各甲板和舱室处的消火栓,再经消防水带从水枪喷射到船舶任何处所进行灭火。

水是不燃液体,是船上最常用的灭火剂。利用强大的水流或水雾冲击火区,可使燃烧物急剧降温,并利用水受热产生大量的水蒸气来稀释火区的氧浓度灭火。扑灭可燃固体的物质火灾可采用直流水枪,通过冲刷、冷却作用来灭火;扑灭可燃液体物质火灾可采用喷雾水枪,通过覆盖、冷却作用灭火。

对水消防系统的要求主要有:

①所有消防泵应为独立机械系统,通常采用离心泵。符合消防要求的卫生水泵、压载水泵、通用泵等均可用作消防泵。各类船舶消防泵的配置应符合有关规定。

②消火栓的布置和数量应满足船舶灭火要求的有关规定,消火栓或阀的位置应便于船员使用。

③水消防系统的工作应可靠,其布置能满足消防泵向一舷或两舷同时供水。锚链冲洗水一般取自水消防系统,应设置隔离阀,以便灭火时切断锚链水的供给。

④消防泵应具有单独的海底门。

图 9-4-1 为某船全船消防水管路布置图。该船机舱中设有两台消防水泵(一台专用,另一台由通用泵兼作),消防水泵排出水经机舱消防水总管送至主甲板左、右的主干管,再送至驾驶甲板、救生艇甲板、桥楼甲板和各层甲板。应急消防泵应设于机舱之外,其出口与机舱消防水总管相连,便于机舱失火时应急使用(当机舱消防泵有故障时)。

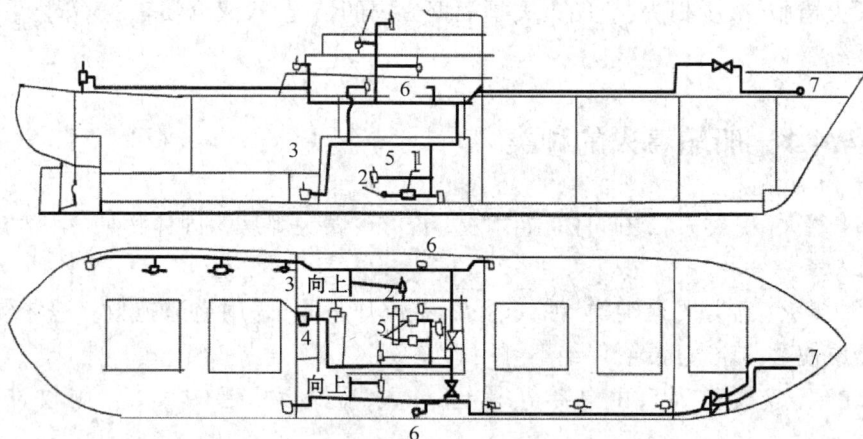

图 9-4-1 某船全船消防水管路布置图

1—消防水泵;2—机舱海水总管;3—应急消防水泵;4—应急消防水泵海底门;5—机舱消防水总管;
6—国际通岸接头;7—锚链水喷嘴

除常规固定式水消防系统外,还有用于客船、货船的起居和服务处所的自动喷水系统,它可扑救初起火灾和自动报警;用于机舱和特种处所的水雾灭火系统,一般为手动控制喷出水雾灭火。这两种系统均属于固定式水消防灭火系统。

（2）气体消防系统

气体消防灭火系统包括CO_2、卤代烷气体的消防系统。卤代烷灭火剂有"1301"和"2402"两种。

CO_2在常温下是一种无色、无味的惰性气体，密度为$1.529\ g/cm^3$，空气中CO_2含量达15%以上时能使人窒息死亡；达28.5%时可使空气中的含氧量降至15%，使一般可燃物质的火焰逐渐熄灭；达43.6%时使空气中的含氧量降至11.8%，能抑制汽油或其他易燃气体的爆炸。所以，CO_2灭火剂适用于货船、油船的灭火，因其不导电和无腐蚀作用，故适用于电气火灾和机舱火灾的扑救。

CO_2在船上以液态贮存于钢瓶中。利用CO_2的窒息和冷却作用灭火。

固定式CO_2消防系统分为高、低压两种型式。高压系统压力为$15\ MPa$，低压系统压力为$2.1\ MPa$（贮存于$-18\ ℃$以下的专用冷库中）。一般船舶的机舱、货舱采用高压系统；CO_2灭火剂需要量超过$10\ t$的大型油船、滚装船和集装箱船采用低压系统。

对CO_2消防系统的要求是：

①CO_2灭火剂应贮存在上层建筑或开敞的甲板上，通风良好，温度在$0\sim45\ ℃$，保证其安全与工作可靠。

②全船CO_2灭火剂贮存量按规定要求，至少为各被保护舱室灭火需要量的最大值，例如货舱，应取其：最大货舱舱容的30%，机舱容积的35%~40%。

③由于CO_2的窒息作用，当空气中CO_2含量达5%时人的呼吸困难，超过10%时有生命危险，所以船上CO_2管路不准通过起居处所及经常有人的舱室；使用CO_2灭火剂时应先发出声光报警信号。

④CO_2灭火系统的操作控制机构应设置在灭火舱室以外且短时间内到达的地方，如居住舱室的通道、驾驶台、货舱控制室等。

⑤采用CO_2灭火的舱室应设水密门，以便灭火时隔绝失火舱室的空气，提高灭火效果。

⑥CO_2贮存容器上按规范要求安装安全装置。

CO_2消防系统普遍用于干货舱、货油泵舱、机器处所和燃油设备处所等。系统由CO_2钢瓶、瓶头阀、分配阀、启动装置、压力表、管路和自动烟雾探测装置等组成。

图9-4-2为某船CO_2消防系统图，其全部CO_2钢瓶置于船尾甲板上的CO_2贮存室中。打开CO_2钢瓶的瓶头阀是通过操纵拉杆利用高压CO_2、压缩空气推动气缸完成，或由人拉动钢索直接开阀。货舱CO_2释放由驾驶台控制。

瓶头阀打开后，CO_2进入总管，经截止阀进入分配管，再经快开阀至各被保护舱室。高压CO_2喷入失火舱室后，压力急剧下降并汽化，体积膨胀使失火舱室内的含氧浓度迅速降低，当含氧量降至15%时可扑灭一般可燃物质的火焰，降至11.8%时可抑制易燃液体和气体的燃烧和爆炸。

为及早发现火警，在CO_2消防系统中配置烟气自动探测报警装置。当舱室着火时，在舱室中设置的吸烟口可将烟气吸入并送至驾驶台的自动烟气报警装置，使之报警。

烟气探测装置有感烟式、感温式和感光式。货舱多采用感烟式探测装置，居住舱室一般采用感温式探测装置，机舱采用感光式探测装置。

卤代烷灭火剂是一种高效气体灭火剂，其灭火原理一般认为是化学灭火，主要是对

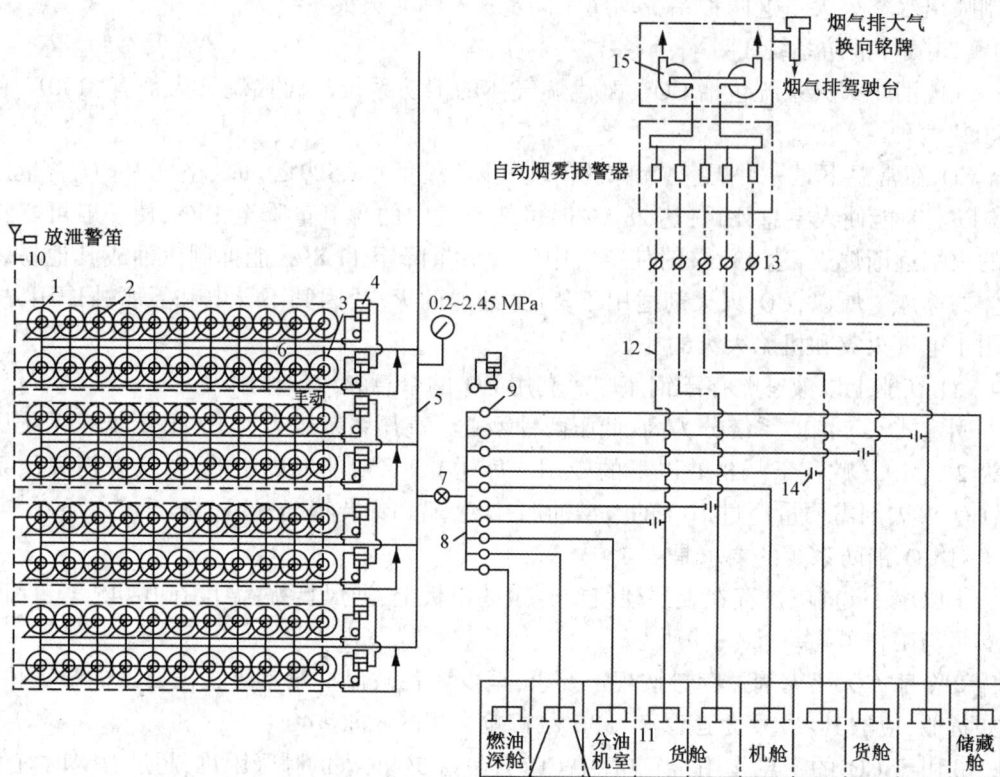

图 9-4-2　某船 CO_2 消防系统图

1—CO_2 钢瓶;2—瓶头阀;3—拉杆装置;4—气缸;5—CO_2 总管;6—止回阀;7—截止阀;8—分压管;
9—快开阀;10—释放总管;11—吸烟口;12—吸烟管;13—定压止回阀;14—隔离膜片;15—抽风机

燃烧反应的抑制和中断作用。卤代烷灭火剂具有良好的电绝缘性、灭火中不污染设备,故适用于电气火灾的扑救。卤代烷对固体可燃物质的重度火灾扑救效果较差,需要大量喷水扑救。卤代烷对可燃液体火灾的扑救则特别有效。

卤代烷消防系统基本上与 CO_2 消防系统相同。

(3)泡沫消防系统

泡沫是一种由碳酸氢钠与发泡剂的混合液和硫酸铝混合接触产生的 CO_2 泡沫,按其发泡倍数分为低、中、高膨胀泡沫。泡沫灭火剂的密度小于油,灭火时泡沫覆盖于油面使之与空气隔绝,从而灭火,同时泡沫中的水分可以吸收热量使可燃物降温,所以非常适合油类火灾的扑救。

低膨胀泡沫消防系统常用于油船货油舱区域、钻井平台的飞机起落平台、小型油船等;高膨胀泡沫消防系统用于各类船舶的机舱和油船的货油泵舱,也可作为液化气船的辅助灭火系统。

(4)干粉消防系统

干粉灭火剂的比重较大,干粉在气流的喷射作用下喷洒在火焰上,分解出 CO_2、Na_2O、水蒸气等气体窒息燃烧物质,同时吸收大量热使燃烧物降温,从而灭火。干粉消防系统主要用在液化气体运输船舶上。

任务 4.3　船舶消防系统的管理

（1）定期对消防系统进行检查与维护，保持其处于可使用状态，以便在出现火情时进行有效的扑救。

（2）定期进行消防演习，通过演习发现防火、灭火措施及系统中存在的问题，以使之工作可靠、人员训练有素。

（3）如用 CO_2 灭火，需要的 CO_2 量是根据被保护舱室的容积来计算的，灭火时 CO_2 气体的容积应能达到灭火浓度（30%～45%）。

任务五｜日用海淡水系统的操作与管理

学习目标：

1. 熟悉供水管路
2. 了解对供水系统的要求
3. 掌握供水系统的管理

日用海淡水系统的任务是满足船员、旅客日常生活用水需要。船舶供水系统可分为饮水系统、洗涤水系统和卫生水系统。饮水系统主要供应炊事用水、饮用水和医疗用水等。洗涤水系统主要供应浴室、洗衣室、洗物池和洗手盆等处的冷热洗涤水。卫生水系统是从舷外吸取海水供厕所、洗脸间和浴室等处冲洗用。

在人员不多或短航程的小型船舶上，因用水量不大，为减少设备和简化管理，饮用和洗涤都取自城市供应的自来水，由一个系统供应。大型客船用水量大，为了保证饮用水的供应，则将饮水系统单独分开。对于海船，特别是远洋船舶，由于海上航行持续时间很长，为避免清水储存过久而变质，同时减少淡水的装载量，一般专门设置海水淡化装置来制造淡水，以供饮用等。

船舶航行时，除船员和旅客生活需要大量淡水外，柴油机淡水冷却管路中淡水的泄漏、辅锅炉蒸汽凝水管路的泄漏等，也需要及时给予淡水补充。

任务 5.1　供水管路

供水管路的主要设备有水泵、水柜和热水器等。船舶的供水方式不同，其供水管路有很大差别。

1.重力供水

重力供水是水箱里的水借助重力经管路流至全船各用水处。因此,船上所设置的所有重力水箱,都必须布置在高于用水处所的甲板上。这种供水管路十分简单,水泵向水箱注水,水箱直接用管子和阀与用水处相连。

这种供水方式的优点是设备少,简单可靠,使用方便,但供水压力低且水箱高置于船舶,重心升高对稳性不利。因此,这种方式不能满足船舶较高的供水要求,适用于无动力设备的驳船和人员不多的小型船舶。

2.压力供水

压力供水是用密闭的压力水柜,借助水柜中空气的压力将水送至各用水处。在大中型船舶上,至少应设两个压力水柜:一个是海水压力水柜,供应卫生水;一个是淡水压力水柜,供应生活用水。这种压力水柜的布置不受高度的限制。压力式供水系统工作原理如图9-5-1所示。

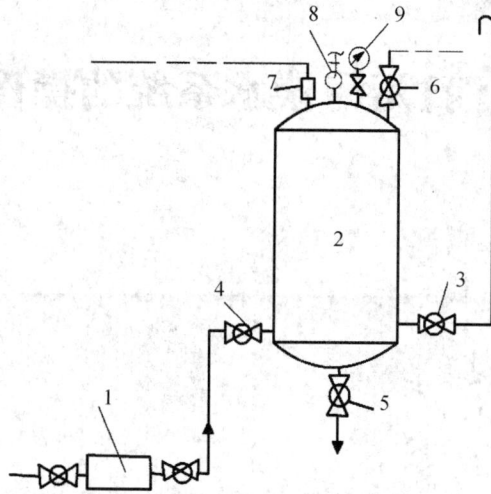

图 9-5-1   压力式供水系统工作原理

1—电动水泵;2—压力水柜;3—截止阀;4—截止止回阀;5—放水阀;6—压缩空气进气阀;
7—压力开关;8—安全阀;9—压力表

由于水柜密封,当电动水泵1向压力水柜2进行补水时,随着水面升高,柜内上部的空气逐渐被压缩而产生压力;当水充到规定液面时,电动水泵1即停止供水,压力水柜2内的水依靠柜内上部空间被压缩了的空气的压力,经管路、阀件输送至各用水处。为保证正常工作,压力水柜头部设有压力表9和安全阀8,还设有压力开关7以便自动控制电动水泵1的工作。当柜内压力低于规定的最低工作压力时,则由压力开关7自动启动电动水泵1;当柜内压力达到规定的最高工作压力时,亦通过压力开关7停止电动水泵1供水。为减小压力水柜充气容积和补充柜内空气的消耗,通常在压力水柜顶部接空气注入管。由于压缩空气中可能带有油分,故饮水压力水柜不宜充压缩空气。

如果船上需要供应热水,则在供水系统中加设热水器。热水器有蒸汽加热、电加热和燃油加热三种,其中蒸汽加热最为常见。压力式热水供应系统的工作原理如图9-5-2。

密闭的热水器3内设有蒸汽加热盘管4,蒸汽通过温度调节阀5进入热水器3。一般热水器加热的温度控制在70~80 ℃,蒸汽量的多少由温度调节阀5自动调节控制。

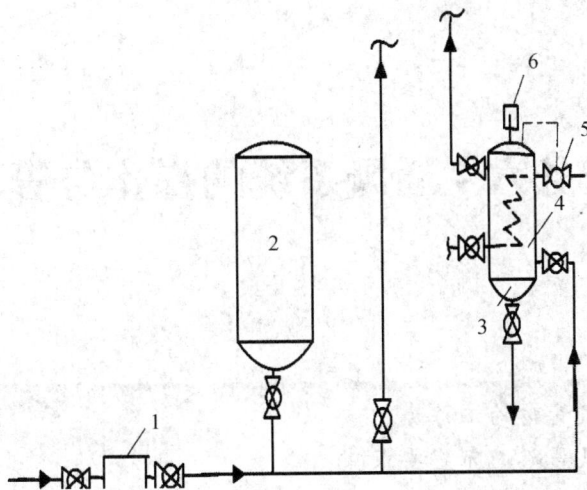

图 9-5-2 压力式热水供应系统工作原理
1—水泵；2—清水压力柜；3—热水器；4—蒸汽加热盘管；5—温度调节阀；6—温度计

从热水器出来的热水供应管路，一般均应包扎绝热材料，防止热量散失。大型船舶或热水消耗量大、管路较长的船舶，应设一专门的热水循环泵（小船可设热水循环管，进行自然循环），使热水进行强制循环，以便随时供应热水。

任务 5.2　对供水系统的要求

（1）为在系统发生局部故障时不致影响整个供水系统的工作，同时也避免过大直径的供水管，可采用分区供水，即将全船划分为几个用水区，各区直接从压力水柜的输出管上引出一路供水干管，并装设截止阀，分别控制。客船通常按甲板层或客舱等级来划分供水区域，这样可使系统更加灵活、可靠。

（2）供水干管应力求避免通过起居室、粮库和购物舱等处，通常各种供水干管敷设在各层甲板两边走道上方，然后由干管引出支管到附近的各室内用水设备。

（3）当几个水区相距较远时，可按分区设置热水器，分别向集中在各自区内的几个用水处供热水，以避免热水管路过长。

（4）在小型船舶上，亦可通过在主机排气管上设热水套来代替专门的热水器，以节约能源。

（5）压力水柜应符合有关压力容器的规定。

任务 5.3　供水系统的管理

日用海淡水系统的管理主要是对压力水柜的管理，压力水柜要及时补气，使其压力维持在正常范围内。若压力太高，会导致压力水柜水位太低，水泵启动频繁；若压力太低，则压力水柜中的水到不了高层甲板。

任务六 | 通风系统的操作与管理

学习目标：

1.熟悉机舱通风管路的工作原理
2.掌握机舱通风管路的布置要求

船舶机舱内安装有主机、辅机、辅锅炉等机械设备,这些设备在运行时会散发出大量的热量。而机舱相对比较狭小,除天窗、舱口和通道外,四周密闭,这就使得机舱成为高温环境,必须通风,造成一定的空气流速将热量带出舱外,使机舱温度降低。

机舱中的各种机械设备在工作过程中会散发和泄漏出油气和水蒸气,必须及时将其从机舱中排出;机舱管理人员在工作时不断吸入新鲜空气,呼出二氧化碳,使机舱空气中的二氧化碳含量增加,因此要利用通风保证机舱中的空气质量;主机、辅机、辅锅炉等热力机械在运行时要消耗一定量的空气,因此要供给足够的空气量,以保证燃料充分燃烧,提高热效率。

机舱通风的任务是降低机舱的温度、排除机舱内的油气和水蒸气、向机舱供应充足的新鲜空气,从而保证动力装置的正常工作,以及改善机舱管理人员的工作和卫生条件。

任务 6.1 机舱通风管路的工作原理

通风方式一般分为自然通风和机械通风两大类。从对舱室的流向看,通风又有送风和排风之分。

1.自然通风

自然通风是利用热压和风压的作用替换舱内的空气。热压,是由于机舱内、外温度不同而造成空气的比重差和压力差。机舱内的温度比舱外高,舱内空气的比重比舱外小。在机舱下部,舱外空气柱所形成的压力要比舱内空气柱所形成的压力大。由于存在这种因温差而产生的压力差,舱外温度低的空气就能从风道进入机舱下部;同时,舱内的热空气也从上部的天窗、舱口、通道及排风管等处排出船外。这样,舱内、外就形成了空气的自然交换。风压就是利用风的速度和压力将空气送入或引出机舱。

自然通风不需设置通风机,设备简单,工作时不消耗动力,但不太稳定,且通风量有限,所以自然送风和排风一般仅适用于小型船舶,在大中型船舶上则将自然通风与机械通风结合起来使用。

2.机械通风

机械通风是通过风机来送风和排风。利用通风机将舱外的新鲜空气送入机舱即为机械送风,用抽风机抽出机舱内的热空气即为机械排风。

机械通风分两种:第一种,机械送风、自然排风。在图 9-6-1 中,如果不设置抽风机 5,即为这种通风方式。通风机 3 从通风头 4 将船外的新鲜空气以一定的风量及风压打入机舱,沿送风管 1 经各个干管、支管由出风头 2 送至各个需要供风的舱室和空间。排风主要依靠机舱棚的天窗进行,部分回风亦可通过轴隧及应急脱险通道出口排除。这种通风方式在一般船舶上应用较广。第二种,机械送风、机械排风。考虑到在恶劣的气候条件下必须紧闭机舱棚,以及机舱里某些舱室(如电焊间、油头试验间、燃油和滑油分油机间等处)油雾和废气特别严重,为能有效地通风换气,除了要用通风机送风外,还必须利用排风机排风。海船和远洋船大多采用这种通风方式。

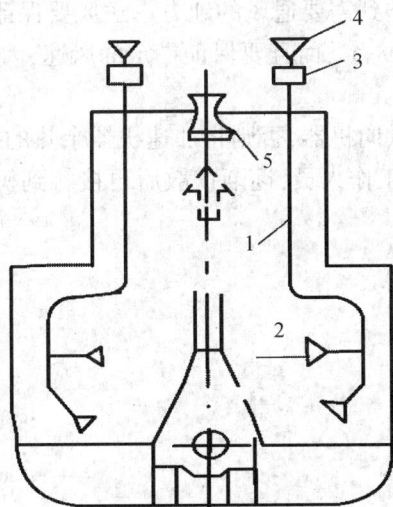

图 9-6-1　机械通风和机械排风
1—送风管;2—出风头;3—通风机;4—通风头;5—抽风机

任务6.2　机舱通风管路的布置要求

1.主要通风场

一般,机舱内以下主要场所必须通风:

(1)操纵台、记录台、配电板、工作间及主机、发电机、辅锅炉和其他重要辅助设施的某些部位等,管理人员需经常检修工作的地方。

(2)分油机间、油头试验间等需排除油气通风的地方。

(3)布置增压器、辅锅炉以及其他高温设备的部位。

2.对系统布置的要求

(1)应保证机舱内有足够的通风量,以满足管理人员和机械设备的需要。

(2)机舱内各设备及工作处所的通风量应根据需要予以合理分配。

(3)应保证能顺利和充分地进行通风换气,尽量避免死角和减少外界的干扰和影响。

(4)气流组织和管路安排应合理,通风管路应尽量占据空间小,对其他管路影响小。

(5)设备要简单,管路尽量短,弯头尽可能少。

3.机舱通风的气流组织

气流组织的好坏对通风换气的顺利进行、风量的均匀和合理分配,以及管理人员的工作都有很大影响,因此在布置通风管路时,必须注意以下几点:

(1)为达到机舱通风降温的目的,应采用重点局部通风,即将舱外的新鲜空气以较快的速度送至主要工作场所,而且应与排气道组成良好的气流系统。

(2)机舱中的高温层、油气和水蒸气都在上部,故送风区应在高温层下面,排风区在其上面,这样就不会将上面的热空气带入工作区域。对于没有明显高温层的机舱,排风区也应高于送风区。

(3)舱外新鲜空气应送到需要通风的地方。送风要保证一定的通风量,使工作地带的温度不超过舱外温度5~8 ℃,而且要保证一定的风速,因而送风的主要方式是横向强力送风。

(4)不要将高速空气吹向机器,否则将加速机器余热的扩散而使工作地区的温度升高。气流的路线应先吹至工作人员,逐渐扩散后再接触到机器,气流吸热升温后即自然上升。

项目十

认识液压元件

任务一 认识液压传动

学习目标:

1. 熟悉液压传动的工作原理
2. 熟悉液压传动系统的组成
3. 知道液压传动的优缺点

任务 1.1 液压传动的发展应用

随着生产力的提高,20世纪30年代前后一些国家生产液压元件并在机床上应用。在第二次世界大战期间,战争迫切需要反应迅速、动作准确、输出功率大的液压传动装置及控制装置用于装备各种飞机、坦克、大炮和军舰。

到20世纪50年代,液压技术转入民用工业,在机床、工程机械、农业机械、汽车、船舶等行业都获得了较大幅度的发展。在船舶上,液压舵机、液压起货机、液压锚机、液压绞缆机等液压甲板机械得到了广泛的应用。

从发展趋势来看,液压技术正向着高压、高速、大功率、高效、低噪声、经久耐用、高度集成等方向发展。随着科学技术的进步,新材料的开发和应用,同时,液压领域中的新技术、新元件也不断出现,液压系统的计算机辅助设计、液压元件的计算机辅助试验、计算机仿真、优化设计和微机控制等方面也日益取得了显著成果,这些势必带动液压技术的发展。

任务 1.2　液压传动的工作原理

液压传动的工作原理可以用一个液压千斤顶的工作原理来说明。

图 10-1-1 是液压千斤顶的工作原理图。大油缸 9 和大活塞 8 组成举升液压缸。杠杆手柄 1、小油缸 2、小活塞 3、单向阀 4 和 7 组成手动液压泵。如提起杠杆手柄使小活塞向上移动，小活塞下端油腔容积增大，形成局部真空，这时单向阀 4 打开，通过吸油管 5 从油箱 12 中吸油；用力压下手柄，小活塞下移，小活塞下腔压力升高，单向阀 4 关闭，单向阀 7 打开，下腔的油液经管道 6 输入举升大油缸 9 的下腔，迫使大活塞 8 向上移动，顶起重物。再次提起杠杆手柄吸油时，单向阀 7 自动关闭，使油液不能倒流，从而保证了重物不会自行下落。不断地往复扳动杠杆手柄，就能不断地把油液压入举升大油缸下腔，使重物逐渐地升起。如果打开截止阀 11，举升大油缸下腔的油液通过管道 10、截止阀 11 流回油箱，重物就向下移动。

通过对上面液压千斤顶工作过程的分析，可以初步了解到液压传动的基本工作原理。液压传动是利用有压力的油液作为传递动力的工作介质。压下杠杆时，小油缸 2 输出压力油，将机械能转换成油液的压力能，压力油经过管道 6 及单向阀 7，推动大活塞 8 举起重物，将油液的压力能又转换成机械能。大活塞 8 举升的速度取决于单位时间内流入大油缸 9 中油容积的多少。可见，液压传动是一个不同能量的转换过程。

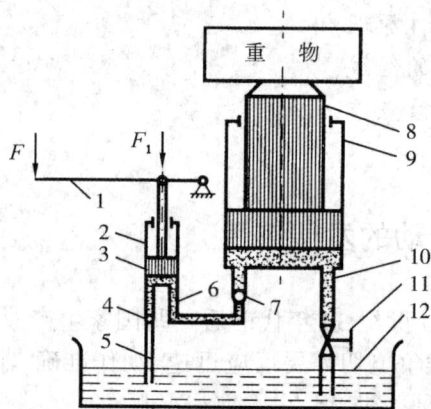

图 10-1-1　液压千斤顶工作原理图
1—杠杆手柄；2—小油缸；3—小活塞；4、7—单向阀；5—吸油管；6、10—管道；
8—大活塞；9—大油缸；11—截止阀；12—油箱

任务 1.3　液压传动系统的组成

液压千斤顶是一种简单的液压传动装置。下面分析一种机床工作台液压传动系统。如图 10-1-2 所示，它由油箱 19、滤油器 18、液压泵 17、溢流阀 13、开停阀 10、节流阀 7、换向阀 5、液压缸 2 以及连接这些元件的油管、接头组成。其工作原理如下：液压泵由电动机驱动后，从油箱中吸油。油液经滤油器进入液压泵，油液在泵腔中从入口低压到泵出口高压,在图10-1-2(a)所示状态下,通过开停阀10、节流阀7、换向阀5进入液压缸2左腔,推动活塞3使工作台向右移动。这时,液压缸2右腔的油经换向阀5和回油管6排回油箱。

如果将换向阀手柄转换成图10-1-2(b)所示状态,则压力管中的油将经过开停阀10、节流阀7和换向阀5进入液压缸2右腔,推动活塞3使工作台向左移动,并使液压缸2左腔的油经换向阀5和回油管6排回油箱。

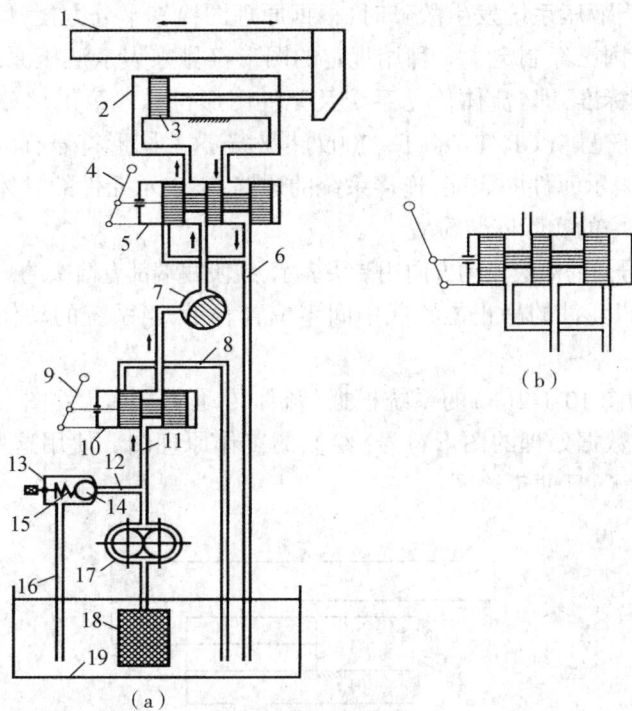

图10-1-2 机床工作台液压传动系统工作原理图

1—工作台;2—液压缸;3—活塞;4—换向手柄;5—换向阀;6、8、16—回油管;7—节流阀;9—开停手柄;
10—开停阀;11—压力管;12—压力支管;13—溢流阀;14—钢球;15—弹簧;17—液压泵;18—滤油器;19—油箱

速度取决于流量:工作台的移动速度是通过节流阀来调节的。当节流阀开大时,进入液压缸的油量增多,工作台的移动速度增大;当节流阀关小时,进入液压缸的油量减小,工作台的移动速度减小。

压力取决于负载:为了克服移动工作台时所受到的各种阻力,液压缸必须产生一个足够大的推力,这个推力是由液压缸中的油液压力产生的。要克服的阻力越大,缸中的油液压力越大;反之压力就越小。

一个完整的、能够正常工作的液压系统,应该由以下五个主要部分组成:

(1)动力元件:作用是把机械能转换成液压能。最常见的形式是液压泵。

(2)执行元件:作用是把液压能转换成机械能。其形式有做直线运动的液压缸,有做回转运动的液压马达。

(3)控制元件:作用是对系统中的压力、流量或流动方向进行控制或调节的元件,如溢流阀、节流阀、换向阀、开停阀等。

(4)辅助元件:作用是保证系统工作的可靠性和稳定性。它包括除上述三部分元件之外的其他元件,例如油箱,滤油器,油管等。

（5）工作介质:作用是传递能量的流体,即液压油等。

任务 1.4　液压传动系统图的图形符号

图 10-1-2 所示的液压传动系统是一种半结构式的工作原理图。它有直观性强、容易理解的优点,当液压系统发生故障时,根据原理图检查十分方便,但图形比较复杂,绘制比较麻烦。我国已经制定了一种用规定的图形符号来表示液压原理图中的各元件和连接管路的国家标准,即《流体传动系统及元件图形符号　第 1 部分:用于常规用途和数据处理的图形符号》(GB/T 786.1—2009)。对于这些图形符号有以下几条基本规定:

（1）符号只表示元件的职能,连接系统的通路,不表示元件的具体结构和参数,也不表示元件在机器中的实际安装位置。

（2）元件符号内的油液流动方向用箭头表示,线段两端都有箭头的,表示流动方向可逆。

（3）符号均以元件的静止位置或中间零位置表示,当系统的动作另有说明时,可作例外。

图 10-1-3 为图 10-1-2(a)的系统根据《流体传动系统及元件图形符号　第 1 部分:用于常规用途和数据处理的图形符号》绘制的工作原理图。使用这些图形符号可使液压系统图简单明了,且便于绘图。

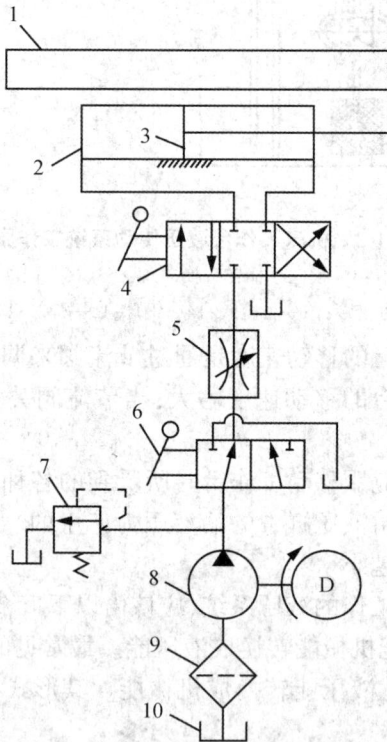

图 10-1-3　机床工作台液压系统的图形符号

1—工作台;2—液压缸;3—活塞;4—换向阀;5—节流阀;6—开停阀;7—溢流阀;
8—液压泵;9—滤油器;10—油箱

任务 1.5 液压传动的优缺点

（1）液压传动之所以能得到广泛的应用，是因为它具有以下主要优点：

①由于液压传动是油管连接，借助油管的连接可以方便、灵活地布置传动机构，这是比机械传动优越的地方。例如，在井下抽取石油的泵可采用液压传动来驱动，以克服长驱动轴效率低的缺点。液压缸的推力很大，加之极易布置，在挖掘机等重型工程机械上，液压传动已基本取代了老式的机械传动，不仅操作方便，而且外形美观大方。

②液压传动装置的重量小、结构紧凑、惯性小。例如，相同功率液压马达的体积为电动机的 12%~13%。液压泵和液压马达单位功率的重量指标，目前是发电机和电动机的 1/10，液压泵和液压马达可小至 0.002 5 N/W，发电机和电动机则约为 0.03 N/W。

③可在大范围内实现无级调速。借助阀或变量泵、变量马达，可以实现无级调速，调速比范围可达 1∶2 000，并可在液压装置运行的过程中进行调速。

④传递运动均匀平稳，负载变化时速度较稳定。正因为此特点，金属切削机床中的磨床传动现在几乎都采用液压传动。

⑤液压装置易于实现过载保护——借助于设置溢流阀等，同时液压件能自行润滑，因此使用寿命长。

⑥液压传动容易实现自动化——借助于各种控制阀，特别是采用液压控制和电气控制结合使用时，能很容易地实现复杂的自动工作循环，而且可以实现遥控。

⑦液压元件已实现了标准化、系列化和通用化，便于设计、制造和推广使用。

（2）液压传动的缺点是：

①液压系统中的漏油等因素，影响运动的平稳性和正确性，使得液压传动不能保证严格的传动比。

②液压传动对油温的变化比较敏感，当温度变化时，液体黏性变化，引起运动特性的变化，使得工作的稳定性受到影响，所以它不宜在温度变化很大的环境条件下工作。

③为了减少泄漏，以及为了满足某些性能上的要求，液压元件的配合件制造精度要求较高，加工工艺较复杂。

④液压传动要求有单独的能源，不像电源那样使用方便。

⑤液压系统发生故障不易检查和排除。

任务二 | 液压控制阀

学习目标:

    1.熟悉液压控制阀的分类、作用

    2.熟悉方向控制阀的工作原理、组成

    3.熟悉压力控制阀的工作原理、组成

    4.熟悉流量控制阀的工作原理、组成

    5.了解比例控制阀的特点

    6.了解插装阀的特点

    液压控制阀在液压系统中是用来控制系统中液压油的通断、流向、压力和流量等的液压元件,按其基本功能分为方向控制阀、压力控制阀、流量控制阀三大类。此外,还有一些专用的组合阀,即将若干控制阀和截止阀组合在同一阀体内,以省去它们之间的管路连接,从而使结构更为紧凑。

    上述大量使用的普通液压控制阀都属于开关式控制或定值控制。随着液压技术的发展,能根据电气信号的变化对压力、流量及流向进行连续远距离比例控制的比例阀,以及适合于大流量系统集成化的插装阀(又叫逻辑阀),已进入船舶液压系统。

任务 2.1 方向控制阀的特点

    方向控制阀用来控制系统中的油流方向,包括单向阀、换向阀等。

1.单向阀

(1)普通单向阀

    单向阀又称止回阀,它的功用是使油液只能单向流过。图 10-2-1 为采用直角式锥阀结构的单向阀。单向阀中的弹簧 2 在没有液流通过或油液倒流时可用以帮助阀芯迅速关闭。但它同时也增大了阀开启时的阻力,并成为油液流过单向阀时产生压力损失的主要部分。在不影响阀灵敏度和可靠性的情况下,弹簧一般都做得较软。普通单向阀的开启压力为 0.035~0.05 MPa,全流量时的压力损失通常也不会超过 0.1~0.3 MPa。

    单向阀有时也装设在回油管路中作为背压阀用,以使回油保持一定的压力,以免漏入空气或适应某些执行机构的需要;此外,单向阀还可与细滤器等附件并联,在滤器堵塞时能够自动地起到旁通保护作用。在这些场合中,单向阀也就变成了压力控制阀,要求有较硬的弹簧,其开启压力一般为 0.2~0.6 MPa。

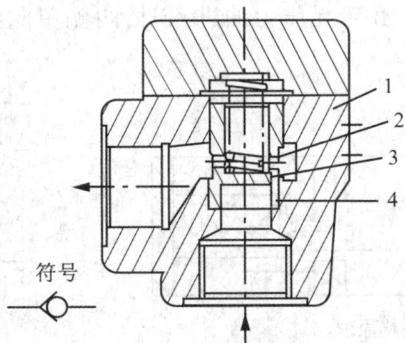

图 10-2-1　单向阀
1—阀体；2—弹簧；3—阀芯；4—阀座

（2）液控单向阀

液控单向阀除像普通单向阀那样能允许油单向流过外，还能在控制油压作用下允许油反向流过。

图 10-2-2 为德国力士乐（Rexroth）公司生产的液控单向阀。由图 10-2-2（a）可见，当控制油口 X（国内品牌用 K 表示）无压力油供入时，该阀与普通单向阀一样，仅允许油由 A 向 B 流过；当需要油由 B 流向 A 时，则需向控制油口通入压力油，推动控制活塞 4，顶开主阀阀芯 3。如果 B 口是与油压 p_B 很高的液压缸出油腔相连，则应采用图 10-2-2（b）所示的卸荷式液控单向阀。其控制油压先将较小的先导阀 5 顶开，B 口的油液即可经主阀阀芯 3 的小孔向 A 口卸压，从而可大大减小随后顶开主阀阀芯所需的控制油压。

上述液控单向阀的控制活塞另一侧的泄油与 A 口相通，称为内泄式［见图 10-2-2（b）］。若 A 口不是直通油箱，而是串联有其他元件，回油阻力较大，则其压力 p_A 较高，采用内泄式需要较高的控制油压，则应采用外泄式［见图 10-2-2（a）］，即用螺塞将内泄油路堵塞，让漏到控制活塞另一侧的油液经外泄口 Y（国内产品用 L 表示）直通油箱，这样 p_A 对控制油压影响便很小。

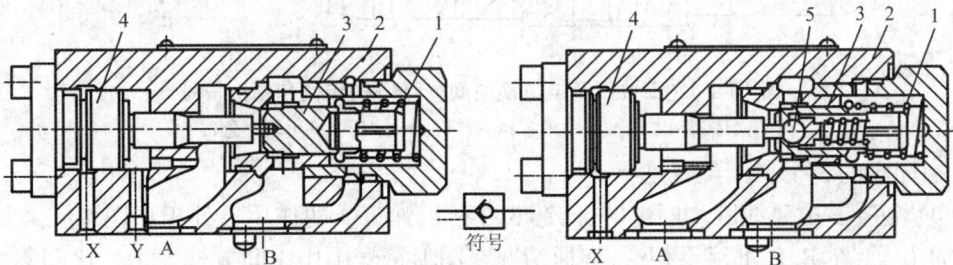

（a）非卸荷（外泄）型　　　　　　　　（b）卸荷（内泄）型

图 10-2-2　液控单向阀
1—主阀弹簧；2—阀体；3—主阀阀芯；4—控制活塞；5—先导阀；X—控制油口；Y—外泄口

（3）液压锁

液压系统中还常使用一种布置在同一阀体中的双联液控单向阀，亦称液压锁。图 10-2-3 为带卸荷阀芯的液压锁。在 A 或 B 口有压力油通入时，不仅能将该侧单向阀芯顶开，让油通过，而且可借控制活塞 2 先使另一侧的卸荷阀芯 3 开启，然后使单向阀芯 4

开启,允许回油流过。当 A、B 皆无压力油进入时,两侧单向阀芯在弹簧作用下皆关闭,可使油路锁闭。

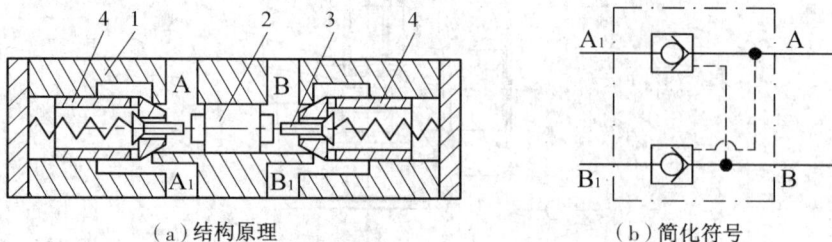

（a）结构原理　　　（b）简化符号

图 10-2-3　带卸荷阀芯的液压锁

1—阀体主阀;2—控制活塞;3—卸荷阀芯;4—单向阀芯

2.换向阀

换向阀的功用是利用阀芯相对于阀体的位移来改变阀中的油路沟通情况,以变换油液的流动方向。换向阀根据操纵阀芯动作方式的不同,可分为手动式、机动式、电磁式、液动式和电液式;根据阀芯工作位置数目,可分为两位、三位;根据阀芯控制油路的多少,可分为二通、三通、四通和五通等。

下面以电磁换向阀和电液换向阀为例,说明换向阀的基本结构和工作性能。

（1）电磁换向阀

图 10-2-4 示出三位四通电磁换向阀的结构和图形符号,该阀有三个工作位置和四条油路,P 表示压力油进口,T 表示回油口,A、B 表示进、出油缸或油马达等执行机构的工作油路油口。

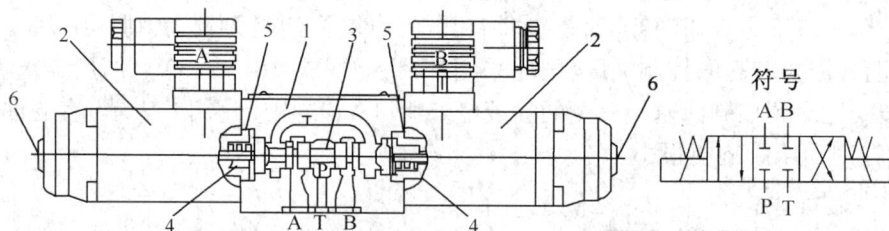

符号

图 10-2-4　三位四通电磁换向阀（O 形）的结构和图形符号

1—阀体;2—电磁铁;3—阀芯;4—弹簧;5—推杆;6—手动应急按钮

换向阀的 3 个工作位置是:

①当左、右电磁线圈均断电时,阀芯 3 在两端弹簧 4 的作用下处于如图 10-2-4 所示的中间位置,A、B、P、T 互不相通,沟通情况在图形符号中用中间方框表示。该阀称为 O 形三位四通换向阀。

②当右端电磁线圈通电,而左端断电时,右端磁铁吸合,通过推杆 5、阀芯 3 克服左侧弹簧 4 的张力被推到极左位置。这时 B 与 P 通而进油,A 与 T 通而回油,沟通情况在图形符号中用右面方框表示。

③当左端电磁线圈通电,而右端断电时,阀芯 3 将克服右侧弹簧 4 的张力而被推到极右位置,这时 A 与 P 通而进油,B 与 T 通而回油,沟通情况在图形符号中用左边方框表示。

根据阀芯在中间位置时油路接通情况,换向阀除 O 形外还有其他多种类型,不同的"中位机能"用不同的大写英文字母表示,如图 10-2-5 所示。凡中位使 P、T 油口相通的(如 H、M、K 型),能使油泵卸荷;凡中位使油口 A、B 相通的(如 H、P、Y、V 型),能使油缸或油马达"浮动",不通的则使执行机构"锁闭"。

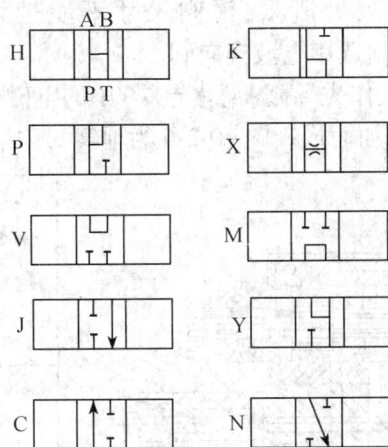

图 10-2-5 三位四通阀机能图

上面介绍的换向阀在阀体内部开有三条凹槽(称沉割槽),轴向尺寸较小,重量相对较小,但这种阀必须用滑阀两端的油腔作为回油腔,如回油背压较高,推杆处的 O 形密封圈就会产生过大的摩擦从而使阀动作不灵。因此,使用这种三槽式换向阀回油背压不可过高,一般不应超过 6.4 MPa。换向阀也可采用四槽式、五槽式等。这两种换向阀推杆活动的油腔设有泄油孔直通油箱,如果堵塞,换向阀就会失灵。

换向阀内部密封靠阀芯的圆柱形台肩与阀体内侧的配合间隙来保证,间隙通常为0.01~0.03 mm,配合精度和光洁度要求较高。为减小阀芯的移动阻力,防止因几何偏差或黏附污物导致圆周上的液压径向力分布不均,而使其压向一边,常在阀芯凸肩上开数圈环形均压槽,以使阀芯四周所受的液压力大致相等。经验表明,开设 1 条均压槽,可使摩擦阻力降低到不开槽时的 40 % 左右,开 3 条均压槽即可使移动阻力降低95% 左右。

电磁阀按适用的电源分为交流电、直流电两种。交流电常用电压为 220 V 或380 V,直流电常用电压为 24 V,也有 48 V 或 110 V 的,电源电压应保持在额定电压的85%~105%,电压太高电磁线圈易发热烧坏,太低则吸力不够无法工作。交流电磁换向阀价格较低,但铁芯吸合前的电流是正常值的 4~10 倍,因而初吸力大;换向时间为0.03~0.15 s(直流为 0.1~0.3 s);换向冲击大;当阀芯卡住无法吸上铁芯时,电磁线圈会因电流过大而烧毁;操作频率不宜超过 30 次/分;其使用寿命比直流电磁阀短很多。

选用电磁换向阀时,电制电压不同的不能换用,还应注意其额定压力和额定流量,正常情况下内泄量不超过额定流量的 1%,工作压力损失不超过 0.3~0.5 MPa。

换向阀的常见故障主要是阀芯不能离开中位或不能回中,是电磁力不足或移动阻力过大造成的。具体原因主要有:电路不通或电压不足;激磁线圈脱焊或烧毁;阀芯和阀孔加工精度较差,配合间隙太小;阀芯或阀孔碰伤变形;有脏物进入间隙;油温过高,阀芯因膨胀而卡死;电磁铁推杆密封圈处的油压过高,摩擦阻力过大。

换向阀不能复位的主要原因是弹簧力不足或移动阻力过大。

电磁换向阀因电磁铁吸力所限,滑阀尺寸不能过大,流量一般限制在63 L/min 以内。在需要流量较大的场合,则采用电液换向阀。

(2)电液换向阀

电磁换向阀因电磁铁吸力所限,滑阀尺寸不能过大,允许流量最大不超过120 L/min,流量要求更大时则选用电液换向阀。

电液换向阀由通径较小、作先导阀(简称导阀)用的电磁换向阀和控制主油路用的、通径较大的液动阀(主阀)叠加而成。图 10-2-6 为弹簧对中型电液换向阀。

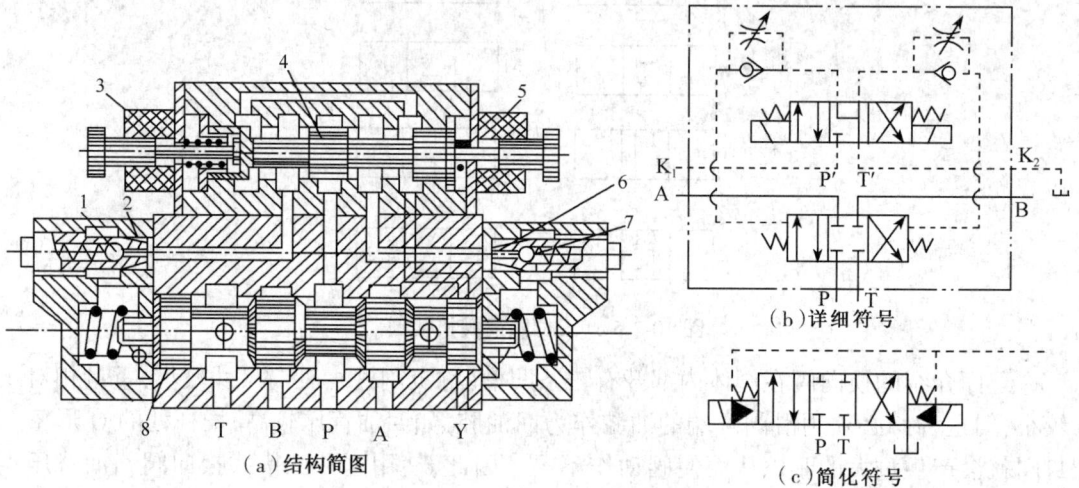

图 10-2-6　弹簧对中型电液换向阀

1、7—单向阀;2、6—节流阀;3、5—电磁线圈;4—导阀阀芯;8—主阀阀芯

当导阀右端的电磁线圈5通电时,导阀阀芯4左移,控制油经阻尼器(单向节流阀)的单向阀7进入主阀阀芯8的右端控制油腔,主阀左端的控制油则经阻尼器节流阀2流回油箱,于是主阀阀芯8克服弹簧力和移动阻力被推到左端。反之,电磁阀左端电磁线圈3通电时,主阀则移到右端。弹簧对中型电液换向阀的导阀中位机能应选 Y 型,以便导阀两端线圈断电回中时,主阀两端控制油压皆能泄回油箱,而使主阀阀芯在两端弹簧力作用下回中。

调小一侧阻尼器节流阀的开度,可使主阀阀芯向该侧移动的速度减缓,减小液压冲击。阻尼器也可由一对单向节流阀组成一体,装在导阀和主阀之间。性能要求不高的阀可不设阻尼器。有的主阀的两端设有行程调节螺栓(可选),可改变主阀换向时油口的开度。

弹簧对中型液动换向阀结构简单,应用广泛,但其主阀阀芯需靠弹簧力回中,故弹簧较硬,控制油压应较高。另外,也有液压对中型电液换向阀,其电磁先导阀的中位机能为 P 型,在两端电磁线圈皆失电时,控制油同时进入主阀阀芯两端的控制油腔,在定位套筒的帮助下使主阀阀芯处于中位。其具体结构可参见相关专业书籍。

电液换向阀的控制油压必须高于最低控制油压(一般不超过 1 MPa),但也不宜过高,其控制方法有外部压力控制和内部压力控制两种:前者(外控)是指由辅泵或主油路分出的减压油路从专设油口向导阀供油;后者(内控)是指供给主阀的压力油经阀内通道分出一路供给导阀。

采用内控是为了限制控制油压力及流量,可在阀体内设减压阀或阻尼器;若主阀为中位卸荷式,为了阀芯在中位时能保持控制油压,可在阀体内或回油管设单向阀作背压阀。

此外,如果导阀的泄油经阀内油道通向主阀的回油口,称为内泄;若主阀的回油背压太高,导阀泄油从单独的泄油口通油箱,称为外泄。

同一型号的电液换向阀可用堵塞或开通阀内相应油通道的办法转换成内控或外控,以及内泄或外泄。图 10-2-6 所示的弹簧对中型电液换向阀的图形符号为外控外泄,内控或内泄的电液换向阀将表示控制油、泄油的虚线取消即可。

（3）梭阀

液压系统中常用的一种或门式梭阀实际是一种液控二位三通阀。图 10-2-7 为梭阀结构图及图形符号。它有两个压力油入口 A、C 和一个出口 B。压力油只能由任一入口进入,推动阀芯关闭另一侧入口,使进油单独与出口沟通。

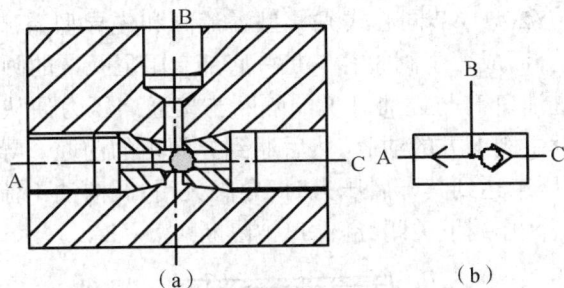

（a）　　　　　　　　　　（b）

图 10-2-7　梭阀结构图及图形符号

任务2.2　压力控制阀的特点

压力控制阀用于控制系统中的油压,包括溢流阀、减压阀、顺序阀等。

1.溢流阀

溢流阀的作用是在系统油压超过调定值时泄放油液。它在系统中的功用主要有两种:一种是在系统正常工作时常闭,仅在油压超过调定值时开启,作为安全阀使用;另一种是在系统正常工作时常开,靠自动调节开度改变溢流量,以保持阀前油压基本稳定,即作为定压阀使用。溢流阀根据动作原理可分为直动型和先导型。

（1）直动型溢流阀

图 10-2-8 为力士乐公司采用插装连接的 DBD 型锥阀式直动型溢流阀及我国规定的直动型溢流阀或溢流阀的一般图形符号。用手轮 4 可调节弹簧 5 的张力来改变调定压力。当 P 口油压超过调定值时,锥阀 2 被顶开,从 T 口溢油回油箱。锥阀外端的阻尼活塞 3 起导向和阻尼作用,可提高阀的稳定性。

直动型溢流阀多数适用流量较小的场合。因为流量大则阀芯尺寸也大,必然需要较硬的弹簧,这样阀芯开度变化时弹簧的张力变化大,相应的工作油压变化更大。但DBD 型直动型溢流阀经过精心设计,锥阀 2 后面的偏流盘 1 不仅可充当弹簧座,而且盘上开有环形槽,可改变锥阀出口液流的方向,产生与弹簧力相反的液动力。阀开度增大时流量增大,液动力也增大,可抵消增大了的弹簧张力,使工作油压变化不大。这种阀最大工作压力可达 31.5~63 MPa,允许最大流量甚至可达 330 L/min。

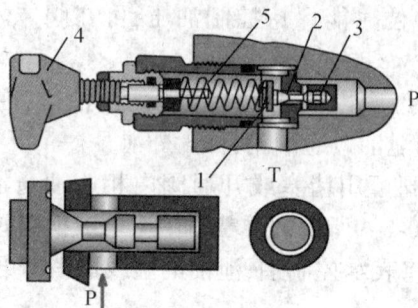

图 10-2-8 带阻尼活塞的直动型溢流阀
1—偏流盘;2—锥阀;3—阻尼活塞;4—手轮;5—弹簧

（2）先导型溢流阀

图 10-2-9 为国产 Y2 型二节同心式先导型溢流阀和先导型溢流阀的图形符号。这种阀由主阀和导阀组合而成。主阀阀芯 5 是一底部有阻尼孔 7 的圆筒形锥阀,与阀套 6 滑动配合,用以控制进油口 P 与溢油口 T 的隔断与接通。压力油从进油口 P 进入主阀下方,经阻尼孔 7 通至主阀上方的油腔,然后通到导阀 1 的前腔。导阀实际是一个小型直动型溢流阀。当油压未达到其开启压力时,导阀关闭,阀内油不流动,主阀上、下油压相等,主阀在主阀弹簧 8 作用下关闭,溢油口被隔断。

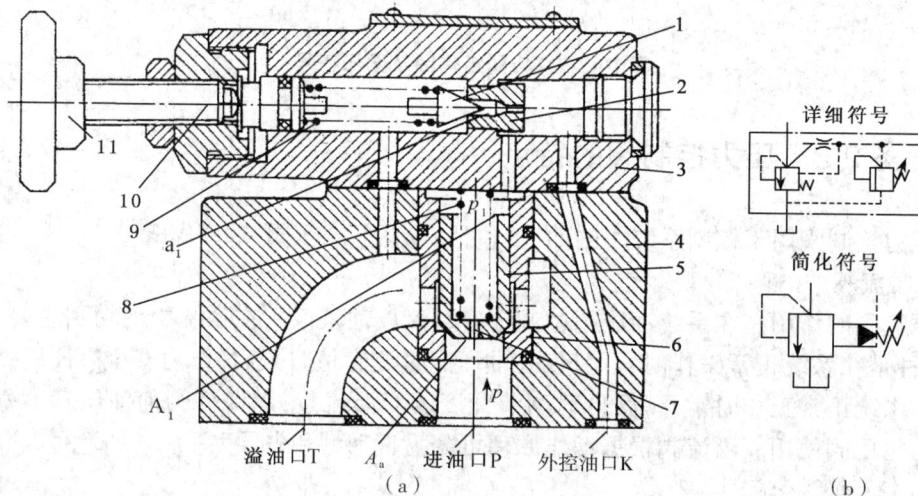

图 10-2-9 先导型溢流阀
1—导阀;2—导阀座;3—阀盖;4—阀体;5—主阀阀芯;6—阀套;7—阻尼孔;8—主阀弹簧;9—调压弹簧;
10—调压螺钉;11—调压手轮

当系统油压超过导阀的开启压力时,导阀被顶开,少量油经导阀座 2 的孔口 a_1、阀盖 3 和阀体 4 左侧的钻孔从溢油口 T 溢出。这时由于阻尼孔 7 的节流作用,主阀下腔的油压 p 就会高于其上腔的油压 p_1。当系统油压 p 继续升高时,导阀开度及其溢流量随之增加,由于调压弹簧 9 较软,压力 p_1 增加很少,主阀上、下的油压差必然增大。当大到足以克服主阀重力、摩擦力和主阀弹簧 8 的张力 F_s 时,主阀开始抬起,主阀口即开启溢油。这时,只要系统油压稍有增加,由于主阀上方油压变化不大,主阀上、下的油压差就会增大,主阀的升程也相应加大,其溢流量增加,阀进口的系统油压就可大体保持稳定。

当主阀开度稳定时,主阀上、下的作用力是平衡的,若重力和摩擦力忽略不计,则

$$pA_a = p_1A_1 + F_s$$
$$p = (p_1A_1 + F_s)/A_a \quad\quad\quad (10\text{-}2\text{-}1)$$

式中:A_a、A_1 分别为主阀下方和上方的承压面积。

由于主阀上腔始终有油压 p_1 作用,即使系统油压较高,主阀弹簧也可选得较软,仅用来帮助主阀阀芯复位;又由于阻尼孔很小(孔径 0.8~1.2 mm),通过导阀的流量也很小(一般为全部溢流量的 0.5%~1%),导阀的承压面积很小,导阀弹簧也比较软,而且导阀在工作中升程变化很小,导阀开启后主阀上腔油压 p_1 变化不大。这样,在主阀开度变化而改变溢流量的过程中,p_1 和 F_s 的变化都不大,故系统油压 p 变化不大。转动调压手轮 11,改变导阀弹簧的初张力,即可改变溢流阀的调定压力,如图 10-2-9 所示。

如果将先导型溢流阀的外控油口 K 用油管接另一只直动型溢流阀,如图 10-2-10(a)所示,将后者安放在更便于控制的位置,即可用它远控调压。这时先导型溢流阀本身的导阀应不起作用,其调定压力必须高于远程调压的最高调定压力。

如果通过先导型溢流阀的外控油口 K 使主阀上腔泄油,如图 10-2-10(b)所示,主阀就会完全抬起,使系统泄油,这时溢流阀被作为卸荷阀使用,其卸荷压力(额定流量下的压力损失)一般在 0.2 MPa 以下,最大不超过 0.4 MPa。

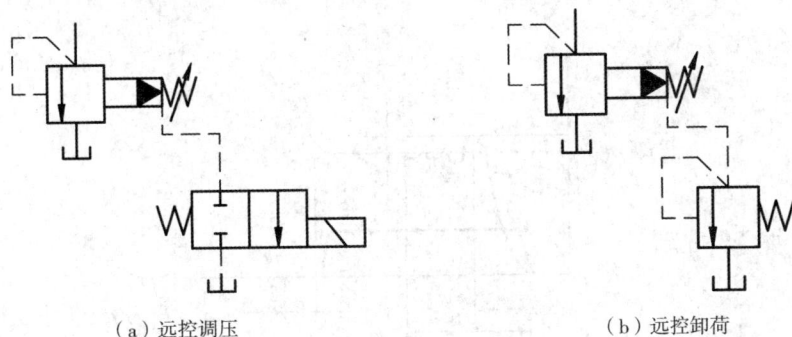

（a）远控调压　　　　　　　　　　　　（b）远控卸荷

图 10-2-10　远控溢流阀

(3)溢流阀的工作性能

溢流阀的工作性能包括静态性能和动态性能。其最重要的静态性能是溢流阀在系统稳定工况下的静态压力-流量特性,它是溢流阀调定后工作稳定时阀进口实际压力 p 与溢流量 Q 的关系曲线。图 10-2-11 示出力士乐公司在油黏度 $\nu = 41$ mm^2/s、温度 $t = 50$ ℃时所测出的某直动型和先导型溢流阀的静态压力-流量特性曲线。

溢流量为额定值 q_n 时的压力 p_n 称为溢流阀的调定压力。溢流阀开启时(为便于测量,以溢流量为额定流量的 1% 时计)阀进口的压力称为开启压力 p_c,$p_n - p_c$ 称为调压偏差。调压偏差越小越好,通常 $(p_n - p_c)/p_n \leqslant 10\%$。

突然关断和开启与溢流阀进口相通的油路上的电磁换向阀,测得溢流阀进口压力与时间的关系曲线,即为溢流阀的动态特性曲线,如图 10-2-12 所示。

动态特性曲线上峰值压力 p_{max} 与调定压力 p_n 的差值称为压力超调量 Δp。溢流阀从

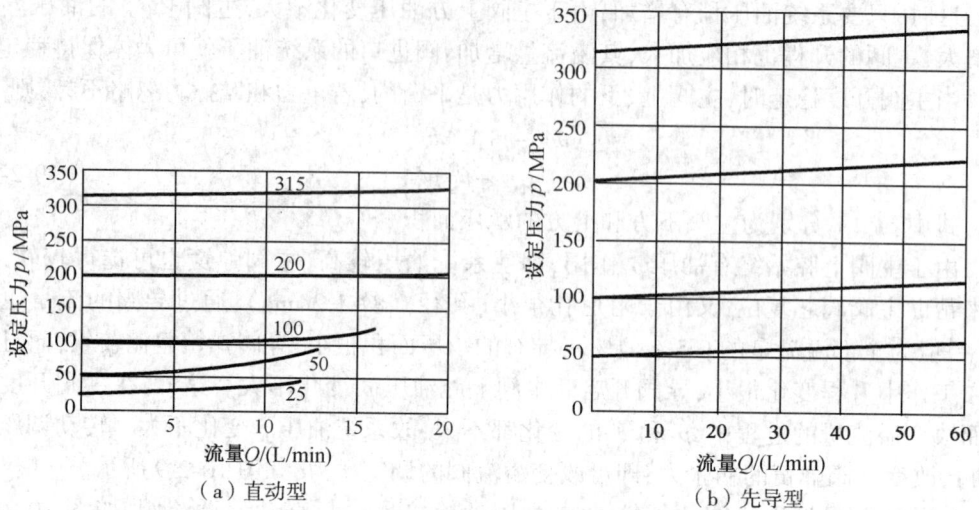

图 10-2-11　溢流阀的静态压力-流量特性曲线

压力上升到稳定所需时间 t_2 称为升压过渡时间。压力超调量太大可能使系统油路的压力继电器误动作,还可能损坏压力表和管路密封。

　　直动型溢流阀动作灵敏,很适合用作安全阀,但一般适用于流量较小的场合。先导型溢流阀适用于较大流量和调压偏差较小的场合,很适合用作定压阀,但动态压力超调量较大。

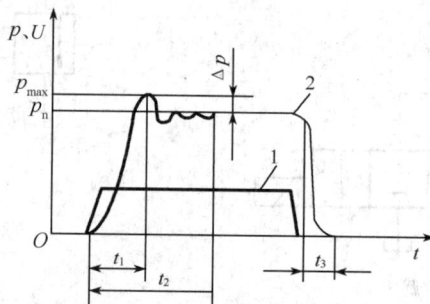

图 10-2-12　溢流阀的动态特性曲线

1—电压信号;2—动态特性曲线(压力响应曲线)

　　(4)电磁溢流阀

　　电磁溢流阀是由先导型溢流阀和电磁换向阀组合而成的,其电磁换向阀可以是二位二通、二位四通或三位四通。用电信号控制其中电磁换向阀,可使溢流阀主阀阀芯上腔油压通油箱或其他远控调压阀,即可迅速使溢流阀卸荷或改变其调定压力。

　　图 10-2-13 为国产 Y2 型电磁溢流阀及其图形符号。

　　(5)卸荷溢流阀

　　卸荷溢流阀亦称单向溢流阀,它是由增加了控制活塞的先导型溢流阀和单向阀组合而成的。图 10-2-14 为 HY 型卸荷溢流阀。其工作原理是:液压泵输出的压力为 p 的液压油从 P 口进入,顶开单向阀 15,从 A 口向系统供油,其压力 p_A 因单向阀 15 有压降而稍低于进油压力 p;p_A 同时又通过阀体 13 和阀盖 9 中的通道作用于控制活塞 7 的右

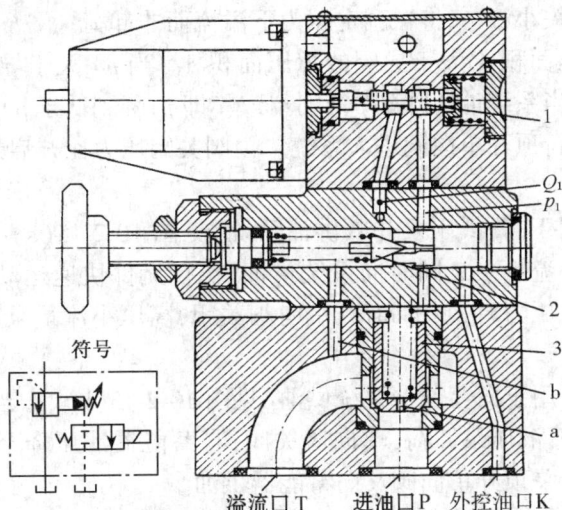

图 10-2-13　国产 Y2 型电磁溢流阀及其图形符号

1—电磁阀；2—先导阀阀芯；3—主阀阀芯；a—阻尼孔；b—卸油孔

端面。另外，油液通过主阀阀芯 11 下部的阻尼孔和阀盖 9 的通道进入导阀 5 的前腔而作用于导阀，压力为 p_1；p_1 同时又作用于控制活塞的左端面。导阀未开启时，活塞左端油压 $p_1=p$，稍大于右端油压 p_A，被推向右边。

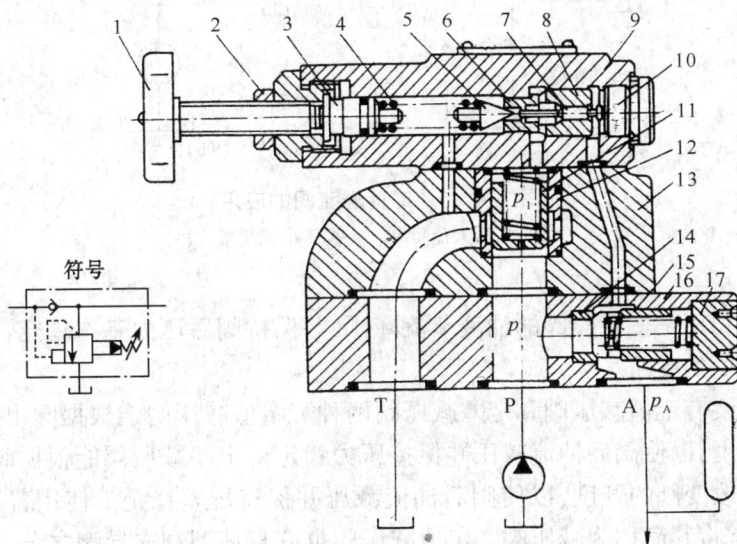

图 10-2-14　HY 型卸荷溢流阀

1—调压手轮；2—锁紧螺母；3—调节杆；4—调压弹簧；5—导阀；6—导座；7—控制活塞；8—活塞套；
9—阀盖；10—螺塞；11—主阀阀芯；12—阀套；13—阀体；14—单向阀座；15—单向阀；16—单向阀体；17—丝堵

当进口油压 p 升高到使导阀开启后，p_1 即大致保持不变，若泵的排压继续升高，则主阀上、下油压差（$p-p_1$）增大，主阀即开启溢流；这时因活塞右端压力 p_A 随泵的排压 p 同步升高，大于左端压力 p_1 时，控制活塞左移，在它的帮助下导阀迅速开大，主阀上腔压力 p_1 急剧下降，主阀即全开，使泵卸荷。这时单向阀 15 关闭，系统和控制活塞右端保持较高油压 p_A，从而使导阀保持全开。如果是没有控制活塞的普通先导型溢流阀，泵排压降低,导阀和主阀即会关小,P 口将在调定压力下溢流而非卸荷。

控制活塞的承压面积 A' 大于导阀的承压面积 A。当 pA 大于导阀的弹簧预紧力 F_s 时导阀开启;而只有当系统油压降到 $p_A A'$ 小于 F_s(即 p_A 降到低于 pA/A' 时),导阀和主阀才相继关闭,排油重新顶开单向阀进入系统。主阀关闭压力比开启卸荷的压力低 10%~20%。

卸荷溢流阀可用于高、低压泵并联供油系统[见图 10-2-15(a)]。开始工作时低压大流量泵 1 和高压小流量泵 2 同时向系统供油,执行元件快速运动;当负载增加、油压升到卸荷溢流阀开启压力时,泵 1 卸荷,单向阀关闭,高压小流量泵单独向系统供油,执行元件慢速运动。

卸荷溢流阀也可用于向蓄能器系统供油[见图 10-2-15(b)]。当蓄能器油压达到卸荷溢流阀开启压力时,液压泵卸荷,单向阀关闭;当蓄能器油压降至卸荷溢流阀关闭压力时,主阀关闭,液压泵顶开单向阀又向蓄能器供油。

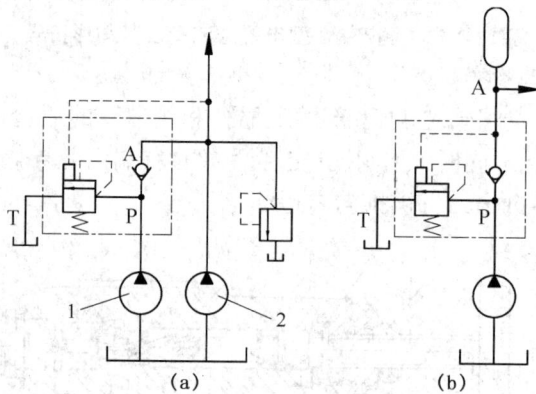

图 10-2-15 卸荷溢流阀的应用
1—低压大流量泵;2—高压小流量泵

2. 减压阀

减压阀的功用是使流经阀的油液节流降压,并保持阀后压力基本稳定,以便从系统中分出油压较低的支路。

减压阀主要有定值减压阀和定差减压阀两种。定值减压阀能根据阀出口压力的变化改变阀的开度,以使阀后油流减压并保持压力稳定。定差减压阀能根据阀的进、出口压力差的变化改变阀的开度,以使阀后油流减压并保持压差稳定。使用普遍的是定值减压阀,故通常将其简称为减压阀。定值减压阀也有直动型和先导型之分,后者性能较好,最为常用。

图 10-2-16 示出直动型和一般符号减压阀的图形符号[如图(a)所示]和先导型定值减压阀的图形符号[如图(b)所示]、先导型定值减压阀的结构实例[如图(c)所示]。

减压阀由主阀和导阀两部分组成。从进口来的压力为 p_1 的高压油流,经主阀阀芯 7 的减压口节流后,压力降为 p_2,由出口流出。出口端已经降压的油液,经阀内通道被引到主阀下方的油腔,再通过主阀中心的阻尼孔 9,到达主阀上方的油腔,然后经上盖中的通孔引至先导阀 3 的右腔,该处油压为 p_3。正常工作时,压力 p_3 超过导阀开启压力,导阀被顶开,少量油液经阻尼孔 9 和先导阀 3 向泄油口 L 泄油。由于阻尼孔 9 的节流作

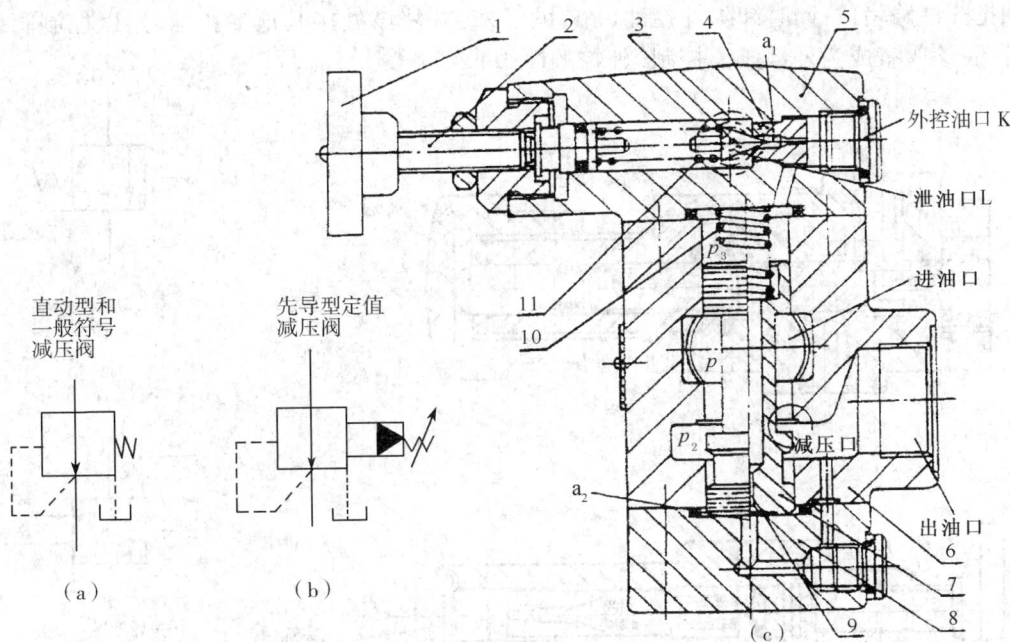

图 10-2-16　直动型和一般符号减压阀、先导型定值减压阀

1—调压手轮;2—调节螺钉;3—先导阀;4—导阀座;5—阀盖;6—阀体;7—主阀阀芯;8—端盖;

9—阻尼孔;10—主阀弹簧;11—调压弹簧;a_1、a_2—卸油孔

用,主阀下腔的油压 p_2 高于上腔油压 p_3。由于导阀较小,其调压弹簧 11 较弱,故 p_3 的压力变化量很小。如果 p_2 升高,主阀上、下的油压差随之增大,主阀就会克服主阀弹簧 10 的张力而关小,以阻止 p_2 增加;反之,如果 p_2 降低,主阀就会开大,以阻止 p_2 的降低。主阀弹簧 10 仅需帮助主阀克服移动阻力,而无须与液压力 p_2 平衡,故刚度也不大。这样,依靠主阀自动调整节流口的开度,即可使出口压力基本稳定在调定压力附近。转动手轮,改变调压弹簧 11 的张力,即可改变减压阀的整定压力。当然,如果阀后的压力 p_2 过低,致使导阀关闭,则主阀上、下腔油压相等。主阀也就会在本身弹簧的作用下处于最下端的全开位置,这时也就超出了阀的调节范围,因而也就无法维持阀出口压力的稳定。

减压阀的泄油口须直通油箱(外泄),这与溢流阀(内泄)不同,减压阀工作时导阀的外泄流量一般小于 1.5~2 L/min。先导型减压阀也可通过外控油口 K 实现远程控制。

3.顺序阀

顺序阀是一种用油压信号控制油路接通或隔断的阀,故也可将其看成一种液动的二位二通阀。这种阀常用来以油压信号自动控制液压缸或液压马达的动作顺序,故称为顺序阀。

顺序阀也有直动型和先导型之分,图 10-2-17 示出这两种顺序阀的典型结构和图形符号。以先导型为例,如图 10-2-17(b)所示,进口油压经控制油路 a 阻尼孔 2 引至主阀上方,再经上盖的通孔作用于先导阀,当其压力超过导阀弹簧的张力时,先导阀即被顶起,进口压力进一步增加,主阀全开,进、出口油路即被接通。这种控制油压信号直接来自顺序阀,进油压力的内部压力控制方式称为直控顺序阀。如果将下盖转 90°安装,以便把 a 油路堵住,同时卸除外控油口 K 的螺塞,并从该处接其他油压信号,以控制阀的开闭,该阀就成为外部压力控制(外控顺序阀)。

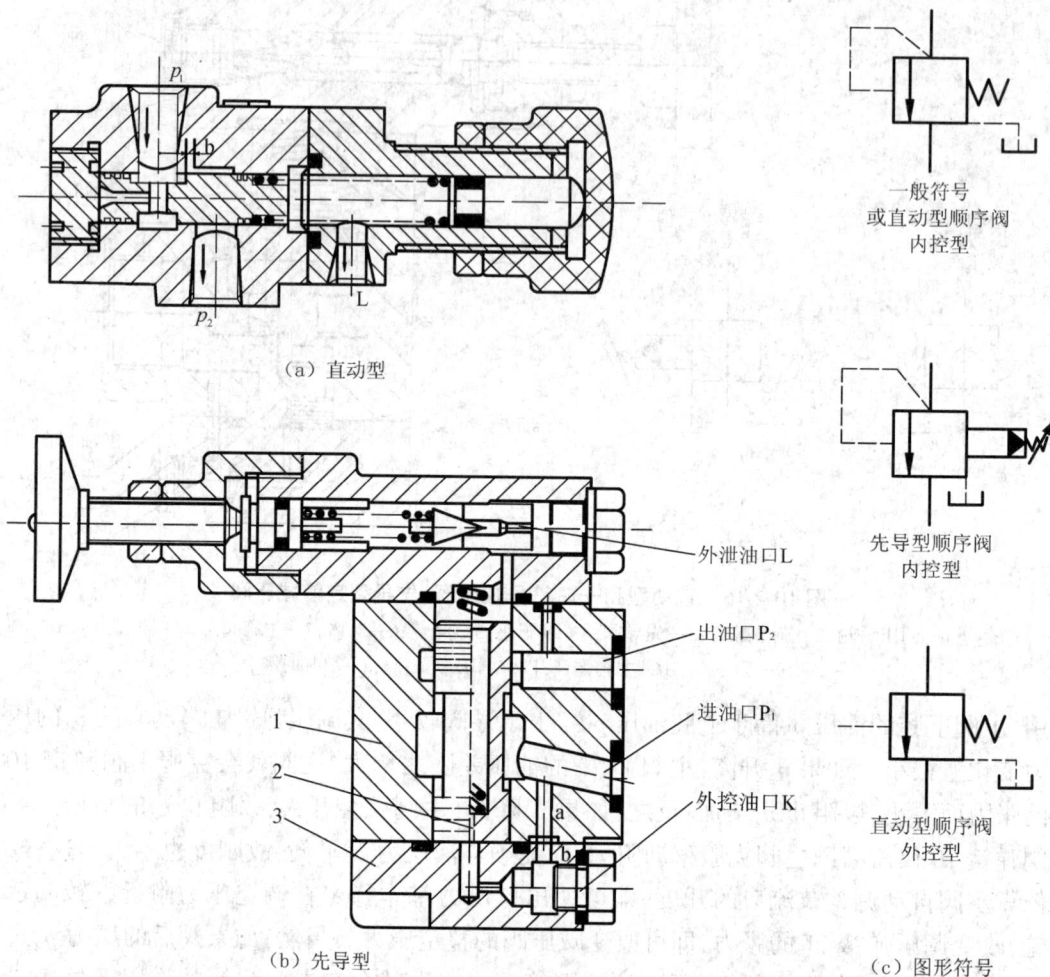

（a）直动型

一般符号
或直动型顺序阀
内控型

先导型顺序阀
内控型

外泄油口L

出油口P₂

进油口P₁

外控油口K

1
2
3

（b）先导型

直动型顺序阀
外控型

（c）图形符号

图 10-2-17　顺序阀
1—阀体;2—阻尼孔;3—阀盖

顺序阀与溢流阀的结构基本相似,它们的区别是:

(1)顺序阀通常出口油路通往执行机构,而溢流阀出口油路通常直通油箱。

(2)顺序阀一旦开启即全开,一旦关闭即全关,主阀阀芯不会停在全开与全闭之间的位置,故开启时液流的压力损失很小,进、出口压差小;而溢流阀工作时,阀芯会根据控制压力大小停在全开、全闭及相应的中间位置,故处于溢流状态时液流的压力损失一般是较大的。

(3)顺序阀通常是外泄式的,而溢流阀通常是内泄式的。

(4)顺序阀外控时,只有当外控油路中的油压达到调定压力时,顺序阀才会全开;而溢流阀外控时,只有当外控油路泄压时,溢流阀才会全开。

任务 2.3　流量控制阀的特点

流量控制阀用于控制液压系统中的流量,包括节流阀、调速阀等。

流量控制阀是靠改变阀的开度来改变通流面积,从而控制流量的一种控制阀,通常多用于定量泵系统,借以控制执行机构的运动速度。

1.节流阀

节流阀是靠移动或转动阀芯的方法直接改变阀口的通流面积,从而改变流量的阀。节流阀装在定压液压源后面的油路中或定量液压源的分支油路上,便可以起到调节流量的作用。图 10-2-18 示出可调节流阀的结构实例、图形符号以及节流阀与定压液压源配合使用时的情况。

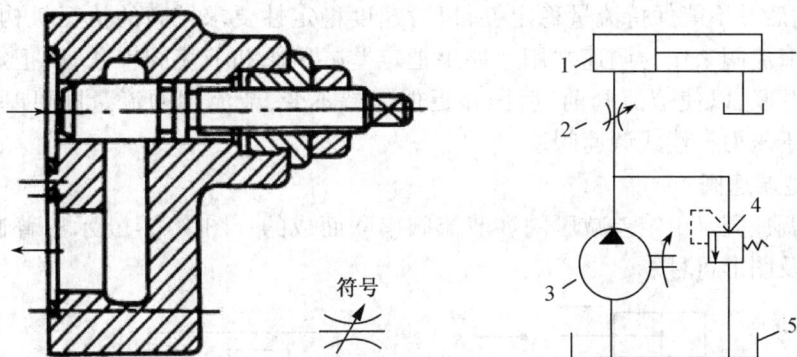

图 10-2-18　可调节流阀及其应用

1—油缸;2—节流阀;3—定量油泵;4—溢流阀;5—油箱

对节流阀的主要要求是:①流量调节范围宽,调速比(最大流量与最小稳定流量之比)一般要在 50 以上;②调定后流量受负载(出口压力)和油温的影响要尽可能小,小流量时也不易堵塞;③阀口的通流面积最好与阀的升程成正比,以便调节。

节流阀的流量特性可用以下特性方程来表示:

$$Q = \mu A \Delta p^m \qquad\qquad (10\text{-}2\text{-}2)$$

式中:Q——通过节流口的容积流量;

　　　μ——随节流口形状和油液黏度而变的流量系数;

　　　A——节流口的通流面积;

　　　Δp——节流口前后的压差;

　　　m——由节流口形状决定的指数,薄壁小孔(孔长小于孔径的一半)$m=0.5$;细
　　　　　　长孔(孔长远大于孔径)$m=1$,一般节流口 m 介于两者之间。

由此可见,对任何开度既定的节流阀来说,影响流量的主要因素有:

(1)节流口前、后的压差 Δp。压差 Δp 对流量 Q 的影响最大。当负载变化时,由于阀后的压力也将改变,普通节流阀的流量将发生变化,并因此而使执行机构的速度相应改变。显然节流口越接近薄壁小孔,即当 m 值越小时,受 Δp 变化的影响就越小。

(2)油温。油温变化将会引起油液黏度的变化。对细长孔来说,当黏度减小时,流量就会增加;而对薄壁小孔来说,流量一般与黏度无关,只有当压差及通流截面较小,雷

诺数低于临界值时,流量才会受黏度的影响。节流口通常多接近薄壁小孔,故除流量较小时外,油温对流量的影响一般不大。

(3)油的状况。当油液受压、受热或老化时就易产生带极性的极化分子,而节流口的金属表面也带有正极电荷。因此,油液不断地通过节流口,就会在节流口处形成 $5\sim10~\mu m$ 的吸附层。该吸附层在一定压力和速度的作用下又会周期性地遭到破坏,因而也就会造成流量的不稳定。油液中含杂质颗粒也是节流口堵塞的原因。

提高节流阀抗堵塞性能的措施有:使用不易极化的油液;防止油温过高;对油进行精滤;定期换新油;降低每级节流口压降;阀与阀口选用合适材料;节流口应接近薄壁小孔,抗堵塞性能则好。

有时为能单方向控制流量,可将节流阀与单向阀并联,组成单向节流阀。

节流阀虽可通过改变节流口大小的办法来调节流量,但是因阀前、后压差可能变化,以致调定后并不能保持流量稳定,所以对速度稳定性要求较高的执行机构来说,就不能以普通节流阀来作为调速之用。如果把定差减压阀和节流阀串联,或把定差溢流阀和节流阀并联,以使节流阀前、后压差近似保持不变,节流阀的流量即可基本稳定。这两类都属于压力补偿式调速阀。

2.普通型调速阀

普通型调速阀是由定差减压阀和节流阀串联而成的。图 10-2-19 示出普通型调速阀工作原理及图形符号。

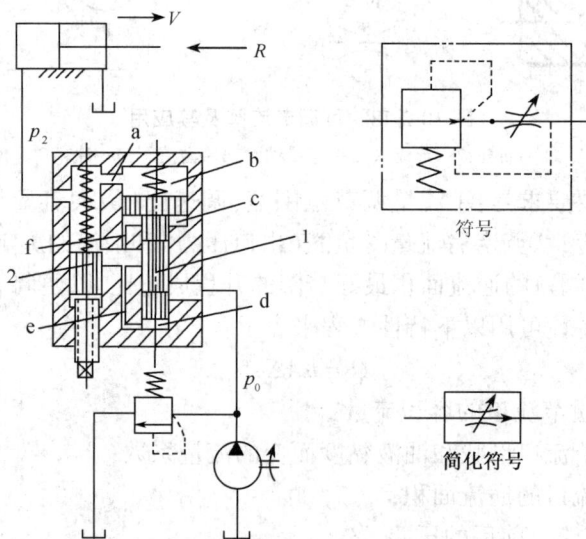

图 10-2-19　普通型调速阀工作原理及图形符号
1—定差减压阀阀芯;2—节流阀

来自定压液压源,压力为 p_0 的油液,先经定差减压阀阀芯 1 节流降压至 p_1,然后经节流阀 2 降至 p_2。这样,如使减压阀的阀芯开度依节流阀前、后压差(p_1-p_2)的变动而自动地进行调节,以使 p_1 和 p_2 之差基本保持恒定,节流阀的流量也就可大体保持稳定。

定差减压阀阀芯 1 的工作原理如下:阀芯上端的油腔 b 经孔 a 与节流阀 2 后面的油腔相通,压力为 p_2;油腔 c 和 d 则分别经 f 和 e 与节流阀 2 前的油腔相通,压力为 p_1。当载荷 R 增大致使 p_2 升高时,定差减压阀阀芯 1 即会因上端油腔 b 中的油压增加而下移,使减压阀阀口开大,于是 p_1 增加;反之,如载荷 R 减小致使 p_2 降低,定差减压阀阀芯 1 就会因上方油压减小,而在 c、d 油腔油压 p_1 的作用下上移,将阀口关小,p_1 也就随之减小。因此,当定差减压阀阀芯 1 稳定时,如忽略不大的阀芯重力和摩擦力,则可写出阀芯上作用力的平衡方程式

$$p_1 A = p_2 A + F_s \tag{10-2-3}$$

式中:A——减压阀阀芯大端面积;

$\qquad F_s$——减压阀的弹簧张力。

即

$$p_1 - p_2 = F_s / A \tag{10-2-4}$$

由于定差减压阀阀芯 1 的移动阻力不大,弹簧可以做得较软,而阀芯的移动量也不大,弹簧张力 F_s 变化不大,这样一来,节流阀前、后的压差($p_2 - p_1$)可基本保持不变,调节节流阀的开度也可以调节流量。

普通型调速阀正常工作时一般最少应保持 0.4~0.5 MPa 的压力差,其中节流阀压差 0.1~0.3 MPa。

3. 旁通型调速阀

这种阀由定差溢流阀和节流阀并联而成,亦称溢流节流阀。图 10-2-20 示出它的工作原理和图形符号。

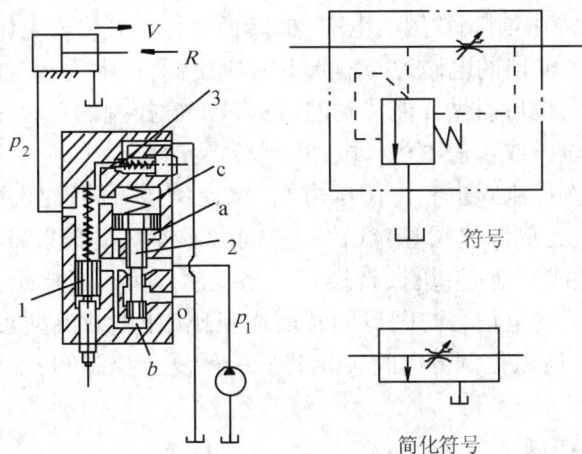

图 10-2-20 旁通型调速阀工作原理和图形符号
1—节流阀;2—定差溢流阀;3—安全阀

来自定量油源压力为 p_1 的油液,从入口引入,一路绕过定差溢流阀 2 经节流阀控制,供往执行机构;另一路则经定差溢流阀 2 控制由泄油口 T 泄往油箱。定差溢流阀 2 与前面讲过的一般溢流阀不同,其溢流量是由节流阀前、后的压力 p_1 和 p_2 之差来控制的,故能使($p_1 - p_2$)大致保持恒定。其工作原理如下:溢流阀下方的油腔 a、b 和上方油腔 c 分别与节流阀的进口和出口相连通,油压分别为 p_1 和 p_2。p_2 因负载增加而升高时,定差溢流阀 2 就会因上方的油压升高而下移,使阀口关小,溢流量减少 p_1 便升高;反之,当 p_2 减小时,定差溢流阀 2 就会上移,使溢流量增加,p_1 也就随之减小。定差溢流阀 2 上作用力的平衡方程式仍为:

$$p_1 - p_2 = F_s / A \tag{10-2-5}$$

这里,弹簧力 F_s 和阀芯的移动量也都不大,故当阀芯处在不同位置时,($p_1 - p_2$)的

变化也就不大。因为这种阀不是与定压油源而是与定量油源配合使用的,为防止负载过大时 p_1、p_2 升得过高,故节流阀的出口一般都装有安全阀 3。

旁通型调速阀与普通型调速阀相比,定差溢流阀阀芯的移动阻力较大,故弹簧必须较硬。这是因为定差溢流阀阀芯所受稳态液动力(阀口液体流量变化对阀芯的反作用力)与弹簧力方向相反(定差减压阀是相同的)。因此,由式(10-2-4)可见,这种节流阀压差(p_1-p_2)较大(0.3~0.5 MPa),阀芯位置改变时压差的变动同样较大,故流量稳定性不如前者,但它能使油泵的排出压力 p_1 随负载而变,故功率损耗较少,油液的发热程度较轻。该阀更适合于对流量稳定性要求并不是很高的场合。

任务2.4 比例控制阀的特点

上面讲的几类液压控制阀只能对液压系统进行定值控制(调定压力、流量或阀的开度)或开关控制(油路的接通与隔断)。比例控制阀却能使被控制的压力、流量或阀的开度与输入的电信号成比例地变化,从而实现连续的比例控制。这种阀既可以开环控制,也可以加入反馈环节构成闭环控制,有良好的静态性能且能满足一般工业控制要求的动态性能。

比例电磁铁是比例控制阀常用的电-机械转换元件。其输入电压一般为直流 24 V,最大电流为 800 mA。输出的电磁力与输入电流成比例,最大为 65~80 N。如带有位置传感器构成反馈环节,也可以做成能使阀芯位移被准确控制的行程工作型。此外,也可使用力矩马达、伺服电机或步进电机作电-机械转换元件。

按功能来分,比例控制阀也有比例压力阀(如比例溢流阀、比例减压阀等)、比例流量阀(如比例节流阀、比例调速阀等)和比例方向阀。前两类阀只需将用手轮控制的调定值改为比例电磁铁或其他电-机械转换元件来控制即可。而比例方向阀除能完成液流换向外,还可使输入的电信号与阀口的开度成正比(比例节流型)或与输出的流量成正比(比例流量型)。所以比例方向阀实际上是一种复合控制阀,现常用于船舶液压起货机的控制系统中。

1.比例节流型换向阀

比例节流型换向阀与常规换向阀一样,可以是电磁式,也可以是带电磁先导控制的电液式,同样也有各种中位功能。它与常规换向阀不同的是,除采用比例电磁铁控制外,其阀芯在圆周面上开有若干均匀分布的节流槽,可使通流面积与阀芯行程成比例地改变,兼起节流作用。

图10-2-21为比例节流型电磁换向阀及其图形符号。它用比例电磁铁驱动阀芯运动,属弹簧对中型。这种阀带有位移传感器,是一个线性的差动变压器,其动铁心与电磁铁的衔铁相连,能随阀芯左右移动各 3 mm,从而把阀芯行程按比例转换成电压信号反馈至电压放大器,与设定值相比较,并按两者差值向比例电磁铁输入控制信号,对阀芯位置实现准确的闭环控制。位移传感器也可做成电感式的,由电感线圈、动铁心和测量放大器组成。

比例节流型电磁换向阀的比例电磁铁除克服弹簧力、摩擦力外,还需克服液动力才能移动阀芯,故只适用于流量不大、压差较低的场合。流量大的场合则需采用比例节流

（a）结构原理图

L T A P B T

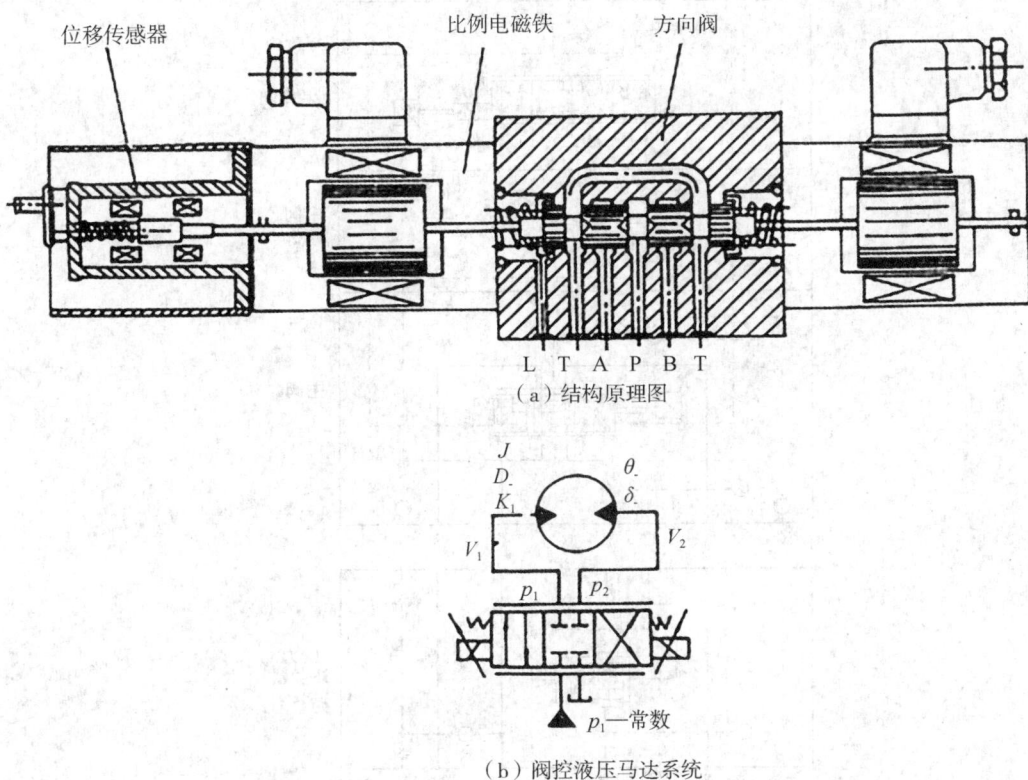

p_1—常数

（b）阀控液压马达系统

图 10-2-21 比例节流型电磁换向阀及其图形符号

型电液换向阀。

2.比例流量型换向阀

比例节流型换向阀当输出油压随负载而变时,流量会受影响。若要在控制方向的同时控制流量不受负载影响,则应选用比例流量型换向阀。这种阀按工作原理可分为压力补偿型和反馈型两大类。压力补偿型控制流量的原理类似调速阀,又可分为定差减压型和定差溢流型两种。

图 10-2-22 为定差减压型比例流量电液换向阀的原理图。它由前置式定差减压阀(压力补偿器)和带先导阀的比例节流电液换向阀串联而成。定差减压阀用来使换向节流阀进口油压 p_1 与通往执行元件的出口 A 或 B 的油压差保持稳定,从而使所控制的流量受负载的影响较小。减压阀弹簧端 F 按换向阀的工作位置不同借辅助通道 C_1 与 C_2 与 A 或 B 腔相通;因此,当减压阀阀芯两端油压之差(即 p_1 与 A 或 B 的油压差)稍有增大或减小时,阀芯即向右或左移动,于是减压口关小或开大,使上述压差趋于稳定。作先导阀用的比例节流电液换向阀的控制油由 X 口供给(外供),也可改为由 P_1 口供给(内供),中间阀板的减压阀可保持控制油压稳定。导阀的回油经主阀回油口泄回油箱(内泄),也可改为由 Y 口泄油(外泄)。

任务 2.5 二通插装阀的特点

二通插装阀简称插装阀,它以标准化的二通插装件为主体,配以各种先导控制元

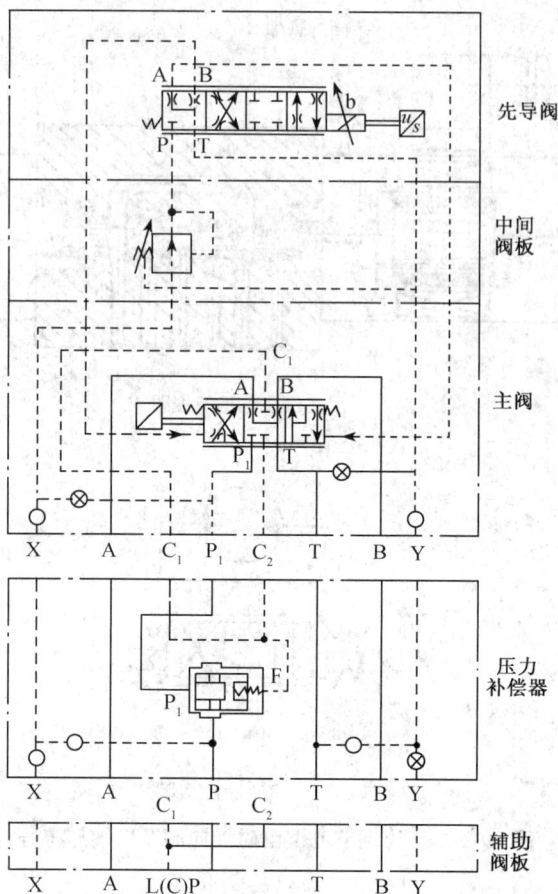

图 10-2-22 定差减压型比例流量电液换向阀的原理图

件,能实现各种液压控制阀的功能;其结构简单,通用性好,便于实现无管连接和组成集成块。主阀阀芯大多采用锥阀(也有少数滑阀),密封好、流阻小、抗污染能力强。二通插装阀特别适用大流量(公称通径 25 mm 以上)、高压(可高达 63 MPa)液压系统。目前,二通插装阀在船舶液压机械(特别是工程船)中已有使用。

1.插装阀的结构和工作原理

图 10-2-23 为锥阀式插装阀的结构图及基本插装件的图形符号。插装阀由插装件 1 (带密封件的阀套、阀芯和弹簧)、阀体(集成块)4、盖板 2 和加装在它上面的先导控制阀 3 组成。阀体上有 A、B 两个主油口,盖板上有一个控制油口。通过控制油口使阀芯上 腔 C 卸压或加压,即可使阀芯启闭,接通或关断 A、B 油口,基本功能相当于液控单向阀。阀体上还设有供给控制油的压力油口和泄油口,根据控制油的供给和泄放控制与主油路相通与否,有内控、外控和内泄、外泄之分。

A_a、A_b、A_c 分别表示通 A、B 油口和 C 腔的油作用在阀芯上的轴向投影面积,$A_a+A_b=A_c$。当用于控制 A、B 口双向流动时,通常面积比 $a_a=A_a/A_c=1:1.2\sim1:1.5$;仅用于控制 A 口向 B 口流动时,通常面积比 $a_a\leqslant1:1.1$。

2.插装阀的应用

插装阀经过适当的连接和组合,可组成各种功能的液压控制阀。图 10-2-24 为由插

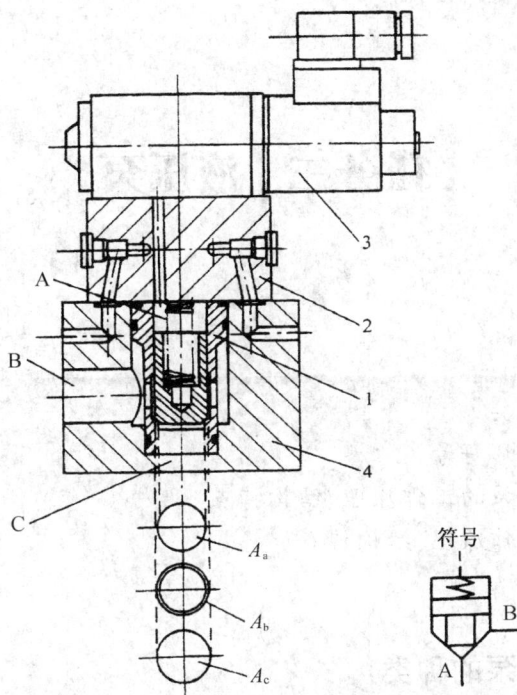

图 10-2-23 锥阀式插装阀的结构图及基本插装件的图形符号
1—插装件;2—盖板;3—先导控制阀;4—阀体

装阀组成的几种控制阀示例。图(a)为单向阀。当 $p_A > p_B$ 时,阀芯关闭,A 与 B 不通;当 $p_B > p_A$ 时,阀芯开启,油从 B 流向 A。图(b)为二位二通电液换向阀。当电磁阀不通电时,无论油是从 A 或 B 口来油,C 腔总是加压,A 与 B 不通;当电磁阀通电时,C 腔泄压,A 与 B 相通。川崎舵机有的型号采用这种方法使主泵启动时卸荷。图(c)的插装件阀芯带阻尼孔,工作原理与先导式溢流阀相同。图(d)的插装件阀芯尾部开有几个三角形节流槽,阀盖上有调节螺杆可调节阀芯升程,与起压力补偿作用的定差减压阀串联,其工作原理与普通调速阀相同。

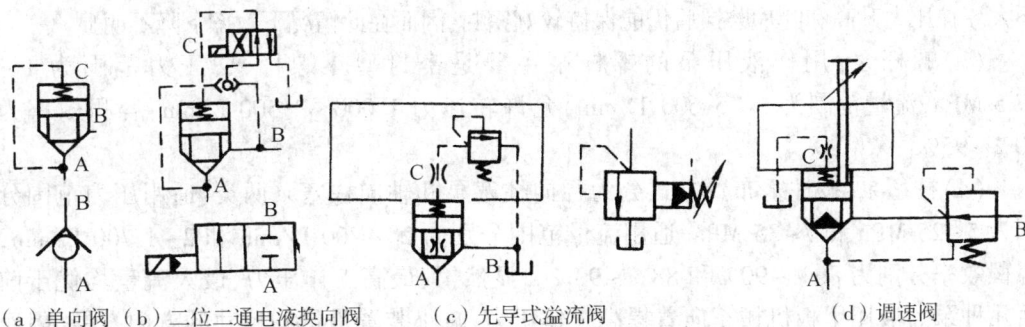

(a)单向阀 (b)二位二通电液换向阀　　(c)先导式溢流阀　　　　　　(d)调速阀
图 10-2-24 插装阀组成的液压控制阀

任务三 | 液压泵

学习目标:

1.了解液压泵的分类
2.知道液压泵的图形符号
3.熟悉柱塞式液压泵的工作原理、结构特点
4.了解叶片泵的工作原理、结构特点

任务 3.1 液压泵的种类

液压泵的功能就是提高工作油液的压力能,因为容积式泵具有理论流量与排出压力无关,且比较容易获得较高的排出压力的特性,因而被广泛用作液压泵。液压泵主要有齿轮泵、叶片泵、螺杆泵、柱塞泵等几种形式。

(1)齿轮泵:齿轮泵在工作压力升高时泵内间隙(特别是端面间隙)增大,容积效率急剧下降,所以最高工作压力受限。具有端面间隙自动补偿结构的齿轮泵,工作压力不大于 20 MPa。齿轮泵内液体做圆周运动,受离心力作用而限制了最大圆周速度,所以流量不能太大。齿轮泵作为液压泵只适用于压力较低、流量较小的场合,其流量范围为 7~510 L/min,通常作为甲板机械液压系统的控制和补油用的辅泵。

(2)叶片泵: 叶片泵的最高使用工作压力和流量范围略高于齿轮泵,效率与齿轮泵相差不大。在压力升高和叶片磨损后仍能保持较好密封,因而在此情况下效率下降不明显。

(3)螺杆泵:用作液压泵的螺杆泵主要是密封型三螺杆泵,压力范围为 1~17.5 MPa,流量范围为 3~5 600 L/min,允许转速为 1 000~3 500 r/min,容积效率为70%~95%。

(4)柱塞泵:按柱塞布置方式分为径向柱塞泵和轴向柱塞泵两类,适用压力范围分别为 5~25 MPa 和 7~35 MPa,适用流量范围分别为 20~700 L/min 和 2~1 700 L/min,容积效率分别为 80%~90% 和 88%~93%。显然,其最高工作压力、最大流量均优于前面几种泵。液压甲板机械正向着提高工作压力、减小装置重量和尺寸的方向发展,因而柱塞泵在甲板机械液压系统中的应用越来越广泛。

从另一方面还可将液压泵按流量是否可调,区分为定量泵和变量泵两类。

(1)定量泵:泵的每转容积变化量不可改变的液压泵。它在转速一定时,理论流量是一定的。定量泵可以是单向排出的,称为单向定量泵;也可以是双向排出的,即泵轴

转向一定时吸排方向可以改变,称为双向定量泵。

(2)变量泵:每转容积变化量可以改变的液压泵。它在泵的转速一定时,泵的流量可以改变。变量泵也有只能单向排出的单向变量泵和可以变换吸排方向的双向变量泵。

在各种形式的液压泵中,只有径向柱塞泵和轴向柱塞泵可以比较容易地做成变量泵,这也是柱塞泵的一个重要优点。船舶甲板机械普遍采用双向变量泵。

任务 3.2 液压泵的图形符号

在船舶甲板机械中,常用的液压泵的图形符号如图 10-3-1 所示。

(a)单向定量液压泵 (b)双向定量液压泵 (c)单向变量液压泵 (d)双向变量液压泵

图 10-3-1 液压泵的图形符号

任务 3.3 柱塞式液压泵的原理特点

柱塞泵属于容积式泵,但它与普通的往复式柱塞泵在结构上显著的不同之处在于,采用多作用的回转式油缸形式,取消了泵阀,从而在性能上取得了突破,满足了提高转速、均匀供液和减小体积的要求,并可做成变量泵。

1.柱塞泵的工作原理

柱塞泵按其柱塞布置方式的不同而分为径向式和轴向式两大类,现分别介绍如下:

(1)径向柱塞泵

图 10-3-2 为径向柱塞泵的工作原理简图。径向柱塞泵的主要部件为柱塞 1、浮动环 2、缸体 3、配油轴 5 等。柱塞 1 径向安装于在缸体 3 中。泵轴与缸体的一个端面相连接,配油轴从缸体的另一端插入缸体中心的衬套中。配油轴固定不动,泵轴带动缸体及其中的柱塞一起旋转。柱塞靠离心力的作用(或低压油的作用)紧贴浮动环的内壁。浮动环中心与缸体中心的偏心距可通过移动浮动环的左右位置来进行调节。浮动环可由柱塞头部摩擦力带动并绕自己的中心转动(也称浮动),以减轻柱塞头部的磨损。该泵的吸入、排出和变量原理如下:

①吸入过程:当缸体按图示方向旋转时,由于浮动环与缸体间有偏心距 e,柱塞转到上半周时向外伸出,工作腔容积逐渐增大,形成部分真空,油液经衬套 4 上的油孔,从配油轴 5 的吸油口 I 吸入。

②排出过程:当柱塞转到下半周时,浮动环内壁将柱塞向里推,工作腔容积逐渐减小,便向配油轴的压油口 II 压油。当缸体旋转一周时,每个柱塞吸、排油各一次。只要缸体连续不断运行,泵就可连续不断地吸、排油。

③变量方法:当泵的转速一定时,改变偏心距 e 的大小或方向就可改变泵的吸、排油量的大小或吸、排油的方向。故径向柱塞泵可以做成变向变量泵。

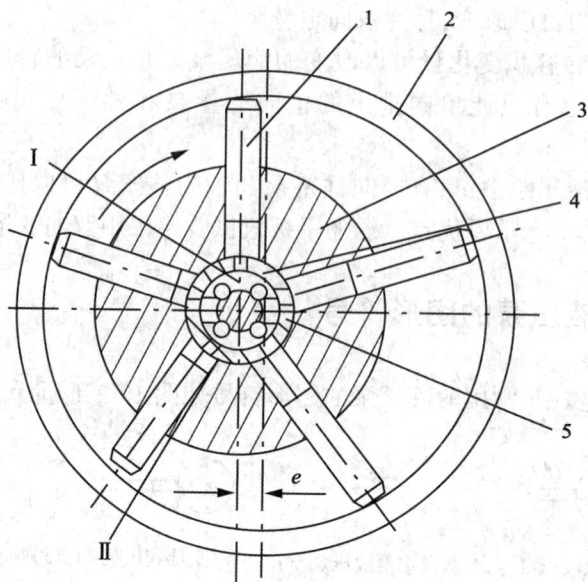

图 10-3-2　径向柱塞泵的工作原理

1—柱塞;2—浮动环;3—缸体;4—衬套;5—配油轴;Ⅰ—吸油口;Ⅱ—压油口

径向柱塞泵的流量为:

$$Q = \frac{\pi}{4}d^2 2ezn\eta_v \quad m^3/min \tag{10-3-1}$$

式中:d——柱塞直径,m;

　　　e——浮动环偏心距,m,一个柱塞行程为 $2e$;

　　　z——柱塞个数;n——油泵转速,r/min;

　　　η_v——泵的容积效率,一般在 $0.85 \sim 0.95$,其内漏主要发生在配油轴与缸体间的径向间隙,其次在柱塞与油缸之间。

从上述结构中可以看到,径向柱塞泵存在着一个难以克服的配油机构问题,影响它的使用范围。配油轴与缸体间有相对运动,因此必须有间隙,而配油轴上的密封区(吸、排油区)的尺寸又必须很小,否则会产生严重的困油现象。配油轴一侧承受高压,一侧承受低压,产生一个很大的径向负荷。为了防止配油轴和缸体(或缸体上的衬套)不致咬死,其间的间隙还不宜过小,这就会在压差作用下,使泵的泄漏量增加。为了减少配油轴上的径向负荷,径向泵的工作油压一般限制在 20 MPa 以内。另外,径向柱塞泵的径向尺寸大,摩擦副过多,泵的机械效率低。所以径向柱塞泵的使用受到了一定限制,现已基本被轴向柱塞泵所替代。

(2)轴向柱塞泵

轴向柱塞泵依变量方式的不同,可分为斜盘式和斜轴式两类。

①斜盘式轴向柱塞泵

斜盘式轴向柱塞式变量泵的工作原理可借助图 10-3-3 来说明。泵轴 1 与缸体 3 采用键连接。圆柱形缸体上有一圈均匀布置的轴向油缸,各缸中的柱塞 4 靠作用于底部的油压或机械牵连始终贴紧在斜盘 5 上。斜盘能绕 O 点偏转,即其轴线相对于泵轴线的倾角 β 可改变。缸体 3 的左端面紧贴在配油盘 2 上,配油盘用定位销与泵体 9 固定,盘上左、右有两段弧形的配油窗口6,它一侧对准各油缸底部配油孔,另一侧分别与泵体内两油道及油管接口7和8相通。

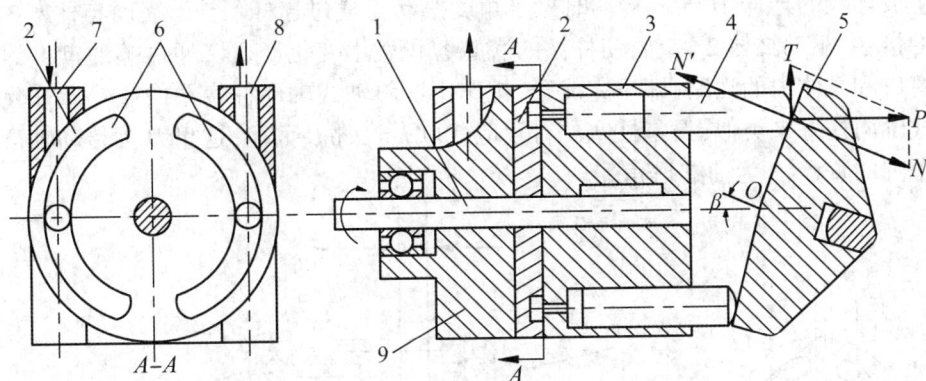

图 10-3-3 斜盘式轴向柱塞式变量泵的工作原理

1—泵轴;2—配油盘;3—缸体;4—柱塞;5—斜盘;6—配油窗口;7、8—油管接口;9—泵体

其吸入、排出和变量原理如下:

a.吸入过程:当传动轴按图示方向旋转时,柱塞4在其自下而上回转的半周内逐渐向外伸出,使缸体孔内密封工作腔容积不断增加,产生局部真空,从而将油液经配油盘2上的配油窗口6吸入。

b.排出过程:柱塞在其自上而下回转的半周内又逐渐向里推入,使密封工作腔容积不断减小,将油液从配油窗口6向外压出。缸体每转一周,每个柱塞往复运动一次,完成一次吸油和排油动作。

c.变量方法:当泵的转速一定时,改变斜盘的倾角 β 的大小和方向,就可以改变泵的排量大小和方向。倾角 $\beta = 0°$ 时,排量 $Q = 0$。故轴向柱塞泵可以做成变向变量泵。

斜盘式轴向柱塞泵的流量:

$$Q = \frac{\pi}{4}d^2 hzn\eta_v = \frac{\pi}{4}d^2 Dzn\tan\beta\eta_v \qquad (10\text{-}3\text{-}2)$$

式中:d——柱塞直径,m;

β——斜盘倾角;

h——柱塞行程,m,$h = D\tan\beta$;

D——柱塞中心分布圆直径,m;

z——柱塞个数;

n——油泵转速,r/min;

η_v——油泵容积效率,当工作油压 $p \leq 20$ MPa 时,一般可达 $0.95 \sim 0.98$,当 $p > 20$ MPa 时,为 $0.92 \sim 0.95$。

与径向柱塞泵一样,轴向柱塞泵的瞬时流量也是脉动的。轴向柱塞泵的柱塞个数一般多取为7个,流量大时也有取9个或11个。

轴向柱塞泵与径向柱塞泵相比结构较简单、效率高、径向尺寸小、转动惯量小、自吸性能好、受力条件好,目前在船舶液压机械中广泛使用。

②斜轴式轴向柱塞泵

斜轴式轴向柱塞泵的工作原理如图 10-3-4 所示。电动机驱动传动轴 5,带动与传动轴盘组成球铰的连杆 4(连杆转动时做小角度摆动),通过连杆 4 锥形表面与柱塞 3 内壁表面的接触,驱动缸体 2 转动,使柱塞的底腔容积发生变化,于是,通过配油盘 1 的相应配油窗口和泵体内的油路,即可完成吸、排作用。斜轴式轴向柱塞泵的流量计算公式与斜盘式轴向柱塞泵类似,只是柱塞的行程应代以 $h = D\sin\beta$ 而已,这里 D 为传动轴盘上球铰分布圆的直径,β 为油缸摆角。

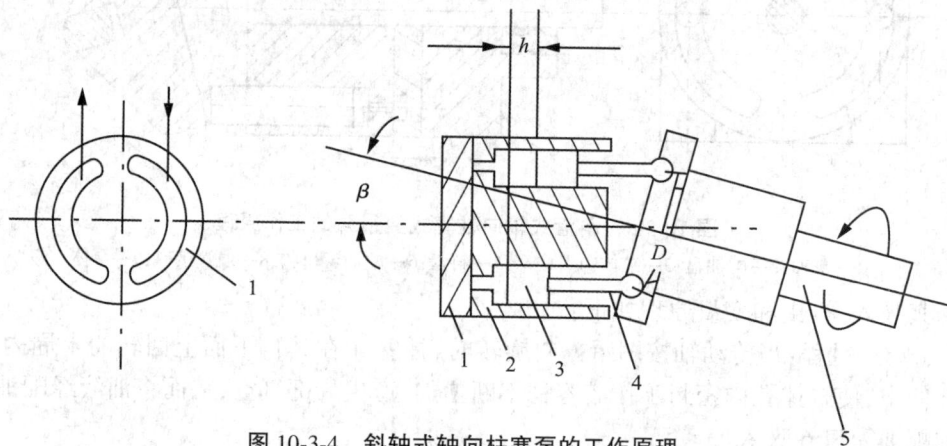

图 10-3-4　斜轴式轴向柱塞泵的工作原理

1—配油盘;2—缸体;3—柱塞;4—连杆;5—传动轴

2.柱塞泵的结构实例

柱塞泵的结构形式较多,径向式的典型形式是海尔休式,轴向式的典型形式如下:

(1)CY14-1 型斜盘式轴向柱塞泵结构实例

图 10-3-5 为国产 CY14-1 型斜盘式轴向柱塞泵,它由主体部分和伺服变量机构两部分组成。该泵的结构和工作情况如下。

①主体部分结构

传动轴 1 通过花键与缸体 4 连接,在缸体 4 上按轴线方向均匀分布 7 个油缸,各缸中均装有柱塞 20,柱塞的端部与滑履 19 铰接,滑履靠定心弹簧 6 通过内套 7、钢球 A 和回程盘 8 抵压在斜盘 16 上,定心弹簧的另一端则通过外套 5 将缸体紧压在配油盘 3 上。斜盘 16 以其耳轴(参见图 10-3-6)支承在变量机构壳体 17 上。配油盘 3 则用定位销固定在泵体 2 上。

当缸体带动柱塞、滑履和回程盘回转时,如斜盘处于倾斜位置,柱塞就会在油缸中做往复运动,通过泵体中的两条油路和配油盘上的两个配油口分别进行吸、排。如果泵的吸入压力较低,吸入行程中就要靠定心弹簧的张力,通过回程盘和滑履将柱塞从油缸中拉出。

泵的内部泄漏主要发生在:配油盘与缸体之间,柱塞与缸体之间,滑履与斜盘之间,以及滑履与柱塞的球头之间。漏出的油液则从泵体上部的泄油口 B 用泄油管引回油箱。

②伺服变量机构及其工作原理

这种泵采用液压伺服变量机构控制泵的流量和流向。其工作原理如下:

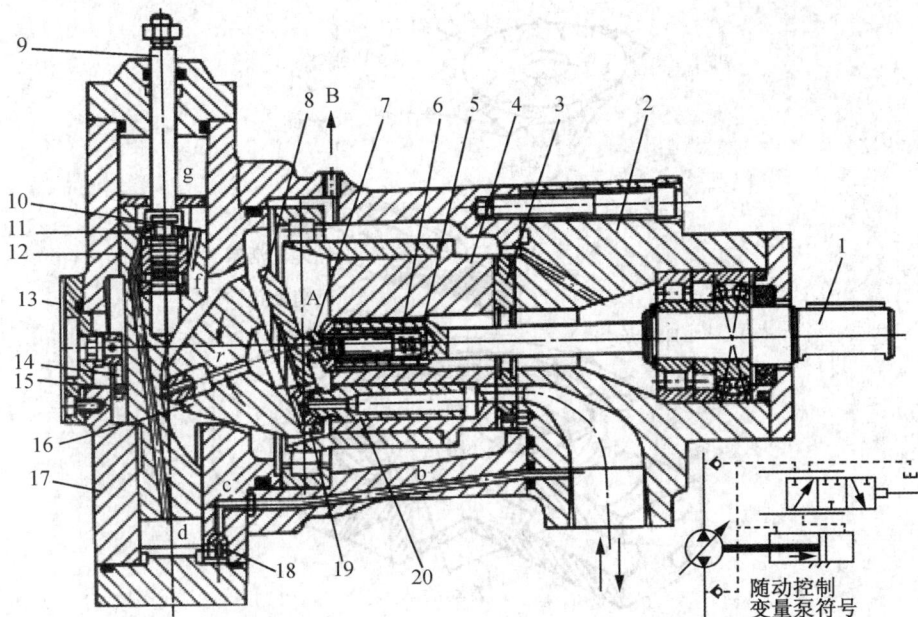

图 10-3-5　CY14-1 型斜盘式轴向柱塞泵

1—传动轴；2—泵体；3—配油盘；4—缸体；5—外套；6—定心弹簧；7—内套；8—回程盘；9—拉杆；
10—伺服滑阀；11—伺服滑阀套；12—差动活塞；13—刻度盘；14—拨叉；15—销；16—斜盘；
17—变量机构壳体；18—单向阀；19—滑履；20—柱塞；A—钢球；B—泄油口

泵的吸排腔在泵壳中均通过各自的油路 b、c 及单向阀 18，与差动活塞 12 下方的油腔 d 相通，工作时由泵的排出腔向 d 腔供送压力油。如经拉杆 9 拉动伺服滑阀 10，使其向上移动某一距离，将油孔 f 开启，差动活塞上方油腔 g 中的油液就会泄入泵体，于是，差动活塞在 d 腔油压的作用下向上移动，直到油孔 f 重新被滑阀遮蔽时为止。这样，利用差动活塞的上移，通过斜盘背面的销轴（参见图 10-3-6）就会带动斜盘，使其绕自己的耳轴偏转，改变倾角 β（最大可达±18°～±20°），从而实现流量和流向的改变。

反之，如经拉杆使滑阀下移某一距离，则孔 e 开启，d 腔中的压力油便会进入 g 腔，使 d、g 两腔油压相等，但因差动活塞的上部端面大于下部端面，所以活塞在上述油压差的作用下就会下移，直到孔 e 重新被滑阀遮蔽时为止。

油泵流量的大小可由差动活塞带动拨叉 14 从刻度盘 13 上示出。刻度盘共分 10 格，每格相当于额定流量的 10%。

当变量机构是由轴向柱塞泵自身供给控制油时，则泵在中位运转时因无压力油可供，这时要使差动活塞离开中位，需靠拉杆 9 直接拉动。因此，经常需要换向的变量泵其控制用油一般都由辅泵供给。

由上可知，液压伺服变量机构起到了力的放大作用，即只要很小的力来拉动滑阀上行或下行一定行程，就能控制差动活塞上行或下行同样的行程，并输出较大的力来带动斜盘正转或反转，从而控制倾角的大小和方向，实现泵的排量和方向控制。

③配油盘的结构

配油盘的作用是保证准确、合理地对泵进行配油，防止困油现象；同时承受柱塞、缸体对它产生的轴向力，保证与缸体间的动密封和与泵体（进出油道）间的静密封。

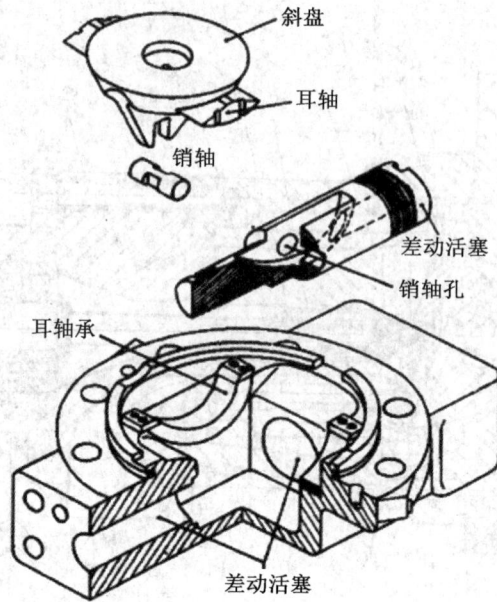

图 10-3-6　CY14-1 型泵的伺服变量机构

图 10-3-7 示出 CY14-1 型泵的配油盘的结构。配油盘上的两个弧形配油口分别与泵体上的两个吸、排油腔相通。盘上靠外面的环槽以外部分是辅助支承面,不起密封作用,但可增加缸体和配油盘的接触面积,以减小比压,减轻磨损。

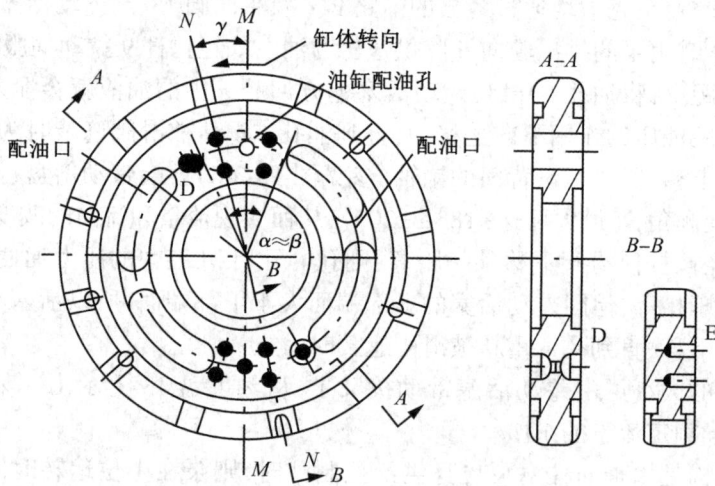

图 10-3-7　CY14-1 型泵的配油盘

为了避免柱塞在转过吸、排配油口之间的封油区时将两个配油口沟通,配油盘上封油区的封油角 α 必须大于油缸配油孔的包角 β。但是这样,在油缸配油孔越过封油区时,该油缸的容积随缸体转动仍会变化,从而产生困油现象。同时,在油缸配油孔离开封油区时,则又会因突然接通排油口或吸油口而造成油压突变,发生液压冲击,产生很大的噪声。为了消除上述弊端,CY14-1 型泵的配油盘采用了非对称负重叠型结构。负重叠型是指在配油盘上钻有阻尼孔 D,该孔与配油盘相应的配油口相距很近,靠泄漏即相当于与该配油口节流相通。这样,封油角 α 与油缸配油孔的包角 β 之差为 $0° \sim -1°$。采用了这种结构,当油缸的配油孔即将与吸(排)油口断开时,就已开始通过阻尼孔 D 间接沟通另一配油口,这样既可消除困油现象,又可使油缸中的油液经阻尼孔逐渐地与另一配油口相通,压力变化比较平缓,从而避免了液压冲击,对容积效率影响也不大。非对称型配油盘,就是指配油盘的中线 $N-N$ 相对于斜盘中线 $M-M$ 朝缸体旋转方向偏转了一个 γ 角,以保证当缸体配油孔处在对称于斜盘中线 $M-M$ 的中间位置时,是刚刚和一个配油窗口脱开,并和另一个配油窗口的阻尼孔重叠 $0° \sim 1°$。这样既避免了液压冲击,又能消除困油现象。由于这种泵采用了非对称型配油盘,故只能按规定方向单向运转。为了保证配油盘安装位置正确,它与泵体之间设有定位销。

此外,在配油盘的封油区还设有若干个盲孔 E,它可起存油润滑作用,以减轻磨损。

配油盘与缸体间的密封与静压支承:在配油盘的配油窗口及其两侧的环形密封面上,存在着横截面呈梯形分布的油液压力。只要密封面的宽度选择适当,缸体压紧配油盘的油压力就可比撑开力稍大一些(大 $6\% \sim 10\%$),实现静压支承,从而既保证密封又减小磨损。

④柱塞副

图 10-3-8 示出柱塞与滑履的结构和受力情况。由图可见,在滑履和柱塞的中心都钻有小孔,它可使压力油经小孔通到柱塞与滑履及滑履与斜盘之间的摩擦面上,从而起到润滑和静压支承作用。设计时只要适当选取滑履底部及其圆盘状小室的尺寸,即可借滑履底部呈圆台形分布的油压撑开力 p_c 抵消大部分柱塞传给滑履的法向力 N(N 比 p_c 大 $10\% \sim 15\%$),这样既可大大减小比压,使磨损和功耗减小,又可使滑履较好地压紧在斜盘上,防止产生过大的泄漏损失。

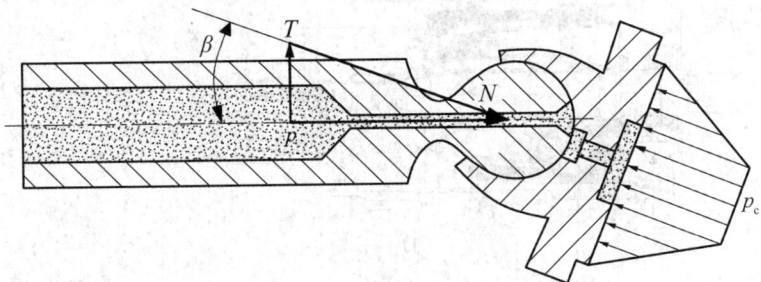

图 10-3-8 柱塞与滑履的结构和受力情况

(2)A4V 系列斜盘式变量泵结构实例

A4V 系列轴向柱塞变量泵是德国力士乐公司生产的斜盘式变量泵,额定压力 35 MPa,最高压力 40 MPa。它用于闭式系统的型号,将主泵、辅泵与补油阀、安全阀等组合在一起,可使液压系统更紧凑。

这种泵采用液压伺服变量机构,只需更换少数几个控制元件,即可改换成不同的控制方式,图 10-3-9 为常用的电气控制(EL)型。同轴带动的辅泵 4 是内啮合齿轮泵,其排油压力由辅泵溢流阀 6 调定,额定压力 2.5 MPa,最高压力 4 MPa。辅泵可通过主油路安全阀和补油阀 7 的单向阀向主油路 A、B 中的低压侧补油;同时为导阀 9 供给控制油,由电流信号来控制伺服油缸活塞 8 的位移方向和大小。

（a）控制原理图　　　　　　　　　　（b）泵体外形

（c）结构图

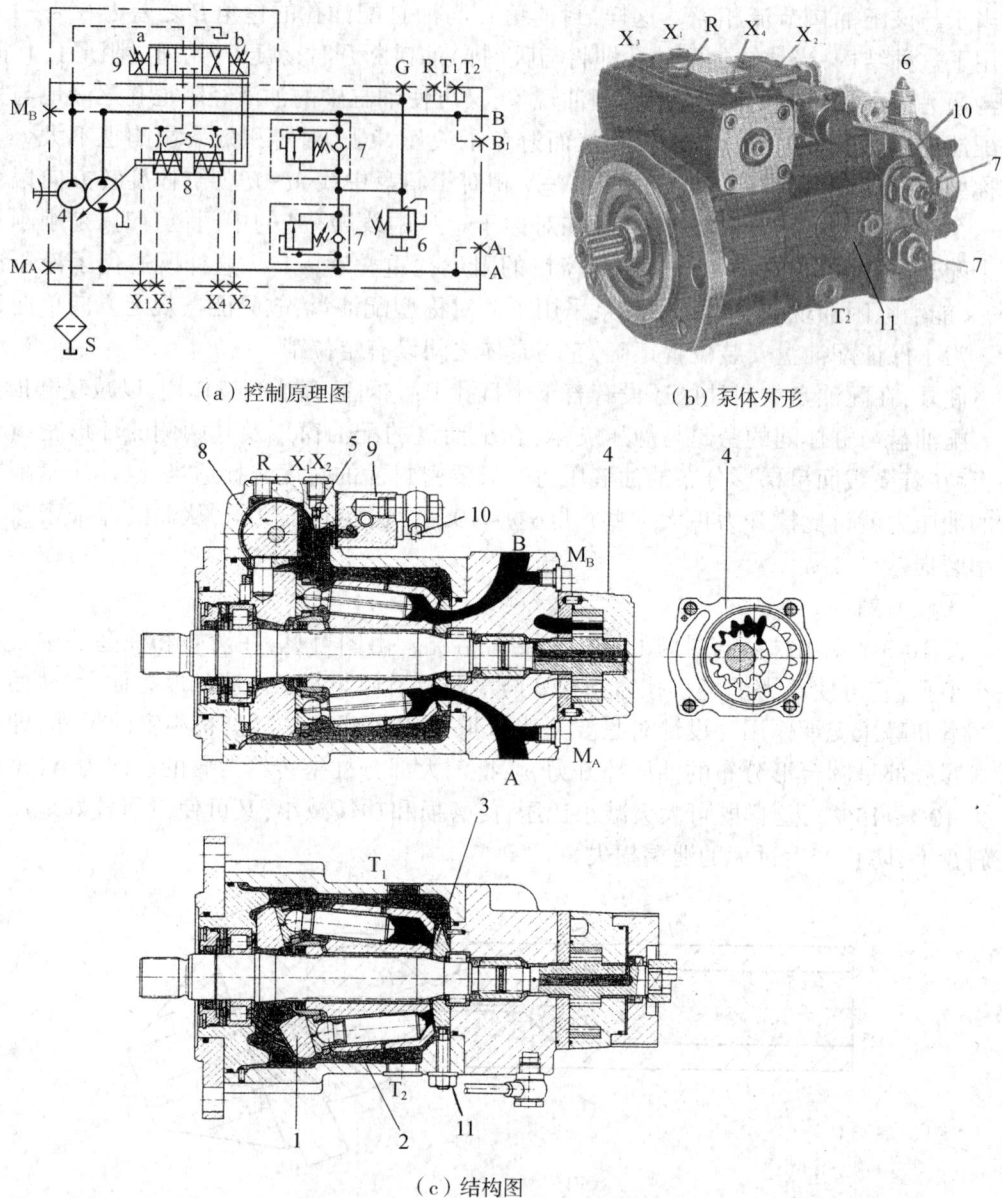

图 10-3-9　A4V（EL）斜盘式变量泵

1—斜盘;2—缸体;3—配流盘;4—辅泵;5—节流元件;6—辅泵溢流阀;7—主油路安全阀和补油阀;
8—伺服油缸活塞;9—导阀;10—导阀供油管;11—配油盘调节螺钉

①整体部分

A4V 型斜盘式轴向柱塞泵的显著特点是传动轴穿过斜盘带动缸体旋转,因此称为通轴泵。

这种泵的结构如图 10-3-9 所示,通轴泵的工作原理在于传动轴穿过斜盘,支撑在前、后端盖的轴承上。这种结构取消了一般非通轴泵缸体外面的大型轴承,可以提高转速、降低噪声、延长使用寿命,这便是通轴泵的一大优点。

该泵属于变向变量泵,其变量控制为液压控制,变量伺服器驱动变量柱塞,变量柱塞的移动带动斜盘角度的变化,从而形成变量。当斜盘反向倾斜时,便可实现油泵排油的变向,从而实现执行部件的正转和反转。

A4V 型高压泵中的柱塞装有铜制柱塞环,可减小柱塞惯量,大大提高泵的效率并降低了噪声。

②变向变量机构及变量原理

如图 10-3-10 所示,变量机构由液控伺服机构和换向缸组成,控制油由换向控制油口 1 或 2 加入,当一端有油压时,伺服活塞移动,使伺服拨叉产生偏转,伺服拨叉带动变量缸柱塞位移,油泵的斜盘通过大拨叉连接到变量缸的柱塞上。随着变量柱塞位移的变化,斜盘倾斜角度的大小也随之变化,即造成油泵排油量的变化,实现变量。当控制油口另一端加入控制油压时,变量柱塞向反方向移动,从而形成了吸、排油的反向。伺服拨叉上的缓冲弹簧是用来减缓变量和换向给油泵带来的冲击和异常噪声的。此伺服控制油压最大为 3.6 MPa。

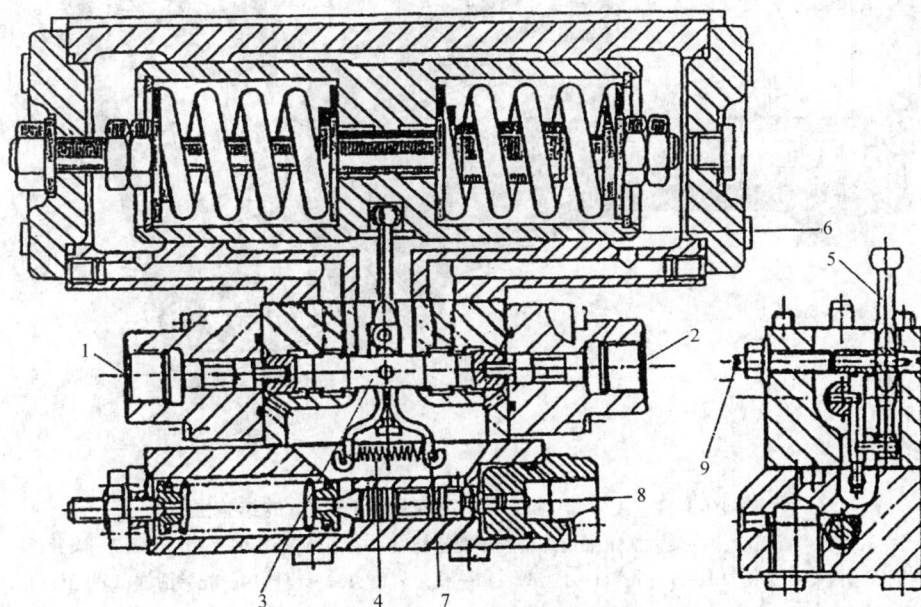

图 10-3-10 A4V 型油泵变量机构图
1、2—换向控制油口;3—伺服活塞;4—缓冲弹簧;5—伺服拨叉;6—变量缸;
7—压力切断阀;8—压力限制口;9—调零螺栓

在变量机构中装有压力切断阀,当油路油压超过 25 MPa 时,切断阀工作,致使拨叉向减小方向移动,以便对系统和油泵进行保护。

对于这种变向变量油泵来讲,在两端控制油压为零时,油泵斜盘处于零位,油泵既不吸油也不排油,为了确保油泵处于零位,在吸油机构中设置了零位调整,调整拨叉的位置使斜盘处于零位,该调零螺栓可在±90°范围内调整。调整的方法是:在起货机空载时,操纵手柄离开中位稍微向下,油马达以很慢的速度上升,约 1.5 mm 向上转 1 圈,此时即达到最佳调整状态。

(3)斜轴式轴向柱塞泵结构实例

德国力士乐公司系列生产的斜轴泵(马达)主要有:A2F 单向定量泵(马达)、A2V

双向变量泵、A6V 单向变量马达(泵)、A7V 单向变量泵(马达)、A8V 双联单向变量泵等。由缸体、柱塞、连杆、传动轴等组成的机芯按标准化设计,不同型号的泵(马达)只要规格、参数相同,可互换机芯。

图 10-3-11 示出 A7V 斜轴式恒功率变量泵(马达)的结构图。其柱塞与油缸间的部分漏油可经柱塞和连杆内的孔道去润滑连杆大、小端的球铰。中心连杆的球铰也用类似方法润滑。配流盘 2 与缸体 1 是球面配合,中心连杆左端有碟形弹簧将缸体 1 压紧在配流盘 2 上,以保持预紧力并实现自动补偿磨损间隙。配流盘的背面也是球面,可在变量壳体 12 的弧形滑道上滑动。

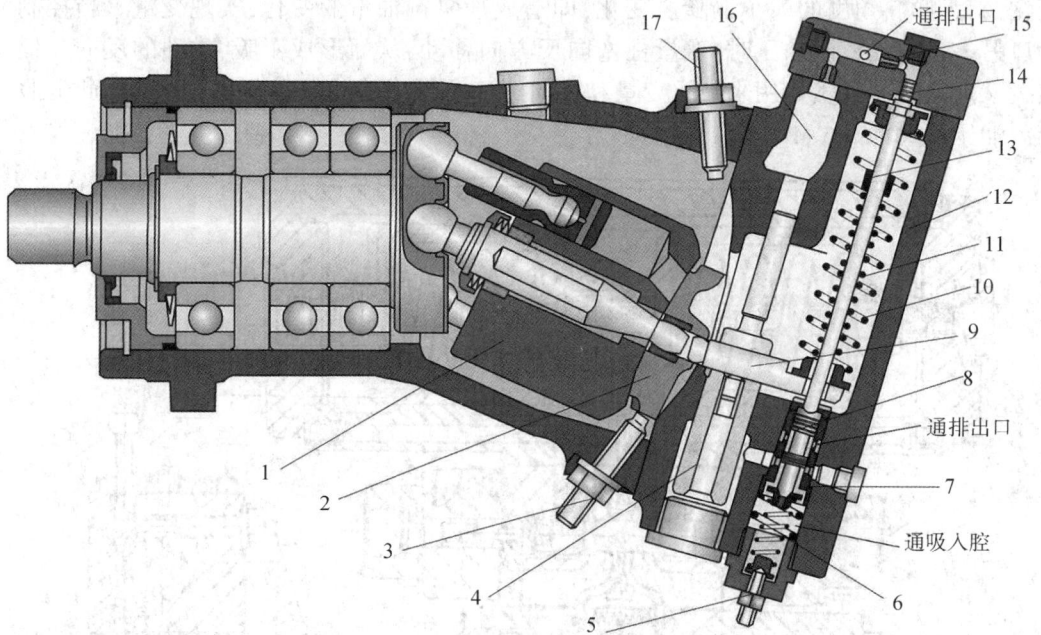

图 10-3-11   A7V 斜轴式恒功率变量泵(马达)的结构图

1—缸体;2—配流盘;3—最大摆角限位螺钉;4—变量活塞;5—调节螺钉;6—调节弹簧;7—阀套;
8—伺服滑阀;9—拨销;10—外弹簧;11—内弹簧;12—变量壳体;13—导杆;14—先导活塞;15—节流孔;
16—变量活塞小端油缸;17—最小摆角限位螺钉

图 10-3-12 示出 A7V 恒功率变量泵的变量原理图、图形符号和性能曲线。变量活塞 4 是两端面积不等的差动活塞。拨销 9 穿过变量活塞大端的横孔与配流盘的中心孔相配合,另一端套在导杆 13 上。变量活塞移动时即带动配流盘摆动,改变缸体摆角,从而改变泵的排量。

泵的排油经泵壳体内的油道引至变量活塞小端油缸 16,并经节流孔 15 作用在先导活塞 14 端面上;同时又被引至伺服滑阀 8 的两个台肩之间。当泵排压不高时,油压作用在变量活塞小端,从而将配流盘和缸体推至最大摆角,这时泵的排量最大,流量与排压无关,如图 10-3-12(c)中水平线段所示。

当排压升至调定值 p_A(由调节弹簧 6 调定),作用在先导活塞上的油压克服外弹簧 10 和调节弹簧 6 的张力使伺服滑阀 8 下移,油道 a 和 b 相通,压力油进入变量活塞 4 大端使活塞上移,靠拨销 9 带动配流盘和缸体绕 O 点转动,于是摆角和流量减小。拨销同时也给出行程反馈,压缩外弹簧 10,使之与先导活塞输入的油压信号平衡,伺服滑阀 8

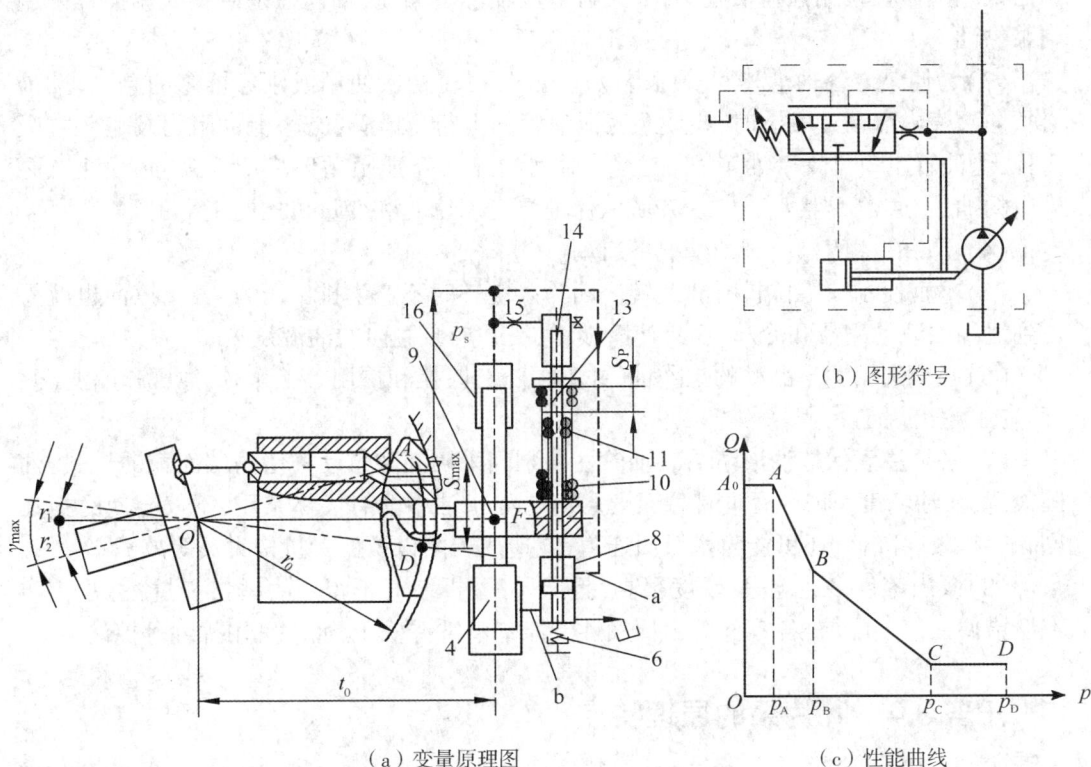

（a）变量原理图　　　　　　　　　（c）性能曲线

图 10-3-12　　A7V 恒功率变量泵的变量原理图、图形符号和性能曲线

4—变量活塞;6—调节弹簧;8—伺服滑阀;9—拨销;10—外弹簧;11—内弹簧;13—导杆;
14—先导活塞;15—节流孔;16—变量活塞小端油缸

复位,摆角和流量稳定于与油压成比例的位置。流量与排压的关系如图 10-3-12（c）中斜线 AB 所示。当油压升高到 p_B,缸体摆角减小至外、内弹簧长度差 S_p 降为零时,控制活塞必须克服调节弹簧 6 和外弹簧 10、内弹簧 11 的张力之和才能使伺服滑阀 8 开启,流量随油压升高而减小的程度变缓,如图（c）中斜线 BC 所示。当油压进一步升高到 p_C,缸体摆角减小至被最小摆角限位螺钉所限定,泵排量达到最低,流量不再改变,如图 10-3-12（c）中线段 CD 所示。

由上述分析可知,这种泵的流量–压力性能曲线是与双曲线近似的折线 $ABCD$, $pQ \approx$ 定值,可近似实现恒功率控制。调节弹簧 6 的预紧力,可以使性能曲线中水平段与斜线的转折点 A 所对应的压力 p_A 改变,从而使折线左右平行移动。

3.柱塞式液压泵的使用和管理

柱塞式液压泵作为船舶液压系统的动力油泵,由于其工作压力较高,各处密封间隙较小,正确地使用与管理对保证泵的工作可靠、延长其使用寿命至关重要。主要应注意以下各项:

（1）泵轴与电动机应用弹性联轴器直接相连,轴线同心度误差不得超过 0.1 mm。

（2）柱塞式液压泵内流道复杂,虽然多数有一定的自吸能力,但允许吸上真空度不大,有的型号（如 ZB1227）则不允许自吸,故吸入管上不应加设滤器。如果吸入压力过低,不仅容易产生气穴现象,使容积效率降低,而且有的（如斜盘式轴向泵）柱塞如吸入压力低则须靠铰接端强行从缸中拉出,易造成损坏。因此,轴向柱塞泵吸入端推荐采用辅泵供油。

(3)为使泵内各轴承和润滑面得以充分润滑,对初次使用或刚经拆修的泵,启动前必须向泵壳内灌油。安装时,应使泵壳泄油管向上行,如需要减小泄油阻力及避免虹吸现象,泄油管出口可置于油箱液面之上;对用油经泵壳强制循环冷却的泵,必须注意泵壳内的油压,通常不得大于 0.2 MPa,以保证泵壳的密封和变量机构的正常工作。

(4)不许在关闭排出阀的情况下启动。

(5)不宜使泵在零位长时间运转。因为泵空转时不产生排出压力,各摩擦面也就得不到泄漏油液的润滑和冷却,容易使磨损增加,并使泵壳内的油液发热。

(6)必须选用适当品种的工作油,并不得随意改换和掺用。工作时,油压和油温(黏度)应不超出规定。

(7)必须注意保持油液清洁。轴向柱塞泵因采用间隙自动补偿的端面配油方式,油膜很薄,滤油精度一般比径向柱塞泵要求高。如果油中含有固体杂质,不仅会使磨损加剧和容积效率降低,还可能阻塞泵内通道,或造成卡阻以及变量机构失灵等故障。

(8)泵内零件多经淬火,硬度很高,且经研配,拆装时不得用力捶击和撬拨,并应防止换错偶件。装配前,各零件应用挥发性洗涤剂清洗并吹干,而不宜用棉纱等擦洗。

任务 3.4　叶片泵的原理特点

1.叶片泵的种类

叶片泵也是一种回转式容积式泵,叶片泵根据泵轴每转一转的排出(或吸入)次数,可以分为单作用式和双作用式,分别如图 10-3-13 和图 10-3-14 所示。

2.叶片泵的结构和工作原理

(1)单作用叶片泵

图 10-3-13 为单作用叶片泵的工作原理图。单作用叶片泵的定子 2 的内腔型线是半径为 R 的圆。圆柱形的转子 1 装在转轴上,转轴的中心与定子圆心存在偏心距 e。由图可见,转子逆时针回转时,两叶片间的工作空间在右半转容积不断增大,转到左半转则容积不断减小,因此,能分别从贴紧定子和转子两侧端面的配油盘上的吸、排口吸油和排油。

单作用叶片泵的每两相邻叶片转到吸、排油口间的密封区时,所接触的定子曲线不是与转子同心的圆弧,密封区的圆心角略大于相邻叶片所占圆心角。相邻叶片在密封区内转动时,叶间工作容积先略有增大,然后略有缩小,会产生困油现象,但不太严重,通过在排出口边缘开三角形卸荷槽的方法即可解决。

单作用叶片泵在工作时定子、转子和轴承将承受不平衡的径向液压力,属于非卸荷式叶片泵,其工作压力不宜太高,其流量的均匀性也比双作用式差,故应用不很广泛。然而,移动其定子可方便地改变偏心的方向及偏心距离的大小,从而可做成转速恒定而流量可变的双向或单向的无级变量泵。

(2)双作用叶片泵

图 10-3-14 示出双作用叶片泵的工作原理图。定子 2 内腔的型线是由两段长半径 R

圆弧和两段短半径 r 圆弧以及连接它们的四段过渡曲线组成的。装在转轴上的圆柱形转子 1 与定子 2 同心,其上开有若干叶槽,槽内装有叶片 3。当转子旋转时,叶片受离心力及液压力(叶片底部空间一般由排出腔引入压力油)作用,向外顶紧在定子内壁上,并可随定子内壁高转子中心距离的改变而在槽内往复滑动。在定子和转子的两侧,紧贴着两块配油盘。每块配油盘上有两对吸、排口。配油盘与定子的相对位置由定位销固定。这样,在定子、转子、叶片和配油盘之间就形成若干个工作空间。当叶片由定子的短半径 r 处转向长半径 R 处时,两叶片间的容积逐渐增大,其中压力降低,经配油盘吸入口从泵的吸入管吸油;当叶片由定子的长半径 R 处向短半径 r 处转动时,叶片间容积减小,经配油盘的排出口向泵的排出管排油。而当相邻两叶片同时位于吸、排口之间的密封区时,它们正好将吸、排口隔开,这时叶片顶端与定子的圆弧部分接触,旋转时两叶片间的容积不变,不会产生困油问题。

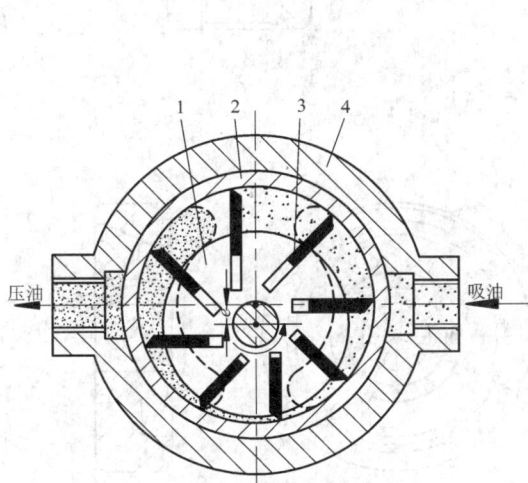

图 10-3-13　单作用叶片泵的工作原理图
1—转子;2—定子;3—叶片;4—泵体

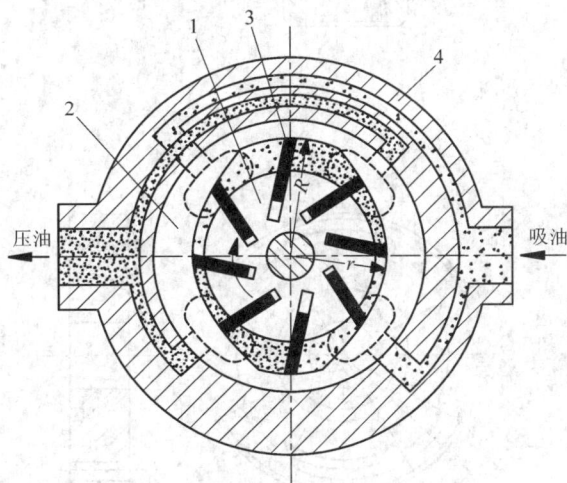

图 10-3-14　双作用叶片泵的工作原理图
1—转子;2—定子;3—叶片;4—泵体

这种叶片泵转子每转一周,由叶片所形成的每个工作空间都吸排两次,因此是双作用泵。双作用叶片泵作用在定子及转子上的液压力完全平衡,属于卸荷式叶片泵。

3.典型的叶片泵的结构

(1)定子、转子和叶片

图 10-3-15 示出典型的双作用叶片泵的结构。定子 5 和左配油盘 2、右配油盘 7 分别装在左泵体 6、右泵体 9 中,并用圆柱销定位。右配油盘 7 背后的槽通排油腔。转子 4 通过花键由传动轴 3 带动旋转,传动轴由滚针轴承 1 和球轴承 8 支承。

定子内侧大圆弧和小圆弧之间的过渡曲线必须设计成使叶片在叶槽中移动速度的变化尽可能小,即不让叶片在槽中滑移的加速度太大,以免产生太大的惯性力,导致叶片与定子的脱离或冲击。目前较普遍采用的定子过渡曲线由前半段等加速曲线和后半段等减速曲线组合而成。

为了帮助叶片在吸入区能可靠地贴紧定子,双作用叶片泵一般使叶片底部与排出油腔相通。为此,配油盘端面开有环槽 c,右配油盘 c 槽有小孔与排出腔相通,压力油通过环槽 c 进入叶槽内叶片底部空间。这样,由于在吸入区叶片顶部作用的是吸入油压,

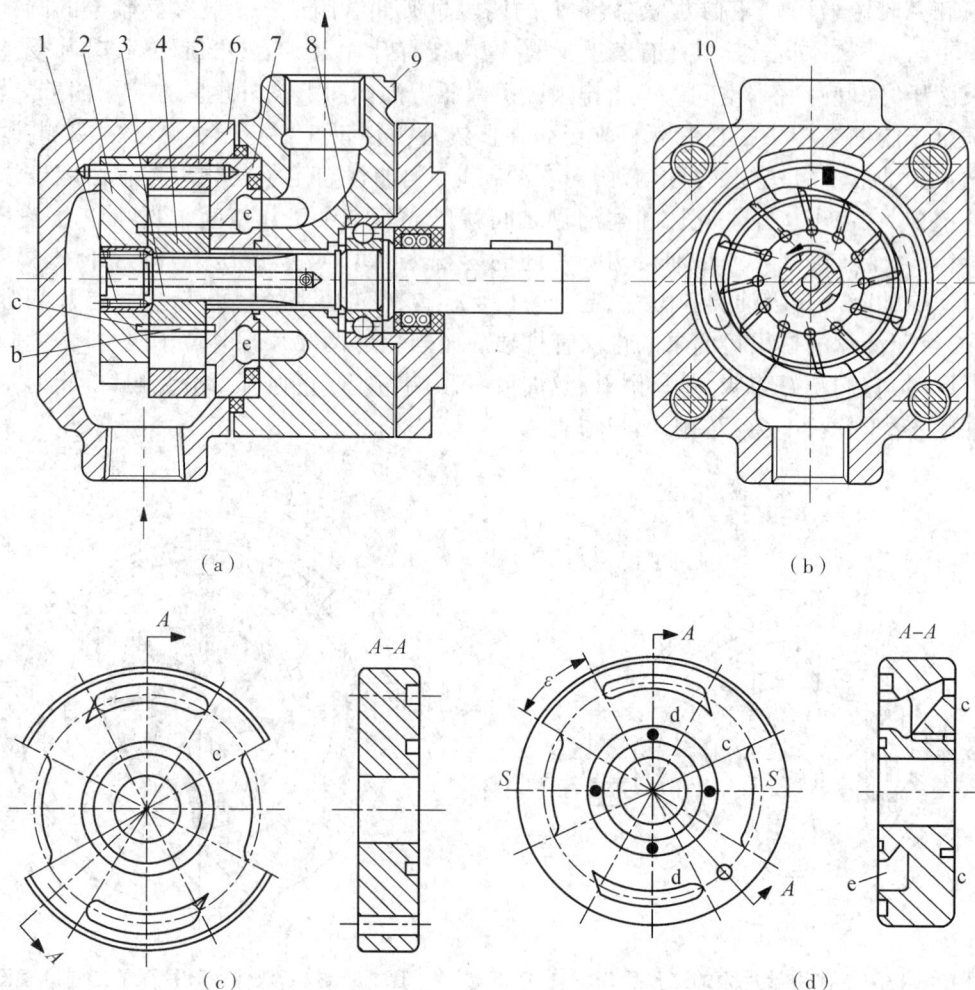

图 10-3-15　典型的双作用叶片泵的结构

1—滚针轴承;2—左配油盘;3—传动轴;4—转子;5—定子;6—左泵体;7—右配油盘;8—球轴承;9—右泵体;10—叶片

底部的排出油压即可帮助离心力克服惯性力和摩擦力,使叶片迅速伸出并贴紧定子。在排出区叶片上、下虽然都受排出油压的作用,但因这时叶片的摩擦力和离心力都指向定子,所以即使在滑移后期叶片出现指向槽底的惯性力,也不致使叶片脱离定子。

　　单作用叶片泵由于叶片在转过吸入区时向外伸出的加速度较小,单靠离心力即足以保证叶片贴紧定子。为了避免叶片顶部对定子产生过大的压力,将配油盘上与叶片底部叶槽相通的环槽分成两段,在排油区和部分密封区较长的一段通排出腔,在吸油区较短的一段则与吸入腔相通。

　　双作用叶片泵的叶片数 Z 应取偶数,以保证转子所受的径向力平衡。通常取叶片数 $Z=12$,可以使理论流量完全均匀,但当工作压力超过 10 MPa 时,为提高转子强度,则多取 $Z=10$,这时输出流量的均匀性比前者稍差。

　　(2)配油盘

　　配油盘吸入口的流速不能太高,一般为 4~5 m/s,最高不超过 6 m/s,否则,因流动阻力太大,在吸油时就可能产生气穴现象。双作用泵配油盘有两个吸入口和两个排出口,它们之间共有四个密封区,这就使配油盘吸入口的尺寸受限。为能降低吸入口的流速,如图 10-3-15(b)所示,在泵体上部开有沟通两侧的凹槽,使两侧配油盘能同时吸入。

由于结构上的原因,泵的排油是从右侧配油盘的排出口排往排油腔的。但在左侧配油盘的对应位置上也开有不通的排口(盲孔),如图 10-3-15(c)所示,以使叶片两侧所受的轴向液压力得以平衡。

配油盘上密封区的圆心角 ε[见图 10-3-15(d)]必须大于或等于两叶片之间的圆心角 $2\pi/Z$,否则会使吸、排口沟通,造成严重泄漏,而定子圆弧段的圆心角应大于或等于配油盘密封区的圆心角 ε,以免产生困油现象。

配油盘的排出口在叶片从密封区进入端的边缘处开有三角形的节流槽。它可使相邻叶片间的工作空间在从密封区转入排出区时,能逐渐地与排出口相沟通,以免压力骤然增加,造成液压冲击和噪声,并引起瞬时流量的脉动。

(3)叶片的倾角和倒角

如图 10-3-16 所示,双作用叶片泵的叶槽在转子中一般并不是呈径向开设的,而是顺转向朝前倾斜开设的,倾角 θ 一般为 $10° \sim 14°$。叶片在转过排出区时受定子曲面的法向力 N 作用而被压进滑槽。力 N 与叶片在叶槽中滑动方向的夹角称为压力角。假设叶槽径向开设,则压力角为 β。双作用叶片泵定子过渡曲线上各点至转子中心的距离变化较大,故压力角的最大值也就较大,于是力 N 在叶片垂直方向上产生的分力也将较大。此分力使叶片受弯曲力,并使叶片与叶槽的摩擦力增大,会造成叶片移动困难,甚至可能卡住。如果叶片有前倾角 θ,则压力角就减小为 $\alpha=\beta-\theta$,叶片受力情况即会改善。但实践表明,引入叶片底部油的压力因流阻损失而略低于泵的排油压力,故叶片在排油区仍可以靠顶部和底部的油压差帮助其退入叶槽而不致卡住,为此也有的中、高压叶片泵的滑槽是按径向开设的。

此外,叶片端部的一侧加工倒角,按转向看它应朝后。这是因为当叶片从吸入区转到排出区前位于密封区内时,由于两侧油压不同,后倒角可使叶片顶端有相当一部分面积只承受吸入压力的作用,从而有助于保证叶片贴紧定子的内表面。

单作用叶片泵与双作用叶片泵不同,叶片采用后倾角、后倒角,即叶槽按转向看有 $20° \sim 30°$ 的后倾角。其原因是在单吸入区转至密封区的前半段时仍需外移才能贴紧定

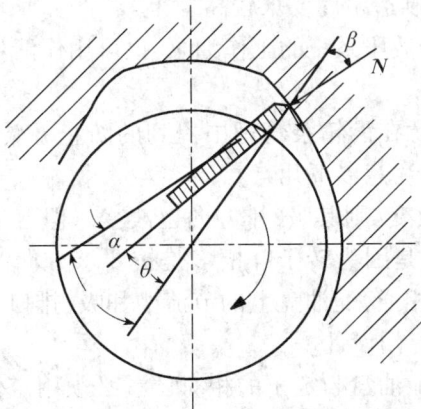

图 10-3-16 双作用叶片泵的倾角和倒角

子,这时叶片两侧分别作用着吸、排油压,外移的摩擦阻力较大,叶片后倾再加后倒角可保持叶顶朝向吸入侧,从而减小叶片外移的阻力。此外,倾斜开槽也有利于增加转子的强度。

4.叶片泵的流量

叶片泵的流量主要与转速、叶片宽度以及它们的径向尺寸有关。影响叶片泵容积效率的内部泄漏途径有:配油盘与转子及叶片侧端的轴向间隙、叶片顶端与定子内表面的径向间隙和叶片侧面与叶槽的间隙。其中轴向间隙泄漏途径短,对容积效率 η_v 影响最大,叶片顶端与定子内表面的磨损则可自动补偿。双作用叶片泵因转子所受的径向力平衡,传动轴工作时不会发生弯曲变形,轴向间隙可做得较小,故其容积效率 η_v 可比齿轮泵高,一般在 0.8~0.94。单作用叶片泵的容积效率 η_v 在 0.58~0.92。另外,单作用叶片泵流量的均匀性不如双作用叶片泵。

5.叶片泵的特点

叶片泵除有回转型容积式泵的一般特点外,它还有以下特点:

(1)流量较均匀,运转平稳,噪声较低。

(2)双作用叶片泵转子所受径向力是平衡的,轴承使用寿命长;内部密封性较好,容积效率较高,一般额定排出压力较高,可达 7 MPa 左右。

但是,普通双作用叶片泵因为叶片底部通排油腔,而叶片转过吸入区时,顶端只承受吸入压力,故当排出压力较高时,就会使叶片顶端与定子产生剧烈摩擦,这将严重影响泵的使用寿命。所以高压叶片泵除选用耐磨材料、保持油液清洁并在保证强度和刚度的前提下尽量减小叶片厚度外,还必须采取各种特殊结构使叶片卸荷,即降低叶片顶端在吸入区对定子的压力,同时还采用浮动配油盘,以便利用油压力自动补偿端面间隙。目前,高压叶片泵的工作压力已可达 20~30 MPa。

(3)结构紧凑,尺寸较小而流量较大。

(4)对工作条件要求较严。叶片抗冲击较差,较容易卡住,对油液的清洁程度和黏度要求都比较高,端面间隙或叶槽间隙不合适都会影响正常工作。转速一般在 500~2 000 r/min,叶片可能因离心力不够而不能压紧在定子表面,太高则吸入时会产生气穴现象。

(5)结构较复杂,零件制造精度要求较高。

在船上,叶片泵多作为液压系统的工作油泵,也可用作清洁油类的输送泵等。

6.叶片泵的管理要点

叶片泵的管理除需注意在齿轮泵管理中提到的防止干转和过载、防止吸入空气和吸入真空度过大等外,还需注意以下几点:

(1)叶片泵回转方向改变,则其吸、排方向也改变。但普通叶片泵都有规定的回转方向,不允许反转使用。这是因为转子叶槽多是按要求方向倾斜的,叶片有后倒角,而且叶片底部常与既定油腔相通,配油盘上的节流槽和吸、排口一般也是按既定转向设计的。可逆转的叶片泵必须专门设计。

(2)在装配叶片泵时,配油盘与定子的相对位置必须用定位销正确定位。要注意转向,叶片、转子、配油盘都不得装反。定子内表面吸入区部分最易磨损,必要时可先将磨损表面用细砂布磨光,然后将定子翻转后定位安装,以使原吸入区变为排出区而继续使用。

（3）拆装叶片泵时要特别注意保持工作表面清洁，工作时油液也应很好过滤，以防杂质进入泵内，造成工作表面的擦伤或叶片卡阻。

（4）叶片在叶槽中的间隙太大会使泄漏增加，太小则叶片不能自由伸缩，会导致工作失常。因此，叶片与叶槽都是经过选配的。当工作油液黏度在 21 mm^2/s（30 °E）左右时，叶片与叶槽的装配间隙一般为 0.015~0.03 mm，以在工作油液中能靠叶片自重落入槽底为宜。在叶片泵工作一段时间后，叶片与槽的磨损各不相同，拆修时不宜随便更换叶片与槽的配合关系。叶片顶部磨损时，可把叶片底部磨出 1×45°角或磨成圆弧，然后颠倒使用，但必须保证叶片顶部与两侧端面的垂直度。

（5）叶片泵的轴向间隙对容积效率影响很大，转子端面和配油盘的轴向间隙通常都取 0.015~0.03 mm（小型泵）或 0.02~0.045 mm（中型泵）。当转子与配油盘接触面有严重擦伤时，可重新研磨，但叶片也应同时研磨，并使其轴向宽度始终比转子宽度小 0.005~0.01 mm。此外，定子端面也应研磨，以保证合适的轴向间隙。

（6）注意所输油液的温度和黏度。一般油温不宜超过 55 ℃，黏度要求在 17~37 mm^2/s。黏度太大，则吸油困难；黏度太小，则泄漏严重。

任务四 液压马达

学习目标：

1.了解液压马达的分类
2.知道液压马达的图形符号
3.熟悉液压马达的工作原理、结构特点

任务4.1 液压马达的主要工作参数

液压马达（油马达）的工作参数主要有以下几个：

1.液压马达的输入参数

（1）流量 Q_M（m^3/s）；

（2）进、出口压差 Δp（Pa）；

（3）输入功率 $P_1 = \Delta p Q_M$。

2.液压马达的输出参数

（1）转速

如供入液压马达的油流量为 Q_M（m^3/s），液压马达每转排量（简称排量）为 q_M

（m³/r），则液压马达理论转速为

$$n_t = 60Q_M/q_M \quad r/min \tag{10-4-1}$$

液压马达工作时存在内部泄漏，扣除泄漏损失后的有效流量 Q_{Me} 与供入液压马达的油流量 Q_M 之比称为液压马达的容积效率，用 η_v 表示，即 $\eta_v = Q_{Me}/Q_M$，故液压马达的实际转速为

$$n = 60Q_M\eta_v/q_M \quad r/min \tag{10-4-2}$$

（2）扭矩

当不考虑液压马达任何能量损失时，设理论输出扭矩为 M_t，理论角速度 $\omega_t = 2\pi n_t/60 = 2\pi Q_M/q_M$，则理论输出功率为

$$P_{2t} = M_t\omega_t = 2\pi Q_M M_t/q_M \tag{10-4-3}$$

设 $P_1 = P_{2t}$，即 $\Delta p Q_M = 2\pi Q_M M_t/q_M$，可得

$$M_t = \frac{\Delta p q_M}{2\pi} \tag{10-4-4}$$

实际上，液压马达各相对运动部件存在摩擦损失，油液在液压马达内流动还存在压力损失（水力损失），它使得油马达实际输出的扭矩 M 小于理论输出扭矩 M_t，两者之比称为机械效率，用 η_m 表示，即 $\eta_m = M/M_t$，故液压马达的实际扭矩为

$$M = \frac{\Delta p q_M}{2\pi}\eta_m \tag{10-4-5}$$

（3）输出功率

同时考虑液压马达的泄漏损失、摩擦损失、水力损失，其总效率 $\eta = \eta_v\eta_m$，液压马达的实际输出功率 P_2 等于实际扭矩 M 和实际角速度 ω 之积，即

$$P_2 = M \cdot \omega = \frac{\Delta p q_M}{2\pi}\eta_M \cdot 2\pi\frac{Q_M}{q_M}\eta_v = \Delta p \cdot Q_M\eta \tag{10-4-6}$$

由上述分析可知：

①液压马达的实际转速 n，主要取决于供入液压马达的油流量 Q_M、液压马达每转排量 q_M 和容积效率 η_v。因此，要改变液压马达的转速，可以采用的方法有容积调速——采用变量油泵，改变其流量，或采用变量油马达，改变其排量；可以采用节流调速——通过流量控制阀来改变供入油马达的流量。

②液压马达所产生的实际扭矩，主要取决于液压马达每转排量 q_M 和工作油进排压差 Δp 和机械效率 η_m，而回油压力基本不变，所以液压马达负载扭矩越大，其进油压力就越高。

③在液压马达产生相同扭矩的情况下，如果提高系统最大工作油压，便可选用每转排量 q_M 较小的液压马达，这样可使油流量 Q_M 及液压元件尺寸减小。

④每转排量 q_M 值较大的液压马达，在既定的最大工作油压下能产生较大的扭矩 M，而在一定的油流量 Q_M 下转速较低。液压甲板机械大都需要扭矩较大、转速相对较低的油马达，称为低速大扭矩液压马达。一般认为，额定转速低于 500 r/min 的马达即属于低速马达，高于 500 r/min 的马达属于高速马达。

3.转矩和转速脉动率

转矩和转速脉动率是指液压马达的输入参数不变的情况下，输出转矩或转速的最

大值与最小值之差与其平均值之比,即

$$\delta = \frac{M_{max} - M_{min}}{M_m}$$ (10-4-7)

转速脉动率的高低与液压马达的结构形式等有关,活塞连杆式约为 7.5%,静力平衡式约为 5%,内曲线式理论上无脉动。

4.启动性能

液压马达的启动性能可用启动转矩 M_0 和启动机械效率 η_{m0} 来描述。

启动转矩是指液压马达由静止状态启动时,液压马达轴上所能输出的转矩。启动转矩通常小于同一工作压差时处于运行状态下的转矩。

启动机械效率是指液压马达由静止状态启动时,液压马达实际输出的转矩与它在同一工作压差时处于运行状态下的转矩之比,即

$$\eta_{m0} = M_0 / M_t$$

启动性能的好坏主要受摩擦力矩和转矩脉动性的影响,故当输出轴处于不同位置进行启动时,其启动转矩的数值会有所不同。

在船舶常用液压马达中,多作用内曲线式马达的启动性能最好,静力平衡式、活塞连杆式、轴向柱塞式液压马达居中,叶片式液压马达较差,而齿轮式液压马达最差。

5.最低稳定转速

最低稳定转速是指液压马达在额定负载下,不出现爬行现象的最低转速。造成爬行现象的主要因素有:液压马达瞬时排量的脉动性,摩擦力的大小,液压马达泄漏量大小等。

不同结构形式的液压马达,其最低稳定转速不同:多作用内曲线式为 0.1~1 r/min;静力平衡式为 2~3 r/min;活塞连杆式为 5~10 r/min;叶片式为 10~15 r/min。

6.制动性能

制动性能是指将液压马达进、出油口封闭后,液压马达输出轴随即停止转动并保持不动的能力。该能力的大小主要与液压马达的密封性能、油的黏度和工作压力有关。

液压马达的泄漏是无法完全避免的,所以对制动的安全性要求高的机械(如起货机)及对要求长时间制动的机械(如锚机)通常都配有机械制动装置。

任务4.2　液压马达的图形符号

在船舶甲板机械中,常用的液压马达的图形符号如图 10-4-1 所示。

任务4.3　活塞连杆式液压马达的原理特点

活塞连杆式液压马达是应用较早的一种径向柱塞式马达,国外称为斯达发(Staffa)马达。

1.结构和工作原理

图 10-4-2 为国产 CLJM 型连杆式液压马达的结构图。由图可见,在星形壳体 5 上径向地设有 5 个油缸,每个缸中装有活塞 18,它与连杆 16 的球头铰接,以 2 个卡在活塞内

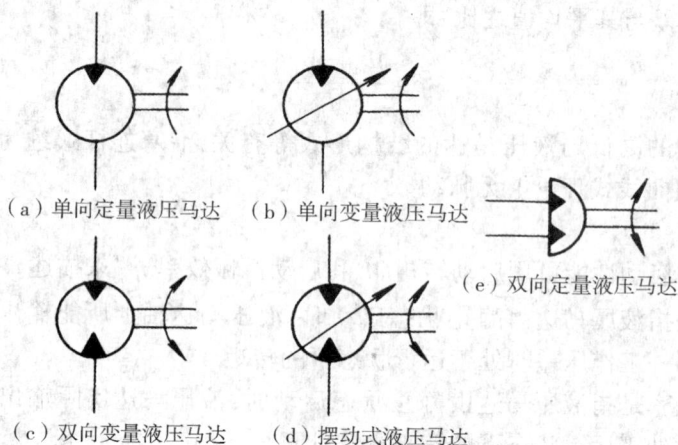

（a）单向定量液压马达　（b）单向变量液压马达

（e）双向定量液压马达

（c）双向变量液压马达　（d）摆动式液压马达

图 10-4-1　液压马达的图形符号

侧环槽内的半圆形球承座 17 和弹性挡圈 23 定位。连杆大端的凹形圆弧面与曲轴 1 上的偏心轮的外圆配合，两侧各用一个抱环 6 箍住。

曲轴两侧的主轴颈分别由锥形滚柱轴承 3、7 支承，定位于壳体 5 及壳体盖 4 的座孔中。选用合适厚度的调整环垫 15，可以调整曲轴左右窜动的间隙。2 只骨架油封 2 背向安装，分别防止油被甩出和污物侵入壳体。

曲轴通过十字形滑块 9 带动配流轴 11 旋转，配流轴的圆柱面上加工有 A、B、C、D、E 等 5 个工作槽，用 6 道密封环 14 分隔。其中环形槽 A、B 通过配油壳体 8 的孔道与法兰连接板 10 上的对应油口 A_1、B_1 相通，并经配流轴内的孔道分别通配流槽 D 的两侧油腔 A_2、B_2，然后通过壳体的油道向各缸配油。

这种马达的工作原理如图 10-4-3 所示。当马达的偏心轮处在图示位置时，若经 A_1 输入压力油而使 B_1 通油箱或液压泵吸口，则压力油就要经 A_2 进入 1、2 号缸。作用在两缸活塞上的油压力沿连杆方向的分力 F_1、F_2 传递到偏心轮上，指向偏心轮的圆心 O_1，对输出轴（中心线通过 O）形成扭矩，使其逆时针回转；4、5 号缸中的油则经 B_2 从 B_1 回油。当进油缸的活塞被推至下止点（如 3 号缸所在位置）时，由于配流轴在随同转动，该缸将与 A_2 错开而与 B_2 接通，准备回油。当活塞到上止点时，该缸又将与回油腔错开，接通进油腔，如图中 5 号缸即将到达的位置那样。所以，一旦曲轴和配流轴在进油油压作用下转动，各缸就会按序轮流进、回油，使马达连续运转。连杆式液压马达回油背压需大于 0.2 MPa，转速越高则背压应越高，否则活塞从上止点回行的后半行程减速时，连杆的抱环 6 和球承座 17 可能因活塞惯性力过大而损坏。

若改变进、回油方向，则图示位置压力油将从 B_2 进入 4、5 号缸，1、2 号缸中的油则经 A_2 回油，马达将反转。

与早期的连杆式液压马达相比，CLJM 型连杆式液压马达的主要改进是：

（1）配流轴由滚针轴承改为静压平衡。它在配流轴的配流槽 D 两侧设置了平衡槽 C、E，如图 10-4-2 所示，平衡槽与配流槽的高、低压腔在圆周上的包角相等，而相位相差 180°；而在对应的配流壳体上开有与配流窗口包角相等、相位相差 180° 的盲孔。平衡槽的总宽度与配流槽宽度相等，所产生的液压径向力 F 始终与配流槽处的径向力 F 相等，方向相反，配流轴静压平衡，始终处于浮动状态。这种配流轴的径向间隙常温下仅为

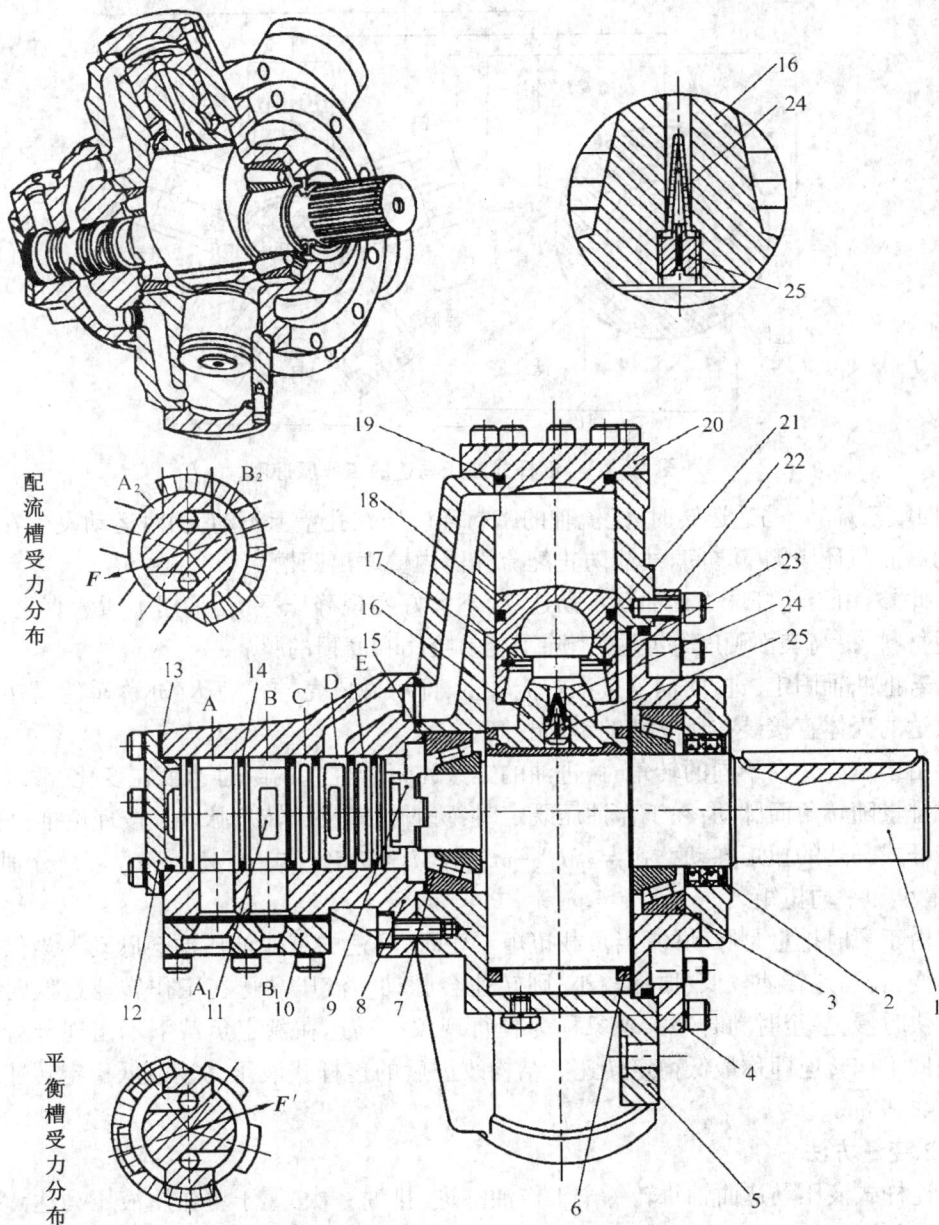

图 10-4-2 国产 CLJM 型连杆式液压马达的结构图

1—曲轴;2—油封;3、7—轴承;4—壳体盖;5—壳体;6—抱环;8—配油壳体;9—十字形滑块;

10—法兰连接板;11—配流轴;12—端盖;13—调整垫片;14—密封环;15—调整环垫;16—连杆;

17—球承座;18—活塞;19、22—密封圈;20—缸盖;21—活塞环;23—弹性挡圈;24—过滤帽;25—节流器

0.025～0.055 mm。

（2）改进后的连杆与曲轴的运动副也设计成静压平衡。即在柱塞和连杆中心钻孔,压力油除能强制润滑连杆球头外,还通过过滤帽 24、节流器 25 进入连杆大端底部的油腔。油腔面积设计成产生的油压力能使连杆顶起,运动副金属间没有直接接触和摩擦。

（3）配流轴的密封环 14 和活塞环 21 均由过去的 O 形圈改为活塞环,由铸铁或聚四氟乙烯、尼龙 66 制成,装配压缩后的开口间隙为 0.15～0.25 mm(铸铁)或 1.3～2.5 mm

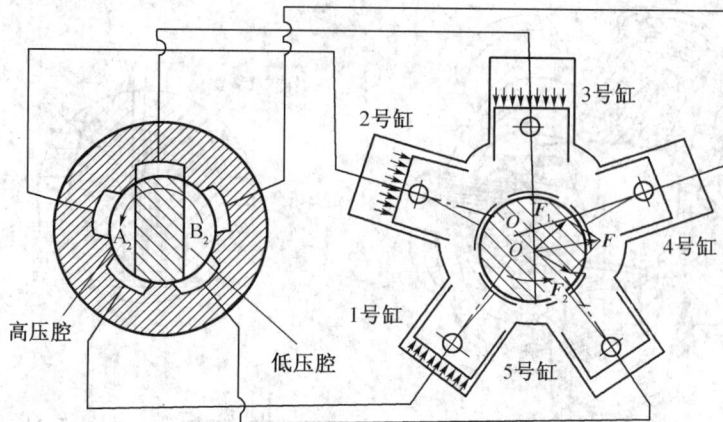

图 10-4-3　连杆式液压马达的工作原理图

（聚四氟乙烯）。马达运转时,配流轴的密封环应压在孔壁上不动,相对运动发生在密封环的侧面与环槽侧壁之间,才能防止配流壳体内壁磨出凹槽。

此外,由于连杆球头处油膜不易建立,不太好实现静压平衡,采用了增大直径、选用合适材料、提高表面硬度等办法,消除了容易咬伤和磨损的弊病。

若把曲轴固定,进、回油管接在配流轴上,即可做成壳转式马达(亦称车轮马达),可将马达的壳体直接装在所驱动的钢索卷筒中。

由于偏心轮在不同的转角时,进油的缸数和每个柱塞的瞬时速度在变化,故马达的瞬时排量随转角而脉动;在工作油压既定时,瞬时扭矩也随转角脉动。按理论推算,5 号缸连杆式马达的扭矩脉动率 $\delta_M = (M_{max} - M_{min})/M_m = 7.5\%$,式中,$M_{max}$、$M_{min}$、$M_m$ 分别为最大、最小和平均扭矩。

由于瞬时排量是脉动的,当负载扭矩不变时,马达的工作油压便会脉动。当供油流量不变,若马达转速较低、惯性较小,则转速会脉动。液压马达在工作转速过低时出现的时快时慢,甚至时动时停的现象称为爬行现象。马达在额定负载下不出现爬行现象的最低工作转速即称最低稳定转速。结构改进后的连杆式液压马达最低稳定转速可低至 2~3 r/min。

2.变量方法

连杆式液压马达曲轴每转每个工作油缸进、排油一次,属于单作用液压马达。按照计算多作用往复泵排量的方法可知,马达的排量 q 与偏心距 e、柱塞数 z 和柱塞直径 d 的平方成正比,即

$$q = 0.5\delta d^2 ez \tag{10-4-8}$$

连杆式液压马达也可做成偏心距可变的变量马达,如图 10-4-4 所示。马达曲轴在原偏心轮位置加工出一个与轴一体、截面大致为矩形(四角有棱面)的滑块 5。另设中间有带棱边矩形通孔的偏心环 1,套在该滑块外面,可沿该滑块上、下滑移,改变偏心距。滑块上、下各有一个孔径不同的控制油缸,其中分别装有大控制活塞 3、小控制活塞 2。小控制油缸内还有弹簧,推动小控制活塞 2 向上,将偏心环顶至偏心矩最大的位置。

在集流器 7 和星形壳体 4 之间装了一个隔套 6。控制油可从隔套上的油口 X、Y 分别经曲轴内的油道通至大、小活塞的控制油缸中。当 X 进控制油、Y 通回油时,控制油

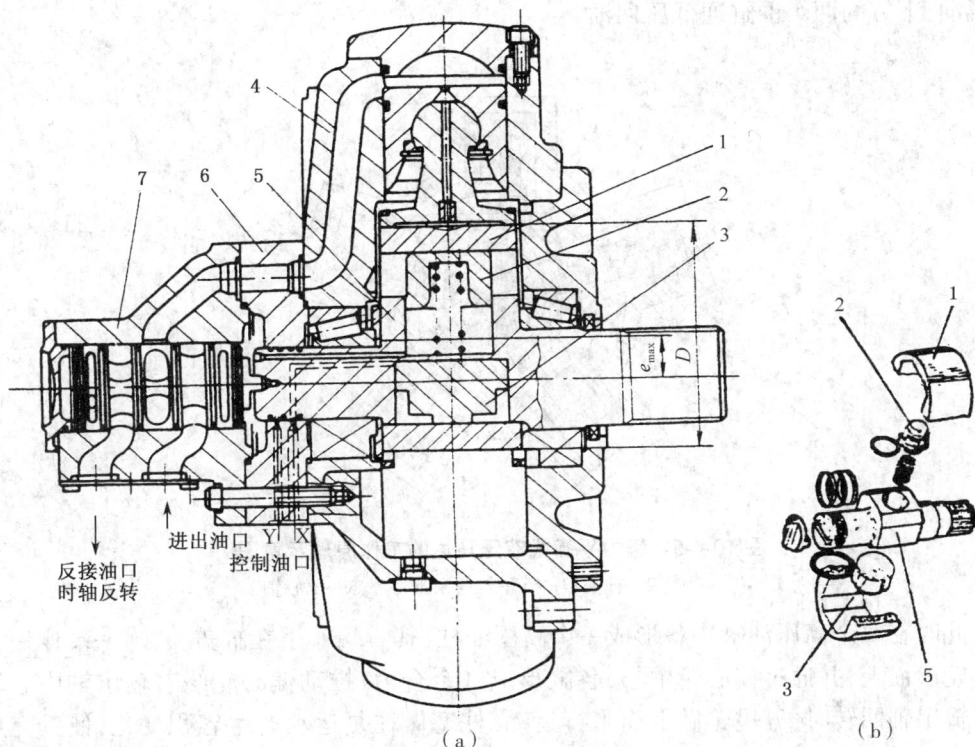

图 10-4-4 连杆式变量马达

1—偏心环；2—小控制活塞；3—大控制活塞；4—壳体；5—滑块；6—隔套；7—集流器

进入大控制油缸，推动大控制活塞 3 克服小缸弹簧力，将偏心环向减小偏心方向移动；反之，当 Y 通控制油、X 通回油时，控制油压和弹簧力便推动小控制活塞 2 将偏心环向增大偏心方向移动。

若控制油口 X、Y 配 O 形三位四通换向滑阀控制，可实现无级变量，也可配二位四通换向阀使偏心距只取两个极限位置，则成为两级变量马达。

3.特点

（1）结构简单，但工艺性较差。特别是连杆活塞球铰副、连杆偏心轮间接触面加工精度均难保证，接触比压大，容易磨损和咬死，故要求油液黏度较大。

（2）转矩和转速的脉动率大，润滑油膜易遭破坏，低速时还会产生爬行现象，即转速小角度忽快忽慢地周期性变动的现象，早期产品最低稳定转速是 5~10 r/min。

（3）启动转矩比较小，机械效率低。启动效率仅为 80%~85%。

任务 4.4 静力平衡式液压马达的原理特点

1.工作原理

图 10-4-5 为静力平衡式液压马达的工作原理示意图。液压马达的偏心轴 5 具有曲轴的形式，既是输出轴，又是配油轴。五星轮 3 滑套在偏心轴的偏心轮上，高压油经配油轴中孔道通到曲轴的偏心配油部分，然后经五星轮 3 中的径向孔、压力环 4、柱塞底部的贯通孔而进入油缸的工作腔内。在图 10-4-5 所示位置时，配油轴上方的三个油缸通

高压油,下方的两个油缸通低压回油。

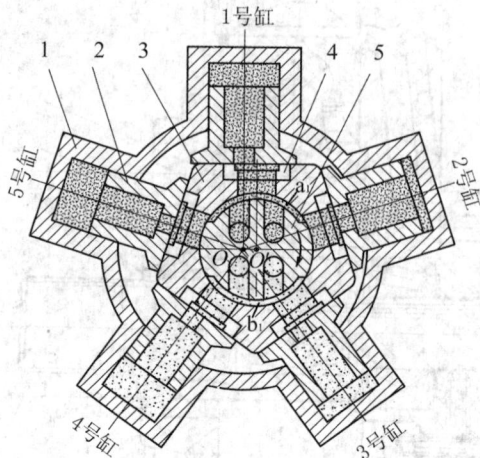

图 10-4-5　静力平衡式液压马达的工作原理示意图
1—壳体;2—柱塞;3—五星轮;4—压力环;5—偏心轴

此时在每个高压油缸中各形成一个高压油柱,其一端作用在缸盖上,另一端作用在偏心轮表面上,并通过偏心轮中心,各缸形成一个合力,推动偏心轮绕着输出轴中心转动。输出轴回转时,五星轮做平面平行运动,柱塞做往复运动产生容积变化,使其完成进回油。只要连续不断供油,就能使液压马达连续转动,改变液压马达的进、回油液流方向,液压马达就反向旋转。

2.典型结构

图 10-4-6 为船用起货机所用的 10JYM-135 型静力平衡式液压马达的结构。这种液压马达是一种双排结构马达,两偏心轮偏心方向相差 180°,有利于改善轴承的受力条件,每排油缸各有自己的进、排油孔,液压马达可以单排工作,也可以双排工作,在供油量相同的情况下,单排工作时转速可提高近一倍。

壳体中每排有五个沿圆周均匀分布的径向柱塞 5,在柱塞的底部还设有压力环 8,它和五星轮 4 的配合间隙较大,具有足够的浮动余地,故可补偿缸体、柱塞和五星轮等的加工误差,保证柱塞底部端面的密封。在压力环下面,还装有尼龙挡圈和 O 形密封圈,压力环由定位套 6 固定,定位套 6 则用弹簧挡圈来固定。空心柱塞依靠弹簧和油压作用力紧紧压在压力环的端面上,并压紧 O 形密封圈,其最大压缩量由内套的高度确定。

偏心轴用一对滚动轴承支持,它的一端为输出轴,另一端有两个环形槽做配油轴的回转接头。从进油口输入的压力油,经回转接头和曲轴内部的轴向孔进入偏心轴的切槽部分,再经过五星轮上的径向孔和柱塞底部的通孔进入油缸,同时,从其他油缸排出的油则经过相应的通道经回转接头排出。

这种液压马达与活塞连杆液压马达的一个显著区别是,活塞和五星轮并不传递油压力,而只起进、排油空间的密封作用。只要使其尺寸选择得当,则柱塞、压力环和五星轮上承受的油压可基本实现静力平衡。同时,其与活塞连杆液压马达的结构上的区别为:连杆由五星轮所代替;配油轴和输出轴做成一体,成为曲轴;此外,取消了壳体中的

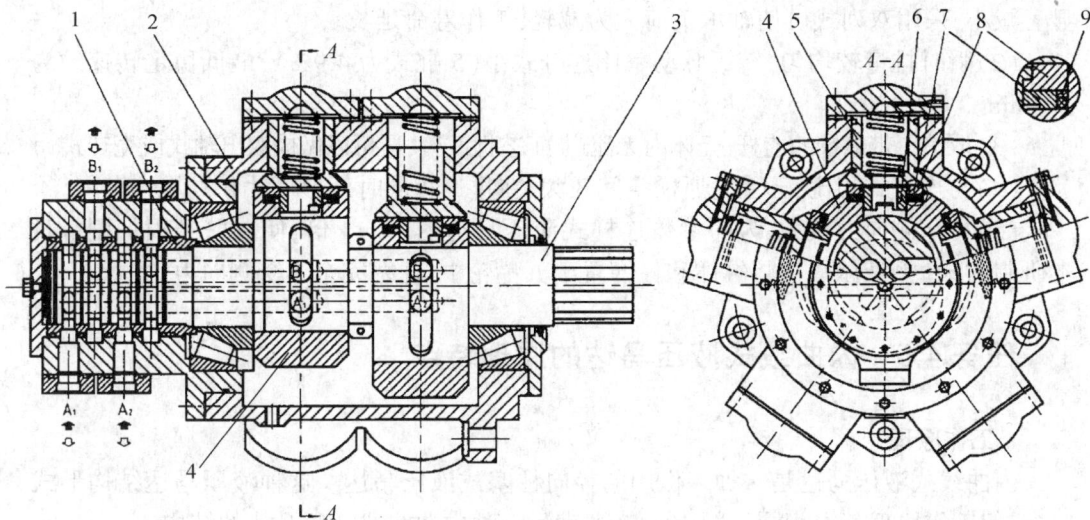

图 10-4-6 10JYM-135 型静力平衡式液压马达的结构

1—配油套;2—壳体;3—曲轴;4—五星轮;5—柱塞;6—定位套;7—内套;8—压力环;9—外套

流道。由图 10-4-7 可见,当压力环外径与柱塞外径相等时,压力环内径到外径的压力分布因泄漏而按线性规律减小到零,所以作用到柱塞顶面油压压紧力比底面的撑开力略大,加之空心柱塞内较小的弹簧力(保证启动时的密封)可使柱塞贴紧压力环和密封圈,既可保证良好密封,又不产生严重磨损。但柱塞上、下方的液压力在工作过程中并不能经常保持同心,故将形成一侧倾力矩,使柱塞与缸壁的磨损加剧,机械效率降低,甚至有使柱塞和压力环脱开的危险。压力环底部油压力略大于顶部油压力,不存在侧倾力矩。只要五星轮宽度选取适当,就可使内圆弧面上进油窗口的油压作用力等于压力环孔内的油压作用力,以致完全处于静力平衡的悬浮状态。

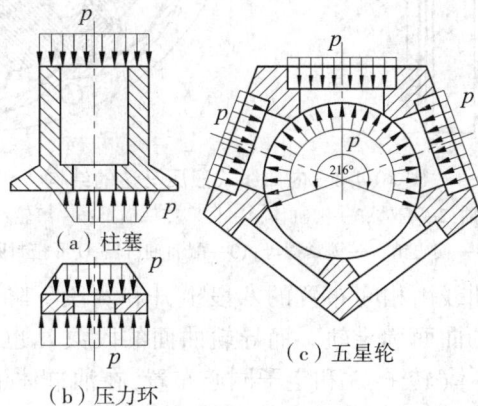

图 10-4-7 柱塞、压力环、五星轮的静力平衡

静力平衡液压马达也可做成壳转液压马达,即偏心轴固定,壳体旋转,这样配油更为简单,可以省掉配油套。在偏心轴上直接开孔引油即可。应用时可将外壳直接和卷筒等旋转机构固定,布置极为方便。

3.特点

(1)主要元件(柱塞、压力环、五星轮)实现了油压静力平衡,使主要滑动面摩擦力显著减小,采用双列式可使轴承负荷大为减轻,工作寿命延长。

(2)瞬时排量较均匀,转矩脉动率比连杆式小(5缸式为4.9%),最低稳定转速约为2 r/min。

(3)取消了带球铰的连杆,壳体内无流道,工艺性改善,还可以做成双出轴式或壳转式。

(4)与连杆式相比,五星轮所需空间较大,在排量相同时外形尺寸和重量较大。

(5)柱塞侧向力较大,为同参数连杆式液压马达的7~14倍,使缸壁磨损加剧。日本研制的SH型液压马达将缸体和柱塞置于五星轮中,柱塞完全不受侧向力。

任务4.5 内曲线式液压马达的原理特点

1.工作原理

内曲线式液压马达是一种多作用的径向柱塞式液压马达。这种液压马达结构形式很多,但工作原理基本相同。图10-4-8即表示一种内曲线式液压马达的结构。

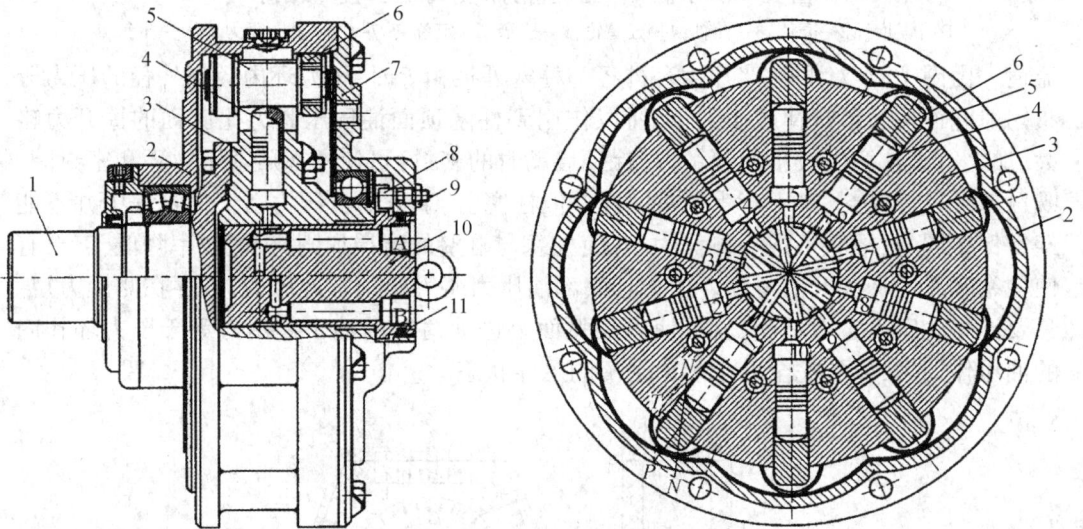

图 10-4-8 内曲线式液压马达的结构

1—输出轴;2—壳体;3—油缸体;4—柱塞;5—横梁;6—滚轮;7—端盖;
8—偏心销;9—锁紧螺母;10—配油轴;11—O形密封圈

图中,定子内表面曲线由相间布置的八段上升和八段下降曲线以及连接它们的过渡圆弧线组成,所形成的曲面称导轨。而导轨曲面的段数 K 也就决定了液压马达每个油缸的作用次数。油缸体(转子)3 和定子同心布置,在油缸体中,沿径向均匀地分布着若干个液压缸。每个液压缸都配有一个柱塞 4。柱塞的头部顶在横梁 5 上。横梁通过其两端的两个滚轮 6 贴紧定子内表面,并可在其上滚动。输出轴 1 与油缸体 3 用螺栓相连,并由壳体 2 和端盖 7 上的滚动轴承支承。油缸体 3 套装在固定不动的配油轴 10 上。在配油轴的圆周上均匀分布着 $2K$ 个配油窗口。配油窗口彼此相间地分为数目相等的两组。每一对相邻的油口都分属两组而彼此不通,并总是相反地对应导轨的升降段。工作时两组油口分别经配油轴内的径向孔与轴向孔与外接管 A、B 相通。

当液压马达在图示位置时,如果将压力油从油孔 A 通入,油液就会经配油窗口进入

1、2、6、7 号油缸。这些油缸的滚轮此时正处在各段导轨的同一侧面上,所以,通过上述各缸的柱塞、横梁和滚轮作用在导轨曲面上的油压 p,就可像 1 号油缸所示那样,分解为 N、T 两个分力,其中导轨法向分力 N 与导轨对滚轮的反作用 N 相平衡,切向分力 T 则使柱塞通过缸体带动输出轴顺时针转动。与此同时,处在各段导轨曲面另一侧的 3、4、8、9 号油缸,正因与排油口相通而排油。回油压力一般保持在 0.5~1.0 MPa,以使处于排油阶段上的滚轮不会与导轨相脱离。

因此,只要对 A 口不断供送压力油液,并使 B 口通畅回油,则液压马达将连续运转,并通过输出轴输出转矩。当改变进、排油方向时,液压马达则反转。

特别需要指出的是,为了使油缸在转过进、排油窗口之间的区间时,能够保证密封,并避免产生困油现象,配油轴面上两相邻油口之间的宽度必须大于缸体上一个配油孔的宽度。同时,在相应的导轨曲面上,必须有一小段圆弧形的过渡线。

由于各配油口之间的密封间隔很短,该处的泄漏量成为内曲线液压马达总泄漏量的主要部分,对配油轴和油缸体间的配合间隙也就提出了严格的要求(见表 10-4-1)。

表 10-4-1　配油轴和油缸体间的配合间隙

配油轴直径/mm	30~80	80~120	120~180
配合间隙/mm	0.015~0.025	0.025~0.035	0.03~0.04

由于上述间隙很小,为了补偿制造和安装上的误差,故在配油轴和端盖之间仅设置了弹性的 O 形密封圈 11 且不固接,同时在进、排油口和外接油管之间以软管相连。安装配油轴时应注意使配油窗口之间密封间隔的中点对准导轨曲面过渡段的中点,否则会产生困油现象,并因此而产生振动和噪声。然而,配油轴和导轨的相对位置,在制造和安装上都很难保证绝对精确,故在图示的液压马达中设置了偏心销 8。试车时,松开锁紧螺母 9,稍稍转动偏心销 8,使卡在配油轴凹槽中的偏心轮随之转动,即可对配油轴在圆周方向的安装位置进行微调。如不设偏心销,为了补偿制造和安装误差,须将导轨曲面的过渡段放大一点。

柱塞和液压缸之间的密封间隙,一般多取为柱塞直径的 5/10 000~8/10 000。

2.内曲线式液压马达的特点

(1)选用合适的导轨曲面,能使瞬时进油量保持不变,获得非常均匀的扭矩和转速,同时具有良好的低速稳定性,最低稳定转速可达 0.5 r/min 左右。

(2)只要柱塞数目和作用次数 K 的最大公约数 $m>2$,全部柱塞就可分为受力状态完全相同的 m 组,作用在壳体、油缸体和配油轴上的径向力完全平衡。这对适用更高工作压力和提高机械效率十分有利,启动效率可达 98%。

(3)可做成双列或三列结构,而且每一柱塞的作用数 $K=4\sim10$(前两种油马达 $K=1$),故可实现较大的马达排量 q_M 和输出扭矩。如果改变多列油缸的进油列数,或改变一列油缸的有效作用次数,则可做成有级变量液压马达。

(4)内曲线式液压马达如将转子固定,而允许定子和配油轴转动,那么滚轮作用在定子上的油压力 p 的切向分力 T 产生使定子旋转的转矩,从而成为壳转式液压马达。

(5)零件数目较多,对工艺和材料的要求较高,尤其是内曲线部分受柱塞滚轮的压力较大,表面处理的要求高。

任务 4.6 叶片式液压马达的原理特点

1.结构和工作原理

叶片式液压马达的工作原理和叶片泵相反,靠工作叶片两侧分别承受进、回油压力时产生的液压扭矩驱动。其结构与叶片泵结构的主要差异是:(1)马达必须有叶片压紧机构,以保证启动前叶片能贴紧定子内表面,否则无法启动;(2)泵只需单方向转动,而马达常需正、反转动,因此,马达的叶片一律径向放置,叶片顶端左右对称,两个主油口口径相同。当轴承处需要泄油时,必须有单独通油箱的泄油管。

图 10-4-9 为日本石川岛播磨(IHI)公司生产的 HN、NK、HL 型三作用中压(7 MPa)叶片式液压马达的工作原理图。它的定子(壳体)的内表面由三段大圆弧面和三段小圆弧面及彼此间的过渡曲面构成三个工作容腔。每一过渡曲面处皆有配油窗口与马达的外接油口 A、B、C、D、E 相通,由紧贴马达安装的控制阀来控制各油口的油路沟通状况。控制阀有两种形式:一种是手动换向节流,马达三腔同时工作;另一种除手动换向节流外,还能根据负载大小手动或自动换挡,改变马达参加工作的腔数,实现三级变量调速。转子的叶片槽内共装有 12 个叶片,叶片与叶槽配合间隙一般为 0.02~0.03 mm,叶片顶部镶有尼龙密封条。转子两端面开有若干圆弧形的挺杆槽,每对挺杆相交的部分截面减半,彼此错开,因而不妨碍弧形挺杆在槽内滑动。挺杆两端钻有孔,内设补偿弹簧,将叶片压紧在定子曲面上。马达两侧端盖内侧有油道,使叶槽底部始终与叶片顶部相通,油压保持一致。漏到两端轴承使润滑用的油可经泄油管引回油箱。

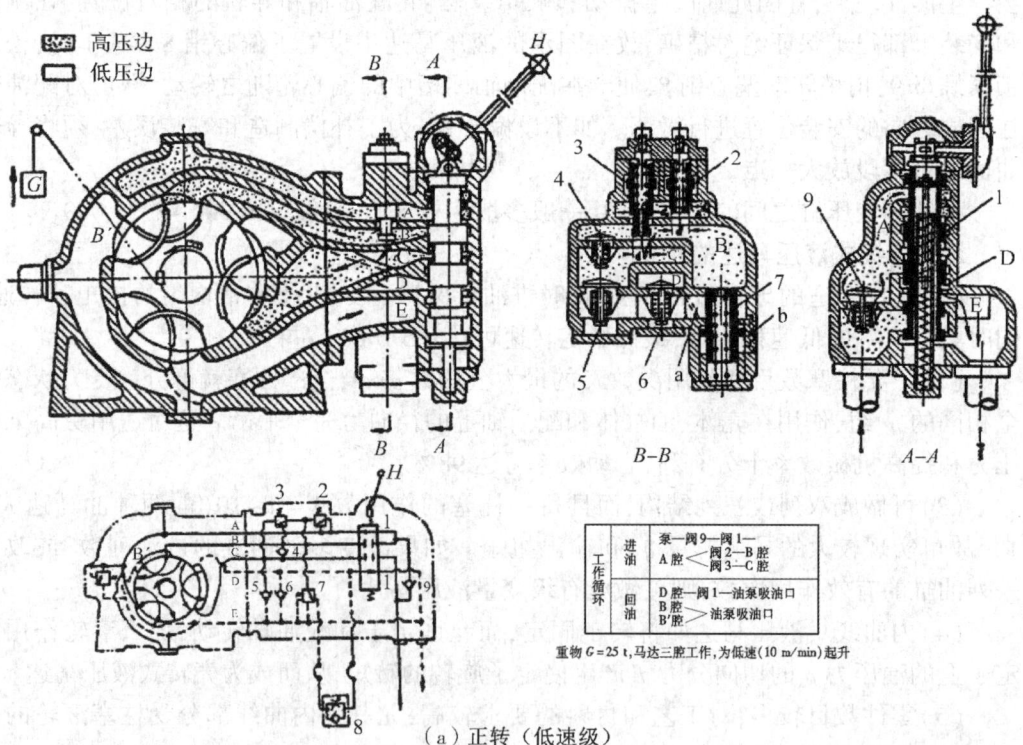

工作循环	进油	泵—阀9—阀1— A腔 阀2—B腔 阀3—C腔
	回油	D腔—阀1—油泵吸油口 B腔 B'腔—油泵吸油口

重物 G = 25 t,马达三腔工作,为低速(10 m/min)起升

(a)正转(低速级)

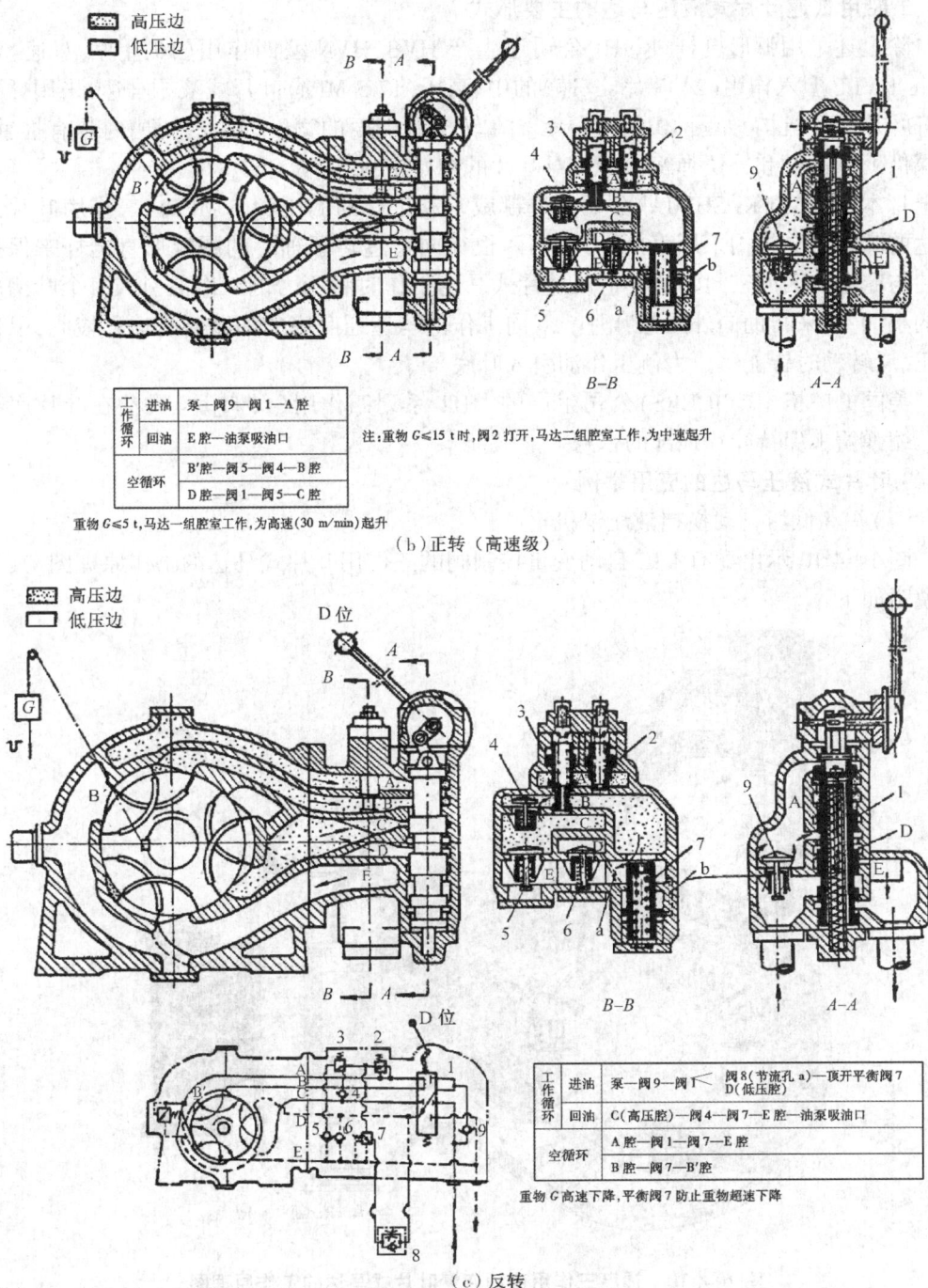

■ 高压边
□ 低压边

工作循环	进油	泵—阀9—阀1—A腔
	回油	E腔—油泵吸油口
	空循环	B'腔—阀5—阀4—B腔
		D腔—阀1—阀5—C腔

注：重物 $G \leqslant 15$ t时，阀2打开，马达二组腔室工作，为中速起升

重物 $G \leqslant 5$ t，马达一组腔室工作，为高速（30 m/min）起升

（b）正转（高速级）

■ 高压边
□ 低压边

工作循环	进油	泵—阀9—阀1 {阀8（节流孔a）—顶开平衡阀7 / D（低压腔）}
	回油	C（高压腔）—阀4—阀7—E腔—油泵吸油口
	空循环	A腔—阀1—阀7—E腔
		B腔—阀7—B'腔

重物 G高速下降，平衡阀7防止重物超速下降

（c）反转

图 10-4-9　IHI 三作用中压叶片式液压马达的工作原理

1—控制阀阀芯；2—低压限速阀；3—高压限速阀；4、5、6、9—单向阀；7—平衡阀；8—单向节流阀

叶片式液压马达与柱塞式液压马达相比结构简单，单位排量的重量最小。但其容积效率较低（<90%），工作压力仅在中、低压范围；叶片顶端对定子内表面摩擦力较大，机械效率（<85%）和启动效率（80%~85%）较低；低速稳定性稍差（n_{min} 为 4~6 r/min）。

2.船用低速叶片式液压马达的主要形式

除上述采用弧形挺杆外,IHI 公司还生产 HVB、HVN 型四作用(16 叶片、双速)和 HVK、HVLL 型六作用(24 叶片、三速)的中、高压(17.5 MPa)叶片式液压马达,采用摇臂挺杆叶片压紧机构,如图 10-4-11 所示。在转子两端面的宽度为 a 的凹槽内装有摇臂,两端借助于挺杆和补偿弹簧保持每对叶片的初始密封。

日本福岛(FUKUSHIMA)公司引进挪威专利生产的低压(4.5 MPa)、三作用叶片式马达的叶片压紧机构采用直挺杆,它用两根径向穿过转子轴心的圆棍形直挺杆来保持叶片与定子曲面的密封。这类低压叶片式马达工作时将压力侧工作油引入每个叶槽底部的小油室,来帮助向外压紧叶片。双向工作的马达通叶底的油路装有球形梭阀,以保证正、反转动时皆能将压力侧工作油引入叶底。

美国的威格士(VICERS)公司生产的 MHT 系列四作用(10 叶片)马达在叶片底部设压缩弹簧来保持叶片顶部的密封。

3.叶片式液压马达的应用举例

(1)福岛低压自动换挡液压锚机

图 10-4-10 示出配有 E12 自动变量控制阀的三作用叶片式马达的工作原理图,其工作说明如下:

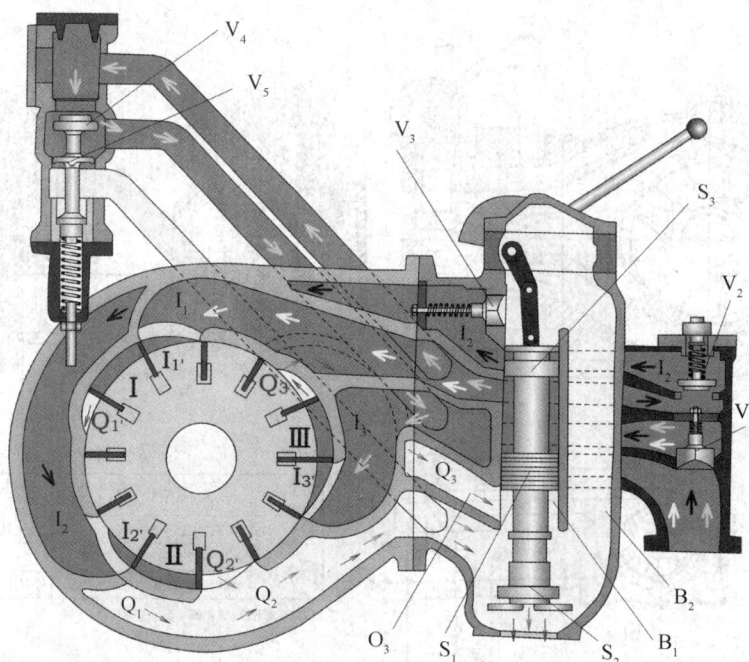

图 10-4-10　福岛三作用自动变量叶片式马达的工作原理图

①停止

当松开控制手柄时,控制滑阀在内设复位弹簧作用下停在中位。这时,来自液压泵的工作油从图示的马达进油口通到控制阀壳体中部,受滑阀中部开有若干均压槽的法兰 S_1 的阻挡,无法向上进入马达的工作腔 I 、II ;而滑阀下部法兰 S_2 将通油道 B_1 的油口开启,油得以从控制阀下部的马达回油口返回液压泵;工作腔III的两侧分别通过阀 V_5 及油路 Q_3、B_1,与回油相通。这时工作油经马达旁通循环,油压很低,为 0.1~0.2 MPa。

如果这时马达的卷筒上有欲使之按抛锚方向(顺时针)转动的负荷,则因工作腔Ⅰ、Ⅱ排油侧的油液被马达叶片及单向阀 V_1、V_3 和 No.1 分配阀 V_2、No.2 分配阀 V_4 所封闭,形成与负荷成比例的高压,对马达产生液压阻转矩,与欲使之按抛锚方向转动的负荷转矩相抗衡。由于马达内部不可避免有泄漏,若无机械刹车制动,马达会慢慢按抛锚方向回转。

②起锚

手柄向起锚方向扳动,滑阀离开中位下移,其中部法兰 S_1 将通油道 B_1 的油口关小,供油压力升高,克服马达负荷所形成的油压使单向阀 V_1 开启,向工作腔Ⅰ供油,马达便按起锚方向(逆时针)回转。

如果这时负荷小于额定负荷的 20%,则油压不足以开启单向阀 V_2(控制向工作腔Ⅱ供油)及 V_4(控制向工作腔Ⅲ供油),工作腔Ⅱ、Ⅲ的进油侧皆产生吸油作用,前者使单向阀 V_3 开启,后者经过阀 V_5 吸入低压回油。这两个工作腔的油皆为低压循环,不产生液压转矩。

随着手柄扳动角度的增大,通过 B_1 回油的工作油中部进油口逐渐关小,经 V_1 向工作腔Ⅰ供油的流量不断增大,马达转速增加。当手柄扳至最大起锚角度时,通 B_1 的回油已被 S_1 完全隔断,这时起锚速度达到最大值。由于手柄离开中位后通 B_1 回油的油口是逐渐关小的,故这是开式过渡滑阀,调速方式是并联节流。

这种轻载工况只有工作腔Ⅰ进油,马达排量仅为最大排量的 1/3,考虑到有摩擦阻转矩,马达所能产生的最大转矩不足额定转矩的 1/3(实际值由 No.1 分配 V_2 的调定值决定,低于 20% 额定转矩);而转速可在 0~300% 的最大额定转速(指额定负荷最大转速)间无级调速,为高速挡。

当负荷为额定负荷的 20%~50% 时,仅工作腔Ⅰ产生的转矩不足以驱动马达,进油压力会升高,使单向阀 V_2 开启,油进入工作腔Ⅱ使之投入工作;但油压尚不足以开启 V_4,工作腔Ⅲ仍处于无效循环。这时马达排量为最大排量的 2/3,所能产生的最大转矩不足额定转矩的 2/3(实际值由 No.2 分配阀 V_4 的调定值决定,低于 50% 额定转矩);而转速可在 0~150% 的最大额定转速间无级调速,为中速挡。

当负荷超过额定负荷的 50% 时,仅工作腔Ⅰ、Ⅱ产生的转矩也不足以驱动马达,供油压进一步升高,No.2 分配阀 V_4 开启,工作油进入工作腔Ⅲ,V_5 将工作腔Ⅲ的进、回油侧之间的通路隔断。这时,Ⅲ腔与工作腔Ⅰ、Ⅱ同时投入工作,马达排量增至最大,转速可在零至最大额定转速之间无级调节,为低速挡。

③抛锚

手柄向抛锚方向扳动,滑阀离开中位上移,其下部法兰 S_2 将油道 B_1 的回油口关小;而中部法兰 S_1 将供油向上通工作腔Ⅰ、Ⅱ的油路隔断;上部法兰 S_3 则将工作腔Ⅰ、Ⅱ通回油通道 B_2 的油口开启。若马达卷筒被负荷驱动向抛锚方向(顺时针)转动时,为节制抛锚速度,手柄扳动角度可以减小,使法兰 S_3 控制的回油口关小,形成节流,于是工作腔Ⅰ、Ⅱ的回油侧形成高油压,它们的进油侧则是从回油口吸入低压油,故形成与转向相反的液压阻转矩和摩擦力阻转矩一起抗衡重力形成的驱动转矩。这时,重力负荷形成的上述油压一般不足以将 No.2 分配阀 V_4 开启(起锚时的液压转矩需克服的负荷可能比单纯的重力负荷更大,油压可能更高),故工作腔Ⅲ虽经油道 Q_3 进油,但其回油侧经

V_5与回油相通,并不形成阻转矩。

若马达不承受重力负荷,则工作腔Ⅰ、Ⅱ的回油侧不会形成高的回油背压,不会产生明显的液压阻转矩;而供油经油道Q_3进入工作腔Ⅲ,油压会因需克服摩擦阻转矩而升高,驱动马达顺时针转动。

抛锚工况手柄扳动角度决定了法兰S_3开启的回油口的大小,从而可改变马达的流量,实现无级节流调速。这时马达的排量仅为最大排量的1/3,下放速度可在0~300%额定无级调节。

(2)IHI中压自动换挡液压锚机

日本石川岛播磨(IHI)公司生产的中压(7 MPa)自动换挡锚机采用类似上例的阀控型闭式系统,液压泵为双作用叶片泵,从高位油箱通过补油单向阀向液压泵进口补油。图10-4-11示出三作用自动变量叶片式液压马达的工作原理图。其工作情况说明如下:

①停止

当控制杆9处于中位(垂直)时,控制阀阀芯8处于图示位置。液压泵供油从马达进油管P直接通回油管T流回油箱,不能顶开单向阀12,故不能驱动马达。如果马达承受的负荷扭矩欲驱动马达顺时针转动,由于A、B、C油腔均被单向阀12、13、14等封闭,其中形成的油压将产生液压阻转矩。由于马达难免有内泄漏,若无机械制动,马达会在负荷扭矩作用下慢慢转动。

②起锚

向正转方向扳动控制杆使阀芯上移,其台肩m_5、m_4逐渐将P通T的回油口关小,供油压力受节流而升高,当超过马达负荷形成的油压时,顶开单向阀12,经上、下进油口P_1、P_2分别向油腔A、B和C供油,驱动马达逆时针回转;这三腔的回油则分别经油口E和D(后者被阀芯台肩m_3开启与E相通)通回油管T。此时马达三个工作腔同时进油,以全排量q_M工作,所能产生的扭矩较大,而转速较低。随着手柄扳动使P通T的回油口逐渐关闭,则进油流量逐渐增加,马达转速提高,这是用开式过渡滑阀实现并联节流调速。

继续扳动控制杆使阀芯上移,台肩m_3将P_2通C的供油截断,C腔将形成低压而使单向阀14开启,部分低压回油从E腔被吸回C腔。这时C腔不产生驱动扭矩,马达仅双腔进油,排量减为$\frac{2}{3}q_M$,转速升至中速。

进一步扳动控制杆提升阀芯,则台肩m_2将进B口的供油截断,B腔形成低压使单向阀13开启,又有部分回油从E腔经单向阀14、13返回B腔,这时B、C腔皆不产生驱动扭矩,马达仅单腔进油,排量减为$\frac{1}{3}q_M$,转速升至高速。以上两种情况都是容积调速。

马达单腔高速工作时,若因负荷较大而油压升至低压限速阀10的调定值时(阀10、11的环形承压面较小,图中表示不明显),阀10开启使A腔与B腔通,马达会转入双腔中速工作。双腔工作时若油压随负荷进一步增大,达到高压限速阀11的调定值,则阀11开启使B腔与C腔相通,马达会转入三腔低速工作。

由液压马达的理论转速和扭矩公式和可知,设三腔进油时马达所能承受最大额定

进油

排油

5 4 3 2 1

停

倒 正

A

B

m_1
P_1

A
B 8 7
C m_2
P_2
D m_3
B' D E E
m_4
6 T
m_5

C

C'

应急安全阀

A'

B A

$C-C$剖面

9

11 10

13 12 进油口 P_1

A 口
14 B 口
C 口
E 进油口 P_2
D 口

16

15

P T

$B-B$剖面 $A-A$剖面

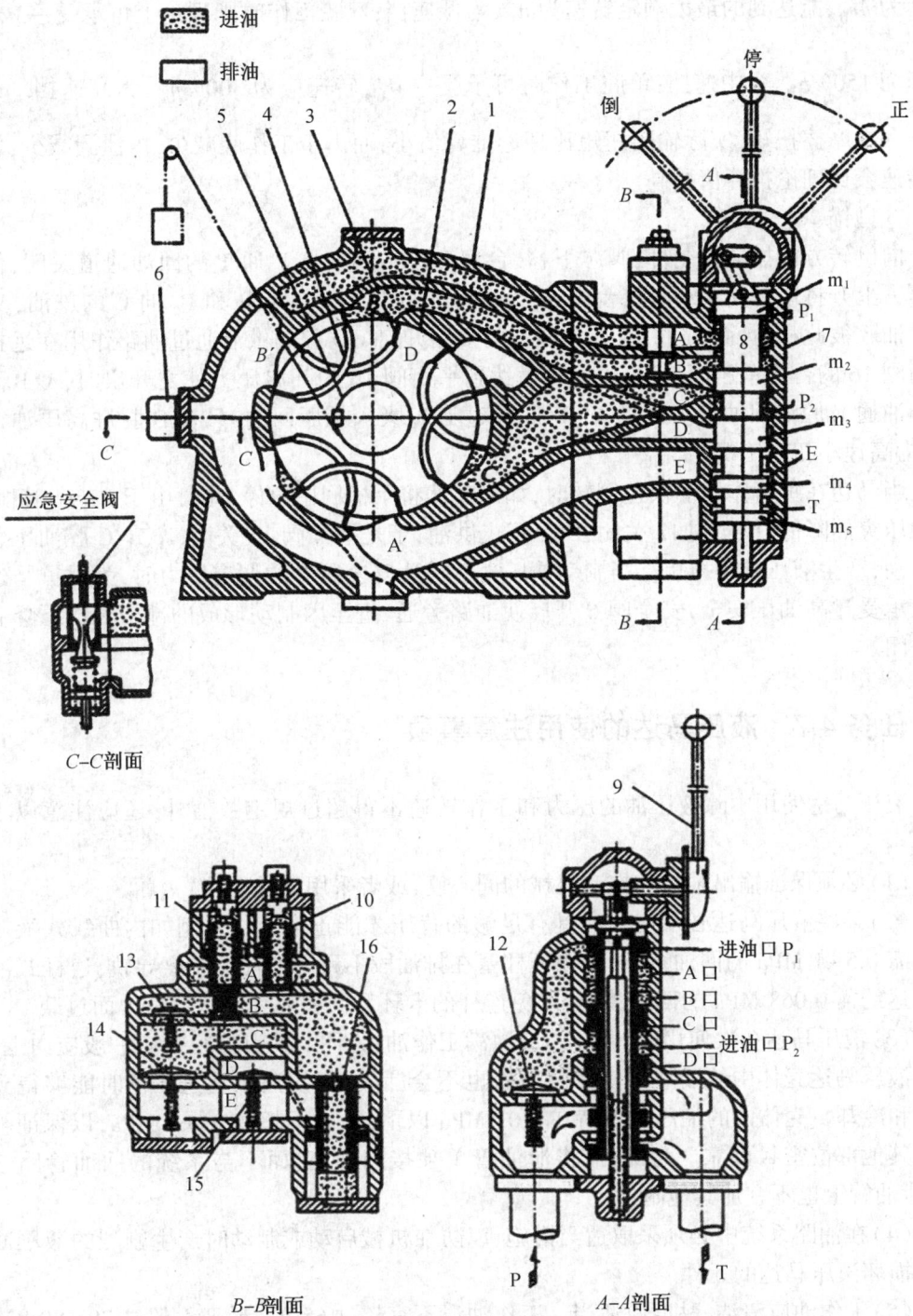

图 10-4-11 IHI 三作用自动变量叶片式液压马达的工作原理图

1—壳体;2—转子;3—叶片;4—挺杆;5—马达轴;6—安全阀;7—控制阀箱;8—控制阀阀芯;
9—控制杆;10—低压限速阀;11—高压限速阀;12~15—单向阀;16—平衡阀

扭矩为 M_H,能达到的最大额定转速为 n_H,为低速挡;双腔工作时则理论上可承受 $\frac{2}{3}M_H$,转速为 $150\%n_H$,为中速挡;单腔工作时可承受 $\frac{1}{3}M_H$,转速应为 $300\%n_H$,为高速挡。但由于存在摩擦扭矩,实际输出扭矩比理论推算值小;而由于工作腔减少,内泄漏减少,实际转速会比理论推算值稍高。

③抛锚

向倒转方向扳动控制杆,阀芯下移,台肩 m_3、m_4 逐渐将 P 通 T 的回油通道关闭,供油压力上升将单向阀 12 开启,台肩 m_1、m_2 分别关闭从 P_1 向 A、B 和 P_2 向 C 的进油,A、B、C 油腔彼此相通,而 m_3 将 P_2 向 D 供油的油路开启。D 腔的供油通过油路作用在远控平衡阀 16 的台肩承压面上,当供油压力达到平衡阀 16 的开启压力使之开启时,A、B、C 腔的油通 E 腔泄回油箱。这时 A'、B'腔通过 E 口吸入低压回油,只有 D 腔进高压油工作,为高速小扭矩工况。

当马达在负荷作用下快速倒转时,如果突然将手柄回中急停,此时由于 P 与 T 相通而油压突然降低,单向阀 12 关闭,D 腔停止供油;于是平衡阀 16 关闭,A、B、C 腔油压急剧升高,产生液压制动扭矩。当制动油压高达马达安全阀 6 的调定压力时,为保护马达不致承受过高油压安全,安全阀 6 开启使油路旁通,直至因制动形成的冲击油压下降后再关闭。

任务 4.7　液压马达的使用注意事项

液压马达使用中除液压油的压力和工作转速不得超过规定数值外,还应注意以下各项:

（1）必须保证输出轴与被拖动机械的同心度,或者采用挠性连接。

（2）某些液压马达必须使回油具有足够的背压才能正常工作。例如内曲线式液压马达需 0.5~1 MPa 的回油背压,以保证柱塞在排油段不致因惯性而脱离导轨;连杆式液压马达约需 0.068 MPa 的回油背压,以免连杆的卡环和回程环受活塞惯性力而过载。

（3）液压马达初次使用时,壳体内应灌满工作油,壳体上的泄油管接口一般应向上,保证液压马达壳体中的油液即使在停车后也不会漏失,以使液压马达工作时能够得到润滑和冷却。壳体内的油压应保持在 0.01 MPa 以下,最高不超过 0.068 MPa,以保证轴封和其他部位密封可靠。为此,需将泄油管单独接回油箱,而不与系统的回油管路连接,泄油管上也不宜加其他附件。

（4）在油路系统中必须采取适当措施,以防在机械启动或制动时产生剧烈的液压冲击而损坏液压马达的元件。

（5）工作油应清洁,黏度应适当。工作油温不宜超过 65 ℃,最高不超过 70~80 ℃。在低温场合,启动时应先做轻负荷运转,待温度上升后再使之正常运转,还应注意勿将热油突然供入冷态的液压马达中,以防发生配合面咬伤事故。

任务五 辅助元件

学习目标：

1. 熟悉滤油器的分类及性能特点
2. 熟悉油箱的作用及结构特点
3. 熟悉蓄能器的作用及注意事项

任务 5.1 滤油器的分类及性能特点

滤油器的作用是在工作中不断滤除液压油中的固体杂质，保持液压油的清洁度，降低液压元件的故障率，延长液压油和装置的使用寿命。

1. 滤油器的性能参数

（1）过滤精度

国际标准化组织以过滤比来评定过滤精度。过滤比 β_x 是滤油器上游油液单位容积中大于某一给定尺寸 x 的颗粒数与下游油液单位容积中大于同一尺寸 x 的颗粒数之比，即

$$\beta_x = N_u / N_d \tag{10-5-1}$$

式中：N_u——滤油器上游油液中大于某一尺寸的颗粒浓度；

N_d——滤油器下游油液中大于和上游相同的某一尺寸的颗粒浓度。

当对某一尺寸 x 的过滤比 β_x 为 20 时，x 可认为是滤油器的公称过滤精度。若对于某一尺寸 x' 的过滤比 $\beta_{x'}$ 值为 75，x' 即为滤油器的绝对过滤精度。

（2）额定流量和额定压力

额定流量是指滤油器在压降不超过额定值时所允许通过的最大流量。滤芯的有效过滤面积越大，则额定流量越大。

额定压力是滤油器所允许的最大工作压力。它取决于滤油器外壳及其密封装置的耐压能力。

（3）压力降

滤油器通常标示以额定流量通过指定黏度、密度的油液时的初始压降。随着使用时间的延长和累积的污垢量的增加，压降从初始压降逐渐增加，在达到饱和压降后，继续使用则压降急剧增加。因此，达到饱和压降时应清洗或更换滤芯，有指示、发讯装置的，此时应发出堵塞信号。滤油器带安全旁通阀时，其开启值比饱和压降约大 10%。一

般来说,过滤精度高则压降较大。

滤芯的强度应能承受饱和压降和可能的液压冲击,但只要不是完全堵塞,就无须承受系统最大工作压力,故强度较低的如纸质滤芯也可用于高压系统。

(4)纳垢量

纳垢量是指滤油器达到饱和压降时所滤除和容纳的污垢量(g)。显然,纳垢量越大,滤器的工作寿命越长。

2.类型

滤油器按其滤芯材料的过滤机制来分,有表面型滤油器、深度型滤油器和吸附型滤油器三种。

(1)表面型滤油器

这种滤油器靠介质表面的孔隙阻截液流中的杂质颗粒,为便于清洗,油液都是从外向内流过过滤材料,滤下的污染杂质被截留在滤芯元件靠油液上游的一侧。其特点是过滤精度低、纳垢量小,但压降小,可清洗后重新使用。常用的表面型滤油器有金属网式和金属线隙式(金属线绕在框架上)。

(2)深度型滤油器

这种滤芯材料为多孔可透性材料,内部具有曲折迂回的通道。大于表面孔径的杂质直接被截留在外表面,较小的污染杂质进入滤材内部,撞到通道壁上,由于吸附作用而得到滤除。其特点是过滤精度高,纳垢量大,但压降较大,不易清洗。其主要类型有(金属粉末)烧结式、不锈钢纤维型和化学纤维型等。纸质滤油器可认为是介于表面型和深度型之间的中间型,也有粗略地将其划为深度型的。深度型滤油器的具体结构形式主要有折叠圆筒式(见图10-5-1)和圆柱筒式。前者的过滤材料可用浸树脂的木浆纤维纸或化学纤维织品,有的还夹以玻璃纤维或不锈钢纤维复合使用;后者的滤芯可采用金属粉末烧结、微孔塑料或纤维做成。

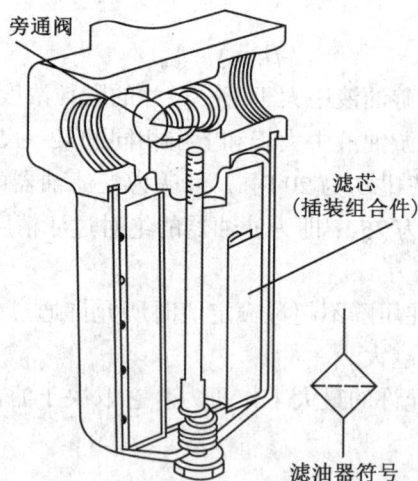

图 10-5-1 折叠圆筒式滤油器

(3)吸附型滤油器

这种滤芯材料把油液中的有关杂质吸附在其表面上。常用的吸附型滤油器有磁性滤油器。

3.滤油器在液压系统中的位置与作用

图 10-5-2 为滤油器在液压系统中的位置。

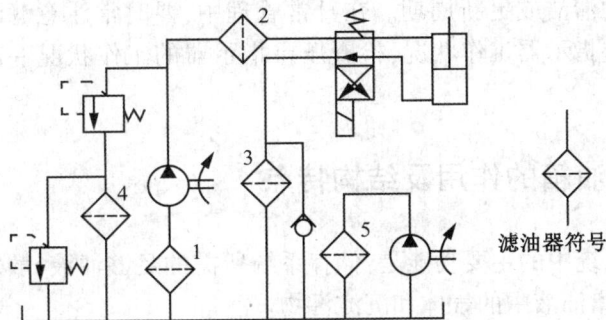

图 10-5-2　滤油器在液压系统中的位置

（1）安装在泵吸入管路上（图 10-5-2 中的滤油器 1）

这种安装方式一般使用过滤精度较低的网式或线隙式滤油器,滤去较大的污染物,保护液压泵。为保证泵吸入充分,不致产生气穴现象,要求其压降不超过 0.02 MPa,流量应为泵流量的 2 倍以上。

（2）安装在压力管路上（图 10-5-2 中的滤油器 2）

这种安装方式能够保护系统中除泵和溢流阀以外的元件。由于滤油器承受高压和冲击,要求其有足够的强度。为了防止滤油器堵塞引起泵过载或滤芯破坏,在滤油器上一般设置堵塞指示器或并联一个单向阀。单向阀开启压力略大于滤油器的最大允许压差。

（3）安装在液动机回油管路上（图 10-5-2 中的滤油器 3）

可以滤掉液压元件磨损后产生的金属屑和橡胶颗粒,保护液压系统;允许采用滤芯强度和刚度较低的滤油器,允许滤油器有较大的压降;与滤油器并联的单向阀起旁通作用,防止油液低温启动时,高黏度油通过滤芯或滤芯堵塞等引起的系统压力升高;滤油器必须能通过对液压泵的全部流量。

（4）安装在泵的旁路溢流阀出口（图 10-5-2 中的滤油器 4）

这种安装方式又称局部过滤,只是让系统部分流量通过,故其容量可以减小,也不承受多大的压力。但溢流阀出口背压增加,会使其调压精度降低。

（5）单独过滤系统（图 10-5-2 中的滤油器 5）

在液压起货机系统或大型液压系统中,采用低压泵和滤油器组成过滤系统,可以不间断清除油中污染物。

（6）外过滤系统

在重要的液压系统中,经常配置一个独立的滤油装置（如滤油车）,可以视情况对系统中油液进行外过滤,清除油液中的污染物,此种过滤方式效果明显,在船舶液压系统中使用较多。

液压系统中除了整个系统按需设置滤油器外,还常常在一些重要元件（如伺服阀、比例阀等）的前面单独安装一个专用的精滤油器来确保它们的正常工作。

4.使用注意事项

滤油器是保证液压油清洁度的基本保证,除在系统中设置必要的滤油器外,正常的维护工作不可缺少,在正常情况下每 500 工作小时应清洁或更换滤芯一次。清洁或更换滤芯时,应对滤壳内部进行仔细的清洁。当系统进行大修后,或液压油遭受污染后可视情况缩短滤芯的清洁或更新周期。在日常管理中,要时常注意滤油器进、出口压差,或滤油器上的压差指示器工作状况,检查压差指示器的工作状况一定要在系统正常运行时进行。

任务 5.2 油箱的作用及结构特点

油箱在液压系统中的主要功能是:储存系统所需的足够油液;散发系统工作中产生的一部分热量;分离油液中的气体和沉淀污物。

按照油箱内压力状态的不同,油箱可以分为开式油箱和闭式油箱两种。开式油箱盖上安装空气滤清器,使液面与大气相通,其余部分必须保持严密,防止灰尘进入。闭式油箱又称压力油箱,内部通入低压压缩空气(一般为 0.05 MPa 左右),以提高液压泵的吸入口压力。图 10-5-3 为液压系统的油箱结构示意图。

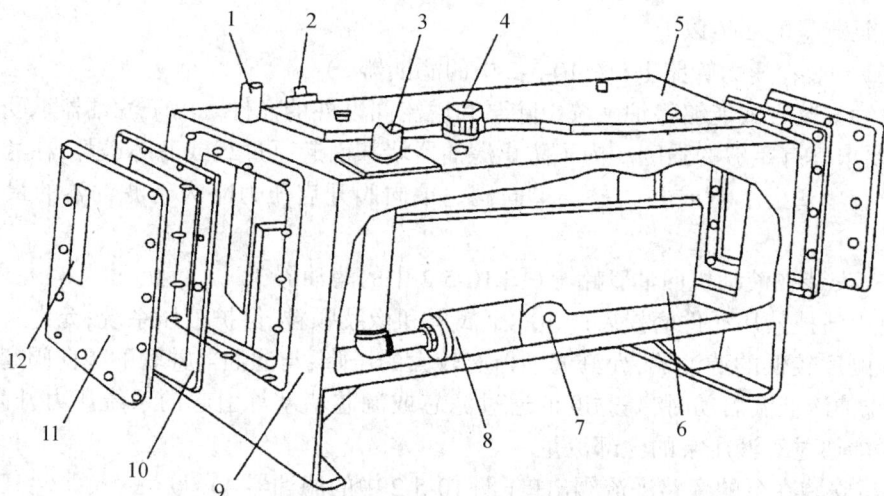

图 10-5-3 液压系统的油箱结构
1—回油管;2—泄油管;3—吸油管;4—空气滤清器;5—电机底座;6—隔板;7—泄油口;
8—滤油器;9—箱体;10—密封垫;11—侧盖板;12—液位计

为了确保液压系统的正常工作,油箱必须满足以下要求:

(1)油箱容积应能储存足够的油液以满足液压系统正常工作的需要,应便于箱内元件的拆装和检修。为利于油液冷却和分离污垢,油箱需要大些,一般为泵每分钟吸油量的 2~5 倍。当系统停止工作时,油箱中的油位高度不超过油箱高度的 80%。

(2)整个油箱内壁应涂有防锈保护层,因潮气会使油箱生锈。所采用的保护层应与所用油有相容性。

(3)箱体由隔板将泵吸入管和系统回油管隔开。这两种管间的距离应安排尽量远些,使系统回油必须经过一定距离的途径进入泵吸入区,从而有利于油液散热及油液中气体的分离和污垢的沉淀。其高度通常为油面高度的 2/3。

(4)油箱的通气孔应有空气滤网及孔罩,管接头的密封良好,应能防止外部污物的渗入,保证泵的正常工作。

（5）油箱底部宜做成凹形,最底处设有放油塞。箱盖应易于拆卸,以便清洁油箱。油箱侧面应设置液位指示器指示液面位置,并有温度计指示油箱温度。

（6）泵的吸油管和回油管管口应在油面之下适当深度,否则油会混入空气和起泡沫。如需避免泄油通道增加阻力或产生虹吸现象,泄油管泄油口可放在油面之上。吸油管与箱底的距离应大于管径的 2 倍,与侧壁的距离大于管径的 3 倍,管口装滤油器。回油管出口与箱底的距离应大于管径的 3 倍,端头切成 45°角,斜切口的方向通常使出油流向箱壁而背离泵进油管。

油箱在使用过程中:一要注意透气孔处滤器的清洁;二要定期或在启动系统前打开油箱底部的放残阀放去残液;三要每年彻底清洗油箱一次。在有条件时,清洗油箱的同时,应对箱内油液进行一次外过滤。

任务5.3　蓄能器的作用及注意事项

蓄能器是一种能蓄存和释放液压油压力能的元件,它与液压管路相通,当管路中的压力大于蓄能器内的压力时,部分液压油从管路进入蓄能器;反之,则由蓄能器补入管路中。蓄能器有重锤式、弹簧式和充气式,充气式又有气瓶式、活塞式和气囊式等。图10-5-4示出气囊式蓄能器及蓄能器的图形符号。这种蓄能器内有一个耐油橡胶制成的气囊 3,内部常充以 N_2。下部有一个弹簧控制的菌形阀 4,通常工作状态常开,当油液排空时则关闭,防止气囊被挤出。

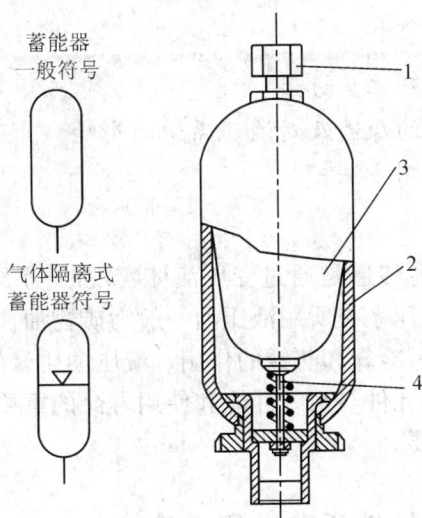

图 10-5-4　气囊式蓄能器及蓄能器的图形符号
1—充气阀;2—壳体;3—气囊;4—菌形阀

蓄能器的功用主要有:①减少液压冲击和压力脉动。②为系统保压。某些系统(例如恒张力绞缆机)达到一定压力后即使泵卸荷(停止供油),靠蓄能器提供压力油补偿系统泄漏并保持一定压力,则液压马达可保持一定的输出扭矩,这样可节省能耗和降低油的温升。③短时间大量供油。如果执行机构仅短时间需大量用油,可选流量少的油泵使蓄能器达到一定压力,需用油时由泵和蓄能器同时供油,这样可节省投资和能耗。

蓄能器在液压回路中的安放位置随其功用而不同:用于吸收液压冲击或压力脉动时,宜放在冲击源或脉动源近旁;用于补油保压时,尽可能放在接近有关液压元件处。

使用蓄能器须注意以下几点:

①原则上以垂直安装(油口向下)为宜。

②装在管路上的蓄能器需用支架固定。

③蓄能器与管路之间应安装截止阀,以便系统长期停用以及充气或检修时将其切断。

④蓄能器与液压泵之间应安装单向阀,以防止泵停转时蓄能器内的压力油向泵倒灌。

⑤注意适用压力和温度,例如:气囊式蓄能器的许用压力为 3.5~32 MPa,许用温度为−20~+70 ℃。

任务六 | 液压油污染与控制

学习目标:

1.了解液压油的性质和选用方法
2.知道液压油被污染的原因及对液压系统的影响
3.熟悉液压油污染控制方法

液压系统的能量和信息传递是通过受压流体实现的,系统中的受压流体通常称为工作介质,即称液压油。液压系统所用液压油一般为矿物油,它不仅是液压系统传递能量的工作介质,而且起润滑、冷却和防锈的作用。液压油质量的优劣直接影响液压系统的工作性能,它是影响液压元件与系统性能和使用寿命的重要因素。因此,液压油的合理使用和污染控制极为重要。

任务 6.1 液压油的性质和选用方法

1.液压油的基本性质

如果说液压泵是整个液压系统的心脏的话,液压油就是整个液压系统的血液。它对整个液压系统有很大的影响,液压系统能否可靠、有效、经济地工作在相当大的程度上取决于液压油的性能。有的液压设备工况条件十分恶劣,如高温、潮湿、粉尘、海水腐蚀等,这就对液压油提出了更高的要求。因此,要求液压油必须具有以下特性:

(1)黏度适宜,黏度指数较高(黏度随温度的变化小)。黏度是选择液压油要考虑的首要因素。黏度过高,液压泵吸油阻力增加,容易产生气穴和气蚀作用,使液压泵工作困难,甚至受到损坏,液压泵的能量损失增加,机械总效率降低,管路中压力损失增大,控制元件和执行元件的敏感性降低,工作不灵活;黏度较低,会使泄漏增加,并使油膜承载能力下降,导致磨损增加甚至发生烧结。液压油的黏度指数($V.I$)应在 90 以上。天然矿物油最高黏度指数约为 115,加入专门添加剂后甚至可提高到 170 以上。

(2)质地纯净,杂质和水分很少。

(3)化学稳定性好,不易因氧化、受热、水解而变质。

(4)有良好的润滑性和较高的油膜强度,以减少液压元件的磨损。

(5)抗乳化性和抗泡沫性好。混入水分后不易乳化,混入空气后泡沫消散快,这样水分和空气容易与油分离并被放出。

(6)与常用材料相容性好,不会与系统中所用的金属、橡胶和其他密封材料、涂料等发生作用。

(7)油的闪点要能满足防火要求,至少要高于 135 ℃;凝固点要比最低环境温度低 10~15 ℃。

液压油的使用性能可归纳为:黏温性、润滑性(抗磨性)、稳定性(热稳定性、氧化安定性、防腐蚀性、剪切稳定性、抗乳化性、水解安定性、低温稳定性和贮存稳定性)、对密封材料适应性、抗泡沫性、空气释放性、过滤性以及抗燃性等。

2.液压油的类型

液压传动与控制技术的广泛应用,对液压油提出了更新更高的要求,促进了液压油的发展。用于液压传动与控制的液压油种类很多,其分类方法也各有不同。根据国标《液压油分类标准》(GB 7631.2—2003)的规定,适用于船舶液压机械的国产液压油主要有:

(1)L-HH:基础液压油,无添加剂或加有少量抗氧化剂的精制矿物油,质量比机械油(L-AN)高,抗氧化和防锈性比汽轮机油差,适用于低压或简单液压系统。

(2)L-HL:长效液压油,加入抗氧、防锈、抗泡沫等添加剂的精制矿物油,使用寿命比机械油长 1 倍,主要适用于低压齿轮泵系统,适用环境温度为 0 ℃以上,最高使用温度为 80 ℃。

(3)L-HM:抗磨液压油,在 L-HL 油的基础上增加了抗磨添加剂,有较高的抗磨性能,适用于各种液压泵的中、高压系统,适用环境温度为-10~+40 ℃。

(4)L-HV:低温抗磨液压油,在 L-HM 的基础上改善了其黏温性,适用于环境温度变化大和工作条件恶劣的低、中、高压液压系统。

每种产品符号后的数字为黏度等级,相当于 40 ℃时的运动黏度(mm^2/s)。

3.液压油的选用

正确、合理地选择液压油,对液压系统适应各种工作环境的能力,延长液压系统和液压元件的使用寿命,提高液压系统的工作可靠性等都有重要的影响。选择液压油时应优先选用加有专门添加剂的专用液压油,其抗氧化安定性、防锈性、抗磨性和抗泡沫性较好。选择液压油一般可从以下几方面来考虑:

(1)液压泵的种类。液压泵是液压系统中最主要的元件,对黏度要求比较严格。若黏度选择不当,则会造成泵的迅速磨损,使容积效率下降,还可能破坏泵的吸入条件,通常根据液压泵的要求来选择液压油的黏度。常用液压泵使用黏度范围如表 10-6-1 所示。

表 10-6-1　常用液压泵使用黏度范围

液压泵类型		工作压力/MPa	40 ℃时的运动黏度(mm²/s)		适用品种和黏度等级
			工作温度 0~40 ℃	工作温度 40~80 ℃	
叶片泵		<7	30~50	40~75	HM 油,32、46、68
		≥7	50~70	55~90	HM 油,46、68、100
齿轮泵		10~32	30~70	95~165	HL 油,32、46、68、100、150(中、高压用 L-HM)
柱塞泵	径向	14~35	30~50	65~240	HL 油,32、46、68、100、150(高压用 L-HM)
	轴向	14~35 以上	40	70~150	HL 油,32、46、68、100、150(高压用 L-HM)
螺杆泵		2~10.5 以上	30~50	40~80	L-HL 油,32、46、68
注:寒冷地区室外工作环境温度变化大,应选用 HV 油					

(2)液压系统的工作压力。一般工作压力较高时宜选择黏度较高的油,以免系统泄漏过多;工作压力较低时,选择黏度较低的油,以减少压力损失。

(3)液压系统的环境温度。根据环境温度选择合适的油液黏度。

(4)液压系统中的运动速度。工作部件运动速度高时油液流速高,流阻损失大,泄漏率则相对减小,故宜选择黏度较低的液压油;反之,选择黏度较高的液压油。船舶液压装置说明书中对所用液压油的品种一般都有推荐,可参照执行。如需更换品种,应选择性能相近者。不同品种和牌号的液压油不得混合使用,以防变质。

(5)选择合适的液压油品种。液压传动系统中使用的油液品种很多,主要有机械油、变压器油、汽轮机油、通用液压油、低温液压油、抗燃液压油和抗磨液压油等。其中机械油最为广泛采用。如果环境温度较低或温度变化较大,应选择黏温特性好的低温液压油;若环境温度较高且有防火要求,则应选择抗燃液压油;如果设备长期在重载下工作,为减少磨损,可选用抗磨液压油。选择合适的液压油品种可保证液压系统正常工作,降低故障率,还可延长设备的使用寿命。

在无专用液压油时,应急时可用普通机械油和透平油代替。普通机械油价格较低,但精制程度差,稳定性不佳,容易氧化变质,只可在环境温度为 0~40 ℃,工作压力低于 7 MPa 时作为代用液压油。透平油也可作为代用液压油,它比机械油价格高,但酸值低,杂质少,抗乳化性和抗氧化安定性好,使用寿命比机械油长。但透平油和机械油的凝固点都较高(一般不低于-15~10 ℃),不适用于环境温度较低的场合。

船舶液压系统液压油的选用:液压舵机采用舵机专用液压油(低凝型);液压起货机、系泊设备一般采用抗磨型液压油;减摇装置、可调螺旋桨液压系统一般采用高性能的航空液压油。值得一提的是,选用液压油时一定要参阅液压系统使用说明书提出的要求,遇到困难时可与液压油供应商讨论解决。

液压油的牌号及其技术性能指标,可查阅有关液压手册。

4.液压油的保管

(1)保存场所:从防止污染的角度看,舱内保存最理想。但有时条件所限,也可以短时间露天保存。但在船舶上一般不推荐将油桶存放在甲板上,因甲板上昼夜温差大,油易氧化,湿空气易凝水,易受海水侵蚀,造成油桶锈蚀。另外,在风浪中航行时,油桶很容易被风浪打入海中。所以,甲板机械所用液压油推荐存放在桅屋中,并注意通风与水密。

(2)保存温度:液压油的保存温度一般以-20~+30 ℃为宜,而且要远离热源,避免阳光直晒,以防油液氧化。

(3)保存容器:液压油盛装容器以桶为多,为防止尘埃、水分沉积在桶口周围,桶以横放为宜,否则,应在桶口处采取防污措施。在长期储存中,一般每隔3个月左右要把桶回转一次。

(4)保管期限:对液压油的保管期限虽没有明文规定,但油的氧化是从产出日就已开始,所以备用油的数量应该按实际需要而定,并要做到分批保管,按次序使用,以免存放过久油变质而无法使用,造成经济损失。

任务6.2 液压油被污染的原因及对液压系统的影响

在液压系统中,液压油不仅起能量传递作用,还起润滑、冷却作用,同时还对腐蚀和锈蚀起抑制作用。它不仅影响液压系统的工作性能和液压元件的使用寿命,而且直接关系到液压系统能否正常工作。据资料统计,70%的液压系统故障是由液压油的污染引起的。

1.固体颗粒污染

液压系统中固体颗粒污染物的来源主要有以下几个方面:

(1)新液压元件的污染:液压元件是由铸件或其他毛坯经机械加工而成的,这些元件内必然会积有铸造砂、金属切屑和淬火盐等脏物。

(2)新液压系统的污染:在装配液压系统时各个元件是用管道连接起来的。一般需要进行焊接加工,焊接后会产生焊瘤和焊渣。油箱通常也是焊接构件。这些部件由于长时间的存放会生锈,因此在最后装配前必须仔细检查所有的部件,并进行除锈处理和细心冲洗。尽管如此,新的液压系统中的污染物仍比已正常运行1 000 h后的系统中的污染物要多。

(3)新液压油的污染:新的液压油在制造、储藏、输送和罐装的过程中多少总会受到污染。调查表明,50%的新油的污染度超过液压元件的污染耐受度水平。因此,建议用泵将新的油经精滤油器注入液压系统。通常对新油的清洁度要求比对液压系统要求的清洁度高1~2级,船用液压油希望能控制在NAS 7级左右。

(4)液压系统中污染物的侵入:液压缸的往复运动、温度变化等造成油箱中油面晃动,而产生空气交换,此时尘埃就进入油箱和油液中,为此油箱上须装空气滤清器。其过滤精度至少与液压系统中滤油器的精度相同。在活塞杆上要注意排污器(防尘圈)的性能是否正常。拆装油管接头时要防止对液压油造成污染。

(5)液压系统中污染物的产生:在允许使用范围内,液压元件在清洁的油液中只会产生少量的磨损。如果油液中混有固体物质,就会加剧液压元件的磨损造成恶性循环,使油液中的污染物越来越多,所以必须对油液进行过滤,才能使系统保持平衡状态,保证液压系统长期可靠运行。

液压油固体颗粒污染严重时,液压系统工作性能变坏,经常出现故障,液压元件磨损加剧,使用寿命缩短,甚至损坏。对泵类元件来说,固体颗粒会使泵内滑动部分(如叶片泵中的叶片槽、转子端面和配油盘;齿轮泵中的齿轮端面和侧板、齿顶和壳体;柱塞泵中的柱塞和缸体、缸孔和配油盘、滑履和斜盘等)磨损加剧,缩短泵的使用寿命。对阀类元件来说,固体颗粒会加速磨损,引起振动,使阀芯卡紧,把节流孔或阻尼孔堵塞,从而使阀的性能变坏或动作失灵。对液压缸来说,固体颗粒会加速密封件的磨损,使泄漏量加大。

2.空气污染

在液压系统中的空气有两种情况:一种是溶解于液压油中,一般不会影响系统的工作。另一种则以气泡的形式夹杂于液压油之中,就会对系统产生以下不良作用:体积模量降低;液压系统的功率降低;产生气蚀现象;产生噪声;液压油氧化;当空气中含量超过 2% 时,油液开始变浑浊;液压油温度升高,黏度降低。

溶解于液压油中的空气量取决于下列因素:液压油的种类;工作压力(或环境压力);工作温度(或环境温度)。

3.水污染

水在矿物油基液压油中的问题,比大多数人所意识到的要严重得多。在液压系统中,水不是以游离态存在,就是溶解于油液中,游离水可以作为沉淀物出现或使液压油成为乳状液。

矿物油基液压油中的水会产生氧化物和各种沉淀残渣。在液压系统中最为明显的结果是对元件表面产生腐蚀或锈斑,使元件表面进一步腐蚀和加剧对整个系统的污染,水还能分解液压系统中附加的添加剂,形成腐蚀金属表面的酸。当水与金属磨损物共存时,会使油的氧化速度加快几十倍。当系统被固体颗粒和水同时污染时,就会产生一种复合作用,由于颗粒的磨损作用,元件露出新的清洁的金属表面,水就会进一步加速对这些露出表面的腐蚀。

当系统中水的温度低于结冰温度时,水就会形成冰的结晶体,使阀和伺服机构发生故障,阻塞过滤器,使整个设备的控制变得不稳定和产生故障。由水引起的不正常工作的故障往往和砂、金属屑或其他固体污染物所引起的故障一样严重。

液压系统混入水的途径主要是通过油箱和冷却器。大气中的水分很容易通过油箱呼吸阀混入工作油中(特别是在潮湿环境中的油箱),因此,油箱应尽可能置于较干燥的室内。采用海水冷却的盘管要特别注意防止锈穿而渗漏。

4.微生物污染

无水的矿物油基液压油中几乎没有微生物,但是,一旦液压油中含有水分,微生物就会快速生长和繁殖,水是碳氢化合物液体分解的最终产物。因此,碳氢化合物液体的分解过程一旦开始,就会自动持续下去。

微生物的迅速繁殖能明显地使油液黏度增加,产生有害气味(臭味),并使液压油变得混浊。微生物对液压油的危害主要有:缩短液压油的使用寿命;使液压油元件表面粗糙度增大;缩短滤油器的使用寿命;加速对液压系统各元件的腐蚀;产生难闻的气味和使液压油变色(脱色)。

5.静电污染

静电污染的特点在于电荷电压,只要两种不同材料物体的表面(例如液压油和元件的表面)相互接触然后分离,就会产生静电,所产生电荷的相对强度随表面接触压力和相对运动速度的不同而异,极性的变化与材料有关。

由于在固体-液体面上,电荷的分离和离子的连续分离而产生的电流称为流势电流,沿着电流方向的电位差称为流势电位。

按照一般规律,电荷量取决于液体的流动速度和固体-液体交界面积。因此,当液体的流动速度快时,液体的传导率就降低,与流量有关的表面面积增大(如过滤器中的过滤薄膜),液体的带电量就要增加,各种阀的"电动腐蚀"就是这种电污染的直接结果。

6.腐蚀污染

当在一个密闭的系统中出现电化学反应时,就会形成液体污染物,尤其在物质和它的共性环境之间产生化学反应时,就会使物质变质和损坏。这些反应包括化学溶解、氧化、还原过程。腐蚀的种类有:电化学腐蚀;凹痕腐蚀;间隙腐蚀;晶体腐蚀;磨损和侵蚀腐蚀;金属超应力裂变腐蚀;微振磨损,即振幅在 $10^{-7} \sim 10^{-3}$ mm 的振动性滑动所引起的轻度磨损。

7.磁性污染

磁力是作用于磁体之间的力,磁体可由磁性材料制成或靠电流通过线圈产生,假如铁磁性的粒子进入磁场,它就会被磁化。在磁场中,各点磁力的强度不同,所以作用在磁性粒子各极上的磁力也是不相等的,在磁场梯度方向有一个失去磁性粒子运动的磁力线网。这个磁力线网对磁粒子作用力的大小决定在液压系统的主要部位处去捕获粒子的效率,已捕获的粒子可能产生许多不良的影响,如阻塞或卡住液压元件和重要孔口或间隙,使液压元件不能正常工作。

8.热能污染

系统中液压油的温度过高或过低都会像其他污染一样损坏液压系统。液压油温度的高低取决于系统的工作情况和环境温度。

液压油的工作温度若高于系统的设计要求,就可能产生连锁反应,导致整个液压系统的损坏,如密封件过早失效,而泄漏增加和液压油分解加剧,润滑性下降,阀芯卡死。工作温度低于液压油的凝结温度,将对系统的工作性能和正常工作产生有害影响,增加系统的输入功率和液压泵的气穴现象,会使密封元件产生扭曲和永久性变化;使阀的反应速度减慢,过滤器旁路或过滤元件被击穿,产生破裂等严重危害设备的正常工作,缩短其工作寿命。

任务6.3　液压油污染控制方法

据资料统计,约有70%的液压系统故障是由液压油的污染引起的。因此,控制液压油污染对保证液压装置工作可靠性和延长使用寿命是相当重要的。一般来说,油液污染量 = 原有污染量 + 侵入污染量 + 新生污染量 − 清除污染量。控制液压油的污染程度概括起来主要从两个方面着手:一是防止污染物侵入系统;二是把已经侵入的污染物从系统中清除。污染控制贯穿于液压系统的设计制造、安装、使用、维护、修理等各个阶段。

1.防止杂质进入液压油

为保持液压油的清洁度,在储运、使用过程中应注意以下几个方面:

(1)正确选择液压油。如压力高的系统一定要选用抗磨液压油(例如,起货机液压系统),这样可以防止因磨损而产生过多的金属颗粒。

(2)正确选用合适的密封材料。如矿物油要选用耐油橡胶,而不能选用普通橡胶。

(3)盛油的容器要专桶专用,发现有油泥的空桶一定要清洗干净后再继续使用。这一点在液压系统检修中需将油从系统中抽出时特别要注意。

(4)要建立起新油不干净的概念,充注时一定要经过滤处理,并取样检查方可使用。

(5)油箱要尽可能做成封闭型,封闭油箱的透气孔要加装空气过滤器。

(6)新装或大修后的系统注油前要严格清洗,仔细查看并冲洗2次后,方可运行,因为新装的系统比工作1 000 h的系统更脏。清洗时可利用系统本身的油箱和液压泵,也可以采用临时的清洗泵对系统进行循环冲洗。清洗液可用系统准备使用的油液,或与它相容的低黏度油液(一般以温度为 30~40 ℃ ,黏度为 13~25 mm²/s 为宜),切忌用煤油作为清洗液。清洗时应尽可能采用大流量,使油液在管路中呈紊流状态,系统中需添设高效能滤油器(经验表明,使用绝对精度为 5~10 μm 的滤油器可获满意的清洗效果),直至滤油器上再无大量污染物为止。在清洗过程中应使各元件动作,并用铜锤敲打各焊口和连接部位。

(7)按规定要求,定期清洗滤油器滤芯。除液压系统中的滤油器对油液进行在线过滤外,在有的船上还配有移动式滤油车,可视情对液压油进行过滤。滤油时应使系统中的液压油处于循环状态,在使用滤油车时要注意选用合适的过滤精度,纸质过滤元件要视污染程度及时更换。

(8)拆修液压元件时要特别注意保持干净。清洗过的元件和拆开的管口应该用清洁的绸布或塑料布包盖。用溶剂清洗元件后应将其清除干净,因一般溶剂的润滑性、防锈性都很差。

(9)定期清洗油箱。清洗油箱时不准使用易残留纤维的织物和易破碎的泡沫塑料等,油箱内壁也不准涂可能脱落的油漆。

(10)定期取样送油公司检查油品质量,发现油品受污染时,要及时过滤或视情更换新液压油。

2.防止气体进入液压油

在实际使用中,气体进入液压系统的途径比较多,在使用维护时应注意以下几点:

(1)吸油管路密封性不好而造成空气进入油中。

(2)油箱油位过低,在吸入管处油面上易产生旋涡效应而携带空气进入泵内。

(3)泵轴密封失效,使空气进入。如齿轮泵轴封不好,会有空气窜到油液中。

(4)管接头、阀件可移动部分有时出现漏油,有时出现外部气体向内渗漏,这有可能是内部流体流速高产生负压,抽吸空气进入油中。

(5)油液中混有易挥发性的物质,如汽油、乙醇、苯等。它们流动到低压区时极易挥发出来形成气泡。水分在油中也容易变为水蒸气。

（6）初次充油时应耐心地驱尽系统中的空气。充油时系统进油速度不宜太快，可通过高置油箱、手动油泵、辅泵或以小排量工作的变量主泵等向系统充油。系统高处各放气旋塞、压力表接头等均应松开，直至流出整股油流时再关。在油液充满后，瞬时启动油泵（变量泵在小排量位置）即停，然后在各处放气。重复这种操作，并改换排向和主泵（有两台并联时）进行，直至任何部位都放不出气体为止。千万不要在确认空气放尽前使泵大流量长时间运转，因为空气与油搅混后便很难除净。

液压油一般加有消泡剂甲基硅油等，但它的作用有限。如果有杂质、气体和水分因素在内，加上油品氧化变质，生成少许表面活性物质，泡沫将大大增加，此时还需要对设备检查，从根本上消除气泡才是最好的办法。

3.防止水分进入油液中

在液压油技术指标中有抗乳化这一项指标，它表示油中含有大量水后乳化分层时间，一般不超过 20 min 或 30 min，尽管有这一质量指标，但从现场观察，由于油箱体积小、油液循环快，2~3 min 就循环一次，混在油中的水分来不及分层沉淀又以乳化液状态吸入泵中，所以根本的解决办法是防止水分进入油液中。水进入油液中的可能途径有：

（1）保管不善。如油桶露天存放，雨水侵入。

（2）油桶存放处相对湿度过大，当温度降低时，桶内湿空气在桶壁上凝结成的水滴进入油液，这一现象在油箱中也会发生。

（3）采用水冷却的液压系统，因水冷却器不严密而造成水渗入或漏入油液中。

（4）液压油氧化后除了生成胶质酸性物外，也会生成少量水。

（5）液压系统中活塞杆在运行中也有可能携带少量水进入油箱中。

（6）在起货机液压系统中，特别要防止雨水或凝水顺管路进入油箱中。

液压系统中水的侵入都是很微量的，在经过很长一段时间后才有可能影响油液的品质。所以在使用维护时要勤观察，以便能找出进水的具体部位。一般液压系统规定油液含水量不得超过 0.1%，对精密机械要求更严。检查油液中水分有两个简易办法可供实际中使用：

（1）检查启动前油箱中油的颜色与启动后油的颜色，并取样进行对比，若油样呈乳白色则表明油中有水分。

（2）取一定量油样在试管中加热，若发出"噼噼啪啪"声，说明油中有水分。

4.防止油温度过高

液压油油温过高会使油液黏度下降，使系统的泄漏增加、容积效率下降、润滑性下降、节流阀控制流量不稳定、运动副易卡死等。另外，试验得出，当油温超过 55 ℃时，油液氧化加剧，使油液的使用寿命缩短。

液压系统工作时最合适的油温是 30~50 ℃。在油温超过 50 ℃时，应使油冷却器投入工作。油箱进口处油温一般不应超过环境温度 30 ℃，通常不超过 60 ℃。环境温度高时，液压甲板机械连续重载工作应特别注意油温。负荷不大的室内液压装置，可将最高工作油温定为 65 ℃；舵机通常将最高工作油温定为 70 ℃；起货机工作时间长、负荷重，最高工作油温可放宽至 85 ℃左右。超过极限温度使用，不仅会使液压油很快变质，而且会使液压设备得不到良好润滑，属于破坏性使用。

项目十一

液压舵机的操作与管理

任务一 舵的作用原理

学习目标：

1.熟悉舵设备的功用
2.知道舵的分类
3.了解舵的作用原理

任务 1.1 舵设备的组成和舵的类型

舵作为船舶保持或改变航向的设备，垂直安装在螺旋桨的后方。早期船舶都采用平板舵。目前除一些内河小船外，为提高舵效和推进效率，大都采用由钢板焊接而成的空心舵，称为复板舵。这种舵由于水平截面呈对称机翼形，又称流线型舵。

舵的型式很多，图 11-1-1 示出三种典型的海船用舵。舵叶的偏转由操舵装置（通常称舵机）来控制。舵机经舵柄 1 将扭矩传递到舵杆 3 上，舵杆 3 由舵承 10 支承，它穿过船体上的舵杆套筒 4 带动舵叶 7 偏转。舵承 10 固定在船体上，由滑动或滚动轴承及密封填料等组成。此外，舵叶 7 还可通过舵销 5 支承在舵柱 8 的舵托 9 或舵钮 6 上。

舵根据舵杆轴线（即舵叶的转动轴线）可分为三类：舵杆轴线紧靠舵叶前缘的舵，称为不平衡舵；舵杆轴线位于舵叶前缘后面一定位置的舵称为平衡舵（舵杆中心线前面的舵叶面积 A' 与整个舵叶面积 A 之比称为平衡系数，用 K 表示）；而仅于下半部做成平衡型式的舵称为半平衡舵。后两种舵在舵杆轴线之前有一定的舵叶面积，转舵时水流作用在它上面产生的扭矩可以抵消一部分轴线后舵叶面积上的扭矩，从而减轻舵机的负荷。

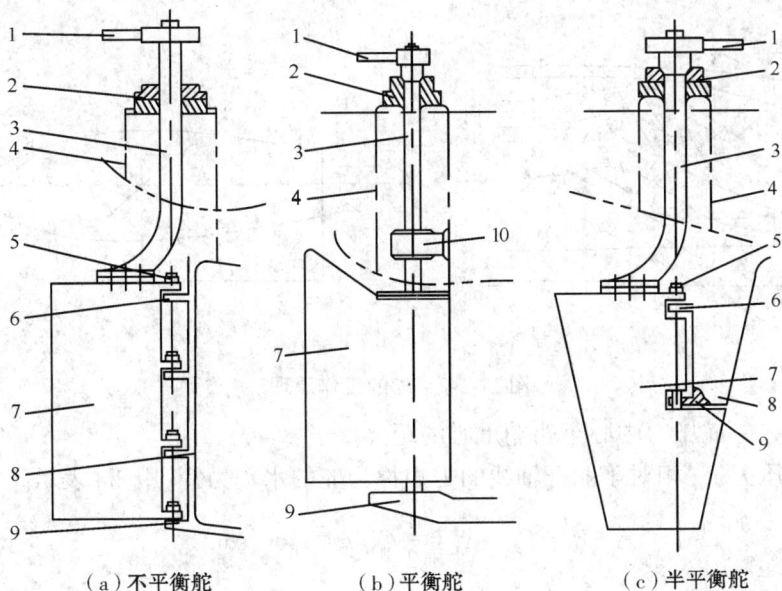

（a）不平衡舵　　　　（b）平衡舵　　　　（c）半平衡舵

图 11-1-1　几种舵的示意图

1—舵柄;2—上舵承;3—舵杆;4—舵杆套筒;5—舵销;6—舵钮;7—舵叶;8—舵柱;9—舵托;10—舵承

任务 1.2　舵的作用原理

目前船舶多采用空心复板舵,其水平方向剖面呈流线型。图 11-1-2 示出舵的工作原理。当船舶航行时,如舵叶处于正舵位置,即舵角(舵叶与船舶中线的夹角)$\alpha = 0°$,若忽略螺旋桨和其他原因造成的不均匀水流的影响,则舵叶两侧的水流对称,水压力相等对船的前进方向不产生影响。当舵叶偏转某一舵角 α 时,则水流以冲角 α 流向舵叶,使两侧的流线不再对称,流程长的一侧流速较快,静压较小。舵叶所受水压力的合力用 F_N 表示,F_N 垂直于舵叶纵剖面,指向舵叶背水面,其作用点 O(其位置随舵角 α 而变)称为压力中心。除 F_N 外,水流对舵叶还会产生与舵叶中线方向一致的摩擦力 F_T,它比 F_N 小得多。所以当舵叶偏转舵角 α 后,在舵叶的压力中心 O 上,就会产生一个大小等于 F_N 和 F_T 合力的水作用力 F。舵上的水作用力 F 也可分解为与水流方向垂直的升力 F_L 和与水流方向平行的阻力 F_D。

舵的水作用力 F 对船舶重心 G 形成的转矩称为转船力矩,用 M_S 表示。因为 F_D 与船舶重心 G 之间的力臂很小,故转船力矩可近似地写成

$$M_S \approx F_L \cdot l = \frac{1}{2} C_L \rho A v^2 l \quad \text{Nm} \tag{11-1-1}$$

式中:C_L——升力系数,其大小随 α 而变,且与舵叶的几何形状有关,由船模试验测定;

ρ——水的密度,kg/m^3;

A——舵叶面积,m^2;

v——舵叶处水流速度,m/s,舵在螺旋桨尾流中时取航速的 $1.15 \sim 1.2$ 倍;

223

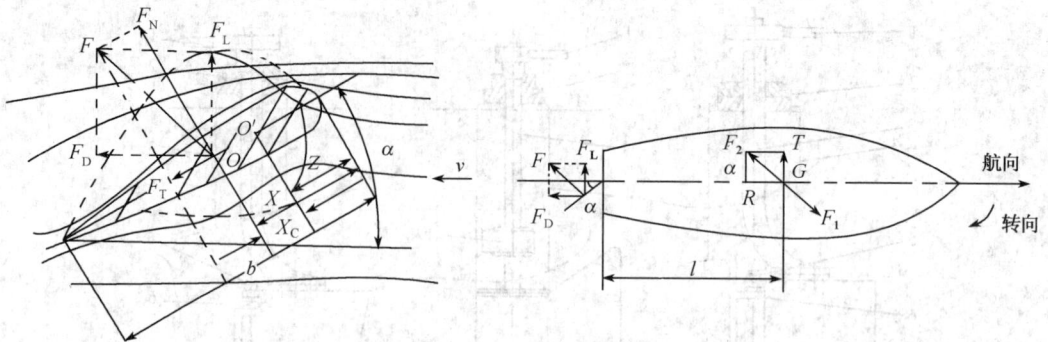

图 11-1-2　舵的工作原理

L——舵压力中心至船舶重心的距离。

舵的水压力 F_N 相对于舵杆轴线的力矩称为舵的水动力矩,用 M_a 表示。

$$M_a = F_N \cdot X_C = \frac{1}{2} C_N \rho A v^2 X_C \quad \text{Nm} \tag{11-1-2}$$

式中:X_C——舵压力中心至舵杆轴线的距离,m,对于平衡舵 $X_C = C_X b - Z$;

　　　　C_N、C_X——舵叶的压力系数、压力中心系数,其大小随舵角 α 而变,并与舵叶
　　　　　　　几何形状有关,由模型试验测定;

　　　　b——舵叶平均宽度,m;

　　　　Z——舵杆轴线至舵叶导边的距离,m。

操舵装置施加在舵杆上的扭矩称为转舵扭矩,用 M 表示。舵匀速转动时,转舵扭矩应等于水动力矩 M_a 和舵各支承处的总摩擦扭矩 M_f 的代数和,即 $M = M_a + M_f$。M 以方向与舵转向相同为正,而 M_a、M_f 以方向与舵转向相反为正。显然,M_f 始终为正值,对于平衡舵,一般 $M_f = (0.15 \sim 0.20) M_a$。正车回舵或倒车偏舵时 M_a 为负,则会出现负转舵力矩。

舵机的公称转舵扭矩是指在最大舵角输出的最大扭矩,必须依据船在最深航海吃水以最大营运航速前进时,将舵转至最大舵角所需的扭矩来决定,并能按规范要求满足倒车时转舵需要。

通过上述分析可以得到:

(1)舵的转船力矩 M_s 比水动力矩 M_a 大得多,它们都与舵叶面积 A 及舵叶处水速 v 的平方成正比。因此,舵叶浸水面积增大和航速提高,都能使转船力矩(舵效)增加,但这时转舵扭矩和舵机负荷也增加。在内河航行时,逆水靠离码头可增加舵效。

(2)正航偏舵时水动力矩 M_a 和转船力矩 M_s 随舵角 α 变化的规律如图 11-1-3 所示。转船力矩随舵角的增加而增加,当达到某一舵角时将出现最大值。这主要是因为升力系数 C_L 随 α 增加而增加,并在某一舵角出现最大值。该舵角值与舵叶几何形状,主要与展舷比 λ(舵叶高度 h/舵叶平均宽度 b)有关。海船吃水较深,其舵叶 λ 值较大,转船力矩达到最大值时的舵角在 30°~35°;而河船的舵叶 λ 值较小,该舵角一般在 35°~45°。目前,海船舵机规定的最大舵角是 35°,河船最大舵角可以更大一些。

(3)现代船舶大多采用平衡舵。这种舵的水动力矩 M_a 因力臂 X_C 减小而减小,使舵机需要的功率减小,但转船力矩几乎不受影响。

平衡舵在小舵角时水动力矩会出现负值,转舵时水动力矩会帮助转舵,这是由于压

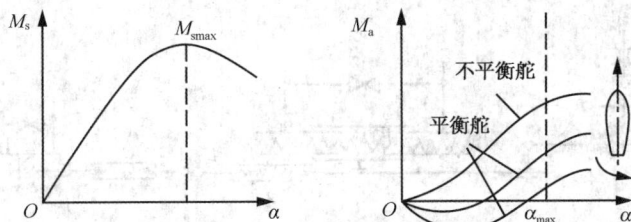

图 11-1-3　转船力矩 M_s 和水动力矩 M_a 曲线

力中心位于舵杆中心线前。选用适当的平衡系数可以减小舵机的额定功率和常用舵角（小于 $10°\sim20°$）的功率消耗。一般 $K=0.15\sim0.35$。

（4）倒航时舵叶后缘变成导边，压力中心与舵杆中心线的距离变长，但倒航航速一般不超过正航最大营运航速的一半。实践表明，流线型平衡舵倒航时的最大水动力矩一般为正航最大值的 60% 左右。

任务二 液压舵机的基本组成和工作原理

学习目标：

1. 了解泵控型液压舵机的组成、原理特点
2. 了解阀控型液压舵机的组成、原理特点

任务 2.1　泵控型液压舵机的组成、原理特点

泵控型液压舵机使用变向变量泵，油液进出转舵油缸的方向和流量由驾驶台遥控最终控制变向变量泵的吸排方向和流量改变，以达改变转舵方向和速度的目的。

图 11-2-1 示出典型的泵控型液压舵机的原理图。

双向变量泵 2 设于舵机室，由电动机 1 驱动做单向持续回转，油泵的流量和吸排方向则通过与浮动杆 5 的 C 点相连接的变量泵控制杆 4 控制，即依靠油泵控制 C 偏离中位的方向和距离，来决定泵的吸排方向和流量。

该舵机采用的是往复式转舵机构。当油泵按图示吸排方向工作时，泵就会通过油管从右侧油缸吸油，排向左侧油缸。由于油液的可压缩性极小，撞杆 9 就会在油压的作用下向右运动。撞杆通过中央的滑动接头与舵柄 7 连接，而舵柄 7 的一端又用键固定在舵杆 10 的上端，因此，撞杆 9 的往复运动就可转变为舵叶的偏转。显然，改变油泵的吸排方向，撞杆和舵叶的运动方向也就随之而变。

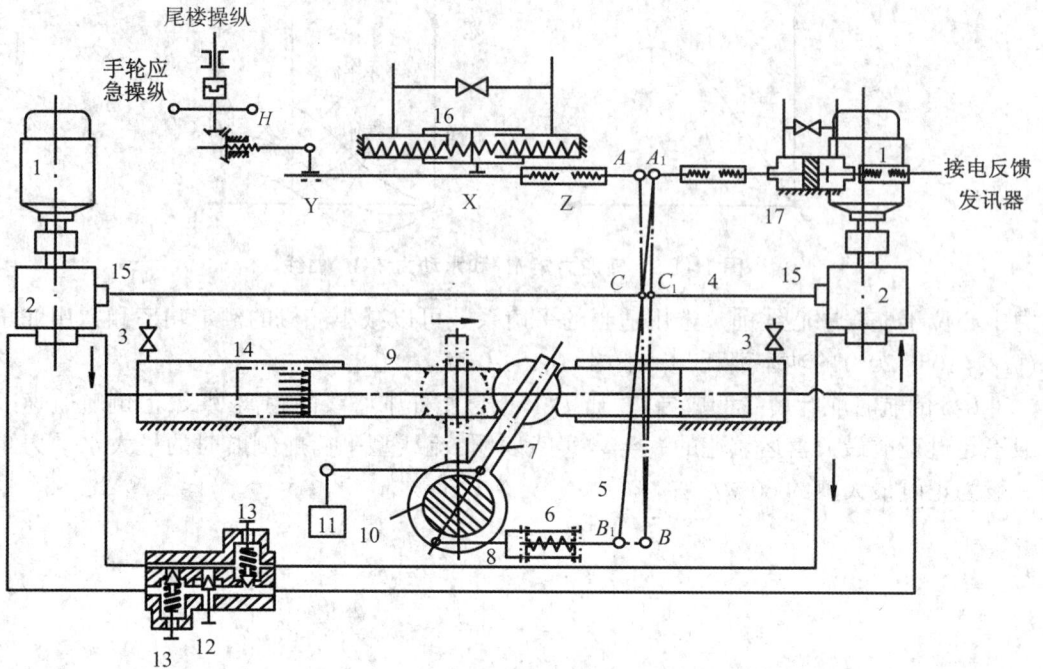

图 11-2-1　泵控型液压舵机原理图

1—电动机；2—双向变量泵；3—放气阀；4—变量泵控制杆；5—浮动杆；6—储能弹簧；7—舵柄；8—反馈杆；
9—撞杆；10—舵杆；11—舵角指示器发送器；12—旁通阀；13—安全阀；14—转舵油缸；15—调节螺母；
16—液压遥控受动器；17—电气遥控伺服

　　对尺寸既定的转舵机构来说，舵机油泵的工作油压除很小一部分用来克服管路阻力外，主要取决于推动撞杆所需的力，即取决于转舵扭矩。舵机最大工作压力就是产生公称转舵扭矩时油泵出口处的油压。舵机油泵的额定排出压力不得低于舵机的最大工作压力。

　　对转舵机构尺寸既定的舵机来说，转舵速度主要取决于油泵的流量，而与舵杆上的扭矩负荷基本无关。因为舵机油泵都采用容积式泵，当转舵扭矩变化时，虽然其工作油压也随之变化，但泵的流量基本不变（泄漏量随工作油压的变化一般不大），故对转舵速度变化的影响并不明显。所以，进出港和狭水道航行时，用双泵并联，转舵速度几乎可提高一倍。

　　泵控型液压舵机较多采用浮动杆式追随机构。在图 11-2-1 中，浮动杆的控制点 A 系由驾驶室通过遥控系统来控制，但把 X 孔的插销转插到 Y 孔中，则可以在舵机室用手轮来控制。浮动杆上的控泵点 C 与变量泵控制杆 4 相连；反馈点 B 经反馈杆 8 与舵柄相连。三点浮动杆操纵追随机构原理如图 11-2-2 所示。在图 11-2-2 中，当舵在零位，没有操舵动作时，杠杆处于中线位置，C 点使变量机构居于中位，油泵空转，舵保持中位不动。如果驾驶台给出某一舵角指令，通过遥控系统使 A 点移至 A_1 点。由于 B 点在舵叶转动以前并不移动，所以 C 点将移到 C_1，油泵变量机构有了一个位移 CC_1，于是油泵将以对应的方向和流量排油使舵机向要求的方向转舵。随着舵的转动，B 点带动杠杆以 A 为支点使 C 点向零位方向移动，即开始追随。当转到要求舵角时，B 点移到 B_1，C 点回到中位而停止转舵。实际上，浮动杆的动作并不是分步进行的，而是在 A 点带动 C 点偏离中位后，由于油泵排油，推动舵叶，B 点就要移动，只是 A、C 动作领先，舵叶和 B 点追随其后。当驾驶台发出回舵角指令时,A 点又会从 A_1 位置移回中位,于是 C 点也偏离中位向左移动,使油泵反向吸排,因此,舵叶向中位偏转,使 B 点从 B_1 位置向中位移动。直到舵叶转到由 A 点位置所确定的指令舵角时,C 点重新回中,油泵停止排油,舵叶也就停转。

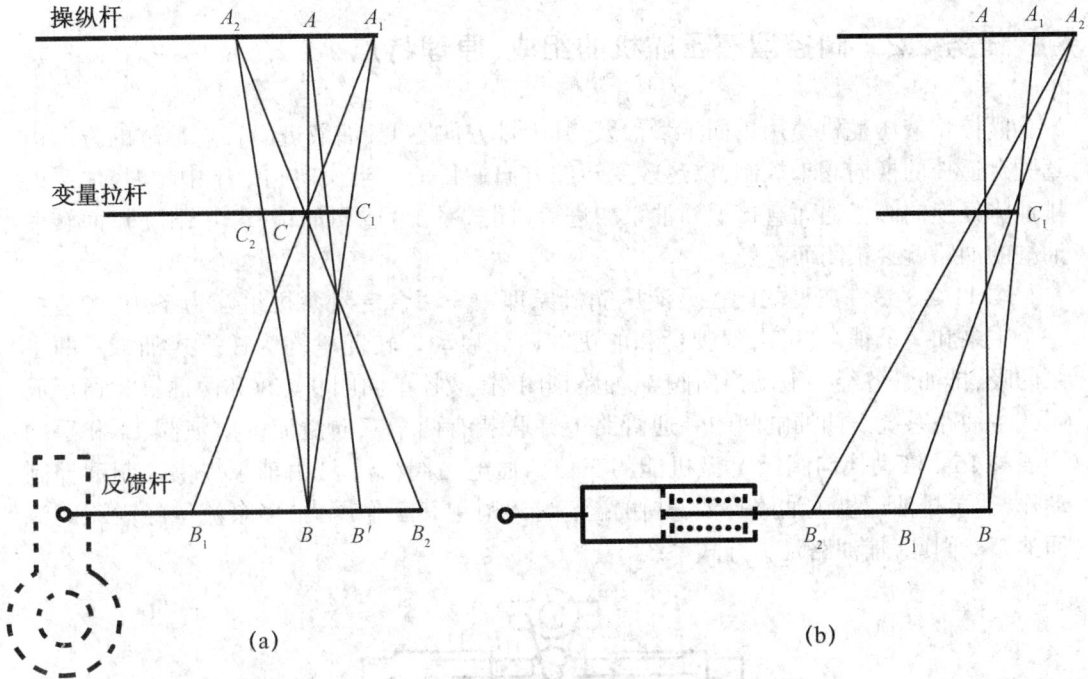

图 11-2-2　三点浮动杆操纵追随机构原理

由于 C 点偏离中位的距离受变量泵变量机构最大位移的限制,只有在舵叶偏转带动 B 点从而使 C 点向中位回移后,才能使 A 点继续向大舵角的方向操舵。这样,大舵角的操舵动作就不能一次完成,并使油泵的流量总在零与最大值间变动,这不仅会使操舵者感到不便,同时也会降低油泵的效率和转舵速度。为了解决这一问题,在反馈杆上装设了可以双向压缩的储能弹簧 6(如图 11-2-1 所示)。当 A 点将 C 点带到最大偏移位置后,浮动杆就会以 C 点为支点而继续偏转压缩弹簧,从而使 A 点得以一次到达所要求的较大操舵角。随着舵叶的偏转,被压缩的储能弹簧又会首先放松,并在恢复原状后,才会将 B 点拉到与 A 点相应的位置,以停止转舵。可见,在储能弹簧完全放松以前,B 点不会移动,C 点也将一直停留在最大偏移位置,使油泵得以在较长时间内保持最大流量,从而加快转舵速度。显然,储能弹簧的刚度必须适当,若弹簧太软,则可能使 B 点先于 C 点移动,小舵角操舵也就无法进行;如弹簧太硬,则大舵角操舵所需的操舵力又会太大,若无法达到,则反馈杆实际上相当于一刚性杆,储能弹簧不起作用,大舵角操舵则难于一次完成。

为了防止海浪或冰块等冲击舵叶时,造成舵杆上的负荷过大、系统油压过高和使电机过载,在油路系统中装设了安全阀(亦称防浪阀)13(如图 11-2-1 所示)。当舵叶受到冲击致使任一侧管路的油压超过安全阀的整定压力时,安全阀就会开启,使油泵的两侧管路旁通,舵叶也就会偏离所在位置,同时带动浮动杆的 B 点,使 C 点离开中位,油泵因而排油。当舵上的冲击负荷消失后,安全阀关闭,舵叶在油泵的作用下,又会返回,并将 B 点带回原位。所以,液压舵机能够很好地适应冲击负荷,安全阀还能防止油泵因工作油压过高而过载。

浮动杆式追随机构能使油泵在开始和停止排油时流量逐渐增大和减小,因而能很好地减轻液压系统的冲击,油液发热较少,经济性能较好。

任务2.2 阀控型液压舵机的组成、原理特点

阀控型液压舵机使用单向定量油泵,其吸排方向不变,油液进出转舵油缸的方向由驾驶台遥控的换向阀来控制,以达改变转舵方向的目的。当换向阀处于中位时,油泵的排油将经换向阀旁通而直接返回油泵的进口(闭式系统)或回油箱(开式系统);而转舵油缸的油路就会锁闭而稳舵。

图11-2-3是一典型的阀控型液压舵机原理图。两台定量泵机组互为备用,各包括一个主泵和一个辅泵,可由驾驶台和舵机间两处启动。转舵机构为往复式油缸。两主泵的吸、排油管各经一液动换向阀4、油路锁闭阀(液控单向阀9、10)和两油缸相通形成闭式主油路系统。两油缸间的旁通管路上并联装有两个双向溢流的防浪阀14和手动旁通阀15。液动换向阀经Y型机能的三位四通电磁阀(导阀)由辅泵提供控制油控制动作,辅泵排油还供主油路补油,并由溢流阀7调定其工作压力,多余流量经溢流阀流回油箱。因此,辅油路是一开式系统。

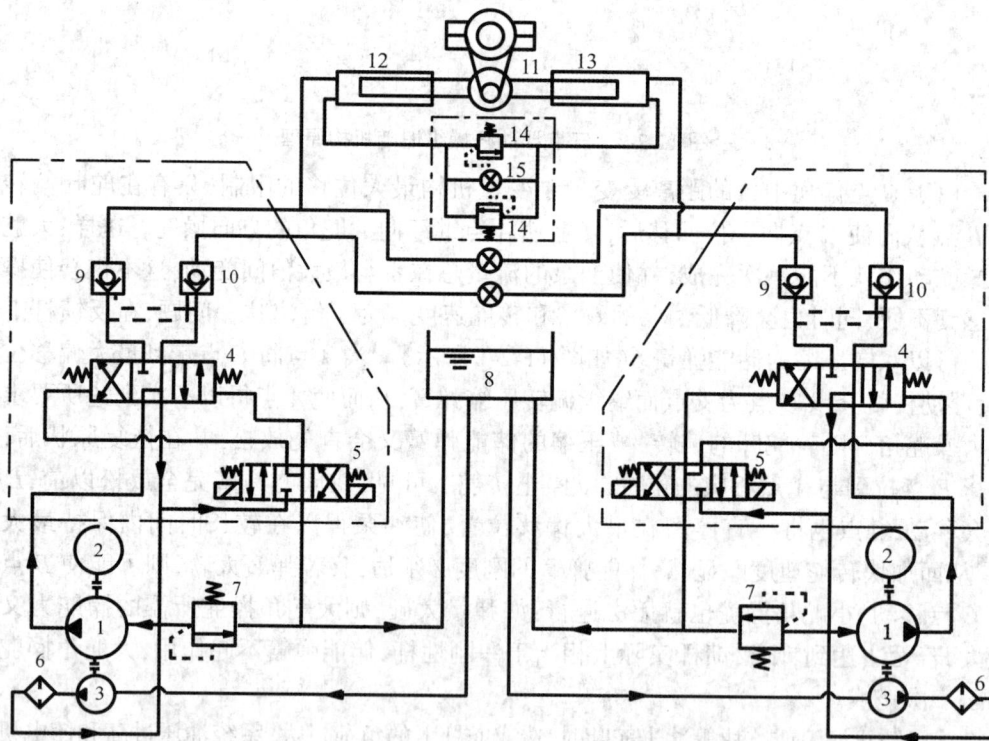

图11-2-3 阀控型液压舵机原理图

1—主油泵;2—电动机;3—辅油泵;4—液动换向阀;5—电磁换向阀;6—滤器;7—溢流阀;8—油箱;
9、10—液控单向阀;11—撞杆;12、13—油缸;14—防浪阀;15—手动旁通阀

这种舵机可采用电力或电液的方法远距操纵。一般当油路通径较小,即阀芯较小

时多采用电力直接操纵;当油路通径较大时,需采用电液间接操纵的方法,由驾驶台直接控制液动换向阀的电磁导阀两电磁铁通电和断电即可。当左端电磁铁通电时,导阀被推向右端,控制油进入液动换向阀左端,右端回油,主阀被推向右端,使主泵排油进入左端油缸而从右端油缸吸油,撞杆带动舵柄向右移动;当右端电磁铁通电时,导阀、主阀和主油路油流方向相反,撞杆带动舵柄向左移动。当舵叶转到给定舵角时,在电力追随系统作用下,电磁换向阀 5 因两端电磁线圈均处于失电状态而回到中间位置,使液动换向阀 4 两端均与油箱相通。这样,液动换向阀 4 也就会在弹簧作用下,回到中间位置,主泵排油直接回吸入口,在液控单向阀 9、10 的作用下,油缸 12、13 处于锁闭状态,舵叶也就停止在给定舵角上。

与变向泵式液压舵机相比,换向阀式液压舵机初置费用低,制造、管理均较简便。但其系统必须装设换向阀,工作的可靠性很大程度上依赖于换向阀本身工作性能的好坏,油路沟通情况改变突然,系统在工作时存在液压冲击。另外,油泵始终在最大流量下工作,经济性相对较差。

从上面的介绍中可以看出,泵控型和阀控型液压舵机,尽管工作原理不尽相同,但都不外乎是由以下四部分组成的:

电动油泵机组:液压舵机的动力部分,向液压传动系统提供压力油用以推动执行机构转舵。较大船舶通常设两台互为备用。

转舵机构:包括液压传动执行元件——油缸和它的传动机构及舵柄等利用液体压力能实现舵转动的机构。

液压阀件和管路系统:包括液压传动的主油路系统和各种辅油路系统及其各控制阀件和辅助元件。

操作系统:包括驾驶室的主用与应急远距离操作系统和舵机间的应急操纵系统以及指示、报警系统等。

任务三 液压舵机的转舵机构

学习目标:

1. 知道往复式转舵机构的分类
2. 了解回转式转舵机构的特点

转舵机构是舵机液压传动系统中的执行元件,其作用是将油泵供给的液压能转变为转动舵杆的机械能,以推动舵叶偏转。根据动作方式的不同,转舵机构可分为往复式和回转式两大类。

任务 3.1　往复式转舵机构的分类

往复式转舵机构依其传动特点分为滑式、滚轮式、摆缸式等几种,现分述如下。

1.滑式转舵机构

滑式转舵机构是目前船舶上应用最广的一种传统型式的转舵机构。滑式转舵机构又有十字头式和拨叉式之分。十字头式转舵机构主要由转舵油缸、插入油缸中的撞杆以及与舵柄相连接的十字形滑动接头等组成。撞杆一般根据转舵扭矩的大小可分别采用双向双缸单撞杆的型式或双向四缸双撞杆的型式。图 11-3-1(a)为双向四缸双撞杆的型式。

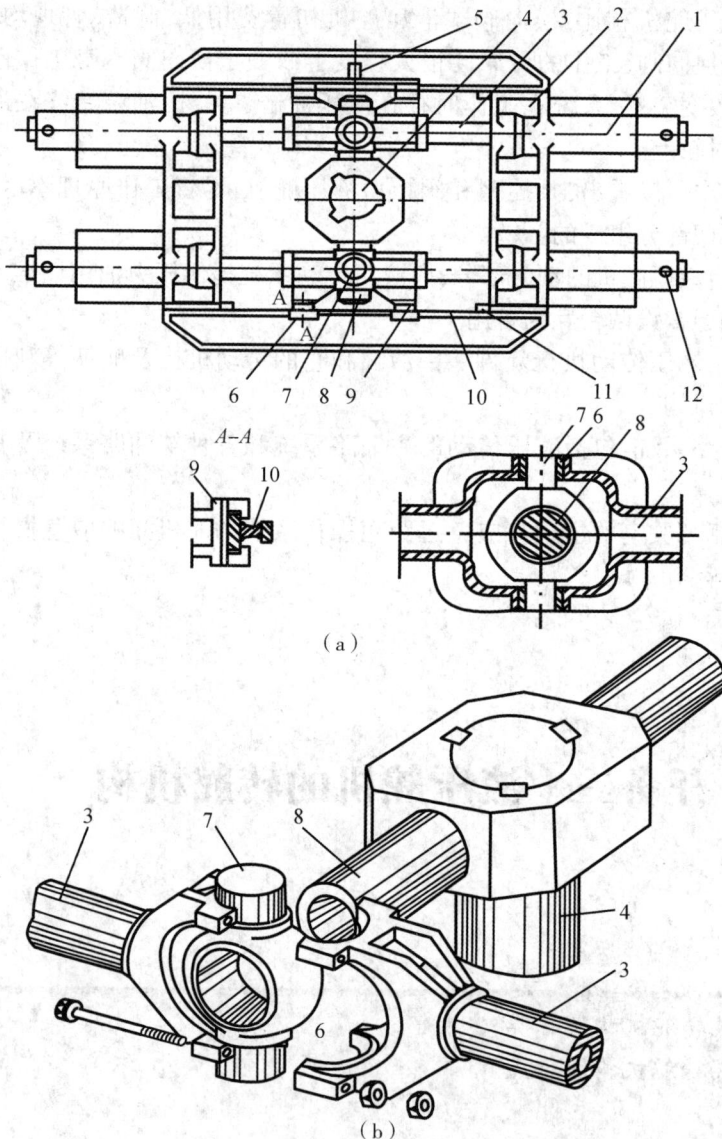

（a）

（b）

图 11-3-1　十字头式转舵机构

1—油缸;2—底座;3—撞杆;4—舵柄;5—机械式舵角指示器;6—十字头轴承;7—十字头耳轴;

8—舵柄;9—滑块;10—导板;11—撞杆行程限制器;12—放气阀

　　为了将撞杆的往复运动转变为舵柄的摆动,在撞杆与舵柄的连接处,设有如图 11-3-1(b)所示的十字形滑动接头。双撞杆通过自己的叉形端部,用螺栓连在一起,形成上、下两个耳轴承。两轴承环抱着两个十字头耳轴 7;舵柄 8 则与耳轴垂直,并横插在十字头的中央轴承中。因此,当撞杆 3 在油压推动下移离中央位置时,十字头就会一边随撞杆移动,一边带动舵柄偏转,继而带动舵杆转动。随着舵角 α 的增加,十字头将在舵柄上向外端滑移,而舵柄的有效工作长度,即舵杆中心到十字头中心的距离 R,也就随 α 的增大而增大。

　　撞杆的极限行程由撞杆行程限制器(挡块)11 加以限制,它能在舵角超过最大舵角 1.5° 时限制撞杆的继续移动。这时油缸底部的空隙应不小于 10 mm。在导板的一侧还设有机械式舵角指示器 5,用以指示撞杆在不同位置时所对应的舵角。此外,在每个转舵油缸的上部还设有放气阀 12,以便驱放油缸中的空气。

　　滑式转舵机构的受力分析如图 11-3-2 所示。油压 p 产生的撞杆推力为 $P = \dfrac{\pi}{4}D^2p$。其在十字头中心分解为一个和舵柄垂直的力 $Q = P/\cos\alpha$ 和一个与撞杆垂直的力 $N = P\tan\alpha$。N 由底座和导板的反力平衡,Q 则产生推舵转动的力矩 M 以克服舵叶上所受的水动力矩 M。

$$M = QR\eta_m = \frac{P}{\cos\alpha}\frac{R_0}{\cos\alpha}\eta_m = \frac{\pi}{4}D^2p\eta_m R_0\frac{1}{\cos^2\alpha} \quad \text{Nm} \qquad (11\text{-}3\text{-}1)$$

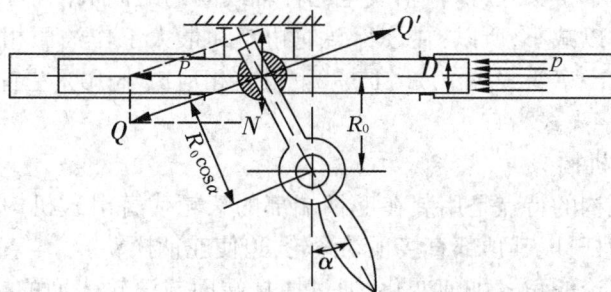

图 11-3-2　滑式转舵机构的受力分析

　　由式(11-3-1)可知,在一定油压 p 下撞杆对舵柄产生的转舵力矩 M 与舵角 $α$ 成正比,如图 11-3-3 所示。该趋势与水动力矩随舵角变化的趋势一致,因此当舵角增大,负载增加时不会引起油压 p 大幅度提高。

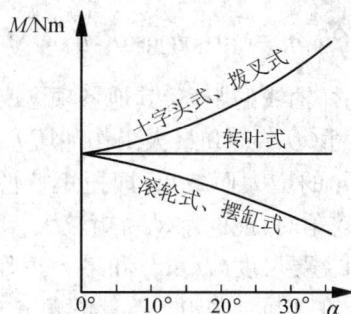

图 11-3-3　转舵机构的扭矩特性

十字头式转舵机构具有转矩特性良好、承载能力较大、密封可靠等优点,应用比较广泛,但也存在尺寸大、重量较大、安装和检修比较麻烦等缺点。

在滑式转舵机构中,拨叉式转舵机构也得到了广泛的应用。如图11-3-4所示,它使用整根的撞杆,并在撞杆的中部带有圆柱销,销外套有方形(或圆形)滑块。撞杆移动时,滑块一面绕圆柱销转动,一面在舵柄的叉形端部中滑动(或滚动)。

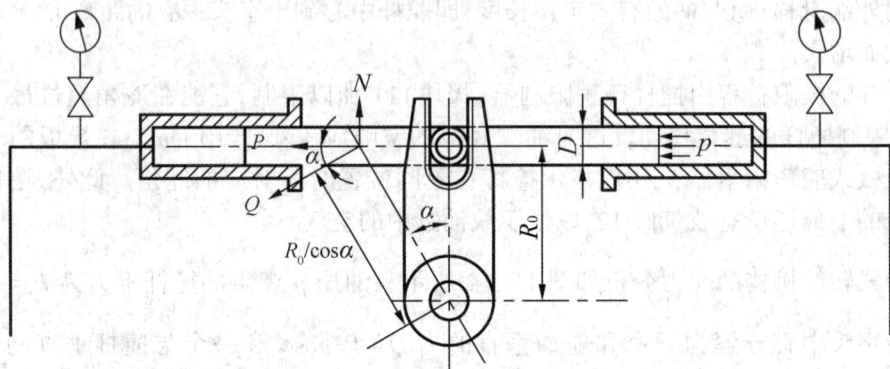

图 11-3-4　拨叉式转舵机构

拨叉式与十字头式转舵机构的转矩特性相同,但使用拨叉式时,侧推力可直接由撞杆本身承受而不需导板,故结构简单,加工及拆装都较方便;此外,当公称扭矩较小时,由于以拨叉式代替十字头式,撞杆轴线至舵杆轴线间的距离 R_0 就可缩减 26%,撞杆的最大行程也因而得以减小,所以,在公称转舵扭矩和最大工作油压相同的情况下,拨叉式的占地面积将比十字头式少 10%~15%,重量亦相应减小 10%左右。但是,当公称扭矩较大时,仍以十字头式为宜。

2.滚轮式转舵机构

滚轮式转舵机构的特点是用装在舵柄端部的滚轮代替滑式机构中的十字头,工作时受油压推动的撞杆,以其顶部直接顶动滚轮,迫使舵柄摆动。

该转舵机构不论舵角 α 如何变化,通过撞杆端面与滚轮表面的接触线作用到舵柄上的推力 P 始终垂直于撞杆端面,而不会产生侧推力。由图11-3-4可见,推力 P 在垂直于舵柄轴线方向的分力可写为

$$Q = P\cos\alpha = \frac{\pi}{4}D^2p\cos\alpha \quad \text{N} \tag{11-3-2}$$

因此,滚轮式转舵机构所能产生的转舵扭矩为

$$M = zQR_0\eta_m = \frac{\pi}{4}D^2zp\cos\alpha R_0\eta_m \quad \text{Nm} \tag{11-3-3}$$

式中:R_0——滚轮中心到舵杆轴线的距离,其他各项含义与式(11-3-1)相同。

式(11-3-3)表明,在主要尺寸(D、R_0)和最大工作油压差既定的情况下,滚轮式转舵机构所能产生的转舵扭矩将随 α 的增大而减小,即扭矩特性在坐标图上是一条向下弯的曲线(见图11-3-3)。在最大舵角时,舵的水动力矩较大,滚轮式转舵机构此时所能产生的转舵扭矩反而最小,只达到主要尺度(D、R_0)和最大工作油压差 p 相同的滑式机构的转舵扭矩的 55%左右。因此,在实际工作中,随着舵角 α 的增大,这种机构的工作油压比滑式机构增加得快。

232

综上所述,滚轮式转舵机构撞杆与舵柄之间没有约束性机械连接,工作时无侧推力,整个机构结构简单,加工容易,安装、拆检较方便。每个油缸均与其撞杆自成一组,故可根据实际需要,分别采用单列式、双列式或上下重叠式等不同的布置形式,从而大大提高了布置上的灵活性。滚轮与撞杆间的磨损可自动进行补偿。其主要缺点是扭矩特性差,要达到同样的转舵扭矩,必须采用比滑式更大的结构尺寸或工作油压,故限制了它在大扭矩舵机中的应用。另外,当舵叶在负扭矩作用下转动时,如果液压系统有明显泄漏,或者在稳舵时油路锁闭不严,滚轮就有可能与某侧撞杆脱开而导致敲击。因此,在某些滚轮式机构中,在滚轮与撞杆的端部之间还增设了板簧拉紧机构。

3.摆缸式转舵机构

摆缸式转舵机构通常有两个双作用油缸,其一端以销轴铰接于船体,另一端伸出单侧活塞杆,头部以销轴铰接于两舵柄,其布置情况和油缸活塞的结构如图 11-3-5 所示。转舵时,利用活塞在油压作用下所产生的往复运动,以及两油缸的相应摆动,即可通过与活塞杆铰接的舵柄,推动舵叶偏转。当舵柄处于零舵角位置时,两活塞都处于各自油缸的中间位置,两油缸活塞杆端略微向外分张,即油缸摆角 β(任意舵角时油缸中心线与中舵时舵柄的垂直线间的夹角)最大;当舵柄处于最大舵角位置时,两活塞分别处于各自油缸中不同的极端位置,油缸基本平行,即油缸摆角 β 为零。但不论舵角如何,β 角总是很小,如果将其忽略不计,则摆缸式与滚轮式的扭矩特性基本相同。在转舵过程中两油缸各以其与船体的铰接点为轴略有摆动,故称为摆缸式转舵机构。

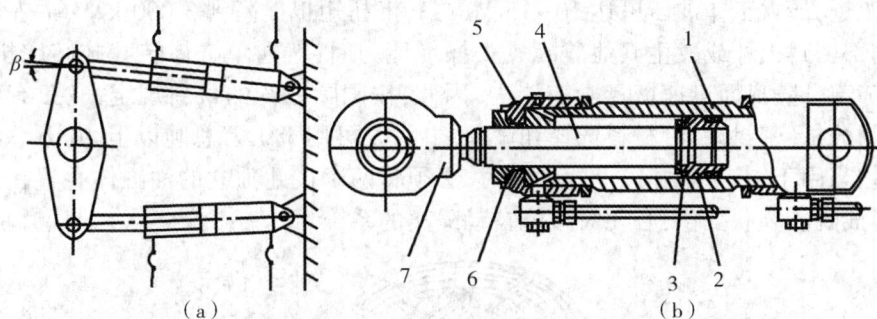

图 11-3-5 摆缸式转舵机构布置情况和油缸活塞的结构
1—油缸;2—活塞;3—活塞环;4—活塞杆;5—端盖;6—密封环;7—接头

为适应油缸的摆动,各油缸两端均以软管与主油路连接,主油路两油管各与两油缸的对角侧相通,因此,进、出油都沟通一个有活塞杆空间和一个无活塞杆空间,有效作用面积相等,进、排油侧流量相等。

摆缸式转舵机构结构紧凑、占地面积小、布置灵活,而且可以采用在舵杆上垂直安装两层舵柄组成立式双层的四油缸布置形式。它的缺点是一定油压产生的转舵力矩随舵角的增大而减小,与负载转矩特性不一致,对油缸、活塞的加工精度和密封性以及高压大口径连接软管的质量等要求较高,检查维修不便,铰接点销轴磨损较大时还会发生撞击,所以多用于功率(转矩)不大的场合。

任务 3.2 回转式转舵机构的特点

回转式转舵机构,就是将承压与传动部件组合在一起,利用油压直接使舵杆产生回转运动。根据回转运动部件结构的不同,回转式转舵机构有转叶式与弧形撞杆式两种。目前比较常见的是转叶式。图 11-3-6 所示为三转叶式转舵机构的原理图。

三转叶式转舵机构的内部装有三个定叶 5 的油缸 2,通过橡皮缓冲器安装在船体上。而用键与舵杆上端相固接的转毂 3,则镶装着三个转叶 4。由于转叶与缸体内壁和上、下端盖之间,以及定叶与转毂外缘和上、下端盖之间,均保持良好的密封,转叶 4 和定叶 5 就会把油缸内部分割为互不相通的六个腔室。当油泵来的压力油如图所示的那样,相间地进入三个腔室,另三个腔室则与回油相通,转叶就会在液压的作用下,产生偏转;而当油流方向改变时,舵叶转向也随之改变。

显然,在一定的油压下,各转叶所受推力及其作用中心都不因舵角而变化,所以其转矩也不因舵角而异,有恒定的转矩特性。转舵时舵杆不受侧推力,可减轻舵承磨损。这样转舵机构省去了舵柄及其与油缸间的传动机构,所以结构简单、紧凑,体积小,重量小,且安装方便。转子受力均衡,润滑条件好,所以工作可靠。其缺点是泄漏部位多,转叶与油缸内壁间、定子与转毂间以及转子端面与端盖间均需采取密封。转叶式转舵机构内部密封问题限制了它在大功率舵机中的应用。近年来,随着密封材料和密封形式的不断改进,最大工作油压可达 10~15 MPa,转舵扭矩也提高到 3 000 kN·m 左右。然而,当内部密封损坏或发生其他故障丧失操舵能力时,普通单缸体转叶式转舵机构,无法将故障部分隔离而迅速恢复操舵能力,因此,按国际公约的最新规定,它只有经过严格的应力分析、密封设计、材料选择和试验之后,方可用于 1 万总吨以上 10 万总吨以下的油船。当用于 10 万总吨以上的油船时,必须将两个彼此独立的油缸体叠置在舵杆上方,以组成既能并联工作,必要时又能自动隔离的系统。

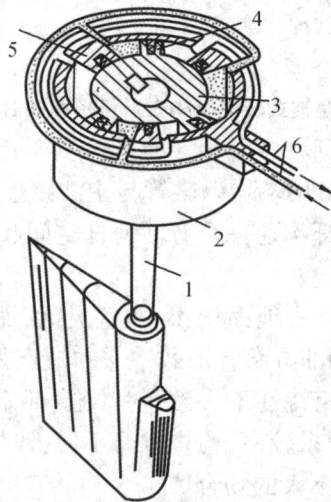

图 11-3-6 三转叶式转舵机构原理图
1—舵杆;2—油缸;3—转毂;4—转叶;5—定叶;6—油管

任务四 | 液压舵机的遥控系统

学习目标：

1.知道伺服油缸式舵机遥控系统

2.了解直流伺服电机式舵机遥控系统

3.了解交流伺服电机式舵机遥控系统

现在的船舶舵机，一般都同时装有可由驾驶台遥控的随动操舵系统和自动操舵系统。随动操舵系统，是指在操舵者发出舵角指令后，不仅可使舵按指定方向转动，在舵转到指令舵角后还能自动停止的操舵系统。自动操舵系统，则是在船舶长时间沿指定航向航行时使用，它能在船因风、流及螺旋桨的不对称作用等造成偏航时，靠罗经测知并自动发出信号，使操舵装置改变舵角，以使船舶能够自动地保持既定的航向航行。此外，一般还同时设有非随动操舵系统，它只能控制舵机的启停和转舵方向，当舵转至所需要的舵角时，操舵者必须再次发出停止转舵的信号，才能使舵停转。非随动系统通常既可设在驾驶台，也可设在舵机室操纵，以备应急操舵或检修，调试舵机之用。

本节主要介绍具有操纵和追随两方面功能的随动操舵系统。根据从驾驶台到舵机室传递操舵信号方法的不同，舵机遥控系统可分为机械式、液压式和电气式等几种。现代船舶大多采用电气遥控系统。下面介绍几种最典型的电气遥控系统。

任务 4.1　伺服油缸式舵机遥控系统

伺服油缸式舵机遥控系统由电气遥控和液压伺服两部分组成。前者将驾驶台发出的操舵信号传递到舵机室；后者将信号转换成伺服油缸活塞杆的位移，然后通过浮动杆式追随机构控制主油泵的变量机构，以实现远距离操舵。

图 11-4-1 示出安修斯式舵机遥控系统的液压伺服系统原理图，该系统是一种典型的伺服油缸式遥控系统，它适用于带浮动杆追随机构的泵控型舵机。油泵 7 采用定量叶片泵，工作时以固定不变的流量将压力油经单向阀 6、旁通调速阀 4 供至三位四通电磁换向阀 3。电磁换向阀 3 的阀芯位置取决于由驾驶台经电气遥控系统控制的电磁线圈 S_1 和 S_2 的通电情况。当电磁线圈 S_1 和 S_2 均不通电时，换向阀处于中位，PT 相通，油泵卸载，A、B 油路不通，油缸锁闭，伺服活塞不动。当驾驶室的操舵手轮带动操舵信号发送器，给出的指令舵角与伺服活塞 11 位置所反映的操舵角不同时，即会发出相应的电信号，经放大后使电磁换向阀 3 的一端电磁线圈通电时，从而使换向阀阀芯移向相应的

一侧,则压力油经 PA 或 PB 油路,顶开油路锁闭阀 2 相应一侧的单向阀,进入伺服油缸 1 的相应空间;与此同时,压力油还会将油路锁闭阀 2 回油一侧的单向阀顶开,以使伺服油缸回油侧的油液能够回油箱。这样,伺服活塞在两侧的油压差的作用下,会向相应方向移动,伺服活塞杆的一端经浮动杆及追随机构操纵舵机变量油泵。活塞杆的另一端与电反馈装置(自整角机)相连,随时将活塞位置的信号反馈到驾驶台的操舵设备,当伺服活塞位移所给出的操舵角与舵令舵角相等时,反馈信号与驾驶室发出的操舵信号抵消,换向阀的电磁线圈断电,换向阀回中,伺服活塞即停在所要求的操舵角位置。此外,在活塞杆的相应部位还设有最大操舵角的机械限位器。

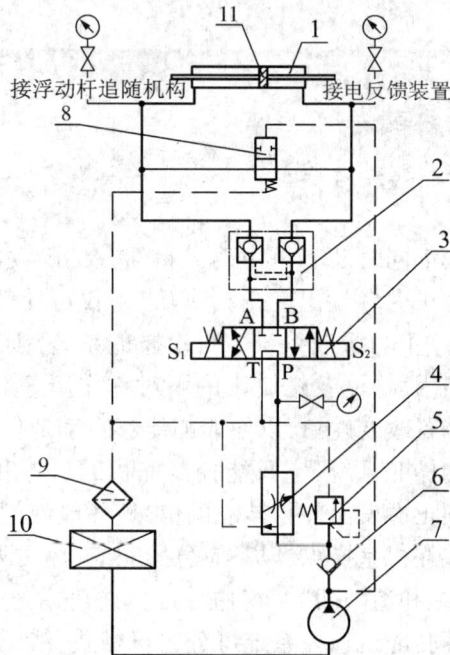

图 11-4-1　安修斯式舵机遥控系统的液压伺服系统原理图

1—伺服油缸;2—油路锁闭阀;3—电磁换向阀;4—旁通调速阀;5—安全阀;6—单向阀;7—油泵;
8—液控旁通阀;9—滤器;10—油箱;11—伺服活塞

系统中一些阀件的作用如下:

油路锁闭阀 2(密封性比换向阀好):在换向阀回中时用以锁闭油路,以防浮动杆传来的反力使活塞产生位移,此外,在系统具有两套互为备用的油路并共用一个伺服油缸时,还可将备用油路严密锁闭,以免影响工作。

旁通调速阀 4:调节系统的油量,以使伺服活塞能够获得合适的移动速度。

安全阀 5:防止系统的油压过高,其整定压力的大小决定了伺服活塞最大输出力的大小。

液控旁通阀 8:在装置启动后,借助油泵的排压将其推至截断位置,以保证系统的正常工作,故其最低控制油压应不小于 $0.4\sim0.8$ kPa。而当改用不用伺服油缸的其他备用操纵机构时,液控旁通阀 8 又会因油泵 7 停止排油而回到图示的旁通位置,以使伺服活塞的两侧旁通,不致妨碍其他操纵机构的工作。

单向阀 6:起背压阀的作用,启阀压力为 $0.6\sim0.8$ MPa,保证工作时即使换向阀在中位,单向阀前的油压仍能使液控旁通阀处于截断位置。

阀控式舵机的遥控系统与此类似,只不过用电磁换向阀直接控制主油路转舵油缸,电反馈信号发送器直接与舵柄相连,反馈舵角信号。

任务 4.2　直流伺服电机式舵机遥控系统

图 11-4-2 示出直流伺服电机式舵机遥控系统原理图,该系统是一种典型的用平衡电桥控制的直流伺服电机式遥控系统,适用于带浮动杆追随机构的泵控型舵机。

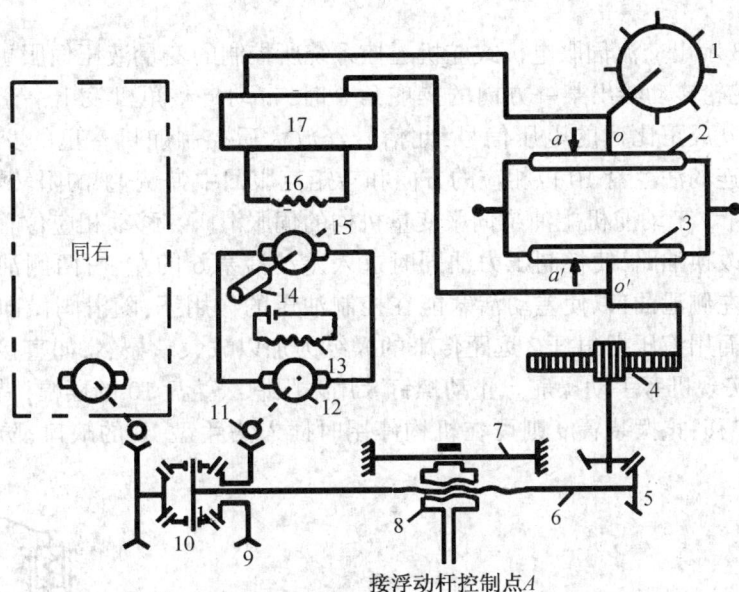

图 11-4-2　直流伺服电机式遥控系统原理图

1—舵轮;2—操舵电位计;3—反馈电位计;4—齿轮齿条机构;5—锥齿轮副;6—丝杆;7—导杆;8—滑块螺母;
9—蜗轮;10—行星齿轮;11—蜗杆;12—直流伺服电动机;13—直流电动机激磁绕组;14—交流电动机;
15—直流发电机;16—直流发电机激磁绕组;17—放大器

舵机室设有变流机组:交流电动机 14 驱动直流发电机 15,发出直流电,再去驱动直流伺服电动机 12。直流伺服电动机 12 经蜗杆 11、蜗轮 9 及行星齿轮 10 带动丝杆 6 转动。丝杆上所套滑块螺母 8 因受导杆 7 的限制不能转动。但可在丝杆上移动,从而拉动浮动杆的操纵点 A 控制变量泵,使其向相应方向排油转舵。与此同时,丝杆 6 的转动还经锥齿轮副 5 和齿轮齿条机构 4 使反馈电位计 3 的触点移动,向遥控系统送出电反馈信号。

当操舵电位计 2 和反馈电位计 3 的触点处于相应的位置(例如中位 o 与 o'),直流发电机激磁绕组 16 没有电流通过,输出电压为零,直流伺服电动机 12 不动。当舵轮 1 转动某一角度,给出相应的指令舵角时,操舵电位计上滑动触点从 o 移到 a 点,电桥失去平衡,a 与 o' 之间出现电位差,此偏差信号经放大器 17 放大,使直流发电机激磁绕组 16 流过一定方向的电流,直流发电机 15 产生一定方向的电压,于是直流伺服电动机 12 转动,并移动浮动杆操纵点 A。当 A 点移动到指令舵角相应的位置时,反馈机构带动反馈电位计 3 的滑动触点从 o' 移到 a'。因为 a' 与 a 是等电位点,电桥重新平衡,偏差信号消除,直流伺服电动机 12 因励磁消失而停止转动。浮动杆机械追随机构将使舵叶转到与 A 点位置相应的舵角上。

当舵轮带动操舵电位计向相反方向转动时,操纵点 A 的移动方向也相反。操纵点 A 偏离中位的方向和大小,始终准确地与舵轮给出的指令舵角的方向和大小相对应。这就是直流伺服电机遥控系统的工作原理。

任务 4.3　交流伺服电机式舵机遥控系统

图 11-4-3 示出交流伺服电机式舵机遥控系统所控制的变量液压伺服机构简图。当驾驶室的操舵轮转动给出某一方向的操舵角 θ 时,带动自整角机发出一个方向与 θ 相对应、大小与 θ 成正比例的电压信号,此信号经放大后控制舵机室里的交流伺服电动机,使与之相连的法兰盘 10 以相应的方向和转矩克服回中弹簧 11 的阻转矩而偏转,通过角杆 2、连杆 3 带动舵机主油泵伺服变量机构的伺服滑阀 5 移动相应位移。而伺服滑阀 5 的移动,改换油路,使控制压力油同时进入差动活塞 6 的左、右两侧油缸空间或使其右侧进油、左侧泄油,以使差动活塞能在控制油压的作用下,随滑阀做向右或向左的同样移动,从而用液压把角杆 2 远距传来的操纵力加以放大。显然,如直接用手轮转动角杆 2,即可实现机旁手动操舵。止动螺钉 8 用来限制法兰盘 10 的摆幅,借以限制伺服滑阀的最大位移;止摆装置 9 则可在机构停用时插入法兰盘 10 的缺口,防止机构的动作与偏转。

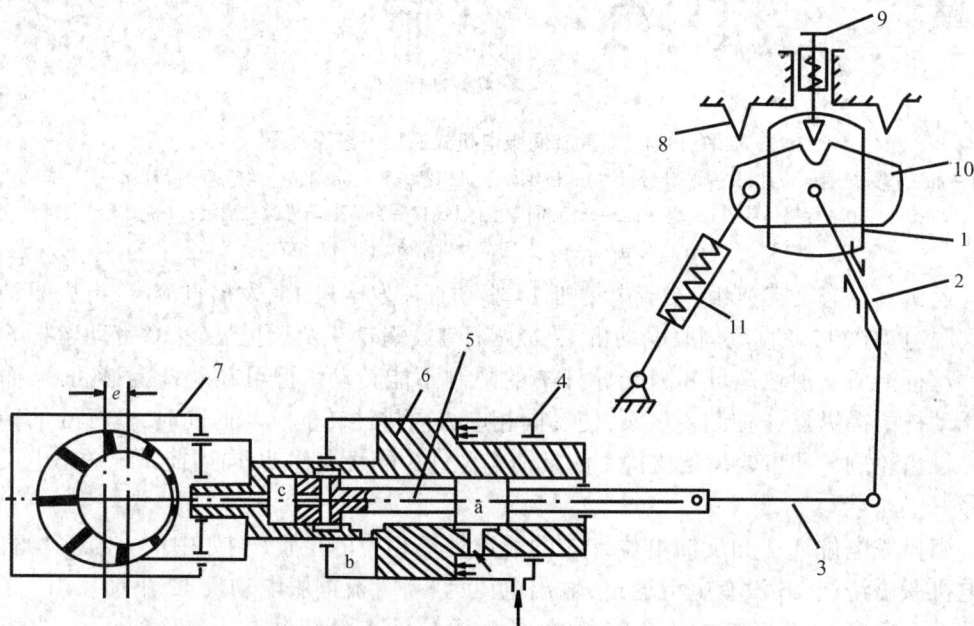

图 11-4-3　交流伺服电机式舵机遥控系统所控制的变量液压伺服机构简图

1—执行电机;2—角杆;3—连杆;4—液压放大器;5—伺服滑阀;6—差动活塞;7—径向柱塞泵;8—止动螺钉;
9—止摆装置;10—法兰盘;11—回中弹簧

任务五 液压舵机实例

学习目标：

1.知道泵控型川崎舵机系统及其工作模式
2.了解阀控型舵机液压系统

任务 5.1　泵控型川崎舵机系统及其工作模式

采用拨叉式转舵机构的川崎舵机,有阀控型和泵控型两种系列。图 11-5-1 为 FM 泵控型舵机液压系统,控制系统通过伺服油缸驱动浮动杆来控制主泵。新的型号也取消了浮动杆。

1.主油路和工况选择

两台变向变量主泵 P_1、P_2 和各自的集成阀块一起,分别与转舵油缸 C_1、C_2 和 C_3、C_4 组成两组工作对(即 C_1、C_2 其中的一个缸进油,另一个缸排油,可以实现转舵;C_3、C_4 也如此)。两个集成阀块中共有四个连通阀 V_1、V_2、V_3、V_4,通常都常开,使转舵油缸 C_1、C_3 和 C_2、C_4 各成一组(即 C_1、C_3 缸同时进油或同时排油;C_2、C_4 也如此),分别与主泵的两条油路相通。正常航行时,用一台主泵向两组油缸(四缸)供油转舵,其流量即能满足在 28 s 内将舵由任一舷 35° 转至另一舷 30° 的要求,并能达到额定转舵扭矩。进出港或狭水道航行时可双泵并联工作,扭矩不变,转舵速度可加快一倍。

阀块中还设有旁通阀 V_{b1}、V_{b2} 用于系统隔离,例如,C_1 缸泄漏时,可开启 V_{b1} 使油缸 C_1、C_2 旁通,并关闭 V_1、V_2 将它们隔离,然后使用 P_2 泵组和油缸 C_3、C_4 转舵。此时的应急工作方式下,舵机能产生的最大转舵扭矩将减少 50%。因此,若航速未降低,必须避免大舵角度操舵,以免超负荷。这时转舵速度与单泵四缸工作相比,在主油路安全阀 3 未开启的前提下约加快 1 倍。

这种舵机系统可有五种工作模式,如表 11-5-1 所示。

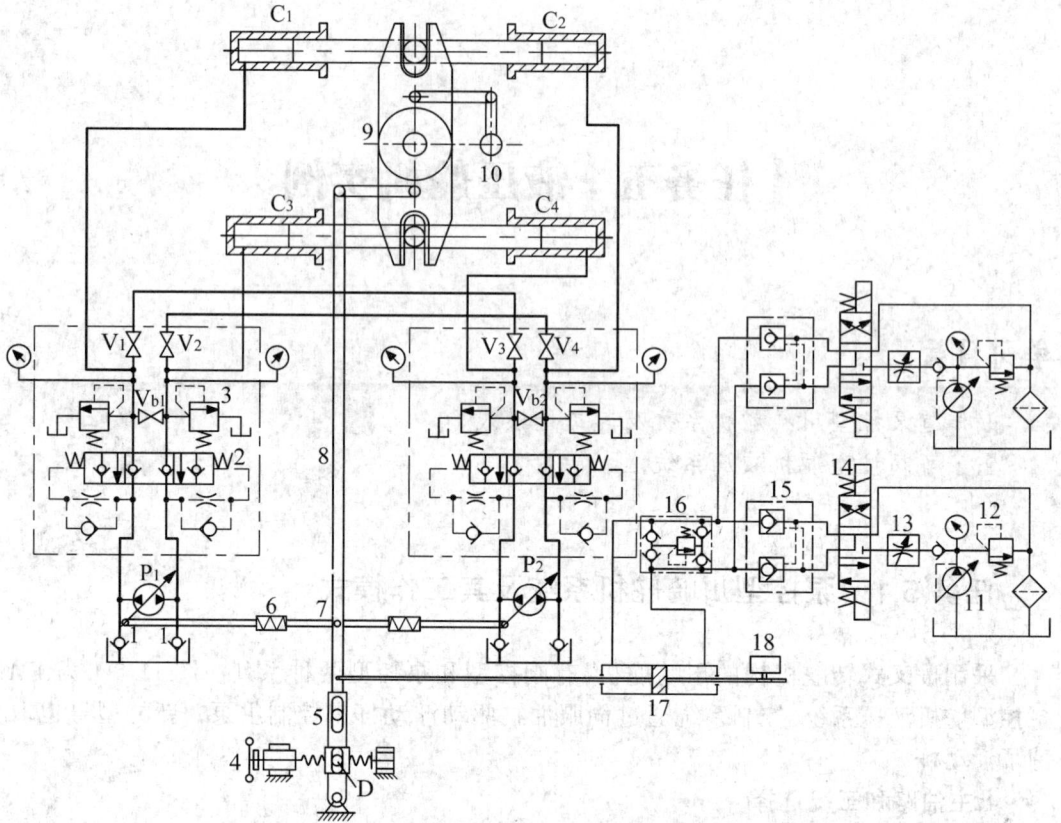

图 11-5-1　FM 泵控型舵机液压系统

1—补油单向阀；2—主油路锁闭阀；3—主油路安全阀；4—手轮；5—手动操纵杆；6—储存弹簧；7—主泵控制杆；
8—浮动杆；9—舵柄；10—舵角发送器；11—辅泵；12—溢流阀；13—调速阀；14—电磁换向阀；15—辅油路锁闭阀；
16—双向溢流阀；17—伺服油缸；18—反馈发讯器；D—手动操纵插销孔；P_1、P_2—主泵；
V_1、V_2、V_3、V_4—连通阀；V_{b1}、V_{b2}—旁通阀

表 11-5-1　川崎舵机工况选择表

使用主泵	工作模式	油缸状态		连通阀状态		旁通阀状态		说明
		C_1、C_3	C_2、C_4	V_1、V_2	V_3、V_4	V_{b1}	V_{b2}	
P_1、P_2	机动航行	使用	使用	开	开	关	关	额定转舵扭矩,转舵速度加倍
P_1	定速航行	使用	使用	开	开	关	关	额定转舵扭矩,额定转舵速度
P_2	定速航行	使用	使用	开	关	关	关	
P_1	应急操舵	使用	旁通	开	关	关	开	转舵扭矩减半,转舵速度加倍
P_2	应急操舵	旁通	使用	关	开	开	关	

可见,本舵机能够满足对舵机基本性能的要求,不必另设辅操舵装置。但手动开关连通阀和旁通阀的方法难以在 45 s 内完成,要想适用于 1 万吨及以上的油船、化学品船和液化气体运输船,必须能自动检测漏油,并从四缸工作自动切换成两缸工作。

闭式系统都需要补油回路。因为主泵排出侧压力油难免有泄漏(例如主泵内漏由泵壳泄回油箱),所以,进入转舵油缸的油液体积比主泵从另一油缸中吸走的体积要小,即柱塞的位移不足以补偿被主泵吸入压力的降低量,就会产生气穴现象,使泵的容积效率降低。本舵机的主泵置于油箱内,两个油口处都设有补油单向阀 1,吸入压力降低时能从油箱中吸入油液予以补充。

每个集成阀块内设置的一对主油路安全阀 3 能起到超压保护和防浪作用。

2.主油路的锁闭

主油路锁闭阀 2 是一对靠主泵油压启阀的带卸荷阀的双联液控单向阀,即液压锁。该阀在两种情况下,能将主泵出口油路锁闭:(1)舵转到指令舵角,主泵停止供油时,两侧单向阀在弹簧作用下自动关闭,防止舵压力使转舵油缸内的油液经主泵泄漏而跑舵。(2)锁闭备用泵油路,防止倒流而影响转舵。

3.控制系统

本实例舵机采用伺服油缸式电气遥控系统,两套独立的阀控型开式液压伺服系统互为备用,均向伺服油缸 17 供油,辅泵 11 为恒压式变量泵。伺服油缸活塞位移时,与活塞杆相连的反馈发讯器 18 输出反馈信号,当活塞移动到与指令舵角相应的位置时,Y型三位四通电磁换向阀 14 回中,辅油路锁闭阀 15 还能隔离备用的辅油路,又不影响彼此快速切换。溢流阀 12 在辅泵出口作安全阀用,平时处于常闭状态。

储存弹簧 6 不设在浮动杆的反馈杆上,而是在两主泵的控制杆上各设一个。这种创新设计的优点是:如果某台主泵变量机构卡阻,在换另一台主泵后,浮动杆仍能正常工作。

如果需要应急操舵或舵机调试,则可在手动操纵插销孔 D 处插入插销,用手轮 4 直接控制浮动杆 8 来控制舵角。这时,双向溢流阀 16 的作用是使伺服油缸两侧沟通,而不至于妨碍手动操纵。为了在正常操舵时不受影响,双向溢流阀 16 的调定压力一般应比溢流阀 12 高 10%~15%。

任务 5.2　阀控型舵机液压系统

阀控型舵机液压系统采用定量油泵为主油泵,一般都使用电气遥控系统操纵电磁换向阀或电液换向阀,控制油液流向和转舵方向。油路可以采用闭式、半闭式或开式。图 11-5-2 为西德哈特拉帕 R4V 型舵机液压系统。系统以螺杆泵为主泵,转舵机构为拨叉式。系统的工作原理如下:

1.工作情况

该系统采用 M 型液动换向阀 6 控制转舵油液流动方向,同时兼作主油路锁闭阀,用电气遥控的 H 型电磁换向阀 5 作液动换向阀 6 的导阀。油泵安全阀采用先导式溢流阀(溢流阀主阀 3 和溢流阀导阀 4),整定压力为 24 MPa。当电磁换向阀 5 处于中位时,溢流阀主阀 3 的外控油口通油箱泄油,主油泵卸荷。

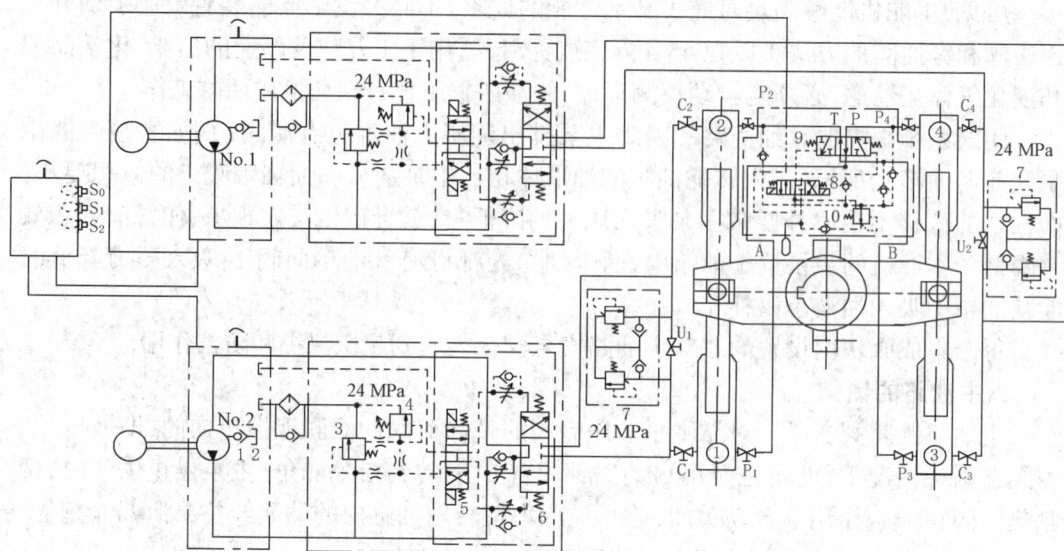

图 11-5-2　西德哈特拉帕 R4V 型舵机液压系统

1—单向阀;2—油箱;3—溢流阀主阀;4—溢流阀导阀;5—电磁换向阀(导阀);6—液动换向阀(主阀);
7—双向溢流阀;8—电磁换向阀(导阀);9—液动换向阀(主阀);10—减压阀

当电磁换向阀 5 因某侧电磁线圈通电而离开中位时,溢流阀主阀 3 因外控油口经电磁换向阀 5 直通油箱的油路被隔断,其开启压力则由溢流阀导阀 4 的整定压力决定,主泵排油压力升高。其排油一方面经电磁换向阀 5 控制液动换向阀 6 动作,另一方面直接经液动换向阀 6 去转舵油缸,另一侧油缸回油经液动换向阀 6 至油泵进口。当舵转至指令舵角时,舵柄上的电反馈信号发送器将信号送到操舵仪,电磁换向阀 5 的电磁线圈断电而使阀回中,主泵重新卸荷。

高置油箱 2 比系统最高点至少高出 0.5 m,经单向阀 1 向系统补油。这种系统只是在转舵时工作油液才属于封闭循环,而在停止转舵时油泵排油全部排回油箱,属于半闭式系统,有利于油液散热。

2.工况选择

这种舵机设有手动工况选择阀:缸阀 $C_1 \sim C_4$,泵阀 $P_1 \sim P_4$,连通阀 $U_1 \sim U_2$。正常工作时 U_1、U_2 常闭,其余阀常开。用 No.2 泵带 1、2 号缸工作时,P_1、P_2、U_1 关,其余阀全开;用 No.1 泵带 3、4 号缸工作时,P_3、P_4、U_2 关,其余阀全开。

3.自动安全切换装置

该舵机在两组油缸之间装有自动安全切换装置,它能在必要时自动使一对油缸与主油路隔断,同时彼此旁通,舵机仍能继续工作,以满足规范对 1 万总吨以上油船舵机发生单向故障丧失操舵能力时,应能在 45 s 内重新获得操舵能力的要求。

该装置的工作原理如下:当舵机某一套系统(例如 No.1 泵系统)因管路破裂或其他原因而严重失油时,其补油箱中液位降低,导致开关 S_1 动作报警。如果泄漏继续发生,则经过 30 s 左右或更长的时间后,液位开关 S_2 动作,切换工作泵,并使电磁换向阀 8 的相应线圈 Y_1 通电,主油路经单向阀提供的控制油经减压阀 10 减压至 3 MPa 后,经电磁换向阀 8 送至液动换向阀 9 的控制端,并使其阀芯右移,使与故障相连的 3、4 号缸与正在工作的主油路隔离并旁通。

阀控型舵机所用的泵和系统一般比较简单、初置费用较低。其缺点有:换向时液压冲击比泵控型系统大,阀工作的可靠性也不如泵控型;停止转舵时主泵流量并不减少(虽然排压较低),油液发热稍多,经济性要差一些。阀控型系统一般只用于中小功率场合。

任务六 液压舵机的管理

学习目标:

1. 知道舵机系统的清洗和充油方法
2. 熟悉舵机使用前的准备工作
3. 了解舵机的试验和调整方法
4. 知道舵机管理的注意事项
5. 了解舵机常见故障分析方法

舵机是直接关系船舶可操纵性的重要设备,一旦失灵就会危及航行安全,甚至造成重大人员和财产损失。因此,管理人员必须悉心做好日常的维护保养工作,正确地进行管理,确保舵机的正常运行。

任务6.1 舵机系统的清洗和充油方法

舵机安装完毕正式充油前,必须对油箱和系统进行彻底的清洗。最好用专门的清洗油进行清洗,并将其加热到30~40 ℃。清洗油的黏度应足够低,以求对脏物有较强的溶解和冲洗能力。一般选用30~40 ℃时黏度为$(13\sim25)\times10^{-6}$ m^2/s的环烷基油较为适宜。如清洗油不易从系统里放尽,则需要在其中添加防锈剂和抗氧化剂,并注意它与液压油的相容性。系统清洗时应使用临时油泵用热清洗油对系统循环冲洗,并使清洗通过一专门滤器,直至滤器不再滤出污染物时为止。清洁油箱时不得使用容易残留纤维的织物和容易破碎的泡沫塑料来擦抹,油箱的内壁也不得涂敷可能脱落的油漆。

系统的充油,应根据不同舵机的具体情况,按说明书的要求来进行。一般步骤如下:

(1)开启系统中各放气阀(或松开压力表接头)、旁通阀及其他各截止阀。

(2)经滤器将工作油加入补油箱(闭式系统)或循环油箱(开式系统),使之达到最高油位。如油泵系初次使用,也必须向泵内灌注洁净的工作油。当系统设有手摇泵时,应用其向系统充油;同时拆开油缸顶部的适当接头,经滤器向系统灌油,以加快充油的速度;需要时也可启动主泵(变量泵应尽量采用小流量)进行充油,但应随时注意向油箱补油。

(3)关闭转舵油缸的旁通阀,在机旁操纵主泵,间断地轮流向左、右两侧转舵(变量泵应尽量采用小流量),并反复开启压力侧的放气阀,尽可能放尽系统中残留的空气,直至舵机转动平稳且不存在异常噪声为止。

在系统空气排尽以前,不要让泵长时间地连续排油,以免将空气搅入油液,那样将很难再将空气放尽。

(4)新装的舵机应在充油后以1.25倍的设计压力对转舵油缸和主油路系统进行液压密封性试验。

任务6.2　舵机使用前的准备工作

船舶开航前,应会同驾驶部门,认真做好舵机使用前的准备工作。

(1)检查舵和舵机,确信其工作正常,确认在其运动部件附近没有其他妨碍运转的外物。

(2)用手转动油泵,确信油泵各运动部分没有卡阻现象,而且工作正常。

(3)检查并确信系统各阀件都处于正常开关状态。

(4)检查各摩擦部位润滑情况,并向各油杯和各运动连接部位注油或加油。

(5)检查各密封处的密封情况,并确信其工作正常。

(6)检查电气设备,看其是否可靠。

(7)检查舵角指示器的工作,看其是否与实际舵角相符。

在证实上述所有部分工作正常后,就可接通电源,启动油泵。

任务6.3　舵机的试验和调整方法

每次开航前应会同值班驾驶员分别在舵机室和驾驶台一起试舵。试舵时,在驾驶台用遥控按钮启动一套油泵机组,用遥控系统先后向一舷及另一舷做5°、15°、25°、35°的操舵试验,判断舵机及其遥控系统、舵角指示器是否能可靠工作。然后换用另一套油泵机组做同样的试验。如有备用遥控系统,也应试验。《液压舵机通用技术条件》(CB 3129—82)对舵的控制及舵角指示、限位有以下要求:

(1)电气舵角指示器的指示舵角与实际舵角之间的偏差应不大于±1°,而且正舵时须无偏差。

(2)采用随动方式操舵时,操舵角的指示舵角与舵停住后的实际舵角之间的偏差应不大于±1°,而且正舵时须无偏差。

(3)不论舵处于任何位置,均不应有明显跑舵(稳舵时舵偏离所停舵角)现象。在台架试验中,当舵杆扭矩达到公称值时,往复式液压舵机的跑舵速度不得超过0.5°/min,转叶式液压舵机应不超过4°/min。

(4)采用液压或机械方式操纵的舵机,滞舵(舵的转动滞后于操舵动作)时间应不大于 1 s,操舵手轮的空转不得超过半圈,手轮上的最大操纵力应不超过 0.1 kN。

(5)电气和机械的舵角限位必须可靠。实际的限位舵角与规定值之差不得大于±30′。

如随动舵的实际舵角与指令舵角零位不符,舵角偏差超过±1°,需对操纵系统进行调整。

对于不设浮动杆式追随机构的电气遥控系统,应检查和调节系统的各个环节。当舵轮处在零位时,操舵信号发送器的输出即应调整为零;当舵叶在零位时,反馈信号发送器的输出也应调整为零;而在操舵轮位于其他舵角时,只有当舵叶转至相应舵角时,反馈信号发送器才应与操舵信号发送器给出的电信号抵消,这时电路中各相敏整流电路及放大器的输出也应该为零。

对于设有浮动杆机构的控制系统,则应首先使遥控系统在舵机室的执行元件以及变量油泵和舵叶三者同时处于中位。以图 11-5-2 为例,一般调整步骤如下:

(1)停用驾驶台的遥控机构,采用机旁操舵,使遥控系统在舵机室的执行元件处于中位。

(2)启动左舷油泵,如舵停止时并不处于零位,则应松开左泵变量机构拉杆的锁紧螺帽,然后转动调节螺套,使主泵变量机构动作,直至舵叶能够停在零位时为止。

(3)换用右舷油泵,如舵不能停在零位,则用同样的方法调节变量机构的拉杆(注意保持左泵与拉杆的相对位置不变)直至舵停在零位时为止。

(4)将锁紧螺帽拉紧,再次验证两泵的工作,直至确认无误为止。

在按上述要求调整浮动杆追随机构以后,将舵转至左、右最大舵角,并在螺杆上的导块实际到达的极限位置,将限位螺帽固定。然后检查调整电气遥控系统。

舵机安全阀的整定:一般安全阀在出厂前即已调定。装船后和必要时,对整定压力也可进行验证,如不符合要求,应重新调整。每一安全阀的调整步骤如下:

(1)启动一台油泵,移开控制机构的操舵角限制元件,用机旁操纵向某舷操舵,如主泵为变量油泵,当舵叶接近最大舵角时,应尽量使泵以小流量工作。

(2)将舵转至机械限位挡块限止的极限舵角位置,以使油泵的排压继续升高,直至接近规定的整定压力时,安全阀即应开启。此时应使主泵保持额定流量(如为变量泵,应使变量机构处在额定位置),然后观察压力表的读数。

(3)如果所得读数与规定的整定压力不符,则取下安全罩盖,松开锁紧螺帽,转动调节螺帽,校正安全阀整定压力,直至符合要求,再重新将锁紧螺帽锁紧。在安全阀的调试过程中,必须注意防止系统中的油压超过耐压试验的数值,安全阀每次开启的时间也不宜超过 30 s。安全阀的调整工作应在船检部门和轮机长在场的情况下进行。

任务 6.4　舵机管理的注意事项

(1)油位

工作油箱中油位应经常保持在油位计显示范围的 2/3 左右。如油位升高,可能是油中进入过多空气或油冷却器漏水;如油位降低过快,则表明有漏油处,应查明修复,然后经滤器向油箱补油。

（2）油温

工作时最合适的油温是 30~50 ℃。油温高于 50 ℃时应使用油冷却器。油箱油温（泵进口处）通常应不高出室温 30 ℃以上，且一般应不超过 60 ℃。当油温超过 70 ℃时，油液的氧化变质速度将显著加快，一般应停止工作，查明原因，加以解决。

油温低于 10 ℃时不宜启动，室温太低时应启用舵机室加热器。如油温低于 10 ℃但尚不低于 -10 ℃，又急需启动，可让油泵在油路旁通的情况下空载运转一段时间，或实行小舵角操舵，直至油温升到 10 ℃以上再正常使用。

（3）油压

在主油路中，主泵排出油压应不高于说明书标定的最大工作油压，主泵吸入侧的油压则应不低于由补油条件（闭式系统）或吸油条件（开式系统）所确定的正常数值。辅油路中各处油压应符合设计要求。油压表阀平时应保持关闭，只在检查时打开，以减少损坏机会。

（4）滤器

运行中应经常注意滤器前、后压差，及时清洗或更换滤芯（依其种类而定）。初次使用的舵机更应注意清洗滤器。若在清洗滤器时发现金属屑，必须严密注意其属性及增长情况，如金属屑数量继续增加，则表明系统内部有部件损坏。

（5）润滑

油缸柱塞等滑动表面应保持清洁，并浇涂适量工作油。舵机长期停用应涂布润滑脂。需加油的摩擦部位，工作中应适时适量加油，如果设有油杯，应及时补充润滑油（脂），油杯中有油芯的应定期用煤油或苏打溶液清洗。

（6）泄漏

舵杆的舵承填料不应渗水，油箱、油缸、阀件、油管及接头等处不应漏油。柱塞和活塞杆表面应敷有一层薄油，但不滴油；如有滴油，若调紧压盖无效，则应在合适的时候换新 V 形密封圈。更换时应拆开填料压盖 2 mm 左右，用手摇泵或主泵以小流量工作，借油压将 V 形密封圈慢慢挤出。安装时只许用竹、木质工具填充填料，以防损伤柱塞滑动表面、内套密封面和填料本身。

（7）噪声

如有异常声响，应立即查明原因，设法处理。

（8）机械过热

泵和电机等不应有过热现象。轴承部位的温度，一般比油温高 10~20 ℃为正常。

（9）联轴器

启动时可先盘动泵的联轴器，以确认泵无卡阻。工作泵联轴器下如发现橡皮碎末，则表明对中不良，导致橡皮圈破碎，必须停泵校正，并换新橡皮圈。在舵机使用期间，备用泵的联轴器不应反转。

（10）阀和固定螺帽

使用中应检查各放气阀、旁通阀和截止阀，以及各固定、连接螺帽，防止因振动而离开正确位置或松动。

另外，在必要时必须测量转舵机构各磨损部位的间隙，校准、调试安全阀或其他液压控制阀。电气方面应定期测量绝缘，检查和清洁触头、换向器，防止各接头松动。

任务 6.5　舵机常见故障分析方法

1.舵不能转动

(1)遥控系统失灵——此时机旁操纵正常。

对电气遥控系统,可能是电路断路(保险丝烧断,接点脱焊或接触不良,电气元件损坏等);也可能是其中的机械传动部分有故障(例如导杆卡阻或应插的插销未插好等)。

如果控制系统具有伺服油缸,还可能是控制油源中断(例如辅泵损坏等)、伺服油缸旁通阀未关、溢流阀开启压力太低或换向阀不能离开中位等。

(2)主泵不能供油——可换用备用泵加以验证。

如果是泵变量机构卡住,而两台主泵又是共用一套浮动杠杆机构,须先将坏泵的变量机构脱开,才能换用备用油泵。

如果油泵机组不能启动,应查明是否有电路故障,此时应注意有的装置有连锁保护——辅泵未启动则主泵无法启动,还可用盘车的方法判断油泵是否有机械性卡阻。

如果油泵能运转但几乎没有油压,则在排除主油路旁通或泄漏的可能性后,即表明主泵没有供油,对阀控型开式系统,可先检查循环油柜是否缺油,或吸入管是否堵塞;对泵控型舵机,则应以机旁操纵方法,检查泵的变量机构能否正常移动。变量机构卡住,差动活塞控制油中断或油路堵塞,浮动杆机构销子断落或储能弹簧太软,则机旁操作也会无法使油泵离开中位,必要时可拆检泵的变量机构或泵本身,以判明工作部件是否损坏。

(3)主油路旁通或严重泄漏——此时主泵吸、排油压相近。

主油路旁通可能是因备用泵锁闭不严(反转)、旁通阀开启、安全阀开启压力过低或被垫起,阀控型系统则也可能是由换向阀有故障不能离开中位造成的。

(4)主油路不通或舵转动受阻——表现为主泵排出油压高,安全阀开启。

主油路不通的最大可能往往是泵阀、缸阀未开或主油路的液控锁闭阀打不开。

2.只能单向转舵

(1)遥控系统只能单向动作——如果改用机旁手动操舵则正常。

这可能是由电气遥控线路故障(例如电磁换向阀一端线圈断路)或控制用伺服油缸一侧严重泄漏等造成的。

(2)变量泵只能单向排油——如果换用备用泵则可正常工作。

这往往是由于泵变量机构单向运行发生困难,例如单向卡阻或差动活塞某一油孔堵塞等。

(3)主油路单方向不通或旁通。

这可能是由于某侧的安全阀开启压力过低或主油路锁闭阀之一在回油时不能开启。

3.转舵时间达不到规定要求

(1)主泵流量太小。

如非选配不当,则多数是由磨损过度造成泵内泄漏严重,或者是泵局部损坏所致,有时也可能是变量机构行程太短或泵转速达不到额定值。

（2）遥控系统动作太慢——改用机旁操舵后转舵时间即可符合要求。

工作正常时,浮动杆的操纵点 A 从一舷满舵位置移到另一舷满舵位置所需时间应在 22~24 s。如果上述时间明显延长,对于伺服电机式遥控系统,可能是电路有故障、激磁电流不足或反馈信号太强;对于伺服油缸式,则可能是提供控制油的辅泵流量不足或调速阀调定的流量太小,此外,也可能是由伺服油缸油路泄漏严重等造成的。

（3）主油路有旁通或泄漏。

这往往同时会引起冲舵、跑舵或滞舵。除外部泄漏外,可能是安全阀、旁通阀等关闭不严,或双作用油缸、转叶油缸内部密封损坏,或备用泵油路锁闭不严,或主油路换向阀泄漏严重等。

4.滞舵——舵叶的转动滞后于操舵动作

（1）主油路中混有较多气体,这时即使机旁操舵,滞舵现象也不会消除,且转舵时可从高压侧放气阀放出气体。其原因可能是充液或检修后放气不够彻底,也可能是工作油箱油位太低或补油压力太低。对闭式系统,如系统有泄漏,撞杆位移就不足以填补低压侧油缸中被吸走的油液容积,致使泵吸入侧压力太低而吸入空气。

（2）遥控系统动作迟滞。例如,伺服油缸或控制油路中存有气体、控制系统机械传动部件的间隙太大等。

（3）泵控型系统主油路泄漏或旁通严重。在这种情况下,由于油泵在刚离开中位流量较小时,舵便可能不动或动得很慢。

5.冲舵——舵转到指令舵角后冲转过头

（1）泵变量机构不能及时或不能回中。这可能是变量机构卡住,控制油压变低或差动活塞油孔堵塞等造成的。

（2）遥控伺服油缸的换向阀或阀控型系统主油路的换向阀不能回中。这可能是阀芯在一端卡住,也可能是一端弹簧断裂、张力不足等。

（3）遥控伺服油路闭锁不严(油路泄漏或旁通)。这时,在舵转动后,由于受到浮动杆传来的作用力,伺服活塞就会在到达指令舵角后因油路锁闭不住而继续前移,油泵便无法回到零位,舵也就会继续冲转。

在以上几种情况下,舵将一直冲到顶住机械舵角限位器为止。

（4）控制系统的反馈部分有故障。例如反馈系统的机械连接件松动、电气元件损坏、触头脏污或断路等。

（5）主油路锁闭不严。舵转到指令舵角时,如果控制系统工作正常,转舵油缸停止就会进油,假如主油路存在泄漏或旁通,在舵转动惯性大,特别是舵作用有负扭矩时,就会发生冲舵。但如果反馈机构正常,舵冲过指令舵角后仍会回到指令舵角。

6.跑舵——稳舵期间舵偏离所停舵角

这种现象多半由主油路锁闭不严或遥控系统工作不稳定所致。此外,两台泵共用一套浮动杆控制的变量泵中位调节不一致或调好后松动,在双泵同时工作时也会产生舵停不稳的现象。

7.舵机有异常噪声和振动

（1）液体噪声:由工作油液中产生气穴引起。其产生的原因可能是闭式系统放气不彻底或补油不足;开式系统油箱中的油位太低,吸油滤器堵塞或吸油管漏气;油温太低、油黏度太大。

（2）油泵机组异常噪声：可能是由于泵和电动机对中不良，轴承或泵内其他运动部件损坏。

（3）管路或其他部件固定不牢。

（4）转舵油缸柱塞填料过紧。

（5）某些型式的主油路锁闭阀在舵受负扭矩作用而转动较快时，也易产生敲击。

（6）舵杆轴承磨损或润滑不良。

8.舵不准

转舵停止时实际舵角与指令舵角误差超过±1°，调整方法参见本任务"舵机的试验和调整方法"。

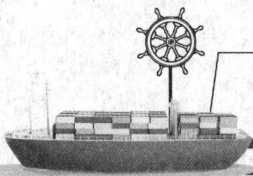

项目十二

液压甲板机械的操作与管理

任务一 | 液压起货机的操作与管理

学习目标：

1. 了解起货机的基础知识
2. 知道起货设备的分类和组成
3. 知道起货机的液压系统
4. 熟悉液压起货机的操纵机构
5. 了解液压起货机实例

任务 1.1　起货机的基础知识

为了缩短船舶营运周期、降低运输成本、增加港口的吞吐量、提高装卸效率，除了用港口的起货设备进行船舶的装卸作业外，还可借助船舶自身的起货设备来完成。故除固定航线的专用船舶外，大多数一般用途的运输船舶，特别是运送成箱、扎捆、袋装等件状货物的干货船，需在船上装设起货设备。

船用起货机械装置按其结构及作业方式，可分为吊杆式起货机和回转式起货机；按其驱动机械的能源不同，可分为蒸汽起货机、电动起货机和液压起货机。目前，运输船舶以液压起货机和电动起货机应用最广，而蒸汽起货机除用于油船外（考虑防火安全），现已很少被采用。

船舶起货机应满足以下要求：

（1）能在额定的起货速度下，吊起额定负荷；

（2）能按操作者的要求方便灵活地起落货物；

(3)在任何时刻能根据需要停止,并把持货重;

(4)能依据负载不同,在较广的范围内调节运行速度,并具有良好的加速性和减速性;

(5)装置的各部件及设备要经久耐用,装卸作业效率高。

上述各项基本要求实际上规定任何起货设备都必须具有足够功率,必须具有反转和换向能力,必须能够调速和限速,并需相应设置手动、脚踏、离心、电力或液压的制动设备和某种机械性的固锁装置,以便有效制动,确保安全。当然,一部优良的起货机,除满足上述各项基本要求外,还应具备结构简单、操纵容易、工作可靠、便于维修,以及防水、防冻和易于取得备件等优点。

任务1.2 起货设备的分类和组成

1.吊杆式起货设备

吊杆式起货设备在运输船舶上的应用,有着较悠久的历史。它结构简单、制造容易、投资少、操作灵活方便,且能满足超重型的货物装卸要求,目前仍广泛用于船舶上。吊杆式起货设备通常由吊杆设备与起货机组成。

(1)按承载能力分类

船舶上常见的吊杆起货设备,按其承载能力的不同分为轻型和重型两类:

①轻型吊杆起货设备——吊货杆的起货重量在 10 t 以内。

②重型吊杆起货设备——吊货杆的起货重量在 10 t 以上。目前新建的大型运输船舶上的重型起货,其起吊的安全工作负荷达 60~120 t,甚至高达 300 t。

(2)按吊杆数量分类

吊杆起货设备按吊杆的数量可分为双吊杆起货设备和单吊杆起货设备。

①双吊杆起货设备

双吊杆式起货设备主要由两根吊货杆和两部起货绞车等组成,其作业情况如图12-1-1 所示。作业时,一根吊杆 3 放在货舱口上方,另一根吊杆 4 则伸出于船舷之外。两根吊杆上的吊货索 7、8 均与吊货钩相连,并各由一部起货绞车带动。装卸时,吊杆的位置固定不动,只由两部绞车配合动作,改变两吊货索长度即可实现货物升降和在舱口与码头间横向移动。

双吊杆起货设备应用较早,其主要缺点是:如果伸出吊杆需要调整位置,装卸作业必须中断,作业前准备时间较长;其优点是:只需两部起货绞车即可完成全部装卸作业的各种动作。

②单吊杆起货设备

单吊杆起货设备的具体形式很多,基本上分为用支索回转和用分离顶牵索回转两类。图 12-1-2 示出用支索回转的单吊杆起货设备的作用情况。由图可见,这种起货机的主要特点在于吊杆可借两根支索 4 的一收一放来回转。这是因为在回转(支索)绞车 2 上装有绕绳方向相反的两个卷筒,分别卷绕着两根支索 4,因此,当回转绞车 2 带动两直径相同的卷筒做同向回转时,两根支索 4 就会被分别卷起和放出,从而使吊杆回转。至于吊杆的变幅,则由变幅绞车 3 控制顶牵索(变幅索)6 的放出长度来实现。这种吊

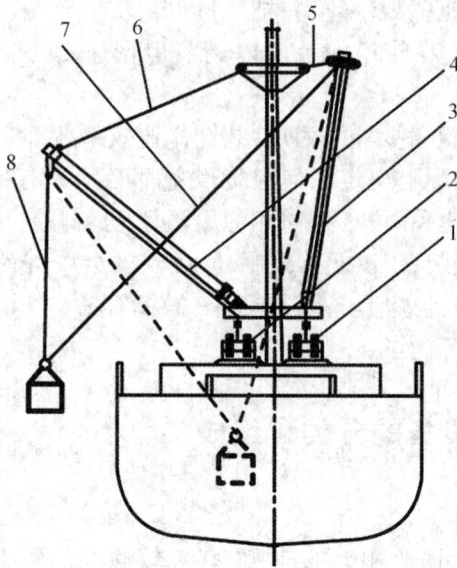

图 12-1-1 双吊杆起货设备

1、2—绞车；3、4—吊杆；5、6—顶牵索；7、8—吊货索

杆的最大负荷可达40 t，回转角度约65′。如果改变支索边滑轮在舷墙上的安装位置，则吊杆回转角还可进一步增加到90°左右。

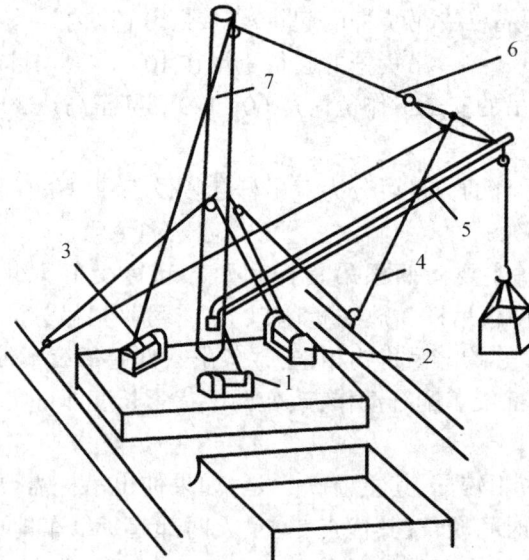

图 12-1-2 单吊杆起货设备

1—起吊绞车；2—回转绞车；3—变幅绞车；4—支索；5—吊杆；6—变幅索；7—起货柱

与双吊杆起货设备相比，单吊杆起货设备调整吊杆位置不用中断装卸作业，吊杆可以准确对准货舱或货堆。其缺点是该系统完成升降、变幅和回转三种运动需三部绞车。

2.旋转式起货设备（克令吊）

在很多船上装有旋转式起货设备，它与单吊杆起货设备类似，但又有不同。在回转式起货机中，起货绞车、变幅绞车、回转绞车以及吊杆和索具等已被组装在一个共同的回转座台上,作业时,各组成部分都随座台一起回转。其组成情形如图 12-1-3 所示。作业时,通过起货绞车收放吊货索实现货物升降,吊货索通常在起重柱顶部滑轮组与起重臂顶部滑轮组之间绕行,共往返三次,然后由起重臂顶部伸出连接吊钩。通过变幅绞车收放绕行于起重柱与起重臂顶部滑轮间的变幅索,实现起重臂仰角的调整(变幅),也有的用液压油缸实现变幅运动。旋转式起货设备通过旋转马达驱动小齿轮与装在座台上的大齿轮啮合运动,带动旋转平台和整个起货设备一起进行旋转运动,旋转可在 360° 范围内进行。

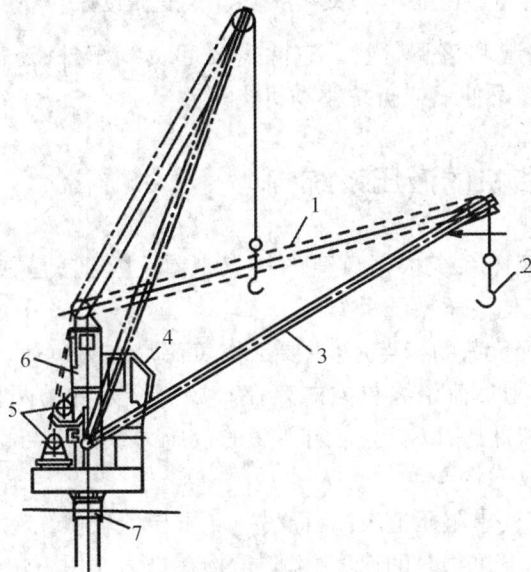

图 12-1-3 回转式起货设备
1—钢丝绳;2—吊货钩;3—吊杆;4—操纵室;5—油马达;6—塔身;7—桅柱

除固定式旋转起货设备外,还有安装座台可沿甲板上铺设的轨道移动的走行式旋转起货设备。另外,也有将两个旋转起货设备安装在同一旋转平台,两个起货设备既可分别独自进行装卸作业,也可并在一起用机械装置连锁同步动作并联工作,使其起重能力提高大约一倍。

与吊杆式起货设备相比,旋转式起货设备具有重量小、占地少、操作灵活、装卸效率较高、能准确地把货物放到货舱的指定地点,并能迅速地投入工作等优点;但也存在结构复杂、初投资高、吊臂的横动幅度和起升高度较小,以及需要三部绞车等缺点。一般认为当起重量大于 5 t 时,以采用旋转式起货设备为宜。

3.门式起货设备

门式起货设备多用于集装箱船,由走行式门架、横梁、吊车等组成。门架以其走行轮可沿甲板上铺设的轨道纵向行走。吊车以其移动滚轮可沿横梁上的轨道横向行走。横梁可以是伸缩式结构或折叠式结构,在装卸作业时向舷外延伸出一段悬臂梁,可以使吊车移到舷外向码头起落货物,装卸完毕后,伸出的悬臂梁部分可以折叠回靠并固定在门梁上或缩回门梁内。图 12-1-4 为双梁折叠式门式起货设备的简图。

门式起货设备依靠装在吊车上的起货绞车升降货物;依靠门架的纵向走行和吊车的横向走行的配合,可以使吊车对准甲板上轨道长度范围内和码头上悬臂梁伸出范围

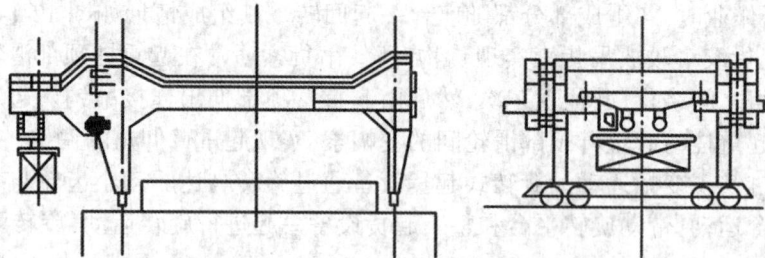

图 12-1-4　双梁折叠式门式起货设备

内的任何位置,垂直吊起和落下货物。它除需要起货绞车外,还需要门架走行驱动机构,此外,还必须装设横梁伸缩或折叠驱动机构。

任务 1.3　起货机的液压系统

起货机所采用的液压系统根据负荷的特点来看,主要是起重机构液压系统,克令吊,还有回转(走行)机构液压系统。

起重机构液压系统负荷的特点是:主要工作负荷是重力负荷。无论是在重物升起、降下或停在半空时,重力负荷始终单方向存在。故执行元件的两根主油管工作中始终不变地分别承受高压和低压,以产生方向不变的液压力或扭矩与重力相抗衡。于是,起重机构液压系统具有以下特点:

(1)只有一侧油路要求限压值较高,而另一侧限压值较低。

(2)必须能限制放下重物时的速度,以防重物在重力作用下快速坠落。

(3)重物停在空中时应能可靠地锁紧,以防其在重力作用下向下滑落。

(4)若重力负荷变动范围较大,则需要采取功率限制措施。

回转机构液压系统负荷的特点是:主要工作负荷是回转(或走行)引起的始终与运动方向相反的阻力负荷和启停时的惯性负荷。因此执行元件两侧的油路都可能承受高压;停止时则负荷消失(只有在风大或船倾斜时才会有额外的负荷)。惯性力与质量和加速度成正比,其方向与加速度方向相反。因此,当运动部件质量较大时(如克令吊),启停时的惯性负荷较大。这种系统的特点是:

(1)两侧油路限压值相同,都比较高。

(2)设在固定平面上的克令吊一般无须限速措施,但若考虑船舶可能倾斜,则双侧油路都需有限速措施。

(3)停下后必要时(如风大、倾斜)也需采用机械制动。

(4)负荷变化不会太大,一般无须专门的功率限制措施。

根据换向和调速的控制方式,液压系统又可分为阀控型和泵控型,前者可用开式或闭式系统,后者一般用闭式或半闭式系统。下面重点分析有典型意义的起重机构的阀控型开式液压系统和泵控型闭式(半闭式)液压系统。在此基础上,起重机构的阀控型闭式液压系统和回转机构液压系统在以后的实例中介绍。

1.起重机构的阀控型开式液压系统

图 12-1-5 示出采用单向节流阀限速的起重机构阀控型开式液压系统的原理图,其

工作特点分析如下。

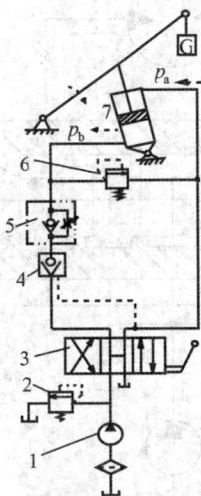

图 12-1-5 采用单向节流阀限速的起重机构阀控型开式液压系统

1—单向定量泵;2—安全阀;3—手动换向节流阀;4—液控单向阀;5—单向节流阀;6—制动阀;7—液压缸

（1）换向和调速

阀控型系统一般多采用单向液压泵,泵的排油方向不变,转换执行元件的运动方向是靠转换手动换向节流阀 3 阀芯的工作位置来完成的。换向阀不宜操作得太快,否则液压冲击较大。

阀控型系统通常采用的是定量泵,需要用流量控制阀来改变输入执行元件的油的流量,对执行元件进行节流调速,而让泵多余的流量直接返回油箱。有的阀控型系统为限制功率,采用恒功率变量泵或变量马达,必要时可辅以容积调速。

液压甲板机械操作方便,一般都采用既可换向又可节流的换向节流阀。根据所用换向节流阀结构形式的不同,主要有并联节流调速和定差节流调速两种,后者又有定差溢流式和定差减压式之分。

①并联节流调速

并联节流调速所用的换向节流阀的原理如图 12-1-6 所示。当换向阀处于中位时,P-T 相通,液压泵卸荷,执行元件不动;当阀芯从中位右移,在油路 P-A 开通时 P-T 并不立即隔断,而是随 P-A 开大而逐渐关小,这种结构称为开式过渡。若设液压泵的排出压力为 p_1,流量为 Q_1,调速过程中,液压泵的排油一部分经 P-A 流入执行元件,压力降为 p_2(随执行元件负荷而增减),流量为 Q_2;另一部分则经 P-T 流回油箱,压力降为回油压力(接近零),流量为 $Q_3 = Q_1 - Q_2$。显然,随着滑阀继续右移,Q_3 逐渐减小,Q_2 相应增大,从而实现调速。

可见,换向节流阀的输入功率为 $p_1 Q_1$,输出功率为 $p_2 Q_2$,阀的节流损失为 $(p_1-p_2)Q_2$,回流损失为 $p_1(Q_1-Q_2)$。于是,可列出能量损失关系式:

$$p_1 Q_1 = p_2 Q_2 + (p_1 - p_2)Q_2 + p_1(Q_1 - Q_2) \qquad (12\text{-}1\text{-}1)$$

则调速效率为

$$\eta_c = p_2 Q_2 / (p_1 Q_1) \qquad (12\text{-}1\text{-}2)$$

采用并联节流调速,低速时 Q_2 小(阀离开中位的位移小),轻载时 p_2 低,虽然 p_1 会相

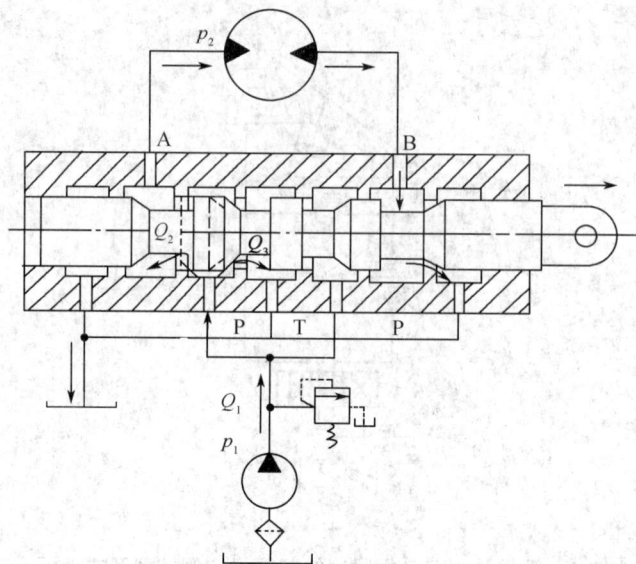

图 12-1-6　并联节流调速所用的换向节流阀的原理图

应变小,使液压泵功率减小,但节流和回流损失仍然较大,调速效率 η_c 较低。而且在换向阀芯位移不变时,流量 Q_2 与液压马达的负载(影响 p_2)有关,所以调速不稳定。

②定差节流调速

若图 12-1-8 中的换向节流阀采用图 12-1-7 所示的形式,则可实现定差溢流节流调速。这种调速方法的工作原理与"液压控制阀"中介绍的溢流节流阀相似,只是用手动换向节流阀代替了其中的节流阀而已。

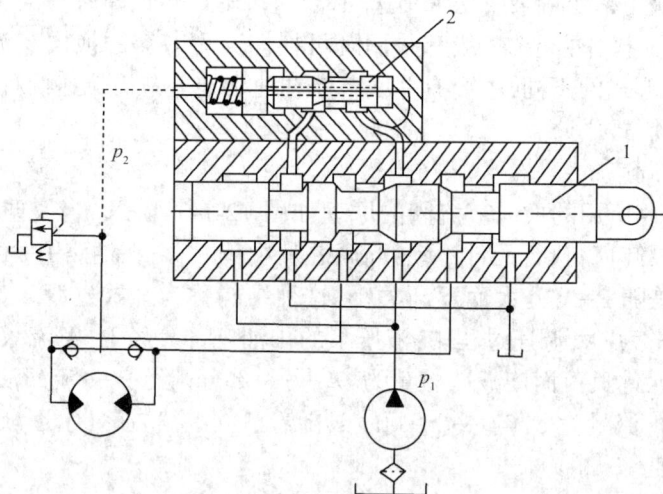

图 12-1-7　定差溢流节流调速原理图
1—手动换向阀;2—定差溢流阀

在定差溢流式换向节流阀中,由于定差溢流阀 2 两端的油腔分别同手动换向阀 1 节流前、后的油路相通,即右端通油泵的排出压力 p_1,左端则经单向选择阀(或梭阀)承受液压马达进油压力 p_2,只要溢流阀的弹簧做得很软,其阀芯移动量又很小,则换向阀节流前、后油压差(p_1-p_2)即可像溢流节流阀那样近似保持恒定,从而使流经换向阀的流量基本上取决于阀芯位置,不受马达载荷影响。

采用定差溢流节流调速,执行元件的进油流量与载荷无关,执行元件的速度较稳定;同时因定差溢流阀的调定压差通常不大(一般为 0.2~0.4 MPa),故执行元件的速度随滑阀位移的变化较缓,调速平稳;而且调速效率较高,轻载低速时尤为明显。

除定差溢流节流外,调速还可以采用定差减压节流,即在换向节流阀前串联定差减压阀,原理类似普通调速阀,不再赘述。

上述各种节流调速法,节流和回流的功率损失总是不可避免的,并会转换成油的热量。

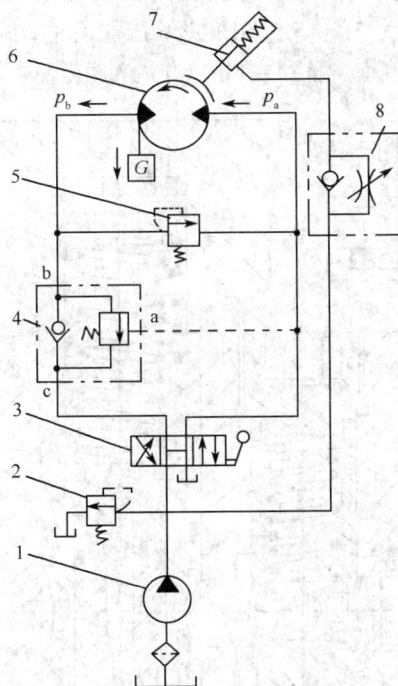

图 12-1-8 用平衡阀限速的阀控型开式系统

1—单向定量泵;2—安全阀;3—换向节流阀;4—平衡阀;5—制动阀;6—液压马达;7—制动器;8—单向节流阀

(2)限速

开式液压系统如果在降下重物时不设法节制执行元件的回油,而任其直通油箱,那么执行元件在重力作用下仅需克服较小的摩擦阻力,会加速运动,重物的下降速度就会很快升高到危险的程度,因此,系统需采取限速措施。常见的限速措施有以下几种:

①单向节流阀限速

在图 12-1-5 中,降下重物时执行元件的回油管所设的单向节流阀 5 可起限速作用。它在下降工况时能对执行元件的回油进行节流,因为单靠重力所形成的执行元件的背压 p_b 有限,故回油流量(决定活塞的下降速度)受到限制。要想加快下降速度,需增加换向阀向下降方向的位移,以增加执行元件的进油压力 p_a,从而提高执行元件的回油压力 p_b 和流量。

显然,这种限速方法在轻载或油温降低(黏度增大)时,要想达到要求的下降速度,则需加大换向阀的位移,使 p_a 更高,以致液压泵的排压和功率增加,经济性变差。因此,这种方法仅适用于功率不大、工作时间短及负载大致不变的开式系统,例如舱盖板液压启闭装置。

②平衡阀限速

开式液压系统限制重物下降速度的另一种方法是在靠近执行元件的下降排油管上装设平衡阀,如图 12-1-8 中 4 所示。

平衡阀一般都是专门设计的,有直控和远控之分。若将单向顺序阀由外泄改内泄来充任平衡阀,则其工作性能不会理想。图 12-1-9 示出一种平衡阀的结构实例。起升工况时,压力油供入 c 口,顶开单向阀 1,通往 b 口;下降工况时,压力油来自 b 口,只有当另一侧主油路通入远控油口 a 的控制油压作用在控制活塞 6 的底部,克服主阀弹簧 2、3 的张力(此阀控制油压为 3.5～5.5 MPa,不可调,有的阀做成可调式)将主阀 4 顶起,b 口的油才能经主阀通往 c 口。漏到主阀上方的油可经内泄油口 d 泄往 c 口。主阀中

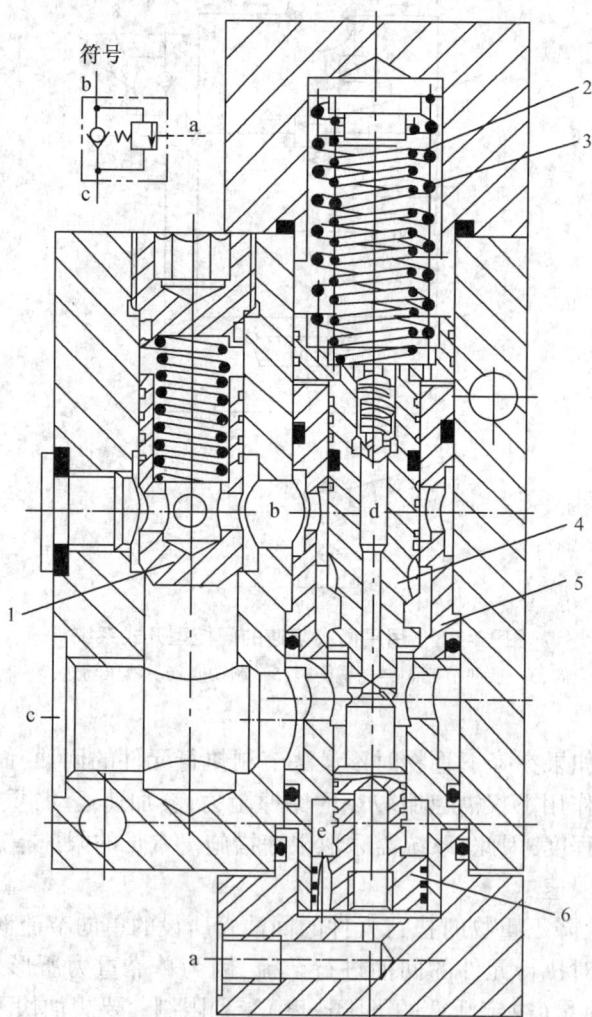

图 12-1-9　平衡阀

1—单向阀;2、3—主阀弹簧;4—主阀;5—主阀套;6—控制活塞

部的节流口可使主阀启闭过程中通流面积逐渐变化,以免 p_b 改变过快,使执行元件的动作无法平稳。控制活塞 6 上的阻尼孔 e 使该活塞移动时受阻尼,可减少主阀振动的可能性。主阀套 5 下部的锥形阀座可使主阀关闭严密。主阀设双弹簧能防止阀芯产生共振。

采用远控平衡阀后,重物下降时执行元件的回油流量不可能大于由换向节流阀控制的进油流量(否则 p_a 立即降低,平衡阀会关闭),因而重物下降速度受换向节流阀的开度控制。

采用这种方法,重物下降时执行元件进油压力 p_a 基本上不受重力负荷大小的影响,受油液黏度和下降速度的影响也较小。这是因为主阀开度可变,p_a 只在使平衡阀的主阀从开启到全开的压力变化范围内改变。若用单向节流阀,则节流阀调节后开度固定,要使流量改变,p_a 变化必须较大。因此,这种方法的经济性比用单向节流阀好。

如果重力负荷基本不变,可改用接管更简单的直控平衡阀。许多平衡阀只需将下盖拆下转 90°,使 b 腔的油能经过内控油路与控制活塞下方接通,而将远控油口堵死,即可改为直控。这样,下降工况使平衡阀的主阀开启的控制油压将是执行元件的回油压力 p_b,它是重力和进油压力 p_a 共同作用的结果,这时执行元件的进油压力 p_a 将与负荷大小有关。

开式系统无论采用哪种方法限制重物下降速度,都是在执行元件的下降回油管上节流,总会导致额外的节流损失,重物的位能无法回收,会转化为油的热能,故称为能耗限速。

在起重机构的开式液压系统中,执行元件下降工况的进油管路无论在何种工况下都不会承受太高的油压;而在执行元件出口到限速阀件之间这段油路在任何工况下都承受较高油压。因此,平衡阀和单向节流阀等限速阀件安装时往往紧贴着执行元件的下降工况回油口,以免两者之间发生漏油而使重物坠落。

(3)制动

液压装置的制动是指使运动中的执行元件停下来并长时间停稳不动,这包括给出停止指令后的减速和停后的锁紧两重含义。常用的制动方法有液压制动和机械制动两种。前者是使在运动中的执行元件两端的主油路关断,于是执行元件排油端的油压迅速升高,产生制动力或扭矩使执行元件制动。后者是靠常闭式机械制动器产生的摩擦力制动,它靠弹簧力抱闸而以通入制动器油缸的压力油克服弹簧力来松闸。低速液压马达常在所带卷筒上设摩擦带式带动器;高速液压马达常在行星齿轮减速箱内设多层摩擦盘式制动器。后者松闸所需的油压力一般比前者高。

开式液压系统的液压制动是通过换向阀回中来实现的。当采用液压缸作为执行元件时,虽然液压缸密封性一般都很好,但换向阀即使采用能在中位锁闭工作油路的 O 型、M 型,也是靠阀芯和阀体的间隙密封,难以十分严密。若系统采用单向节流阀限速(见图 12-1-5)而无其他措施,重物在空中停留时间稍长,便会因油液内漏而下滑。因此,必须在靠近单向节流阀后处加装液控单向阀 4,当换向阀回中后,进油压力 p_a 迅速降低,液控单向阀 4 即关闭,将油路严密锁闭。如果系统采用能严密关闭的平衡阀限速,则无须再加其他锁闭油路的阀件。有了限速元件之后,换向阀常选用 H 型中位机能,这不但能在回中时使 p_a 迅速卸压,而且可避免泵的排油漏入执行元件使之油压升高。

用液压马达作执行元件的液压系统,马达一般都有内泄漏,即使主油路中有能严密锁闭的阀件,也无法实现液压锁紧,必须为马达加设机械制动器,否则马达停后会在吊重作用下慢慢滑转。机械制动器可设计成即时抱闸和延时抱闸两种。延时抱闸制动器是在换向阀回中、马达靠液压制动停转后才起锁紧作用,基本上不参与停转前的减速,这样可避免制动器磨损太快。为此,在图 12-1-8 所示系统中,要求在制动器 7 的控制油管上装单向节流阀 8,当换向阀离开中位时,液压泵排油经单向节流阀 8 自由通入制动器油缸,克服弹簧力,使制动器立即松闸;而换向阀回中时,制动器油缸的泄油必须经过单向节流阀 8 节流,从而延迟抱闸。如果为了缩短制动时间,缩短重物下滑距离,即使系统能实现液压制动,也可以使用即时抱闸制动器,在马达停住之前就抱闸帮助减速,为此可将单向节流阀 8 取消。

(4)限压保护

在油泵出口装有作安全阀用的溢流阀(如图 12-1-5 及图 12-1-8 中 2 所示),以防超负荷时液压泵排压过高,使电机过载或损坏装置。

如果起重机构运动部分质量较大,在下降工况突然液压制动(换向阀回中太快),则会产生很大的惯性力,使执行元件回油管路的压力急剧升高,有可能会超过执行元件或管路的承压能力。为此,系统中设有作为制动阀用的溢流阀(如图 12-1-5 中的 6 或图 12-1-8 中的 5 所示),制动时若回油管路的油压太高它会开启。制动阀的调定压力可与安全阀相同;为缩短制动时间,其调定压力也可比安全阀高些,这不会使原动机过载,但最大制动压力不得超过执行元件所允许的尖峰压力。

2.起重机构的泵控型闭式液压系统

图 12-1-10 示出起重机构的泵控型闭式(半闭式)液压系统的原理图。其功能与特点介绍如下。

(1)换向和调速

泵控型系统采用双向变量主泵 1 供油,只需改变主泵的吸排方向,即可使液压马达 10 改变转向。双向变量泵在改变排油方向时其流量总是由大变小,然后反向由小变大,故液压冲击小,换向平稳。

泵控型系统调速是用改变主泵流量的办法,属容积调速。若忽略系统的泄漏损失,则液压泵的流量 $n_P q_P$ 等于液压马达的流量 $n_M q_M$,则马达的转速为

$$n_M = n_P q_P / q_M \qquad (12\text{-}1\text{-}3)$$

因为泵的转速 n_P 和马达的排量 q_M 不变,故马达的转速将随泵的排量 q_P 成正比地改变,可以无级调速。容积调速没有换向节流阀的节流、回流损失,经济性比节流调速好,液压油发热少。

(2)限速和制动

闭式液压系统限制重物下降速度的原理与开式液压系统有本质的不同:当重物下降时,液压马达 10 受其重力驱动排油,相当于液压泵;主泵 1 则受马达排油驱动,进油压力大于出油压力,成了靠液压能驱动的液压马达,帮助电动机转动,可补偿同轴辅泵 2 所需功率。转速 n_P 一般不会超过电机磁场转速,否则电机就成了发电机,会产生阻转矩。由式(12-1-3)可见,若通过变量机构使主泵排量 q_P 变小,则马达下降转速 n_M 也变小。闭式液压系统里这种能在重物下降时回收利用其位能的限速方式称为再生限速。

如上所述,闭式系统若使主泵变量机构回到中位,$q_P = 0$,则 n_M 也降为 0,理论上即

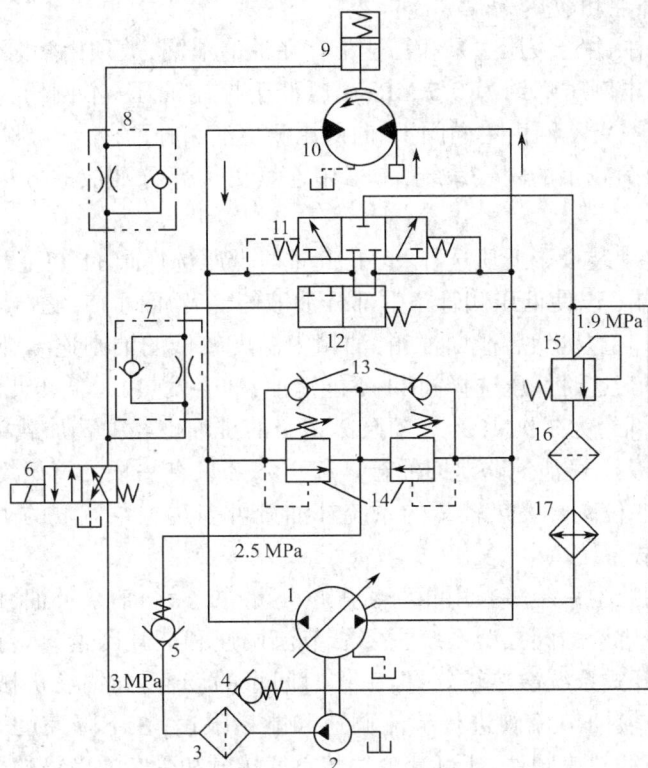

图 12-1-10   泵控型闭式(半闭式)液压系统

1—主泵;2—辅泵;3、16—滤器;4、5—弹簧加载单向阀;6—刹车控制阀;7、8—单向节流阀;9—制动器;
10—液压马达;11—低压选择阀;12—中位旁通阀;13—单向阀;14—双向安全溢流阀;15—背压阀;17—油冷器

能实现液压制动。然而,泵在实际操纵中可能出现回中误差,为避免因此造成液压马达10制动困难,在图示系统中加设了中位旁通阀12和常闭式机械制动器9。每当主泵操纵手柄回中时,刹车控制阀6随之断电,先使制动器经单向节流阀8的单向阀泄油即时抱闸,然后中位旁通阀在控制油经单向节流阀7的节流阀延时泄油后复位,使主泵油路旁通卸荷,即以机械制动代替了液压制动。当手柄离开中位时,控制油先经单向节流阀7的单向阀让中位阀隔断,同时又经单向节流阀8节流后进入制动器油缸,使制动器待主油路中建立起油压后再延时松闸,从而避免重物瞬间下坠。

刹车控制阀6还可在装置意外失电时,使制动器因控制油迅速泄出而抱闸,防止货物跌落。

(3)限压保护

为防止起货机因超载而导致系统油压过高,装设了双向安全溢流阀14。通过分析起货机闭式起重液压系统的工作情况可知,无论在重物起升还是下降时,图12-1-10中起升时供油的主油路总是承受高压(图示右侧主管路),起升时回油的主油路则总是承受低压。因此,保护高压油路的安全阀的调定压力可调得比保护另一侧低压油路的安全阀高。

若采用变量油泵的闭式系统不装中位阀,即可以靠主泵回中来液压制动。这时上述安全阀又可兼作制动阀。

（4）系统的补油和散热

在闭式系统中,由于液压主泵和马达都存在油液泄漏,故须由辅泵 2 经滤器 3 和弹簧加载单向阀 5(本例压降约为 0.5 MPa),以低于控制油压(本例约为 3 MPa)的压力(本例约为 2.5 MPa),不断由单向阀 13 向低压侧主油路补油。

工作频繁、负荷较重的闭式系统,常采用连续更换部分油液的方法,来加强油液的散热冷却。

为此,在系统中装设了低压选择阀 11,起重时低压选择阀 11 在主泵吸、排油压差的作用下被推向一端,以使低压侧管路中部分油液能经背压阀 15、滤器 16、油冷器 17 进入主泵泵壳体冷却主泵,然后泄回油箱;油箱中温度较低的油则连续补入(注意马达不能长时间空载试车,这时低压选择阀 11 不能泄油,油会发热)。低压侧油管的油压由背压阀 15 调定(本例约为 1.9 MPa)。辅泵 2 多余的排油也经弹簧加载单向阀 4(本例压降约为 1.1 MPa)从上述泄油路泄回油箱。起重系统只有一根油管始终承受高压,低压选择阀也可采用二位阀。发热较重的系统补油量可多达主泵流量的 1/3 左右,这样的系统可称为半闭式系统。

综上可见,阀控型系统多采用相对价廉的定量泵,无须辅泵补油,设备和系统比较简单;但用于起重机构的阀控型系统主要靠节流调速和能耗限速,运行经济性较差,油发热多。阀控型开式系统散热较好;但工作时间短的设备,如锚绞机械,常用阀控型闭式系统,它主要靠换向节流阀进行节流调速和能耗限速,在下降速度大时可以再生限速,故能省去专门的限速阀件,还可减少油与空气接触和受杂质污染的机会。

泵控型闭式系统因采用容积调速和再生限速,故运行经济性好,很适合高压、大功率设备。但这种系统采用双向变量泵和辅泵补油,设备和系统相对复杂些,初置费较高。负荷高、工作时间长的设备大多用半闭式系统解决油液散热问题。

3.限制功率的液压系统

采用定量泵或普通变量泵与定量马达组成的液压系统,靠改变供给马达的流量 Q_M 来调速。由前可知马达输出扭矩 $M = \Delta p q_M \eta_m/(2\pi)$,这类系统的马达排量 q_M 为定值,而安全阀调定后所允许的最大工作压差 Δp 也既定,机械效率 η_m 的变化可忽略;故调速过程马达所能输出的最大扭矩不变,这种调速方式称为恒扭矩调速。采用恒扭矩调速时泵的最大输出功率与马达在最大负荷(工作压差 Δp 最大)时的转速(取决于泵的流量 Q)成正比。

甲板机械中无论是锚机、绞缆机,或是起货机的起重绞车,往往负荷变化很大。如果重载时的最高速度和轻载相同,则原动机的功率必须按重载(工作压差 Δp 最大)、高速(流量 Q 最大)来选取,必然很大;而轻载时原动机的功率利用率低,效率也就不高。

实际上,甲板机械可以在重载时将执行元件的速度限制降低,而在轻载时允许采用较高的速度,这样就限制了重载时的输出功率,使液压泵原动机的功率无须太大,装置的功率利用率也可以提高。下面介绍几种常用的可限制功率的液压系统。

（1）恒功率变量泵液压系统

工作过程负荷变化大的液压甲板机械,如锚绞机械,可采用类似图 12-1-11 那样的恒功率变量泵作为液压系统主泵,配合定量液压马达工作。在负荷(M)增大时,工作压力 p 升高,则泵的流量 Q 减小,定量马达的转速即降低。这种调速过程一般负荷是自变量,转速是因变量。调速过程液压泵的功率 $P = \Delta p Q \approx C$(常数),称为恒功率调速。由于恒功率泵一般是单向变量泵,这种调速方式多用于阀控型系统。

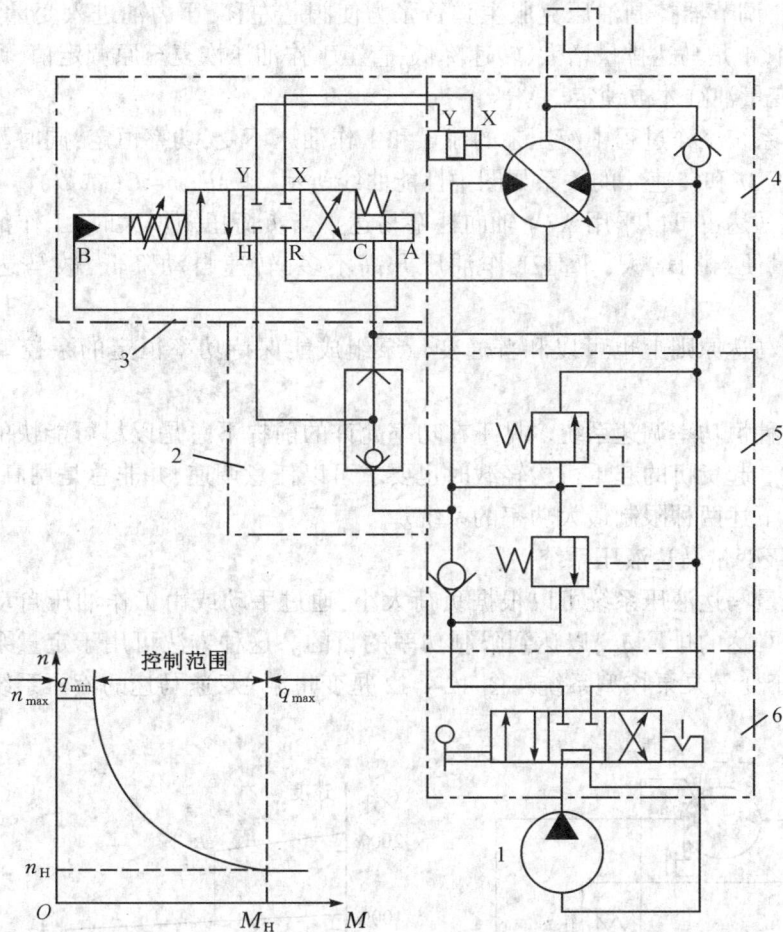

图 12-1-11　恒功率变量马达液压系统及其性能曲线

1—定量液压泵;2—梭阀;3—恒功率调节器;4—液压马达;5—平衡制动阀;6—控制阀

（2）恒功率变量马达液压系统

图 12-1-11 示出的是一种选用恒功率变量马达的阀控型液压系统的原理图。它采用定量液压泵 1,控制阀 6 是三位四通换向节流阀,用来换向和节流调速。液压马达 4 采用配有恒功率调节器 3 的连杆式变量马达,恒功率调节器是一种专用的液动三位四通阀。

起重时控制阀 6 置于左位,主油路的高压油通过梭阀 2 供油至恒功率调节器 3 的进油口 H,同时又分别经油口 A、B 作用于调节器两端直径较大和较小的控制活塞上,而油口 C 通主油路低压侧回油。两控制活塞油压力的合力方向向左,与调节器主弹簧的张力相抗衡。

当工作油压(调节器的控制油压)等于主弹簧调定压力时,调节器的阀芯处于中位,变量油缸油路锁闭,马达排量锁定。马达负荷减小,则工作油压降低,当油压低于调节器主弹簧的张力时,调节器阀芯右移,压力油进入变量油缸的 Y 腔,变量油缸的 X 腔则经恒功率调节器 3 中的换向阀和液压马达 4 的壳体回油,于是马达偏心距减小,排量变低,转速加快(见图中性能曲线);同时主油路工作油压因马达排量减小而回升,直至恢复原调定值时,调节器阀芯又回到中位,马达排量即调定。反之,当马达负荷增大时,工作油压升高,调节器控制油压克服主弹簧张力使阀芯左移,压力油进入变量油缸 X 腔,而 Y 腔回油,于是马达排量增大,转速降低;直至工作油压恢复至原调定值,调节器阀芯回中,马达变量油缸才被锁定。

可见本系统工作过程中液压泵的流量和工作油压不变,功率恒定;同时马达也恒功率工作,转矩 M 和转速 n 的关系如图中性能曲线所示,即 $M \cdot n = C$(常数)。

恒功率马达也可以采用 A7V 轴向柱塞马达。当负荷扭矩增大时,工作油压稍有升高,马达排量便自动增大,于是工作油压升高不多,转速自动降低,故马达功率近似不变。

恒功率马达原则上也可以和普通变量泵组成能保持功率恒定的泵控型闭式液压系统。

上述两种恒功率调速系统多见于在功率允许的前提下总是以尽可能快的速度工作的锚绞机械。起货机的起重机构轻载时也要求可以任意调速,并非总是用高速,它们更多使用的是下述两种限制最大功率的系统。

(3)有级变量马达液压系统

有级变量马达液压系统可以根据负荷大小,通过手动或由工作油压自动控制的换挡阀来改变马达的排量 q_M,以达到限制功率的目的。这种方法可用于定量泵阀控型系统,也可用于变量泵泵控型系统。图 12-1-12 是变量泵–双速马达的液压系统简图及其性能曲线。

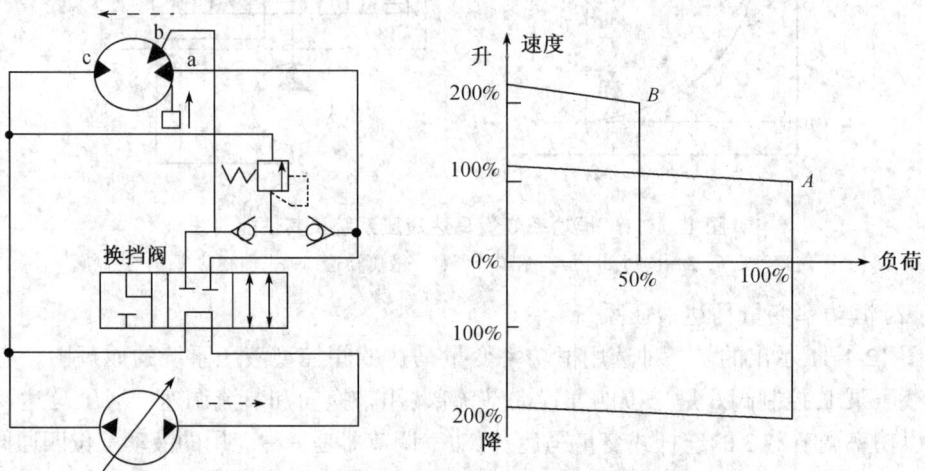

图 12-1-12　变量泵–双速马达的液压系统简图及其性能曲线

起升时,如果图中换挡阀在左位,马达两个油口 a、b 同时进油,油口 c 回油,马达以全排量 q_M 工作,这时马达可输出的扭矩较大,马达可达到的最高转速则较小,这就是重载低速挡。当换挡阀移到右位时,马达只有 a 口进油,b、c 口同时通回油,马达排量 q_M 减小一半,故可输出的最大扭矩减至重载时的 50%,调速范围则增加至重载时的 200%,属轻载高速挡。下降时,换挡阀通常置于轻载高速挡,和轻载起升一样有较大的调速范围。

这种系统在重载时和轻载时液压泵的最大输出功率(相应于工况点A、B时的功率)相同,因为液压泵的最大流量和由安全阀调定的最大工作压力在重载时和轻载时相同。重载时马达输出扭矩虽可较大,但调速范围被限制得较小。

这种系统在轻载时若误用重载挡,工作速度会很慢;而重载时若误用轻载挡,则因马达排量 q_M 太小,工作油压会很高而使安全阀开启,因而无法工作。为了保证及时、正确地换挡,现在大多采用自动换挡阀,在马达负荷变化而使进油压力改变时自动换挡,即重载时自动换到低速挡,轻载时自动换到高速挡。

4.带功率限制器的变量泵液压系统

图 12-1-13 示出配有功率限制器 5 的双向变量泵 1 和定量马达 6 组成的泵控型闭式系统。远控系统通过杠杆 4 控制泵变量机构的伺服滑阀 3,使差动活塞 2 追随滑阀移动,改变泵的流量。马达轻载时工作油压较低,受它控制的功率限制器的活塞向左的位移较小,伺服滑阀的位移所受限制少,变量泵的流量调节范围(即调速范围)较大;马达重载时转矩增大,工作压力成正比地增加,功率限制器的活塞向左的位移大,伺服滑阀的最大位移受限,于是泵的最大流量受限,即重载时泵的功率受限。

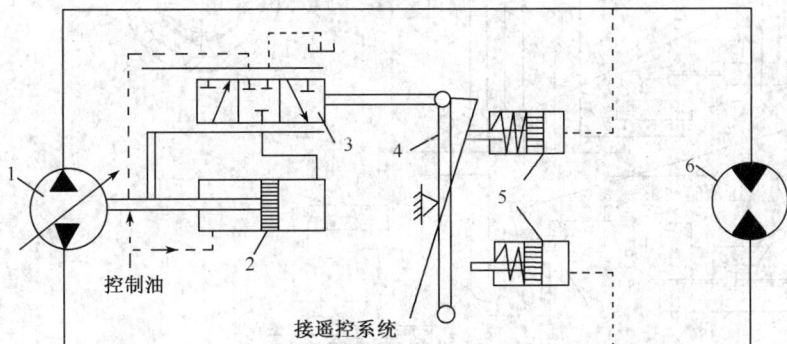

图 12-1-13 带功率限制器的变量泵液压系统
1—双向变量泵;2—差动活塞;3—伺服滑阀;4—杠杆;5—功率限制器;6—定量马达

任务 1.4 液压起货机的操纵机构

液压起货机的操纵机构应能轻便、灵敏地操纵换向滑阀或油泵的变量机构,以实现起货机的换向和调速。

根据传动方式的不同,液压起货机的操纵机构可分为机械式、液压式和电液式等。

1.机械式操纵机构

机械式操纵机构由操作手柄和一系列机械传动件组成,完全用人力操纵。

机械式操纵机构虽较简单,但操纵费力,使用中必须特别注意机构的零位,各接头磨损后油泵和手柄的对中往往难以保证,故已较少采用。

2.液压式操纵机构

液压式操纵机构可按动力源的不同而分为手动式和辅泵供油式两种。

(1)手动式液压操纵机构

图 12-1-14 即表示手动式液压机构的操纵原理图。

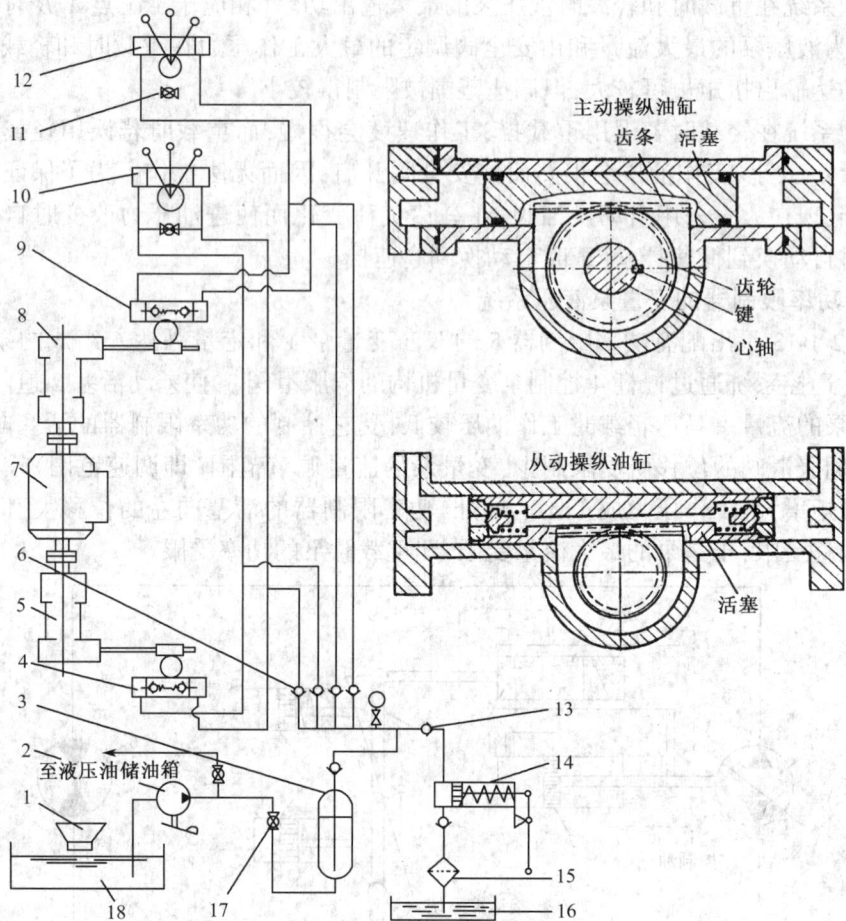

图 12-1-14　手动式液压机构的操纵原理图
1—集中泄油漏斗；2、14—手摇泵；3—蓄压器；4、9—从动操纵油缸；5、8—变向变量油泵；
6、13—单向阀；7—电动机；10、12—主动操纵油缸；11—旁通阀；15—滤器；16、18—油箱；17—截止阀

由图可见，这种操纵机构主要包括操纵和补偿两大部分。操纵部分由主动操纵油缸 10、12，从动操纵油缸 4、9 以及连通两者的管路组成。工作时，操动操纵台上的主动操纵油缸手柄，经齿轮齿条传动迫使主动操纵油缸中的活塞位移，产生油压，传至油泵旁侧的从动操纵油缸，使其中的活塞也产生相应的位移，并经齿轮齿条传动拉动油泵的变量机构，即可实现油泵的变向和变量。

补偿部分主要由手摇泵 2、蓄压器 3、油箱 18 以及相应的管路系统组成，用于随时向低压侧管路补油，以避免低压侧因泄漏出现真空和混入空气，从而造成动作失调。使用时，打开截止阀 17，用手摇泵 2 从油箱 18 中吸油，将其压入蓄压器 3，压缩其中的空气，使压力保持在 0.4 MPa 左右，然后关闭截止阀 17，这样，当操纵系统某侧油压较低时，蓄压器中的油液就会顶开相应的单向阀，随时进行补充。至于手摇泵 14，则主要用于向整个系统充添油液。

（2）辅泵供油式液压操纵机构

在功率较大的装置中，为了操纵轻便省力，普遍采用辅泵供油，以作为操纵的动力，

下面就介绍一种由辅泵供油并利用双联手动比例减压阀控制的液压操纵机构。

在图 12-1-15 中，当操纵手柄 9 处于图示的中位时，阀芯 2 也处于图示的零位时，这时，控制阀出口 A 经左侧油路与回油口 O 相连通，不输出压力油液。但当操动手柄向下压动触头 7 时，通过滑动套 5 就会压缩平衡弹簧 3，将阀芯 2 推压向下，这时，连通回油口 O 的左侧油路被阀芯遮蔽，由辅泵供来的压力油就会自 P 油口经阀芯 2 节流后由 A 输出。考虑到复位弹簧 1 仅用于手柄回中时促使阀芯 2 回零，张力较弱，可以忽略，因此即可认为自出油口 A 输出的油压 P_A 与平衡弹簧的张力 P_S 存在以下关系：

$$P_A = \frac{P_S}{a} \tag{12-1-4}$$

式中：a——阀芯下端面的受压面积。

由于 P_S 与手柄的转角和推力大致成正比，在 a 既定的情况下，自出油口 A 输出的油压 P_A 也就会近似地与手柄的转角和推力成正比。这样，操动手控比例减压阀控制液控换向阀或变量油泵，即可使起货机实现启动、停车、换向和变速。

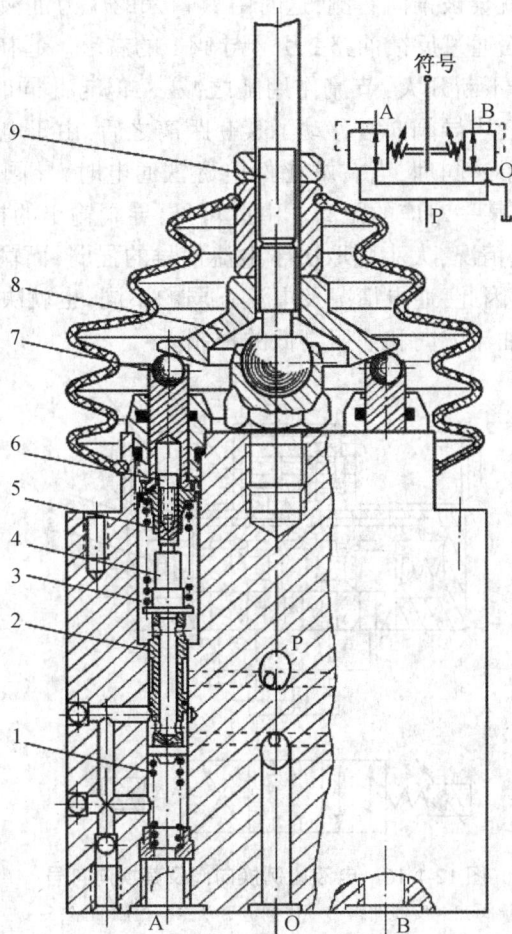

图 12-1-15　手控比例减压阀

1—复位弹簧；2—阀芯；3—平衡弹簧；4—导杆；5—滑动套；6—螺钉；7—触头；8—碟形盘；9—操纵手柄

3.电液式操纵机构

电液式操纵机构是借电力传递控制信号,并经液压放大的一种操纵机构。由于传递控制信号十分方便,且不受距离远近的影响,其特别适用于远距离操纵,并可通过携带式操纵器在甲板及驾驶台等任意处所进行遥控。

(1)应用电磁比例换向阀的电液式操纵机构

目前应用的电液式操纵机构,常采用由比例电磁铁做成的电磁比例元件。比例电磁铁是一种直流电磁铁,它与普通电磁铁的差别在于它所产生的电磁力与输入电流信号的大小成比例。用比例电磁铁控制的换向阀,就称为电磁比例换向阀。用比例电磁铁还可制成其他各种电磁比例元件,例如电磁比例减压阀、电磁比例调速阀以及用比例电磁铁代替调节螺栓的电磁比例溢流阀等。

图 12-1-16 示出可供定量泵开式系统换向和调速用的电液比例换向阀及其换向符号。图中,导阀 1 由两端的比例电磁铁 3 控制。当向其中任意一端的电磁铁输入大小不同的电流信号时,导阀即会向相应的方向输出不同的油压。例如,当左端比例电磁铁通电时,导阀 1 的阀芯就会被推向右侧,这时由 P 口来的压力油液一面经控制油路 4 供送到主阀 5 的右腔,一面通过反馈油路 2 引入导阀 1 的右端。起初由于电磁力大于液压力,阀芯继续右移,阀口不断开大,节流作用随之减小,但与此同时,引入阀芯右端的液压力也相应增加。因此,当导阀向右移动了某一距离之后,由于电磁力与液压力相互平衡,导阀也就稳定不动了。同理,当右端比例电磁铁通电时,导阀也就会随着输入电流信号的大小而向左移动某一对应的距离。由此可见,导阀输出的控制油压,其方向取决于那一端电磁铁的通电情况,大小则取决于电流信号的强弱,而输出的油压又与主阀两端的弹簧张力相平衡。因此,通电情况及电流强弱的不同,也就决定了主阀位移的方向和大小,从而实现了对油流方向和油压高低的控制。

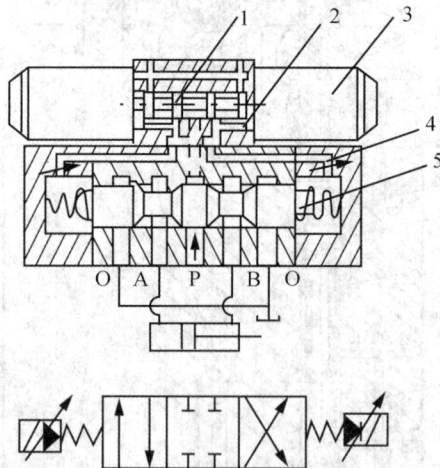

图 12-1-16　电液比例换向阀及其换向符号

1—导阀;2—反馈油路;3—比例电磁铁;4—控制油路;5—主阀

(2)应用电磁行程控制器的电液式操纵机构

图 12-1-17 给出一种在闭式液压系统中应用电磁行程控制器的电液式操纵机构。当操纵手柄发来不同的电流信号时,在电磁行程控制器的这一或那一比例电磁铁中,就

会产生相应大小的电磁力,并在与弹簧力平衡后输出一个与输入信号成比例的位移,将伺服滑阀 5 移到相应的位置。现假设伺服滑阀 5 向右移动,于是,控制油液同时进入差动油缸 2 的左、右两侧,并因油缸右侧的作用面积较大而使油缸向右移动,一方面控制变量油泵 1 的吸排方向和流量,与此同时还带动伺服滑阀 5 的阀套,使之做与伺服滑阀 5 同向的位移。因此,当差动油缸 2 移动了相应的距离后,伺服滑阀 5 与其阀套的相对位置也就重新回到中位,使油缸停止移动。所以,通过电磁行程控制器 3 控制伺服滑阀 5 和差动油缸 2 的位移,即可控制油泵的吸排方向,并使油泵的流量与操纵手柄的位移成比例。

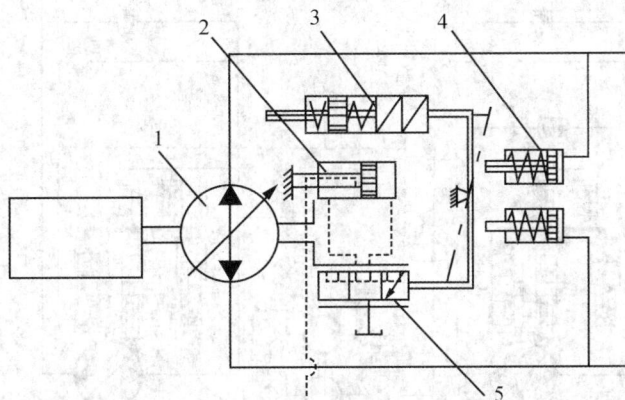

图 12-1-17 应用电磁行程控制器的电液式操纵机构
1—变量油泵;2—差动油缸;3—电磁行程控制器;4—恒功率控制器;5—伺服滑阀

为了实现恒功率控制,系统中还设有恒功率控制器 4。负荷越大,高压油管中的工作油压也就越高,恒功率控制器 4 油缸中的活塞也就产生更大的位移,因而可通过限制伺服滑阀 5 最大位移量的方法,限制油泵的最大流量,从而实现自动恒功率控制。

任务 1.5 液压起货机实例

在各种液压起货机中,回转式起货机的液压系统比较复杂,因此,这里选择较具典型意义的利布赫尔(LIEBHEER)B5/14—16 型高压回转式液压起货机加以说明。

1.B5/14—16 型液压起货机的液压系统

图 12-1-18 为 B5/14—16 型液压起货机的液压系统图。

(1)起升机构液压系统

起升机构液压系统采用由双向变量的斜轴式轴向柱塞泵 A 和定量油马达 C 组成的半闭式系统。为了在超载和制动时限压,系统设有溢流阀 14a、14b。由于高压管路 4 在货物升降和制动时始终承受高压,管路 5 始终承受低压,阀 14a 整定压力较高,为 27 MPa;阀 14b 整定压力较低,为 10 MPa。系统实际的最大工作压力由高压继电器 16 决定,整定压力为 25 MPa。当高压管路 4 中的油压超过该整定值 3 s 后,起升控制电路就会断电,油泵 A 也就被迫回中并刹车。

由于起升机构只有单侧油路承受高压,用来泄油的低压选择阀 7 采用二位阀,补充油液由齿轮补油泵 B 经滤器 21、管路 24 以及单向阀 15 提供,补油压力由溢流阀 6 确

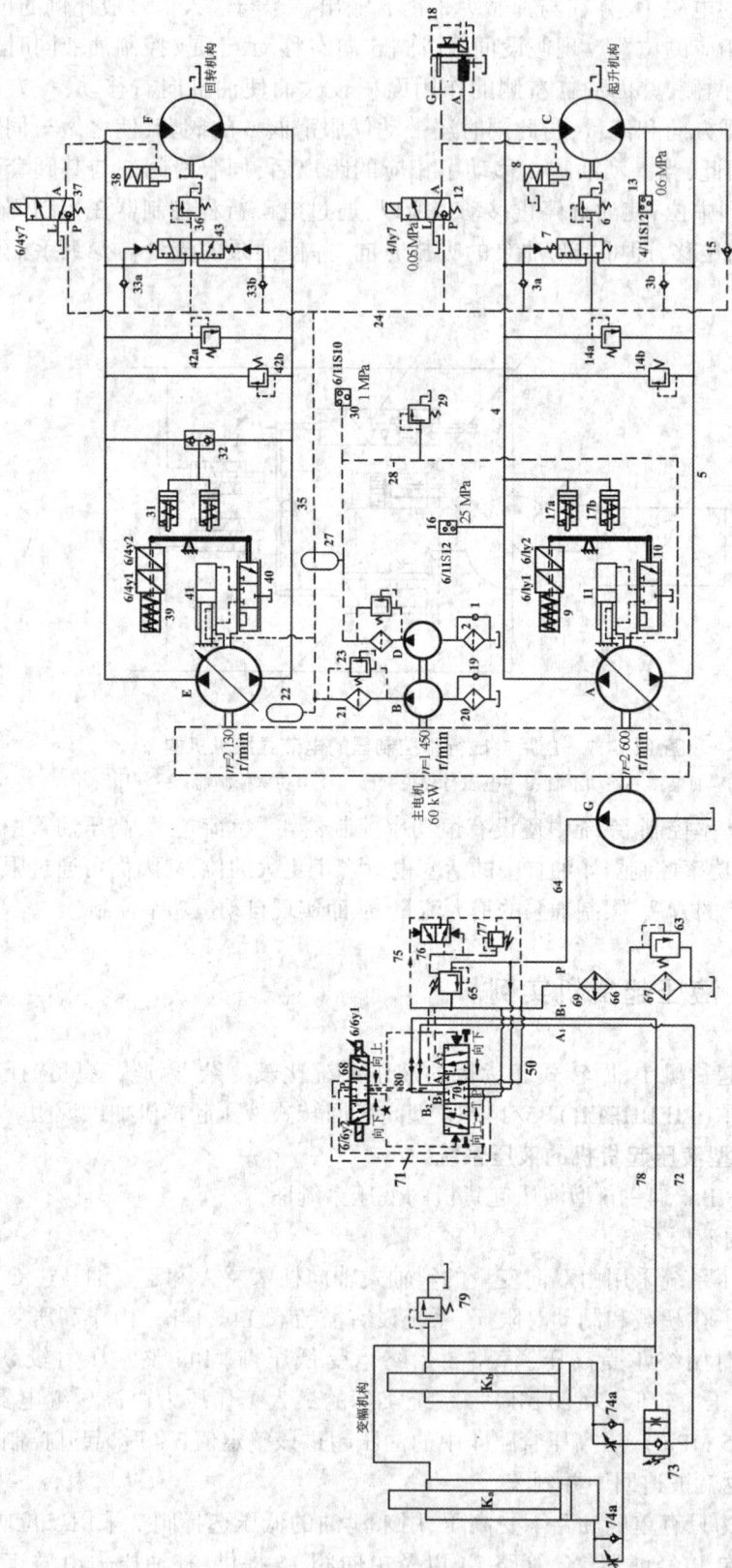

图 12-1-18　B5/14-16 型液压起货机的液压系统图

定,整定压力为 2.8 MPa。膜片式气体蓄能器 22 的工作原理类似往复泵的空气室,用以保持一定的补油压力。当补油压力低于补油压力继电器 13 的整定值 0.6 MPa 时,起升(或旋转)就会中断并报警。补油泵 B 同时也为油马达 C 的常闭式液压制动器 8 提供控制油。

油泵 A 由电磁行程控制器 9、伺服滑阀 10 和差动油缸 11 等所组成的电液式操纵机构操纵,并设有恒功率控制器 17。控制油由单向定量齿轮泵 D 经管路 28 供给,控制油压由溢流阀 29 决定,整定值为 3.5 MPa。膜片式气体蓄能器 27 用以保持控制油压稳定。当控制油压低于控制油压继电器 30 的整定值 1 MPa 时,主电机就会断电停车并报警。

当朝起升方向扳动控制手柄时,比例线圈 6/1y1 就会通过与手柄移动幅度成比例的电流,使行程控制器 9 的输出位移与油泵 A 的流量成比例。而且无论是将起升机构控制手柄扳向起升方向还是下降方向,都能使电磁阀 12 的控制线圈电路上的相应开关闭合,使控制油进入机械制动器 8 的油缸而松闸,但要使电磁阀 12 的控制线圈接通,还必须同时使压力记忆阀 18 的电触头闭合。

系统加设压力记忆阀是为了在停车后重新启动时,保证制动器只有在高压管路中恰好建立启停车前的油压时方能松闸,以防止过早松闸导致货物瞬间下坠,产生液压冲击。图 12-1-19 为压力记忆阀的示意图。

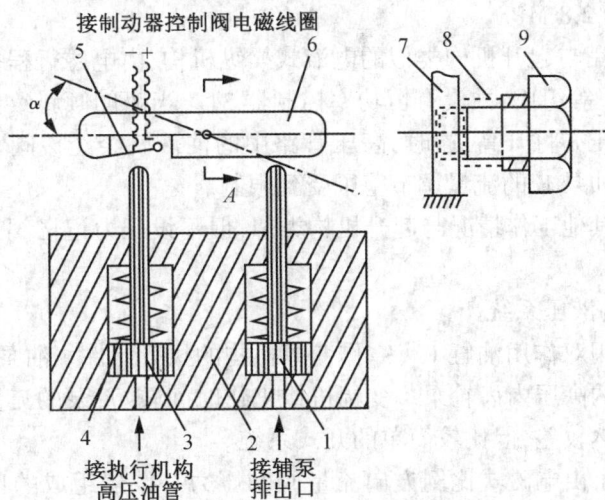

图 12-1-19　压力记忆阀的示意图
1—辅活塞;2—本体;3—主活塞;4—弹簧;5—开关触头;6—摇臂;7—固定支架;8—弹簧;9—螺钉

压力记忆阀的工作原理如下:起升时,高压油管根据负荷大小产生一定的工作油压,该油压通过主活塞 3 将摇臂 6 顶到一定的角度 α,同时使开关触头 5 接通,亦即使刹车电磁阀(如图 12-1-18 中的 12 所示)的控制线圈通电,于是制动器松闸;另外,通往制动器的控制油同时也被引到辅活塞 1 的下方,以使辅活塞杆顶住摇臂右端,从而使摇臂在工作油压变化时能够跟随主活塞 3 的移动而转动。当起升中途停车时,由于刹车电磁阀失电,制动器就会因控制油的泄出而抱闸,辅活塞下面的油压也就消失;这时,主活塞 3 因工作油压降低而下落,摇臂却因弹簧 8 的紧压而仍然停在原处,于是开关触头 5

开启。这样,当重新启动并起升时,在高压管路中的油压尚未恢复到原来的数值以前,由于开关触头 5 尚未接通,制动器就不会松闸,只有当主管路中的油压恢复到原来的工作油压时,主活塞 3 才会被推回到先前的位置,将开关触头 5 闭合,这时制动器也才会松闸。

当将起升机构的控制手柄扳向下降方向时,为了避免因高压油管中的油压不足而使货物瞬间下坠,故在电路设计上就仍然是先使比例线圈 6/1y1 通电,以便先让泵停止向高压油管供油,直至该管路已建立起足够的油压并使压力记忆阀的触点闭合时,制动器才会松闸,同时,比例线圈 6/1y2 也才会通电,并使 6/1y1 同时断电,A 泵也就转而向低压油管供油。

当手柄扳回中间位置时,6/1y1 或 6/1y2 失电,伺服装置使泵 A 回复零位,而且只有当泵 A 回到零位并使其零位开关断开时,才能使刹车电磁阀 12 断电,制动器也才会因油缸泄油而抱闸,从而避免过早抱闸而导致制动带的严重磨损。万一 A 泵控制系统发生故障,以致在手柄回中 1 s 后泵仍未能回到零位,则刹车电磁阀也会断电而刹车。

(2)回转机构液压系统

回转机构也采用由双向变量的斜轴式轴向柱塞泵 E 和定量油马达 F 组成的半闭式系统。由于回转机构的两条主油路 34、35 都可承受高压,故限压溢流阀 42a、42b 整定值相同,都为 25 MPa,泄油用的低压选择阀 43 则采用可双向工作的三位阀,其泄油压力由溢流阀 36 整定为 2.8 MPa。

油泵 E 也采用与起升机构类似的电液式操纵机构,由电磁行程控制器 39、伺服滑阀 40 和差动油缸 41 等组成,并设有恒功率控制器 31。当船舶倾斜致使回转负荷增加时,主油路的工作油压亦将升高,这时,高压管路中的油液就会经梭阀 32 进入恒功率控制器 31 的油缸,使油泵 E 的流量调节范围受到限制。

回转机构的其他工作情况与起升机构类似,但不设压力记忆阀,控制用油由补油泵 B 供给。

(3)变幅机构液压系统

该起货机采用双作用油缸 K_a、K_b 作变幅机构的执行元件。油泵 G 采用可同时补偿径向和轴向间隙的高压内齿轮泵。变幅机构工作时间较短,泵的流量亦较小,故而采用了运行经济性虽然较差,但比较简单的开式系统。

该系统采用了由电磁式比例方向流量阀和压力补偿器组成的比例复合阀,是一种多功能的组合阀,包括电磁式比例导阀 68、主阀 70(图上用三位六通阀表示,实际上是由两个同步动作的三位四通阀并联组成)、定差溢流阀 65 和直动溢流阀 77。

装置启动后,当变幅控制手柄置于中位时,上仰比例电磁线圈 6/2y1 和下俯比例电磁线圈 6/2y2 都不通电,导阀 68 和主阀 70 即均处于中位,油缸 K_a、K_b 的油路靠远控平衡阀 73 锁闭。这时因主阀油路 A_2、B_2 皆无油压输出,滑阀 76 处于其下框所示的状态,使定差溢流阀 65 的弹簧侧油腔经油冷却器 69、回油滤器 67 连通泄油管,故阀 65 变成整定压力为 0.6 MPa 的卸荷阀,使油泵 G 的排油经管路 64、定差溢流阀 65、油冷却器 69 和回油滤器 67 等回到油箱。

如将控制手柄向上仰方向扳动,比例电磁线圈 6/2y1 就会通过与手柄扳动幅度成正比的电流,使导阀 68 按比例地向左移过一定的距离,于是输出控制油,使主阀 70 右移。在主阀阀芯与导阀之间设有反馈杆 80,它可保证主阀的位移量与导阀的位移量(即与手柄的扳动幅度)成正比关系,从而提高控制精度。这样,主阀输出的油流从 A_1 经油路 72 顶开远控平衡阀 73 和单向节流阀 74 中的单向阀,进入变幅油缸的下腔,与此同时,变幅油缸上腔的回油则经油路 78、主阀 70 的 B_1 油口和 T 油口返回油箱,于是吊臂仰起。这时主阀的 A_2 油口则使输出的油压经节流孔 75、下移的滑阀 76 通到定差溢流阀 65 的弹簧侧油腔,这样,定差溢流阀 65 的开度改由主阀前、后的油压差来控制,使该压差保持在定差溢流阀 65 的调定值 0.6 MPa 左右,从而实现了溢流节流调速,使通过主阀的流量基本上取决于控制手柄的扳动幅度,而不受负载压力大小的影响。而当吊臂仰起时的工作油压超过直动溢流阀 77 的整定压力 19.5 MPa 时,直动溢流阀 77 就会开启,于是定差溢流阀 65 又会像先导溢流阀的主阀那样开启泄油。

当控制手柄向下俯方向扳动时,比例电磁线圈 6/2y2 就会通电,使主阀 70 按比例左移,油泵 G 的排油也就经主阀上的 B_1 油口和油路 78 通到变幅油缸 K_a、K_b 的上腔,与此同时,油缸下腔的排油则经单向节流阀 74 和远控平衡阀 73(这时已由变幅油缸上腔的进油压力推到右框位置)节流限速,而从油路 72、主阀油口 A_1、T 回到油箱,吊臂也就下俯。这时油泵 G 的最大工作油压改由溢流阀 79 整定为 9 MPa。

图中,油冷却器 69 采用风冷,所用风机由起货机电路中的温度继电器控制。当机房温度高于 10 ℃时,该温度继电器就会使风机自动启动;当机房温度低于 10 ℃时,则又停掉风机,并使机房电加热器投入工作。

2.B5/14-16 型回转式液压起货机的安全保护装置

回转式液压起货机常在它的液压系统和电路的设计上考虑较多的安全保护措施,而且越是先进的起货机,各种安全保护措施也越周全,管理人员对此必须充分掌握,以便在万一它们的工作失常(例如某些限位保护装置卡死或移位)而造成操纵失灵时,能比较迅速和顺利地排除故障。

B5/14-16 型回转式液压起货机的安全保护装置可分以下几类:

(1)机械限位保护

①吊钩高位保护

在起升吊钩或俯下吊臂的过程中,当吊钩接近吊臂前端时,即会使电气限位开关动作,这时相应的控制电路断开,于是起升吊钩或俯下吊臂也就无法进行。

②吊货索滚筒终端保护

当吊货索滚筒在吊钩起升过程钢缆卷满或吊钩下降过程钢缆只剩三圈时,都会使各自的限位开关动作,从而使起升或落下吊钩的操作无法再继续进行。

顺便指出,在采用油马达作变幅机构执行元件的起货机中,还设有吊臂高位和低位(通常约在水平线以上 25°)限制,并只有在作业开始和结束时用钥匙闭合相应的手动开关,才能在最低限位角下操纵吊臂。此外,上述的限位保护也有靠在液压系统中设置顶杆式机械控制滑阀来实现的,对于这样的起货机,使用时必须注意防止顶杆和滑阀卡阻。

(2)设备连锁保护

①通风门连锁保护

作业时起货机中心机组前、后的通风门必须打开,否则因限位开关不能闭合主电机就不能启动。

②油冷却器连锁保护

作业时,必须将油冷却器风机的电源开关打开,以便由电路中的相应的温度继电器加以控制,否则主电机不能启动,并且报警。

③电机的自动加热和除潮

在起货机的电机中设有 200 W 的电加热器,工作时只要将其手动开关闭合,就会使电动机在启动以前和暂停工作期间因常闭触头闭合而投入工作,保护电机不受潮气侵袭。

(3)液压油工作状况保护

①补油低压保护

当补油压力低于 0.6 MPa 时,压力继电器就会动作,使起升和回转机构无法动作,并在控制手柄一离中位时就会报警。

②控制油低压保护

当控制油压低于 1 MPa 时,相应的压力开关就会动作,切断主电机控制电路,同时报警。

③起升高油压保护

当起升机构超载致使高压管路中的油压升高到 25 MPa 以上时,相应的压力继电器就会动作,如压力升高持续 3 s,就会使起升动作中断,同时报警。

④高油温保护

当中心机组油温高于 85 ℃ 时,电路中的温度继电器就会断路,使主电机断电并报警。

⑤低油位保护

当中心机组油位低于规定值时,油位继电器就会断路,并在持续 3 s 以后使主电机断电并报警。

(4)电气工作状况保护

①主电机过电流保护

当主电机电流高于额定值一段时间以后,热敏元件就会动作,使主电机断电并报警。

②主电机高温保护

当主电机温度上升到 155 ℃ 以上时,电机绕组内的热敏元件就会动作,使主电机断电停车。

③电子放大器(比例电磁线圈用)高温保护

当电子放大器温度高于 85 ℃ 时,通过热敏电阻就会切断控制回路并发出警报。

④控制电流过高保护

当控制电流大于 16 A 时,主开关就会跳闸。

除上述各种安全保护外,在电气主回路中还设有短路保护和过载保护以及主电机启动时自动进行 Y-△ 转换,经 10 s 后转换结束,正常运行指示灯亮等。

任务二 液压锚机的操作与管理

学习目标：

1. 知道锚机的基础知识
2. 熟悉液压锚机实例

任务2.1 锚机的基础知识

船舶驶达港口,常因等候泊位和引水以及接受检疫、避风或过驳等而需在港外停泊,为克服停泊时作用在船体上的水流力、风力,以及船舶纵倾、横倾时所产生的惯性力,以保持船位不变,就需在船上设置锚设备。此外,锚设备还可帮助船舶安全离靠码头,或使船舶紧急制动。

锚设备由锚、锚链、锚链筒、制链器和锚机等组成。利用锚机收放锚和锚链,即可起锚或抛锚。

锚机主要由原动机、传动机构和锚链轮等组成。根据锚机所用动力的不同,锚机可分为蒸汽锚机、电动锚机和液压锚机,它们的使用情况与应用不同动力的起货机基本相同。

锚机还按链轮轴轴线位置的不同而分为卧式锚机(如图 12-2-1 所示)和立式锚机(如图 12-2-2 所示)。卧式锚机操作管理比较简便,但难免遭受风浪侵蚀,并占据较大的甲板面积,立式锚机则因原动机及其传动机构均可放置在甲板以下,可避免上述缺点,但操作管理也因此而不太方便。所以,一般商船多采用卧式锚机,军舰则多采用立式锚机(起锚绞盘)。锚机不论其动力能源、具体构造和布置形式如何,均应满足下列各项要求:

(1) 必须由独立的原动机驱动,工作安全可靠;

(2) 具有足够的功率,能在给定水深以单锚破土,并同时绞起双锚,破土后的单锚起锚速度不小于 12 m/min,双锚起锚速度不小于 8 m/min;

(3) 能在任意位置启动和换向,并能调节原动机的转速,以适应收锚就位等低速作业的需要;

(4) 锚链轮与驱动轴之间应有离合器,并操纵灵活可靠,以便进行单锚、双锚作业;

(5) 具有可靠的制动设备,应能在原动机停止时有效地把持锚和锚链;

(6) 运行平稳,操作方便,结构坚固,质量小。

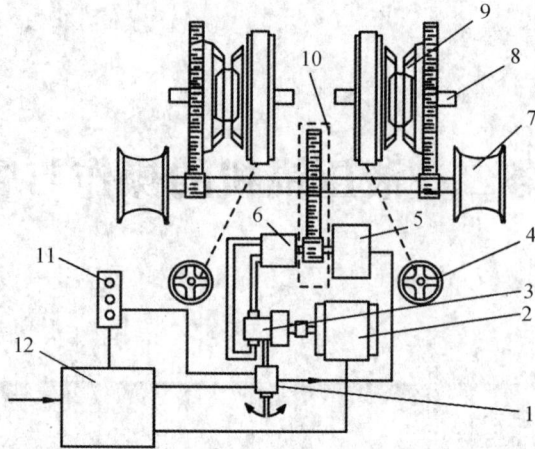

图 12-2-1 卧式锚机

1—手柄;2—电机;3—油泵;4—刹车手柄;5—电磁刹车;6—油马达;7—卷筒;
8—链轮轴;9—锚链轮;10—减速齿轮;11—控制箱;12—配电箱

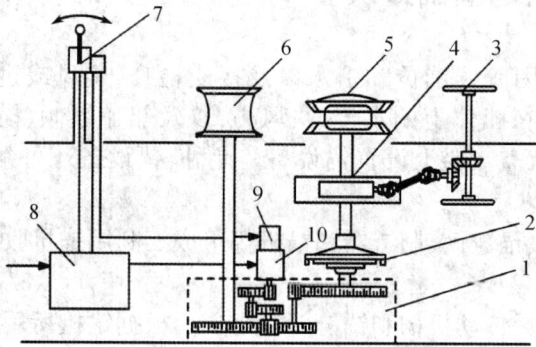

图 12-2-2 立式锚机

1—减速齿轮箱;2—本体;3—主活塞;4—弹簧;5—锚链轮;6—卷筒;7—控制手柄;
8—配电箱;9—控制箱;10—电机

任务 2.2 液压锚机实例

下面以采用定量叶片泵和二级变量叶片式油马达的阀控型闭式系统的液压锚机(如图 12-2-3 所示)为例,说明液压系统的组成和工作原理。

1.主要组成部件

(1)液压泵

液压泵 1 为双作用叶片式液压泵,由电动机带动恒速运转,最大使用压力为 6.86 MPa。为防止压力过高,液压泵上还设有安全阀。

(2)液压马达

液压马达 4 采用双作用叶片式液压马达,结构与双作用叶片泵类似,由定子、转子和叶片等组成。在转子上均匀分布的 8 个叶片槽中设置有叶片,为使叶片能紧贴在定子的内表面上,在转子端面的弧形凹槽中,每两个叶片之间,设有矩形截面的弧形推杆。

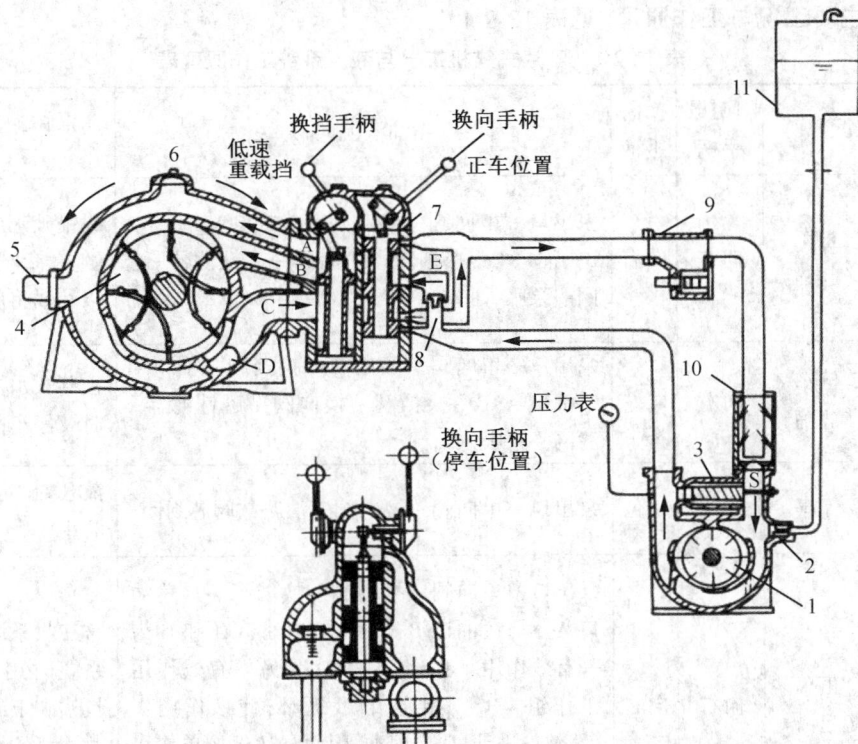

图 12-2-3　叶片式液压锚机原理图

1—液压泵；2—补油阀；3—安全阀；4—液压马达；5—液压马达安全阀；6—放气阀；7—换向阀；
8—单向阀；9—磁性滤油器；10—回油滤油器；11—重力油箱

工作时，叶片在压力油的作用下，带动转子在定子中转动。由于转子用键与轴相连，当转子转动时，即可直接带动锚链轮回转，从而完成起锚或抛锚任务。

（3）控制阀

控制阀具有两个阀腔：一个是换向阀腔，内装换向阀 7 和单向阀 8，用以控制液压马达的正转、反转或停转，同时，它又是一个开式过渡滑阀，可通过并联节流，对液压马达进行无级调速；另一个是换挡阀腔，内装换挡阀，控制液压马达的低速或高速工况。

（4）重力油箱

重力油箱 11 中的液压油依靠重力产生的静压保持液压泵的吸入压力，并对系统进行补油。

（5）磁性滤油器

叶片式液压马达叶片与定子内表面的比压较大，会产生一定的磨损，另外，其他摩擦副在运行中也会产生磨屑，而叶片与叶片槽是选配偶件，对磨屑很敏感，因此必须配置磁性滤油器。

（6）带式制动器

液压锚机的限速和制动除控制换向手柄作液压能耗限速和液压制动外，还在锚链轮旁设有带式机械制动器。机械制动器由手动的刹车手柄控制。制动时可能出现的高压由液压马达安全阀 5 泄放，起制动溢流阀的作用。

2.主要工况与工作原理(见表12-2-1)

表 12-2-1　叶片式锚机工况与液压系统工作原理表

工况		换挡手柄	换向手柄	油液流向	使用注意事项
低速挡	正车(起锚)	向左	向右	泵出口→单向阀→换向阀→换挡阀+油口A、B→油口C→换挡阀→换向阀→磁性滤器+滤网→泵吸入口	拔锚破土或入水锚链多、负载大时用,以及锚将就位时用
	倒车(放锚)	向左	向左	泵出口→单向阀→换向阀→换挡阀→油口C→油口A、B→换挡阀→换向阀→磁性滤器+滤网→泵吸入口	控制入水锚链长度时及停车前用
	停车	中位	中位	泵出口→单向阀→换向阀→油路被阀芯封闭	液压制动和停车时用
高速挡	正车(起锚)	向右	向右	泵出口→单向阀→换向阀→换挡阀→马达油口A→马达油口B、C、D(马达油口B和C为一有效作用工作组,A和D为另一有效作用工作组。B、C相通,自我循环,使该作用失效;A口进油,D口回油,因而马达仅按单作用工作,扭矩减小一半,转速提高一倍)→换挡阀→换向阀→磁性滤器→滤网→泵吸入口	常在收系锚链时或系缆时用,不可在拔锚破土或重负载时用,否则会造成高压,安全阀起跳
	倒车(放锚)	向右	向左	泵出口→单向阀+换向阀→换挡阀→马达进出口B、C、D(由于B、C相通,自我循环,油仅从D口进入,马达呈单作用,扭矩减小一半,转速提高一倍)+马达油口A→换挡阀→磁性滤器→滤网→泵吸入口	放锚初期或系缆时使用
	停车	中位	中位	泵出口→单向阀→换向阀→油路被阀芯封闭	液压制动时用

任务三 液压系缆机的操作与管理

学习目标：

1. 了解系缆机的基础知识
2. 知道液压自动系缆机的原理
3. 熟悉液压自动系缆机实例

任务 3.1 系缆机的基础知识

船舶为停靠码头、系带浮筒、旁靠他船和进出船坞等所使用的机械设备,总称为系泊设备或系缆设备。

系缆设备主要由系缆索、系缆桩、导缆孔或导缆钳、系缆机,以及绳车、碰垫等组成。利用系缆机收绞缆索,即可使船舶系靠。

系缆机按所用动力的不同可分为蒸汽系缆机、电动系缆机和液压系缆机;按卷筒轴线位置的不同,又可分为卧式系缆机和立式系缆机(系缆绞盘)。

液压系缆机往往与液压起货机和液压锚机使用同一液压系统,以简化装置和系统。系缆机还可按缆绳工作方式的不同而分为普通系缆机和自动调整张力系缆机(简称自动系缆机)。

任务 3.2 液压自动系缆机的原理

船舶装用普通系缆机,系泊时必须多人操作,即使在停泊期间,也需视潮汐的涨落和船舶吃水的变化,相应调整缆绳的松紧,而且操作时很难保证各根缆绳受力均匀,倘使一根缆绳因过载而拉断,则其他几根也将受到影响。特别是在巨型油船和散装船上,由于缆绳的直径很大,就更增加了操作上的困难和不安全性。为了克服上述缺点,许多船舶采用了自动调整张力系缆机,其中以液压式较为常见。

液压自动系缆机型式很多,就使用压力而言,可有高压型——13.7~31.4 MPa(140~320 kgf/cm²)和低压型——2.9~5.9 MPa(30~60 kgf/cm²);如从控制方式看,则又有用压力调节阀控制的定量泵式或变量泵式,以及带压力伺服器或压力继电器或蓄压器的定量泵式或变量泵式等几种。

1. 用压力调节阀控制的定量泵式自动系缆机

如图 12-3-1 所示,系统主要由油泵 1、压力调节阀 2、油马达 3 和卷筒 4 等组成。卷筒 4 由油马达 3 驱动。油马达的动力来自油泵 1,其输出转矩则由压力调节阀 2 调定。当缆绳张力减小时,油泵 1 供入的压力油驱动油马达旋转,使卷筒 4 卷入,缆绳张力和系统油压随之上升,直至张力达到某一规定数值时,油马达即停止转动。此时,油泵 1 的工作油,除少量用作油马达泄漏的补油外,其余全部经压力调节阀 2 返回油箱 5。假如缆绳张力上升,并超过上述规定值,则油马达在缆绳的牵动下反转,卷筒放出缆绳。此时,油马达变为油泵工况,与油泵 1 同时向同一管路排油,汇合后经压力调节阀 2 返回低压侧。

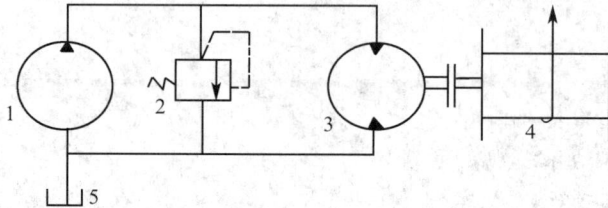

图 12-3-1　用压力调节阀控制的定量泵式自动系缆机
1—油泵;2—压力调节阀;3—油马达;4—卷筒;5—油箱

这种自动系缆机结构简单,但工作时必须使大量高压油流经调节阀,压力骤减而油温升高,故需充分冷却。同时,压力调节阀的工作条件不够稳定,工作时也需给予充分注意。此外,油泵总在大流量下工作,很不经济。因此,其只适用于功率较小的场合。

2.带蓄压器的定量泵式自动系缆机

自动系缆机油泵所需的功率一般较小,比如,即使在 32 000 t 的船上,其功率也不超过 15 kW,但油泵的工作时间较长。因此,在自动系缆机中往往专门设置小容量的油泵,而在一般系缆时,采用大泵或使大、小油泵并联工作。除此之外,也可在系统中设蓄压器,以使油泵能够间歇工作,从而减少功耗,如图 12-3-2 所示。该系统的自动系缆原理与前述的自动系缆机相同,不同之处仅在于增加了蓄压器与压力开关。图中,1 为蓄压器,用以缓冲系统因负荷变化而引起的冲击。当蓄压器中的油压降低到压力继电器 9 的低压调定值时,油泵 7 启动,向蓄压器补油,直至蓄压器中的油压升高到压力继电器

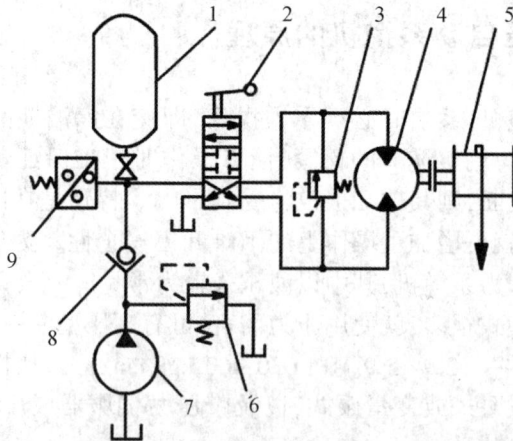

图 12-3-2　带蓄压器的定量泵式自动系缆机
1—蓄压器;2—手动换向阀;3—压力控制阀;4—油马达;5—卷筒;6—溢流阀;7—油泵;8—单向阀;9—压力继电器

调定的高压值时,油泵又断电停止。这样,利用蓄压器和压力继电器,即可实现油泵的间歇工作,从而使自动系缆机的功耗得以减小。

3.带压力继电器的变量泵式自动系缆机

带压力继电器的变量泵式自动系缆机如图 12-3-3 所示,油泵 6 的流量由压力继电器 7 进行双位调节。当缆绳张力小于压力继电器 7 的某一调定值时,因系统油压较低,故压力继电器 7 接通,使电磁阀 4 励磁,于是,泵以最大流量工作,快速卷入缆绳。随着缆绳的卷入,张力逐渐增大。当张力增大到调定之值时,压力继电器动作,使电磁阀 4 失电,变量机构油缸两侧进排油的方向随之改换,将泵的流量降至最小,此时,油马达停止转动,处于平衡状态,而油泵供来的油液,经压力调节阀 8、膨胀油箱 10 返回油箱。假如缆绳的张力进一步增大,油马达 2 就会反转,变成油泵工况,这时,系统油压增高,使压力调节阀 8 进一步开大,于是,系缆机自动放出缆绳。

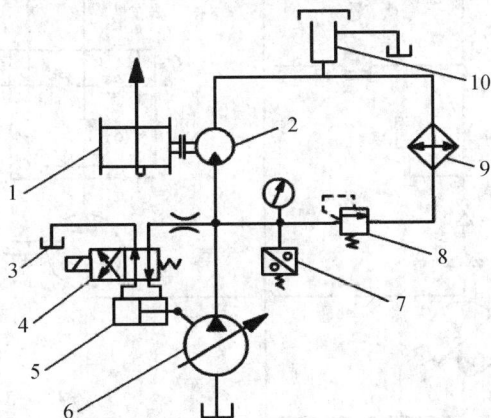

图 12-3-3 带压力继电器的变量泵式自动系缆机

1—卷筒;2—油马达;3—油箱;4—电磁阀;5—变量机构油缸;6—油泵;7—压力继电器;
8—压力调节阀;9—冷却器;10—膨胀油箱

任务 3.3　液压自动系缆机实例

图 12-3-4 给出奈尔–三菱重工自动系缆机的液压系统图。它采用由压力调节阀控制的定量泵系统。

1.主要设备

（1）主油泵

主油泵 1 是为人工绞缆而设置的恒功率大流量轴向柱塞泵,工作压力为 13.7 MPa（140 kgf/cm²）,流量为 0~389 L/min。

（2）自动系缆油泵

自动系缆油泵 2 是为自动系缆而设置的高压小流量内齿轮泵,工作压力为 13.7 MPa（140 kgf/cm²）,流量为 54.5 L/min。

（3）油马达

油马达 3 采用活塞连杆式油马达,转速为 0~110 r/min,工作油压:起锚时为 10.8 MPa（110 kgf/cm²）,系缆时为 13.7 MPa（140 kgf/cm²）。

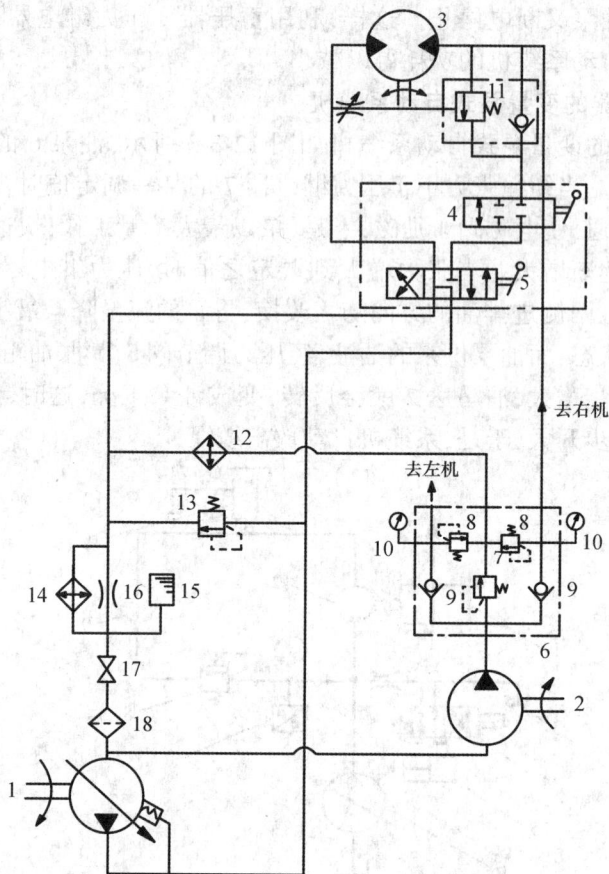

图 12-3-4　奈尔–三菱重工自动系缆机的液压系统图

1—主油泵;2—自动系缆油泵;3—油马达;4—自动系缆工况转换阀;5—手动操纵阀;6—系缆张力自动调节块;
7—低压溢流阀;8—高压溢流阀;9—单向阀;10—压力表;11—平衡阀;12、14—冷却器;13—主泵溢流阀;
15—高置油箱;16—节流阀;17—截止阀;18—滤器

（4）自动系统工况转换阀

自动系统工况转换阀 4 与手动操纵阀 5 铸成一体,控制操纵手柄,可将其转至"自动"位置或"人工"位置。

（5）系缆张力自动调节块 6

自动调节张力所用各个阀件全部组合在这一阀块上,其主要组成如下:

①低压溢流阀 7(平衡活塞型),调至收缆张力的最大值;

②高压溢流阀 8(平衡活塞型),调至放缆张力的起始值;

③单向阀 9,用以防止放缆时从油马达回流的压力油倒流至低压溢流阀;

④压力表 10。

2.自动系缆动作说明

使用自动系缆时,首先停止主油泵 1,将手动操纵阀 5 的手柄置于中间位置,并将自动系缆工况转换阀 4 的手柄置于自动位置,即图示位置,然后启动自动系缆油泵 2,即可进行自动系缆。

（1）收缆工况

当缆绳张力较小时，从自动系缆油泵2来的压力油进入系缆张力自动调节块6，然后经单向阀9进入油马达3，使油马达转动，进行收缆。这种工况一直进行到与缆绳张力相对应的工作油压，达到低压溢流阀7的调定值时为止。从油马达排出的油液，则经手动操纵阀5和冷却器14返回自动系缆油泵2的吸入口。

（2）停止工况

在收缆工况中，工作油压随缆绳张力的增大成比例地增大。当缆绳张力达到相应于停止收缆的油压，油马达和卷筒停转。若缆绳张力进一步增大，并大于低压溢流阀7的调定压力时，低压溢流阀7开启，从自动系缆油泵2排出的压力油，除少量补充油马达的泄漏外，其余则完全经低压溢流阀7返回。而来自油马达的压力油，因被单向阀9锁闭，不能进入低压溢流阀，因此，油马达和卷筒一直保持停转，直至缆绳张力增大到开始放缆时的张力为止（高压溢流阀8的调定值）。

（3）放缆工况

若缆绳张力进一步增大，致使油压超过高压溢流阀8的调定值时，则高压溢流阀8开启，来自油马达的压力油即会经高压溢流阀8、冷却器12和手动操纵阀5又返回油马达。因此，油马达倒转，并放出缆绳。这时，油泵排出的压力油，除少量补充油马达的泄漏外，其余全部经低压溢流阀7、冷却器12、14和滤器18等返回油泵。

放缆时，油马达按油泵工况工作，高压溢流阀的开度与缆绳张力和系统油压相对应。若缆绳张力异常增大，则高压溢流阀的开度也随之增大，使放缆速度加快，缆绳张力也就因而得以维持在规定的范围以内。

可见，在工作过程中，通过调节溢流阀弹簧张力的方法，改变低、高压溢流阀的调定值，即可改变收放缆绳的起始张力。

3.手动系缆动作说明

如将系缆机改用于一般人工系缆，必须停止自动系缆油泵2，并将自动系缆工况转换阀4的手柄置于"人工"位置，然后启动主油泵1，这时因手动操纵阀5处于中央位置，故油马达不转，缆绳也就不会收放。

收缆时，应将手动操纵阀5推向左端，这时，从主油泵1排出的高压油，即经手动操纵阀5、自动系缆工况转换阀4和平衡阀11，进入油马达3；油马达的回油，则经手动操纵阀5被主油泵1吸回。

放缆时，应将手动操纵阀5拉向右端。这时，从主油泵1排出的高压油，即经手动操纵阀5反向进入油马达3；油马达的回油，则经平衡阀11、自动系缆工况转换阀4和手动操纵阀5被主油泵1吸回。

任务3.4 绞缆机刹车力测试

1.绞缆机刹车力测试要求

（1）每一系缆机刹车，新船交付使用前以及以后每年，都应单独测试刹车力；若更换或修理刹车片或有任何证据显示系缆机刹车过早打滑或有相关障碍，也都应测试刹车力。

（2）系缆机刹车应进行测试,时间间隔不超过 12 个月。

（3）船舶各系缆机都必须有船级社认可的证书,该证书是调整系缆机刹车力的重要依据。

2.绞缆机刹车力测试原理

绞缆机一般采用环形刹车带型手动刹车,环形刹车带套在刹车轮毂上。是否刹车以及刹车力大小取决于刹车带抱紧刹车轮毂的程度。

绞缆机刹车力测试原理如图 12-3-5 所示,使用的工具有"人"字形专用工具、液压千斤顶和带压力表的手摇压力泵。

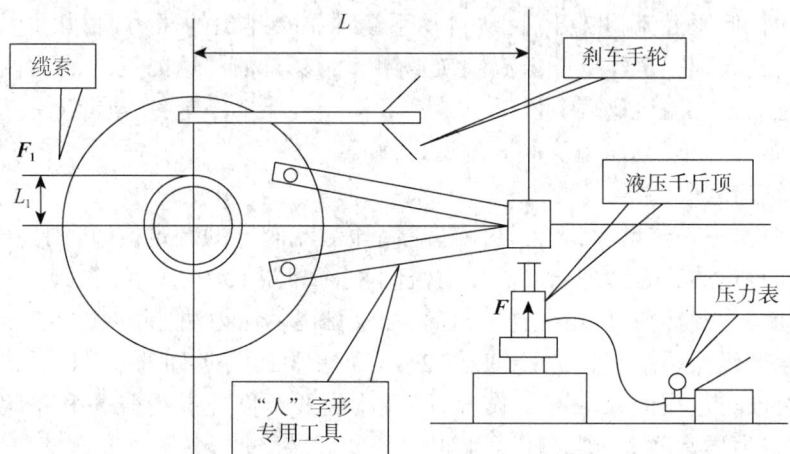

图 12-3-5　绞缆机刹车力测试原理图

由受力分析可知:$F_1 \times L_1 = F \times L$,即刹车力

$$F_1 = F \times L / L_1$$

式中:F——液压千斤顶的顶力;

L——F 的作用力臂,即"人"字形专用工具等腰三角形的高,可测量得到;

L_1——F_1 的作用力臂,等于系缆滚筒直径 D 与缆索直径 d 之和的一半。

石油公司国际海事论坛（OCIMF）颁布的《系泊设备指南》要求,新缆索应为 80%MBL（系缆最大破断力,可根据系缆规格从其说明书查出）,旧缆索应为 60%MBL,由此可得绞缆机刹车力标准值:

$$F_{1e} = （60\% \sim 80\%）\times MBL（系缆最大破断力）$$

测试所得绞缆机刹车力 F 应不小于绞缆机刹车力标准值 F_{1e}。

3.绞缆机刹车力测试步骤

（1）短时间运行系缆机,清除刹车片上水分、牛油等影响刹车力的附着物,系缆机滚筒上的系缆层数不超过 1 层,以获得最大的刹车力。

（2）正常刹紧刹车,脱开系缆机离合器。

（3）"人"字形专用工具的两脚,用螺栓紧固在系缆机滚筒侧挡板的两个专用螺孔上,转动滚筒使专用工具处于基本水平。

（4）检查压力表量程确认符合测试需要,摇动手摇泵,千斤顶顶端上升,顶动"人"字形专用工具顶端迫使滚筒克服刹车力转动。测试期间各受力点必须保持稳定,以保安全。

（5）测量和记录 L、L_1、F、系缆滚筒直径 D、系缆的直径 d、滚筒刚开始转动时的油压 P。

（6）计算刹车力。根据测试原理，按照 $F = PC$，由 P、C 计算出液压千斤顶的顶力 F，再计算刹车力 $F_1 = F \times L/L_1$。

4.刹车力测试结果的判别

为了简化测试结果符合性判断，船上一般先按公式设定刹车力范围，再由此计算出液压千斤顶的油压范围，然后测试验证液压千斤顶油压是否在设定范围内。

（1）压力表显示在计算值范围内刹车打滑，表示刹车力正常。

（2）压力表显示不到计算范围刹车就打滑，表示刹车力过小，需提高刹车力，调节或修理后重新测试。

（3）压力表显示超过计算范围刹车还没打滑，则表示刹车力过大，需降低刹车力，调节后再重新测试。

5.刹车力的调节和锁定

如果测出的绞缆机刹车力不符合规定值，需进行调整或更换刹车片，通常通过调整刹车螺杆限位螺帽来调节和锁定刹车力。

任务四 救生艇释放装置的操作与管理

学习目标：

1.熟悉救生艇常用释放装置
2.熟悉救生艇释放装置辅助设备
3.知道救生艇释放装置的技术要求
4.熟悉救生艇释放装置的检查及维护保养方法

任务 4.1 救生艇常用释放装置

救生艇的释放装置是用来存放和释放救生艇的专用配套设备。当船舶遇险时能否快速地释放救生艇，其释放装置性能的好坏起着决定性的作用。每艘救生艇均应配置一副独立的释放装置，每副释放装置装配一个吊艇机以保障释放和回收救生艇工作能迅速、安全地进行。

救生艇的释放装置比较多，本任务仅介绍常用的几种释放装置。救生艇平时存放在释放装置上，救生艇释放装置又称降落设备，俗称吊艇架。释放装置按形式的不同一般可分为旋转式、摇倒式、重力式和自由降落入水式等。

1.旋转式释放装置

旋转式释放装置用于艇重不超过 1 400 kg,它是由两根顶端弯曲并能 360°转动的吊柱,通过吊艇索来吊起救生艇的。释放时需用人力将艇首、尾端通过转动吊柱分别转出舷外再降落至水面。此类释放装置结构简单、无须动力,但操作过程费时、费力,仅适合较小的船舶使用。旋转式释放装置如图 12-4-1 所示。

2.摇倒式释放装置

(1)弧齿式释放装置

弧齿式释放装置是由前、后两根吊柱装置组成的,每根吊柱下端呈扇形弧齿状,弧齿的中心用螺栓固定在释放装置底座上,扇形弧齿的外齿与底座下部的齿槽相啮合。吊臂的形式有直杆形和"S"形等,直杆形吊臂设在艇的两端外,而且需要将吊艇钩设在艇首、尾顶端,"S"形吊臂则可将艇直接搁在释放装置下的木墩上,艇首、尾吊艇钩设置在艇的首、尾部即可。弧齿式释放装置如图 12-4-2 所示。

(2)推杆式释放装置

推杆式释放装置主要由两根活动的吊柱组成,每根吊柱由一根螺杆与吊柱支架相连,螺杆的下端与螺纹套筒相啮合,螺纹套筒与底座相连。释放时,人力摇动套筒上的手柄,螺杆便随之伸出套筒使吊柱向舷外推出,吊柱上的救生艇也一同被推出舷外,再松出吊艇索即可将艇降至水面。推杆式释放装置如图 12-4-3 所示。

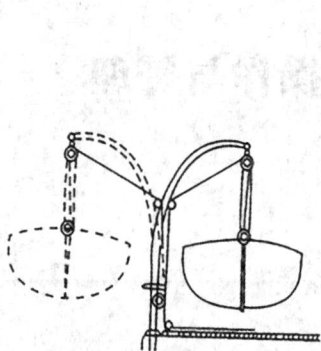

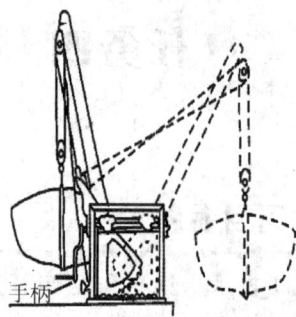

图 12-4-1　旋转式释放装置　　图 12-4-2　弧齿式释放装置　　图 12-4-3　推杆式释放装置

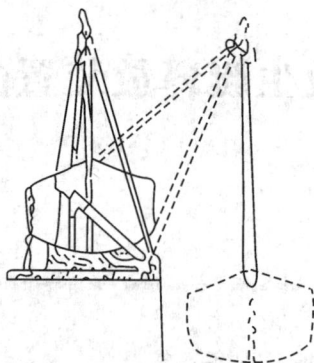

3.重力式释放装置

重力式释放装置的形式可分为滑轨式、叉形支撑式和直杆式三种。无论哪种形式的重力式释放装置,当救生艇艇重超过 2 300 kg 时,则应采用重力式释放装置。重力式释放装置如图 12-4-4 所示。

无论哪种形式的重力式释放装置的制造和试验,应经过 CCS 船级社认可,并满足国际救生设备规范的要求。

4.自由降落入水式释放装置

自由降落入水式释放装置(如图 12-4-5 所示)配套使用自由降落入水式全封闭救生艇。该形式的降落装置主要装配于干舷高度在 12~20 m 的高干舷船舶。艇内装配有特制的座位,并设有艇内减震装置。自由降落入水式释放装置装配在船舶尾部,以斜置的支架存放救生艇。

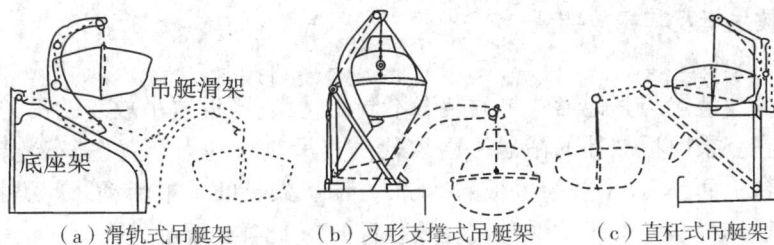

（a）滑轨式吊艇架　　　（b）叉形支撑式吊艇架　　　（c）直杆式吊艇架

图 12-4-4　重力式释放装置

船舶只配备一艘自由降落入水式释放装置。

（1）自由降落入水式释放装置的基本要求

自由降落入水式释放装置的各项性能和指标应符合《SOLAS 公约 1999 年修正案》、IMO 第 66 届海安会通过的《国际救生设备规则》中的各项规定和要求。在紧急状态下，当船舶处于横倾 20°、纵倾 10°的恶劣状况下，释放装置能将满载的救生艇降放到海面；当救生艇处于横倾 5°、纵倾 2°的状况下，可以利用其回收装置将满载人员的救生艇放到海面和从海面上回收到释放装置的滑道上。当船舶下沉到 3~4 m 处时，释放装置上的固艇装置和静水压力释放器依靠自身的动力使艇脱开，以便艇驶往安全地带。

（2）自由降落入水式释放装置技术参数

装置工作负荷：满足额定乘员安全起降的要求。

绞车起重负荷：满足额定乘员安全起降的要求。

装置下放负荷：最小 30 kN，最大满足额定乘员安全起降的要求。

自由降落核准高度（船舶在最轻航行状态从静水表面至救生艇在降放状态时的救生艇最低一点的最大距离）：15 m。

降落滑道角度：35°（救生艇滑道与水平面形成的角度）。

装置安装高度：15 m。

起升速度：5.0 m/min。

设计工况：横倾 20°、纵倾 10°。

设计航速：大于或等于 6 kn。

登艇方式：尾门登艇。

环境温度：−20~+45 ℃。

图 12-4-5　自由降落入水式释放装置

5.新型救生艇及其释放装置

（1）平台式释放装置

平台式释放装置与其他形式释放装置不同的是,它不设置吊放艇的吊架,而是由一个立式安装在登乘甲板舷外的吊艇平台取代。其吊艇机动力装置、刹车装置等大型设备均置于平台上面,减轻了登乘甲板的拥挤,方便了人员的登乘活动。此类释放装置主要装配于客船和科学考察船。平台式释放装置如图12-4-6所示。

图 12-4-6　平台式释放装置

（2）救生艇应急自动释放自浮设备

救生艇应急自动释放自浮设备由自动脱绑装置和自动脱钩装置两部分组成,能满足依靠吊艇架形式释放救生艇在紧急状态下自动脱开降落设备的要求。即当母船在海上发生事故突然下沉时,该设备能使救生艇在无人操作的情况下自动脱掉绑扎的钢索和自动脱钩并自浮,提高了船员获救的机会和可能性。

（3）全电脑信息管理救生艇

英国救生艇协会在威尔士展示了一种新型救生艇,它的速度是普通救生艇的2倍,艇体进行了特别加固,可以更有效地保护艇上人员的安全。它的驾驶室配备了全新的电脑信息管理系统,很多指令可以通过遥控完成,这意味着船员在航行中不必在艇上来回奔忙,降低了事故风险,这个电脑系统还能在风浪中自动调整。

任务 4.2　救生艇释放装置辅助设备

1.吊艇机各部名称及作用

吊艇机是回收救生艇的动力装置,由电动机(危险品船为压缩空气驱动)、齿轮箱、离合器、制动器、手摇装置、滚筒等组成。

（1）电动机

吊艇机通常用电或压缩空气作为动力源,由船舶提供电源或压缩空气产生机械动力。

（2）齿轮箱

齿轮箱用于改变原动机的转速比，即改变人力操作与电动操作艇机回收救生艇时的机械转速比。

（3）离合器

离合器为人力或电动回收救生艇时的转换装置。

（4）制动器

每一吊艇机有两套制动装置，一套为手动制动器，另一套为自动调节救生艇降落速度的制动器，以保障救生艇的降落速度控制在 0.4~0.6 m/s。正常情况下由人工控制救生艇释放速度。

（5）手摇装置

吊艇机工作除电（气）动装置外，同时设有手摇装置，以备在缺乏动力源时可用人力转动艇机收回救生艇。

使用手摇装置人力转动吊艇机回收救生艇时，应将离合器置于"手动"位置，回收救生艇完毕后应将手摇柄取下。

（6）滚筒

滚筒为两个对称设置在吊艇机下方两侧并同步运转的圆形滚筒分别盘绕吊艇索的装置。滚筒的直径至少为吊艇索直径的 16 倍。

直立式吊艇机如图 12-4-7 所示。

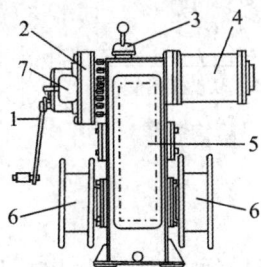

图 12-4-7　直立式吊艇机

1—制动器；2—离合器；3—控制手柄；4—电动机；5—传动齿轮箱；6—滚筒；7—手摇装置

释放救生艇时，解除所有固船绳索和安全插销后，抬起吊艇机上的制动器，救生艇靠自身重力开始下降，并可通过调整制动器来控制释放救生艇的速度。

回收救生艇时，电动机带动两侧滚筒同步转动，两根吊艇索分别有序地盘绕在滚筒上，依靠它将救生艇收回于吊艇架上。当吊艇架恢复到原来位置时，吊艇架底座上的限位开关切断电源，以防止吊艇索过度受力而发生危险。吊艇机还附有手摇装置，当吊艇机失去动力源时可利用人工方式将救生艇绞起。

吊艇机均采用齿轮传动式，在艇机下端设有两个存放吊艇缆绳的滚筒，以便使两根吊艇索同时以等速收进或松出。设计时，引导滑轮与导缆滚筒之间的距离至少为 2 m，以保障吊艇索能规范地缠绕。回收救生艇时，吊艇索于滚筒上应排列整齐且不多于 2 层。

2.吊艇索、吊艇滑车及吊艇钩

（1）吊艇索

吊艇索应为柔软的并有足够韧性的镀锌钢丝索。吊艇索长度应能在船舶最小吃水并向任何一舷横倾达 20°时足以到达水面。

（2）吊艇滑车

吊艇滑车是吊艇索与救生艇连接的专用设备。吊艇滑车滑轮的直径（自滑车槽口底部计量）为钢丝绳的 12 倍。吊艇滑车的下端装有供连接吊艇钩用的圆环，当吊架倒下后，滑车上的凹形槽即从吊架顶端的固定钩中脱出并随救生艇及吊艇索一起下降。吊艇滑车如图 12-4-8（a）所示。

（3）吊艇钩

为保障在风浪中艇首、尾能同时迅速脱钩，目前大多数救生艇装备有联动脱钩装置，当艇降落至水面瞬间，拉动联动脱钩拉杆或拉索即可使艇首、尾同时脱钩。当自动脱钩失败时，仍可使用手动方法脱钩。联动脱钩装置的拉环均漆成红色并有铭牌标示"危险！脱钩拉环"。

联动式吊艇钩主要由吊艇钩、眼板、平衡锤、平衡锤眼环、吊艇链环、龙骨、传动索等组成，如图 12-4-8（b）所示。

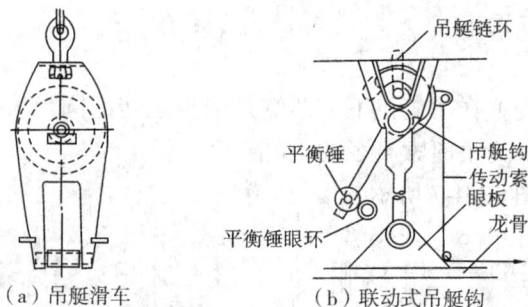

（a）吊艇滑车　　　　（b）联动式吊艇钩

图 12-4-8　吊艇滑车及吊艇钩装置

3.救生艇定位索具

（1）稳索

艇架上设有两根用来固定救生艇的稳索。艇在存放位置时，该索在艇的首、尾适当部位横向缠绕艇体后系固于吊艇架上。平时应系牢，防止因船舶摇摆致使艇体晃动而撞损。

（2）止荡索

止荡索亦称定位索。上端固定于吊架弯曲部位的弧顶眼环处，下端系在吊艇滑车内侧耳环处。艇在释放时，用以限制艇的横向摆幅不致因船舶摇摆而使艇偏离舷边和碰撞大船。止荡索长度应使救生艇在降放时，艇缘刚好平行于船舶登艇甲板。

（3）收紧索

收紧索是艇与船之间的横向连接索。当救生艇降放到船舶登艇甲板位置时，由首、尾艇员分别递上带滑轮的两根收紧索，一端系在两吊艇架适当位置，另一端系于救生艇首、尾舷羊角上，由首、尾艇员分别控制收紧后，使艇缘与登艇甲板平行紧靠，便于人员登乘。

任务4.3　救生艇释放装置的技术要求

1.救生艇释放装置的一般要求

(1)每具降落设备在船舶纵倾达 10°并向任何一舷横倾到 20°时,应能安全降落其装备齐全的和满载全部乘员的救生艇或救助艇。

(2)油船、化学品液货船和气体运输船,如按 MARPOL 73/78 公约和国际海事组织的建议计算的最后倾角超过 20°时,其所配备的救生艇降落设备应能在该船处于最后倾角的情况下在较低的船舷仍能进行操作。

(3)降落设备不应依靠除重力或不依赖船舶动力的储存机械动力以外的任何方式来降落其所配属的处于不同状态的救生艇或救助艇,这些状态包括满载、装备齐全和轻载状态。

(4)降落和回收装置应能使该设备的操作人员一人在甲板上操作。在救生艇降落及回收期间,在船上操作位置应能观察到救生艇的动态。

(5)每具降落设备的构造,应仅需要最少的日常维护量。一切需要船员进行定期维护的部件,应容易接近和容易维护。

(6)降落设备的绞车制动器应具有承受下列负荷的足够强度:

①试验负荷不少于 1.5 倍最大工作负荷的静力试验;

②以最大速度下降,做试验负荷不少于 1.1 倍最大工作负荷的动态试验。

(7)除绞车制动器外,降落设备及其附属设备的强度,应能承受不少于 2.2 倍最大工作负荷的静力试验。

(8)构件和一切滑车、吊艇索、眼板、链环、紧固件和其他一切用作连接降落设备的配件,应用不小于最小的安全系数来设计,这个安全系数由规定的最大工作负荷和结构所选用材料的极限强度来决定。适用于一切吊艇架和绞车构件的最小安全系数应为4.5,适用于吊艇索、吊艇链、链环和滑车的最小安全系数应为 6。

(9)每具降落设备应尽可能在结冰情况下保持有效。

(10)救生艇降落设备应能收回载有艇员的救生艇。

(11)降落设备的布置,应能使人员安全地登上具有适当要求的救生艇。

(12)回收艇的手动装置,在救生艇和救助艇下降时或使用动力吊起时,绞车的转动部分应不使手动装置手柄或手轮旋转。

(13)满载的救生艇和救助艇降落下水的速度应不小于由下式得出的速度:

$$S=0.4+0.02H$$

式中:S——下降速度,m/s;

H——从吊艇架顶部到最轻载水线的距离,m。

快速救助艇满载乘员和属具后的降放速度和吊起速度应不低于 0.8 m/s,也不高于 1 m/s。

(14)救生艇或救助艇的设计,应考虑紧急刹车过程中的惯性力和降落装置的强度。主管机关应在降落设备上制定最大下降速度,以确保不超过该速度。

(15)每具降落设备应有制动器,使载足全部乘员及属具的救生艇和救助艇在降落中能刹住并可靠地系留住,如有必要,还应有防水和防油保护。

(16)手控制动器的布置应始终处于制动状态,除非操作者将机械装置的制动控制器保持在"脱开"位置上。

(17)吊艇索应有足够的长度,应于船舶最轻载航行并在不利纵倾10°和向任何一舷横倾至20°时,使救生艇能到达海面。

(18)救助艇登乘和回收装置应允许安全而有效地搬运担架病人。如果重型动索滑车构成危险,为了安全,应设有供恶劣天气下使用的回收环索。

2.自由降落设备的其他要求

(1)每艘自由降落救生艇应能在入水后立即朝正前方前进,当载足全部属具和下列负载状态下从核准高度自由降落,船舶纵倾10°并向一舷横倾20°时应不碰到船舶:

①载足全部乘员;

②载足乘员以使重心移至最前方位置;

③载足乘员以使重心移至最后方位置;

④只有操作船员。

(2)每艘自由降落救生艇应装设一脱开系统,它应:

①具有两个独立的、只能从救生艇内操作脱开装置的激活系统,并标有明显的颜色;

②在无装载或被批准的乘员定额200%正常负荷时能脱开艇;

③使救生艇的乘员在降落过程中不致感到过度的冲击力。

(3)每艘自由降落救生艇具有足够斜度和长度的刚性释放架结构,以保证救生艇有效地离开船舶。

(4)其结构应有防腐蚀保护和在救生艇降落过程中防止发生摩擦起火或碰击火花。

任务 4.4 救生艇释放装置的检查及维护保养方法

救生艇作为一项重要的船舶救生设备一直是港口国监督(PSC)的重点。近年来,随着世界港口国监督水平的日益提高,对救生艇的检查范围逐渐从仅限于救生艇的属具的检查到深入救生艇释放装置的检查。现在船舶救生艇方面的滞留缺陷很少是救生艇属具的不足或到期,而不少是释放装置方面的缺陷。同时,救生艇释放装置是保证救生艇安全迅速下水、确保紧急情况下成功救助的必要条件。因此,救生艇释放装置的检查和维护应引起广大船员的足够重视。

1.释放装置检查维护职责

救生设施的日常检查主要由三副负责,但船舶所有高级船员和普通船员都有维护保养设施、设备的责任和义务。救生艇释放装置的检查和维护必须满足 SOLAS 公约第三章第Ⅵ节第48条规定的要求,并将检查情况和维护效果详细记录备查。

2.释放装置检查主要内容及维护方法

外观性检查:

(1)检查内容

①救生艇艇架结构、底座、吊钩连接处、板材是否有锈蚀情况;

②艇架有无轴线错位或变形(年限较长的艇架);

③艇架架托与艇体是否有脱开现象；

④吊艇索、导缆柄、安全销等是否锈蚀或锈死；

⑤吊艇机和电源情况。

（2）维护方法

①锈蚀处根据具体情况做防锈处理或复补和换新；

②艇架若有轴线错位或变形，应告知船舶公司或船东，请求进厂修理；

③艇架架托与艇体有脱开现象时，应立即复位；

④吊艇索应定时涂抹防护黄油，其他视情况除锈和上防护油；

⑤吊艇机防护罩应盖好，吊艇机电源应处于断开位置。

操作性检查：

（1）降放艇检查（重力式吊艇设备）

降落设备是否依靠重力或船舶动力储存机械动力的任何方式来降落其所服务的救生艇或救助艇。检查中，我们可以关闭船舶主用电源，测试降落装置是否与应急配电板相连接，是否可用。

（2）降落装置布置检查

降落机械装置的布置是否由一个人自船舶甲板上某一位置，和自救生艇或救助艇内部某一位置来开动；在甲板上操作降落机械装置的人员是否能看到救生艇。

除了自由降落下水救生艇外，一般救生艇的降落机械装置有三套或两套：一套应可由一个人在船舶甲板舷侧某一个位置操作，一套应能在救生艇内部某一个位置来操纵，一套是利用绞车的重力块操纵。前两者属于公约强制性要求。特别是最前者，它意味着在甲板舷侧上操纵救生艇降落的人应能看到救生艇释放降落的全过程。

（3）制动装置检查

降落设备的绞车制动器（刹车）是否有承受一定负荷的足够强度。1998年7月1日《国际救生设备规则》（LSA规则）增加了对救生艇降落速度上限的要求。规则规定，降落设备可以依靠救生艇的自身重力，或者独立于船舶动力之外的船舶储存机械动力。

为防止救生艇在应急情况下出现异常，保证船员在救生艇降落过程的安全平稳，绞车制动装置起着非常重要的作用。当救生艇以较快速度降落接近艇甲板平面时，可示意绞车进行刹车制动。若救生艇无法控制下落或滑落非常长的一段距离才能停住，则可说明绞车制动有问题。通常情况下，绞车制动装置应处于制动状态。

放艇试验时，船员开始抬起绞车制动器的重力块，只听到绞车转筒轴的空转声音，救生艇却没有下降。经过几次反复操作后，救生艇才能正常下降。产生这种情况的原因通常是制动器中的刹车片或弹簧变形、错位。通过反复操作、设备振动，刹车片又恢复了正常。这是制动器中刹车片或弹簧老化失效的征兆，严重的将可能导致救生艇无法下降，应尽快打开绞车进行检查修理。

（4）艇内快速降落装置的检查

除艇外舷侧甲板有一套救生艇降落操作装置外，还应有一套供船员在艇内操作的降落装置。仔细观察可供艇内操纵降落的绳索是否已经连接妥当，操纵装置上滑轮是否牢固可用。

（5）自动脱钩装置检查

一般的艇上有两套自动脱钩装置。一套位于救生艇内操纵台附近,由人工拉动操纵手柄进行操纵。可以检查快速降落装置操纵手柄上用来防止误操作的保险栓是否拴牢、有无损坏断裂。另一套在吊艇钩末端,当艇下水受到冲击时,重力块动作,吊艇钩自动脱开。所以,检查的重点应放在仔细查看自动脱钩装置的艇钩和保险扣上有无锈蚀。若有锈蚀,将会影响自动脱钩的效果。

（6）限位开关检查

吊艇架多由油马达动力收回。为防止吊艇索或吊架受到过度应力导致艇架或艇的变形,艇架上装有限位开关,用于吊臂回到原位时自动切断回收动力。根据工作方式,限位开关有电动和气动两种,分别依靠电磁阀、空气开关工作,当吊臂接触到限位开关的触臂,限位开关立即发生动作。常见的缺陷包括:触臂卡死或开关内部损坏导致限位开关无法动作,触臂角度调节不当引起限位开关动作过早,吊臂无法复位。

3.释放装置缺陷的处理原则

救生艇降落设备方面的缺陷将严重地影响到救生艇的适时可用,属于重大船舶缺陷,可能导致船舶被滞留。对于上述检查中发现的缺陷,原则上应要求船舶和船舶所有者在开航之前解决;对于降落设备布置等涉及重大缺陷需修理项目的认定,船舶应及早、如实、准确地报告船舶所有者,由船级社和相关职能部门加以确认,并进行及时修理。另外,对于有些配件在本港无法购置或没有解决能力的缺陷,船级社和相关职能部门可能允许驶往下一港纠正,同时会通知下一港跟踪检查。

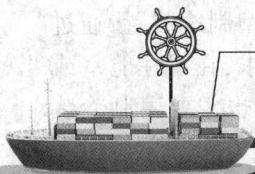

项目十三

船舶制冷装置的操作与管理

任务一 | 认识船舶制冷装置

学习目标：

1. 了解制冷在船舶运输中的应用
2. 掌握船舶食品的冷藏条件

任务 1.1 制冷在船舶运输中的应用

1. 伙食冷藏

制冷就是从某一物体或空间吸取热量，并将其转移给周围环境介质，使该物体或空间的温度低于环境的温度，并维持这一低温的过程。在近代船舶上，制冷技术已广泛应用于货物冷藏运输、食品冷藏、鱼类保鲜、天然气液化和贮运、冷藏集装箱运输和船舶舱室的空气调节等。

鱼、肉类、奶及豆制品等腐烂的主要原因在于微生物（霉菌、细菌、酵母菌等）活动繁殖所分泌的物质使食物中的有机物水解变质。而蔬菜、水果等由于其在采摘之后还将不断地吸收氧气，呼出二氧化碳，同时散发热量和水分，继续进行生命活动，在经过一定时间后，会因腐烂而变质。船舶伙食冷库保存食品主要是创造条件尽量抑制微生物活动和适当减弱蔬菜水果的呼吸作用，尽可能不改变食品的内部组织和风味。

2. 空气调节

空气调节，就是对空气进行必要的处理，然后以一定的方式送入舱室，使室内的温度、湿度、气流速度和清新度适于工作与生活的要求。对空气进行处理的装置，称为空气调节装置。船舶航行于各个海域，气候条件复杂多变。同时船上人员和机器设备也不断散发出大量的热量和水蒸气，为了能在舱室内创造出一个适宜的人工气候，以便为船员、旅客提供一个舒适的工作和生活环境,现代船舶大都设有空气调节装置。

3.为设备和人员生活服务

气动主机遥控系统要求控制空气含水量非常低,所以往往装设小型制冷装置,通过降低空气的温度来减少空气的含水量。此外,为了满足人员的生活要求,在居住舱室或公共处所设置的饮水机、冰箱、冰柜以及医务室设置的冷藏箱等设备,也主要由制冷装置构成。

4.冷藏运输

为了发展水上冷藏运输,早在19世纪80年代,就曾建造并使用了一批专门装运单一或少数几个货种的专用冷藏船。随着船舶吨位的发展和技术进步,后来又出现了多用途冷藏船。现在,继传统的冷藏船之后,一种新的具有从"门"到"门"特点的冷藏集装箱运输已经日趋普遍,一些可向所载保温集装箱供送冷风的冷藏集装箱船也不断兴建并投入营运。显然,在这些海上冷藏运输船上,都必须装设专门的制冷装置。

任务1.2 船舶食品的冷藏条件

1.温度

水果、蔬菜及蛋、奶类食品一般应采用冷却储藏。该类食品冷库的库温在0 ℃左右,即稍高于食品冻结点的温度,冷库主要储藏水果、蔬菜、蛋和奶类食品,也适用于鱼、肉、禽等食品的短期储藏。水果、蔬菜的种类、品种不同,对低温的适应能力也各不相同。

一般对鱼、肉类食品应冻结储藏,使其温度降低到大部分汁液冻结的程度,这样可更有效地抑制微生物的活动。冻结食品的储藏期比冷却食品要长得多。若采用快速冻结方式,食品内部的水分结成细小的冰晶,对食品品质影响较小。对大部分鱼、肉类食品,如果冻结温度为$-30 \sim -23$ ℃,冻结速度为$2 \sim 5$ cm/h,品质与新鲜度可几乎保持不变。

对长航线船舶,其鱼、肉类食品储藏温度以$-20 \sim -18$ ℃为宜,在此温度下微生物的繁殖几乎停止,肉类能保鲜半年以上。对于短航线船舶,鱼、肉类食品冷冻保存期为$2 \sim 3$个月,库温控制在$-12 \sim -10$ ℃较为经济。

2.相对湿度

船舶伙食的菜库和乳品库等惯称为高温库,其温度多保持在$0 \sim 5$ ℃,相对湿度$85\% \sim 90\%$,目的在于抑制微生物的活动,并抑制水果、蔬菜呼吸,延缓其成熟。湿度过小会使食品干缩,湿度过大会使食品容易发霉腐烂。菜库和乳品库适宜的相对湿度为$85\% \sim 90\%$。

3.二氧化碳和氧气的浓度

由于蔬菜和水果还将不断地散发水分和二氧化碳等,为了保持合适的气体成分,就需要进行换气。通常以更换了多少个舱室容积的新鲜空气来表示换气量,称为舱室的换气次数。果蔬类冷藏舱或冷藏集装箱的换气次数为每昼夜$2 \sim 4$次。船舶伙食冷库因经常存取食品,无须专门进行换气。

除普通冷藏外,对于新鲜的水果和蔬菜还可采用气调储藏法。气调储藏是指在冷

藏的同时将冷库内 O_2 和 CO_2 含量控制在规定的范围内。根据果蔬的种类、产地及时间等因素,一般 CO_2 浓度控制在 2%~8%, O_2 浓度控制 2%~5%。气调储藏可以抑制水果、蔬菜的呼吸作用,可配合通风换气来控制和调整库内气体成分,也可通过气体发生器燃烧丙烷气体来减少 O_2 和增加 CO_2。如果控制得当,其储藏期比普通冷藏库的储藏期延长 0.5~1 倍。

4.臭氧浓度

应用臭氧发生器高压放电产生的臭氧可对冷库进行消毒,杀灭霉菌及其他各种微生物,减少微生物污染食品的机会。

臭氧除杀菌作用外,还可抑制水果、蔬菜的呼吸作用,防止其过快地成熟,故在船上多用于菜库。因为水果在呼吸时将会放出少量的乙烯,乙烯对水果有催熟的作用,臭氧则能使乙烯氧化而消除之。此外,臭氧对鱼类等还具有除臭的作用。

臭氧不能用于奶制品和油脂类食物,因为这些食物易被氧化并产生脂肪酸,从而使食物变质。臭氧浓度超过 1.5ppm 时会刺激人的呼吸道黏膜并使人头疼。在人进入冷库前 1~2 h,应停止臭氧发生器工作。

表 13-1-1　食品冷藏条件表

冷库类型	温度/℃	相对湿度	换气次数/24 h	CO_2浓度	O_2浓度	臭氧浓度/（mg/m³）
高温库(菜、果)	0~5	85%~90%	2~4	2%~8%	2%~5%	0.3~0.4(15 min)
高温库(蛋、奶)	0~5	85%~90%				0.3~0.4(10 min)
低温库(鱼、肉)	−20~−18 −12~−10	90%~95%				0.4~0.8(20 min)

任务二 蒸气压缩式制冷装置的工作原理

学习目标:

1.熟悉蒸气压缩式制冷装置的工作原理和基本组成
2.掌握制冷循环在压–焓图上的标示以及热力计算
3.学会分析不同工况对制冷循环的影响

任务 2.1　蒸气压缩式制冷循环原理

蒸气压缩式制冷是现今应用最广泛的一种机械制冷,也是船舶所采用的主要制冷方式。

蒸气压缩式制冷系统如图 13-2-1 所示。系统由压缩机、冷凝器、膨胀阀、蒸发器组成，用管道将其连成一个封闭的系统。低压冷剂的饱和温度较低，例如 R22 在表压力为 0.145 MPa 时的饱和温度约为-20 ℃。此温度低于冷库温度，当低压冷剂流经蒸发器时便从冷库中吸热使库温降低，而冷剂本身汽化成蒸气，在蒸发器出口处即可成为过热蒸气。为了使蒸发器中气压能保持较低数值，并能回收冷剂循环使用，压缩机不断地将产生的蒸气从蒸发器中抽走，将它压缩后，在高压下排出，这个过程需要消耗能量。经压缩后的高温、高压过热蒸气被压送到冷凝器内，压力越高，冷剂的饱和温度越高，例如 R22 在表压力为 1.10 MPa 时的饱和温度为 30 ℃，温度不太高的冷却介质(通常是常温水或空气)便能将冷剂过热蒸气冷却到饱和温度(此时称冷凝温度)，并凝结成高压液体。冷凝器底部的冷剂液体还可能有一定的过冷度。利用膨胀阀使高压液体节流，节流后的低压、低温湿蒸气进入蒸发器，再次从冷库中吸热汽化，使冷库温度不断降低，如此周而复始。

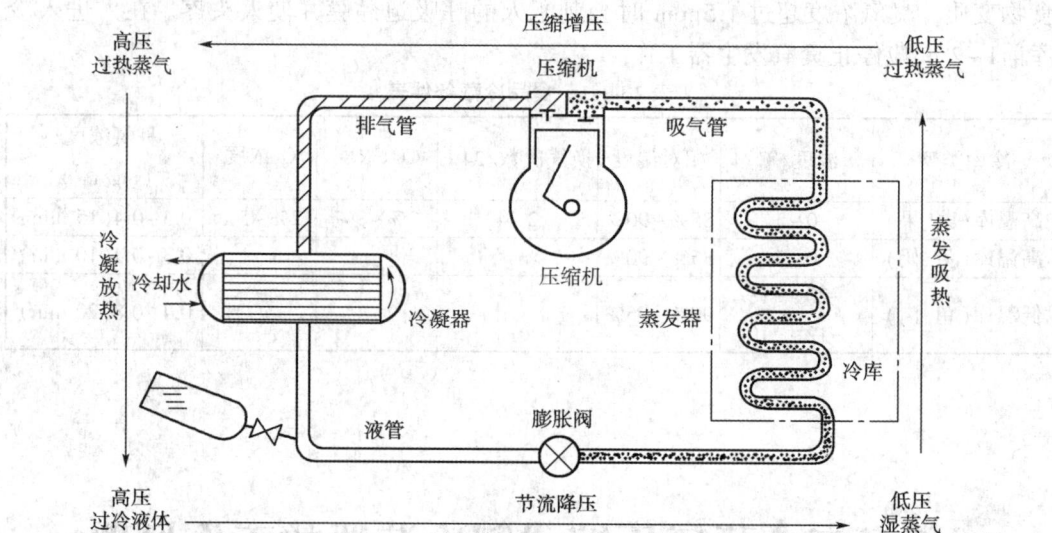

图 13-2-1　蒸气压缩式制冷系统

膨胀阀(节流结构)、蒸发器、压缩机、冷凝器是组成压缩制冷循环的基本元件。它们的功用分别是：

膨胀阀(节流结构)——控制系统冷剂的流量，并使流过的冷剂节流降压，一部分液体转化为蒸气。常用的节流机构有膨胀阀、毛细管等。

蒸发器——使经节流阀流入的制冷剂液体蒸发成蒸气，以吸收被冷却物体的热量。蒸发器是一个对外输出冷量的设备，输出的冷量可以冷却运载制冷剂的液体，也可直接冷却空气或其他物质。常用的蒸发器有蒸发盘管、冷风机等。

压缩机——将蒸发器中的制冷剂蒸气吸入，并将其压缩到冷凝压力，然后排至冷凝器。常用的压缩机有往复活塞式、离心式、螺杆式、涡旋式等几种类型。

冷凝器——将来自压缩机的高压制冷剂蒸气冷却并冷凝成液体。在这一过程中，制冷剂蒸气放出热量，故需用其他物体或介质(例如：水、空气)来冷却。常用的冷凝器有壳管式、套管式、螺旋板式等。

如图 13-2-1 所示，在压缩制冷循环中，从膨胀阀至压缩机吸入口为系统的低压部分;从压缩机排出口到膨胀阀前为系统的高压部分。在此循环中,冷剂在蒸发器中所吸收的热量加上压缩机压缩冷剂气体所消耗功转换成的热量,都经冷凝器传给冷却水。

吸气管(从蒸发器到压缩机)的流动阻力不太大(氟利昂系统一般相当于使饱和温度下降不超过1 ℃,氨系统使饱和湿度下降不超过0.5 ℃),近似地认为蒸发器中的蒸发压力等于压缩机的吸入压力,可从压缩机吸入压力表读得。冷剂的蒸发温度为蒸发压力所对应的饱和温度。压缩机进口的冷剂温度与蒸发温度之差即吸气过热度。蒸发压力的大小主要取决于蒸发器在单位时间内的产气量(蒸发量)和压缩机质量流量的动态平衡。如果库温较低、蒸发器传热不良或进入蒸发器的冷剂液体太少,则蒸发量小,蒸发压力就低;反之,如果蒸发量大,蒸发压力就高。此外,压缩机质量流量的变化也会影响蒸发压力。有的压缩机可以通过调节排气量(例如增减工作缸数)来调节蒸发压力。膨胀阀开度大小应与蒸发器换热能力相匹配,通常调到冷剂流量正好能满足蒸发器的需要,使蒸发器出口的过热度达3~6 ℃为宜。改变膨胀阀开度虽然能影响蒸发压力,但不顾蒸发器的换热能力而将膨胀阀开得过大,压缩机可能吸入液体而液击;开得太小,蒸发器出口过热度太高,不仅使蒸发器吸热能力不能充分发挥,还会使压缩机的排气温度过高。

冷凝器中的冷凝压力近似地等于压缩机的排出压力。它所对应的饱和温度为冷凝温度,比压缩机排气温度低得多。冷凝压力的大小主要取决于压缩机质量流量与冷凝器单位时间内的冷凝量的动态平衡。冷库温度较高时,冷剂蒸发压力高,吸气的比容小,则压缩机质量流量大,冷凝压力就高;另外,冷却水温度升高、流量减小或冷凝器换热效果差,冷凝速度降低,则冷凝压力增大。当然,这时冷凝温度也随之升高,冷剂与冷却水的温差增大,冷凝速度又增加,故冷凝压力增大到一定程度便可自行稳定。此外,冷凝器中如果聚集了不能凝结的空气,冷凝压力也会增大。调节冷凝压力的办法主要是调节冷却水流量。

任务2.2 压缩制冷循环在压-焓图上的表示及热力计算

1.制冷剂的压-焓图及其应用

进行制冷循环的热力计算时,经常要涉及各个过程的压力、温度、焓和比容等值的变化,压-焓图是以焓值 h 作为横坐标,以压力 p 作为纵坐标而绘制的,如图 13-2-2 所示。

压-焓图中有两条较粗的曲线,左边一条称饱和液体线,右边一条称干饱和蒸气线,这两条曲线向上延伸交于 G 点,称为临界点。因为一般制冷循环都在远离临界点下进行的,故在一些制冷剂的压-焓图中,临界点都未表示出。

饱和液体线与干饱和蒸气线将压-焓图分成三个区域:

a.饱和液体线的左边——过冷液体区;

b.饱和液体线与干饱和蒸气线之间——湿饱和蒸气区;

c.干饱和蒸气线的右边——过热蒸气区。

饱和状态下制冷剂蒸气与液体的混合物称为湿饱和蒸气。在湿蒸气中制冷剂蒸气所占的质量百分比称为干度,用代号 x 表示。显然,饱和液体的干度 $x=0$,干饱和蒸气

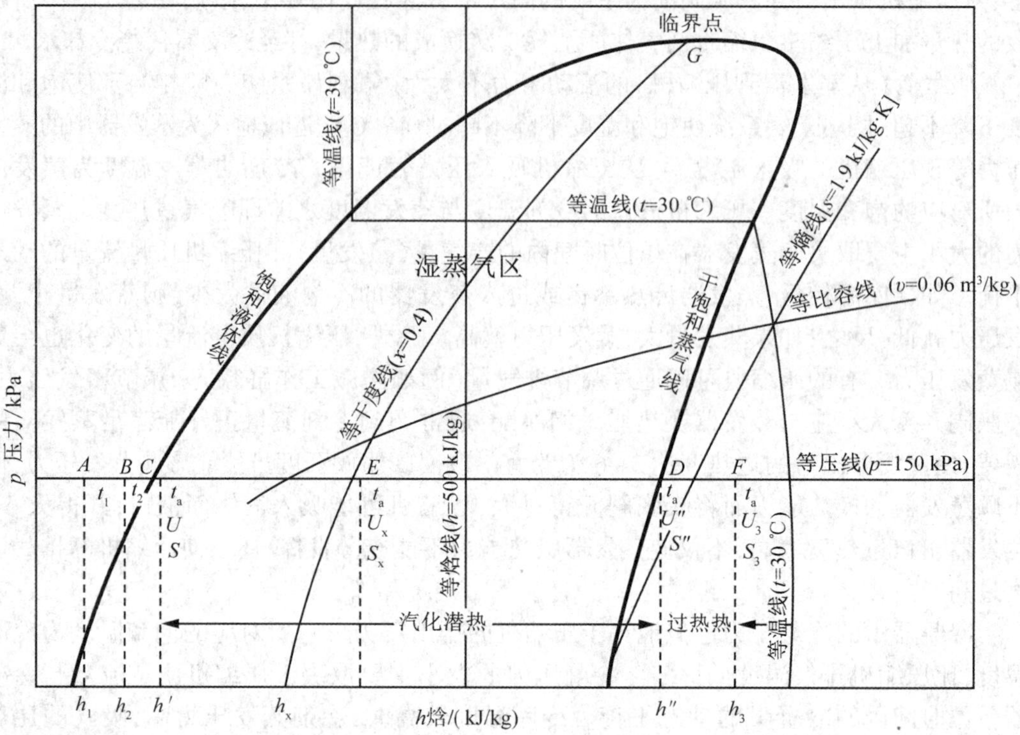

图 13-2-2 R22 的压–焓图(简图)

的干度 $x=1$,湿饱和蒸气的干度 $0<x<1$,在饱和液体线与干饱和蒸气线之间绘有等干度线。

在压–焓图的纵坐标上,等温线在湿饱和蒸气区内与等压线相重合;过热蒸气区内,等温线与等压线分开,而成为往右下倾斜的一组曲线;在过冷液体区,等温线是垂直线,即与等焓线相重合。在图中还有等熵线以及等比容线。

综上所述,制冷剂的压–焓图中共有:八种线条,饱和液体线、干饱和蒸气线、等干度线、等压线、等温线、等焓线、等熵线、等比容线,六个参数,干度、压力、温度、焓、熵、比容。

上述参数中,饱和压力和饱和温度两者是互不独立的状态参数,知道其中一个的值,即可从制冷剂的饱和热力性质表中查得另外一个值。除此以外,一般只要知道上述参数中任意两个,即可在压–焓图中找出相对应的状态点,在这个点上可以读出其他有关参数。

2.压缩制冷理论循环及在其压–焓图上的表示

压–焓图是我们研究制冷循环,了解制冷剂在循环中的热力状态及其变化规律的有力工具。为了便于研究,我们在实际循环的基础上做以下假设,形成压缩制冷循环的理论循环。

①压缩机的压缩过程不存在换热和流阻等不可逆损失,即假设是等熵过程。

②制冷剂在流过热交换器和管路时没有阻力损失,即认为是等压过程。因此,冷凝压力即等于排气压力,蒸发压力即等于吸气压力,在制冷剂流动过程中冷凝温度和蒸发温度不变。

③制冷系统中除热交换器外,与外界无任何热交换。

④流过膨胀阀时未做功,又无热交换,因此焓值相等。

假设压缩机工作时的吸气压力 p_1、吸气温度 t_1、排气压力 p_2 已知,则可在压-焓图上表示单级压缩制冷的理论循环。如图 13-2-3 所示,点 1 表示制冷剂离开蒸发器及进入压缩机时的状态,它是在吸气压力 p_1 的等压线与吸气温度 t_1 等温线的交点。

点 2 表示制冷剂出压缩机和进冷凝器时的状态。过程线 1-2 表示制冷剂蒸气在压缩机中的等熵压缩过程。因此,点 2 即可由通过点 1 的等熵线和压力为 p_2 的等压线的交点来确定。压缩过程中外界对制冷剂做功,制冷剂温度升高,点 2 处于过热蒸气状态。

点 3 表示制冷剂离开冷凝器时的状态,它是压力为 p_2 的等压线和制冷剂在冷凝器出口温度 t_3 的等温线的交点,过程线 2-3 表示制冷剂在冷凝器内的冷却、冷凝和过冷过程。进入冷凝器的过热蒸气在等压下首先放热冷却成饱和蒸气,然后在等压、等温下继续放热而冷凝,然后温度进一步降低而过冷。

点 4 表示制冷剂出膨胀阀时的状态,亦即进入蒸发器的状态。过程线 3-4 表示冷剂通过膨胀阀时的节流过程。在此过程中,制冷剂的压力由 p_2 降到 p_1,温度由 t_3 降到蒸发温度 t_0,并进入两相区。由于节流前、后制冷剂的焓值不变,由点 3 作等焓线与等压线 p_1 的交点即为状态点 4。

过程线 4-1 表示制冷剂在蒸发器中的汽化过程。这一过程是在等压下进行的,在这一过程中,制冷剂湿蒸气吸取被冷却物体的热量而不断汽化,使制冷剂的状态沿等压线 p_1 不断向干度增大的方向变化,而蒸发温度 t_0 不变,直到变为带有一定过热度的过热蒸气为止。这样,制冷剂的状态又重新回到进入压缩机前的状态点 1,从而也就完成了一个理论制冷循环。

查制冷剂的热力状态图和表,可以确定循环中的各点参数,例如:压缩机吸入蒸气的比焓 h_1 和比容 v_1;等熵压缩终点的比焓 h_2;膨胀阀前、后的比焓 h_3、h_4。

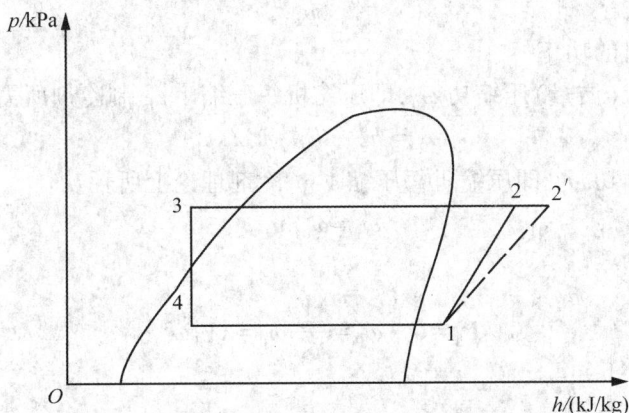

图 13-2-3 压缩制冷循环在压-焓图上的近似表示

3.实际制冷循环

实际制冷装置中制冷剂进行的热力循环并不是上述简单循环,其差别主要有以下几个方面:

①实际应用的任何一种压缩机,吸入、压缩和排出气体的全部过程都不可能绝热进行,气体和压缩机不可避免地要发生热量交换,实际循环的压缩过程不是等熵过程而是一个复杂的多变过程;熵值是增加的,因此在压-焓图上实际出口状态点 $2'$ 应在 p_2 等压线上 2 点的右边,如图 13-2-3 所示。单位指示功 $\omega_i = h_{2'} - h_1 = (h_2 - h_1)/\eta_i$,$\eta_i$ 是压缩机指示效率,为 $0.7 \sim 0.8$。

②实际制冷装置中,制冷剂流过冷凝器、蒸发器及其他连接管路,必将因流阻损失而引起压力降,所以实际循环的冷凝过程和蒸发过程都不是等压过程。

③节流过程膨胀阀有吸热,焓值也略有增大。

4.单级压缩制冷理论循环的热力计算

①制冷量

制冷剂通过压缩机的质量流量为

$$G = \frac{\lambda V_T}{v_1} \tag{13-2-1}$$

式中:V_T——压缩机的理论排气量(活塞行程容积),$\mathrm{m^3/s}$;

λ——压缩机的输气系数,它取决于余隙损失、吸气压力损失、预热损失和泄漏损失;

v_1——压缩机吸入口冷剂气体的比容,$\mathrm{m^3/kg}$。

单位(质量)制冷量 q_0,即每千克制冷剂吸热量(假设吸热全部在蒸发器内进行):

$$q_0 = h_1 - h_4 \tag{13-2-2}$$

单位容积制冷量 q_v,即压缩机每吸入 $1~\mathrm{m^3}$ 冷剂的制冷量:

$$q_v = q_0/v_1 \tag{13-2-3}$$

压缩制冷装置的制冷量 Q_0 可根据制冷剂的质量流量和单位质量制冷量的乘积来计算,即

$$Q_0 = G \cdot q_0 = \frac{\lambda V_T}{v_1} q_0 = \lambda V_T q_v \tag{13-2-4}$$

②制冷压缩机的功率

等熵压缩单位(质量)压缩功 ω_0,即压缩机每压缩 $1~\mathrm{kg}$ 制冷剂所需单位理论功:

$$\omega_0 = h_2 - h_1 \quad \mathrm{kJ/kg} \tag{13-2-5}$$

单位容积压缩功 ω_v,即压缩机每压缩 $1~\mathrm{m^3}$ 冷剂理论上所耗功:

$$\omega_v = \omega_0/v_1 \tag{13-2-6}$$

压缩机理论功率:

$$P_T = G \cdot \omega_0 = \frac{\lambda V_T}{v_1} \omega_0 = \lambda V_T \omega_v \tag{13-2-7}$$

单位指示功:

$$\omega_i = h_{2'} - h_1 \quad \mathrm{kJ/kg} \tag{13-2-8}$$

压缩机指示功率:

$$P_i = G \omega_i \quad \mathrm{kW} \tag{13-2-9}$$

压缩机轴功率：

$$P = P_\mathrm{T}/\eta = \frac{\lambda V_\mathrm{T}}{v_1} \cdot \frac{\omega_0}{\eta} \tag{13-2-10}$$

式中：压缩机总效率 $\eta = \eta_i \eta_\mathrm{m}$，是考虑机械摩擦损失的机械效率 η_m 和冷剂经过压缩机的流动损失、换热损失的指示效率 η_i 之积，为 $0.65 \sim 0.72$。

③制冷系数

制冷系数是制冷装置的制冷量与消耗的功率的比值。制冷系数越大，每单位能耗的制冷量越大，即经济性越好。理论制冷循环的制冷系数用 ε 表示，仅取决于冷剂的热力性质和制冷循环的工况。实际的制冷装置采用节流降压，其理论制冷系数 ε 可由压-焓图上作出的制冷循环根据单位制冷量 q_0 与单位压缩功 ω_0 的比值求得

$$\varepsilon = q_0/\omega_0 = (h_1 - h_4)/(h_2 - h_1) \tag{13-2-11}$$

装置的制冷量与压缩机轴功率之比称为单位轴功率制冷量（或能效比），用 K_e 表示，相当于装置的实际制冷系数。

$$K_\mathrm{e} = Q_0/P = q_0 \eta/\omega_0 = \varepsilon \eta \tag{13-2-12}$$

④冷凝器热负荷

单位（质量）排热量 q_k，即每千克冷剂在制冷循环中放出的热量：

$$q_\mathrm{k} = h_2 - h_3 = (h_1 - h_4) + (h_{2'} - h_1) = q_0 + \omega_i \quad \mathrm{kJ/kg} \tag{13-2-13}$$

冷凝器的热负荷 Q_k，即冷凝器单位时间内必须排走的热量

$$Q_\mathrm{k} = G q_\mathrm{k} = G(h_2 - h_3) = Q_0 + P_i \quad \mathrm{kW} \tag{13-2-14}$$

一般为制冷量 Q_0 的 $1.2 \sim 1.3$ 倍。

例： 某制冷装置以 R22 为制冷剂，压缩机是 8FS10 型，缸径 100 mm，活塞行程 $S = 70$ mm，气缸数 $z = 8$，转速 $n = 1\,440$ r/min，输气系数 $\lambda = 0.8$，总效率 $\eta = 0.7$。已知吸气压力 $p_1 = 0.10$ MPa（表压），吸气温度 $t_1 = -15\ ℃$，排气压力 $p_2 = 1.3$ MPa（表压），排气温度 $t_2 = 96\ ℃$，过冷度 4 ℃。假设换热全部在蒸发器和冷凝器中进行。利用 p-h 图作理论循环，并进行热力计算。

解： 在 R22 的压-焓图上作理论循环（参见图 13-2-3）：

(1) 由蒸发压力 $p_0 \approx p_1 = 0.20$ MPa（绝对），查出 $t_0 = -25\ ℃$。

(2) 由 $p_1 = 0.20$ MPa 的等压线与吸气温度 $t_1 = -15\ ℃$ 的等温线的交点得吸气状态点 1，查得 $h_1 = 402$ kJ/kg，$v_1 = 0.119$ m³/kg。求得吸气过热度为 $(-15) - (-25) = 10\ ℃$。

(3) 由冷凝压力 $p_\mathrm{k} \approx p_2 = 1.4$ MPa（绝对），查出冷凝温度 $t_\mathrm{k} = 36\ ℃$。

(4) 由通过点 1 的等熵线向上与 $p_\mathrm{k} = 1.4$ MPa 等压线相交，交点 2′ 为等熵压缩排气状态点。查出 $h_{2'} = 454$ kJ/kg，等熵压缩理论排气温度 $t_{2'} = 80\ ℃$。

(5) 由 $p_2 = 1.4$ MPa 的等压线和 $t_2 = 96\ ℃$ 的等温线的交点得排气状态点 2，查出 $h_2 = 467$ kJ/kg。

(6) 由过冷度 4 ℃，求出过冷温度 $t_3 = t_\mathrm{k} - 4 = 32\ ℃$。由 $t_3 = 32\ ℃$ 等温线与 $p_\mathrm{k} = 1.4$ MPa 等压线相交得膨胀阀前状态点 3，查出 $h_3 = 240$ kJ/kg。

(7) 由点 3 沿等焓线向下与 $p_0 = 0.20$ MPa 等压线相交得膨胀阀后状态点 4。查出干度 $x = 0.3$，$h_4 = h_3 = 240$ kJ/kg。

根据上述数据进行热力计算：

（1）压缩机活塞行程容积 $V_T = \pi D^2 Snz/240 = 3.14 \times 0.1^2 \times 0.07 \times 1\ 440 \times 8/240 \approx 0.106\ m^3/s$。

（2）单位制冷量 $q_0 = h_1 - h_4 = 402 - 240 = 162\ kJ/kg$。

（3）单位容积制冷量 $q_v = q_0/v_1 = 162/0.119 \approx 1\ 361\ kJ/m^3$。

（4）压缩机质量流量 $G = \lambda V_T/v_1 = 0.8 \times 0.106/0.119 \approx 0.71\ kg/s$。

（5）装置制冷量 $Q_0 = q_0 \cdot G = 162 \times 0.71 \approx 115\ kW$。

（6）单位理论功 $\omega_0 = h_2 - h_1 = 454 - 402 \approx 52\ kJ/kg$。

（7）压缩机理论功率 $P_T = \omega_0 \cdot G = 52 \times 0.71 \approx 36.9\ kW$。

（8）单位指示功 $\omega_i = h_{2'} - h_1 = 467 - 402 = 65\ kJ/kg$。

（9）压缩机指示功率 $P_i = \omega_i \cdot G = 65 \times 0.71 \approx 46.2\ kW$。

（10）压缩机轴功率 $P = P_T/\eta = 36.9/0.7 \approx 52.7\ kW$。

（11）理论制冷系数 $\varepsilon = q_0/\omega_0 = 162/65 \approx 2.49$。

（12）单位轴功率制冷量 $K_e = Q_0/P = 115/52.7 \approx 2.18$。

（13）单位排热量 $q_k = h_2 - h_3 = 467 - 240 = 227\ kJ/kg$。

（14）冷凝器热负荷 $Q_k = q_k G = Q_0 + P_i \approx 115 + 46.2 = 161.2\ kW$。

任务2.3　蒸气压缩式制冷的工况及影响工况的因素

制冷压缩机的工况是指决定其理论循环的温度条件,主要是蒸发温度、吸气温度、冷凝温度和膨胀阀前的过冷度。其中影响较大的是蒸发温度和冷凝温度。

1.蒸发温度的影响

由图13-2-4可见,当蒸发温度从 t_0 降低到 $t_{0'}$ 时,循环即由 1-2-3-4-5-6-1 改变为 1'-2'-3'-4'-5'-6'-1'。这时,循环的单位制冷量稍有降低,即 $q_{0'} < q_0$,但同时吸气比容增大,即 $v_{1'} > v_1$,制冷剂的质量流量 G 减小更多,因此,Q_0 减小。至于制冷机轴功率的变化情况,则因单位压缩功增大,即 $\omega_{0'} > \omega_0$,但制冷剂的质量流量 G 减小,因而不能直接判断。热力学分析表明,在达到某压力比 p_k/p_0 时(一般制冷剂该值在 3 左右)压缩机轴功率最大。通常制冷装置工作时压力比都大于3,当蒸发温度降低时轴功率是降低的。

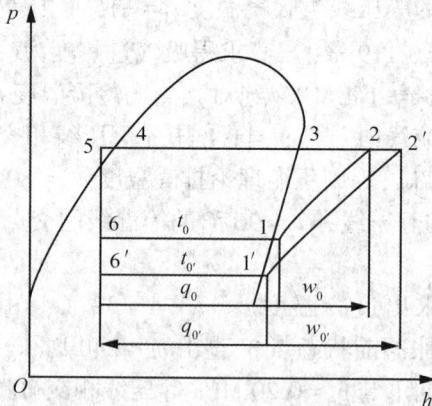

图 13-2-4　蒸发温度变化对理论循环的影响

2.冷凝温度的影响

由图 13-2-5 可见,假设冷凝温度由 t_k 升高到 $t_{k'}$,则制冷机的理论循环就将由 1-2-3-4-5-6-1 改变为 $1'-2'-3'-4'-5'-6'-1'$。当冷凝温度升高时,由于循环的单位制冷量 q_0 减少,即 $q_{0'}<q_0$,输气系数 λ 也因压力比 p_k/p_0 的增加而减少,吸气比容 v_1 却并未改变,所以 Q_0 将相应变小;另外,由于单位压缩功增大,即 $\omega_{0'}>\omega_0$,其影响超过因输气系数 λ 减小而导致的冷剂质量流量 G 减小,故轴功率 P 将增大;显然 $q_{0'}/\omega_{0'}<q_0/\omega_0$,装置的制冷系数也会降低。反之,当 t_k 降低时,情况就相反。

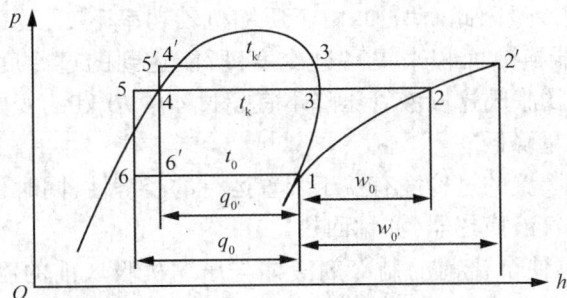

图 13-2-5　冷凝温度的变化对理论循环的影响

3.过热循环和吸气过热度的影响

如果压缩机的吸气过热是冷剂在蒸发器内完成的,则称为有益过热,它可以提高装置的制冷量和制冷系数。如果压缩机的吸气过热是由冷剂离开蒸发器后在吸气管中吸取外界热量而造成的,则冷剂单位制冷量并未提高,装置的制冷量和制冷系数会下降,这种情况称为有害过热。

如图 13-2-6 所示,过热度提高时冷剂单位制冷量 q_0 增加了 $h_{1'}-h_1$,单位压缩功也由 $\omega_0=h_2-h_1$ 增加为 $\omega_{0'}=h_{2'}-h_1$,它们对制冷系数的影响取决于冷剂性质,当采用 R12 时,吸气过热度增大,则制冷系数增大,R22 则影响不大(略有下降),氨制冷系数反而减小。

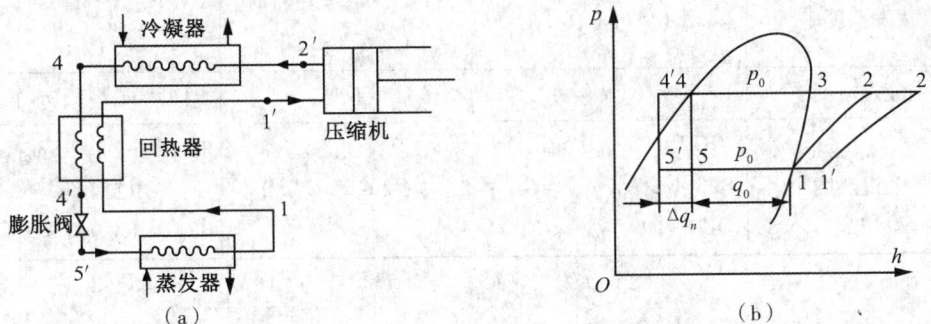

图 13-2-6　回热循环在压-焓图上的表示

吸气过热度增加,虽然单位制冷量 q_0 增加,但吸气比容 v_1 也加大,使质量流量 G 减小,对装置制冷量 Q_0 的影响要看两者哪个影响大。试验表明,过热度每提高 1 ℃,R12、R22 和氨的流量 G 减少 0.4%,q_0 则分别增加 0.5%、0.4% 和 0.2%,所以 R12 的制冷量 Q_0 增大、氨的制冷量 Q_0 减小,R22 的制冷量 Q_0 所受影响不大。

上述冷剂吸气过热度增大时,单位压缩功 ω_0 的增加不如质量流量 G 减小得快,故轴功率 P 是减小的。

首先,采用多大吸气过热度合适主要根据对制冷系数的影响;其次,有适当过热度可以防止压缩机吸入液态冷剂发生液击,也能减少有害过热,但吸气过热度太高又会使排气温度和滑油温度过高。氨制冷装置蒸发器出口的冷剂应尽可能是干饱和蒸气,压缩机吸气过热度不宜超过 $5 \sim 8$ ℃。氟利昂制冷装置蒸发器出口过热度一般控制在 $3 \sim 6$ ℃。过热段的换热能力很差,为了有效利用蒸发面积,蒸发器出口过热度不宜过大。

4.过冷循环和过冷度的影响

由图 13-2-6 可见,其他条件不变,循环的过冷度增加,过冷温度由 t_4 降到 $t_{4'}$,单位制冷量 q_0 增加,装置制冷量因此而增加;由于压缩机轴功率不变,装置制冷系数增大。实际装置靠增加冷凝器换热面积来提高过冷度,所能达到的过冷度很有限,一般为 $3 \sim 5$ ℃,于是冷凝器到膨胀阀这段液管压降不宜超过 $40 \sim 70$ kPa,否则过冷度可能会消失而提前闪汽,使制冷量降低。

由此可见,提高装置的过冷度有益于装置运行的经济性,同时也可防止液管内冷剂提前闪汽,因此常设气液换热器(亦称回热器)。

利用气液换热器使节流前的制冷剂液体与压缩机吸入前的制冷剂蒸气进行热交换,使液体过冷、气体过热,称为回热。具有回热过程的制冷循环称为回热循环。如图 13-2-6 所示,回热循环对制冷量、压缩功和制冷系数的影响与系统所使用的制冷剂的关系,如同分析吸气过热度影响时所指出的一样,R12 装置采用回热循环能提高制冷量和制冷系数;R22 装置设回热器对 Q_0、ε 的影响不大,但在膨胀阀前的液管压降较大时,为防止闪汽,以及为减少吸气管有害过热也可设回热器;氨装置则不宜设回热器。

工况参数对压缩制冷的影响如表 13-2-1 所示。

表 13-2-1　工况参数对压缩制冷的影响

温度条件变化	制冷量	轴功率	制冷系数
冷凝温度↑	↓($\because q_0\downarrow$、$\lambda\downarrow$)	↑($\because \omega_0\uparrow>G\downarrow$)	↓($\because \omega_0\uparrow$、$q_0\downarrow$)
蒸发温度↓	↓($\because v_1\uparrow$、$G\downarrow$)	当 $p_k/p_0>3$ 左右时 ↓($\because G\downarrow>\omega_0\uparrow$)	↓($\because \omega_0\uparrow$、$q_0\downarrow$)
供液过冷度↑	↑($\because q_0\uparrow$)	不变	↑($\because \omega_0$不变、$q_0\uparrow$)
吸气过热度↑	R12↑($\because q_0\uparrow>G\downarrow$) R22 不变($\because q_0\uparrow=G\downarrow$) R717↓($\because q_0\uparrow<G\downarrow$)	↓($\because G\downarrow>\omega_0\uparrow$)	R12↑($\because q_0\uparrow>\omega_0\uparrow$) R22 稍↓ R717↓($\because q_0\uparrow<\omega_0\uparrow$)

任务三 制冷剂、载冷剂和冷冻机油

学习目标:

1. 熟悉对制冷剂的要求
2. 了解制冷剂的毒性及安全指标
3. 了解制冷剂的种类和编号
4. 了解常见的制冷剂及其性质
5. 掌握对载冷剂的要求和常见载冷剂
6. 掌握对冷冻机油的要求

任务 3.1 对制冷剂的要求

制冷剂是制冷装置中的工作介质,又称制冷工质。凡能在制冷循环中利用相变过程来吸取热量,并在外功或补偿功的作用下将热量传递给周围介质的物质,就称为制冷剂。可作为制冷剂的物质有很多,但是要得到满意和高效率的制冷循环,既符合安全性、经济性方面的要求,又不破坏人类的生态环境,就必须对制冷剂进行选择。用作制冷剂的物质必须具有较好的热力性质和比较满意的一般物理化学性质,同时还必须具有很好的安全性、经济性及便于获取等。这些要求主要是:

(1)用环境温度的水或空气冷却时,冷凝压力不太高,对设备和管路耐压要求不高。

(2)在标准大气压下的标准沸点比蒸发温度低,从而使蒸发压力高于大气压力,空气不易漏入系统。

(3)压缩机的排、吸气压力比不太高,输气系数不致过低。

(4)汽化潜热大,气体比体积小,因而单位容积制冷量大,制冷量既定时,制冷剂的容积流量较小,可使容积式压缩机和管路的尺寸减小。

(5)压缩终温不太高,避免降低滑油的性能和缩短其使用寿命。

(6)热导率较大,可减小换热器尺寸。

(7)黏度较低,管路流动的阻力损失小。

(8)适当升高临界温度(一般为标准沸点的 1.4~1.6 倍)。临界温度太低,则制冷剂节流降压的闪发损失大,制冷系数低,甚至在环境温度下无论压力多高都无法冷凝;临界温度太高,则制冷剂蒸气在既定蒸发压力的比体积较大,单位容积制冷量较低。

(9)化学稳定性和安全性好,与所用材料相容。

（10）对大气臭氧层的损耗作用和温室效应轻微。

应该指出，到现在为止，还没有一种制冷剂能够完全满足上述各项要求，事实上也难以找出一种完全理想的制冷剂。因此，选用制冷剂时就只能根据使用场合、具体用途、温度要求、冷量的大小以及制冷机的型式等综合加以考虑。

目前广泛使用的制冷剂是饱和烃的卤化物，统称氟利昂，人们所说的非氟利昂的R134a、R410A 及 R407C 等其实都是氟利昂。含氯的氟利昂（CFC、HCFC）在高空分离出 Cl 原子，破坏臭氧层，使太阳光紫外线失去臭氧层的屏蔽作用。随着氟利昂（CFC、HCFC）中 Cl 原子数量的增加，对臭氧层的破坏能力增加，因此应尽量减少使用含有氯元素的氟利昂。

任务 3.2　制冷剂的毒性及安全指标

制冷剂的毒性可以用很多方式加以度量。毒性指标本身并没有描述相对的危险性。目前所有国家的制冷设备标准制定机构和制冷设备制造商普遍采用 ASHRAE 的标准，美国采暖制冷和空调工程师协会（American Society of Heating, Refrigerating and Air-conditioning Engineers, ASHRAE）是国际标准化组织（ISO）指定的唯一负责制冷、空调方面的国际标准化认证组织。世界范围内知名的制冷设备制造商，也无一不采用已列入 ASHRAE 标准中的制冷剂为自己设计和制造的制冷设备进行配套。

根据 ASHRAE 标准，大多数指标和暴露浓度规定用无量纲的体积分数或单位体积的质量表示。一个人在较短时间内能够耐受制冷剂的极限，称为毒性急性作用或急性毒性。在一个较长持续时间内能够耐受的极限，称为毒性长期慢性作用或慢性毒性。其中急性毒性包括 IDLH、LG50、LOEL（Lowest-Observed Effect Level）及 EC50（Effective Concentration for 50% of Specimens）等指标，慢性毒性包括 TLV-TWA、PEL 及 WEEL（Workplace Environmental Exposure Level）等指标。

①TLV-TWA，低限值的时间加平均值。它是一个标准工作日 8 h，一周 40 h 的时间加权平均浓度，在此条件下所有工人日复一日地工作，无不良影响。

②LFL，燃烧低限。它是在指定试验条件下，能够在制冷剂和空气组成的均匀混合物中传播火焰的制冷剂最小浓度（%），LFL 越小，表明可燃性越高。

③臭氧消耗潜能值 ODP（Ozone Depletion Potential）。它的大小表示该制冷剂破坏大气 O_3 分子潜能的程度，即对大气臭氧层破坏的大小。其数值是以 R11 的值作为基准值 1.0 时，经计算而得。

臭氧层浓度每降低 1%，太阳紫外线的辐射就增加 2%，皮肤癌患者增加 7%，白内障患者增加 0.6%。紫外线还会破坏植物的光合作用和降低植物的受粉能力，最终降低农业产量。臭氧层破坏还会导致温室效应，影响气温和降雨量，使海平面升高。科学家认为，臭氧层浓度降低到 20%，将是地球存亡的临界点。因此，国际社会呼吁为拯救地球臭氧层而限制或禁止使用氟利昂。

氟利昂对臭氧层破坏性的强弱用臭氧消耗潜能值 ODP 表示。

④全球变暖潜能值 GWP（Global Warming Potential）。温室效应的定量评价是以全球变暖潜能值 GWP 来表示的，它是衡量制冷剂对全球气候变暖程度大小的指标。以往

其大小常使用以 R11 的值作为基准值 1.0 时计算出的数据,为示区别一般写成 HGWP;近年来都将 CO_2 的 GWP 定为 1.0,从而计算出各种制冷剂的 GWP 值。

⑤制冷剂寿命。这是指制冷剂排放到大气中,一直到分解前的时间,也就是制冷剂在大气中的时间。制冷剂寿命长,说明其潜在的破坏作用大。

任务 3.3　制冷剂的种类和编号

常用的制冷剂种类按其化学组成主要有无机化合物、氟利昂、共沸溶液和碳氢化合物等。为了统一称谓和书写方便,国际上统一规定用字母"R"和它后面的一组数字作为制冷剂的简写符号。字母"R"表示制冷剂,后面的数字则根据制冷剂的分子组成按一定的规则编写。

1.无机化合物

无机化合物包括氨、水、空气等。无机类制冷剂的统一编号为 R7XX,编号的后两位数表示该无机化合物的分子量。例如氨的分子量为 17,编号即为 R717,二氧化碳和水的编号,分别为 R744 和 R718,如表 13-3-1 所示。

表 13-3-1　无机化合物制冷剂

制冷剂代号	制冷剂	化学分子式	相对分子质量	标准大气压下沸点/℃	临界温度/℃	临界压力 p/ $(\times 10^{-5})$	绝热指数/K
R717	氨	NH_3	17.032	−33.35	132.4	115.2	1.30
R718	水	H_2O	18.016	100	374.12	221.2	1.33
R744	二氧化氮	CO_2	44.011	−78.52	31.0	73.8	1.30
R764	二氧化硫	SO_2	64.066	−10.01	157.5	78.8	1.26

2.饱和烃及其卤化物——氟利昂

如表 13-3-2 所示,这类制冷剂的分子通式为 $C_mH_nF_xCl_yBr_z$,且满足 $2m+2=n+x+y+z$ 的关系。它们的统一编号也是以制冷剂一词的英文字头 R 为首,后随三个数字,三个数字依次为碳原子数 $m-1$、氢原子数 $n+1$ 和氟原子数 x;如果含有溴原子数 z,则在前列三个数之后,再加写字母 B 并后随溴原子数 z。这类制冷剂的编号形式统一为 $R(m-1)(n+1)x$ 或 $R(m-1)(n+1)xBr_z$。例如:

甲烷 CH_4:$m=1,n=4,x=0$,故写为 R50;

乙烷 C_2H_6:$m=2,n=6,x=0$,故写为 R170;

二氯二氟甲烷 CCl_2F_2:$m=1,n=0,x=2$,故写为 R12;

一氯二氟甲烷 $CHClF_2$:$m=1,n=1,x=2$,故写为 R22。

表 13-3-2　氟利昂制冷剂

制冷剂代号	制冷剂	化学分子式	相对分子质量	标准大气压下沸点/℃	临界温度/℃	临界压力 $p/(\times 10^{-5})$	绝热指数/K
R22	二氟一氯甲烷	$CHClF_2$	86.48	−40.8	96	49.86	1.16
R142	二氟一氯乙烷	$CH_3—CF_2Cl$	100.48	−9.25	136.48	41.5	1.135

续表

制冷剂代号	制冷剂	化学分子式	相对分子质量	标准大气压下沸点/℃	临界温度/℃	临界压力 $p/(\times 10^{-5})$	绝热指数/K
R143	三氟乙烷	CH_3-CF_3	84.04	−47.6	73.1	37.76	—
R152	二氟乙烷	CH_3-CHF_2	66.05	−25.0	113.5	44.9	—
R218	八氟丙烷	C_3F_8	188.03	−36.7	71.9	26.79	—

3.不饱和烃

不饱和烃包括乙烯(C_2H_4)、丙烯(C_3H_6)等,是价廉的自然工质,臭氧消耗潜能值 ODP(Ozone Depletion Potential)为零,全球变暖潜能值 GWP 也很低,不腐蚀金属,溶于润滑油,难溶于水,与水不发生作用;其主要缺点是易燃,与空气混合后有爆炸危险。编号为字母 R 后随四个数字,第一个数字为1,后三个数字的组成与饱和烃或氟利昂类相同。例如乙烯 C_2H_4:$m=2$,$n=4$,$x=0$,即写为 R1150;丙烯 C_3H_6:$m=1$,$n=6$,$x=0$,即写为 R1270;等等。

4.共沸制冷剂

共沸制冷剂是由两种或两种以上的制冷剂按一定的比例混合而成的。在既定压力下蒸发或冷凝时,各组分在气相和液相中的质量分数始终保持相同,发生相变时对应的温度保持不变。

很多共沸混合物的标准沸点比其各组分更低,因而适用更低的蒸发温度;同时,在既定蒸发温度时其蒸发压力比各组分高,密度更大,因而单位容积制冷量更大。

目前,共沸混合物制冷剂都是由两种氟利昂混合而成的,它的编号是依开始使用的先后顺序从 R500 起编排,用质量分数表示其组成时,各组分按沸点由低至高排列。例如 R502(标准沸点−45.6 ℃),组分是 R22/R115(48.8/51.2),因 R115 属 CFCs,已经禁用;现又开发出由未禁用的 HFCs 组成的共沸混合物制冷剂,如 R507(标准沸点−47 ℃)的组分是 R125/R143a(50/50),与 R502 的性能相近,在陆地用于超市的冷冻设备。

这类制冷剂的编号,都以字母 R 加上数字 5 开始,然后随以序号 00、01、02……表示。如 R500 即由 73.8%的 R12 和 26.2%的 R152 混合而成;R501 由 75%的 R22 和 25%的 R12 混合而成;R502 由 48.8%的 R22 和 51.2%的 R115 混合而成;R503 由 59.9%的 R13 和 40.1%的 R23 混合而成;R504 由 51.8%的 R115 和 48.2%的 R32 混合而成;等等。

5.非共沸制冷剂

非共沸制冷剂是由两种或两种以上的制冷剂按一定的比例混合而成的。在既定压力下蒸发或冷凝时,各组分在气相和液相中的质量分数不同,且一直在变化,相应温度也在改变。

非共沸混合物制冷剂几乎都是由两种或三种氟利昂以既定的质量比混合而成的,它的编号是依开始使用的先后顺序从 R400 起编排,如有组分相同但各组分质量分数不同的制冷剂,则后面加大写字母 A、B、C……区分。一般情况下,少量的高沸点组分加入增大低沸点主要组分中,所形成的混合制冷剂和其主要成分相比,制冷系数增大,能耗降低,但制冷剂的制冷量有所下降。

使用非共沸制冷剂的系统若在只有气体(例如吸、排气管)或只有液体(例如液管)

的地方发生泄漏,制冷剂的组分不会发生变化。但在停机期间或工作时,在制冷剂两相同时存在的地方(冷凝器、蒸发器),若发生气体或液体泄漏,系统中制冷剂组分的质量比就会改变,装置的性能(制冷量和效率等)就会发生某种程度的变化。

系统使用非共沸混合制冷剂后,一旦发生泄漏(尤其在蒸发和冷凝过程),在系统内剩余的混合物的质量分数就会改变,从而影响制冷性能。对于小型制冷机,应排出剩余冷剂,抽空系统,重新充灌。

若由沸点相近的物质组成混合物,则露点线和泡点线很接近,在定压相变过程中温度漂移小(<1 ℃),则可称为近共沸混合物,如 R404、R410,其气、液相中各组分的质量分数相近。试验证明,使用近共沸制冷剂的装置,即使多次泄漏和补充制冷剂,性能几乎不变。

任务3.4 常见的制冷剂及其性质

1.R717(氨,NH_3)

氨价格低廉,具有良好的热力性质,是其长期被广泛用作制冷剂的主要原因。氨的主要优点是正常蒸发温度较低(-33.4 ℃),工作压力比较适中,在-33 ℃以上的条件下工作时,系统内不致形成真空,-15 ℃时的蒸发压力为 0.236 MPa(2.41 kgf/cm^2),+30 ℃时的冷凝压力为 1.17 MPa(11.89 kgf/cm^2),此时的压力比为 4.94 MPa,压力差为 0.93 MPa。氨的临界温度为 132 ℃,无不能凝结的问题。

氨的汽化潜热很大,所以尽管其比容也很大,但单位容积制冷量 q_v 与 R22 大致相等。氨的热导率较氟利昂大,黏度较氟利昂小,所以,在换热量相同的情况下,氨装置的热交换器尺寸和管路直径就可比氟利昂装置小。氨对润滑油无不良影响,含水时则会降低润滑油的润滑作用。氨的溶水性很大,在常温下,1 m^3 的水中可融入 900 m^3 的氨,因此一般不会出现游离水,在氨制冷系统中不会产生冰塞现象,但在含水量超过 2 000 mg/kg 时,将会对系统产生腐蚀作用。

氨的最大缺点是对人体有较大毒性,并具有强烈的刺激性臭味。当氨在空气中的容积含量仅为 0.5%~0.6% 时,对人的皮肤、呼吸器官和黏膜就会有刺激性作用,如果人在其中停留半个小时,就会中毒。所以,氨一般不用于空调制冷装置。氨的压缩指数较大($k=1.3$),故压缩机的温升较大,-15 ℃/+30 ℃饱和循环的压缩终温为 98 ℃。

氨在常温下不易燃烧,但如加热到 260 ℃以上,就会分解出氢气,因此,当空气中的含氨量达到 11%~14% 时就可被点燃,当达到 16%~25% 时即可引起爆炸。因此,对氨装置就须经常从系统中排除空气和其他不凝性气体,同时注意工作环境的含氨浓度,以确保安全。

纯氨对钢铁和铜均无腐蚀作用,但氨中往往含有水分而成为氨水,并具有强碱性,这时就会对锌铜以及除磷青铜以外的铜合金产生强烈的腐蚀作用,所以,在氨装置中禁用铜质材料。此外,氨的电绝缘性差,也不宜用于封闭式压缩机中。

氨不溶于油,所以随压缩机排气进入制冷系统的冷冻机油难以返回压缩机,为此,就需在蒸发器、贮液器等处的下部装设专门的放油系统,以便放油。

因为氨的比重很小,且具有特殊的刺激性臭味,所以泄漏很易察觉,并可用浸湿的酚酞试纸或点燃的硫黄绳(烛)来查找。因为氨水呈碱性,可使酚酞试纸变成红色;点燃的硫黄与氨相遇时则会产生白色的亚硫酸氨浓烟。

氨的价格低廉,在大型多级离心式制冷装置中被广泛应用,但在中小型装置中逐渐为 R134a、R22 和 R407 等所取代。

2.R22(CHClF$_2$)

R22 是船舶制冷装置中曾经广泛使用的一种制冷剂。它无毒、不燃不爆,使用安全,正常蒸发温度比 R717 和 R12 都低,为 -40.8 ℃,所以多用于冷藏温度低于 -20 ℃ 的船舶上,单级蒸发温度可达 -35 ℃。

R22 的 q_v 值与 R717 接近,高于 R12,循环制冷系数与 R717、R12 相近。R22 在 -15 ℃ 时的蒸发压力为 0.295 MPa(3.01 kgf/cm^2),+30 ℃ 时的冷凝压力为 1.19 MPa(12.15 kgf/cm^2),-15 ℃/+30 ℃ 时的压力差为 0.895 MPa(9.14 kgf/cm^2),与 R717 相近,但压力比为 4.04,远低于 R717 而接近 R12。-15 ℃/+30 ℃ 饱和循环的压缩终温为 55 ℃,也比 R717 低很多,所以一般可不用水冷却压缩机气缸,只在蒸发温度较低时,才对缸头上部施以水冷。

R22 的溶水能力较强,+30 ℃ 时为 1 470 mg/kg,-30 ℃ 时为 180 mg/kg,所以系统中一般不发生冰塞,但溶水后其腐蚀性增强,因此允许含水量限制在 60~80 mg/kg 以下。

R22 属于条件性溶油的制冷剂,即在高温区的溶油能力强,可完全溶解,在低温区的溶油能力很弱,因此,在蒸发器中滑油就会从 R22 中分离出来,使回油比较困难,必须对蒸发器的吸气管路从回油角度给以周到的考虑。

R22 的电绝缘性较差,渗透性较强,故对装置的严密性要求更高。

根据《蒙特利尔议定书》《欧洲绿色协议》的相关条例,从 2004 年开始欧洲地区以 R407C 和 R410A 替代 R22,到 2030 年时,发达国家将全面禁用 R22,发展中国家也将于 2040 年淘汰 R22。

3.R134a(CH$_2$FCF$_3$)

R134a 单位容积制冷量与 R12 相近,制冷量相同时压缩机的容积流量比用 R22 大 50% 以上,较适用于螺杆式和离心式压缩机。它的排气温度较低,标准沸点为 -26.5 ℃,用于船舶伙食冷库制冷装置会导致冷库温度不够低,可用于空调制冷装置。

常规制冷剂大都是用矿物性润滑油,但 R134a 与矿物油不相容,必须使用 PAG(Polyalkylene Glycol,乙二醇)醇类合成润滑油,POE(Polyl Ester,多元醇酯)酯类合成润滑油和改性 POE 油(在原 POE 油中添加了抗磨剂)。R134a 会使普通橡胶浸润膨胀,应选用氢化丁腈橡胶或氯丁橡胶进行密封。

R134a 吸水性极强,其使用的 PAG 和 POE 润滑油比常规使用的矿物油的吸水性也高得多,特别是 PAG 油。系统内有水分,在润滑油的作用下,会产生酸,对金属发生腐蚀和镀铜现象。因此,R134a 对系统的干燥及清洁度要求比 R12 和 R22 高,系统中使用的干燥过滤器,其干燥机必须使用与 R134a 相溶的产品,如 XH-7 或 XH-9 型分子筛,润滑油宜使用 POE 酯类润滑油。R134a 液体密度小,故系统中充注的制冷剂量比 R12 略小。因 R134a 中无氯原子,故其检漏应采用 R134a 专用的检漏仪。

4.R404A

R404A 是由 R125、R143a、R134a 三种工质按 44%、52% 和 4% 的质量分数混合而成

的,可作 R22 的替代工质。R404A 的标准压力下泡点温度为−46.6 ℃,相变温度滑移较小,约为 0.7 ℃,属近共沸混合物。过冷度对 R404A 的性能影响大,因此 R404A 系统宜增设过冷器,由于 R404A 含有 R134a,其制冷系统用的润滑油、干燥剂及对清洁度等要求与 R134a 相同。该制冷剂的 ODP 为 0,GWP 为 3 260。

5.R407C

R407C 是由 R32、R125 和 R134a 三种工质按 23%、25% 和 52% 的质量分数混合而成的。标准压力下泡点温度为−43.8 ℃,相变温度滑移为 7.1 ℃。该制冷剂的 ODP 为 0,GWP 为 1 530。R407C 的热力性质与 R22 最为相似,两者的工作压力范围、制冷量都十分相近。原有 R22 机器设备改用 R407C 后,需要更换润滑油、调整制冷剂的充注量及节流元件。R407C 机器的制冷量和能效比与 R22 机器相比稍有下降。R407C 的缺点可能是温度滑移较大,一旦在气、液两相(如蒸发器、冷凝器)发生泄漏,混合物的配比就可能发生变化而达不到预期效果。由于 R407C 中含有 R134a,系统使用的润滑油、干燥剂及对清洁度等的要求同 R134a。

6.R410A

R410A 是由 R32 和 R125 两种工质按各 50% 的质量分数组成的,属 HFC 混合物,其 ODP＝0,GWP＝1 730,R410 的相变滑移温度为 0.2 ℃,属近共沸混合物制冷剂,热力性能十分接近纯工质。与 R22 相比,R410 的冷凝压力增大近 50%,是一种高压制冷剂,需提高设备及系统的耐压强度。由于 R410A 具有高压、高密度的特征,系统制冷剂的管路直径可减小许多,压缩机的排量也有很大降低,同时,R410A 的传热和流动特性优于 R22。

任务 3.5　载冷剂

载冷剂是间接制冷系统中传递热量的中间介质。客船集中式中央空调系统和专业冷藏船往往采用载冷剂来传递热量。载冷剂在制冷系统的蒸发器中被制冷剂冷却后,用以冷却被冷却物质,然后返回蒸发器,将热量传递给制冷剂。载冷剂起到了运载热量的作用,故又称为冷媒。采用间接制冷系统既可减少制冷剂的充灌量和泄漏的可能性,又易于解决制冷量的控制和分配问题。

1.对载冷剂的要求

在使用温度范围内呈液态,凝固点低,挥发性小。无毒,对人体无刺激性。黏度小,相对密度小,传热性能好。对金属腐蚀性小。不易燃烧,无爆炸危险。比热容较大。化学稳定性好。价格低廉,易于获得。

2.载冷剂的基本热力学性质

工作温度范围内始终保持液态,即凝固点尽可能低,而沸点尽可能高。载冷剂的比热容和热导率要大,换热效果要好。载冷剂的密度和黏度要小,使载冷剂循环泵耗功小。通常盐水中盐的质量分数越大,其密度越大,黏度也越大。载冷剂应有较好的化学稳定性,不腐蚀设备、管路。当载冷剂的蒸气与空气混合时,无燃烧、爆炸的危险,并对人体无毒、价廉易得。

3.常用载冷剂

在以间接冷却方式工作的制冷装置中,将被冷却物体的热量传给正在蒸发的制冷剂的工质称为载冷剂,载冷剂通常为液态,在传递热量过程中一般不发生相变,常用的载冷剂有水、盐水、酒精、乙二醇和丙二醇、二氯甲烷等。

水,适用于制冷温度在 0 ℃以上的场合,如空气调节设备等。其优点是比热大、导热性能好,缺点是易腐蚀设备。

盐水,即氯化钠、氯化钙或氯化镁水溶液,可用于盐水制冰机和间接冷却的冷藏装置,或冷却袋装食品。盐水的凝固温度随浓度而变,当溶液浓度为 30%左右时,氯化钙盐水的最低凝固温度为-55 ℃,当溶液浓度为 23.1%时,氯化钠盐水的最低凝固温度为-21.2 ℃。使用时按溶液的凝固温度比制冷剂的蒸发温度低 5~10 ℃为准来选定盐水的浓度。氯化钙和氯化钠盐水的优点是价格低廉,来源广泛,但它们对金属有腐蚀作用,使用时一般添加铬酸盐(重铬酸钠、重铬酸钾等)作为缓蚀剂。

酒精,作为载冷剂,其优点是使用温度低、黏度小,但酒精易燃、易爆,同时会锈蚀设备。

乙二醇和丙二醇,性能稳定,与水可以任意比例互溶,其溶液的凝固温度随浓度而改变,通常用它们的水溶液作为载冷剂,适用的温度为-35 ℃以上。作为载冷剂此两种二元醇低温黏度大,锈蚀金属。

二氯甲烷,通常液体二氯甲烷常用来作低温载冷剂,其凝固温度为-97 ℃,其优点是黏度小,流动性能好,缺点是沸点低,易挥发,易冰堵。

载冷剂应根据制冷装置的用途、容量、工作温度等来选择循环于制冷设备与低温被冷却物体之间的流体。选择载冷剂需考虑冰点、沸点、导热系数、比热、低温黏度、腐蚀性、毒性、价格等因素。

任务 3.6　冷冻机油

合理选用制冷压缩机的润滑油(冷冻机油)是确保压缩机安全、高效运转和延长其使用寿命的重要条件。冷冻机油的作用是:润滑、密封(渗入运动部件密封间隙,阻碍制冷剂泄漏)、冷却(带走摩擦热,降低排气温度),有的还用于控制卸载和容量调节机构。

压缩机的制冷工况和所用制冷剂不同,选用的冷冻机油也不同。冷冻机油应满足的主要要求如下:

(1)倾点(油能流动的最低温度,比凝固点高 2~3 ℃)应低于最低蒸发温度。冷冻机油会被制冷剂带入蒸发器,为了能被制冷剂带回压缩机,在低温下保持良好的流动性很重要。

(2)闪点应比最高排气温度高 15~30 ℃,避免引起滑油结焦变质。

(3)应根据蒸发温度和排气温度选用适当的黏度。制冷压缩机轴承负荷不高,黏度容易满足润滑的要求,而主要应满足密封要求。黏度过低,则活塞环与缸壁间的油膜容易被气体冲掉。氟利昂在较高温度时大多易溶于油,溶入 5%就会使油的黏度降低一半,所以氟利昂压缩机所用冷冻机油黏度应适当高些。黏度高的油分子链较长,倾点和闪点相对也会高些。

(4)含水量要低。这是为了避免在低温通道处引起冰塞和防止腐蚀金属。含水的润滑油与氟利昂的混合物还会溶解铜,而与钢铁部件接触时,铜又会析出形成铜膜,称为镀铜现象,会妨碍压缩机正常运行。

(5)化学稳定性和与所用材料(如橡胶、分子筛等)的相容性要好。若油在高温下受金属材料催化而分解,会产生积炭和酸性腐蚀物质。

(6)用于封闭式和半封闭式压缩机时电绝缘性要好。电击穿强度一般要求在10 kV/cm以上。油中有杂质会降低电绝缘性能。

其他要求还包括酸值和腐蚀性低,氧化安定性好,机械杂质和灰分少等。

任务四 活塞式制冷压缩机

学习目标:

1. 了解制冷压缩机的分类和应用
2. 掌握活塞式制冷压缩机的结构
3. 了解制冷压缩机的工况与性能曲线
4. 了解半封闭式活塞制冷压缩机的结构

任务4.1 制冷压缩机简介

制冷压缩机有活塞式、回转式和离心式等几类,前两种按原理都属容积型。活塞式制冷压缩机因其活塞做往复运动,具有惯性力,并受吸、排气阀等限制,转速不能太高,主要用于中、小制冷量的场合。活塞式制冷压缩机使用最广泛,其制造、管理和维修的经验都比较成熟,因其流量受转速限制,只用于 Q_0 小于200 kW的中小制冷范围,是船舶制冷装置采用的主要机型。回转式制冷压缩机则没有往复运动部件和吸、排气阀,转速较高,除螺杆式用于中等以上制冷量的场合外,其他型式多用于小制冷量或低压力比场合。回转式制冷压缩机又有螺杆式、滑片式、滚动转子式和涡旋式等多种。涡旋式制冷压缩机一般 Q_0 小于11 kW,在船上主要见于冷藏集装箱。离心式制冷压缩机转速高,适用于大流量,主要用于大型空调制冷和热泵系统装置。离心式制冷压缩机输气量大,用于 Q_0 大于350 kW的大制冷量范围,可用于大型客船空调制冷装置。

活塞式制冷压缩机又分为开启式活塞制冷压缩机、半封闭式活塞制冷压缩机和全封闭式活塞制冷压缩机。船舶制冷系统一般采用开启式或半封闭式制冷压缩机。一般较大的压缩机采用开启式的,曲轴功率输入端伸出机体,通过联轴器或带轮和原动机相连,容易拆卸、维修,但密封性较差,工质容易泄漏,因此曲轴外伸端有机械轴封装置。缸径≤70 mm的制冷压缩机一般采用半封闭式。全封闭式压缩机采用同一主轴的电动机和压缩机装在一个焊死的薄壁机壳内,没有任何可拆卸的部件,这种压缩机可靠性高、使用寿命长,在使用期内一般可免维修,主要用于冰箱、小型空调装置等。

任务 4.2　活塞式制冷压缩机

下面以 8FS10 型制冷压缩机为例,说明活塞式制冷压缩机的结构特点。

1.配气机构

图 13-4-1 示出 8FS10 型开启式压缩机,该机缸径为 100 mm,每两缸配成一列,四列气缸布置成扇形,相邻两列气缸的中心线夹角为 45°。

压缩机的机体由上、下两层隔板分成三个腔。上层为排气腔,下层为曲轴箱,在该空间中制冷剂和滑油并存,中间为吸气腔。

在下隔板最低处开有回油均压孔 30,使吸气腔与曲轴箱相通,其作用是:(1)使经活塞环漏入曲轴箱的制冷剂能经吸气腔抽走;(2)让吸气从系统中带回的滑油流回曲轴箱;(3)必要时能用压缩机本身抽空曲轴箱,以回收其中的制冷剂或抽除其中的空气。

在气缸体上隔板上开有 8 个缸孔,其中装有缸套和气阀组件。缸套组件用螺栓固定在气缸体的上隔板上,缸套上部的凸缘和上隔板间设有垫片,以防止吸、排气腔间漏气。该垫片厚度影响气缸余隙,不能随意变动。余隙一般为 0.5~1.5 mm。

通吸气腔 3 的吸气接管 1 下部设有吸气滤网 24。排气腔 6 的排气集管 10 与吸气腔之间设有安全阀 11。

图 13-4-2 示出 8FS10 型开启式压缩机的缸套和气阀组件。压缩机吸、排气阀采用环片阀,在气缸套的端面上带有两圈阀座线,在两圈阀座线之间钻有 24 个吸气孔,以使气缸与气缸套外的吸气腔 3 相通。在缸套端面上还装有吸气阀片限位器 18,并用 6 个吸气阀弹簧 2 将吸气阀片 3 紧压在缸套端面的吸气阀座上。排气阀座也有内、外两圈,外圈开在吸气阀限位器上端的内边缘,内圈则开在排气阀座芯 13 的周边。排气阀片 15 用假盖 12 作限位器。假盖放置在吸气阀片限位器 18 上,借假盖导圈 17 定位,从上向下假盖弹簧 7 压紧。万一缸内吸进较多的液体制冷剂或滑油,活塞在排出行程接近上止点时要将液体从升程很小的排气阀排出很困难,在活塞上行接近止点时就会发生液击,这时只要作用在假盖底部的压力超过排出腔压力 0.3 MPa,假盖组件即会被顶起,从而使缸内压力不致过高而损坏零件。

2.双阀座截止阀

压缩机的吸、排截止阀采用带有多用通道的双阀座结构,如图 13-4-3 所示。它与一般截止阀的差别仅在于阀体上多出了一个常开通道 4 和一个可借同一阀芯来启闭的多用通道 11。操作时,若将阀杆退足,则多用通道关闭;若将阀杆退足后再旋进半圈或一圈,则多用通道开启。常开通道和多用通道可用来接装压力表和压力继电器等。此外,在操作、检修时多用通道还可有其他多种用途。

3.轴封机构

曲轴伸出曲轴箱并设有轴封装置的压缩机称为开启式压缩机。开启式压缩机在曲轴伸出端装设传动机构,曲轴的传动机构与机体之间都留有一定的游动间隙。为了保证曲轴箱内的制冷剂和滑油不沿曲轴伸出端往外泄漏,或当压缩机在真空压力下工作

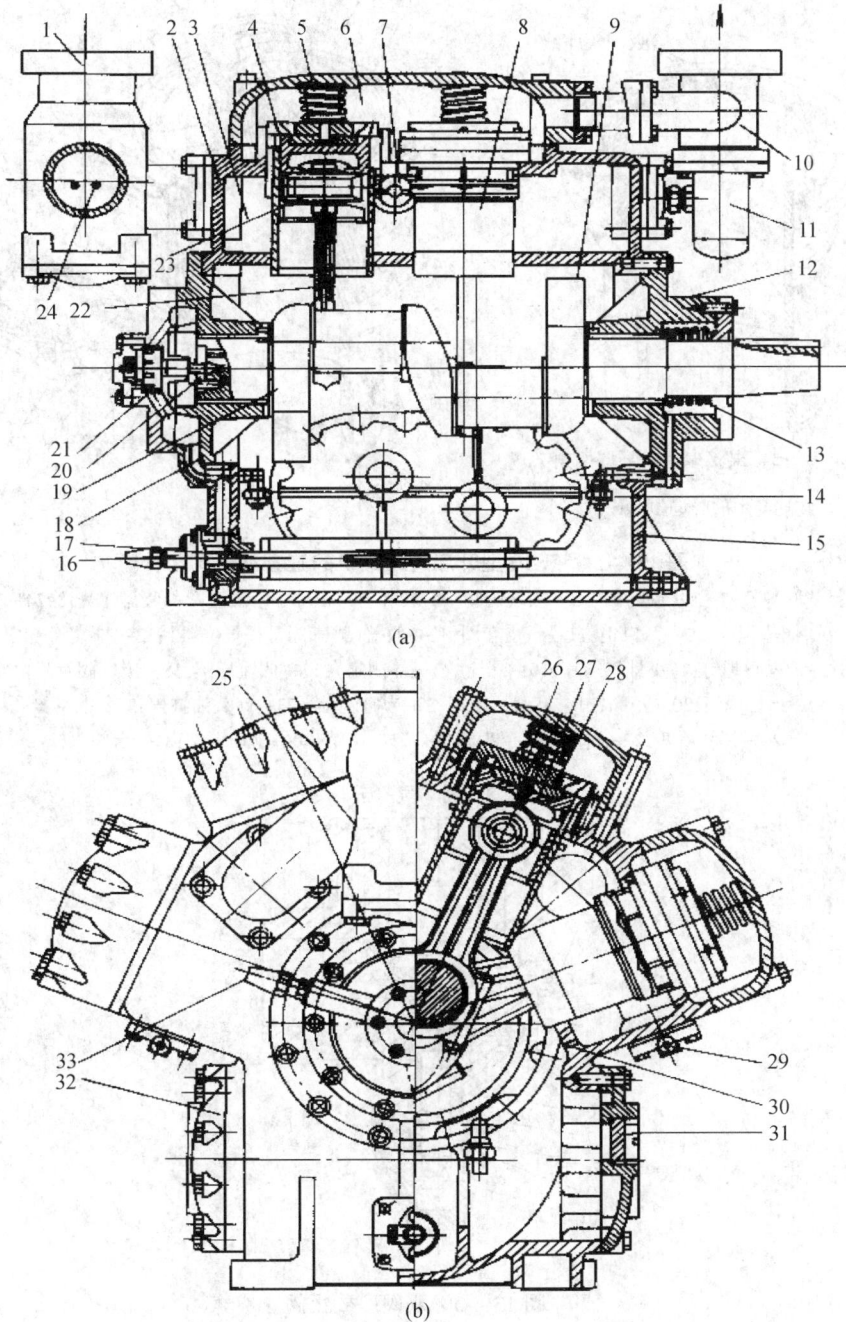

(a)

(b)

图 13-4-1　8FS10 型开启式压缩机总体结构

1—吸气接管;2—气缸体;3—吸气腔;4—缸头气阀组件;5—气缸盖;6—排气腔;7—能量调节机构;
8—气缸套;9—下隔板;10—排气集管;11—安全阀;12—轴承座;13—轴封;14—滑油管;15—曲轴箱;
16—滑油三通阀;17—吸入滤油器;18—轴承座;19—曲轴;20—油泵传动机构;21—油泵;22—连杆;
23—活塞销;24—吸气滤网;25—吸气集管;26—假盖弹簧;27—活塞;28—假盖;29—卸载油缸;
30—回油均压孔;31—视油镜;32—曲轴箱侧盖;33—油压调节阀

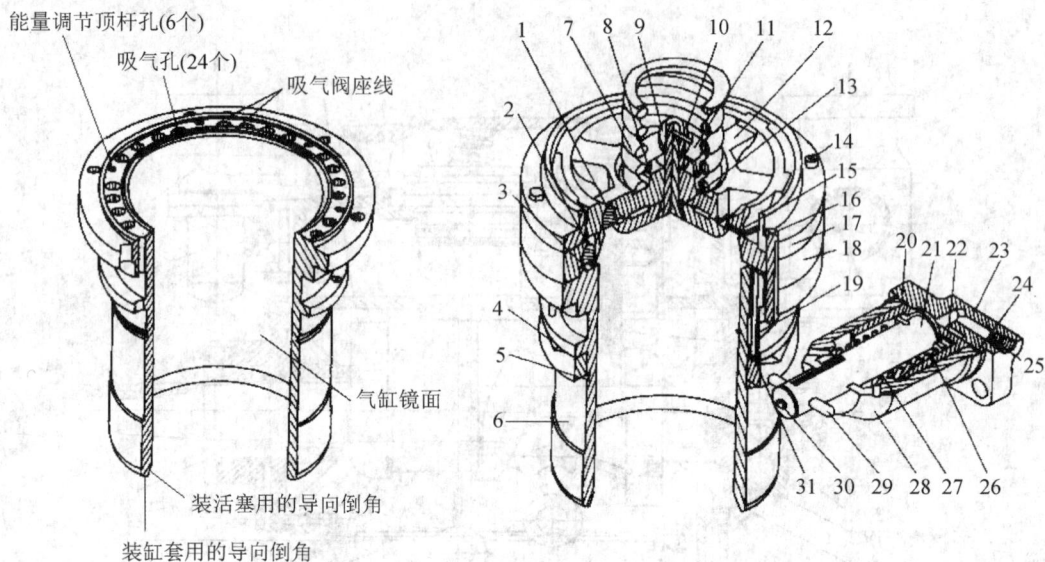

图 13-4-2　8FS10 型开启式压缩机的缸套和气阀组件

1—排气阀弹簧;2—吸气阀弹簧;3—吸气阀片;4—转环;5—卡环;6—缸套;7—假盖弹簧;8、24—垫片;
9—阀座螺栓;10—开口销;11—铁皮套圈;12—假盖(排气阀升程限位器);13—排气阀座芯;
14—内六角螺钉;15—排气阀片;16—螺栓(与机体固定);17—假盖导圈;18—吸气阀片限位器;
19—顶杆弹簧;20—挡圈;21—卸载活塞杆;22—调整垫片;23—卸载油缸盖;25—油管接孔;
26—卸载活塞;27—弹簧;28—卸载油缸;29—横销;30—制动螺钉;31—启阀顶杆

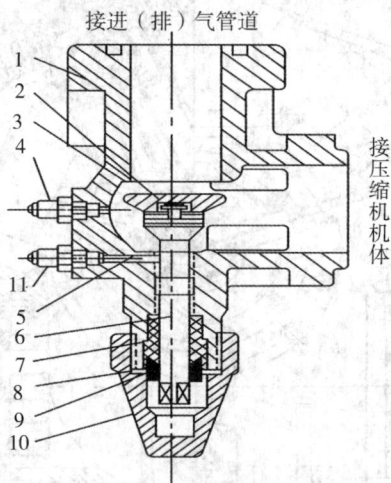

图 13-4-3　双阀座截止阀

1—阀体;2—阀芯;3—阀座;4—常开通道;5—阀座;6—阀杆;7—填料;
8—垫片;9—压盖;10—阀帽;11—多用通道

时空气又不渗入曲轴箱,则在曲轴伸出端设置了轴封。它是开启式压缩机,特别是氟利昂压缩机的一个重要部件。轴封不良,会造成制冷剂泄漏,而使制冷装置不能正常工作。

在我国压缩机系列产品中广泛采用结构简单、维修方便、密封及耐磨性良好的机械式轴封器,如图 13-4-4 所示。这种轴封由弹簧托板、弹簧、紧圈、钢壳、轴封橡胶圈、动摩擦环、定摩擦环等组成。它有三个密封面:(1)动摩擦环在弹簧力作用下紧贴在定环上,工作时动摩擦环与定环相对运动,紧贴的摩擦面起到动密封作用;(2)借弹簧的弹力使轴封橡胶圈与动摩擦环压紧,起到静密封作用;(3)在紧圈作用下,轴封橡胶圈依靠本身弹力紧箍在曲轴上,产生静密封作用。压缩机运转时除定环外,轴封器其他零件均随曲轴一起转动。

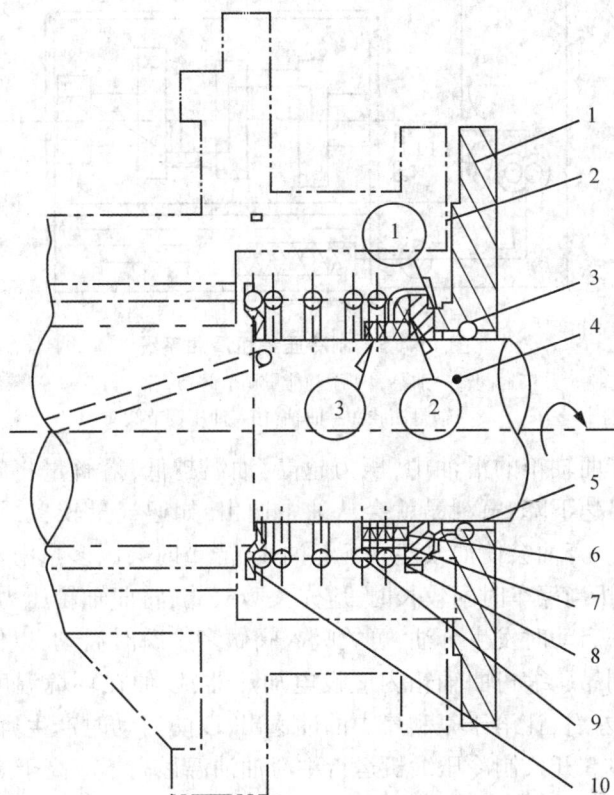

图 13-4-4 机械式轴封器

1—压板(定环);2—纸垫;3—密封圈;4—曲轴;5—动摩擦环;6—轴封橡胶圈;7—紧圈;8—钢壳;9—弹簧;10—弹簧座

4.润滑系统

制冷压缩机滑油系统如图 13-4-5 所示,曲轴回转时带动油泵工作,曲轴箱底部的润滑油通过滤油器和油三通阀被吸入油泵。油泵出来压力油,一路经手动(或自动)能量调节阀 4 分送到各卸载油缸 6,同时通油压表 5 和油压差继电器;另一路由设在曲轴箱内的油管送到机械轴封油腔 8 中,再由曲轴 9 中的油孔将滑油送到主轴承和连杆大端轴承,并经连杆中的油孔送至连杆小端轴承。滑油从各轴承间隙溢回曲轴箱。为了调节滑油压力,在曲轴油泵端还设有油压调节阀 10。

为了便于添加和更换滑油,8FS10 型压缩机在其油泵下方的曲轴箱上还设有一个装放油的滑油三通阀,当滑油三通阀 2 的手柄置于"工作"位置时,则使曲轴箱与油泵吸口接通;当置于"放油"位置时,则使曲轴箱与通机外的接管相通;置于"加油"位置,则使外接管与油泵吸口相通。

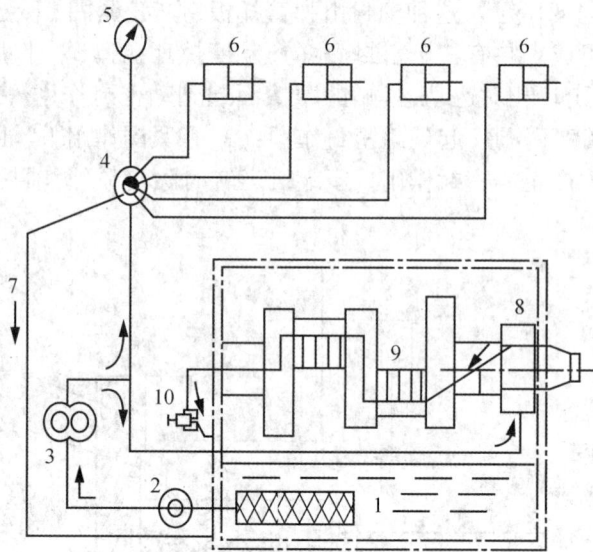

图 13-4-5 制冷压缩机滑油系统

1—网式滤油器;2—滑油三通阀;3—油泵;4—手动能量调节阀;5—油压表;6—卸载油缸;7—回油管;
8—轴封油腔;9—曲轴;10—油压调节阀

氟利昂易溶于曲轴箱的滑油中,压力越高,油温越低,溶解量将越大。压缩机启动时因曲轴箱压力迅速下降,氟利昂就会从油中逸出,如逸气量较多,则油产生大量泡沫而涌起,俗称奔油。奔油会使油泵建立不起油压,严重时会因多量滑油进入气缸而产生液击。因此,压缩机当停车时间较长时,应先关吸气阀,将曲轴箱压力抽低,停车后则应关闭排气阀。万一启动时发生奔油,可关吸入阀做多次瞬时启动,以使油中的氟利昂逐渐逸出。有的氟利昂压缩机曲轴箱内应设电加热器,以便在环境温度较低时于启动前将油预热至 30 ℃左右,让溶于氟利昂中的油逸出,以防启动时产生奔油现象,压缩机运行中断电停止加热。开式制冷压缩机运行中滑油油温最高不应高于 70 ℃。

5.传动机构

制冷压缩机的传动机构主要由活塞组、连杆组和曲轴组成。活塞是筒状的,以承受不大的侧推力。活塞上装有三道密封环和一道刮油杯。为了减轻重量,高速制冷压缩机的活塞常由铝合金制成。由于铝合金活塞的热胀系数比钢制的活塞销大,故冷态时两者是过盈配合,拆装时应将铝活塞加热到 80 ℃左右。

连杆用可锻铸铁制成,断面呈工字形,大端轴承采用锡基合金薄壁瓦,小端采用磷青铜衬套。曲轴由球墨铸铁制成,两个曲拐夹角为 180°,前、后主轴承均为钢套,内浇巴氏合金,并在其中开有油孔和油槽。曲轴伸出曲轴箱处设有机械轴封,阻止曲轴箱的冷剂和滑油外漏,并防止空气漏入曲轴箱;另一端则直接带动一个小型滑油泵。曲轴由电动机经弹性联轴器直接传动,也有用三角皮带传动的。

6.卸载与能量调节系统

(1)卸载与能量调节原理

卸载与能量调节系统是对压缩机气缸启动、卸载和冷量调节的机构,其实质就是排气量调节。压缩机的制冷量通常都是按制冷系统的最大热负荷选配,但在实际应用中,装置的热负荷是变动的。这样当处于低负荷工作时,蒸发压力就会过低,这不仅会使制冷系数减小,还可能因低压继电器断电而停车,为此,就需对压缩机的能量进行调节。常用的调节方法有以下几种。

①间歇运行法

这种方法是当库温降到设定的下限时,使压缩机停转,而当库温上升到规定温度的上限时,再使压缩机启动。压缩机的启停可通过低压继电器或温度继电器自动控制。此方法简便易行,适用于小型制冷压缩机及热负荷变化不大的场合。

②吸气节流法

这种调节方法是通过改变压缩机吸气阀的开度来实现的。当装置的热负荷降低时,减小吸入阀的开度,进入气缸的吸气压力相应降低,比容增大,质量流量减小,制冷量降低。采用这种调节方法的压缩机气缸顶部装有能量调节油缸,它能根据需要控制顶杆自动限制吸气阀片升程,从而实现吸气节流;也可以在吸气管路上设蒸发压力调节阀进行吸气节流。这种方法简单,但不经济,因为这样人为地提高了压力比,从而使单位功耗和排气温度上升,故只适用于调节幅度不大的小型压缩机。

③排气回流法

这种方法是在吸、排气管之间设旁通管,调节管上的旁通阀的开度,就能改变压缩机的有效排气量。这种方法最不经济,而且会提高压缩机的排气温度,故该方法仅用于不带能量调节机构的小型压缩机。

④变速调节法

变速调节法的经济性好。近年来,随着交、直流变频调速技术的发展,变频调速已在制冷装置中得到广泛应用,它不仅可以节能,而且降温快、温控精度高,但转速降低的下限必须考虑润滑的可靠性。

⑤吸气回流法

它是通过将部分气缸的吸气阀常开,或调节活塞反向运动的相邻气缸间旁通的卸荷通道控制阀的开度,使吸入缸内的气体在活塞上行时返回吸气腔(或相邻缸),以减少压缩机的实际排气量,从而实现能量调节。此法同时可使压缩机实现卸载启动。

⑥截断吸气法

它是将调节缸的吸气通道关闭。

吸气回流法和截断吸气法被调缸空转而不输气,耗功很低,故经济性较好,是目前多缸活塞式制冷压缩机应用最普遍的容量调节方法。

(2)8FS10型开启式压缩机卸载与能量调节机构

吸气回流法是多缸压缩机广泛采用的一种调节方法。它以吸气压力为被调参数:吸气压力高,即反映蒸发器的热负荷大,需要压缩机加载;反之,吸气压力低,则压缩机即应卸载。

8FS10型开启式压缩机的卸载机构为油压启阀式能量调节机构,可使压缩机根据热负荷的大小,将部分或全部气缸的吸气阀片强制顶起,相应地以8缸、6缸或4缸投入工作。这些吸气阀片常开的气缸便不能排气,实现了卸载。油压顶杆启阀式卸载机构和手动能量控制阀如图13-4-6所示。在气缸套中部的凸缘下面套有转环6,6根顶杆9穿过缸套中部和上部凸缘的小孔,将吸气阀片16顶起。坐落在缸套上凸缘下端的顶杆弹簧 10 通过顶杆上的横销将顶杆下端压在转环 6 上。气缸体上设有卸载油缸 1,当压缩机滑油泵的压力油从配油接管 11 被引入油缸时,卸载活塞 2 克服弹簧的张力左移,推杆 4 前端的传动杆 5(它卡在转环 6 的凹槽中)使转环转动一个角度。于是顶杆 9 的下端向下落到转环斜切口的底部,顶杆上端缩入吸气阀座线以下,不再妨碍吸气阀片的正常启闭,使该缸投入工作。当压缩机刚启动而油压尚未建立到适当数值时,或工作中配油接管 11 与压力油隔断而与曲轴箱接通泄压时,卸载活塞 2 在弹簧 3 作用下右移,转环转动一个角度以斜切口顶部将顶杆弹簧 10 顶起,则强开吸气阀片,使该缸卸载。每个卸载油缸的推杆可同时控制同一列的 2 个气缸。

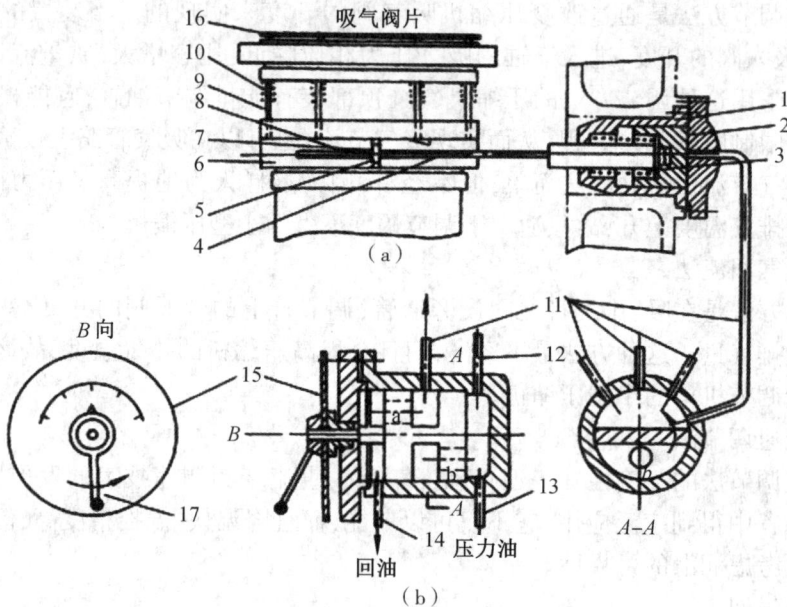

图 13-4-6　油压顶杆启阀式卸载机构和手动能量控制阀

1—卸载油缸;2—卸载活塞;3—弹簧;4—推杆;5—传动杆;6—转环;7—缺口;
8—斜面切口;9—顶杆;10—顶杆弹簧;11—配油接管;12—压力表接管;13—供油接管;
14—回油接管;15—刻度盘;16—吸气阀片;17—能量调节手柄

手动能量调节阀是一个转阀。它放在不同角度,能使各卸载油缸的配油接管 11 或者经 b 孔与压力油接通而使所控制的缸加载,或经 a 孔与曲轴箱连通而使其所控制的缸卸载。如果 8 个缸中只有 2 组设有卸载机构,则配油接管 11 只有 2 根,能实现 8 缸(100%)、6 缸(75%)、4 缸(50%)三挡工作。

本机型还可设置自动能量调节器,根据吸气压力的高低,自动控制油压卸载的缸数。

任务 4.3　半封闭式活塞制冷压缩机的结构特点

缸径 ≤ 70 mm 的活塞式制冷压缩机一般采用半封闭式,压缩机与电动机共用一根主轴,装在同一机体内,没有轴封,制冷剂泄漏少,但有可拆卸的缸盖、端盖以便换修气阀、油泵等易损件。半封闭式制冷压缩机的机体和电动机的外壳铸成一体,电动机的转子直接装在压缩机曲轴的悬臂部分,因而不需要轴封和联轴器。它比开启式压缩机结构更为紧凑,密封性能好,噪声低,比全封闭式压缩机易于拆卸和修理。由于半封闭式压缩机无法从机外观察到压缩机的转向,要求采用强制润滑的润滑油泵,即能在正、反转时都能正常供油。另外,由于封闭式压缩机中的电机绕组和油及制冷剂直接接触,有的半封闭式压缩机的电机可由吸入的制冷剂气体冷却,绕组的绝缘材料必须耐油及耐氟利昂的侵蚀。

半封闭式压缩机、电机外壳铸成一体,没有轴封装置,吸入蒸气经过电动机后再被压缩机吸入,润滑系统采用压力供油方式,用正、反转均能供油的具有月牙隔板的内齿轮油泵。为避免电动机室内润滑油被吸入蒸气大量带走和减少吸入蒸气的预热,压缩机的吸气可以直接由吸气管进入气缸而不通过电动机。但这样的电动机的冷却靠与电动机定子接触的机体外表面的散热肋片,将热量向周围空气散发。这种方式有利于压缩机输气系数的增大,可使压缩机排气温度降低,但电动机冷却效果较差,不适用于较大功率的压缩机。

任务 4.4 制冷压缩机的性能曲线

制冷压缩机实际工作时 Q_0、P 随工况条件的变化规律用压缩机的性能曲线来表示,该曲线由试验的方法求得。图 13-4-7 即为国产 8FS10 型制冷压缩机的性能曲线。由图可见,若 t_0 不变,t_k 升高时,Q_0 减小,而 P 增大;若 t_k 不变,随着 t_0 的降低,Q_0 减小,因为工作时压缩机压缩比都大于 3,故一般 P 也减小。有了制冷压缩机的性能曲线,就可方便地查得压缩机在不同工况下的制冷量和轴功率,并可算出对应工况下单位轴功率制冷量(能效比)Ke 值。

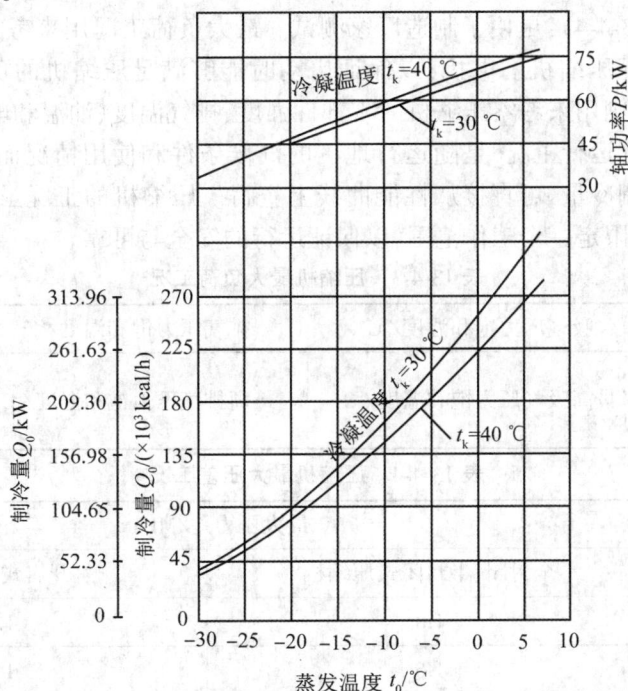

图 13-4-7 8FS10 型制冷压缩机的性能曲线

任务 4.5　制冷压缩机的工况

由于压缩机的制冷量和轴功率等性能指标都随工况的不同而不同,为了衡量和比较机器的性能,就需根据常用的温度范围,制定出公认的温度条件,作为名义工况,并以压缩机在该名义工况条件下的制冷量来作为比较和选用的标准。各国所定的名义工况不尽相同,我国所定的名义工况如表 13-4-1 和表 13-4-2 所示。

表 13-4-1　有机制冷剂压缩机的名义工况

类型	吸入压力饱和温度/℃	排出压力饱和温度/℃	吸入温度/℃	环境温度/℃
高温	7.2	54.4[①]	18.3	35
	7.2	48.9[②]	18.3	35
中温	−6.7	48.9	18.3	35
低温	−31.7	40.6	18.3	35

备注:①为高冷凝压力工况;②为低冷凝压力工况,表中工况制冷剂液体的过冷度为 0 ℃。

表 13-4-2　无机制冷剂压缩机的名义工况

类型	吸入压力饱和温度/℃	排出压力饱和温度/℃	吸入温度/℃	制冷剂液体温度/℃	环境温度/℃
中低温	−15	30	−10	25	32

为了考察压缩机的强度和电机的工作,还规定有最大负荷工况(见表 13-4-3)、最大压差工况(见表 13-4-4),更便于制造厂家测试。最大负荷工况用来考察压缩机的噪声、震动并以此来选配压缩机的电机,以保证启动时能够满足压缩机的负荷要求,防止过载;最大压差工况则用来考察压缩机的零部件强度、排气温度、油温和电机绕组温度。

制冷机的实际运行工况,是随运行地区的气候条件和使用情况而变的。压缩机实际工作工况下的制冷量,可直接从性能曲线上查得。压缩机的工况虽然可以根据需要而改变,但也必须限定一个工作范围,以保证运行的安全与可靠。

表 13-4-3　压缩机最大负荷工况

制冷剂	吸气压力饱和温度/℃	排气压力饱和温度/℃	回气温度/℃
有机制冷剂	最高吸气压力饱和温度/℃	最高排气压力饱和温度/℃	18.3
无机制冷剂			13

表 13-4-4　压缩机最大压差工况

制冷剂	最大压力差/MPa	
	全封闭、半封闭式压缩机	开启式压缩机
有机制冷剂	1.8	1.6
无机制冷剂	1.6	1.6

任务五 船舶制冷系统组成

学习目标:

1. 掌握制冷装置的冷凝器、蒸发器及辅助件的结构和功用
2. 熟悉制冷系统常用的自动控制元件的结构和功用

任务5.1 制冷装置的冷凝器、蒸发器

1.冷凝器

冷凝器是气体制冷剂与冷却介质(水或空气)进行热量传递的热交换器。压缩机排出的高温高压气态制冷剂在冷凝器中把热量传递给冷却介质而冷凝成液体制冷剂。

气体制冷剂冷凝时有三个放热过程:过热蒸气等压冷却为干饱和蒸气,干饱和蒸气冷凝为饱和液体,饱和液体进一步冷却为过冷液体。

按冷却介质的不同,冷凝器可分为水冷式、空冷式和蒸发式三种。船舶制冷装置大都采用卧式壳管式冷凝器。

图 13-5-1 为卧式壳管式冷凝器。卧式壳管式冷凝器中,制冷剂在管外冷凝,冷却水在管内流动而将热量带走,壳体一般采用锅炉钢板卷制焊接而成。壳体两端板之间排列着许多无缝钢管或液压助片管,并以电焊或胀管固定在端板上,两端封盖内侧铸有限水筋条,以增加冷却水的流程和流速。冷却水进、出口设在端盖上,并从下面流进,上面流出,以保证冷凝过程必要的传热温差,并使管子始终充满水。端盖是用螺栓与壳体紧固,其接触面有橡皮垫防漏。卧式壳管式冷凝器的优点是:传热系数大、结构紧凑、体积小,在船舶机舱易于布置。其缺点是:冷却管易腐蚀、污垢排出较困难。

大型的卧式壳管式冷凝器尚有下述附件:

(1)安全阀:装于上部,用以防止冷凝器内压力过高。

(2)放空气阀:装于壳体的最高处,用以放出不凝性气体。

(3)水室放气旋塞:装于水室最高处,用以放出水室中的空气。

(4)水室泄水旋塞:需要时用以放尽存水。

(5)泄油阀:设于壳体的最低处,用以排泄滑油(只在氨冷凝器上才有)。

(6)液位计:用以显示冷剂液位。

(7)平衡管接头:用以连接与贮液器连通的平衡管,以均衡两者压力,便于制冷剂流入贮液器和把蒸气引回冷凝器。

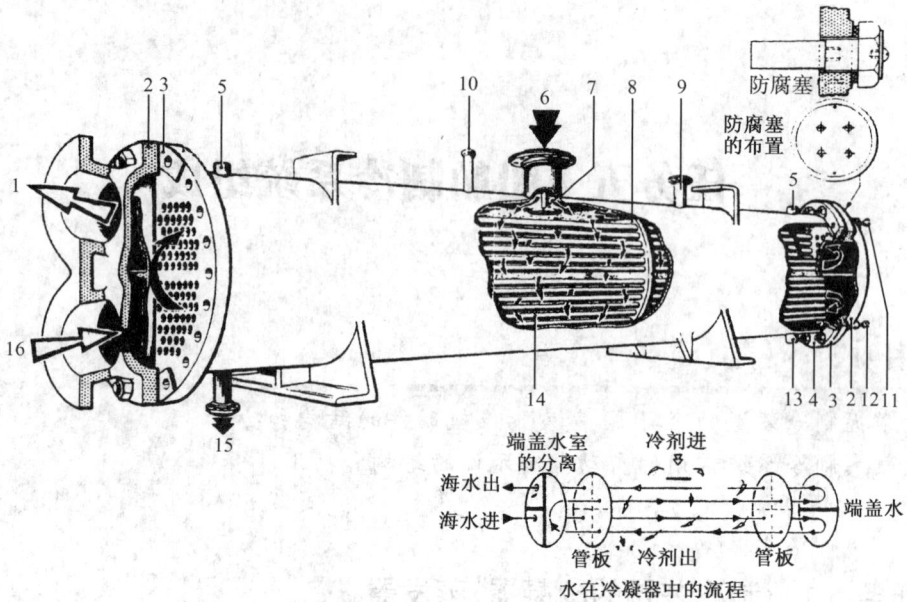

图 13-5-1　卧式壳管式冷凝器

1—海水出口;2—端盖;3—垫片;4—管板;5—放空气阀接头;6—气态制冷剂进口;7—挡气板;8—管架;
9—平衡管接头;10—安全阀接头;11—水室放气旋塞;12—水室泄水旋塞;13—泄放阀接头;
14—冷却管;15—液压制冷剂出口;16—海水入口

2.蒸发器

蒸发器是使液体制冷剂汽化吸热,被冷物体或冷媒放热降温,实现热量传递的热交换器。按其冷却介质的不同,可分为冷却淡水、盐水或其他载冷剂的间接冷却式蒸发器和冷却空气的直接冷却式蒸发器两大类。

(1)间接冷却式蒸发器

间接冷却式蒸发器按结构形式可分为卧式壳管式、立管式、螺旋板式、螺旋管式和蛇管式等,按工作方式的不同又分为干式和满液式。其由筒形外壳和内部管群组成,结构与一般热交换器类似。图 13-5-2 为一干式壳管式蒸发器,制冷剂在管群内吸收管外流过的冷媒的热量蒸发,流出蒸发器时已成为过热蒸气,被冷却的冷媒则被泵至冷库或空调器内的热交换器,升温后又回至蒸发器,如此不断地循环。通常,若蒸发温度高于 0 ℃,用水作冷媒;如蒸发温度低于 0 ℃,应用盐水作冷媒。

干式间接冷却式蒸发器制冷剂在管内蒸发,流速较快,有利于携出滑油,使回油流畅,在大型空调用氟利昂制冷装置中得到广泛应用。

(2)直接冷却式蒸发器

直接冷却式蒸发器采用单路或多路盘管结构,制冷剂在管内蒸发,直接冷却管外流过的空气。根据空气流动方式的不同,直接冷却式蒸发器可分为自然对流式和强迫对流式两种,分别称为蒸发盘管和冷风机。

①蒸发盘管

蒸发盘管是将盘管直接铺设在冷库内壁,管路周围空气被冷却降温后,比远处空气密度大而下降,形成库内空气自然对流,从而使冷库的温度逐渐下降。

船用蒸发盘管大都是横向布置的蛇形盘管结构,用支架牢固固定。

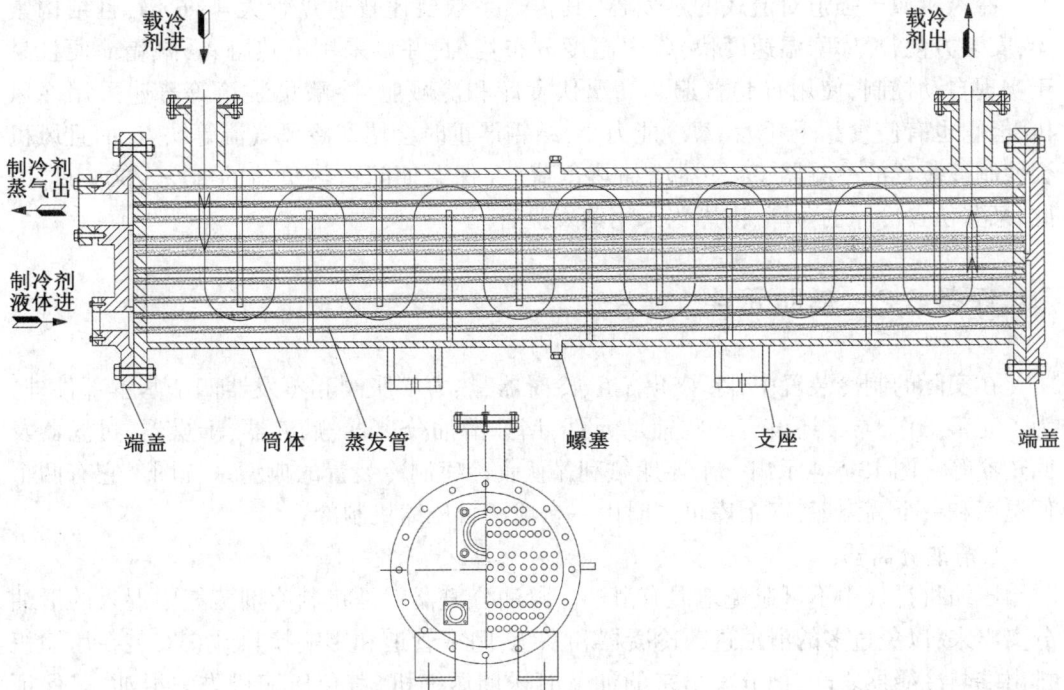

图 13-5-2　干式壳管式蒸发器

蒸发盘管虽然结构简单、管理方便,但由于依靠自然对流放热,放热系数小,要求传热面积大,管路长、耗材多。此外,管外壁结霜时清除也较麻烦,同时查漏也较困难。因此,蒸发盘管目前已较少见到,但在伙食冷库的鱼库和肉库中仍有采用。

②冷风机

图 13-5-3 示出冷风机的外形。它由空气冷却器和风机组成,其中空气冷却器由许多并联的蛇形肋片管组成。室内空气被风机吸入后,强迫流过空气冷却器盘管。并列的各路盘管由热力膨胀阀供液,为使各路供液均匀,膨胀阀出口装有液体分配器与各通路连接,各路盘管出口汇集于一个出口总管连接于回气管路。为了承接和疏出盘管表面的凝水或结霜融化的水,盘管下设承水盘,并由疏水管引出。

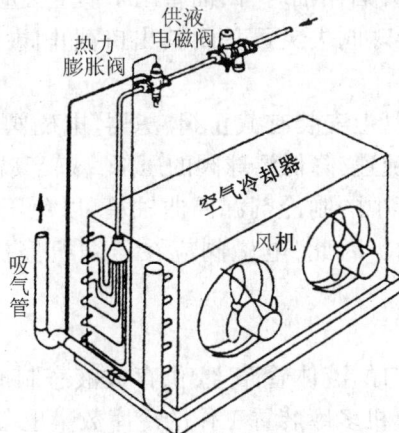

图 13-5-3　冷风机的外形

冷风机属于强迫对流式的蒸发器,其传热系数要比普通盘管大 4~6 倍,且结构紧凑,安装方便,冷库降温速度快,库内温度分布均匀,并可采用电热融霜,融霜简便且易于实现自动控制,使用日趋普遍。高温伙食库和冷藏舱、冷藏集装箱等普遍采用冷风机,但它也有使食品干耗大、蓄冷能力小,结霜严重时会堵塞冷风气流等缺点,而且风机会使制冷装置的冷凝器、蒸发器增加热负荷(在保温期间占热负荷的 20%~30%)。因此,某些伙食冷库的鱼库、肉库仍采用蒸发盘管。

任务 5.2　辅助元件

在实际的制冷装置中,除了压缩机、冷凝器、热力膨胀阀和蒸发器四个基本部件外,为了完善工作,常常还设有一些辅助元件,诸如滑油分离器、贮液器、干燥器、过滤器及回热器等。图 13-5-4 示出一个船舶氟利昂伙食冷库制冷装置的典型系统图。它有两个低温库和一个高温库,三个库可同时由一台或两台压缩机制冷。

1.滑油分离器

压缩机排气中不可避免地混有滑油。滑油分离器就是将制冷剂蒸气中混入的滑油分离出来,以免过多的滑油进入冷凝器和系统,阻塞管道和影响换热。它安装在压缩机排出端与冷凝器之间,把分离出来的油及时送回压缩机,避免压缩机失去滑油,以保证压缩机长期、安全、可靠地运转。滑油分离器并不能将滑油全部分离出来,仍会有些微小的油滴的油蒸气进入系统,随制冷剂一起循环。也有的系统管路不长,省去了滑油分离器。因此,制冷系统设计上必须便于滑油随制冷剂一起返回压缩机。

氟利昂制冷装置多采用过滤式滑油分离器,图 13-5-5 所示为常用的一种。它由进气管、排气管、滤网、壳体、浮球式自动回油阀和手动回油阀等组成。它是利用油滴和气体的比重不同,当压缩机排出的高压制冷剂蒸气进入分离器后,由于筒体的截面积比进气管要大十几倍,气体流速突然降低,流动方向也突然改变,加上几层金属丝网的过滤作用,即将混入气体制冷剂中的润滑油分离出来,并向下滴落,聚集在容器底部。聚集的滑油使浮球浮起一定高度后,浮球阀开启,滑油即在排气压力作用下流回压缩机曲轴箱。而当油量逐渐减少,浮球下降至一定位置时,浮球阀即自动关闭,回油暂停。因此,正常工作的自动回油阀在开启回油时,回油管用手摸上去应发热,关闭时应变凉并与机体温度接近。工作中,如浮球阀失灵可关闭其出口截止阀,并定时操作手动回油阀,以便将滑油排回曲轴箱。

有的制冷装置在回油管上安装有截止阀、滤器、电磁阀和节流孔板,如图 13-5-6 所示。节流孔板可减缓回油流速,降低浮球阀的压降,减轻其刷蚀。电磁阀随压缩机启停而启闭,以防停机时排气管中的制冷剂漏回曲轴箱,以免压缩机的低压压力升高过快,在压缩机启动时造成奔油。因此,电磁阀应在压缩机停机时关闭,启动时延时 20~30 min 开启。

2.贮液器

贮液器装在冷凝器出口的液体管路上,供存放液态制冷剂。由于制冷装置工况变化时其蒸发压力不同,而单机多库装置工作的冷库数量也会改变,这都会使在系统中循环的制冷剂数量有较大的变化。装设贮液器后,依靠其存放液体的作用,既可在制冷剂

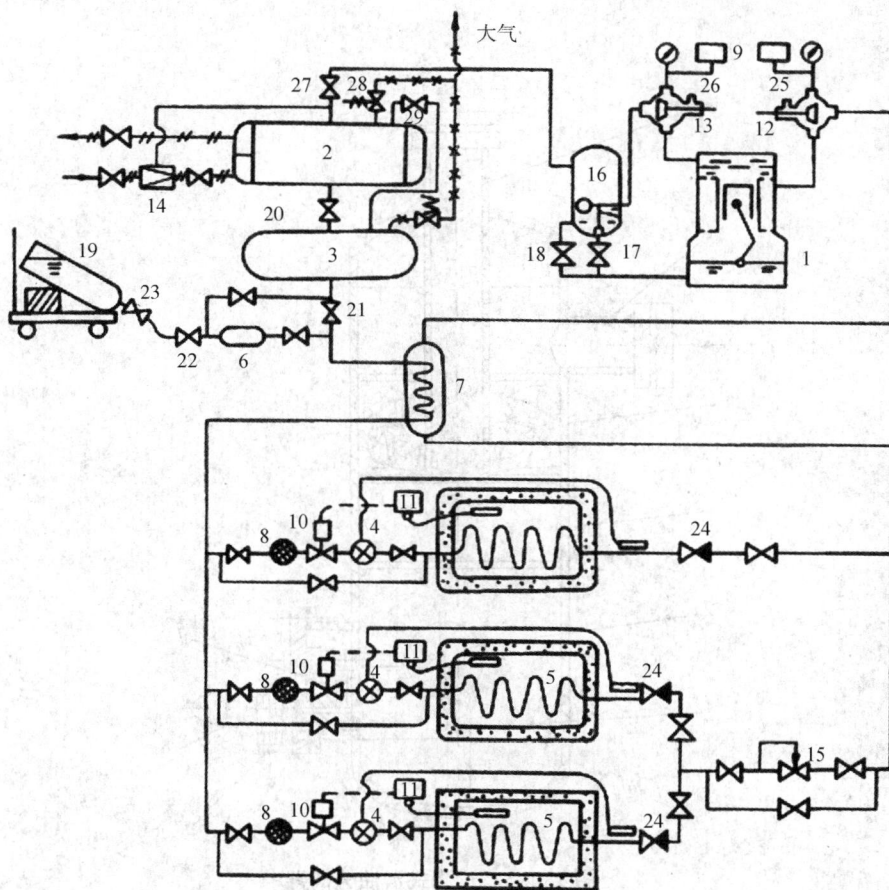

图 13-5-4　船舶氟利昂伙食冷库制冷装置

1—压缩机;2—冷凝器;3—贮液器;4—热力膨胀阀;5—蒸发器盘管;6—干燥器;7—回热器;8—滤器;
9—压力继电器;10—电磁阀;11—温度继电器;12—吸入截止阀;13—排出截止阀;14—水量调节阀;
15—蒸发压力调节阀;16—滑油分离器;17—浮球式自动回油阀;18—手动回油阀;19—制冷剂钢瓶;
20—冷凝器出液阀;21—贮液器出液阀;22—充剂阀;23—钢瓶;24—止回阀;25—吸入阀多用通道;
26—排出阀多用通道;27—冷凝器进口阀;28—安全阀;29—平衡管截止阀

循环量减少时避免制冷剂液位升高,浸没冷凝器冷却管,妨碍冷凝;又可在制冷剂循环量增大及系统稍有泄漏时仍保持足够的制冷剂液位。此外,制冷装置检修或长期停用时,可将系统中全部制冷剂收存在贮液器中,减少漏失。为了简化设备和节省安装空间,小型制冷装置往往不专设贮液器而以冷凝器下部兼作贮液器。

贮液器的结构很简单(如图 13-5-7 所示),就是利用优质锅炉钢板卷制成的密封圆筒,筒体焊有进、出液管和与冷凝器连接的平衡管接头。平衡管与冷凝器的顶部相连,其功用为:将贮液器中的制冷剂蒸气引回冷凝器,使两者压力平衡,便于制冷剂流入贮液器。大型贮液器上还装有安全阀、液位计或液位镜。

船用贮液器的底部常设有存液井,其作用为:

(1)在船舶可能摇摆的条件下,保证制冷剂液体不间断排出;

(2)减少对出液管口液封所需要的液体数量;

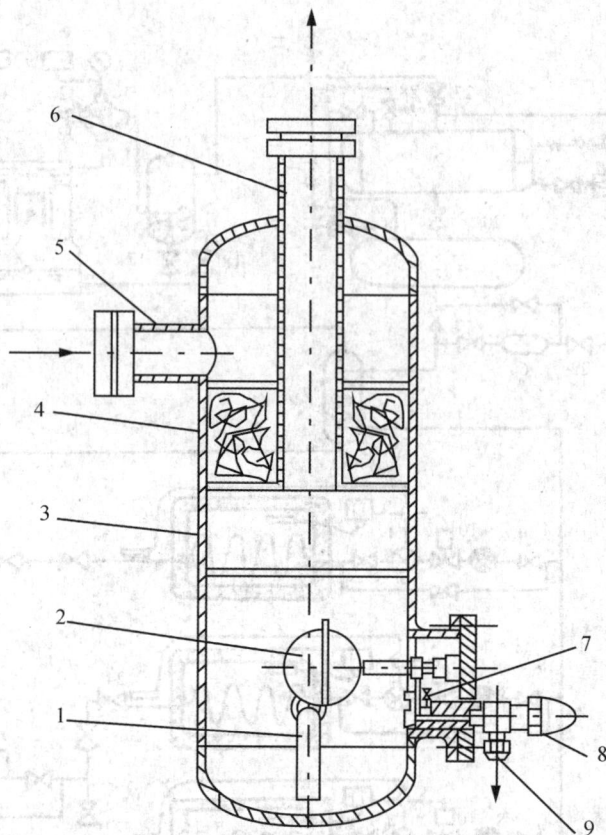

图 13-5-5　过滤式滑油分离器

1—手动回油管;2—浮球;3—壳体;4—滤网;5—进气管;6—排气管;7—自动回油阀;
8—自动回油管截止阀;9—自动回油管接头

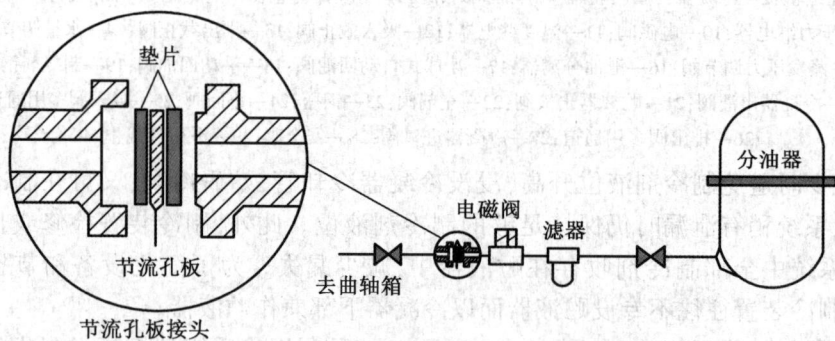

图 13-5-6　滑油分离器的回油控制

（3）使杂质和污物沉于底部,防止堵塞管路和阀件。

贮液器必须具有足够大的容积,在全部制冷剂都贮入后,应只占总容积的 80% 左右,正常工作时其液体在 $1/3 \sim 1/2$ 处。为了保证安全,在任何情况下都应严防贮液器内完全充满制冷剂。

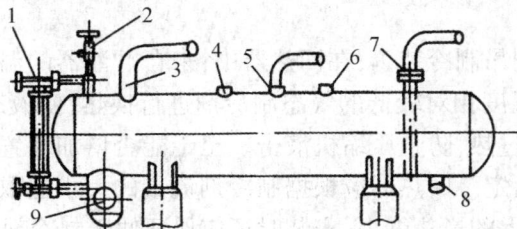

图 13-5-7　贮液器的结构
1—液面计;2—放气阀;3—进液管;4—压力表接头;5—平衡管;
6—安全阀接头;7—出液管;8—排污管;9—放油管

3.干燥器

干燥器装在贮液器后的液管上,如图 13-5-8 所示。干燥器用来吸收制冷剂中的水分,防止系统发生冰塞。通常干燥器内都设有滤网,兼作滤器,以防干燥剂产生的细小颗粒进入系统。

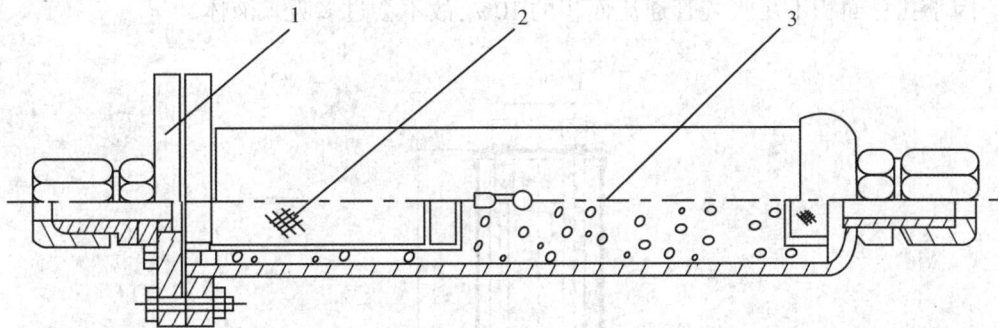

图 13-5-8　干燥器
1—封盖;2—滤网;3—干燥剂

硅胶是常用的干燥剂,其主要成分是二氧化硅,通常是 3~7 mm 大小的树脂状不规则碎块,内部有无数 2~3 nm 的细孔,靠巨大的表面积和毛细现象吸附制冷剂中的水分(水分子直径约 0.32 nm,而氟利昂的分子较大)。为了便于判断其含水量,常掺加染色剂,使其在吸足水分之后改变颜色,称为变色硅胶(根据所加染色剂不同,吸水前、后颜色也不同,例如红色变浅粉色,棕色变蓝色等)。将吸足水的硅胶加热到 140~160 ℃(不应超过 200 ℃),保持 3~4 h,就能使其吸附的水分蒸发,从而再生使用。加热太快硅胶易碎裂,再用时应筛选。硅胶使用时间长了细孔会被油和杂质堵塞,便不宜再生使用。

R134a 的分子较小,易被硅胶吸附,应采用合成分子筛为干燥剂。

干燥器使用过久,应将过滤网拆出清洗,同时应取出干燥剂进行再生或更换。充填干燥剂时必须严实,以免互相摩擦产生碎末。小型装置使用一次性干燥器,失效后整体更换。

我国规范规定,干燥器应设旁通管路。一般只在系统新充制冷剂或换油、拆检等操作后一段时间内,以及系统中出现冰塞迹象时才将干燥器接入系统使用,正常运行中则予以旁通,以免阻力较大,使液态制冷剂压力降低而闪汽,同时减少干燥剂被污染或产生碎末进入系统的可能性。

4.回热器

回热器只用于氟利昂制冷装置,在回热器中,来自贮液器的温度相对较高的液态制冷剂与来自蒸发器的温度相对较低的气态制冷剂进行换热,使液态制冷剂过冷,防止闪汽,同时使气态制冷剂过热,防止压缩机液击。至于能否增加装置的制冷量和提高制冷系数则视所用制冷剂而定。回热器应根据制冷剂流量的大小选取,以免流速过大,流阻过高;同时又要有足够大的换热能力;安装时还应保证便于制冷剂将滑油带回压缩机。

在某些小型伙食冷库制冷装置中,为了简化设备,常不设专门的回热器,而只是将进液管与回气管紧紧靠在一起,然后用隔热材料将其包裹。

5.气液分离器

气液分离器结构示意图如图 13-5-9 所示,其作用是分离来自蒸发器的低压蒸气中的液滴,以确保压缩机吸入过热蒸气。气液分离器装设在压缩机吸气管,防止未蒸发完的液态制冷剂或滑油大量返回压缩机发生液击。它采用重力分离法,液体分离后会落到分离器底部,液态制冷剂蒸发成雾状和过多的滑油可经 U 形管的许多小孔被抽吸带走。因小孔总面积不足吸气管通流面积的 10%,故不会过多吸入液体。

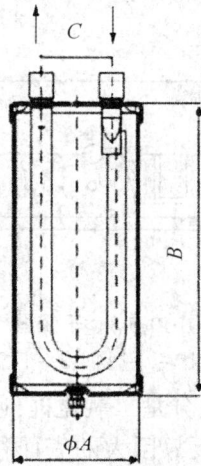

图 13-5-9　气液分离器结构示意图

6.视液镜

在氟利昂制冷装置的液管上装有液流指示镜,即视液镜,它用来指示液管中液体的流动情况。工作正常时应看到稳定的液流;若看到许多气泡,则表明系统中制冷剂在液管中的压降太大,出现闪汽,或是制冷剂不足。

氟利昂制冷装置的视液镜还兼作水分指示器,其中装有浸透金属盐指示剂的纸芯,当制冷剂含水量不同时,金属盐生成的水化物能显示不同颜色。在有回热器的系统中,这种指示器应装在回热器之前,因为制冷剂液体温度较高,金属盐对水的反应更快。

任务 5.3　制冷装置的自动控制元件

制冷装置的自动控制内容包括库温、制冷剂和冷却水流量及蒸发温度等的调节;排气压力过高、吸气压力过低和滑油压力过低保护等。调节是根据装置热负荷和外界环境条件的变化自动进行的,以维持所需冷藏或冷冻条件,简化装置的管理,提高装置运行的经济性。保护是保证装置的运行安全可靠,避免设备的损坏。

为完成调节和保护的任务,装置中需设热力膨胀阀、温度继电器、电磁阀、冷却水量调节阀、背压阀、止回阀、高/低压继电器和油压差继电器等自动控制元件。

制冷设备运行时,其热工参数的变化是相互作用、相互影响的。为保证制冷设备安全、可靠、经济地运行,制冷设备必须采用自动调节技术。

一、制冷装置自动调节系统的组成

制冷装置自动调节系统是实现被控参数达到所要求的数值或按预先给定的规律变化的系统。制冷设备中有大量热工参数需控制,例如:温度、压力、流量、液位等。自动调节系统一般都由调节对象、发信器、调节器、执行器组成。目前,制冷装置的自动调节系统常由多个单参数自动调节系统组合而成。下面举例说明制冷设备的某些自动调节系统。

图 13-5-4 是以氟利昂为工质的船舶制冷装置原理图。该系统使用了下列调节元件:热力膨胀阀、温度继电器、电磁阀、止回阀、蒸发压力调节阀、水量调节、油压差继电器、高/低压继电器等。这些调节元件在装置中所起的作用简述如下:

热力膨胀阀使制冷剂节流降压降温,并通过感温包感受蒸发器出口冷剂过热度的变化,自动调节膨胀阀的开启度,使进入蒸发器的制冷剂流量与蒸发器热负荷相匹配。

温度继电器与电磁阀联合使用,对库温进行控制。温度继电器的感温包置于冷库中,当库温高于调定值的上限时,温度继电器触点接通,电磁阀线圈通电,阀门打开,制冷剂进入蒸发器进行降温;当库温低于调定值的下限时,温度继电器触点断开,切断电磁阀线圈电流,电磁阀关闭,制冷剂停止进入蒸发器,使库温控制在所需的范围内。

蒸发压力调节阀安装在高温库蒸发器的出口处,以便实现菜库、鱼库、肉库的蒸发器在各自所需的蒸发压力下工作。

止回阀安装在鱼肉库的蒸发器出口,防止高温库蒸发器出来的制冷剂气体倒流到低温库蒸发器内,造成压缩机的液击。

水量调节阀可保证冷凝压力的稳定。当冷凝压力升高时,水量调节阀开大,冷却水量增加,使冷凝压力下降;当冷凝压力过低时,水量调节阀关小,冷却水量减少,从而使冷凝压力维持稳定。

高/低压继电器起安全保护作用。当排气压力超过允许值时,高压继电器自动切断压缩机电源,使压缩机停止运行。当吸气压力低于调定值时,低压继电器自动切断电源,压缩机停止运行。

油压差继电器能在油压差低于调定值时,延时后自动切断电源,避免压缩机磨损。

二、制冷装置自动控制元件

1.热力膨胀阀

制冷装置所采用的节流元件有毛细管、手动膨胀阀、热力膨胀阀、电子膨胀阀等。其中,在干式蒸发器的供液中最常见的是热力膨胀阀。在实际制冷过程中,制冷装置蒸发器的热负荷在不断发生变化,蒸发器前的节流元件除了具有节流降压作用外,还应能根据蒸发器的热负荷来调节制冷剂流量。热力膨胀阀在使制冷剂液体节流降压后送入蒸发器的同时,还能根据蒸发器出口处制冷剂过热度大小自动调节供液量,使制冷剂到蒸发器出口时能全部汽化并维持一定的过热度,既可避免因过量供液造成压缩机出现液击现象,又能保证蒸发器的传热面积得到充分利用。

(1)热力膨胀阀的结构和工作原理

热力膨胀阀分内平衡式和外平衡式两类。图 13-5-10、图 13-5-11 示出的分别是内平衡式热力膨胀阀的典型结构及其在系统中的工作原理简图。供入热力膨胀阀的液态制冷剂经针阀 6 节流降压后进入蒸发器。蒸发器进口处压力 p_0(相应蒸发温度为 t_0),该压力经阀体上的内平衡孔(与顶杆 2 的通孔平行,图中未示出)作用于波纹管(或膜片)的下方。如果蒸发器流动阻力不大,可以认为蒸发器出口压力 $p_0' \approx p_0$。设制冷剂流到 B 点全部汽化完毕,则 B 点的蒸发温度 $t_0' \approx t_0$。当制冷剂流到蒸发器出口 C 点时,因在 BC 段继续吸热成过热蒸气,温度升高到 t_1。膨胀阀带有一个充有一部分低沸点液体的温包 12,温包紧贴在蒸发器出口管壁上,感受 C 点制冷剂温度 t_1,温包中的压力即为 t_1 所对应的温包充剂的饱和压力 $p_1(t_1>t_0,p_1>p_0)$,它通过毛细管 15 传至波纹管上方。波纹管上、下的压差 (p_1-p_0) 通过三根顶杆 2 压迫弹簧的上座,控制针阀 6 的开度。

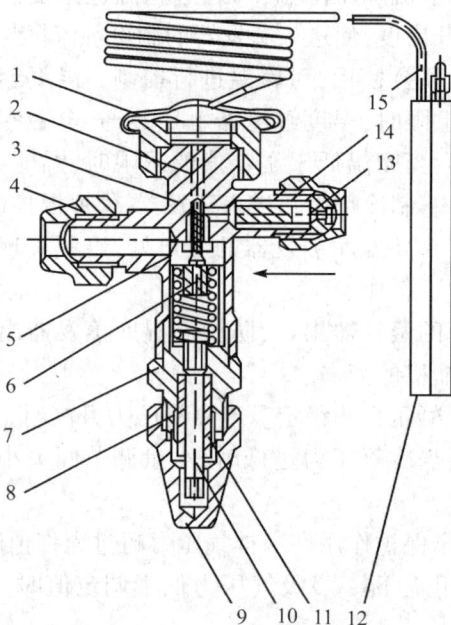

图 13-5-10 内平衡式热力膨胀阀

1—膜片;2—顶杆;3—阀体;4、14—螺母;5—阀座;6—针阀;7—调节杆座;8—填料;
9—帽罩;10—调节杆;11—压盖;12—温包;13—过滤器;15—毛细管

当蒸发器出口的过热度增大时,即 t_1-t_0 增大时,则 p_1-p_0 增大,阀的开度即与之成正比地增大;反之,出口过热度减小时,则阀的开度减小。可见热力膨胀阀能自动调节冷剂流量,使蒸发器出口过热度稳定在一定范围。

通过分析得知,控制阀开度的 p_1-p_0 反映的是 t_1-t_0,而并非真正的出口过热度 t_1-

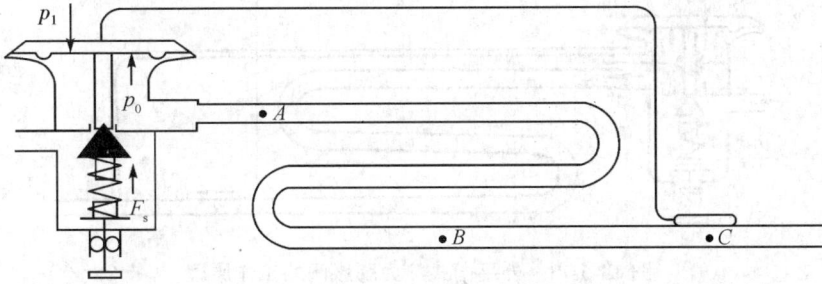

图 13-5-11　内平衡式热力膨胀阀的工作原理

t_0'。当蒸发器流动阻力不大时,制冷剂在其中流动压降 $p_0 - p_0'$ 及其相应的饱和温度 $t_0 - t_0'$ 不大,故 $t_1 - t_0$ 可近似地反映出口过热度。但是,当蒸发器流动阻力较大时,其中制冷剂的压降及相应的饱和温度降 $t_0 - t_0'$ 较大,则真实的出口过热度 $t_1 - t_0'$ 比决定阀开度的温差 $t_1 - t_0$ 明显要大,即蒸发器出口过热段会显著加长,使换热能力下降,这种情况必须选用外平衡式热力膨胀阀,如图 13-5-12、图 13-5-13 所示。

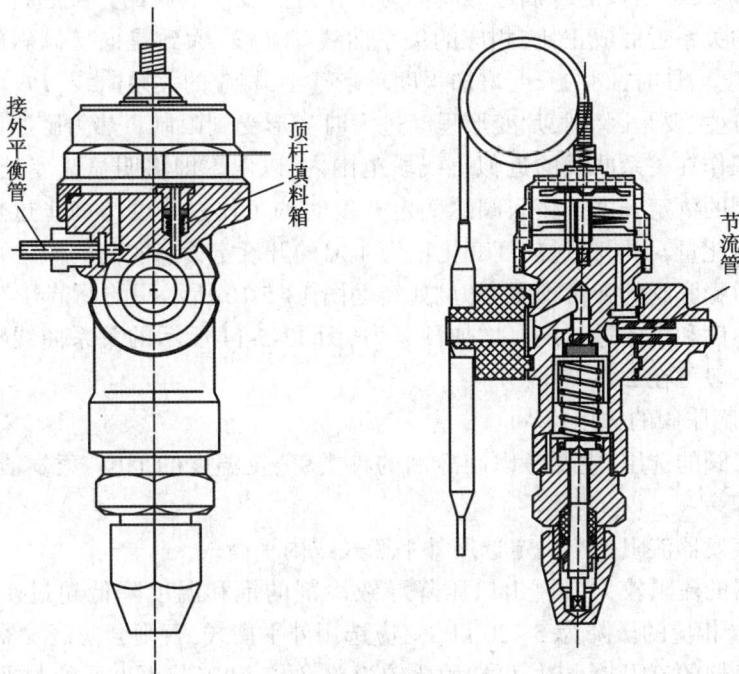

图 13-5-12　外平衡式热力膨胀阀

外平衡式热力膨胀阀的结构特点是没有内平衡孔,波纹管下方与蒸发器出口用外平衡管相通,而顶杆与阀体上的通孔间设有填料,以防冷剂从蒸发器进口漏到波纹管下方。这样,控制阀开度的波纹管上、下压差 $(p_1 - p_0')$ 能真实反映出蒸发器出口的过热度 $(t_1 - t_0')$。阀中所装节流管是为了分担阀的节流作用,避免阀芯和阀座处流速过高而磨损过大,更换不同口径的节流管可以改变阀的不同流量。

热力膨胀阀的工作有以下特点:

①当蒸发器出口过热度改变时,从温包感受过热温度的变化到温包内压力的改变,

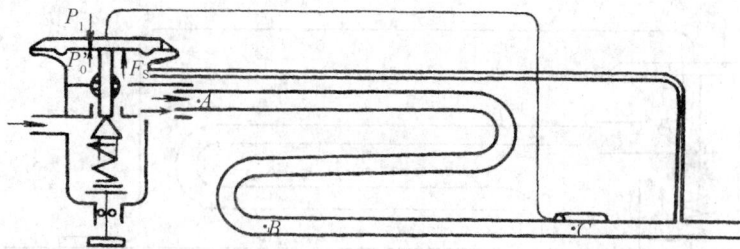

图 13-5-13　外平衡式热力膨胀阀的工作原理

需要一段时间,因此调节滞后性较大,调节的过渡时间较长。

②当蒸发器热负荷不同时,热力膨胀阀稳定后的开度也不同,对应的蒸发器出口的过热度也不同。

蒸发器出口过热度与热力膨胀阀开度的关系如图 13-5-14 所示。阀关闭时,调节弹簧就有一定的预紧力,以便保证阀关闭严密。因此,膨胀阀从静止到开始开启需要一定的过热度,该值称为静止过热度。出口过热度越大,阀稳定后的开度也就越大,阀处于开启状态时,蒸发器出口的冷剂过热度称为工作过热度。当阀的开度超过一定限度前,它与过热度的关系近似成正比,相应的关系曲线(AB 段)大致是向上倾斜的直线;超过此限度,过热度增加时,阀的开度增加程度越来越小,相应的关系曲线(BC 段)变成越来越陡的曲线,这主要是因为膜片变形程度过大时变形受到限制。热力膨胀阀工作时,一般尽量使其工作在关系曲线的近似直线段范围内,以斜率即将明显改变处(B 点)的开度作为膨胀阀的额定开度。膨胀阀达额定开度时的工作过热度与静止过热度之差,称为过热度的变化量,我国将过热度变化量为 4 ℃的开度定为膨胀阀的额定开度。

调节热力膨胀阀的弹簧预紧力(例如转动图 13-5-10 所示阀的调节杆 10)可以改变阀的静止过热度和工作过热度。增加预紧力,图 13-5-14 所示的关系曲线将向上移动。静止过热度一般可在 2~8 ℃调节。

(2)热力膨胀阀的选用

热力膨胀阀的选用,主要考虑制冷剂的种类、蒸发温度的范围、蒸发器的热负荷和流阻的大小等。

①根据蒸发器流阻大小决定选用外平衡式或内平衡式

当蒸发器的流阻较大,进、出口压降导致冷剂的饱和温度降低超过 1 ℃(R22)或 2 ℃(R12)时(相应的压降为 5~20 kPa),应选用外平衡式,否则会使蒸发器出口过热度太大。当蒸发器的流阻较小时,可选用比较简单、便宜和安装更方便的内平衡式。同样压降的蒸发器,用于低温库时的蒸发温度较低,该压降导致的饱和温度降较大,可能需用外平衡式热力膨胀阀;而用于高温库时,同一压降导致的饱和温度降较小,用内平衡式热力膨胀阀即可。

②根据蒸发器制冷量来选择膨胀阀容量

膨胀阀制冷量等于通过它的制冷剂质量流量与单位质量制冷量的乘积。膨胀阀容量是指其在额定开度时的制冷量。显然膨胀阀容量不仅取决于节流孔径的大小,同时也随工况而变。膨胀阀容量应选得合适,使其在所有使用工况范围均大于(等于)蒸发器制冷量而不超过其 2 倍。膨胀阀容量选得太小,阀开足后制冷剂流量仍然不够,蒸发

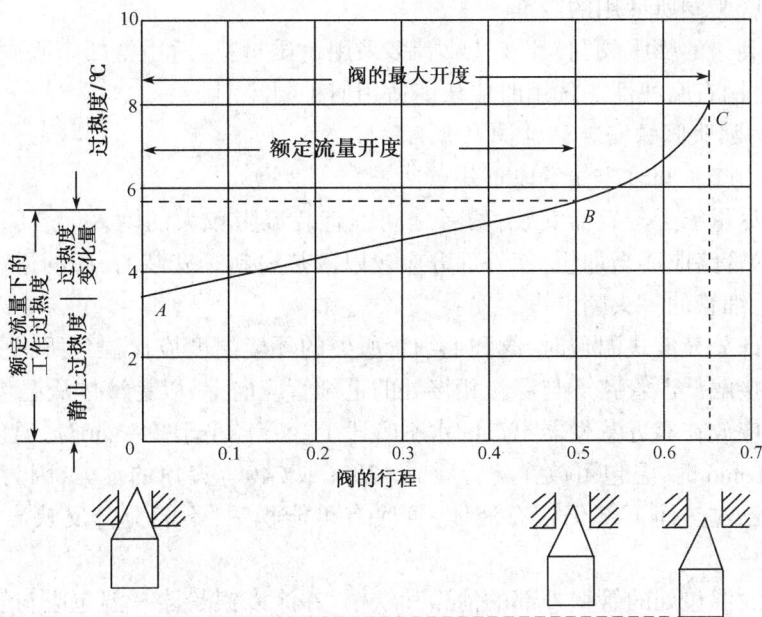

图 13-5-14　蒸发器出口过热度与热力膨胀阀开度的关系图

器和压缩机的能力便不能得到发挥;相反,膨胀阀容量选得太大,阀的开度常不足 50%,则不容易稳定。

一般来说,膨胀阀容量比蒸发器制冷量大 20%~30%较为适宜。但有的蒸发器工作中传热温差变化大,制冷量变化也就大,膨胀阀容量就应适当选大些。

船用制冷装置冷却水温变化很大,在寒冷水域冷凝压力可能会过低,膨胀阀开足后流量也不大,容量可能会低到不能满足蒸发器的需要,这时应当适当减少冷却水量,以免阀前冷剂压力过低。一般来说,膨胀阀前、后压差不应小于 0.4~0.5 MPa,即冷凝压力对于 R12 装置应大于 0.5~0.6 MPa,对于 R22 装置应大于 0.6~0.7 MPa。

③注意膨胀阀所适用的蒸发温度范围

膨胀阀温包充剂方式主要有以下两种。

一种是部分充液式温包,它是充以一部分低沸点液体,占温包容积的 70%~80%,让自由液面始终保持在温包内。温包内的压力与自由液面处液体的温度是饱和压力与饱和温度的关系(非线性关系)。因此,使用温度越低时,使阀开启所需的静止过热度也就越大。为了使膨胀阀在所工作的蒸发温度范围内静止过热度变化不要太大,常制成不同型号,分别适用于不同的蒸发温度范围。通常分为空调(-10~+10 ℃)、一般冷藏(-18~+2 ℃)、低温冷藏(-40~-18 ℃)及特殊低温冷藏(-40 ℃以下)几种。现在温包充剂技术已有改进,常充以与工作冷剂不同的低沸点液体,所适用的蒸发温度范围可以扩大,有些型号可适用-40~+10 ℃蒸发温度,在此范围静止过热度变化不超过 1.5 ℃。

还有一种温包内有一些多孔性固体物质,如活性炭、活性氧化铝等,在温度降低时能更多地吸附气体,温度升高时放出气体,其中气体压力变化与温度变化成正比例关系,这种温包称为气体吸附式温包,一般做得较细长。采用吸附式温包的膨胀阀性能好,但适用的蒸发温度范围是分成几挡的。

④注意膨胀阀所适用的冷剂

适用氟利昂的膨胀阀,膜片及波纹管多采用钢质材料;适用氨的膨胀阀必须用不锈钢,因为氨对铜有腐蚀性。选用时应认清适用何种制冷剂。

(3)热力膨胀阀的安装和维护

安装热力膨胀阀时应注意以下几点:

①阀应尽量靠近蒸发器安装,两者之间不宜装流阻较大的附件。若阀离蒸发器过远,两者间的管路应适当加粗,库外部分应包以隔热材料。安装时,阀的进、出口不要搞错,并使带毛细管的一头朝上直立安装。

②使用部分充液式温包时,阀和毛细管所处的环境温度应比温包所感受的温度高,毛细管不要接触低温管路。与温包相接处的毛细管应向上,以免液体从温包中流出。

③温包应放在靠近蒸发器出口的水平管段上。管径小于 21 mm 时,温包放在管顶;管径大于 21 mm 时,温包可放在与管顶成 120°(或 240°)夹角的地方,因为粗管可能导致顶部蒸气已过热而下部仍含有液体,管底有可能积油,不能充分反映出制冷剂的过热度。

应清除放温包处的管壁外部的油漆和铁锈,并涂以银粉漆。温包应与管壁贴紧,用薄钢片夹箍固定,外面妥善地包以隔热材料。

④外平衡式热力膨胀阀平衡管与蒸发器出口管路的连接点应设在温包之后,以免有少量液态制冷剂从膨胀阀顶杆填料处漏入平衡管时影响温包感受的过热度。平衡管应从回气管顶部引出,以免积液或积油影响引出压力。

⑤拆装阀时避免把扳手卡在阀芯外的阀体上,以防阀座及顶杆变形。

热力膨胀阀的温包、毛细管和外部平衡管应妥加保护。毛细管被压扁,阀即不能正常工作;温包和毛细管泄漏,则阀亦无法开启;温包脱开吸入管,阀会开大;外平衡式阀内顶杆密封失严,阀后冷剂会直接漏入平衡管而流到蒸发器出口,平衡管会结霜,压缩机可能液击;低温库膨胀阀有制冷剂流过时,进口那一段一般不会结霜,但如进口滤器脏堵或有轻微冰塞时,阀进口接头就会结霜。

(4)热力膨胀阀的调节

热力膨胀阀配合干式蒸发器工作时过热度的调节应合适。蒸发器出口过热度太大,则蒸发器后部过热段太长,制冷量会显著降低;出口过热度太小,又可能造成压缩机液击。实践证明,蒸发器出口有一最小稳定过热度,如过热低于该值,装置启动时或热负荷变化较快时,由于阀调节的滞后,就可能使压缩机吸入液体。一般认为膨胀阀以调到蒸发器出口工作过热度为 3~6 ℃为宜。当装置有回热器时,最小稳定过热度可稍减小。

当蒸发器出口装有温度计和压力表时,温度计读数与蒸发压力所对应的饱和温度之差即为出口过热度。但一般只在压缩机的吸口才有温度计和压力表,这时可用吸气过热度来帮助判断蒸发器出口过热度是否合适。多库共用一台压缩机时,最好依次使各库单独工作来鉴别。如果吸气管上没有任何温度计,则只能按管壁结霜、结露的情况来粗略估计过热度是否偏差过大。伙食冷库和低温冷藏舱制冷置装有回热器时,吸气管应有发凉的感觉而一般常应结露;无回热器时,吸气管应有冰凉黏手的感觉或均匀地结有一层薄霜。低温库蒸发器表面应全面结有均匀的薄霜。高温库蒸发器和空调制冷装置吸气管通常应发凉并结露。

调试热力膨胀阀时应注意以下几点：

①热力膨胀阀的调试应在装置运转且工况稳定时进行。调试前应检查：制冷剂是否充足；冷凝压力应在合适范围；阀本身完好并安装正确；阀及管路没有堵塞；蒸发器结霜不太厚；若蒸发器为冷风机，则应通风良好。如上述均已检查，运行中的装置在工况稳定时蒸发器出口过热度仍不合适，则需要调节膨胀阀。

②每次调整一般以过热度增减不超过 0.5 ℃为宜。一般调节螺杆每转一圈过热度变化为 1~1.5 ℃，故每次转动量一般不宜超过半圈。

③热力膨胀阀调节滞后性较大，调节效果对小型装置要十几分钟，对大型装置要 30~40 min 才能表现出来。故每次调节后应等待一段时间，待其在新工况下稳定后，再判断是否还要再调，直到开度合适。调好后一般不要轻易乱动。

2.电子膨胀阀

电子膨胀阀按照预设程序调节蒸发器制冷剂的供液量，使制冷剂到蒸发器出口时能全部汽化并维持一定的过热度。因其属于电子式调节模式，故称为电子膨胀阀。

从控制实现的角度来看，电子膨胀阀由控制器、执行器和传感器三部分构成，通常所说的电子膨胀阀大多仅指执行器，即可控驱动装置和阀体，实际上仅有这一部分是无法完成控制功能的。电子膨胀阀作为一种新型的控制元件，早已经突破了节流机构的概念，它是制冷系统智能化的重要环节，也是制冷系统优化得以真正实现的重要手段和保证，也是制冷系统机电一体的象征，已经被应用在越来越多的领域中。

电子膨胀阀按驱动方式有电磁式和电动式两类。

电磁式膨胀阀的结构如图 13-5-15（a）所示。电磁式膨胀阀线圈 3 通电前，针阀 7 处于全开位置；通电后，磁性材料制成的铁芯 2 受电磁力吸引，克服弹簧 1 的张力升高，与铁芯 2 做成一体的针阀 7 开度变小。改变线圈的控制电压（电流）可以调节针阀的开度，在阀前、后压差既定时流量即接近线性变化，流量特性如图 13-5-15（b）所示。电磁式膨胀阀结构简单、响应快，但工作时始终需要提供控制电压。

电动式膨胀阀的结构和流量特性如图 13-5-16 所示。它是用脉冲电动机（步进电机）驱动，在电机定子绕组线圈 2 上施加正、反序列的脉冲电压指令即可驱动转子 1 正、反向转动，调节阀杆 6 上、下移动，改变针阀 5 的开度。

图 13-5-17 为电子膨胀阀用于蒸发器制冷剂供液量调节的系统原理图。传感器、电子调节器、执行器（膨胀阀）分别是独立的，通过导线连接，以标准电量传递信号，对流量实施自动控制。图（a）为在蒸发器出口是压力传感器 P 和温度传感器 T，所测信号输入电子调节器而求得制冷剂在蒸发器出口的过热度，使之与所设定的过热度相比较，根据两者之差向执行器输出调节信号。图（b）则分别在蒸发器的进、出口各设温度传感器 T2、T1，根据 T1 和 T2 的度数差来近似代表制冷剂在蒸发器出口的过热度。后种方式只使用温度传感器，比前者简单，但由内平衡式热力膨胀阀的工作原理可知，只有两测点制冷剂压降所导致的饱和温度降不太大时才比较准确。

电子膨胀阀相对热力膨胀阀有明显的优点，主要是：

（1）流量调节可以不受冷凝压力和供液过冷度变化的影响；

（2）动作迅速，调节准确，热负荷变化激烈也能避免震荡，因此允许将出口过热度调

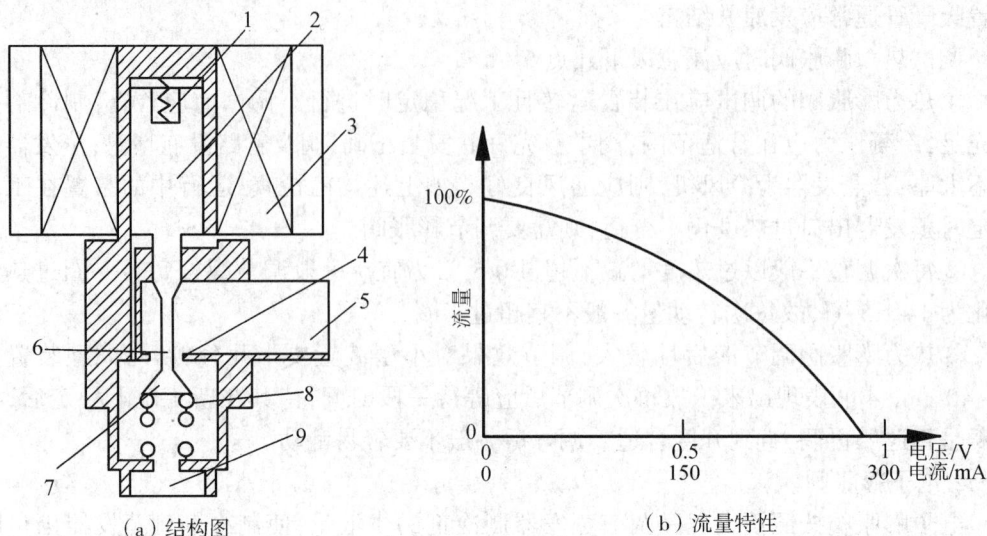

（a）结构图　　　　（b）流量特性

图 13-5-15　电磁式膨胀阀

1—弹簧;2—铁芯;3—电磁式膨胀阀线圈;4—阀座;5—入口;6—阀杆;7—针阀;8—弹簧;9—出口

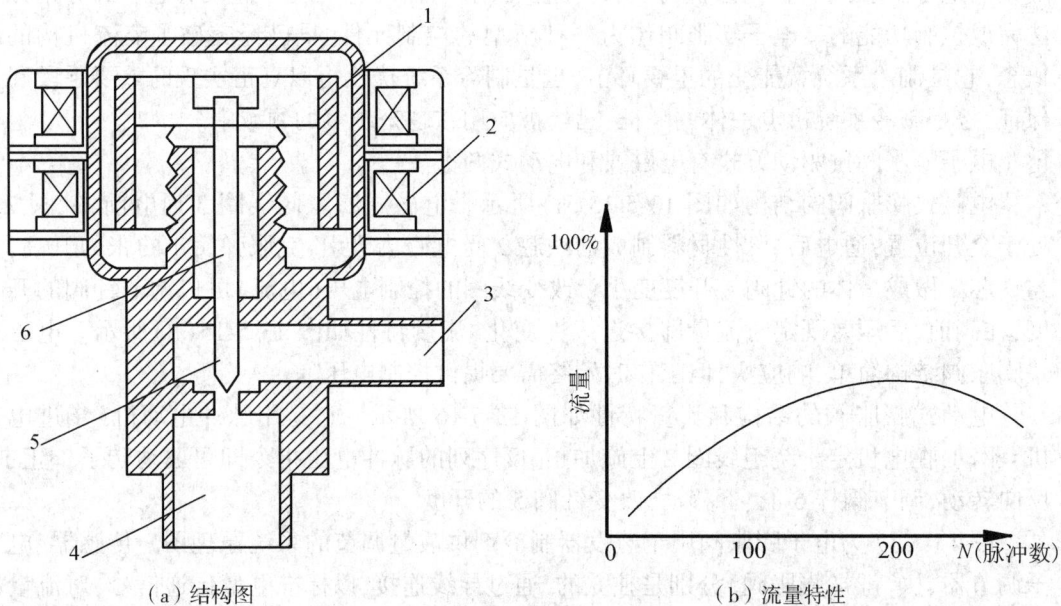

（a）结构图　　　　（b）流量特性

图 13-5-16　电动式膨胀阀

1—转子;2—电机定子绕组线圈;3—入口;4—出口;5—针阀;6—阀杆

至很小(2 ℃甚至更低),而且可以实现比例积分调节,使过热度变化量为零,从而提高了蒸发器的利用率;

（3）流量特性的线性范围很宽,适用很大的制冷量范围,也适应各种蒸发温度;

（4）电动式还允许制冷剂反向流动,可直接用于热泵工况和热气除霜。

虽然电子膨胀阀调节系统相对复杂,价格较高,但由于以上显著的优点,除已用于家庭空调器外,也已广泛用于要求适用不同冷藏温度、制冷量变化大、温度控制精度要

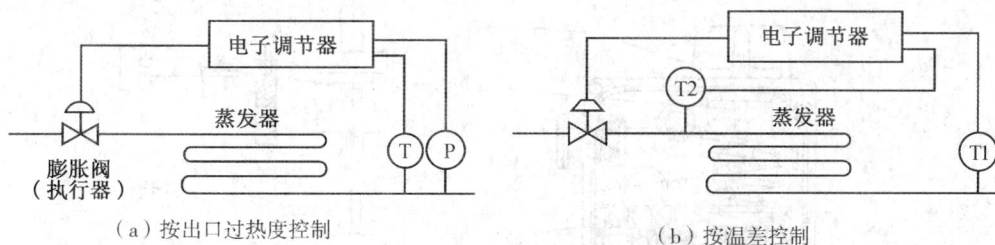

图 13-5-17　电子膨胀阀用于蒸发器制冷剂供液量调节的系统原理

求高的冷藏集装箱,有的较大船舶的空调制冷装置也已采用,从而使压缩机在热负荷变化较大而进行容量调节时无须像过去那样并联大、小两个热力膨胀切换使用。

3.温度继电器

温度继电器是根据所感受的温度来启闭的一种电开关。在制冷装置中它常被用来感受库温、控制供液电磁阀的启闭,使冷库蒸发器的供液断续地进行,库温得以保持在给定的范围内。

Danfoss 公司生产的 RT 型温度继电器的结构如图 13-5-18(a)所示。其主要由温包7、波纹管组件5、调节弹簧1、顶杆2、调节旋钮8、幅差调节螺母3和三个电触点等组成。

该温度继电器有三个电触点,安装时必须正确选择接线方式。用于制冷时,触点 b、c 接控制回路。温包 7 把感受的温度信号转变成压力信号作用于波纹管组件 5 上,温度上升之后,温包内压力增加,波纹管被压缩,并通过顶杆 2 压缩调节弹簧 1,使固定圆盘 14 和幅差调节螺母 3 上移,当位移超过给定间隙时,幅差螺母即拨动微动开关拨臂,将触点 c、b 闭合,接通控制回路。如果继电器与供液电磁阀配合使用,则此时电磁阀开启,蒸发器即得到正常供液。而当所控制的温度下降,降至控制温度给定值下限时,固定圆盘 14 即向下拨动开关,使触点 b、c 断开,供液电磁阀断电而关闭。

通过调节旋钮 8 改变调节弹簧 1 的张力,可改变控制温度的下限值;转动幅差调节螺母 3 可以改变它与固定圆盘间的间隙,从而改变控制温度的上、下限差值。

温度继电器安装使用应注意以下几点:①温包应放在空气流通和最能代表库温的地方,如采用空气冷却器,应放在回风区,而不能放在风口或太靠近库门的地方。②安装处的环境温度不能比它所控制的温度低,特别是采用限压式温包的温度继电器更应该如此。③毛细管不应穿过比被控库温低的其他库房和走廊,也不应接触其他管道。④由于温包感温迟滞等因素,实际被控温度的幅差可能比温度继电器标示幅差大,使用时应根据实际温度幅差来调整。⑤更换温度继电器时应尽量采用相同型号,并注意触头接线要正确。如需改用其他型号,应注意其适用温度范围。

4.供液电磁阀

供液电磁阀装在热力膨胀阀前的液管上,根据温度继电器送来的电信号启闭,控制是否向该库的蒸发器供给液态冷剂。用温度继电感知库温,当库温升到上限时,则温度继电器接通供液电磁阀开始供液;库温降到下限时,则温度继电器断电,电磁阀关闭并停止供液。

根据适用场合的不同,供液电磁阀可分为直接作用式和间接作用式两种。

图 13-5-19 为一直接作用式电磁阀,其由阀体、电磁线圈、衔铁等组成。当冷库温度

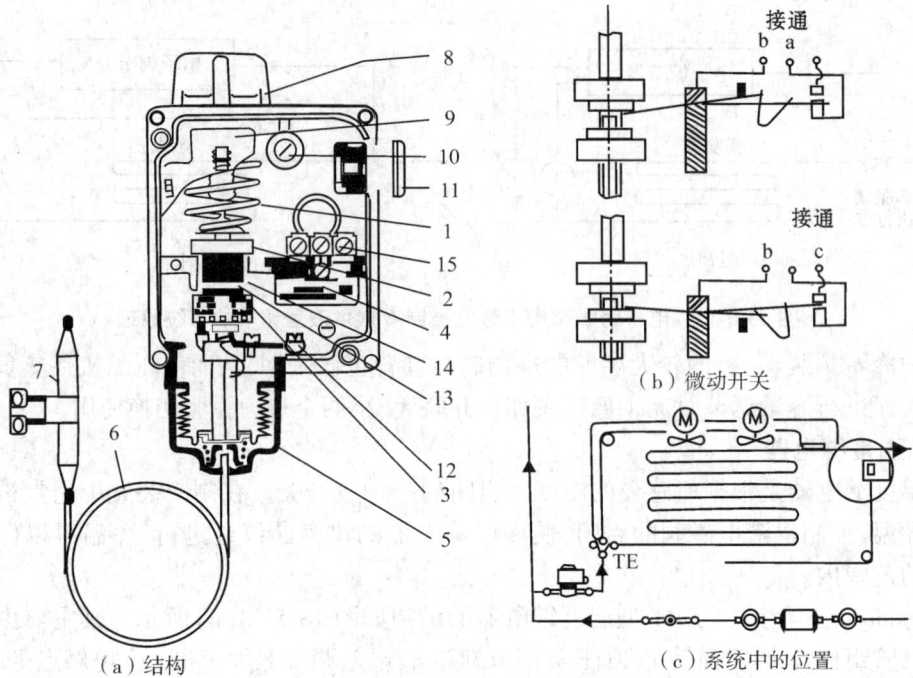

图 13-5-18　RT 型温度继电器

1—调节弹簧;2—顶杆;3—幅差调节螺母;4—微动开关;5—波纹管组件;6—毛细管;7—温包;8—调节旋钮;
9—主标尺;10—接线柱;11—控制线引入;12—地线接线柱;13—微动开关拨臂;14—固定圆盘;15—接线柱

达上限时,温度继电器动作使供液电磁阀线圈通电产生磁力,吸上铁芯,阀被打开开始供液。当库温达下限时,温度继电器动作又使电磁阀线圈断电,铁芯靠自重和复位弹簧下落,其下端镶嵌的阀盘盖住阀座使阀关闭停止供液。

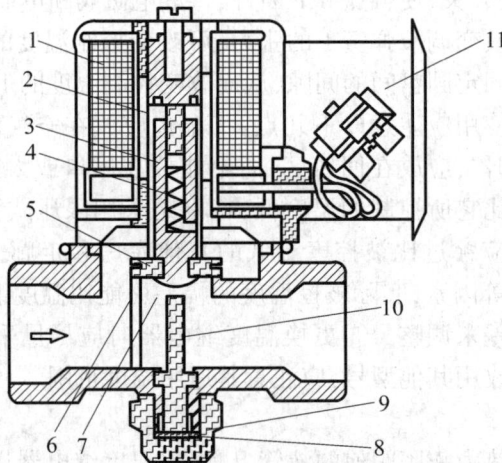

图 13-5-19　直接作用式电磁阀

1—电磁线圈;2—铜套筒;3—铁芯;4—复位弹簧;5—阀盘;6—阀座;7—阀孔;8—垫片;
9—封帽;10—强开顶杆;11—接线盒

受使用范围限制,电磁线圈不能做得很大,电磁力较小,所以这种直接作用式电磁阀只能用于小口径管路(阀孔直径不超过 3 mm,管径不超过 10 mm),只适用于小型制冷装置。

图 13-5-20 为一间接作用式电磁阀，它包括主阀 7 和辅阀 5 两部分。主阀为膜片阀，中央开有辅阀孔 6，边上开有小平衡孔。辅阀盘装在铁芯 3 上，随铁芯起落。当电磁线圈通电时，由于磁力的作用，铁芯即被吸起，将辅阀打开[见图(b)Ⅰ]。这时膜片的上方与阀的排出端(压力较低端)接通，压力迅速下降，于是膜片在上、下方压差的作用下被顶起，主阀孔随之打开[见图(b)Ⅱ]。当电磁线圈断电时，铁芯下落，辅阀关闭，膜片上部的压力因平衡小孔的沟通又逐渐升高到阀进口端的压力[见图(b)Ⅲ]，而将膜片压下，关闭主阀孔[见图(b)Ⅳ]。这时由于膜片上部的承压面积大于其下部的承压面积，主阀即被严密关闭。由上可见，这种电磁阀只有在其进、出口间具有一定的压差时，阀才能开启。

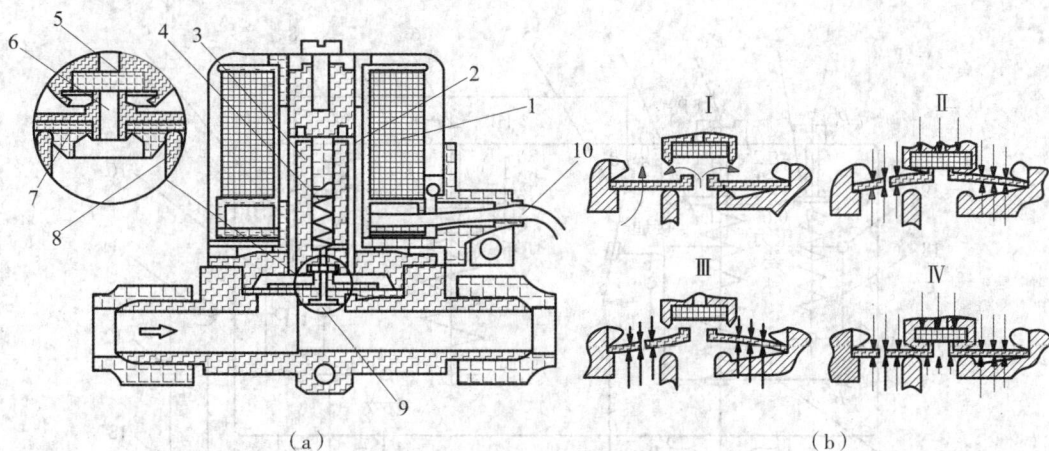

图 13-5-20　间接作用式电磁阀
1—电磁线圈；2—铜套筒；3—铁芯；4—复位弹簧；5—辅阀；6—辅阀孔；7—主阀；
8—主阀座；9—主阀孔；10—电线

间接作用式电磁阀的启闭动作虽不如直接作用式灵敏，但启闭比较平稳，冲击力小，启阀力较大，所以适用于大口径的场合。

选用电磁阀时应注意：其型号、适用的工质；线圈工作电压、电流、频率、允许工作压力、温度；阀的通径应与管路一致。安装时应保证线圈朝上垂直安装，液体流向与阀体上的箭头方向一致，因为电磁阀都是由阀座上面流向下面的，以使关闭时进口压力作用在阀盘上帮助关严，如果方向装反将使阀关闭不严。

电磁阀损坏主要发生在线圈烧断、阀芯卡阻和铁芯剩磁三个方面。线圈通电时可用锯条感知磁力且手感温热，还可用手动开关检查阀芯有无动作声响来判断其开关是否正常。如属铁芯剩磁过大而断电后不能下落，或取出加热或摔打，以消除剩磁。

5.压力继电器

压力继电器是用压力作为控制信号的电开关。在制冷装置中一般都装有高压继电器和低压继电器。低压继电器以压缩机吸入压力为信号，当吸入压力降低到调定下限时断电停车，而当吸气压力回升至调定上限时又使压缩机通电。这样不仅能起防止吸气压力过低的保护作用，而且能根据需要自动控制压缩机启停。高压继电器感受压缩机排气压力，在压缩机排出压力过高时，自动断开，使压缩机停止工作，仅起高压保护作用。有的高压继电器和低压继电器组装在一起,组成串联电路,共用一对电触点,构成组合式高/低压继电器。

图 13-5-21 为 YK-306 型高/低压继电器工作原理图。压缩机排出压力和吸入压力分别通过传压毛细管作用于高、低压波纹管 15、16 上。在高压均正常的情况下,高压微动开关 9、低压微动开关 5 的 a-b、d-e 接通,控制电路的继电器线圈 12 通电,压缩机正常工作,并以正常信号灯 11、14 指示。当排出压力过高时,高压波纹管即角杠杆 10 绕支点 A 做逆时针转动,迫使高压微动开关 9 把触点转为 a-c 接通并自锁,使继电器线圈 12 失电,压缩机停车,排压正常信号灯 11 熄灭,超压信号灯 13 亮。高压切断值由高压调节弹簧 7(拉簧)的张力决定,用高压调节螺钉 6 调节,切断后必须通过高压复位按钮 8 手动复位。

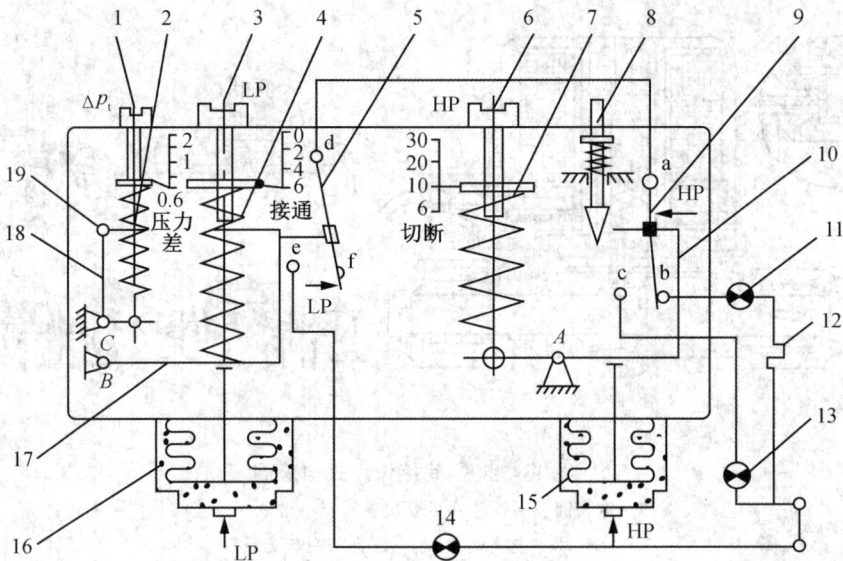

图 13-5-21　YK-306 型高/低压继电器工作原理图

1—低压幅差调节螺钉;2—低压幅差弹簧;3—低压主调螺钉;4—低压主调弹簧;5—低压微动开关;
6—高压调节螺钉;7—高压调节弹簧;8—高压复位按钮;9—高压微动开关;10—角杠杆;
11、14—正常信号灯;12—继电器线圈;13—超压信号灯;15、16—高、低压波纹管;
17—低压角杠杆;18—低压幅差角杠杆;19—低压幅差作用螺钉

低压部分有低压主调弹簧(压簧)4 和低压幅差弹簧(拉簧)2,其控制值通过低压主调螺钉 3、低压幅差调节螺钉 1 整定,当压缩机吸入压力升高时,该吸入压力作用于低压波纹管 16 上,使低压角杠杆 17 绕支点 B 逆时针回转,触点 d-e 接通,压缩机通电工作。由于这时低压幅差作用螺钉 19 已与低压角杠杆 17 机构脱开,故低压接通值仅由低压主调弹簧 4 的张力决定,与低压幅差弹簧 2 无关。当吸入压力降低时,低压角杠杆 17 在低压主调弹簧 4 的作用下绕支点 B 顺时针回转,这时低压角杠杆 17 已与低压幅差作用螺钉 19 接触,需克服低压幅差弹簧 2 的张力才能将开关 e 转至 d-f 接触,从而使控制电路断电,低压正常信号灯 14 熄灭。由此可见,低压主调弹簧 4 控制接通压力,低压幅差弹簧 2 控制幅差值,断开压力值等于接通压力与幅差压力之差。

综上所述,单独调节低压主调弹簧预紧力,则吸入压力的上、下限同时改变,其差值不变;主调弹簧预紧压力增加,吸入压力上、下限同时增加。单独调节低压幅差弹簧预紧力,则吸入压力下限值改变,上限值不变(幅差改变);幅差弹簧预紧拉力增加,下限值降低(幅差增加)。

高/低压继电器的整定值可按下述方法选定:

高压断开压力(上限):可参照规定的最高工作压力(冷剂46 ℃所对应的饱和压力)选取。高压继电器大多采用人工复位,下限关系不大,通常做成固定幅差。

低压断开压力(下限):可取设计蒸发温度减去5 ℃后所对应的制冷剂饱和压力,但一般应不低于表压0.01 MPa。设计的蒸发温度由被冷却介质(空气、水或其他载冷剂)所要求的制冷温度减去设计传热温差(5~10 ℃)而得。实际上,采用直接冷却方式的伙食冷库制冷装置以低压侧不致漏入空气为原则,可适当取低些。这样,既可起到防止出现真空的保护作用,而且对以低压控制器控制压缩机启停的装置来说,还可以减少个别库仍在进液而停车的可能性,可降低压缩机启停频率。空调制冷装置的低压控制器应能防止蒸发温度过低而使管壁结霜,以免空气冷却器通风不畅,一般取蒸发温度−3 ℃对应的冷剂饱和压力为低压控制器的断电压力,也有建议取更低的(肋片不结霜即可)。

低压闭合压力(上限):适当提高低压闭合压力(增大幅差),可减轻压缩机启停频繁程度,但低压闭合压力所对应的冷剂饱和温度应适当低于库温上限,否则库温升到上限,供液电磁阀开启后,吸入压力仍难迅速达到闭合压力,压缩机会迟迟不能启动。低压上、下限幅差对于R22装置可取0.1~0.2 MPa。

压力继电器本身的刻度比较粗略,仅供参考。实际动作值应以调试测得读数为准。测试低压继电器时应慢慢关小压缩机吸入截止阀,注意吸入压力表读数的变化,压缩机停车和重新启动时的读数即分别为低压继电器动作的下限和上限。试验高压继电器可以慢慢关小压缩机排出截止阀,读出排出压力表在压缩机停车时的读数,即为高压断开压力。试验时不要把排出阀全部关死,以保证安全。

6. 油压差继电器

油压差继电器是以滑油泵排出压力和曲轴箱压力(吸入压力)之差为信号进行控制的电开关。采用油泵强制润滑的压缩机,当油压差低于整定值时,在经过一定延时之后就会自动切断压缩机电路,以免压缩机因润滑压力不足而损坏,从而实现保护性停车。

压缩机在启动期间,其自带的滑油泵必须经过一段时间才能建立起正常的油压,因一般压缩机润滑部位都存有油,允许在低油压下运转一个很短时间(活塞式压缩机为50~90 s),暂时性油压差不足没有必要也不应该立即停车,因此油压差继电器中设有延时机构。

图13-5-22为国产JC3.5型油压差继电器控制原理图。上、下波纹管分别感受吸气压力和油泵排出压力,压差作用力与弹簧20的张力平衡,调节弹簧张力(可调弹簧座21可调)可以调定压差触头K的动作值(保护压差低限)。当压差低于调定值时,触头接通YJ而与DZ断开。压差触头不直接接入电机启动器线圈电路,而是将一个双金属片式延时继电器延时开关8接入启动电路。当滑油压差过低而接通触头YJ时,延时继电器的电加热器5接通(W−17−H−11−SX−8−F−X−D_1−9−5−YJ−K−c−R),对双金属片6加热,但在双金属片变形弯曲所需时间(60 s或90 s)内,延时继电器延时开关8不会动作,仍然接通F,电机启动器线圈18(W−17−H−11−SX−8−F−X−b−a−c−R)保持通电。

延时时间过后，双金属片弯曲使延时继电器延时开关 8 与 F 断开，接通 E，于是电机断电停车，电加热器 5 也断电，同时接通故障信号灯 10（W-17-H -11-SX-8-E-S-10-a-c-R），发出警报。如果在延时期间内油压建立或恢复正常，压差开关 K 重新接通 DZ 而与 YJ 断开，电加热器便会断电停止对双金属片的加热，延时继电器延时开关 8 便不会动作而致停车。

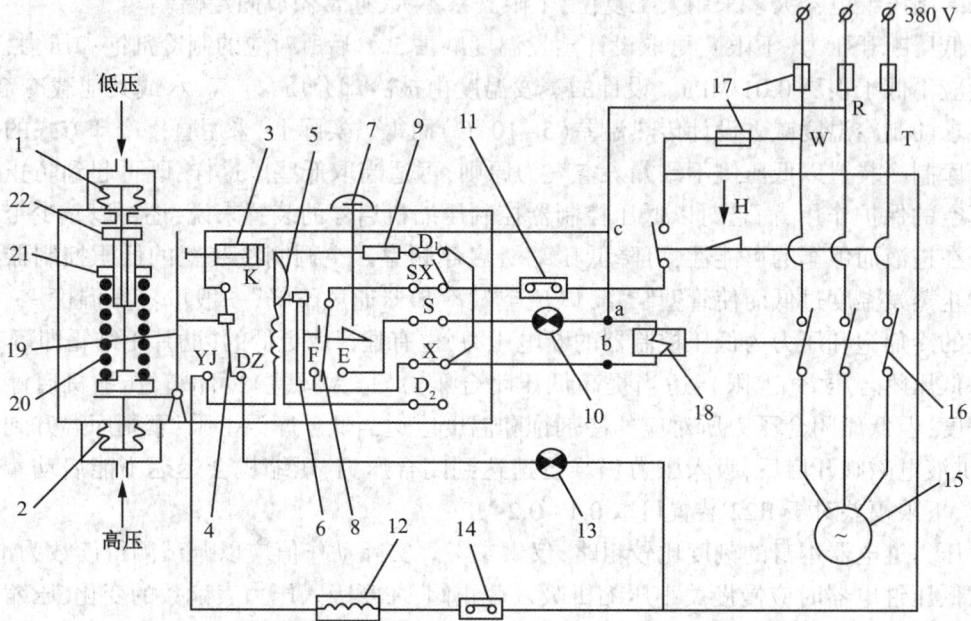

图 13-5-22　　JC3.5 型油压差继器

1—低压波纹管；2—高压波纹管；3—试验按钮；4—压差开关；5—电加热器；6—双金属片；7—复位按钮；
8—延时继电器延时开关；9—降压电阻；10—故障信号灯；11—压力继电器触头；12—滑油加热器；13—正常信号灯；
14—手动开关；15—压缩机电动机；16—接触器触头；17—熔断器；18—启动器线圈；19—杠杆；20—弹簧；
21—可调弹簧座；22—调节轮；H—过载保护器复位按钮

油压差继电器一般都有手动复位装置，一旦动作停车后即被自锁，要想重新启动压缩机，必须在双金属片冷却后（约 5 min），按下继电器上的复位按钮，使延时开关触头回到 F 点才行。现在，也有的油压差继电器采用晶体管延时电路，其延时时间可以调节，复位时也无须等双金属片冷却。

试验按钮 3 用于检查压差控制器的保护动作是否可靠，按箭头方向推动并抵住试验按钮，可将压差触头开关强行与 YZ 闭合（失压位置），如果经延时时间后并未停车，说明保护动作失灵，必须查明原因并进行复修或更换。

7.蒸发压力调节阀

蒸发压力调节阀又称背压阀，它是装在蒸发器出口管路上以蒸发压力为控制信号的自动调节阀。它能在阀前的蒸发压力变动时自动调节开度，保持蒸发压力大致稳定，伙食冷库常是几个库温要求不同的冷库共用一台压缩机，如果不设背压阀，各库的蒸发压力便都相同。高温库的蒸发压力就可能太低，使库温很不均匀，靠近蒸发器的菜、果、蛋等容易被冻坏，还会使库内的湿度下降，增加食品干耗；低温库则不易达到足够低的温度，使库温难以下降。因此，高温库蒸发器出口常设背压阀，使高温库保持适当高的蒸发压力和蒸发温度。在上述装置中，低温库蒸发器出口通常装有止回阀，否则高温库热负荷较大时，压缩机吸入压力较高，如果高于低温库库温所对应的冷剂饱和压力，高温库产生的制冷剂蒸气就可能进入低温库蒸发器而冷凝放热，不仅妨碍低温库库温的保持，在高温库电磁阀关闭后，压缩机继续吸气时还能造成液击。

图 13-5-23 为 JVA 型直接作用式背压阀。左面接管是从蒸发器来的制冷剂蒸气，右面接管通往压缩机的吸气总管。当蒸发压力升高到整定值时，通过阀盘 3 上的小孔作用在弹簧座 9 底部的制冷剂蒸气压力就会克服调节弹簧 10 的张力而将阀开启；蒸发压力再升高，阀的开度就加大；蒸发压力小于整定值时，阀会自动关闭。显然直接作用式背压阀存在调节静差，不能使蒸发压力保持恒定，而是控制在一定变化幅度内。口径较大的蒸发器管路可选用导阀式恒压阀，以免调节静差过大。

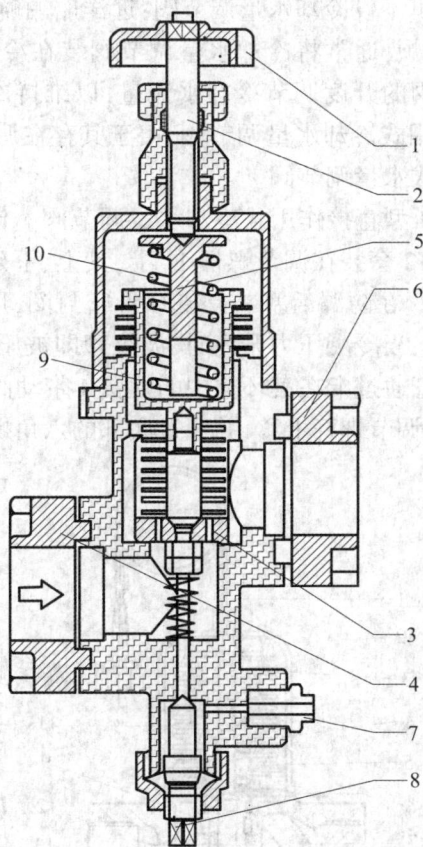

图 13-5-23 JVA 型直接作用式背压阀

1—调节手轮；2—调节杆；3—阀盘；4—进口接管；5—阻尼器；6—出口接管；7—压力表接头；
8—压力表阀；9—弹簧座；10—调节弹簧

为了消除阀出口压力变化的影响，阀盘 3 用密封波纹管与出口端隔离。为了减轻在调节过程中阀盘的振荡，在弹簧中装有气缸活塞式阻尼器 5。

背压阀的调整方法是：先按比库温低 5~10 ℃ 来确定制冷剂的蒸发温度，从制冷剂性质表查得与该温度相对应的饱和压力，该压力即为背压阀进口侧的制冷剂压力的调定值。调整时应在压力表接头 7 处接一压力表，并使系统处于正常工作条件状态，待冷库中各处温度均已达到要求值时,打开压力表阀8,缓慢转动调节手轮1,以改变调节弹簧10的张力,使压力表指针指于调定值时为止。当库温达到下限时,观察压力表的指针是否稳定。如果不稳定,说明阀尚未关闭,则应继续调节弹簧的张力,直到指针的指示稳定为止。这时表的指示值为蒸发压力的下限,亦即背压阀的调定值。

背压阀应直立安装在水平管路上,使调节螺钉朝上。阀体上的箭头标记应与制冷剂流向一致,反接阀是不能工作的。

8.冷却水量调节阀

制冷装置的冷却水温较低时,若不及时关小冷却水阀调低流量,冷凝压力就会太低,可能使蒸发器冷剂供液量不足,蒸发压力过低,制冷量减小;当关小冷却水阀后,若因水温太高而未能及时将阀开大,会造成冷凝压力过高而停车。若水温变化不大(例如船舶一直在热带航行),则可不设冷却水量调节阀;远洋船舶航区变化较快,水温经常变化,为了免去人工调节的麻烦,通常将冷却水量调节阀装在冷凝器的出水管上,它根据冷凝压力的变化自动改变阀的开度调节冷却水流量,以维持冷凝压力的相对稳定。小型冷凝器大多采用直接作用式冷却水量调节阀,由于其存在调节静差,大型冷凝器可采用以导阀控制的间接作用式水量调节阀。

图 13-5-24 示出 WVFM 型直接作用式冷却水量调节阀。传压细管 1 接在压缩机排出端或冷凝器顶部。阀芯 12 套装在调节螺杆 11 上,其上、下延伸部分各有一个防漏活塞 8,可在导向套 9 内滑动。在防漏活塞 8 上装 O 形密封圈,用以阻止海水漏出。波纹管承压板 2 承受压力信号。当冷凝压力升高时,波纹管即被压缩,并通过承压板推动调节螺杆 11 向下,而调节螺杆通过卡在其环槽中的片簧 4 带动阀芯 12,将阀开大;当冷凝压力降低时,调节弹簧 5 使调节螺杆上移,并通过底部的六角螺帽提上阀芯,将阀关小。

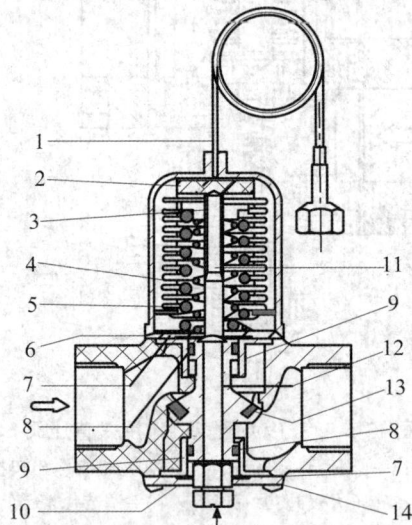

图 13-5-24　WVFM 型直接作用式冷却水量调节阀

1—传压细管;2—波纹管承压板;3—可调弹簧座;4—片簧;5—调节弹簧;6—下弹簧座;7—O 形圈;
8—防漏活塞;9—导向套;10—底板;11—调节螺杆;12—阀芯;13—阀盘密封橡胶圈;14—螺钉

转动六角螺帽,或升降可调弹簧座 3,即可改变调节弹簧的张力,从而达到调整冷凝压力的目的,顺时针转动六角螺帽,即可将冷凝压力调高;反之则将冷凝压力调低。

任务六 船舶制冷装置的管理

学习目标:

1.了解制冷装置的试验与验收

2.掌握制冷装置的启动、运行管理、停车操作

3.掌握制冷系统加注制冷剂的方法

4.熟悉制冷系统检漏的方法

5.掌握制冷系统不凝性气体的排除方法

6.了解蒸发器融霜的方法

7.了解制冷装置常见的故障与排除方法

任务 6.1　制冷装置的试验和验收

新安装或大修后装复的制冷装置必须吹除系统中的杂质,做好气密试验和抽空,然后对系统充制冷剂进行试运转。

1.吹除系统杂质

制冷装置安装完毕后,必须用 0.6~0.8 MPa 表压的干燥压缩空气或氮气将留在系统中的焊渣、铁屑及其他杂质吹除干净,以防装置运行时堵塞阀件、管路和损坏压缩机。吹污的排出口应设于系统的最低处。若管道较长,可多设几个排出口,并分段进行吹污。吹污应反复进行多次,直到排放的气体中不夹带污物为止。若只是检修了部分设备,则只需对拆修过的部分进行吹污。再做气密试验和抽空,然后充制冷剂进行试运转。

2.气密试验

气密试验的目的是检查系统的气密性,防止泄漏。气密试验最好用瓶装氮气进行,也可用二氧化碳气或干燥的压缩空气进行。我国《钢质海船入级规范》规定气密试验压力是设计压力(见表 13-6-1)。系统充气达规定试验压力后,静待 8 h,若压降不超过 0.034 MPa,即为合格。如压力下降,可用肥皂水或起泡洗涤剂找漏,并需放气后补焊,修复后重新检漏,严禁使用氧气或其他可燃气体进行试压或检漏。

表 13-6-1　船用制冷压缩机最大工作压力和设计压力

制冷剂	R12	R22	R717
最大工作压力/MPa	1.0	1.68	1.72
设计压力/MPa	1.03	1.72	1.72

试验方法如下：

（1）拆除系统中不能承受试验压力的元件或将其隔离旁通，如蒸发压力调节阀、低压继电器等。高压系统的安全阀应与通舷外的管路脱开，并将阀出口堵死，系统管路上安装压力表。

（2）关闭压缩机的吸、排截止阀和所有通大气的阀及滑油分离器的回油阀；开启热力膨胀阀的旁通阀和正常工作时应开启的其他各阀。

（3）将试验气体的钢瓶经减压阀接到系统管路上，然后开启钢瓶阀向系统充气，当压力达到 0.3~0.5 MPa 时，检查系统有无明显泄漏。如果没有，即可进一步加压至要求的试验压力。

（4）对系统各连接处、阀杆填料箱、焊缝等处仔细查漏。为了初步检查冷凝器是否泄漏，可以关闭冷却水，开启水室泄水旋塞，在泄水旋塞口检查，如发现漏气，应进一步拆下冷凝器端盖检查。

（5）当查明系统不漏后，用冷凝器放气阀将高压系统压力适当放低；接着，取下安全阀出口处临时堵头，检查安全阀是否关严；然后，放尽试验用气体。

3.抽空

抽空试验在气密试验合格后进行，目的在于抽除残存在系统中的气体，将系统内的压力抽到尽可能低，并予以保持，使系统中水分在高真空条件下蒸发，反复抽气以除去水分。我国船规不对抽空提出具体的数据要求，氟利昂系统一般可使绝对压力仅余 1.33 kPa。抽空最好用独立的真空泵进行，真空泵的吸气管在系统充剂阀处或其他适当部位。当系统中的真空度已稳定，真空泵出口已经不再出气时，停止抽空。注意停真空泵前，先关泵与制冷系统连接管路上的阀门，以免泵内滑油被吸入制冷系统和产生回气。

小型制冷系统也可用制冷压缩机本身来抽空，其操作要点如下：

（1）关闭排出截止阀，打开排出阀多用通道堵头（或拆除压力表接管等）以供抽空时排气；关闭系统中通大气的各阀（如充剂阀、放空气阀等）；开启系统中其余各阀（包括旁通阀）。

（2）放尽冷凝器中的冷却水，如能利用蒸发器电热融霜加热器或其他方法对系统适当加温，这将有利于加速其中水分的蒸发。当环境温度低于 5 ℃时，则不宜进行抽空除水。

（3）稍开压缩机吸入截止阀，把有能量调节的压缩机的能量调节机构置于最小能量位置，手动启动压缩机，使压缩机在很小的排气量下运行，抽空过程中再逐渐开大吸入截止阀，以免排出多用通道窄小造成排气压力和排温过高。注意：排气温度和滑油温度不要过高；滑油压力与吸入压力之差不得低于 0.027 MPa，否则应立即停机。

（4）当系统已达到稳定的真空度并在排出口感觉不到有气体排出时，可关闭压缩机吸入阀,然后用手按住排出阀多用通道,迅速开足排出截止阀并将多用通道关闭,然后停机装复多用通道堵头;如果是其他排气口,则应先封闭,后停机。

为了进一步减少系统中残留的水蒸气和其他气体,氟利昂制冷系统在达到稳定真空度后,可从充剂阀或其他适当部位充入适量氟利昂气体,使真空度降到 0.04 MPa,然后启动压缩机重复前述工作,再次抽空。

抽空应间断进行,方能最大限度地抽除系统中的气体和水分。所需时间为 18 ~ 72 h,以便最大限度抽除系统中的气体和水分。

4.船舶伙食冷库的隔热层的要求

隔热层是热导率很小的隔热材料,应耐振、防蛀、憎水性好、不燃、密度小、价廉易得、容易施工。常用的隔热材料有聚氨酯泡沫塑料、聚苯乙烯、聚氯乙烯。冷库的隔热层中不应形成热桥;应有足够的厚度和很强的防潮能力。

任务6.2　制冷装置的基本操作

1.制冷装置的启动、停车及运行管理

（1）启动前的准备

①检查润滑油油位及制冷剂液位。压缩机曲柄箱内的润滑油油位应在示油镜中间位置或偏上;贮液器内制冷剂液面应在视液镜 1/3 ~ 1/2 处。

②检查电源电压是否正常,一般不低于工作电压的 10%。

③检查系统中各阀的状态,使各阀处于系统正常运行时的位置。

④检查各压力继电器、温度继电器、油压差继电器的调定值是否符合要求。检查各压力表旋塞是否开启。

⑤检查装置四周有无障碍物;新安装或检修复装后首次启动的压缩机,应手动盘车试转。

（2）启动

①开启冷却水泵,直接冷却系统应开启风机;间接冷却系统,则应开启盐水循环泵。

②瞬时点动启动压缩机,并立即停车,观察压缩机、电动机的启动状态和转向,然后反复启动 2~3 次,确认启动正常。

③稍开吸入截止阀,正式启动压缩机,然后逐渐开大压缩机吸入阀,注意观察此时若有敲击声或气缸结霜,应关小或关闭吸入截止阀,并分析其原因,若正常,则将吸入截止阀逐渐打开。

④检查曲轴箱油位是否正常,检查膨胀阀后及蒸发器的结霜情况。

⑤观察系统运转情况 10~20 min,如一切正常,可转入自动控制。

（3）运行管理

①检查高压、低压、油压及冷却水压力是否正常。

②检查压缩机曲轴箱油位及贮液器内制冷剂液位是否正常。

③检查压缩机是否有异常声音和振动。

④检查滑油分离器回油管温度是否正常。

(4)停用

①停用前几分钟,关闭贮液器或冷凝器上的出液器,将蒸发器抽空。

②停止压缩机,关闭压缩机吸、排截止阀。

③停止冷却水泵,关闭冷凝器的冷却水进、出口阀。

④切断装置电源。

2.制冷装置的基本操作

(1)充注制冷剂

制冷装置中制冷剂的充注有两种情况:一种是制冷装置新装或大修后的初次充注,需经过气密试验和真空试验合格以后方可进行充注;另一种是装置在使用中因正常损失需定期补充。

初次充剂量通常在装置说明书中均有说明,冲注制冷剂时应把制冷剂钢瓶置于磅秤上(瓶头向下,倾斜放置),以便称量制冷剂的充注量。充制冷剂时先将接管一端与钢瓶出口阀紧接,继而微开一下钢瓶阀,用瓶中制冷剂驱除接管中的空气,然后将接管的另一端紧接到系统的充剂阀上。开足冷凝器冷却水。初次充制冷剂时,可以开启从充剂阀通贮液器的阀,关闭干燥器后面的阀和旁通阀,开启钢瓶阀和充剂阀,直接向贮液器转移制冷剂。平时补充制冷剂时为加快速度,也可以用这种方法(使钢瓶高度和温度高于贮液器即可)。

正常补充制冷剂时为了避免充注过量,一般是通过压缩机进行,即关闭贮液器出口阀和干燥器的旁通阀(充制冷剂过程和充制冷剂后的 8~12 h,应使制冷剂经干燥器循环,以吸除制冷剂中混有的水分),打开干燥器出口阀,启动压缩机,由充剂阀经干燥器、膨胀阀、蒸发器向系统充入制冷剂,并经冷凝器冷凝后贮存于贮液器中。为了加快充制冷剂速度,可将各库电磁阀全放在开启位置。

在充制冷剂过程中如发现低压管路结霜融化,吸入压力降低,干燥器、充剂接管和钢瓶结霜,稍过一会又融化,则说明钢瓶中制冷剂已抽完,应另换一瓶。

根据贮液器液位判断充剂量已达到要求时,关闭钢瓶出口阀,继续抽吸至钢瓶出口接管结霜,待结霜又消失后,即表明接管中液态制冷剂已经收回,便可关闭充剂阀。待压缩机吸入压力达到下限停车时,贮液器中的液位应为80%左右。然后开出液阀运行一段时间,贮液器液位应为 1/3~1/2 高;如冷凝器兼贮液器,其下部液位表应显示半高。

某些没有充制冷剂阀的小型装置,可将钢瓶充剂接管接在压缩机吸入端的合适部位(如吸入多用通道)。此时钢瓶必须直立正放,钢瓶阀也不要开得太大,以免压缩机启动后吸入液态制冷剂。充制冷剂过程如有液击声,应立即关小钢瓶阀,减慢充制冷剂的速度。充注结束时,可用热水从钢瓶端开始对接管进行加热,使其中的液态制冷剂蒸发,并进入系统,然后关闭冲剂阀,以减少拆除接管时的制冷剂损失。

(2)制冷剂的取出

如果系统中充制冷剂过多,液态制冷剂可能过多地浸没冷凝器冷却水管,使冷凝压力升高,需要取出部分制冷剂;有时因装置大修或准备长期停用等,亦需要取出全部制冷剂。

取出部分制冷剂比较容易,可在装置运行同时进行,方法如下:

①将未盛满的制冷剂钢瓶放低,用连接管连接系统充剂阀与钢瓶出口阀,上紧前用瓶中或系统中的制冷剂吹除接管中的空气。

②开启钢瓶阀,打开充剂阀,关小冷凝器冷却水,保持较高的冷凝压力,液态制冷剂便会进入钢瓶。如果钢瓶温度和压力升高,可暂时关闭贮液器出液阀,使钢瓶瓶口向上,让压缩机经系统抽吸瓶中气体制冷剂,以使钢瓶降压、降温,然后开启贮液器的出液阀,继续向钢瓶转移制冷剂。

③被充注的钢瓶应随时称量重量,当系统已取出要求的制冷剂量,或钢瓶充注量接近其最大充注量时(一般装到最大充注量的80%~90%即可),关闭充注阀停止充注;然后加热连接管使其中制冷剂尽量进入钢瓶,最后关闭钢瓶阀,拆除接管。

当系统中存留的制冷剂不多,压力较低时,为进一步抽出系统中的残存制冷剂,可采用以下方法:

①将压缩机排出截止阀的多用通道与钢瓶连接,或利用排气管路上的压力表接头,在其上装一"T"形接头,使其一端与钢瓶连接,另一端与压力表接头连接。

②打开钢瓶阀,压缩机的吸、排截止阀和系统中的各截止阀,并手动强开蒸发压力调节阀或使之旁通。

③把压缩机的能量调到最小,然后手动启动压缩机(或短接低压继电器和油压差继电器的触头)。

④缓缓关小压缩机的排出截止阀,并用冰水冷却钢瓶,使制冷剂充入钢瓶并液化。同时密切注视压力表,防止排出压力过高。

⑤当排出截止阀全部关闭,吸入压力下降至零(表压)或更低时,停止压缩机,关闭钢瓶阀和排出截止阀的多用通道,然后拆除钢瓶。

(3)检漏

制冷装置运行中,由于振动造成的连接部件松动、阀杆填料未压紧、管路腐蚀、压缩机轴封损坏或拆检某些设备后装复不符合要求等,会造成制冷剂的泄漏。因此,检漏是经常性的维护工作。

氟利昂无色无味,渗透性又强,检漏工作尤应重视。常用的检漏方法有以下几种:

①油迹示漏

由于氟利昂与滑油互溶,只要经常使装置各部分保持清洁,一旦出现油迹,就表明该处有泄漏。

②皂液检漏

查漏用的肥皂水可用肥皂粉调制,并可在其中加几滴甘油,使泡沫不易破裂,也可用适当稀释的洗发精代替。检漏时必须细心观察,这种方法不适用于温度低于0 ℃的部位,对低压管路和细微的泄漏也不太适用。

③检漏灯检漏

卤素检漏灯的工作原理是:在空气中不含氟利昂时,检漏灯的火焰呈淡蓝色;当空气中含氯元素的氟利昂超过5%~10%与炽热的铜接触时,氟利昂就会分解出氟、氯原子,并与铜发生化学反应,生成的化合物使火焰变色。随着空气中含氯氟利昂浓度的增大,火焰的颜色将由浅蓝色变为浅绿色、深绿色,以至亮蓝色,甚至火焰熄灭。

检漏灯主要以酒精、丁烷或丙烷作燃料。图13-6-1为一种丙烷检漏灯。检漏灯下部装有盛丙烷的塑料筒(或铁罐),用完后可另换一筒。在丙烷筒的上部(在调节阀之前)装有一个止回阀,该阀可在丙烷筒拧紧在检漏灯上之后自动顶开。这时,只要打开调节阀就可在点火孔处将其点燃。火焰的高度可用调节阀调节,使其高度恰好处在铜片之下为宜。由于喷嘴的高速喷射,喷射腔内压力低于大气压,吸气软管便能吸入气体。如果阀杆填料和轴封等处泄漏,火焰的颜色就会变化。

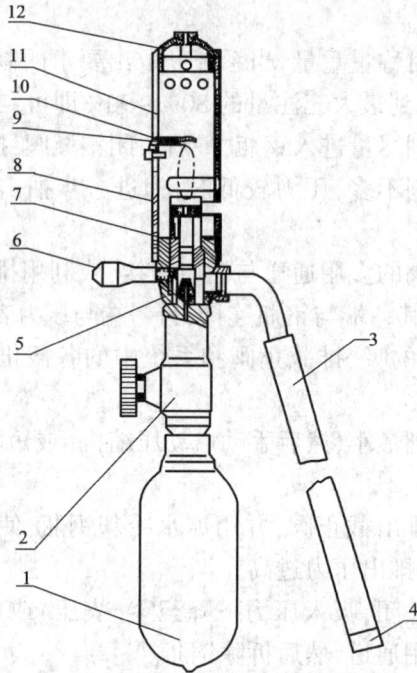

图 13-6-1　丙烷检漏灯

1—丙烷筒;2—调节阀;3—吸气软管;4—滤网;5—喷嘴;6—燃烧筒止动螺钉;7—火口;
8—点火孔;9—火焰高度线;10—铜片;11—燃烧筒;12—顶罩

使用检漏灯时,应使铜片保持清洁,污垢和氧化物必须擦净,否则氟利昂气体无法与炽热的铜接触,火焰不会改变颜色。检漏前应对舱内加强通风,以免泄漏严重时室内氟利昂浓度太大,干扰检查和危害人体健康。检漏时不要吸烟,也应避免长时间吸入燃烧产物。检漏灯用完后,调节阀不要关得太紧,以免冷却后咬死。

④电子检漏仪检漏

电子检漏仪检漏利用使气体电离后测其导电性的原理工作。对卤素的检漏灵敏度极高,能检出 0.3~0.5 克/年的微漏,反应速度快,重量小且携带方便。对不含氯的制冷剂(R134a、R404A 等)的泄漏仍可以检测,且灵敏度很高,例如 1ppm。

(4)滑油的更换和添加

制冷压缩机应按说明书规定的周期换油。但如发现滑油老化、污浊、变黑或黏度下降15%以上,也可提前换油。

换油操作如下:

①关闭吸入截止阀,启动压缩机将曲轴箱抽成真空,以收回溶解在润滑油中的制冷剂。

②停止压缩机,关闭排出截止阀。松开放油旋塞,放空脏油,拆除曲轴箱侧盖,清洁曲轴箱,用干净的布擦干后,再将侧盖和放油旋塞装复。

③从加油口注入规定牌号的洁净润滑油后,拧上加油旋塞。

④使排出截止阀上的多用通道通大气,启动压缩机,将曲轴箱中空气抽出,待曲轴箱达到稳定真空时,关闭多用通道,停止压缩机,开启吸、排截止阀后,装置即可正常工作。

装置运转正常的情况下,压缩机滑油的耗量很小,压缩机不需常加滑油;氟利昂压缩机制冷剂带进系统的滑油可通过滑油分离器或合理布置的回气管经回油均压孔返回压缩机的曲轴箱。一般压缩机启动后曲轴箱油位有所下降,不久,被排气带到系统中的润滑油在系统循环后又返回曲轴箱,油位便基本稳定。若需添加过多的滑油或需经常添加滑油,则说明系统存在回油不畅、油温过高或严重泄漏等现象,应及时查明原因,不要盲目补油。

添加滑油的方法有三种:

①从压缩机多用通道吸入

此法适用于小型压缩机,操作步骤如下:

a.关闭压缩机吸入多用通道,装上"T"形接头,接好加油接管和真空表,稍开多用通道即关,用机内制冷剂驱除加油接管内的空气,立即用拇指封住接管的管口。

b.关闭压缩机的吸入截止阀。

c.点动压缩机多次,直至达到稳定的真空后停机。

d.把加油接管管口置于油中,松开拇指,油即被吸入曲轴箱。一次加油量不够可重复进行。

e.开启吸气截止阀,关闭吸入多用通道,拆去接管,把低压继电器复原,然后稍开多用通道,系统恢复运行状态。

②从压缩机曲轴箱的加油孔注入

此法适用于只有加油旋塞的压缩机,操作步骤如下:

a.启动压缩机,关闭吸气截止阀,使低压压力表指针指零停机。

b.关闭排气截止阀,旋出加油孔旋塞,即可用漏斗迅速灌入润滑油,直到油面达油位线为止。

c.旋紧加油孔旋塞,开启吸、排气截止阀。

③利用曲轴箱上的加油阀加油

此法适用于装有装放油阀的压缩机,可在压缩机运行中加油。操作步骤如下:

a.用一根软管,一端接在油三通阀的外接管上,另一端插在油桶内,把加油阀转至"放油"位置,利用曲轴箱内一定压力的油驱除接管内的空气。

b.把加油阀转至"加油"位置,油即经加油阀和接管从油桶内吸油。当曲轴箱的液面上升至油位刻线时,立即把加油阀转至"运转"位置,然后拆除加油接管。

(5)不凝性气体的排除

系统运行中会产生一些不凝性气体,这些气体主要是外界漏入的空气。系统中的不凝性气体一般是由于:操作不当时进的空气,比如加油或加冷剂时空气带入;拆检干燥过滤器后没有正确驱气;抽空操作时,空气从泄漏处吸入等。这些气体的导热性能很差,将导致冷凝压力和排气温度升高,增加压缩机功率消耗,降低装置的制冷量,使润滑油容易变质,因此必须设法排除。

如果冷凝器安装位置高于压缩机,通常多是通过冷凝器上的放空气阀来放气;当冷

凝器低于压缩机时,则可松开排气管路的压力表接头(或排出阀多用通道)来放气。具体操作如下:

①关闭贮液器的出液阀。

②启动压缩机,把系统中的制冷剂连同不凝性气体一起压入冷凝器中,然后停止压缩机。

③继续向冷凝器供冷却水,以使制冷剂充分冷凝,直至冷凝器中压力不再下降为止(1~2 h),这时不凝性气体则聚集在上部。

④打开冷凝器顶部的放空气阀,让气体流出几秒钟即关,停一会重复这一操作。空气比制冷剂轻,静置后聚在容器顶部,分次操作可减轻扰动,减少制冷剂损失。每次放空气后注意排出压力表,放至冷凝器中的压力接近水温所对应的制冷剂饱和压力时,应结束放空气的操作。如果压力降得太低,降后又渐渐回升,则表明放掉的是制冷剂。

应注意,在压缩机运行中不得排放空气,否则放空气时制冷剂损失很大。

(6)融霜

在蒸发器管外壁的温度低于 0 ℃时,空气中的水汽就会在其上结成霜层。由于霜层的导热系数不到金属管壁的1%,霜层极大地增大了传热热阻,膨胀阀会因出口过热度减小而关小,蒸发压力和温度下降,导致制冷量减小。此外,对空气冷却器来说,如霜层较厚,还会使管外肋片间的通道堵塞,通风量减少,甚至难以正常工作。因此,蒸发器应定期融霜。常用的融霜方法有自然融霜、电热融霜、喷水融霜和热气融霜。除热气融霜外,融霜前应把系统中的制冷剂收回贮液器中,停止装置运行。

①电热融霜

电热融霜是利用电加热器对蒸发器盘管加热,使霜层融化。它较热气融霜简单,操作也更为方便,容易实现自动控制,在伙食冷库制冷装置上被广泛采用。其缺点是要增设电热设备,又耗电。电热融霜多用于冷风机式蒸发器的冷库系统。其步骤如下:

a.先关闭供液电磁阀,停止向蒸发器供液。

b.将蒸发器抽空后,停压缩机,有的还关闭回气管截止阀。

c.停通风机,如果是冷藏舱,设有单独的空气冷却器间,应关闭进、出风门。

d.将融霜加热器通电,融霜泄水聚集在空冷器下的集水盘泄出。电热器安装在空气冷却器下面,下水管、集水盘等处也要安装适量电热器以防泄水冻结。霜融完后停止电加热,稍后启动风机,开启供液电磁阀和压缩机。

伙食冷库每天都要开库,外界空气经常侵入,结霜严重,其空冷器需要经常融霜。采用电热融霜时,通常由融霜定时器调定融露启停时刻,一般每天一次。也有的为了按需要融霜,采用手动按钮融霜后,用定时器自动停止融霜。

自动融霜时,停压缩机、风机和开电热器的动作可以比关供液电磁阀的动作滞后,以便抽空蒸发器。

②热气融霜

热气融霜是把压缩机排出的高温气体制冷剂引回蒸发器,利用排气热量使霜层融化。由于融霜的蒸发器已变为冷凝器,为了保证融霜的热气来源,融霜时至少需一个蒸发器在制冷。该方法只适用于一机多库的装置,且需增设融霜热气管和回液管。根据热气融霜的管路布置可分为顺流式和逆流式两种。

图 13-6-2 为顺流式热气融霜系统原理图。

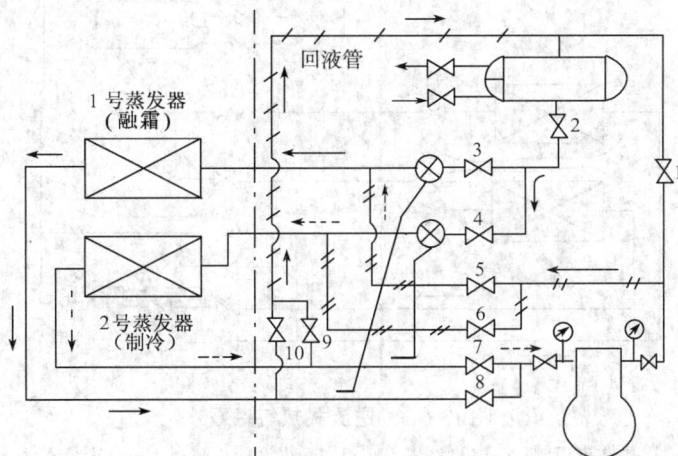

图 13-6-2　顺流式热气融霜系统原理图
1—冷凝器进口阀;2—冷凝器出液阀;3、4—供液阀;5、6—融霜热气阀;
7、8——回气阀;9、10—融霜回液阀

如果 1 号蒸发器需要融霜,可让 2 号蒸发器制冷,融霜步骤如下:

a.停止融霜库制冷。先关供液阀 3,估计蒸发器中剩余制冷剂大部分抽空后,关回气阀 8;如果蒸发器有风机应随后关闭。

b.开始融霜。先开融霜热气阀 5,然后关冷凝器进口阀 1,让压缩机排气进入融霜蒸发器,在其中冷凝放热;开融霜回液阀 10,让在蒸发器中凝结的制冷剂回到冷凝器。

c.停止融霜。当蒸发器霜层融化完毕时,开冷凝器进口阀 1,再融霜关热气阀 5 和融霜回液阀 10。

d.恢复制冷。如果蒸发器有风机则先启动,慢慢地开启回气阀 8,如压缩机进口结霜,则立即将回气阀 8 暂时关小,以防蒸发器中有残留的制冷剂液体被吸入压缩机,造成液击;回气阀开足后无异常情况再开供液阀 3。

顺流式热气融霜的特点:融霜热气管通到膨胀阀后,其流向与正常工作时制冷剂流向相同。膨胀阀一般都靠近蒸发器进口,故这种布置对蒸发器离冰机间较远的冷藏舱制冷装置而言,热气管太长,不宜采用;制冷剂融霜后凝结的液体不允许被吸回压缩机,因此必须设回液管。

当冷凝器位置较低时,融霜回液管可接到冷凝器进口,这样融霜蒸发器与冷凝器串联,融霜后期霜层不多时也不必担心排气压力过高,操作比较安全;如果冷凝器位置较高,为避免融霜时制冷剂凝液聚集在蒸发器内,回液管必须通至冷凝器出口管。这样,融霜蒸发器与冷凝器并联,融霜后期霜层不多则排气压力可能过高,应注意适当开启冷凝器进口阀分流。

现以图 13-6-3 为例说明低温库(1 号蒸发器)蒸发器采用逆流式热气融霜的操作步骤。

a.停止融霜库制冷。关闭供液截止阀 3,停止向该库蒸发器供液,并用压缩机把该库蒸发器内制冷剂抽空。

b.关闭 1 号蒸发器通回气总管的回气截止阀 8,以隔断与回气总管的通路。

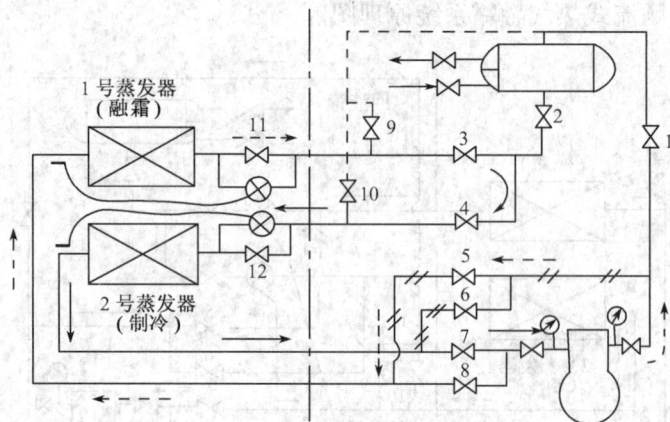

图 13-6-3　逆流式热气融霜

1—冷凝器进口阀；2—冷凝器出口阀；3、4—供液截止阀；5、6—融霜热气阀；

7、8—回气截止阀；9、10—融霜回液阀；11、12—热力膨胀阀旁通阀

　　c.开始融霜。逐渐开启融霜热气阀5,把热气引入1号蒸发器融霜。当蒸发器内的压力稳定后,开足送气阀。

　　d.开启融霜回液阀9,1号蒸发器内冷凝的液体制冷剂和未冷凝的气体制冷剂经融霜回液阀9流向冷凝器。

　　e.视融霜情况,可关小或关闭热气流向冷凝器进口阀1,以加快融霜速度。

　　f.停止融霜。1号蒸发器的霜层完全融化后,开足冷凝器进口阀1,关闭融霜热气阀5和融霜回液阀9。

　　g.恢复制冷。逐渐开启1号蒸发器回气截止阀8,以防蒸发器内残存的液体制冷剂被压缩机吸入而产生液击。

　　h.开启1号蒸发器供液截止阀3,恢复向1号蒸发器供液。

　　若正在制冷的2号蒸发器的热负荷过小,融霜所需的热气就会不足,可开启库门,人为地增大热负荷,以加快融霜速度。融霜过程适当控制压缩机的吸气量,以避免开度过大导致压缩机液击。

　　逆流式热气融霜系统的特点是:①融霜热气管接到蒸发器后吸气管上的吸气阀前,融霜热气在蒸发器中的流向与正常工作时制冷剂的流向相反。而吸气阀就在冰机间,因此膨胀阀离冰机间较远的冷藏舱制冷装置也适用。其融霜操作步骤和要领与顺流式相同,差别仅在于融霜期间要开启膨胀阀的旁通阀(有的冷藏舱为简化操作,采用单向阀)让制冷剂流过。②可以不设融霜回液管,让热气融霜的制冷剂凝液逆向流过该库供液阀,向工作库供液。但这样融霜蒸发器和冷凝器即成并联,融霜后期融霜蒸发器的结霜大部分已融化,压缩机的排气会因冷却不好而排压过高;此时必须适当开启冷凝器进、出口阀帮助冷凝。所以当冷凝器是低位时,有的逆流式热气融霜系统也加设回液管,通至冷凝器进口(如图13-6-3中虚线所示)与之串联,以求融霜后期操作简便安全。

任务 6.3　制冷装置的常见故障

　　影响制冷系统正常运行的因素很多,发生故障的形式有多种,某种故障可能由各种

不同的原因导致,必须针对制冷系统各组成部分在制冷循环中所起作用进行全面分析,仔细鉴别,正确找出故障的原因和部位,迅速排除故障,恢复制冷系统的正常工作。

1.工况参数不正常原因分析

(1)排出压力过高

①系统中存在不凝性气体;②冷却水温过高;③冷却水量不足,水量调节阀调整不当;④冷凝器管内脏污;⑤制冷剂液体排出不畅,以至部分淹没冷凝器水管;⑥压缩机排气截止阀未开足或排气管道不畅。

(2)排出压力过低

①水温过低或水量过大;②减缸运行或气阀漏气等;③系统中制冷剂量不足。

(3)排气温度过高

①压缩机排气压力过高;②压缩机吸气温度太高(过热度太大);③排气阀片、气缸垫片、活塞环、回油阀等泄漏;④气缸散热恶化或缸头冷却水不足、水腔结垢等。

(4)吸气压力过高

①膨胀阀调节不当;②膨胀阀温包包扎不紧密;③制冷剂排出不畅使冷凝压力过高;④吸、排气阀片破裂或泄漏;⑤压缩机高、低压腔之间泄漏;⑥滑油分离器回油阀泄漏;⑦卸载机构失灵使部分缸不能工作或传动皮带松动。

(5)吸入压力过低

①压缩机吸入阀未开足或吸气滤器堵塞;②膨胀阀开度过小;③膨胀阀或低压管路冰塞;④蒸发器结霜太厚,管内积油,循环风机风量过小使其吸热能力下降;⑤系统中制冷剂量不足;⑥冷凝压力过低、液体过冷度不足。

(6)吸气温度过高

①膨胀阀开度太小;②液管中闪汽或堵塞;③制冷剂不足;④吸气管路隔热不好;⑤吸气阀片破裂或泄漏;⑥压缩机高低压腔间泄漏。

(7)吸气温度过低

膨胀阀开度过大或温包位置不当可造成蒸发器供液量过多,液体进入吸气管,使吸气温度降低。此时缸头,甚至缸体、曲轴箱等处可能结霜,有发生液体进入气缸的危险。

2.装置常见故障分析

(1)压缩机运转不停,但制冷效果达不到要求

对冷藏舱或空调制冷装置来说,压缩机一般都设有能量调节装置,使用期间一般是不停运转的,这里所说的制冷效果达不到要求,是指其不能将库温或送风降到要求的温度。而不设能量调节装置的伙食冰机一般设计间断工作,要求每天工作16~20 h即可维持库温在要求范围内。如果压缩机长时间运转,仍不能将库温拉到下限,则属不正常。其原因无非是装置热负荷太大或者是装置制冷量不足。其可能的原因及判断方法如下:

第一类情况,吸入压力一直较高,原因无非是热负荷过大或压缩机排气量减小:

①冷库隔热性能太差——可能是隔热结构损坏、隔热材料受潮、库门关不严等原因。判断方法:做冷库温度回升试验。对空调制冷装置来说,外界气温和湿度超过设计条件,新风比太大或舱室隔热不良,也会造成热负荷过大。

②内部泄漏——吸、排气阀,活塞环密封性差,或滑油分离器回油阀、气缸缸头垫

片、安全阀等泄漏。排气阀泄漏的判断方法:慢慢关小直至全关吸入截止阀,使低压继电器达到下限而停车,如果吸入压力迅速回升,则内部泄漏严重。试验前可先关滑油分离器回油阀,如果泄漏,可能性最大的是排气阀。

③排出压力超过正常值,压缩机输气系数减小——可能是系统中空气太多、排气截止阀没开足或冷凝器冷凝能力不足。属于后者的主要原因有:进水温度高;水量不足;冷却管脏污或堵塞;端盖分水筋锈坏或垫片损坏使冷却水短路;系统中制冷剂量过多,以至液体制冷剂浸没冷却管太多;水侧聚气形成气塞或者冷凝器设计换热能力不足。判断排出压力过高的方法:当冷却水全开时,观察排出压力所对应的制冷剂饱和温度与冷却水进口温度之差是否高出设计温差(一般不超过 9 ℃)较多。有的冷凝器长期工作后传热系数仅为清洁时的 1/2,即传热温差可能比设计值大一倍。如果冷却水进、出口温差超出设计值(2~4 ℃),则表明冷却水量不足;如冷却水进出温差在设计范围内,则说明冷却水尚有吸热能力而换热不良;至于制冷剂侧是否有空气,判断方法见"不凝性气体释放"部分。

④压缩机卸载机构有故障——一部分气缸不能加载工作。判断方法:未加载工作的缸,用手摸其缸盖,温度比正在加载工作的缸盖温度低,用金属棒贴紧缸盖听到的声音也比较小。

⑤气缸余隙太大——缸头垫片不适当地被加厚或活塞副因轴承磨损而下沉。判断方法:在活塞顶部做压铅丝试验。

第二类情况是吸入压力一直偏低,即进入蒸发器的制冷剂流量较少,蒸发器中制冷剂气体产生的速度也慢。这又有两种不同现象:

第一种是吸气过热度高,低温库蒸发器后部霜层融化,这属于供液不足。其原因可能是:

⑥制冷剂不足。

⑦冷凝压力过低。

⑧液管及管上附件发生冰塞、脏堵或某些阀门未开足。

⑨膨胀阀安装不当、调节过紧或温包充剂漏失。

⑩进入系统中的润滑油过多,以致流经膨胀阀的制冷剂流量减少,或者使蒸发器管路局部堵塞。

第二种是吸入压力低而吸气过热度并不太大,这是由蒸发器换热能力差引起的。其原因可能是:

⑪蒸发器结霜过厚。

⑫通风机叶轮装反、反转、停转或转速下降。

⑬蒸发压力调节阀调得太紧,使蒸发温度过高。

⑭蒸发器设计制冷量不足或部分并联蒸发器被停用。

(2)压缩机启停频繁

不设能量调节的伙食冰机,一般以每小时启停不超过 4 次为宜。频繁启停会影响设备和电路的可靠性,可能使油压差继电器的加热元件或电路过载热保护元件过热而动作,压缩机不能再自动启动。如果库温未达要求而频繁启停,将影响制冷效果。

压缩机频繁启停时,只有观察有关自动化元件的工作情况,才能查准原因。

第一种情况:供液电磁阀启闭频繁——这是由于温度继电器使电磁阀动作频繁,导致低压继电器使压缩机启停频繁。其原因是:

①温度继电器温包安装不当,例如装在空气冷却器出风口或离库门太近而门又关不严。

第二种情况:压缩机因低压继电器而频繁启停——这可能是库温未达下限,电磁阀仍处于开启位时,压缩机吸入压力过早地达到低压继电器下限,停车后仍有制冷剂进入蒸发器,吸入压力势必不久又升到上限,压缩机因此频繁启停。其原因是:

②低压继电器下限调得太高或幅差太小。

③工作时吸入压力太低,即故障(1)的⑥至⑩条的情况较严重。

如果将电磁阀全部关闭,压缩机仍由低压继电器频繁启停,则是:

④高、低压端之间存在较严重的内部泄漏。见故障(1)第②条。

第三种情况:压缩机高压继电器启停频繁——这种情况只是少数高压继电器不用人工复位时才会出现。应注意停车时的排出压力值。停车原因是:

⑤排出压力过高。

⑥高压继电器调定上限太低。

(3)压缩机启动不久就停,或无法启动

根据压缩机控制电路可以找出压缩机的电机停转和无法启动的原因。

第一种情况,高压继电器断电,主要原因是:

①压缩机排出截止阀未开。

②冷凝器冷却水中断。

③高压继电器上限调得太低(未人工复位则不能启动)。

第二种情况,低压继电器断开,主要原因是:

④低压继电器下限调得太高。

⑤液管或低压管路中制冷剂流量甚少或中断——例如制冷剂严重缺少,出液阀或某处截止阀未开,电磁阀断电,膨胀阀温包充剂泄漏,以及管路严重堵塞等。

第三种情况,油压差继电器断开,原因是:

⑥曲轴箱缺油或奔油。

⑦吸油滤器堵塞。

⑧油压调节阀过松或严重泄漏。

⑨油泵磨损严重或运动件、传动件损坏。

⑩轴承间隙过大或油路中某处严重泄漏。

⑪压缩机频繁启动以致油压差继电器中双金属片弯曲使触头断开(断电后未能人工复位则无法启动)。

其他情况还有:

⑫电路过载保护器动作(例如压缩机卡死不能盘车或频繁启动,使电路热保护元件过热而断电),电路过载保护通常是要人工复位的。

⑬由于水泵、风机未能正常工作而使连锁开关未能接通则无法启动。

⑭电动机或电路发生故障(包括电压过低)。

（4）冰塞与脏堵

系统中的氟利昂液体节流降压后，如温度降到 0 ℃以下，当含水量较多呈游离态时，水即会迅速结冰，在流道狭窄处形成冰塞。膨胀阀阀孔通道狭窄，又是节流降压元件，最容易发生冰塞。有时液管上滤器脏堵，或膨胀阀前后的阀件开度不足等，也可能节流而导致冰塞。冰塞有时还发生在膨胀阀后较细的管路。R22 溶水性比 R12 大得多，冰塞可能性稍小，但含水量多时也会发生；而氨制冷系统一般不会发生冰塞。

当冰塞尚未完全堵死通道时，进入蒸发器的制冷剂流量减少，蒸发器后部过热度增加而霜层融化，压缩机吸入压力下降，直至低压继电器动作使压缩机停车。停车后冰塞处的冰一部分融化，少量制冷剂流入蒸发器，压缩机吸入压力回升，又会重新启动，但冰塞会继续加重，不久又停车。频繁启停若干次后，如冰塞通道完全堵死，停车时间就会延长，再次启动的时间将更短，完全不能正常工作。

用下述的方法可以较准确地判断发生冰塞的部位：①关闭膨胀阀前截止阀；②清除该阀后可能冰塞的管道、阀件外面的霜层；③突然开启上述的截止阀，冰塞处流道狭窄，起节流降压作用，其后面管道必然结霜，据此可确定冰塞部位。

冰塞以预防为主，及时更换失效的干燥剂，拆修和日常操作时要防止湿气和水分进入系统，并在充制冷剂和拆修后用干燥器吸收可能进入系统的水分。

消除冰塞的办法有：

①拆下冰塞元件除冰——如冰塞发生在膨胀阀、滤器等部件处，可拆下用纯酒精清洗，再用压缩空气吹干后装复。

②化冰后用干燥剂吸水——换新干燥剂；然后在冰塞部位外敷毛巾并用热水浇，使冰融化；接着启动制冷装置，水分随着制冷剂流动，并被干燥剂吸收。采用这种方法时往往很快又在原来冰塞处后面形成冰塞，必须耐心细致地反复进行上述操作，才能解决问题。

③用"解冻剂"消除冰塞——用类似充制冷剂的方法从液管适当处充入一定数量的"解冻剂"，使其随制冷剂在系统中循环，待冰塞消除后，再将干燥器接入系统，利用干燥剂将"解冻剂"和水一起吸收，以免长期存在系统中对金属起有害作用。

④用干燥气体吹除水分——当系统大量进水时，上述方法都不起作用。这时只能将系统中的制冷剂放掉，或收入钢瓶，以备送岸处理。然后用表压 0.6~0.8 MPa 的二氧化碳或氮气吹扫系统，最后用抽空除水法使系统干燥。

膨胀阀和前面的滤器有时会发生脏堵，其症状与冰塞相似，也会引发流量不足、吸入压力降低、吸气过热度增加和压缩机启停频繁等现象。但脏堵的症状比较稳定，随时间延长而加重的情况不明显，即使停机较长时间，情况也无改善，用毛巾热敷也不能解决问题，应拆下清洗。

（5）系统中制冷剂不足

当系统中制冷剂严重不足时，经膨胀阀的制冷剂液体流量不足，会出现以下异常现象：蒸发温度低于 0 ℃的冷库，其蒸发器后部结霜融化，压缩机吸气过热度增加，吸入压力和排出压力都降低，制冷量减少，长时间运转库温仍降不下来，或者库温未到下限，压缩机吸入压力很低而停车。制冷剂流量不足还会使进入蒸发器内的润滑油难以返回曲轴箱，造成油位偏低。

　　膨胀阀开度不足、堵塞或冷凝压力过低等也会造成上述现象,应借助以下方法来帮助确定是否系统中制冷剂不足:

　　①由贮液器的液位镜观察液位。一般情况下,当液位不足 1/3 时,应该补充制冷剂。有时观察镜脏污难以判明液位,可通过以下几点帮助判断。

　　②如液管上装有液体指示镜(一种小型观察镜),制冷剂不足时可见到液流中夹有大量气泡。

　　③膨胀阀流过的制冷剂夹带较多气体时,会发出较明显的"咝咝"声。

　　④稍开膨胀阀的旁通阀,如系膨胀阀开度不足或堵塞,则吸气压力明显增大,吸气过热度降低,如系制冷剂不足,则效果不明显。

项目十四

船舶空气调节装置的操作与管理

任务一 认识船舶空气调节装置

学习目标:

1. 了解居住舱室对空气参数的要求
2. 熟悉空调的分类
3. 熟悉空调系统的组成及各组件的作用

任务 1.1 对船舶空气调节装置的要求

船舶空气调节装置属于舒适性空调,主要用来满足卫生和舒适的需要,为船员创造良好的工作和休息环境,对温、湿度等空气条件的要求并不十分严格,允许在稍大的范围内变动。只有某些船舶如科学考察船和先进军舰,因为有精密仪器、设备,要求有精度较高的空调,即工艺性空调。

空调设计中所选择的舱外气候条件,是确定空调装置负荷大小的重要依据,对整个装置尺寸和造价有较大的影响。从经济性出发,在设计船舶空调时,一般都不以最极端的气候条件为依据。如我国规定远洋船舶空调设计的舱外条件是:冬季为-18 ℃,相对湿度 80%;夏季为+35 ℃,湿球温度 28 ℃(约相当于相对湿度 70%)。在此条件下,舱室内空气应符合以下要求:

1.温度

人对温度的变化最为敏感,所以温度是保持舱室环境适宜的主要因素。就空调来说,使人舒适最重要的是能在一般衣着时自然地保持身体的热平衡。空调舱室设计标准是:冬季室温为 19~22 ℃;夏季室温为 24~28 ℃,室内外温差不超过 6~10 ℃;室内各处温差不超过 3~5 ℃。

2.湿度

人的冷热感觉是相对的。在空气相对湿度不同的情况下,即使气温相同,人对冷热的感觉也会有差异,且这种差异随相对湿度变化幅度的增加而增大。一般情况下,相对湿度在 30%~70% 时,人都不会感到不适。但如果湿度太低,人呼吸时会因失水而感到口干舌燥;如果湿度太高,则汗液难以蒸发,人也感到不舒服。夏季采用冷却除湿,室内湿度一般控制在 40%~60%;冬季采用加热加湿,为减少加湿量,并防止舱室内壁结露,室内湿度一般控制在 30%~40%。

3.空气流速

在相同的温度和湿度下,有风,夏天就感到凉快一些,冬季则感到寒冷一些,故风速也应控制。在室内的活动区域,要求空气能有轻微的流动,以使室内温度、湿度均匀,让人不感到气闷。室内气流速度以 0.15~0.25 m/s 为宜,最大不超过 0.35 m/s,否则人会感到不舒适。

4.清新程度

舱室空气的清新程度包含两方面的含义:一是含氧比例,即新鲜度;二是所含粉尘和有害气体的浓度,即洁净度。单从满足人体对氧的需求来说,新鲜空气的供给量只要达到 2.4 立方米/(时·人)即可,但要使空气中的二氧化碳和烟气等有害气体的浓度达到允许的浓度以下,则新鲜空气量需达到 30~50 立方米/(时·人)。

5.噪声

空调装置工作时产生的噪声会使人感到不适。要求距室内空调出风口 1 m 处测试的噪声应不大于 55~60 dB(A)。

我国和 ISO 规定的船舶空调装置设计参数如表 14-1-1 所示。

表 14-1-1　船舶空调装置设计参数

工况　项目	冬季取暖	夏季降温
室内温度	19~22 ℃	24~28 ℃
室内外温差		6~10 ℃
室内高度温差	不超过 3~5 ℃	
相对湿度	30%~40%	40%~50%
风速	0.35 m/s 以下	
新鲜空气供入量	30~50 立方米/(时·人)	
允许噪声	55~60 dB(A)	
舱外条件(远洋)	−18 ℃;80%	35 ℃;28 ℃(湿球)
ISO 室内　ISO 室外	22 ℃　−20 ℃	27 ℃;50%　30 ℃;70%

任务 1.2　船舶空调装置的基本工作过程

将空气经过集中处理再分送到各个舱室的空调装置称为集中式空调装置或中央空调装置。船舶一般采用这种空调装置。

图 14-1-1 给出船舶集中式空调装置示意图。通风机 7 由新风吸口 6 和回风吸口 4 吸入新风(外界空气)和一部分回风(回风口一般在走廊),两者混合后在中央空调器 1 中经过滤、加热加湿(或冷却除湿),然后通过各主风管 2、支风管分送至各舱室的布风器 3,向舱室送风。舱室中的空气则通过房门下部的格栅流入走廊,部分作为回风,其余排入大气。在气候条件适宜时,可采用单纯通风而不对空气进行处理,此时应关闭回风吸口 4,新风经过过滤后直接送入各个舱室,以保持室内空气清新。

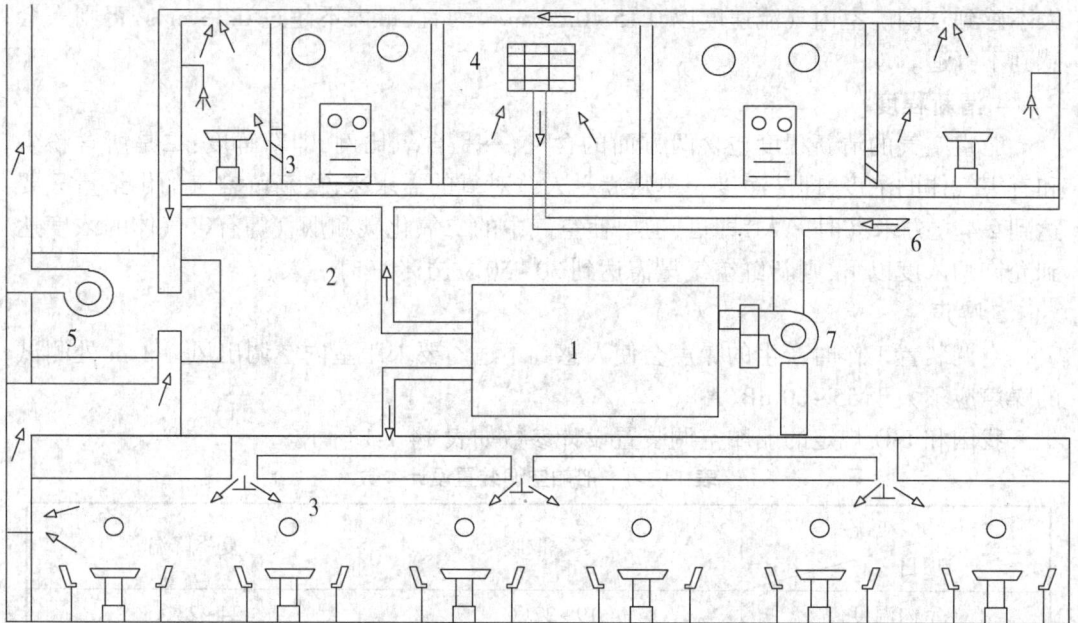

图 14-1-1　船舶集中式空调装置示意图
1—中央空调器;2—主风管;3—布风器;4—回风吸口;5—排风口;6—新风吸口;7—通风机

在非空调舱室(厕所、浴室、配餐室等)、公共活动舱室和病房,以及某些较大客船的走廊都设有抽风口,由排风口 5 经排风系统从高处排入大气。这样,非空调舱室中形成一定的负压,空调舱室的空气就会自动流入,使之达到一定的空调效果,并避免这些舱室的不良气味散发到其他舱室。

任务 1.3　船舶空气调节系统的类型

船舶空调系统的种类很多,现按以下方式对船舶空调系统进行分类介绍。

1.按风管中的风速大小分类

(1)低速系统

主风管风速在 $10\sim12$ m/s 以下。由于风速低、风管阻力小,空调风机的风压不高,全风压小于 1.2 kPa。但为达到必要的送风量,要求风管截面积增大,这就使风管尺寸、重量也随之增大。

（2）高速系统

主风管内风速在 20~30 m/s。由于风速高,可采用送风温差较大的诱导式送风,使送风量减小,故风管的尺寸和重量都可减小。高速系统多采用标准化圆风管,既便于安装,又可降低成本。但其也存在一些缺点:一是运行成本高,因风管阻力大(可达 1.5~1.8 kPa),故风机风压较高(全风压达 3~5 kPa),风机功率大,且风机每产生 1 kPa 风压将使空气的温度约升高 1 ℃,会增加降温工况的热负荷;二是噪声大,高速系统的空调器和风管系统噪声大,其室内采用的诱导式布风器是一个重要的噪声源。

（3）中速系统

主风管内风速介于上述两者之间。目前船舶空调多采用主风管风速在 15 m/s 左右的中速系统。它既可采用标准化的圆风管,又不必设置诱导式布风器,可降低成本、能耗和噪声。

2.按空气处理设备的设置分类

（1）集中式空调系统

这种系统中所有的空气处理设备,包括风机、空气冷却器、加湿器、空气加热器、空气滤器等都集中在一个箱体内,通常称为中央空调器,放在专用的空调机房内。如图 14-1-2 所示,中央空调器设有新风吸口、回风吸口和送风出口。经过集中处理的空气从送风口排出到供风总管,最后送达各个空调舱室的布风器。非空调舱室如(厕所、浴室、配餐室等)和走廊之间设有抽风口,空气由抽风口抽出,从高处排入大气。这样,在非空调舱室中形成一定负压,空调舱室中的空气会自动流入,使之达到一定的空调效果,并避免不良气味散发到其他舱室。

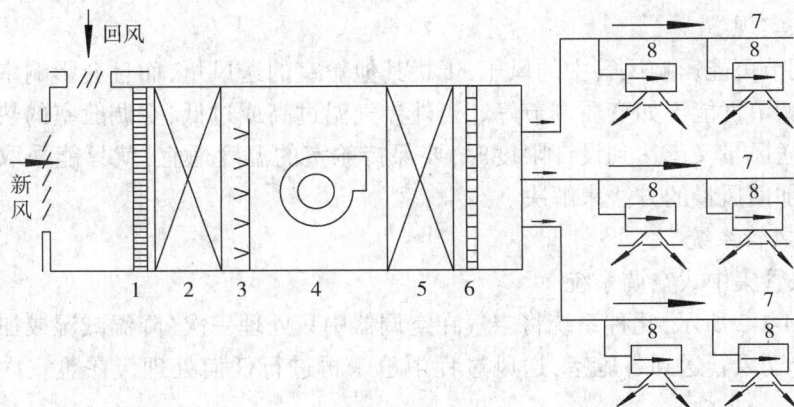

图 14-1-2 完全集中式单风管空调系统

1—空气滤器;2—空气加热器;3—加湿器;4—风机;5—空气冷却器;6—挡水器;7—主风管;8—布风器

这种系统的特点是:结构简单,初置费低,在货船上用得最普遍;因送风参数相同,要对舱室进行个别调节,只能通过改变布风器风门开度改变送风量,调节幅度不宜过大,否则难以保证舱室的新风供给量和室内的空气参数基本相等;调节时还会影响其他舱室的送风量。

（2）半集中式空调系统

半集中式空调系统除了有集中空调机房外,还有分散在被调节的舱室内的处理设备,即冷热交换装置等,主要是对进入空调舱室的空气进行二次处理,包括区域再热空调系统和末端再处理式空调系统。

（3）分散式空调系统

这种机组冷、热源,空气处理设备,输送设备（风机）全部集中在一个箱体内,它本身就是一个紧凑的空调系统,也称为独立式空调系统,不必设集中机房。它可以根据需要安置在空调舱室内或邻舱内,单独对其所服务的舱室进行空气调节,船舶上也有使用,如机舱集控室、驾驶台、厨房等舱室。

3.按对空气的冷却方式分类

（1）直接蒸发式空调系统

这种空调系统就是制冷剂直接在空气冷却器内蒸发,以冷却空气的空调系统。这种空调系统适用于空调负荷不大、处理区域较为集中的客船和货船上。

（2）间接冷却式空调系统

这种空调系统与主机的中央冷却方式相似,即在空调器内,制冷剂直接蒸发将冷媒（即淡水）冷却降温,冷媒再到空气冷却器内去冷却空气。这种空调系统适用于热负荷较大、空调区域较为分散的大型客船上。

4.按调节方式分类

集中式和半集中式空调系统,可在空调舱室中对送风的温度进行调节,其调节方法有两种:

一是改变送风量,即变量调节。通过改变舱室布风器风门开度来实现。

二是改变送风温度,即变质调节。可在舱室布风器中进行再加热、再冷却或采用双风管系统来实现。

变量调节可能影响风管中的风压,干扰其他舱室的送风量,而且会影响室温分布的均匀性,其调节性能不如变质调节好。当外界气温过高或过低,空调舱室的热负荷超过设计值,而送风量又已达到设计限度时,要保持舱室的温度适宜,就只能采取暂时减少新风量、增加回风量的方法来解决。

（1）单风管系统

①单风管集中式空调系统

如图14-1-2所示,此种系统将空气在空调器中只处理一次（降温减湿或加温加湿）,然后由各分支风管送到各舱室,送风过程中也未再进行任何处理。在舱室内只可进行变量调节。

②单风管区域再处理式空调系统

在中央空调器中统一处理后的空气,根据各空调分区热负荷的不同,由设在主风管内或空调器分配室各隔离室中的二次热交换器对送风进行再加热,即对送风做进一步调节,然后用单风管送至各个舱室,如图14-1-3所示。这种系统对热负荷较小的舱室可少进行或不进行再加热（即采用较小的送风温差）,不致使送风量过小。虽然对舱室单独调节仍为变量调节,但所需的调节幅度明显减小。这种系统可解决几部分热湿比相差较大的舱室不得已列入同一空调区所带来的弊病。该系统适用于分区较多的客船,在舱室内也只可进行变量调节。

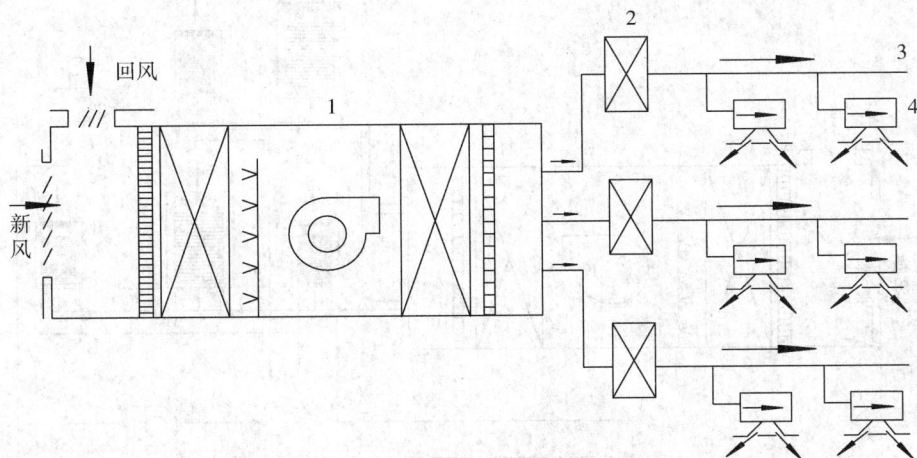

图 14-1-3　区域再处理式单风管系统
1—空调器；2—分区热交换器；3—主风管；4—布风器

③单风管末端再处理式空调系统

这种系统除在中央空调器中统一处理送风外，每个舱室的布风器内还设末端换热器，对送风进行末端再处理。末端再处理的方式通常有两种：

一种是末端电加热式。冬季，中央空调器只将送风加热到满足低热负荷舱室的需要，一般送风温度为 20～30 ℃，热负荷较高的舱室布风器内设电加热器，可进行变质调节；夏季，舱室的热负荷全部由空调器来承担，只能进行变量调节，送风温度为 11～15 ℃。这种方式耗费低，管理也较简单，常在低温海域航行的货船多有使用。

另一种是末端水换热式。各舱室布风器内设水换热器，冬季通以热水，夏季则通以冷水，如图 14-1-4 所示。这种系统冬、夏季都可实现变质调节。取暖工况时送风温度为 15～25 ℃，降温工况时送风温度为 12～16 ℃。因布风器承担舱室的部分热负荷，故送风量比其他空调器少 1/3～1/2，一般采用全新风系统。在夏季运行时，末端水换热器表面可能结露，因此在布风器下需设接水盘和泄水管。这种系统性能较好，但造价较高，管理也较麻烦，故实际应用较少。

（2）双风管空调系统

这种系统的中央空调器如图 14-1-5 所示，由前、后两部分组成。一部分送风经空调器前部预处理后，经中间分配室由风管送至舱室布风器，称为一级送风；其余送风经空调器后部再处理后经后分配室送至舱室布风器，称为二级送风。这种系统能向舱室同时供送温度不同的两种空气，通过调节布风器两个风门的开度，改变两种送风的混合比，即可调节舱室温度，冬、夏季都可实现变质调节，调节灵敏。这种系统虽然空调器和风管系统的重量和尺寸较大，但因不需设末端换热器，可采用较便宜的直布式布风器，故噪声低、管理简单，当布风器数量较多时总造价比末端再处理式低，较适合于对空调性能要求高的客船。

在取暖工况时，这种系统空调器的一级送风温度应控制在 15 ℃左右，二级送风温度可视外界气候条件而定，一般在 29～43 ℃；在降温工况时，一级送风温度为进风温度加风机温升（当不装预冷器时），二级送风温度为 11～15 ℃。

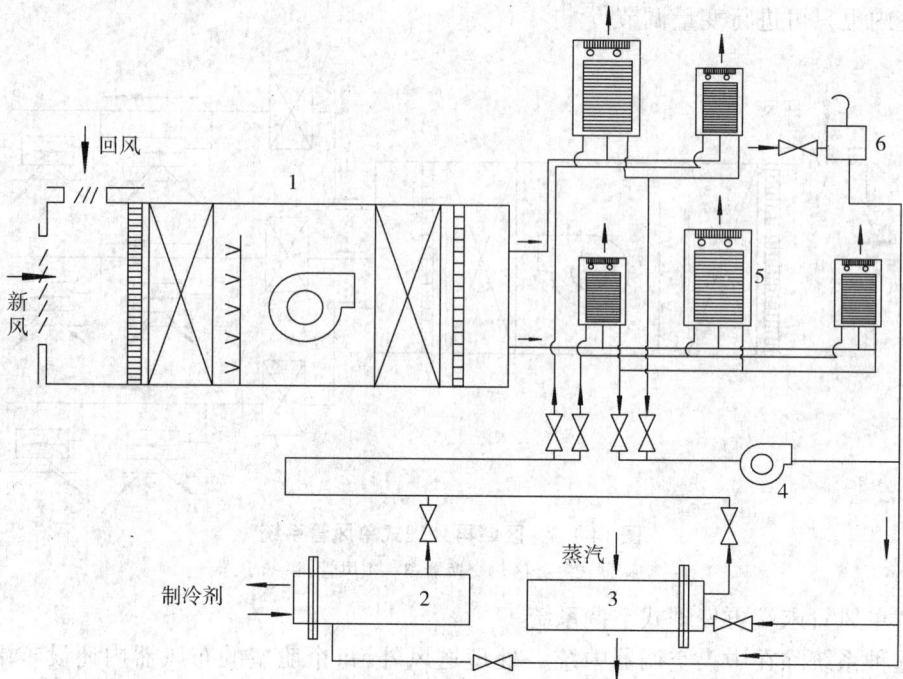

图 14-1-4　末端水换热式单风管空调系统

1—中央空调器；2—水冷却器；3—水加热器；4—循环水泵；5—有末端换热器的诱导器；6—膨胀水箱

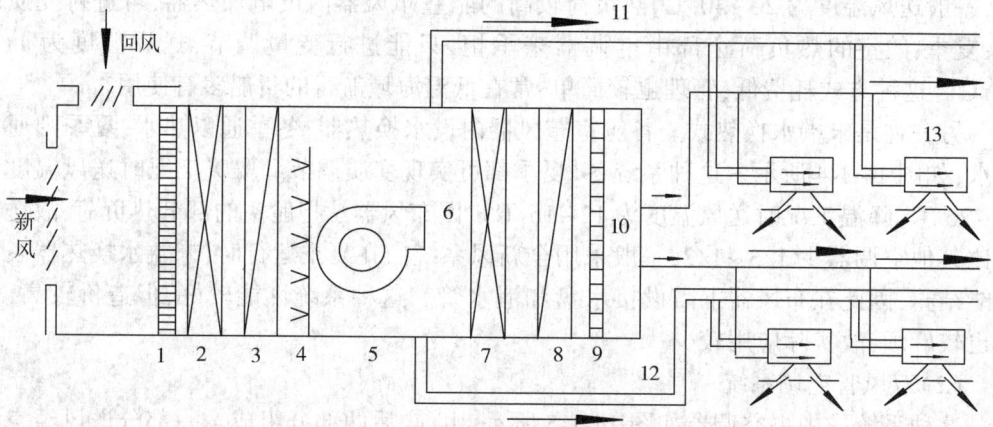

图 14-1-5　双风管空调系统

1—空气滤器；2—空气预冷器；3—空气预热器；4—加湿器；5—风机；6—中间分配器；7—再冷却器；
8—再加热器；9—挡水板；10—后分配器；11—一级送风管；12—二级送风管；13—布风器

任务 1.4　空调舱室的负荷及其分区

舱室的负荷有显热负荷、湿负荷和全热负荷。

1.舱室的显热负荷

单位时间内渗入舱室并能引起室温变化的热量称为舱室的显热负荷(Q_x)，单位kJ/h。它主要包括：

（1）渗入热：因室内外温差而由舱室壁面渗入的热量，夏季占舱室显热负荷的 26%～31%；

（2）太阳辐射热：因太阳照射舱室外壁而传入的热量，透过玻璃窗的太阳辐射热占 25%～27%；

（3）人体热：室内人员散发的热量，平均每人约 210 kJ/h，人体热占 16%～18%；

（4）设备热：室内照明和其他电气设备等所散发的热量，占 4%～5%。

夏季，热负荷都是从外界进入舱室，所以夏季舱室的显热负荷都为正值。冬季，因渗入热变为负值（实际上是渗出热），虽然太阳辐射热、人体热和设备热都为正值，但与渗入热相比，其值很小，故舱室显热负荷为负值。

2.舱室的湿负荷

舱室在单位时间内所增加的水蒸气量称为舱室的湿负荷（W），单位 g/h。舱室的湿负荷主要有：

（1）舱内人体散发的水蒸气，40～200 g/（h·人）。

（2）食物和水的蒸发以及因外界空气进入而带入的湿量。

湿负荷一般都为正值。

3.舱室的全热负荷

舱室的湿负荷使舱室空气的含湿量增加，也会使空气的焓值增加，可用潜热负荷 Q_q（kJ/kg）表示。舱室的显热负荷与潜热负荷之和称为全热负荷 Q。

4.舱室的热湿比和空调分区

舱室的全热负荷与湿负荷之比称为舱室的热湿比，用 ε 表示。

$$\varepsilon = \frac{Q}{0.001W} \quad \text{kJ/kg} \tag{14-1-1}$$

热湿比相同和相近的舱室，可以采用相同的送风参数，只要选用合适的送风量，便可达到相同或相近的室内参数；而热湿比相差大的舱室，如采用相同的送风参数，无论如何调节送风量，都不可能使彼此的室内参数相近，即不可能都在适宜参数区内。

集中式空调装置每个空调器送风量一般为 3 000～7 500 m³/h，最大不宜超过 9 000 m³/h。每个空调器配上自己的送风系统形成独立的空调区，可自行决定送风参数。

船舶空调分区的原则主要是让热湿比相近的舱室置于同一空调区。货船一般按左、右舷分设两个空调区；因艇甲板以上舱室受日照和海风影响大，也有的船把它划分出来再设一个空调区。客船空调区可多达几十个，除考虑热湿比差异外，还要考虑等级、上、下层，不得跨越防火分区和水密分区，否则必须加设防火风闸或水密风闸，以便发生火灾或船体破损进水时能及时将其关闭，以防止火势扩散或海水漫溢。

任务 1.5 船舶空调系统的组成

船舶空调系统一般由四个主要系统组成，即冷、热源系统，空气处理系统，空气输送和分配系统以及自动控制系统。

1.冷、热源系统

（1）冷源：空调系统的冷源系指用于空气降温减湿的制冷装置。它主要有活塞式、螺杆式、离心式和吸收式等制冷机。

（2）热源：船舶空调通常采用蒸汽、热水或电能对空气进行加热，采用蒸汽对空气进行加湿。蒸汽、热水由锅炉或动力装置的冷却装置供应。

2.空气处理系统

完成对空气的混合、净化、加热、加湿、冷却、减湿以及消声等任务。在空调器中设置进风口、出风口、调风门、空气过滤器、加热器、加湿器、冷却器、挡水板，以及空气混合、分配、消音室等。

3.空气输送和分配系统

把经过空调器处理的空气输送和分配到各空调舱室，并将舱室内的污浊空气排出舱外，使空调舱室得到均匀送风和满意的气流组织。该系统包括通风机，进、排风管，空气分配器或空气诱导器。

4.自动控制系统

用于控制空调舱室的空气温度、湿度，以及所需要的冷、热源能量的供给等。它是保证空调舱室得到良好空气参数，气流组织和冷、热能量合理供给所不可缺少的设备。

舱外新鲜空气和舱内回风进入空气混合室，经过滤器清除空气中的尘埃，再经风机送至空气加热器、加湿器、冷却器处理，使空气达到要求的送风温度和湿度。然后经挡水板至空气分配室，再沿各送风管经空气分配器或空气诱导器送入舱室，从而完成其空气调节过程。

任务二 船舶空气调节装置的主要设备

学习目标：

1.掌握中央空调器在制冷工况和取暖工况下的工作原理和过程
2.熟悉供风设备

任务 2.1 中央空调器

中央空调器是集中式和半集中式空调装置对空气进行集中处理的设备，简称空调器，主要由吸入室、消音室、空气处理室及分配室组成。其内设风机、过滤栅墙、吸音墙壁、空气冷却器、挡水板、空气加热器、加湿器等。在货船上，它通常置于上层甲板后部的专门舱室内；在客船上，空调器数目较多，分布在全船各处。图 14-2-1 为单风管系统的中央空调器结构简图。

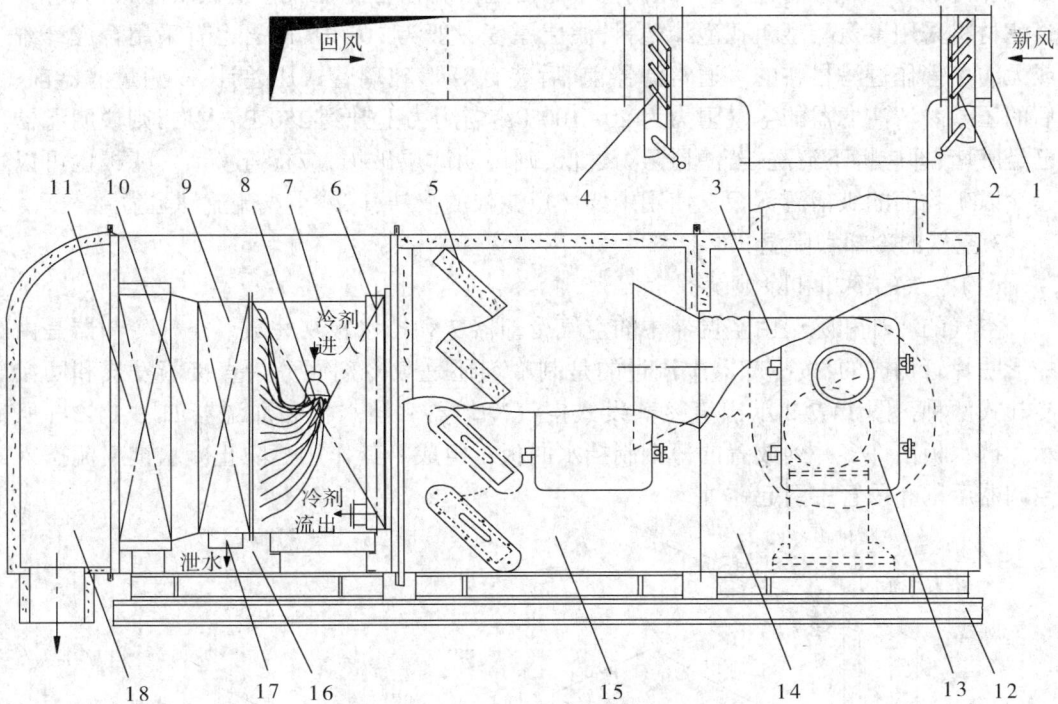

图 14-2-1　单风管系统的中央空调器
1—新风进口;2—新风调风门;3—风机;4—回风调风门;5—空气滤器;6—制冷剂回气集管;7—空气冷却器;
8—制冷剂分液器;9—挡水板;10—加湿器;11—空气加热器;12—底架;13—检查门;14—进风混合室;
15—消音室;16—空气处理室;17—承水盘;18—送风分配器

1.空气的吸入、混合和消音

外界新风和从空调舱室来的回风分别经各自风口被风机 3 吸入。在新风和回风进口处装有铁丝网或百叶窗,以防吸入较大的异物。新风量和回风量可分别用手动调风门新风调风门 2 和回风调风门 4 进行调节。回风量和总风量之比称为回风比,设计时已经确定。调风门的开度在空调调试时已经调好并做有标记,一般情况不要变动。只有外界气候条件特别恶劣或春秋季节单纯通风时才允许变动。

风机采用离心式通风机。空调器按风机的布置形式有压出式和吸入式两种。风压较高的高速系统常用压出式空调器:风机采用后弯型叶片(效率高),位于空调器进口,可避免降温工况送风温度过高,利于提高蒸发温度,增加制冷量;风压较低的低速系统常用吸入式空调器:风机采用前弯型叶片(风量大),位于空调器出口,利于空气均匀流过换热器。有的风机设低速挡,供自然通风时使用。

为降低空调器工作时的噪声,在风机出口处设有消音室 15。气流进入消音室,因通流截面积突然增大,空气流速降低,消减低频噪声。而贴附于空调器内壁的多孔性吸声材料,如厚达 25~50 mm 的泡沫塑料或玻璃棉毡等,吸收中、高频噪声。

2.空气的除尘净化

空气滤器 5 用于滤除空气中的灰尘,以净化舱室的送风,并保持空气换热器表面的清洁,从而避免降低换热的效果。空调器常采用斜置抽屉式过滤元件,以增大空气通流面积、降低阻力和增加集尘量。此例空气滤器是由斜插在滤器架上的四块滤板构成的。过滤材料采用聚氨酯型粗孔泡沫塑料,滤层厚度一般为 10~15 mm,也有采用合成纤维或无纺布等作过滤材料的。通常滤器前、后装有 U 形玻璃管式压差计,以测量滤器前、后的压差。清洁滤器的空气阻力为 20~100 Pa;若阻力上升到 250 Pa 左右,则说明滤器已经脏堵,即应拆下清洗;若滤器阻力过低,则说明滤层破损,应检查换新。滤板也可以是涂以矿物油的皱褶薄钢板。使用中要注意滤板的清洁,以减小气流流动阻力。

3.空气的冷却和除湿

(1)空气的冷却和除湿设备

空气的冷却和除湿由空调器中的空气冷却器 7 和挡水板 9 完成。空气冷却器是由蛇形肋片管构成的,按冷却器中流过的是制冷剂还是载冷剂而分为直接蒸发式和间接冷却式两种。图 14-2-2 示出直接蒸发式空气冷却器。挡水板和加湿器如图 14-2-3 所示。挡水板由许多并列放置的薄钢制挡水曲板 1 组成。其作用是防止凝水被气流携入空调器后部和风管中引起锈蚀。

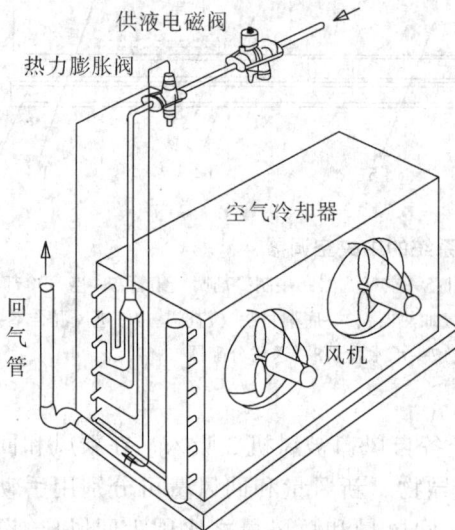

图 14-2-2　直接蒸发式空气冷却器

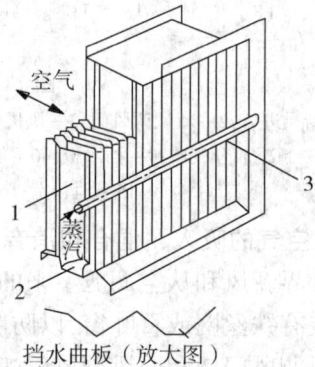

图 14-2-3　挡水板和加湿器
1—挡水曲板;2—承水盘;3—加湿器

一般,当外界气温高于 25 ℃时,就应使空调装置按降温工况运行。空气流经空冷器时被冷却。空气的冷却可分为两种情况:一是等湿冷却(干冷却),空冷器表面的平均温度高于空气露点温度时,空气被冷却但含湿量不变,不会在空冷器表面结露;二是减湿冷却,当空冷器表面平均温度低于空气露点温度时,空气中的水蒸气一部分凝结在空冷器表面,使空气中含湿量减少。上述两种冷却后,空气的相对湿度都增大,这是因为温度越下降,越接近空气中水蒸气分压力对应的饱和温度。

空调运行时,空冷器的管壁温度一般都低于空气的露点温度,对空气进行冷却的同时又具有除湿作用。管壁温度越低,对空气的除湿作用就越大。但是,壁温过低会引起凝水结霜,使管间距离减小,妨碍空气流动,并影响传热效果。故冷却器管壁温度不应低于 0 ℃。肋片管式空冷器管壁温度通常比管内冷却介质的温度高 2~4 ℃。因此,当空调采用直接蒸发方式时,制冷剂的蒸发温度最低应不低于 -4~-2 ℃,一般为 0~7 ℃;

而当采用间接冷却方式时,如载冷剂用淡水,则温度一般保持为 4~7 ℃,最低不低于 2~4 ℃,以防淡水结冰。

空冷器表面产生的结露沿肋片下流,汇集在底部的承水盘中,然后沿泄水管流出。泄水管出口设有 U 形水封,用以防止非降温工况时空气经泄水管泄漏。

空冷器设有挡水板,当空气流过曲板的曲折缝隙时,气流方向不断改变,所带水滴就会碰撞到曲板上,流到下面承水盘 2 中泄出。通过挡水板的风速以 2.5 m/s 左右为宜,若超过 2.8 m/s,则可能会失去挡水作用。

(2)空气的冷却和除湿过程

具有一次回风的完全集中式单风管空调系统的降温除湿过程,即夏季降温工况在 h-d 图上的参数变化过程如图 14-2-4 所示。

图中 1 为新风进口状态点,2 为回风进口状态点,3 为新风与回风混合后的状态点,点 3 在 1、2 两点的连线上,(3-1 线段长)/(3-2 线段长)= 回风量/新风量。3-4 为空气经过风机时的等湿加热过程。风机进口(空冷器进口)状态点为 4,空冷器出口状态点 5 在 φ=100%的饱和空气线上温度相当于冷却管壁温的 0 点与 4 点的连线上。冷却越充分,点 5 越靠近点 0。4-5 为空气经过空冷器时的冷却减湿过程。5-6 表示送风过程,送风管虽有隔热层,但难免会有热量渗入,故此过程为等湿加热过程,温升一般为 1~1.5 ℃。空气在舱室内的吸热吸湿过程按舱室热湿比进行,用 6-7 表示。7-2 是回风在走廊里的等湿吸热过程。与机舱接触的走廊温升为 3~4 ℃,与常温舱室接触的走廊温升为 1~2 ℃。

降温工况空调器的热负荷是舱室全热负荷、送风过程吸热、回风过程吸热、风机热、新风全热负荷的总和。空调器的热负荷又可分为显热负荷和潜热负荷两部分。因此,

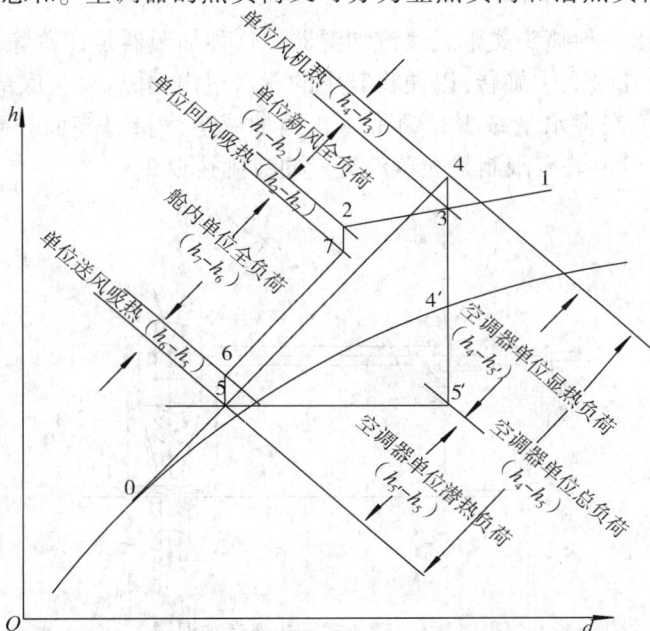

图 14-2-4 具有一次回风的完全集中式单风管空调系统的降温工况空气参数变化过程

1—新风进口状态点;2—回风进口状态点;3—新风与回风混合后的状态点;4—风机出口(空冷器进口)状态点;
5—空冷器出口状态点;6—舱室送风状态点;7—室内空气状态点

不仅在舱外气温高、舱室显热负荷较大时,空气冷却器的显热负荷会增大,而且当舱室的湿负荷较大或舱外空气的含湿量较大时,同样会使空冷器因除湿负担加重而导致潜热负荷增大。而增加回风量,即可使进风的温度和含湿量降低,从而使空调器的热负荷降低。

4.空气的加热和加湿

(1)空气的加热和加湿设备

当外界气温低于 15 ℃时,空调装置应按取暖工况运行。空气的加热和加湿由空调器中空气加热器和加湿器来完成。

空气加热器的型式很多,如电加热、蒸汽加热或热水加热等。船用集中式空调器大多使用蒸汽加热。加热器由带肋片的蛇形管组成。加热蒸汽常用表压为 0.2~0.5 MPa 的饱和蒸汽。在间接系统中,加热工质为热水,此时,空气冷却器与加热器可合用一个热交换器。

在低温时,外界空气的相对湿度虽然很高,但含湿量并不高。例如,温度−18 ℃、相对湿度95%的空气的含湿量仅为 0.9 g/kg,而温度22 ℃、相对湿度40%的空气的含湿量为 6.5 g/kg。显然,冬季如果将空气加热后直接送入舱内,不可能保持室内适宜湿度。因此,冬季在空调器中除对空气加热外,往往还需要加湿。加湿可采用蒸汽加湿或喷水加湿,在某些小型独立的空调装置中还采用电热加湿器。

船上多采用饱和蒸汽加湿。最简单的加湿器就是图 14-2-3 中 3 所示的一根镀锌钢管,其直径 10~20 mm,迎气流方向钻有两排直径 1~2 mm 的喷孔。由于蒸汽加湿采用的是低压饱和蒸汽,稍有降温就会产生凝水,使加湿效果变差,为此又设计了其他各种干式蒸汽加湿器。

图 14-2-5 示出一种喷头式干式蒸汽加湿器。这种加湿器是让蒸汽按圆喷头的切线方向供入,使蒸汽在喷头中旋转,以便将其中的凝水甩出,并从喷头底部泄掉,从而使加入空气中的饱和蒸汽含水量减少。为了防止因加湿蒸汽量过多而导致水滴进入舱室内,在喷头的供汽管上装有限制最大蒸汽流量的节流孔板 2。

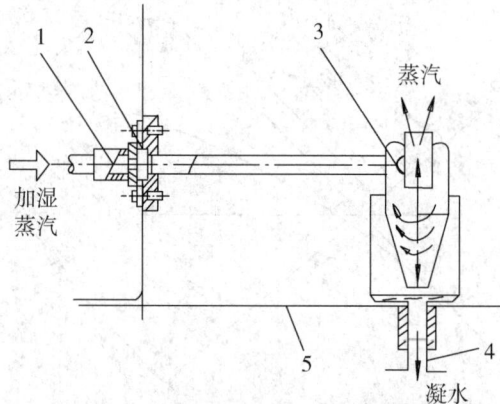

图 14-2-5 喷头式干式蒸汽加湿器
1—蒸汽进口;2—节流孔板;3—喷头;4—泄水管;5—空调器底板

加湿器的位置可设置在空气加热器之前或之后,但布置在加热器后比较合适,因为此处空气温度较高,相对湿度较小,喷入的蒸汽(或水)容易被空气吸收,同时还可防止加湿器在进风温度太低时冻结,但应防止加湿过多而造成舱内壁面的结露。取暖工况时,舱内空气的含湿量一般不超过 6.5 g/kg(相当于室温 22 ℃、相对湿度 40%)。

(2)空气的加热和加湿过程

具有一次回风的完全集中式单风管空调系统的加热加湿过程,即冬季取暖工况在 h-d 图上的参数变化过程如图 14-2-6 所示。新风进口状态点为 1,回风进口状态点为 2,点 3 为两者混合后的状态点。3-4 为流过风机时的等湿加热过程。4-5 为流过加热器的等湿加热过程。5-6 为流过加湿器的等温加湿过程(蒸汽加湿)。6-7 为送风管中的等湿降温过程。7-8 为送风在舱内按舱室热湿比线降温吸湿过程。8-2 为走廊回风的等湿降温过程。

取暖工况空调器的热负荷为舱室全热负荷、送风热损失、回风热损失、新风热负荷的总和。其中,空气加热器承担显热负荷,加湿器承担潜热负荷;风机热可减轻加热器的负荷,增加回风量,使空调器进风的温度和含湿量提高,使加热器和加湿器的负荷都降低。

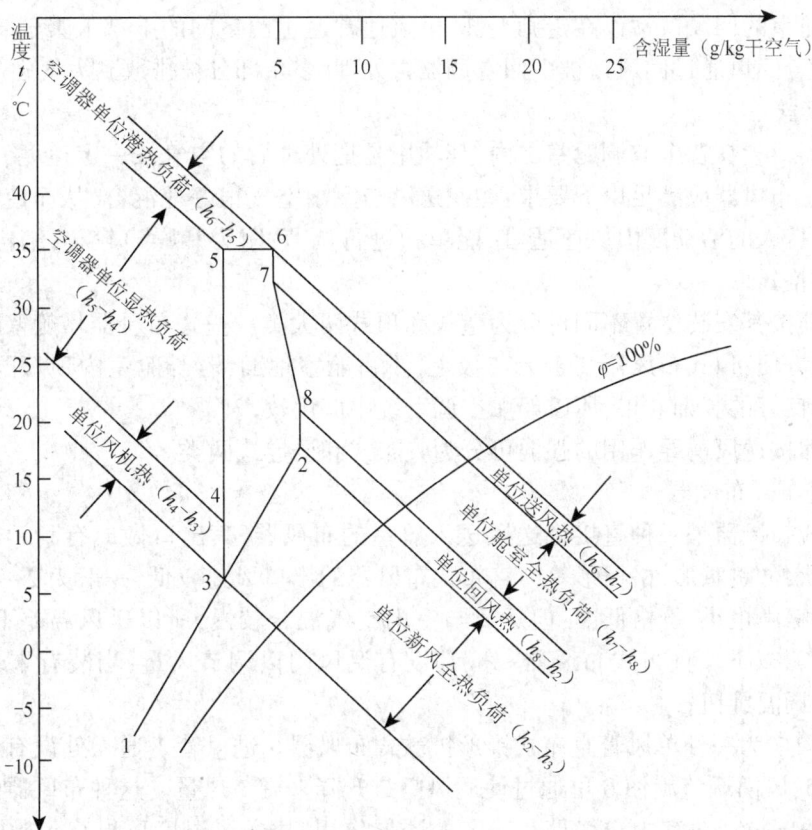

图 14-2-6　具有一次回风的完全集中式单风管空调系统取暖工况空气参数变化过程

1—新风进口状态点;2—回风进口状态点;3—新风、回风混合后的状态点;4—风机出口状态点;
5—加热器出口状态点;6—蒸汽加湿器出口状态点;7—舱室送风状态点;8—室内空气状态点

任务 2.2　供风设备

供风设备主要有供风管道和布风器。

1.供风管道

供风管道以矩形和圆形截面为多。矩形管道占据空间高度小,管路分支和交接较方便,常用于低速系统;高速空调系统常用圆形管,因通流截面积相同时其湿周最小,摩擦阻力小,制造、安装和维修均方便。

低压低速空调系统的供风管道采用 0.75~1.0 mm 镀锌铁皮制造,高压高速空调系统的供风管道则一般采用轻合金材料或 0.5~2 mm 镀锌铁皮制成,敷设在甲板与天花板之间的夹层空间,表面有隔热层,以防散热和结露。常用的隔热材料有聚苯乙烯泡沫塑料和矿石棉。隔热层的厚度一般为 20~40 mm。噪声要求严格的空调系统,在布风器前的风管内,常加设管式消声器。

空调舱室的回风口常设在走廊上部,供风通常通过舱室门的下部汇聚于走廊,形成回风,一部分回风通过回风口被引回空调器再处理,多余部分被排放到大气中。

2.布风器

布风器设置在各个空调舱室之内,其功用是把处理后的空气按一定速度、方向送入空调舱室。布风器应满足以下要求:能使送风与室内空气很好地混合,从而使室温均匀性好;能保持人的活动区内风速适宜;能单独进行调节;阻力和噪声较小;结构紧凑,外形美观,价格较低。

布风器按其安装位置不同可分为壁式和顶式两大类。壁式布风器靠舱壁底部垂直安装,使用方便;顶式布风器装于天花板上,不占舱室地面,若与舱室内顶灯配合,造型优美,起到良好的装饰效果,所以船舶空调系统中应用较广。

布风器按送风诱导作用的强弱可分为直布式和诱导式两类。

(1)直布式布风器

直布式布风器是一种直接将送风送入舱室的布风器,其出口做成有利于送风气流扩散的形状,如喇叭形、格栅形等。直布式布风器的出口风速较低,一般为 2~4 m/s,送风阻力小,噪声也小,价格低廉;但送风与室内空气混合较慢,所以送风温差不宜过大,一般在 10 ℃以下。直布式布风器一般都设有调风门以调节风量,当装有末端换热器时,还设有调温旋钮。

图 14-2-7 为一种单风管直布式锥形扩散式布风器。进风管 1 通入处设有容积较大的消音箱 5,风门调节旋钮 6 可通过使调风门 2 升降来调节风量。这种布风器的颈部风速可达 2~10 m/s,对室内空气具有一定的诱导作用,故送风温度可提高到 10 ℃左右。而直布式布风器的阻力较大,为 150~300 Pa。有些双风管直布式布风器设有联动调节旋钮,可使舱室的送风总量保持不变。

(2)诱导式布风器

诱导式布风器简称诱导器。图 14-2-8 为一种带电加热器的壁式诱导器。该诱导器的特点是静压箱 10 中的静压较高,送风(称为一次风)通过许多喷嘴 9(26~46 个)喷出,喷嘴的出风速度较高(一般可达 20~40 m/s),产生局部低压,诱导一部分室内空气从进风栅4进来(称为二次风),与一次风混合后再从顶部出口格栅6吹出,送入室内。

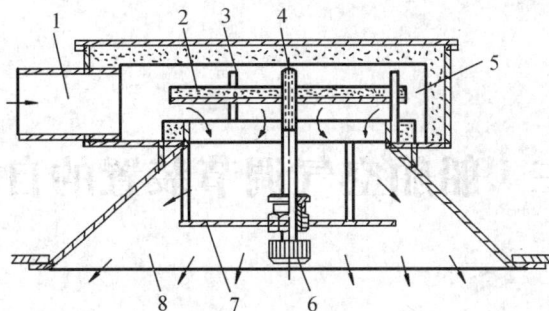

图 14-2-7 单风管直布式锥形扩散式布风器

1—进风管;2—调风门;3—风门导杆;4—调节螺杆;5—消音箱;6—风门调节旋钮;7—挡风板;8—出风口

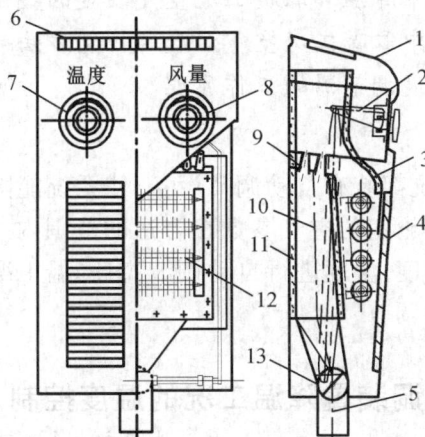

图 14-2-8 带电加热器的壁式诱导器

1—外罩;2—风门调节机构;3—导流罩;4—进风栅;5—送风管;6—出口格栅;7—调温旋钮;8—调风旋钮;
9—喷嘴;10—静压箱;11—吸音层;12—电加热器;13—调风门

通常将二次风量 G_2(kg/h)与一次风量 G_1(kg/h)之比 β 称为诱导比。由于气温变化不大,密度变化可以忽略,因此诱导比为

$$\beta = G_2/G_1 \approx V_2/V_1 \qquad (14\text{-}2\text{-}1)$$

使用诱导器可以增大一次风的送风温差,而不影响室温的均匀性,β 越大,送风温差也越大,也就越有利于减小风机的送风量和风管尺寸。但提高诱导比主要是靠提高喷嘴的出口风速,这就会增加布风器的阻力,从而需要提高静压箱中的静压,因而更需增大风机的风压。所以,一般诱导比以 2~4 较为经济,这时,静压箱中的相应静压为0.15~0.5 kPa。

诱导器设有调风旋钮8,用以调节送风管的风门开度,改变一次风量。诱导器通常在二次风进口设有末端换热器,与二次风进行热交换,传热温差较大,比用直布式布风器传热效果好。带末端换热器的诱导器设有调温旋钮,用来改变换热器的供水量或加热电阻的阻值,以实现舱室的单独调节。由于二次风常带有灰尘,末端换热器很易脏污,需定期清洁。

除阻力大外,诱导器的另一缺点是噪声较大,可达 50~55 dB。此外,诱导器的价格也较高,目前在商船上用得不多。

任务三 船舶空气调节装置的自动控制

学习目标:

1. 掌握空气调节装置中降温和取暖工况空气温度的控制方法
2. 掌握空气调节装置中取暖工况空气湿度的控制方法
3. 掌握常见温度和湿度调节器的工作原理

现代船舶上的空调系统都装有自动调节设备,使系统能随气象条件的变化而自动地进行工况调节,从而维持舱室的空气参数在合适的范围内。空调装置的自动调节主要是:对取暖工况的空气温度、湿度进行自动调节;对降温工况的空气温度进行自动调节;对系统的静压进行自动调节。

任务 3.1　船舶空调装置降温工况的温度控制

夏季调节空气时使用的是降温工况,空气通过空气冷却器冷却去湿。空气冷却器对空气的冷却程度取决于制冷系统的冷量供给情况。直接冷却系统空调温度的控制利用热力膨胀阀自调性能和回风温度,通过控制进入空冷器的制冷剂流量来实现;在间接冷却系统中,则通过控制流经空冷器的载冷剂流量来实现。在保持足够低的空冷器壁面温度的同时,空调装置就有了足够的除湿效果,使一般舱室的相对湿度都能保持在合适的范围之内,因此夏季空调装置不做专门的湿度调节,而只进行温度调节。

1. 直接蒸发式空冷器的温度调节

(1) 热力膨胀阀控制送风温度

绝大多数船舶采用直接蒸发式空气冷却器。在直接冷却系统中,通过膨胀阀的自动调节,向空气冷却器供给定数量的制冷剂,保证了制冷循环的正常进行,而空气冷却器又保证了空气得到预定的冷却降温效果。

在空调器进风量一定的条件下,若进风湿度一定,那么空冷器的热负荷也一定。此时如果制冷工况稳定,膨胀阀将维持一定开度,保证一定的制冷剂流量,使空调器出来的送风温度一定。但是,当空调器回风温度升高时,空气冷却器热负荷必然增大,制冷剂回气过热度提高,进而使膨胀阀开度加大,提高制冷剂流量,使经过空气冷却器的空气降温较大。反之,当空调器回风温度下降时,经过上述一系列的反向调节,空气仅得到较小的温降。所以在夏季空调中,借助于制冷系统热力膨胀阀本身的自调特性,可维持空调器一定的送风温度。而当室外气温变化剧烈,空气冷却器热负荷变化过大,或者膨胀阀自调性能不良时,其控制均达不到预想的效果。

（2）能量调节机构控制送风温度

能量调节机构根据空气冷却器热负荷变化,控制制冷系统的能量供给,可调节送风温度。采用能量调节装置控制运行制冷压缩机气缸数量,可自动调节空调系统的能量供给,使空调送风温度稳定在一定范围内。空调启动时,空气冷却器热负荷大,蒸发压力和温度较高,压缩机自动增缸,直到全负荷运转,以最大制冷量供给空气冷却器,空气得以快速冷却。随着空气冷却器热负荷不断下降,蒸发压力和温度降低,能量调节机构使压缩机减缸运转,制冷量减少,空气得到较小的温降。这种调节方法既保证了制冷系统对空气冷却器能量的合理供给,控制了送风湿度,又保证了压缩机的经济运行。

通常,空气冷却器热负荷变化范围较大,一般设有大、小两个膨胀阀,压缩机采用分级卸载能量调节机构。负荷增加时,吸气压力增加,压力继电器控制自动切换大/小膨胀阀,同时压缩机自动增加工作缸数,使送风温度维持在合适的范围内。

（3）温度继电器控制室内温度

为避免舱室温度太低,大多数空调装置还采用控制回风温度的温度继电器和供液电磁阀对制冷装置进行双位调节。这是目前广泛采用的控制方法。

图 14-3-1 为降温工况的室温度的自动控制原理。它以温度继电器温包 5 作为敏感元件。温包直接感受空调室回风温度,并通过毛细管把信号传送给温度继电器。温度控制器按给定值操纵供液电磁阀 2,改变对空冷器 1 的冷量供给,实现控制空调室内温度的目的。

当各空调室内回风温度超过温度继电器的给定值上限时,控制器动作,开启供液电磁阀,空气冷却器工作,回风与新风混合后得到冷却,保证空调送风要求。反之,当回风温度下降到低于温度继电器的给定值下限时,则关闭供液电磁阀,空气冷却器停止工作,空调室处于通风换气状态。当回风温度持续上升至温度继电器的上限动作值时,再次开启供液电磁阀,空气冷却器又重新工作,将室温控制在所需范围内。回风直接反映了室内实际温度,较利用热力膨胀阀自调性能控制室温更接近温控要求。这种调节方案如图 14-3-1（a）所示。

还有一些装置为了减少压缩机的启停次数,将蒸发器分为两组,并各自设有供液电磁阀和膨胀阀,如图 14-3-1（b）所示。其中一组由感受新风温度的温度继电器控制,当外界气温较低时,该温度继电器断电,关闭其控制的供液电磁阀,蒸发器工作面积相应减小（压缩机自动卸载）;当室温继续降低并达到调定的低限时,感受回风温度的温度继电器切断另一个供液电磁阀,压缩机因蒸发压力降低而停车。

2.间接冷却式空冷器的温度调节

间接冷却式空冷器一般根据回风温度（代表舱室的平均温度）自动调节载冷剂流量,从而调节空冷器的换热量,控制空调舱室温度。它既可采用比例调节,也可采用双位调节。但这种调节滞后时间长,动态偏差较大。也可以将感温元件放置在空调器的分配室内,控制送风温度,但这种控制不适用于双位调节。

图 14-3-2 示出根据回风温度控制载冷剂流量的几种方案。图中（a）为用三通分流阀的比例调节;（b）为用电磁阀的双位调节;（c）为空冷器的分组调节,只对其中的一组

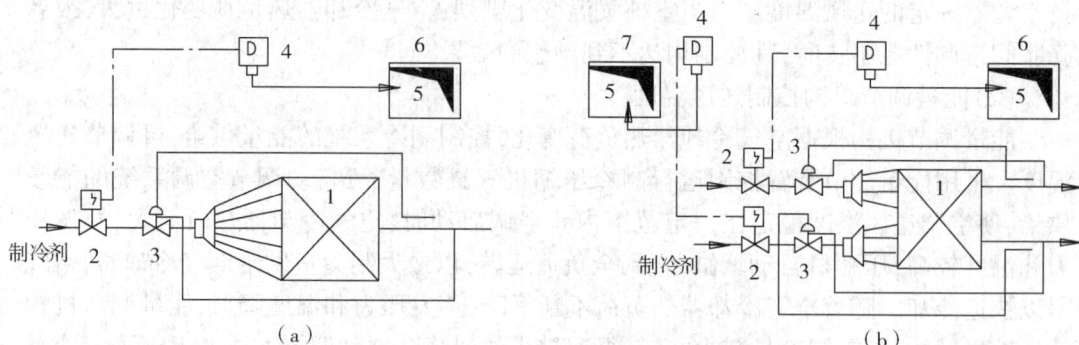

图 14-3-1　降温工况舱室温度的自动控制原理

1—空冷器；2—供液电磁阀；3—热力膨胀阀；4—温度继电器；5—温度继电器温包；6—回风管；7—新风管

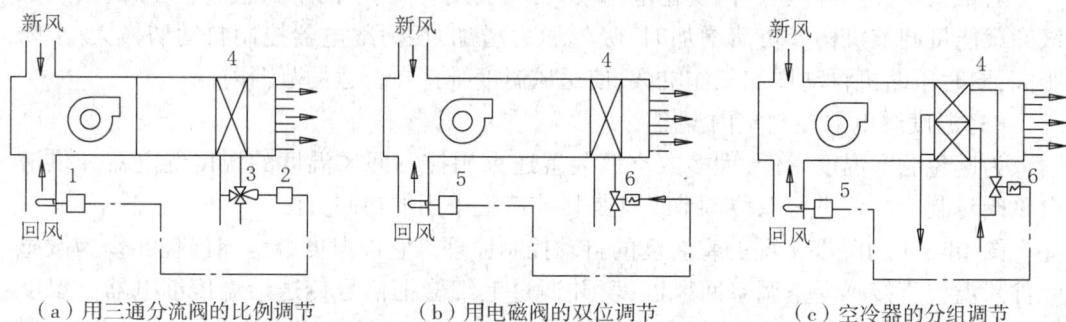

（a）用三通分流阀的比例调节　　　（b）用电磁阀的双位调节　　　（c）空冷器的分组调节

图 14-3-2　间接冷却空冷器载冷剂流量调节方法

1—温度传感器；2—比例式温度调节器；3—三通分流阀；4—间接式空冷器；5—温度继电器；6—电磁阀

进行双位调节。

任务 3.2　船舶空调装置取暖工况的温度控制

冬季送风温度采用改变供入空气加热器的蒸汽或热水流量来调节。

1.调节方案

取暖工况温度的自动调节有以下几种方案：

（1）控制送风温度

控制送风温度是空调系统常用的调节方案。其特点是调节滞后时间短、测温点离调节阀较近，可采用比较简单的直接作用式温度调节器。此方案具体有单脉冲信号和双脉冲信号两种调节系统。

图 14-3-3（a）为单脉冲信号送风温度调节系统。感温元件送风温度传感器 1 放在空调器出口的分配室内，感受送风温度，将信号送到温度调节器 2。当室外新风温度变化时，送风温度也随之变化，于是送风温度与调节器的调定值发生偏差，调节器发出信号，自动调节阀的开度，改变进入空气加热器的蒸汽或热水流量，从而使送风温度大致稳定。但是，外界气候变化还使舱室显热负荷变化，仅控制送风温度不变，室温会产生较大的波动，所以又出现了双脉冲温度调节系统。

图 14-3-3（b）为双脉冲信号送风温度调节系统，它有两个感温元件——新风温度传

感器 5 和送风温度传感器 1,分别感受新风温度 t_w 和送风温度 t_s,温度调节器 2 同时接收两个信号,综合后再输出调节信号,操纵流量调节阀。这种系统能够补偿外界气候的变化,室外气温降低时相应提高送风温度,室外气温升高时相应降低送风温度,使室温变动减小,甚至保持不变。室外温度的变化是导致室内温度变化的主要扰动量,在此扰动出现而室温尚未变化时就预先做出调节,称为前馈调节。试验表明,前馈调节能使调节的动态偏差减小,调节过程的时间缩短,调节的动态质量指标得到改善。

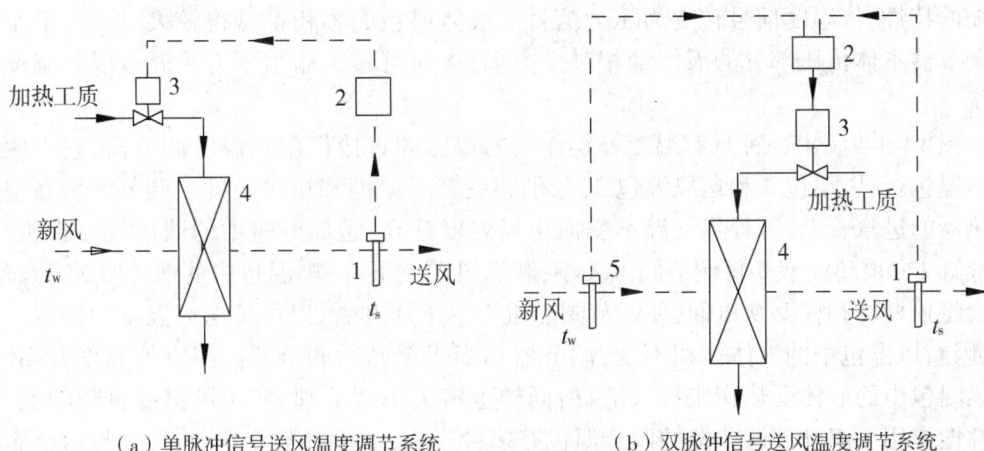

（a）单脉冲信号送风温度调节系统　　　　（b）双脉冲信号送风温度调节系统

图 14-3-3　取暖工况的送风温度调节系统
1—送风温度传感器；2—温度调节器；3—流量调节器；4—空气加热器；5—新风温度传感器

双脉冲信号温度调节中送风温度的变化 Δt_s 与室外气温(新风温度)的变化量 Δt_w 之比称为温度补偿率,用 K_T 表示。

$$K_T = \Delta t_s / \Delta t_w \tag{14-3-1}$$

它表示新风温度每改变 1 ℃时送风温度的改变量。新风温度升高时,送风温度降低,两者变化量都取绝对值。

舱室的隔热越差,所要求的温度补偿率就越高。因为在室外温度变化同样的数值时,隔热较差的舱室的显热负荷变化较大,所要求的送风温度的变化也较大。单风管系统的温度补偿率 K_T 为 0.30~0.75,即室外温度每变化 10 ℃时,就需使送风温度变化 3~7.5 ℃;而双风管系统由于需要将两种温度不同的送风进行混合,二级送风管送风温度的补偿率也就较高,有的可高达 1.20。

舒适性空调对温度控制的精度要求并不很高,一般采用比例调节即可满足要求。

（2）控制回风温度或典型舱室的温度

回风温度大致反映各舱室温度的平均温度,因此,可将感温元件放在回风总管中,当回风温度偏离调定值时,通过改变加热工质流量来改变送风温度,以使回风温度大致不变。这种方法的测温点离调节阀也不远,仍可采用直接作用式温度调节器;在采用单脉冲调节时,比控制送风温度合理;但调节滞后时间较长,动态偏差也较大。因舒适性空调的要求不高,故使用较多。

感温元件也可直接放置在有代表性的典型空调舱室内,直接控制该舱室温度。但是选定典型舱室比较困难;而且这种方案测量点离调节阀较远,不能采用直接作用式温度调节器。

控制回风温度或典型舱室温度一般都采用比例调节;在舱室热容量较大时,也可采用双位调节。

2.直接作用式温度调节器

直接作用式温度调节器以温包为感温元件,热惯性较大,但其结构简单、管理方便,故在舒适性空调的自动调节中获得广泛应用。

空调加热装置的温度调节器常采用充注甘油之类的液体温包。它是利用液体热胀冷缩的特性,将温度信号转变为压力信号。液体温包的容积都做得较大,这样,毛细管和调节器本体传压部分的液体量相对少得多,从而可减少输出压力受温包以外温度的干扰。

图 14-3-4 示出一种具有温度补偿作用的双脉冲直接作用式温度调节器,它有两个液体温包:新风温包 2 和送风温包 3,分别感受新风温度和送风温度。调节阀装在空气加热器的进汽管上,若外界气温不变而送风温度升高,送风温包中的液体就会膨胀,挤入液缸 11,顶动柱塞 9 将调节阀 1 关小;若送风温度下降,则温包中的液体收缩,弹簧 7 就会将顶杆 4 和柱塞 9 压回,使调节阀靠重力落下而开大,以保持送风温度的稳定。此时,因新风温包中的液体体积不变,调节器相当于单脉冲调节器。当室外温度升高时,新风温包中的液体受热膨胀挤入液缸,同样也将关小调节阀,使送风温度自动降低,起到补偿作用。双脉冲调节器的两个温包有多种规格,温度补偿率 K_T 的大小与两个温包的容积比有关,约为新风温包与送风温包的容积之比。若容积相同,则气温每下降1 ℃,送风温度约升高 1 ℃;若送风温包比新风温包大一倍,则气温每下降 2 ℃时,送风温度约升高 1 ℃。

调节器的液缸外壁带有方牙螺纹,液缸拧在螺纹管 12 中。转动调节旋钮 13,带动螺纹管旋转,使液缸上移,于是柱塞上移,调节阀关小,加热蒸汽的流量减小,送风温度降低;反方向旋转,则送风温度升高。液缸移动的程度由液缸导向螺钉 17 固定在液缸 11 上的标尺指针 16 来指示。

在调节器的标尺 15 上刻有表示调节方向的箭头。在对空调装置进行调试时,认为送风温度合适后,即可松开标尺固定螺钉 18,将标尺移至指针位于圆孔处(见图中所示的标尺正视图,在箭头上、下两方刻有的 K、V,分别表示冷、热)。

液缸中的液体漏失会导致柱塞下移,使送风温度升高。可转动调节旋钮,将液缸上移,保持原来的调定值,再将标尺上移到使指针对准箭头的中间圆孔即可。经过几次调整后,若标尺因标尺固定螺钉 18 的限位而不能再向上移动时,表明液体漏失过多,需向液缸补充液体。

调节器上中还装有超压保护弹簧 19。当液缸内压力升高,阀已关闭时,液缸就会在液压作用下带动螺纹管 12 克服超压保护弹簧的张力而自动下移,给液体以膨胀余地,防止温包因温度过高而胀破。

有的船舶空调装置还采用了先进的气动或电动的调节系统。它们以金属感温管或热敏电阻作为感温元件,可使调节更加灵敏;而且温度补偿率和比例带都可以调节。这些系统比较复杂,初置费和维修管理的要求亦高,应用不普遍。

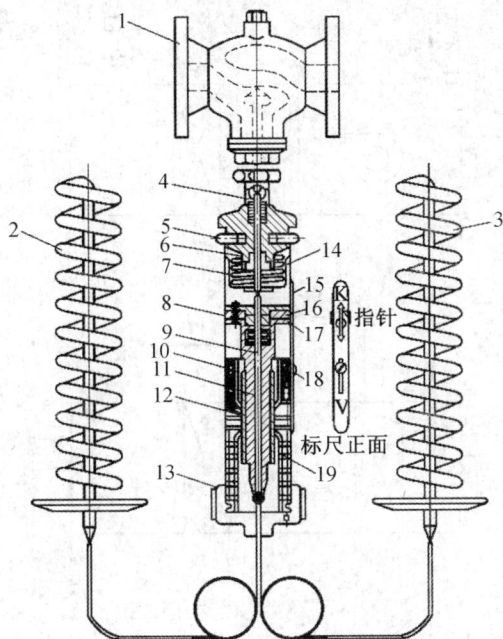

图 14-3-4 双脉冲直接作用式温度调节器

1—调节阀;2—新风温包;3—送风温包;4—顶杆;5—按钮;6—调节阀填料箱;7—弹簧;8—液缸填料;
9—柱塞;10—螺纹管隔环;11—液缸;12—螺纹管;13—调节旋钮;14—筒体;15—标尺;16—标尺指针;
17—液缸导向螺钉;18—标尺固定螺钉;19—超压保护弹簧

任务 3.3 船舶空调装置冬季取暖工况的湿度控制

1.取暖工况的湿度控制方案

取暖工况多采用喷蒸汽加湿或喷水加湿,只要控制喷入的蒸汽量或水量就可保持室内的湿度适宜。

(1)控制送风的相对湿度

如图 14-3-5(a)所示,调节器的感湿元件湿度传感器 1 放置在空调器出口的分配室内,感受送风的相对湿度,然后将信号送至比例式湿度调节器 2。当送风的相对湿度偏离整定值时,调节器会使加湿蒸汽调节阀 3 的开度与偏差值成比例地变化,将送风的相对湿度控制在一定的范围内。此种方法滞后时间短,不能采用双位调节,一般都采用比例调节。

(2)控制送风的含湿量(露点)

如能直接控制送风的含湿量 d_s,只要送风量和舱室的湿负荷不变,就可控制室内空气的含湿量 d_n,并在室温变化不大时保持室内相对湿度合适。因为含湿量确定即露点确定,故这种调节亦称为露点调节,如图 14-3-5(b)所示。

采用两级加热的方法,空气经预热后再喷水加湿。因喷水加湿是一个等焓加湿过程,故加湿后的空气温度就会有所降低,而加湿后所能达到的相对湿度一般比较稳定,未被吸收的水由泄水管路泄出。这样,只要控制住加湿后的空气温度,即可控制送风的

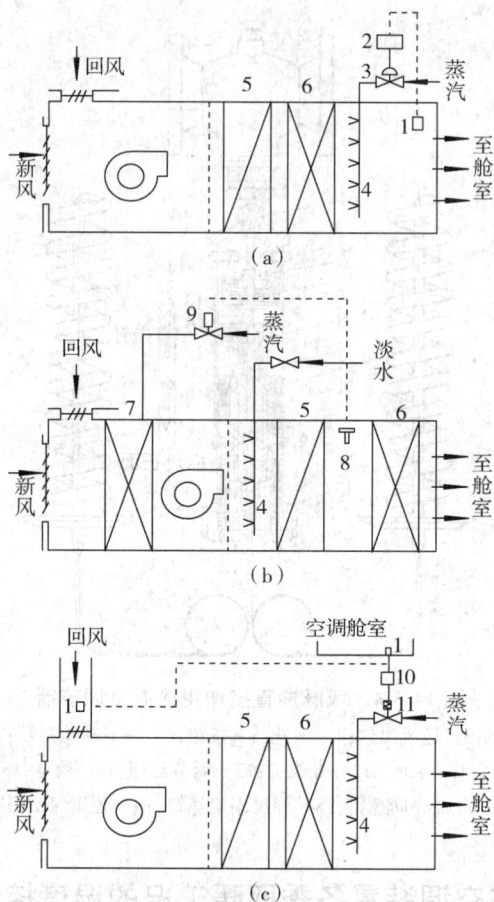

图 14-3-5 取暖工况的湿度调节系统

1—湿度传感器;2—比例式湿度调节器;3—加湿蒸汽调节阀;4—加湿器;5—冷却器;6—加热器;
7—预热器;8—温包;9—直接作用式温度调节器;10—双位式湿度调节器;11—电磁阀

含湿量和露点,而无须担心加湿过量。一般控制送风的含湿量为 6~6.3 g/kg,即露点为 6~7 ℃。这种方法特别适用于采用两级加热的区域再热系统和双风管系统。

(3)控制回风或典型舱室的相对湿度

如图 14-3-5(c)所示,感湿元件湿度传感器 1 放在回风口或典型舱室内,当湿度降低到要求的下限时,双位式湿度调节器 10 使加湿电磁阀 11 开启加湿,舱内湿度随之增加;当湿度达到上限时,调节器使电磁阀关闭,停止加湿。这种调节滞后时间长,如果送风与室内空气混合不良,室内空气湿度的不均匀性会较大,如果改用比例调节,湿度的均匀性可得到改善。

2.湿度调节器

船舶空调装置的相对湿度调节器有气动式、电动式、电子式三种;按其测量湿度的传感器种类又分为干湿球式、毛发式和电阻式三种。

(1)干湿球式湿度调节器

图 14-3-6 示出一种干湿温包式湿度调节器,它是一种双位式电动调节器。感温元件可采用温包或热电阻,使用时将两个感温元件(一干一湿)同时置于测量点,于是干、湿元件的温度差变为温包内充剂的压差,或变为两个热电阻的电阻差值后再转换成电

桥的不平衡电压,然后用压差或不平衡电压的大小来反映相对湿度。同时控制电触头的通断,从而控制加湿蒸汽管路上的电磁阀的启闭,实现加湿或停止加湿。

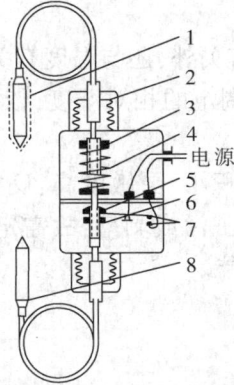

图 14-3-6 干湿温包式湿度调节器

1—湿温包;2—波纹管;3—主调节螺帽;4—弹簧;5—固定螺帽;6—幅差调节螺帽;7—电触头;8—干温包

必须保证干、湿感温元件清洁和通风良好,湿感温元件的纱布套始终保持湿润。此外,气流速度对相对湿度的测量值影响较大。

(2)毛发(或尼龙)式湿度调节器

毛发(或尼龙)式湿度调节器利用脱脂毛发或尼龙在既定拉力下的伸长率与空气相对湿度有关的特点做成感湿元件,并经放大器、气动执行机构去控制蒸汽加湿阀开度,属于比例调节器。其特点是价格低廉,但由于这种系统维护管理比较复杂、灵敏度低,且使用一段时间后感湿元件会老化或产生塑性变形,故目前使用不多。

(3)氯化锂电阻式湿度调节器

图 14-3-7 为氯化锂双位式电动湿度调节器及其系统。它的感湿元件 1 是一个圆柱形绝缘体,在其表面缠有两根平行且互不接触银丝,外涂一层含氯化锂的涂料。其靠涂料构成导电回路,故感湿元件的电阻值取决于涂料的导电性。当空气相对湿度变化时,氯化锂涂料的含水量随之改变,其导电性也成比例地改变,电流也成比例地发生变化。此电信号经晶体管放大器 2 放大后,通过信号继电器去控制调湿电磁阀 4 的启闭。当

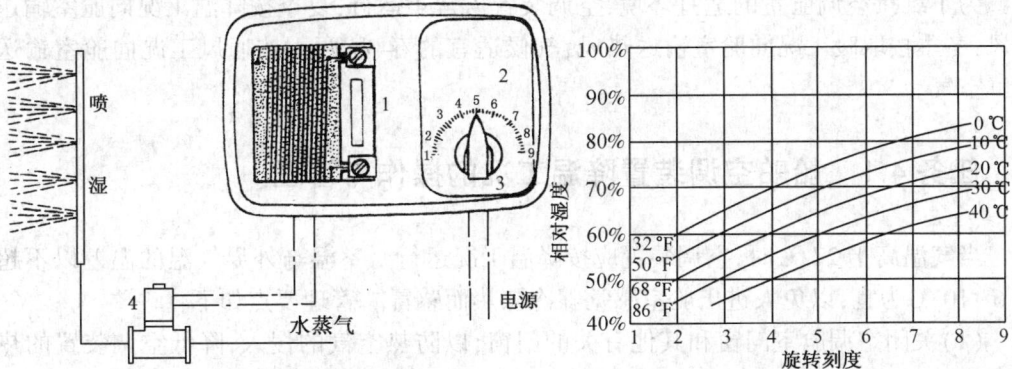

(a)调节器及其系统示意图　　　　(b)调湿刻度与温度调节器及其系统

图 14-3-7　氯化锂双位式电动湿度调节器及其系统

1—感湿元件;2—晶体管放大器;3—调节旋钮;4—调湿电磁阀

空气相对湿度达到调定值时,信号继电器触头断开,调湿电磁阀断电关闭,停止向空调器喷湿;而当相对湿度低于调定值的1%时,信号继电器触头闭合,调湿电磁阀开启,蒸汽加湿器工作。

氯化锂的电阻值除与含水量有关外,还与温度有关,所以在湿度调节器上还设有调节旋钮3,以便按照环境温度和欲调定的相对湿度,依据厂家提供的关系曲线选取调节旋钮的位置来加以调整。

氯化锂感湿元件结构简单、体积小、灵敏度高、反应速度快,调节精度在 $\varphi = \pm 1.5\%$ 以内。使用日久后,氯化锂涂料会脏污或剥落,故需定期检查和清洁,感湿元件不可用水接触和擦拭,以免影响其工作性能。

任务四 船舶空气调节装置的操作与管理

学习目标:

1. 掌握空调装置的启动操作、运行注意事项及检查要点
2. 掌握空调装置降温工况的管理要点
3. 掌握空调装置取暖工况的管理要点
4. 掌握空调装置通风工况的管理要点
5. 掌握空调器的维护要点
6. 掌握船舶空调装置常见故障分析和排除方法

为了维持空调舱室的适宜环境,空调装置需常年运行,夏季按降温工况向舱室输送冷风,冬季按取暖工况向舱室输送热风,气候适宜的春、秋两季按通风工况向舱室输送新鲜空气。

任务 4.1　船舶空调装置降温工况的操作与管理

当气温高于27 ℃时,空调装置应按降温工况运行。室温与外界气温的温差以不超过6~10 ℃为宜,以免人进出舱室感觉骤冷骤热而感冒。管理要点如下:

(1)关闭空调舱室门窗和其他有关的门窗,以防热空气的侵入,降低空调装置的热负荷。

(2)空调装置运行前先检查压缩机曲轴箱油位、贮液器液位、盘车、开关系统有关阀门等准备工作。

(3)启动顺序:先开风机,后开制冷压缩机。因为刚启动时膨胀阀温包降温慢,膨胀

阀开度较大,如果风机不工作,则进入空气冷却器的制冷剂吸热量太小而不能迅速蒸发,容易造成压缩机液击,或因吸气压力过低而停机。安全起见,空调制冷压缩机启动时应先稍开吸入截止阀,然后逐渐开启,万一听到液击声,立即关小吸入截止阀。另外,启动压缩机时还要防止奔油现象的发生。

(4)停用顺序:短期停用,先停制冷压缩机,后停风机,以免压缩机液击;长期停用,先回收制冷剂至贮液器,再停制冷压缩机,最后停风机。

(5)为避免空冷器管壁结霜,直接蒸发式空调冷剂的蒸发温度最低不低于$-3 \sim -2 \ ℃$,一般为$5 \sim 10 \ ℃$,相应的蒸发压力 R22 为$0.48 \sim 0.57 \ MPa$;而当采用间接冷却方式时,如载冷剂用淡水,则温度一般保持$4 \sim 7 \ ℃$,最低不低于$2 \sim 4 \ ℃$,以防淡水结冰。正常情况下,膨胀阀不结霜,蒸发器及回气管结露,并有凉手感。

(6)膨胀阀一般不应结霜,只有当蒸发温度低至$-3 \ ℃$时,阀后制冷剂分配器这段不受空气吹扫的管路可能稍有薄霜,运行中应防止膨胀阀的开度调节得过大而使压缩机发生液击。若制冷剂的蒸发温度已很低,而送风湿度仍然降不下来,则往往是膨胀阀开度调得过小或发生阻塞或系统中的制冷剂不足所致。此时不要任意开启膨胀阀的旁通阀增大制冷剂的流量,以免负荷降低后,压缩机因旁通阀无自调能力而产生液击。膨胀阀的温包未紧贴回气管、安装位置不正确、未包隔热层等均可能造成阀的开度大,蒸发压力过高。

(7)用 R22 时压缩机的吸气压力为$0.48 \sim 0.57 \ MPa$,最低不得小于$0.4 \ MPa$,以免对应的蒸发温度过低;排气压力为$1.1 \sim 1.36 \ MPa$,最高不宜超过$1.43 \ MPa$;润滑油压应高于吸气压力$0.06 \sim 0.15 \ MPa$,设有能量调节装置的应高出吸气压力$0.15 \sim 0.3 \ MPa$。正常工作时,压缩机的吸气截止阀只结露水。

(8)送风温度维持在$11 \sim 15 \ ℃$,过低的送风温度易使舱室结露或出现气雾现象。

(9)保持合适的回风比(回风量与总风量之比)。在满足新鲜空气需要的前提下,采用较高的回风比,可节省能耗。用新风和回风风门开度来调节回风比。一般在空调装置安装后初次调试时已经调定,并做有记号。下列情况可以改变回风比:春、秋季单纯通风时可采用全新风;气候特别热湿或寒冷超过空调的设计条件时,适当增加回风比,以保持合适的温、湿度;外界空气特别污浊时,暂时提高回风比,甚至短时间内采用全回风。

(10)保持承水盘泄水通畅,以免除湿产生的凝水在空调器内泛滥,被送风带入舱内。

(11)空调装置长期停用时,应把制冷系统中的制冷剂收回贮液器中,以减少冷剂的泄漏。

(12)用水作介质的间接式冷却器,应经常开启其顶部放气阀放空气,防止形成气囊,阻碍水的正常流动。

(13)注意维护滤器。在滤器前、后通常设有 U 形玻璃管式风压计,以便测量滤器前、后空气压差。正常时流经滤器的压降为$2 \sim 10 \ mmH_2O$。

(14)风机的滚动轴承每运转三个月左右加一次润滑脂。风机如系皮带传动,应调节其松紧程度,防止打滑。

任务 4.2　船舶空调装置取暖工况的操作与管理

当外界气温低于 15 ℃时,空调装置应按取暖工况运行。管理方面除任务 4.1 提到的第(1)、(9)、(13)、(14)要点外,还应注意:

(1)启动顺序:先使加热器投入工作,再启动风机,以免外界冷空气直接吹入舱室。应缓慢开启加热器的进汽阀,使冷管有一个暖管泄水过程,防止水击。

(2)停用顺序:先关闭加湿阀,半分钟后再停风机,让风机将已经加湿的空气全部吹出风管,以免风管中出现凝水,下次启动风机时把水滴带入舱室。

(3)严格控制加湿量。气温在 5 ℃以上时一般不加湿。当气温在 5 ℃以下时,空气加热的同时还应加湿。此时应选择一个典型舱室,测定室内空气的湿度,调整加湿量适宜后才可正式投入使用。加湿为人工控制时,一般控制舱室的相对湿度为 30%左右;加湿为自控时,若感湿元件置于空调器的空气分配室中,由于该处温度高于舱室温度,相对湿度应调至 10%~15%,以免舱室的湿度太大。随着外界气温的降低,应适当增大加湿量。取暖工况时,舱内空气的含湿量一般不超过 6.5 g/kg(相应于室温 22 ℃、相对湿度 40%),空调器出口相对湿度不宜超过表 14-4-1 所示的数值(相当于含湿量为 6 g/kg)。若加湿器置于加热器之后,由于该处空气温度较高,吸收水分的能力很强,一定要防止加湿过量,否则送风供入舱室内后温度降低,容易使舱内湿度过高,甚至在舱壁结露。

表 14-4-1　单风管空调系统取暖工况相对湿度最大值

送风温度/℃	25	30	35	40	45	50
相对湿度	30%	22%	18%	13%	10%	8%

(4)加热器以蒸汽作加热介质时,若出口阻汽器后的回水管很烫,表明阻汽器不起作用,应修理或更换,以免浪费蒸汽;用热水作加热介质,应经常开启其顶部放气阀放空气,防止形成气囊,阻碍热水的正常循环。

任务 4.3　船舶空调装置通风工况的管理

通风工况应全部采用外界新风,空调器的回风门应完全关闭。加热、加湿和冷却系统均停用,风机宜在低速挡运行以减少电力消耗和噪声。

任务 4.4　空调器的维护

1.风机

(1)定期清除吸入滤器和风机内部的灰尘污垢、水分等,以确保气道的通畅和防止生锈;

(2)轴承定期加注黄油或润滑油,以确保良好润滑条件;

(3)对备用的或停机时间长的风机,应定期将转子旋转 120°~180°,以免主轴弯曲变形;

（4）风机运行中若出现剧烈振动、轴承过热等应停机检修。

2.空气过滤器

过滤器阻塞会使风机的送风量减少，故应定期清洁和检查，发现破损应换新。不同类型的过滤器的清洗方法亦不同。对于泡沫塑料滤器，可将滤层抽出，刷去框架上的灰尘和油垢，拍去塑料滤层的灰尘后，再用 0.29 MPa 的压缩空气从塑料泡沫较干净的一侧吹向另一侧。对于除油的铜丝网过滤器，应先用刷子刷去表面的油污，再用压缩空气吹，污垢较多时，可用热水冲洗或用三氯乙烯洗涤剂清洗，忌用碱水，洗涤剂清洗后需用热水反复冲洗干净，待干燥后再喷上无毒的滤网油（网厚 35 mm 者，用油量约为 0.3 kg/m^2），安装时应将喷油一侧朝向空气进入的方向。

3.热交换器

热交换器应按说明书要求定期检查和清洁，以免发生阻塞影响热交换和送风量。清洁方法如下：

（1）用毛刷刷去外表的灰尘污垢。

（2）用表压为 0.29 MPa 的压缩空气吹扫或吸尘器抽吸。

（3）用洗涤剂溶液冲洗管壁油垢。

任务 4.5　船舶空调装置常见故障分析和排除

空调系统的故障，可归纳为以下几个方面：

1.送风量过大或过小

空调装置中，风机所提供的风压除了用以把空气输送至一定几何高度外，全部用来克服风管的阻力和保证空气以一定流速从布风器流出，所以风机的运行工况点取决于风机的特性和风管管路特性，即风管管路特性的变化，必然会导致送风量的改变。

在有分支管的风管中，若两支管的阻力损失不同，空气就会涌向阻力损失较小的支管而使该支管的送风量增大，另一支管的送风量减小，直至两支管的阻力损失相等，分支处的压力重新平衡为止。结果，各分支管的送风量均偏离设计要求。

（1）送风量过大的原因及故障排除

①所配风机的风量偏大，可用关小总风门的办法来提高风机的工作压力或关小进风门的办法来减小送风量。

②风机转速高于额定转速。

③分支后各分支风管的风门开度调节不当，造成风门偏大的支管送风量过大。应重新调节各分支管的风门，使送风量合理分配至各分支管。

④同一分支的一支管部分舱室负荷减小或部分布风器关闭，造成另一分支管的送风量过大，可用关小分支前风门开度的办法来调节。

（2）送风量过小的原因及故障排除

①所配风机的风量偏小。应更换风机。

②分支后各分支管的风门调节不当，风门偏小的支管送风量就偏小。应重新调节各分支管的风门，使送风量合理分配。

③送风系统不严密，漏风严重。检查并消除漏风。

④因风机皮带打滑或因电压不足造成转速下降、风机反转、空气滤器堵塞或风门开度过小等,造成风机的送风量不足。查明原因并及时消除。

2.降温工况送风温度过高

①空调制冷设备的容量过小或热负荷过大。可通过增大回风量予以解决。

②制冷系统工作不正常,制冷量下降。若压缩机运转正常,而蒸发器不冷、冷凝器不热,则往往是由于过滤器或膨胀阀堵塞,或制冷剂泄漏所致。

③空气为间接冷却,冷媒水的循环量过小。应注意经常排空气,检查泵的密封间隙和防止吸排管路阻塞。

④空气冷却器的热交换面积有灰或有污垢。应定期清洁,确保空气冷却器的热交换效果。

3.采暖工况送风温度过低

①空气加热器容量过小,或加热蒸汽或热水的温度过低,或供入流量过小。可提高加热介质的温度或流量。

②空气加热器的热交换面积有灰或有污垢。应定期清除,确保良好的热交换效果。

③气温过低,负荷过大。可适当增大回风量。

4.降温工况空调舱室空气湿度过大

①空调器处理的新风量过多或舱室门窗不严。可适当减小新风量,增大回风量,关严门窗。

②空气冷却器表面的温度偏高。可降低制冷剂的蒸发温度,使空气冷却器表面的温度低于空气露点。

③挡水板的间距过大,或折数不够,或与边框的缝隙过大,或空气的流速过高。应改进挡水板的加工和安装质量,降低空气的流速。

5.空调器风机启动,压缩机不能启动

①电源线的容量不够(太细)或零线误作地线,造成启动电压下降很多。查明原因,更换电源线或纠正接线错误。

②电源电压过低。提高电源电压。

③压缩机过载,保护器烧断,更换保护器消除过载因素。

④压缩机的电机断路。拆检修理电机。

⑤温控器或压力继电器的触头断开,在调高其接通温度后压缩机仍不能启动,可短接其触头,若压缩机可以启动,则说明温控器已损坏,应更换。检查压力继电器,若触头断开,则应排除故障或更换压力继电器。

⑥小型压缩机的启动电容器或运转电容器断路,或启动电容器损坏。检查电路,在消除断路情况后压缩机仍不能启动,则应检查启动电容器是否损坏。对于不分正、负极的电容器,可用万用表 Ω 挡的×1k 或×100 进行检查,用两表笔分别碰电容器的两极:若表针向零位摆动后慢慢复原,两表笔交换碰电容器两极,情况仍如此,则电容器是好的;若表针根本不动,则说明电容器已击穿断路;若表针向零位摆动后停止不动,则说明电容器已短路。

⑦转换开关接触不良。修理或更换转换开关。

6.空调的压缩机间断跳闸

①电源的电压过高或过低。调整电源电压至正常值。

②过载保护器失灵。保护器触头断开电流过小,若测量工作电流正常,则应调大断开电流或更换保护器。

③电动机的启动继电器的触头断不开,造成工作电流过大,保护器切断电源。应修理或更换启动继电器。

④制冷系统的冷凝器的冷却水量过小或断水,或冷却风机不转,或冷凝器积满灰尘、污垢,冷凝效果差,造成压缩机的排气压力过高,工作电流过大,保护器切断电源。应检查冷却水系统或风机,确保冷却介质的流量,或清洁冷凝器。

7.空调系统和空调舱室噪声过大

①空调器的风机振动过大。其主要原因是风机技术性能不符合要求,或安装工艺不符合要求。如风机转子静、动态平衡性能差,风机轴承装配不符合要求或损坏,地脚螺栓松动,风机与水泵的吸振结构差等。应加强风机的减振基础,更换失效的减振器,检查和校正风机叶轮的平衡情况,更换过度磨损或损坏的轴承等。

②风管内的风速过高。调整风量,降低风速。

③送风口开度过小,送风速度过大。可开大布风器的风门,使送风口的风速低于 3 m/s。

④风管结构处理不良,某些过渡段局部阻力变化急剧,将引起噪声。

⑤中央空调器内与风管中的消声装置设计不良,吸声材料选用不正确等。

8.船舶空调送风口滴水

船舶空调舱室送风口滴水或出现水雾的主要原因是送风温度低于室内空气的"露点",另一个原因是挡水板的过水量太大或挡水板损坏。对于直接蒸发式和水冷式空气冷却器,承水盘安装不良,泄水管堵塞,或因空气冷却器处于负压区而未采取 U 形水封等而造成流水不畅,以及质量流速大于 $3 \text{ kg}/(\text{m}^2 \cdot \text{s})$,未装挡水板等,都会造成送风口出现滴水或水雾的现象。

排除方法:

①改变送风温度。

②堵塞挡水板漏水处。

③调整挡水板叶片布置。

9.空调舱室气流速度大

空调舱室空气流速过大,超过 0.35 m/s,人会感到不舒服。产生这种现象的原因有:

①布风器内静压箱压力过大,喷口尺寸和布置不正确,出口气流速度大了。

②调风闸门或回风格栅调节门开度过大,配合不协调,送风量过大且气流组织不均匀等。

10.自动控制元件失灵

自动控制元件失灵,不能及时、正确地反映工况参数或不能及时调节使工况稳定下来。这说明温度调节器、湿度调节器、静压压力调节器等仪器设备质量差,测量元件布置不正确。因此,在空调装置投入运行后,要加强检查和管理,严格按操作程序操作,对发现的问题和提出的解决措施都得做好记录,以供检查使用。

项目十五

船用辅锅炉的操作与管理

任务一 | 认识船用锅炉

学习目标:

1.熟悉船用锅炉的类型
2.掌握船用锅炉的性能参数
3.熟悉船用辅锅炉和废气锅炉的结构
4.掌握废气锅炉与燃油辅锅炉的联系方式
5.能正确操作和管理安全阀、水位计等锅炉附件

任务 1.1 船用锅炉的种类

锅炉是通过燃料燃烧将其化学能转化为热能,加热锅炉内的水使其变成水蒸气或热水或加热锅炉内的热油使之温度升高的设备。在柴油机船舶上,辅锅炉产生的蒸汽主要用来加热燃油、滑油、暖缸水及供船员生活使用,有些也用来驱动蒸汽辅助机械。一般柴油机货船安装一台压力为 0.5~1 MPa、蒸发量为 0.4~2.5 t/h 的辅锅炉和一台废气锅炉。

船用辅锅炉是相对于船用主锅炉而言。主锅炉应用在蒸汽动力装置的船舶上,其产生的蒸汽主要用于驱动主机,同时也用于驱动各种辅机,供燃油预热、油舱加热及生活需要等。辅锅炉是指产生蒸汽专供船舶辅机、蒸汽设备及船员生活使用的锅炉。在柴油机船舶上,它产生的蒸汽主要用来加热燃油、滑油、暖缸水及供船员生活使用。油船需要大量的蒸汽来加热货油及油舱清洗用水、驱动货油泵和甲板机械,因此必须有一台或几台大容量的辅锅炉。

废气锅炉是装在柴油机船排气管上的设备。在船舶航行时,它利用柴油机排出的废气的热量来产生蒸汽,既可省燃料,又能起到排气消音的作用。

锅炉的种类很多,分类的标准不一,下面简单介绍一下辅锅炉的种类。

1.按锅炉的结构分

烟气在管内流动的锅炉称为烟管锅炉或火管锅炉;烟气在管外流动的锅炉称为水管锅炉;烟管与水管组合的锅炉称为混合式锅炉。

2.按炉水循环方式分

按炉水循环方式分,锅炉有自然水循环锅炉和强制水循环锅炉。自然水循环锅炉是指锅炉中炉水和水汽混合物,因比重差而形成有规则的、有一定方向的流动,水管式锅炉皆属此类型。强制水循环锅炉是指锅炉内炉水和水汽混合物的流动,是由炉水循环泵的压力造成的,这种锅炉结构更为紧凑,产汽迅速,蒸发量可调节,且压力范围可以根据需要进行设计。

3.按锅炉的工作压力分

按锅炉的工作压力大小,锅炉可分为高压锅炉、中高压锅炉、中压锅炉和低压锅炉。高压锅炉的蒸汽压力大于 6 MPa;中高压锅炉的蒸汽压力在 4~6 MPa;中压锅炉的蒸汽压力在 2~4 MPa;低压锅炉的蒸汽压力小于 2 MPa。

任务 1.2　锅炉性能参数

锅炉主要性能参数包括蒸发量、蒸汽参数、锅炉效率、受热面积、蒸发率和炉膛容积热负荷等。燃油锅炉主要参数为蒸发量、蒸汽参数和锅炉效率。废气锅炉主要参数为受热面积、蒸汽工作压力。

1.蒸发量

锅炉在单位时间里产生的蒸汽量称为蒸发量,又称为锅炉的容量,用 D 表示,单位是 kg/h 或 t/h。通常标注的是在设计工况的额定蒸发量。为了便于不同参数之间锅炉的比较,可以采用换算蒸发量或折算蒸发量,即把锅炉的实际蒸发量换算到标准气压下的饱和蒸汽产量。

2.蒸汽参数

锅炉供应饱和蒸汽时,蒸汽参数用蒸汽压力(MPa)来表示;锅炉供应过热蒸汽时,蒸汽参数必须用蒸汽压力和蒸汽温度来表示。

锅炉一般标注名义工作压力,使用的工作压力可以超过一些,但不能超过锅炉的最大许用工作压力(设计压力)。

3.锅炉效率

进入锅炉膛的燃料,除大部分燃烧发出热量外,还有一小部分没有烧完就随烟气排出,燃料的有效热量未能全部利用。单位时间内燃料燃烧放出的实际热量与单位时间内供给燃料包含的全部热量之比为燃烧效率,即

$$燃烧效率 = \frac{单位时间内燃料燃烧放出的实际热量}{单位时间内供给燃料包含的全部热量}$$

一般燃油锅炉的燃烧效率可达 95%~98%。

锅炉里燃料燃烧放出的实际热量,其中大部分被锅炉受热面吸收,传给水和蒸汽,其余的随着烟气排出或通过散热跑掉,未能利用。锅炉受热面吸收的热量与燃烧放出的实际热量之比,称为传热效率,即

$$传热效率 = \frac{受热面吸收的热量}{燃烧放出的实际热量}$$

由于锅炉的结构形式不同,传热效率也相差甚大。无尾部受热面的锅炉的传热效率只有60%~70%;有蒸汽过热器与经济器的锅炉的传热效率为70%~85%;既有蒸汽过热器、经济器,又有空气预热器的锅炉的传热效率为85%~94%。

单位时间内产生蒸汽的有效热量与单位时间内供给燃料的全部热量之比,称为锅炉效率,用 η 表示。锅炉效率表示锅炉里燃料热量的有效利用情况,可用下式计算:

$$\eta = \frac{\sum D(h_q - h_g)}{BQ_D} \tag{15-1-1}$$

式中:$\sum D$——锅炉供应的各种参数蒸汽的蒸发量,kg/h;

h_q——所供蒸汽的比焓,kJ/kg;

h_g——给水的焓,kJ/kg;

B——单位时间内的燃料消耗量,kg/h;

Q_D——燃料的低发热值,kJ/kg。

在锅炉稳定工作过程中,燃料燃烧放出的热量,除了将水变为蒸汽的有效热量以外,其他的热量都以各种损失消耗掉。因此,锅炉效率又可表示为

$$\eta = \frac{BQ_D - B(Q_1 + Q_2 + Q_3 + Q_4)}{BQ_D} \tag{15-1-2}$$

式中:Q_1——排烟热损失,kJ/kg;

Q_2——化学不完全燃烧损失,kJ/kg;

Q_3——机械不完全燃烧损失,kJ/kg;

Q_4——锅炉散热损失,kJ/kg。

锅炉排烟温度一般在150~300 ℃,温度还比较高,它带走的热量比燃料和空气带入炉膛的物理热多。因此,烟气带走了燃料燃烧时放出热量的一部分,就成了排烟热损失 Q_1。这是锅炉中各项热损失中最大的一项,额定工况下排烟相对热损失为 $q_1 = Q_1/Q_D = 10\%~20\%$。

化学不完全燃烧损失 Q_2 是由在燃烧过程中产生的一氧化碳、甲烷和氢等可燃物质,未能得到充分的完全燃烧,而使一部分热量没有机会在炉膛里产生出来造成的。引起的原因主要是过量空气系数太小、空气和燃料的混合不良、炉膛温度太低等。对于燃油锅炉燃烧正常时,化学不完全燃烧相对热损失为 $q_2 = Q_2/Q_D = 0.3\%~0.5\%$。

机械不完全燃烧损失 Q_3 是由一部分燃料没有参加燃烧造成的。例如,燃油雾化不良时,较大的油滴未能燃尽就随烟气一起排出。燃烧正常时,可认为机械不完全燃烧相对热损失 $q_3 = Q_3/Q_D = 0$;燃烧不良时,q_3 可达 0.5%~1%。

散热损失 Q_4 是由于锅炉外壳、汽水筒等锅炉部件的外表温度比机舱环境高得多,造成一部分热量散失到周围的空气中,成了散热损失。相对散热损失 $q_4 = Q_4/Q_D$,随锅炉的蒸发量增加而减小。一般锅炉 $q_4 = 2\%~5\%$。

对于燃煤锅炉,红热状态的灰渣从炉中清出,带走了一定的热量,还会造成灰渣物理热损失。对于燃油锅炉,此项损失不存在。

另外,锅炉效率也可用燃烧效率与传热效率的乘积来表示:锅炉效率＝燃烧效率×传热效率。

4.受热面积

锅炉的受热面积就是蒸发受热面积和附加受热面积之和,单位是 m^2。锅炉的附加受热面积是指过热器、经济器和空气预热器等的换热面积,辅锅炉一般不设过热器、经济器和空气预热器,其受热面积即为蒸发受热面积。

5.蒸发率（产汽率）

锅炉的蒸发率就是单位蒸发受热面积每小时产生的蒸汽量,单位是 $kg/(m^2 \cdot h)$。蒸发率用于评价锅炉蒸发受热面的平均传热强度,蒸发率越高,锅炉结构越紧凑。

6.炉膛容积热负荷

炉膛容积热负荷是指单位炉膛容积在单位时间内燃料燃烧放出的热量,用 q_v 表示:

$$q_v = \frac{BQ_D}{3\,600V_1} \quad kW/m^3 \tag{15-1-3}$$

式中,V_1——炉膛容积,m^3。

燃油锅炉在燃油耗量和热值一定的条件下,q_v 值越大,意味着炉膛相对容积越小,因而燃油在炉膛内燃烧停留时间越短,炉膛内的烟气平均温度也越高。q_v 是影响燃烧质量、锅炉效率、工作可靠性,以及锅炉尺寸和重量的一个重要参数。

任务 1.3 锅炉的结构

1.燃油锅炉的主要结构

（1）立式横烟管锅炉

烟气在横置的烟管中流动的锅炉称为立式横烟管锅炉。图 15-1-1 是一种曾普遍使用的立式横烟管锅炉。根据型号的不同,蒸发量一般为 1~4.5 t/h,最大工作汽压为 1.0~1.7 MPa。

此锅炉有一个直立的圆筒形锅壳 1,其直径为 1 500~2 600 mm,由锅炉钢板（20 号或 15 号钢）卷制焊接而成。为能较好地承受内部蒸汽压力,其顶部和底部均为椭圆形封头 2。整个锅炉的高度为 3.7~6.3 m。

在锅壳中的下部设有由钢板压成的球形炉胆 3。炉胆顶部靠后有圆形出烟口 4,与上面的燃烧室 5 相通。燃烧室与烟箱 12 之间设有后管板 6 和前管板 7,两管板之间装有数百根水平烟管 8。烟管由直径为 38 mm、45 mm 或 51 mm 的无缝钢管制成。管与管板可以通过扩接或焊接相连。锅壳内部分成两个互相隔绝的空间,炉胆和烟管里面是烟气,外面是水。

设在炉前的电动油泵 9 通过燃烧器 10 的喷油嘴向炉胆内喷油,同时由鼓风机 11 经风门将空气送入炉内助燃。油被点燃后,在炉胆内燃烧,高温火焰与烟气中的热量主要通过辐射方式经炉胆壁传给炉水。未燃烧完的油和烟气经出烟口向上流至燃烧室继续燃烧。然后顺烟管流至烟箱,最后从烟囱排入大气。烟气在烟管中的流速越高和扰动越强烈,对管壁的对流放热能力就越强,因此在烟管中常设有加强烟气扰动的长条螺旋片。由上述可见,烟管锅炉中的炉胆、燃烧室和烟管都是蒸发受热面。虽然炉胆和燃烧室仅占整个锅炉受热面的10%左右,但由此传给水的热量占一半以上。这是因为这部分受热面受中心处温度为 1 300～1 400 ℃的火焰直接照射,属于辐射受热面,传热十分强烈,蒸发率甚大。而烟管的传热方式以对流为主,属于对流受热面。烟气在烟管中流动时,其温度在进口处为 600～700 ℃,流入烟箱时已降为 300 ℃左右,以致烟气与炉水之间的温差不是很大,又由于烟气在烟管内纵向流动,流速小,对流换热效果不佳。虽然烟管面积占整个锅炉受热面积的90%左右,但传热量不到一半,致使整个锅炉的受热面蒸发率不高,一般烟管锅炉蒸发率仅为 25 kg/(m² · h)左右。图 15-1-1 所示锅炉虽使用了悬空式球形炉胆,并在烟管中嵌入长条螺旋片,以加强烟气扰动,但蒸发率也不过40 kg/(m² · h)左右。烟管锅炉排烟热损失较大,热效率只能达到72%左右。

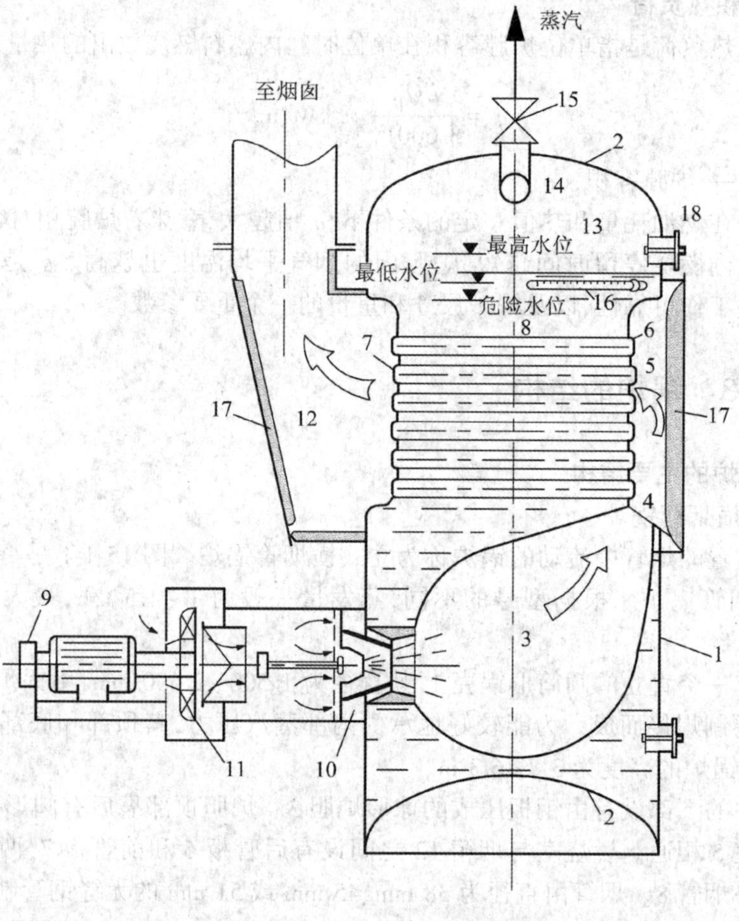

图 15-1-1　立式横烟管锅炉

1—锅壳;2—封头;3—炉胆;4—出烟口;5—燃烧室;6—后管板;7—前管板;8—烟管;9—电动油泵;
10—燃烧器;11—鼓风机;12—烟箱;13—汽空间;14—集汽管;15—停汽阀;16—内给水管;
17—检查门;18—人孔门

锅壳中水位高出蒸发受热面,在水面以上为汽空间 13。炉水由于吸热沸腾而汽化,产生大量蒸气泡。蒸汽逸出水面后聚集在汽空间中,经顶部的集汽管 14 和停汽阀 15

输出,由蒸汽管道送至各处使用。

炉内的水不断蒸发成蒸汽,致使水位降至最低工作水位,这时水位自动调节器动作,启动给水泵,水就经给水阀和内给水管 16 补入。因给水泵的给水量大于蒸发量,故给水泵启动后水位就开始上升。当水位升到最高工作水位时,调节器又发生作用,停给水泵。

在燃烧室背后和烟箱前面都有可开启的检查门 17,以便于清除积存在烟管中的烟垢,或维修损坏的烟管。在锅壳上部设有人孔门 18,以便工作人员进入锅壳内部进行维修和清扫积存的污垢。在锅炉下部则设有手孔门。

为了减少锅炉的散热损失和降低周围环境温度,并防止工作人员烫伤,锅壳外面包有隔热材料层,最外面是一层薄铁皮外罩。不包隔热材料的锅炉是不允许工作的,因为冷空气吹到锅壳上会使锅炉受到损伤。

烟管锅炉的特点是蒸发率低,热效率较低;蓄热量大,点火升汽时间长(数小时),汽压和水位变化慢,容易调节,对水质要求低;相对体积和重量较大,适用工作压力较低、蒸发量较小的场合。

(2)立式直水管锅炉

立式直水管锅炉体积小、产汽快、蒸发率高、循环水强有力、循环效率高、管内炉水积垢微稀,除了定期检验以外,平时无须特别保养与维护。

图 15-1-2 是立式直水管锅炉的一种结构形式,锅炉外形是立式圆筒形锅炉,锅炉本体由三部分组成。锅筒有上、下两个,用锅炉钢板卷制而成,上锅筒顶部是椭圆形封头,下面是炉膛,在炉膛顶部和上锅筒的侧面开有两个人孔,便于人员进入锅筒进行检修。上、下锅筒之间用直立管子连接。管子与管板之间用焊接或扩接,管子内充满水,烟气在管外横向冲刷水管。

燃油和空气混合在预燃室混合燃烧,再进入炉膛,使得炉膛燃烧过程更为完善,热负荷趋于均匀,炉膛中产生的高温烟气对炉膛四周辐射放热,烟气温度降低以后从炉膛出口进入管群,在进口边缘处的几根管子上焊有隔板,使烟气充分冲刷蒸发管群,提高了烟气流速和冲刷系数,从而提高锅炉效率。由于烟气横向冲刷管束,又采用了较细的管子,受热面蒸发率比立式火管锅炉高。由于预燃室的存在,燃烧重油和低负荷时也能获得良好的燃烧。

此类锅炉都有大直径的下降管。当炉水受热产生蒸汽上升以后,由大直径下降管向下锅筒补充炉水,形成了良好的水循环,提高了锅炉的工作可靠性。它管理和维修方便,万一有个别管子烧坏时可采取应急措施,用一定锥度的钢塞涂上白铅油后堵塞在破管的两端,然后用手锤敲紧。堵塞以后可以继续运行。

(3)D 型水管锅炉

D 型锅炉以其本体形状类似英文字母"D"而得名。图 15-1-3 示出了油船上用得较多的一种 D 型水管锅炉的结构简图。它的锅炉本体由汽包、水筒、联箱、沸水管束、水冷壁及炉墙组成。

①水和蒸汽空间

汽包和水筒前后横置,前端均有圆形人孔。垂直布置在炉膛四周,以焊接方法连接汽包、上联箱和水筒、下联箱的密集管排称为水冷壁。水冷壁是锅炉的辐射受热面,吸

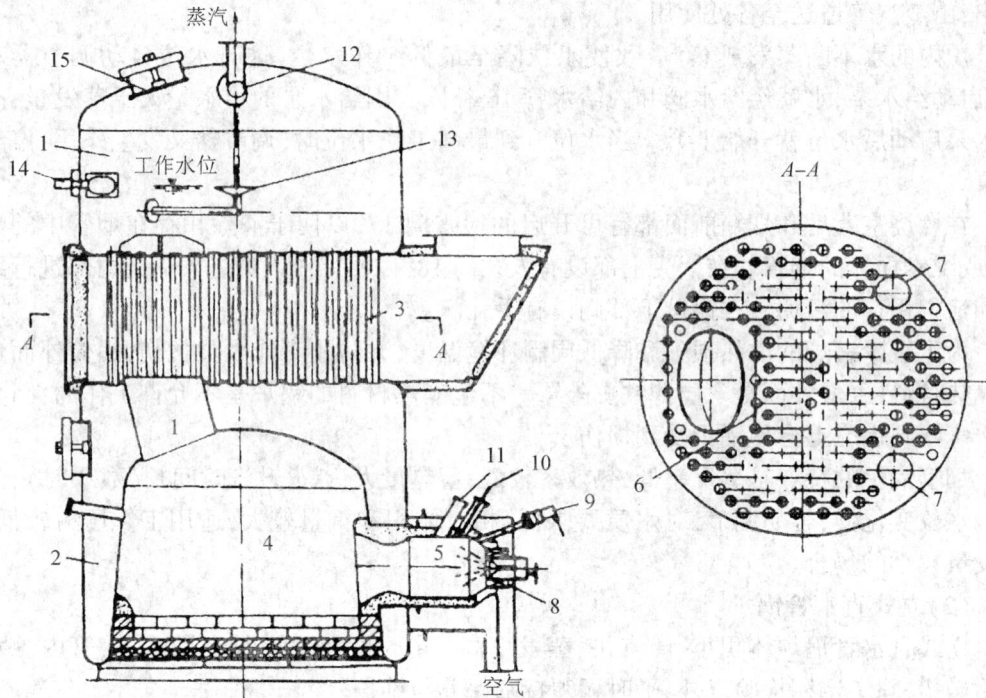

图 15-1-2 立式直水管锅炉

1—上锅筒；2—下锅筒；3—直立水管束；4—炉膛；5—预燃室；6—挡烟墙；7—下降水管；8—喷油调风装置；
9—电火花点火器；10—点火喷油嘴；11—火焰感受器；12—汽水分离器；13—浮渣盘；
14—自动水位调节器；15—人孔门

热约占全部受热面传递热量的 1/3，同时还能保护炉墙不致过热烧坏。为了防止水冷壁管子中发生汽水分层现象，水冷壁管子水平倾角应大于 30°，最小不得小于 15°。

沸水管也称蒸发管，布置在水冷壁 12 后面的炉膛出口侧，管子两端与汽包和水筒用胀管法固定。沸水管与烟气的换热方式主要是对流。烟气横向冲刷管束，设计上应避免出现烟气冲刷不到的滞流区。前三排的管距应不小于 250 mm，以防结渣堵塞烟道。沸水管束受热面积所占比例虽然较大，但平均蒸发率较低，为 $15 \sim 20$ kg/$(m^2 \cdot h)$。

汽包、上联箱和水筒、下联箱之间还连有设在炉墙外不受热的供水管，其内部水的密度比水冷壁和沸水管中的汽水混合物的密度要大，成为水自然循环的下降管。

②燃烧和烟气空间

炉膛是燃油燃烧的场所，顶部装有燃烧器，锅炉底部和烟气出口侧设置 2 个泄放孔，用于水洗时泄水。锅炉前部安装 2 套专门给蒸发管束吹灰的手动操作蒸汽吹灰器。

烟气在炉膛内的理论燃烧温度可达到 1 700 ℃左右。水冷壁 12 的下部分前后排成较疏的管束，烟气从下部离开炉膛后，从隔板分隔的流道扫过蒸发管束。炉膛出口烟气温度不宜太高，以免高于烟气中灰分的熔点温度，使灰分融解，黏附在蒸发管束的管壁上形成积渣，同时温度也不能太低，以免燃烧过程进行得不充分。D 型锅护炉膛出口烟气温度为 1 100 ℃左右。烟气自炉膛出来后，主要以对流放热的方式，把热量依次传递给沸水管束、省煤器和空气预热器等受热面，然后经烟囱排入大气，该锅炉的排烟温度为 380 ℃左右。

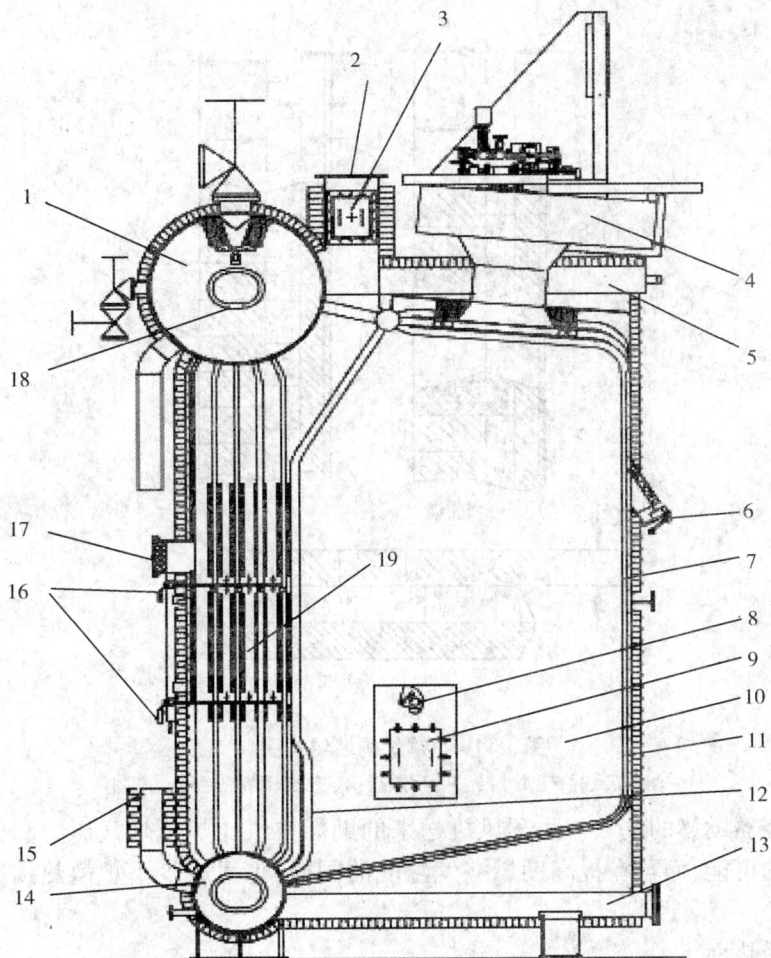

图 15-1-3　D 型水管锅炉

1—汽包；2—烟气出口；3、9、17—导门；4—燃烧器；5—上联箱；6、8—检查孔；7、12—水冷壁；10—炉膛；
11—炉墙；13—下联箱；14—水筒；15—下降管；16—吹灰器；18—人孔门；19—蒸发管束

炉墙是炉膛和高温烟道处的锅炉外壳，要求其能耐高温和抵抗灰渣侵蚀，并有很好的隔热性能；为了防止外界空气漏入炉膛或烟气漏至炉舱，炉墙应能保持气密。炉墙由耐火层、隔热层和气密层叠加而成，如图 15-1-4 所示。

与火焰接触的耐火层通常采用耐火砖。隔热层可用硅藻土砖或石棉板制成。在新式锅炉中，只设一层兼有耐火和隔热性能的矿物玻璃纤维成型板，其主要成分为氧化铝和氧化硅，这样不但重量减小，而且施工简单。最外面的密封层是薄钢板或镀锌铁板。风口等不规则造型部位可用耐火塑料或异形耐火砖砌成，前者抗灰渣侵蚀能力不及耐火砖。炉底的耐火层受灰渣侵蚀严重，一般由耐火砖砌成，厚度可以减半。

低温烟道处的锅炉外壳称为炉衣，仅由隔热层和密封层组成。密封层由 3 mm 厚的薄钢板制成，内设耐热纤维板或矿渣棉等隔热材料。

我国《钢质海船入级规范》规定，炉墙和炉衣外表面温度不应大于 60 ℃，以免烫伤工作人员，同时也可避免散热损失过大。

新式的水管锅炉在耐火隔热层外面采用了双层罩壳的炉墙结构，它的两层壳板中

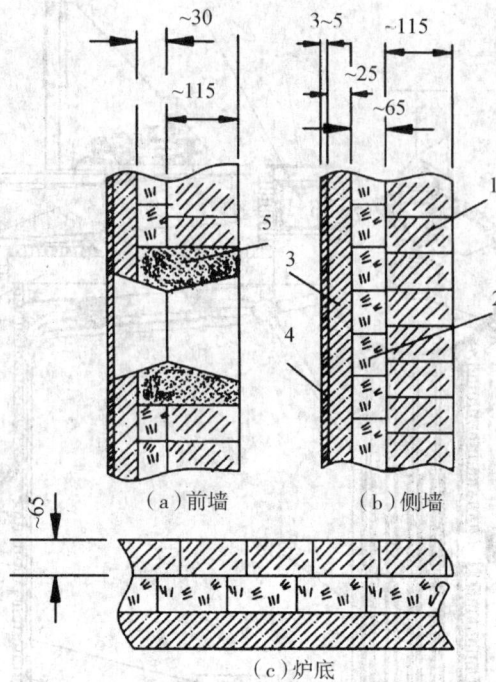

图 15-1-4　锅炉炉墙结构图
1—耐火砖;2—硅藻土砖;3—耐热板;4—密封钢板;5—耐火塑料

间通以去燃烧器助燃的空气。由于风机送来的助燃空气比炉膛烟气压力高,消除了烟气漏至炉外的可能,而且在提高助燃空气温度的同时,也可减少锅炉散热损失,隔热层可以减薄。

③尾部受热面

在 D 型水管锅炉烟道的后部,有的在蒸发受热面之后安装有经济器(省煤器)和空气预热器。

经济器的作用是用烟气加热给水,降低排烟温度,提高锅炉效率。一般来说,经济器的传热温差比沸水管束要大,且经济器中水的流动是由给水泵提供的压头来完成的强制流动,因而占据的空间较小,布置的位置也不受限制。另外,给水经加热再送入汽包,也可减小汽包内产生的热应力。

空气预热器利用排烟将送入炉膛参与燃烧的空气预先加热,以进一步降低排烟温度,提高锅炉效率。同时空气温度的升高,强化了炉膛内的燃烧过程。

由于它们能回收锅炉排烟的余热,减少排烟所带走的热量,锅炉效率得以提高。研究表明,锅炉效率会随着排烟温度的降低而提高。由于尾部受热面的设计,锅炉装置的尺寸、造价增加,管理工作量(吹灰防低温腐蚀等)也增加,D 型水管锅炉一般只用于蒸发量较大、蒸汽参数较高的大、中型锅炉。

水管锅炉由于水冷壁构成的辐射受热面所占比例大,且烟气在沸水管束中是横向流动,流速较大,蒸发率较高,一般为 30~50 kg/(m² · h),设计紧凑的辅锅炉可超过 70 kg/(m² · h),而强制循环的水管锅炉可达 90~120 kg/(m² · h)以上。水管锅炉的效率较高,一般辅锅炉可达 80%~85%,有些带尾部受热面的可高达 92%以上。水管锅炉蓄水量小,单位蒸发量的相对体积重量较小,蒸发量最大可达 100 t/h,工作汽压可高达 10 MPa。水管锅炉炉水有一定的循环路线,蓄水量少,结构刚性小,因此点火升汽时间较短,一般为十几分钟到几十分钟。

(4)针形管船用燃油锅炉

针形管船用燃油锅炉是一种兼有烟管和水管锅炉特点的新型船用锅炉,其基本结构如图 15-1-5 所示(去掉了外壳,只显示内部结构)。这种锅炉炉膛 4 呈圆筒形,炉膛上面是汽包 2,下面有一个环形联箱 10(水筒),两者之间通过围绕在炉膛周围的水冷壁 6 和若干根不受热的下降管 7 连接,形成良好的自然水循环。拱形的炉膛顶可防止水中的杂质存积在汽包底部而引起局部过热。辐射热由炉膛周围的水冷壁吸收,对流换热通过汽包内一圈特殊的针形管 3 实现。

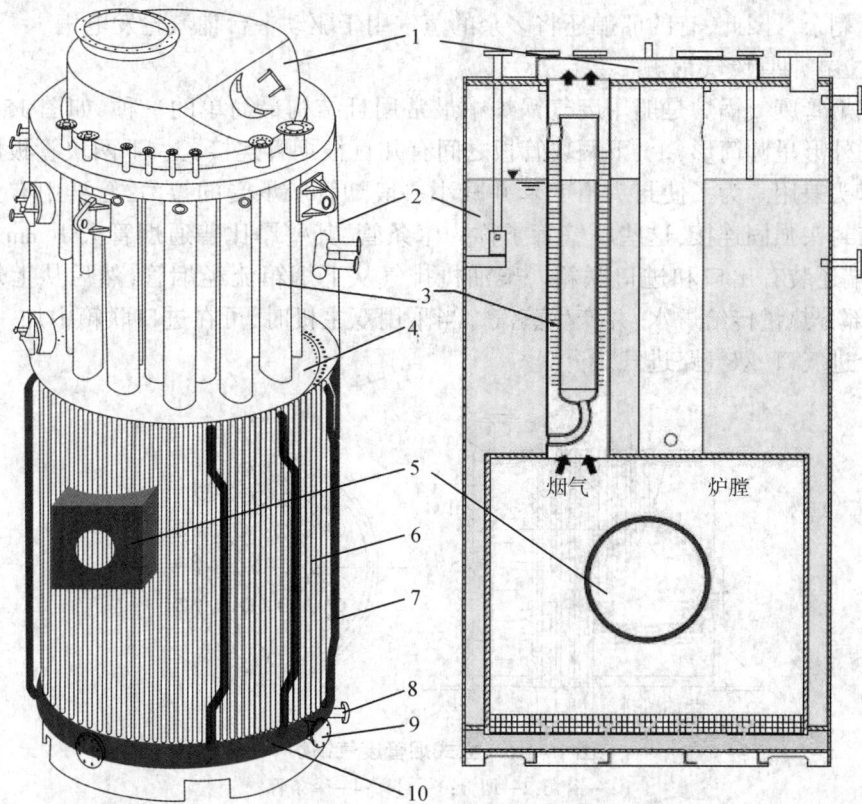

图 15-1-5 针形管船用燃油锅炉

1—烟箱;2—汽包;3—针形管;4—炉膛;5—燃烧器;6—水冷壁;7—下降管;8—泄放阀;9—下排污管;10—环形联箱

针形管是一种高蒸发率的元件,外管相当于立式烟管,套装在其中的内管(针形管)下端和汽包的水空间相通,上端和汽包的汽空间相通。内管外壁上焊接大量钢棒,在烟气温度较高的下部钢棒较短,上部的钢棒较长。工作时来自锅炉的燃气经内、外管的夹层向上流入烟箱 1。烟气既直接加热汽包中的水,又冲刷钢棒,将热量传给内管的水。内管中的炉水吸热产生蒸汽,并经上侧管进入汽包,形成良好的自然汽水循环回路。因此,这种锅炉的效率较高,有资料表明,一个蒸发量为 1 500 kg/h,工作压力 0.7 MPa 的针形管船用燃油锅炉,在 100% 负荷时效率可达 82.1%。

这种锅炉上部虽然有一些立式烟管,但其主要的蒸发受热面(水冷壁和针形管)具备水管锅炉的特征。

2.废气锅炉的主要结构

在柴油机动力装置的船舶中,大型低速二冲程柴油机的排气温度一般为 250～380 ℃,中速四冲程柴油主机的排气温度可达 400 ℃。而水蒸气压力为 0.5 MPa 时对应的饱和蒸汽温度为 150 ℃,水蒸气压力为 1.3 MPa 时对应的饱和蒸汽温度仅为 190 ℃。因此,装设一台用柴油机排气的余热来产生水蒸气的废气锅炉,不仅能节省燃油,还可以起柴油机排气消音器的作用。一般船用废气锅炉的工作压力为 0.7 MPa,它的饱和蒸汽温度为163 ℃,炉水与排气之间还有 50 ℃以上的平均温差,传热效果较好,废气锅炉的受热面也不会太大。一艘万吨级油船,利用废气锅炉产生的水蒸气来加热货油舱,平均每月可省燃油 50 t 左右。废气锅炉产生的蒸汽不仅能满足加热和日常生活之用,往往还有剩余。因此,有的船舶还将多余的蒸汽用于驱动一台辅汽轮发电机。

(1)立式烟管废气锅炉

立式烟管废气锅炉是船用废气锅炉中最常用且结构最简单的一种,如图 15-1-6 所示。它的外形呈圆筒形,上、下两块管板之间有几百根烟管连接,上、下两块管板由锅筒两端的封头兼用。为了使封头不变形并减小一般烟管所承受的拉力,管群中有少量厚壁管子与封头强固连接,这些厚壁管子称为牵条管,其壁厚比普通烟管大 1 mm。锅炉上、下两端还装有出口和进口联箱。柴油机排气从下烟箱流经烟管,然后从上烟箱排出,将一部分热量传给炉水,并产生蒸汽。当采用双主机时,可在进口联箱中加一隔板,形成两个进气口,双气路进气。

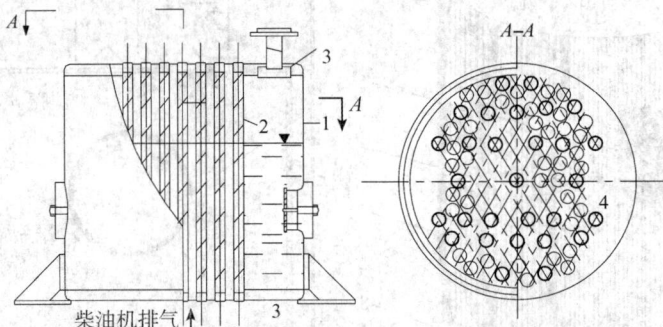

图 15-1-6 立式烟管废气锅炉
1—锅壳;2—烟管;3—封头;4—牵条管

废气锅炉的蒸发量与水位高度有直接关系,采用自动控制的废气锅炉,水位有冬季水位和夏季水位之分。夏季水位低,使实际受热面减少,蒸发量也相应减少;冬季水位较高,使实际受热面增加,蒸发量也相应增加。在同一个季节里,可用控制烟气流量来调节蒸发量(如图 15-1-7 所示)。当蒸汽压力升高时,可自动关闭或关小烟气流量,使主机的排气经旁通门直接进入烟囱;反之,当蒸汽压力下降时,可增加进入废气锅炉的烟气流量,从而增加烟气带进废气锅炉的总热量,使蒸汽产量提高。一般废气锅炉的水位在锅炉总高度的 2/3 处,上面 1/3 是蒸汽空间,以确保一定的蒸汽干度。

这种锅炉与辅锅炉一样也装有压力表、水位表、安全阀、停气阀给水阀等附件。其优点是结构简单、制造方便;其缺点是蒸发率低,体积和重量比较大,水垢也不容易清除。

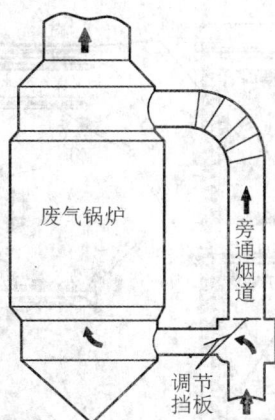

图 15-1-7　废气锅炉蒸发量调节

（2）强制循环水管废气锅炉

强制循环水管废气锅炉有盘香管式废气锅炉与翅片管式废气锅炉。盘香管式废气锅炉的结构如图 15-1-8 所示。整台锅炉由许多水平放置的盘香管组成，每一根盘香管的进、出口分别与两个直立的分配联箱相连。柴油机排气在管子外侧流过；炉水由专门的循环水泵从汽水分离筒吸入，压送到进口分配联箱 6，再进入各盘香管被加热，然后由出口分配联箱 3 汇集后流回汽水分离筒进行汽水分离。烟气流过盘香管时温度逐渐降低，故上、下各层盘香管的吸热量相差甚大，炉水的汽化程度不同，致使流阻相差很大，会产生偏流（下层吸热多的进水少），甚至进水量发生脉动。因此，各盘香管进口设有口径分几挡的节流孔板 5 及调节阀 4，使靠上层的盘管进口节流程度大，进水量少，调节各层进水量使出口湿蒸汽干度均为 0.1 左右。这种锅炉盘香管中的水是强迫流动的，蒸发率大、结构紧凑，但是其受热面管内的水垢清除比较困难。

图 15-1-9 为翅片管式废气锅炉的结构图。在废气锅炉本体 1 内，布置有多组垂直并列的翅片管 2，各组翅片管的进、出口分别与水平布置的进口联箱 3 和出口联箱 4 相连。两个分配联箱分别与进、出口管相连。

在有联箱的一侧，各水管都被焊接到废气锅炉本体上，而水管的另外一端是浮动的，以便各管有热胀冷缩的余地。各组翅片管紧贴在一起，构成了废气锅炉的主体。相邻的上、下两层水管之间由弯管相连。废气锅炉本体上覆盖有隔热层，并包有铁皮外罩 8。整个废气锅炉坐落在钢架上，上、下废气烟箱 10 则分别焊接于本体上、下两端的法兰上。本体的侧面分布有上、中、下三个检修导门 11，正面则分布有三个蒸汽吹灰器 12，各检修导门与吹灰器位于同一高度，以方便检修和清洁。

在工作过程中，柴油机排气在翅片管的外侧流过，水则由专门的循环水泵从燃油锅炉水腔吸入，压送到废气锅炉进口联箱，再进入各翅片管内部被加热，然后以汽水混合物的形式由出口联箱汇集，并送回燃油锅炉进行汽水分离。

翅片管式废气锅炉与盘香管式废气锅炉相比，翅片管较大幅度地增加了单位工质的换热面积，具有更高的效率，应用较多。

3.燃油辅锅炉与废气锅炉的联系

燃油辅锅炉与废气锅炉在船舶上的安装位置不一定相同，但两者的蒸汽和给水管

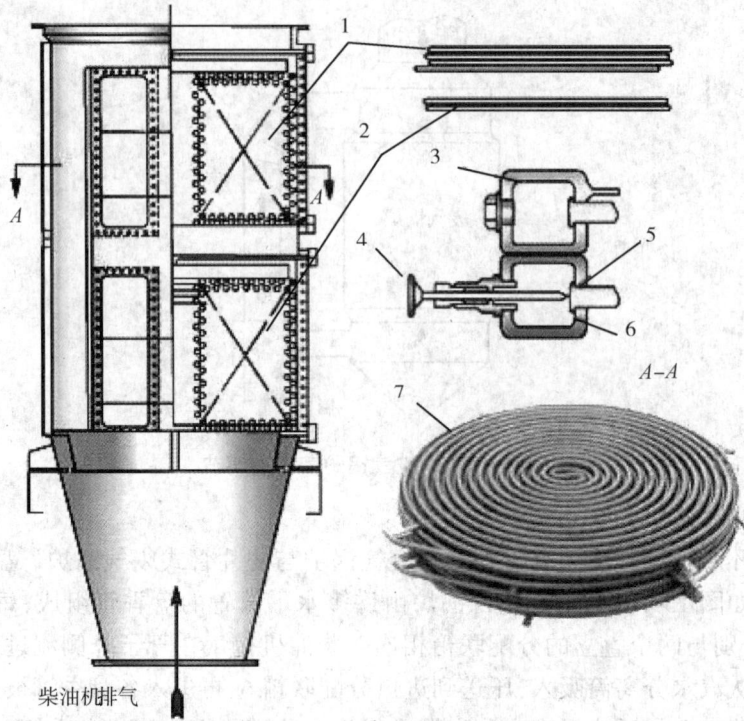

图 15-1-8 盘香管式废气锅炉

1—双层盘香管；2—单层盘香管；3—出口分配联箱；4—调节阀；5—节流孔板；6—进口分配联箱；7—盘香管

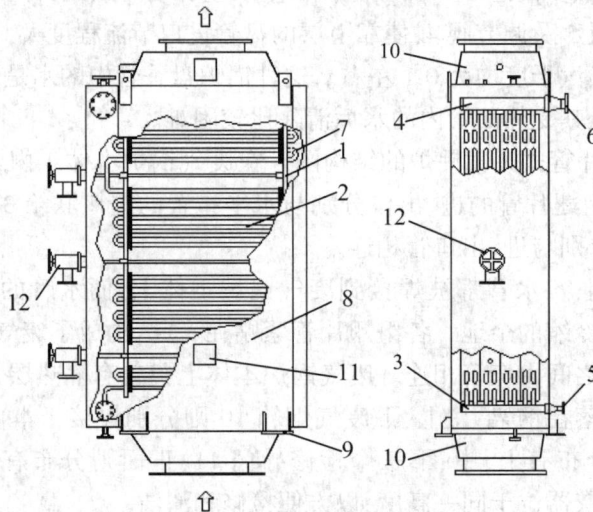

图 15-1-9 翅片管式废气锅炉

1—本体；2—翅片管；3—进口联箱；4—出口联箱；5—进口接头；6—出口接头；

7—弯管；8—外罩；9—钢架；10—废气烟箱；11—检修导门；12—蒸汽吹灰器

路存在一定的联系。它们之间的联系方式有下面三种：

（1）两者独立

如图 15-1-10（a）所示，燃油辅锅炉 1 和废气锅炉 2 均有各自的给水管路，给水泵 3 分别从热水井 4 供水。所产生的蒸汽由各自的蒸汽管路输出，至总分配联箱才汇集一起。这种方案运行管理比较方便,所以应用较多。其缺点是当废气锅炉水位调节失灵时,因其位置较高,照料比较麻烦。

(2)废气锅炉为燃油辅锅炉的一个附加受热面

如图15-1-10(b)所示,给水仅送给燃油辅锅炉,由强制热水循环泵5将燃油辅锅炉的炉水送至废气锅炉,使之加热蒸发,并将汽水混合物压回辅锅炉,经汽水分离后,蒸汽由辅锅炉的主蒸汽管输出。这种方案多为那些废气锅炉满足不了航行时用汽的要求,而与辅锅炉合作供汽的油船所采用。这种方案的废气锅炉水位不用调节,但需多设至少两台循环水泵。

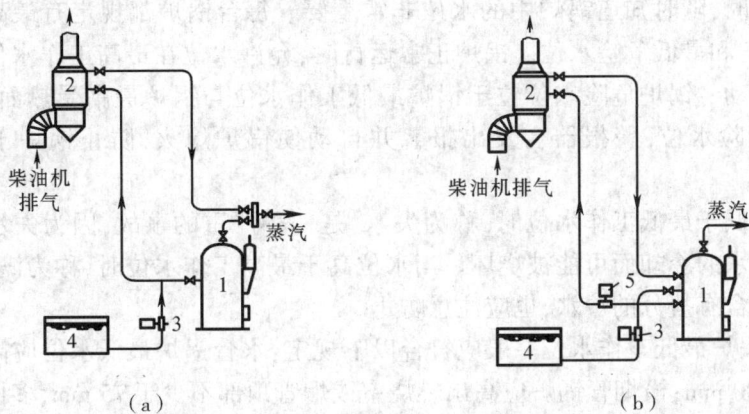

图 15-1-10 废气锅炉与燃油辅锅炉的联系
1—燃油辅锅炉;2—废气锅炉;3—给水泵;4—热水井;5—热水循环泵

(3)组合式锅炉

如图15-1-11所示,组合式锅炉就是燃油辅锅炉与废气锅炉组合为一体的锅炉,其只能安放在机舱顶部,因此要求有可靠的远距离水位指示和完善的自动调节设备。这种方式目前船舶上应用最多。废气锅炉侧采用光烟管,燃油辅锅炉侧采用光管或针形管作为对流换热面。航行时所需蒸汽由废气锅炉产生,若废气锅炉的产汽量不能满足需要,则燃油辅锅炉自动点火升汽补充。

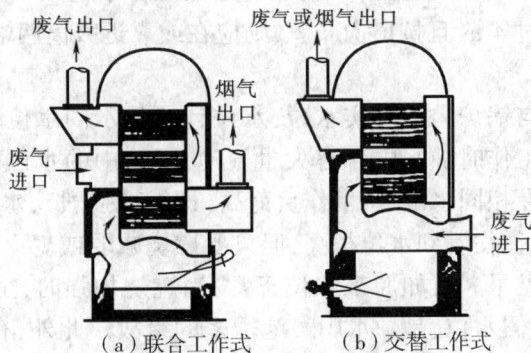

图 15-1-11 组合式锅炉

(a)联合工作式　　(b)交替工作式

任务 1.4 锅炉附件的操作与管理

为了使锅炉操作管理方便、运行安全可靠,在其本体上装有各种阀件、压力表、水位表和安全阀等,它们亦是锅炉装置不可缺少的组成部分,统称为锅炉附件。锅炉一般装有以下附件:水位计、安全阀、压力表和压力表阀、给水阀、停汽阀、上排污阀、下排污阀、水洗泄放阀、炉水取样阀、空气阀等。在这主要介绍水位计和安全阀。

1.水位计

锅炉在工作时,随时知道锅炉中的水位非常重要。每台锅炉都规定有最高工作水位、最低工作水位和最低危险水位。锅炉正常运行时,允许水位在最高工作水位与最低工作水位之间波动。锅炉危险水位位于锅炉最低工作水位与锅炉最高受热面之间,若水位降至最低危险水位,警报器会发出报警并自动使锅炉熄火,防止锅炉干烧发生事故。

当锅炉水位低于最低工作水位时,称为失水,是一种严重的事故,因为失水会使锅炉受热面失去炉水的冷却而可能被烧坏。当水位高于最高工作水位时,称为满水,会使蒸汽中携带大量含有盐分的炉水,也应注意防止。

根据规范,锅炉最低工作水位一般应符合以下规定:水管锅炉最低水位应高出最高受热面不少于 100 mm;横烟管锅炉应高出燃烧室或烟管顶部不少于 75 mm,多回程的可适当减少;混合式锅炉应高出热水管不少于 50 mm;竖烟管锅炉应不低于 1/2 的烟管高度。当船舶横倾 4°时,最低水位仍应符合上述要求。

锅炉上装有玻璃水位计,用来指示锅炉中的水位,水位计的计程和安装位置应能显示最高工作水位和最低工作水位,正常水位处于水位计中间。一般在锅炉上装有 2 支水位计,分布在锅炉的左、右两侧,一方面互为备用,另一方面在船舶摇摆时可判断炉内水位情况。若 2 支水位计均已损坏,应立即停炉。锅炉隔热层外表面在与水位计相邻处应设置最高受热面标志。

水位计的布置应易于接近并对水位能清晰可见,其水位最低显示位置应与锅炉的最低工作水位高度相一致,对水管锅炉应位于最低工作水位以下 50 mm 处。水管锅炉的汽、水筒,如长度超过 4 m 且按横向布置,则应在或靠近鼓筒两端适合的位置各安装 1 支玻璃水位计。

水位计显示水位与锅炉内的真实水位,水位计所显示的水位往往比锅炉内的真实水位要低一些。锅炉工作时炉水中含有大量气泡,锅炉中的水位是由其中的蓄水量和所含气泡量合成的。在相同水量下,工作负荷高(即燃烧强烈),水中气泡多,水位就高;反之,水位就低。所以往往看到水位很高,但只要燃烧减弱或熄火,气泡就会大量减少,水位立刻就低得看不见了。又如原来水位正常,当燃烧加强时,虽没有供水,水位却上涨很高,这种现象称为假水位,是炉水中气泡增多的缘故。此外,有时向锅炉供水时,水位不但不上升,反而急剧下降,这是因为大量低温水进入炉内,使水中气泡凝结所致,这在蓄水量较少的锅炉中表现得尤为明显。

水位计有玻璃管式和玻璃板式两种,在辅锅炉上都有采用。玻璃管式水位计如图 15-1-12 所示。它结构简单、价格低廉,但水位显示不够清晰,且玻璃管承压能力低,多用于设计压力为 0.78 MPa 及以下的锅炉。玻璃管式水位计的两根水平接管分别与锅炉的汽、水空间相连,称为汽连通管和水连通管,钢化耐热玻璃管垂直装于两接管之间,玻璃管中水位就是炉水水位。为防止玻璃管破裂时炉水大量冲出,在水连通管和玻璃管连接处装有止回阀 3。安装玻璃管水位计时,应注意不要将插入玻璃管处的填料压盖拧得过紧,否则玻璃管容易被压碎。

对于压力较高的锅炉,一般采用玻璃板式水位计,如图 15-1-13 所示。它是把一块平板玻璃装在一个金属匣里,在玻璃板与汽水接触的一面刻有纵向的锯齿形槽,在水位计的背面一般设有电灯,在灯光的照射下,水位显示更加明显。在安装玻璃板式水位计时,玻璃板与金属框架之间的接触面应研磨得很平,以保证密封。框架螺钉要交叉均匀拧紧,否则会压碎或受热后容易碎裂。靠水一侧加衬云母片来保护玻璃板不受炉水腐蚀。

锅炉正常工作时,水位计中的水位应不停地波动,水位表应经常冲洗和检查,正常情况下,每 4 h 至少冲洗一次水位计。若发现水位计的水位长时间静止不动,则表明上、下两个接管同时堵塞;若发现水位计的水位缓慢上升,则表明水连通管堵塞;若水位计快速充满水,则可能是汽连通管堵塞。

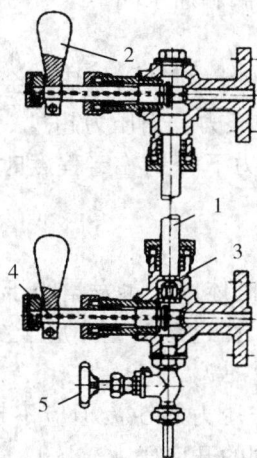

图 15-1-12 玻璃管式水位计

1—玻璃管;2—通汽阀;3—止回阀;4—通水阀;5—冲洗阀

图 15-1-13 玻璃板式水位计

1—通汽阀;2—通水阀;3—冲洗阀

锅炉正常工作状态冲洗水位计和判断水位的方法如表 15-1-1 所示。

表 15-1-1 锅炉正常工作状态冲洗水位计和判断水位的方法

顺序	结果	处理
(1)关通汽阀,开冲洗阀,冲洗后关闭通水阀	听见水流声甚大,表明水流畅通	如不畅通,可连续开关通汽阀或通水阀几次,利用冲击力把污物冲走。如冲洗无效,可以打开通汽管或通水管顶端水塞,用铜丝来通
(2)开通汽阀,冲洗后关闭	听见汽流声甚大,表明汽路畅通	

续表

顺序	结果	处理
(3)关冲洗阀,慢慢开启通水进行"叫水"	因此时通汽阀关闭,所以如水位高于通水管,则炉水一直升至水位计顶部	表明情况正常,可继续进行第(4)步操作
	如无水出现,则炉水已位于通水管以下,锅炉已处于失水状态	如明确知道在前几分钟水位仍处于正常位置,则可加大给水量,迅速恢复正常水位;如失水时间不清楚,则应立即停炉,停止供汽
(4)开通汽阀	如水位下降至水位计中段,表明情况正常	投入工作
	如水位下降至水位计以下,表明炉中水少,但水位仍在通水管以上	加大给水量,迅速恢复正常水位
	如水位仍在顶部,不降下来,表明锅炉已处于满水状态	首先暂停供汽,并开启上排污阀放水,使水位恢复正常

冲洗水位计时应该注意,通汽阀与通水阀同时关闭的时间要尽量短,以防止外界空气对玻璃管冷却,在随后通汽或通水时,玻璃管骤然变热而爆裂。换新玻璃管(板)以后,也应先稍开通汽阀,让玻璃管预热一下,再开大通汽阀和通水阀。

2.安全阀

当对蒸汽的需要量突然减少,或炉内燃烧过于强烈时,锅炉内汽压都会上升,甚至超过额定工作压力较多,这就需要有安全阀来限制锅炉压力。当压力超过一定限度时,将安全阀自动顶开,放走大量蒸汽,汽压就下降。当压力下降到一定程度时,安全阀又自动关闭,从而保证了锅炉的安全。

根据规范,对锅炉安全阀的要求主要有:

(1)锅炉上应至少装有2只安全阀,可安装在同一阀体内。蒸发量小于1 t/h的辅锅炉上可仅装有1只安全阀。装有蒸汽过热器的锅炉,在过热器上亦应至少装有1只安全阀。

(2)锅炉安全阀的开启压力可为大于实际许用工作压力的5%,但应不超过锅炉设计压力。过热器安全阀的开启压力,应低于锅炉安全阀的开启压力。

(3)安全阀要求动作要准确,并且平时要保持严密不漏汽。

(4)安全阀开启时应能通畅地排出蒸汽,以保证在蒸汽阀全关和炉内充分燃烧的情况下,水管锅炉在7 min或火管锅炉在15 min内汽压的升高值不得超过锅炉设计压力的10%。因此,安全阀要有足够大的直径,在开启后应该稳定并具有较大的提升量。对于升程在直径1/4以上的安全阀,排气管的流通面积应不小于安全阀总面积的2倍;对于其他安全阀,应不小于1.1倍。

(5)任何安全阀的直径应不大于100 mm,但亦应不小于25 mm。

安全阀都是经过船舶检验机构调定后铅封的,船员不能随意重调,除非经过船舶检验机构特许。

船舶锅炉一般采用直接作用式安全阀,如图15-1-14所示。阀盘2被弹簧1紧压在阀座上,当蒸汽压力大于安全阀的开启压力时,阀盘被顶开,排出蒸汽。转动弹簧上座4上部的调节螺丝3,改变弹簧的预紧力,就可以调整安全阀的开启压力。安全阀的开启压力比额定工作压力稍高。

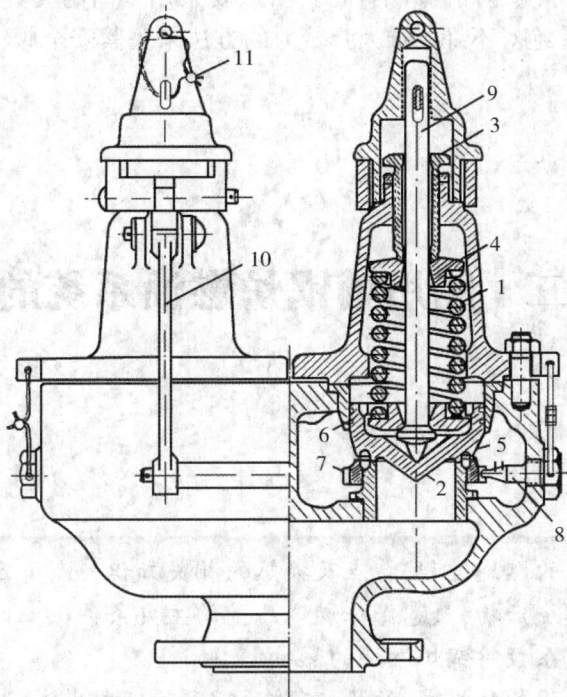

图 15-1-14 直接作用式安全阀

1—弹簧；2—阀盘；3—调节螺丝；4—弹簧上座；5—唇边；6—套筒；7—调节圈；
8—调节圈固定螺钉；9—阀杆；10—手动强开杠杆；11——铅封

当阀开启时，弹簧受到进一步的压缩，弹力增强。如此时蒸汽的上顶力不能超过弹簧的弹力，则阀盘稍一抬起，就立即被压下关闭，但刚一关闭，弹簧又恢复原状，于是阀盘又要被蒸汽顶开。因此，阀盘就将上下不停地跳动，不但蒸汽不能畅通流出，而且使阀盘气密性受到破坏。为了改变这种情况，在阀盘周围伸出一圈唇边 5，使阀盘在开启后受蒸汽的作用面积增大，从而获得足够大的上顶力，以保证安全阀开启后能迅速达到较大的升程而且工作稳定。在阀盘上部还设有套筒 6，当阀开启后，除了给阀盘导向外，还使阀上方不会受到蒸汽压力的作用。

上述方法虽解决了安全阀开启后的稳定问题，但因开启后阀盘受蒸汽作用的面积已大于开启前的面积，所以当锅炉汽压恢复正常时，阀盘还不会关闭。只有当汽压进一步下降时，阀盘才能自动关闭，即安全阀的关闭汽压不可避免地要低于开启压力，这一差值称启闭压差，也称为关阀压力降低量。

由此可知，如果安全阀的阀盘提升量越大，关阀压力降低量也越大。为此，在阀座上装有调节圈 7，用以将阀的稳定性和降低量调节到最恰当的程度。当调节圈升高时，蒸汽流出的通路缩小，作用在阀盘上的顶力就增大，因而使阀的提升量加大，压力降低量也增大。当调节圈下移时，蒸汽流通面积增大，使升程减小，压力降低量也小。因此，通过调节圈的位置调整，获得开启稳定且降低量少的特性。

安全阀顶部设有手动强开机构，并用钢丝绳通至机舱底层及上甲板，必要时用人力强行开启安全阀放汽。平均每月手拉强开安全阀一次，防止安全阀长期不起跳而咬死。

锅炉本体经修理或定期检验时,要通过水压试验来检验其结构强度及水密性。水压试验压力大大超过了安全阀的开启压力,所以要采用专门的夹具将安全阀的阀杆顶紧,以免被水压顶开。绝对不许用加大弹簧力的方法来关紧安全阀,因为过度压缩弹簧会使它受到损坏。

任务二 | 船用辅锅炉燃油系统的管理

学习目标:

1. 熟悉船用锅炉的燃烧过程、特点及换热的相关知识
2. 了解锅炉的燃烧产物,熟悉保证燃烧质量的主要条件
3. 掌握过量空气系数对锅炉燃烧的影响
4. 掌握锅炉燃烧设备的组成、结构、工作原理和管理要点
5. 掌握锅炉燃油系统的组成和工作过程,掌握燃烧设备、燃油系统的操作与管理方法
6. 能够分析和排除锅炉燃烧故障

任务2.1 锅炉燃烧设备的管理

1.锅炉的燃烧及传热

对于蒸发量 2 t/h 以下的辅锅炉,不单独设立燃油舱,一般与主机或辅机使用相同的燃料。由于主机的类型繁多,如高速柴油机只能使用轻柴油,中速和低速柴油机则可燃用质量较差的重柴油或燃料油,因此辅锅炉也分别用轻柴油、重柴油和燃料油作为燃料。

（1）燃烧机理和特点

在燃油锅炉中,经雾化后喷入炉膛的燃油油滴先被加热而蒸发成油蒸气,再和空气混合直到被点燃。油燃烧实际上是油蒸气的燃烧,因此,油在炉内燃烧的速度取决于油滴蒸发的速度、油气和空气相互扩散的速度及油气氧化的速度。在燃烧过程中,油蒸发和扩散的速度远小于燃烧的速度,若能增大蒸发和扩散速度,就可以提高燃烧速度。试验证明,油滴完全燃烧所需要的时间与其直径的平方成正比。例如,最大油滴的直径为平均油滴直径的 5 倍,它的燃尽时间是平均直径油滴的 25 倍。可见雾化质量对燃烧有重要影响。燃料在炉膛内停留的时间一般为 1~2 s,因此油滴过大是不适宜的。目前一

般倾向于尽量改善雾化质量,将平均油滴直径减小至 100 μm 以下。锅炉内实际油雾的燃烧情况具有以下特点:

①炉膛内气流速度比较高,油滴的质量比较大,不能完全随气体分子一起脉动,和气体间产生了相对运动,使火焰向油滴的传热加强,油滴的蒸发加快,从而加快了燃烧。气流速度越高,油滴燃烧速度也越快。实践证明,在雾化质量相同的条件下,如果燃烧器出口风速过低,在火焰尾部可以发现大量火星,这是有未烧完的大油滴在继续燃烧;如果燃烧器出口风速较高,这种火星就可能不出现,从而表明风速高可以使燃烧加快。

②炉膛内的温度和氧气浓度是不均匀的。炉膛温度高,则油蒸发得快,可使燃烧加快;炉膛温度太低,则不能保证稳定燃烧,甚至可能导致熄火。因此,要求锅炉在低负荷时,炉膛出口的烟气温度不低于 1 000 ℃。

烧重油与烧轻质油不同的是,重油蒸发速度慢,火焰内部的油滴在缺氧条件下,会热分解产生油焦;焦壳阻碍了内部重油的蒸发,使它的温度升高,更促进了焦壳的生成。焦壳内部产生的气体最终会使焦壳破裂,喷出的气体和油液很快烧完,剩余的固态焦壳和煤粉相似,燃烧速度慢,为使它能完全燃烧,应当保证火焰尾部有足够高的温度,并供给足够的氧气。

(2)完全燃烧的条件

燃油的成分相当复杂,但是它的可燃元素只有碳、氢、硫三种,完全燃烧时生成二氧化碳、水和二氧化硫。如果空气供给量不足,就会发生不完全燃烧,燃料中的碳就生成一氧化碳。完全燃烧的必要条件如下:

①燃烧室必须保持足够高的温度,至少高于燃油的着火温度;

②燃油雾化的颗粒度要小,并要求供给足够的空气和良好的混合;

③要有一定的燃烧室容积,保证油滴有足够的燃烧时间。

(3)燃烧的过程

燃油在炉膛中的燃烧是以火炬的方式进行的,燃烧过程分为两个阶段:

①准备阶段:雾化的油滴被迅速加热、汽化、与空气相混合,同时进行热分解。

②燃烧阶段:油气与空气的混合气体的浓度达到一定数值,并被加热到一定温度,遇明火着火燃烧。

油气和空气混合形成的可燃气被点燃后形成的燃烧带称为着火前沿。它一方面要向喷油器方向扩展,另一方面又随吹入的气流向炉膛内流动,当两者速度相等时,着火前沿便稳定在一定位置。可见,喷油器前的火炬可分为两个区域:准备区和燃烧区。在准备区内进行油雾与空气混合物的加热、汽化和分解;在燃烧区燃烧。

(4)过量空气系数

1 kg 燃料完全燃烧所需最低限度的空气量,叫作理论空气量,用 V_0(m³/kg)表示,用标准状况计算,大约为 11 m³。因为供入的空气不是全部有机会与油雾混合参加燃烧,所以造成化学不完全燃烧。为了使燃料完全燃烧,应采用比理论空气量多的过量空气。燃烧时实际空气量与理论空气量之比,称为过量空气系数,适合于燃油燃烧的过量空气系数 α 为 1.05~1.2。

过量空气系数 α 是保持锅炉经济运行的重要指标。α 越大,则风机的耗能增加,锅炉的排烟损失也越大;α 太小,则锅炉的不完全燃烧损失又可能太大。

（5）保证燃烧质量的主要因素

燃油在炉内燃烧良好主要取决于以下因素：

①良好的雾化质量。油滴雾化得越细，分布均匀性越好，则油滴的蒸发速度越快，与空气的混合也越好。

②适量的一次风和二次风。一次风量占总风量的 10% ~ 30%、风速在 10 ~ 40 m/s 为宜。太少，油雾在着火前就会在高温缺氧条件下裂解，产生大量炭黑，烟囱冒黑烟；太多，又会因火焰根部风速过高而着火困难，甚至将火焰吹灭。二次风量大小关系到过剩空气系数合适与否，直接影响不完全燃烧损失和排烟损失。

③油雾和空气混合均匀，形成适宜的回流区，着火前沿的位置和长度应合适。着火前沿如离燃烧器太近，则可能使喷火口和燃烧器过热烧坏；太远，又会因气流速度衰减，与油气混合的强烈程度减弱，以至火焰拖长，燃烧不良。

④炉膛容积热负荷要适合。太高，会使油在炉膛停留时间太短，来不及完全燃烧；太低，又不能保证足够高的炉膛烟气温度，也不利于完全燃烧。

（6）传热方式

燃料在炉膛里燃烧放出的热量，经过一个复杂的传热过程后再传给锅炉里的水。在这个过程中，导热、对流和辐射三种方式同时发生。

锅炉炉膛里的传热方式包括导热、对流和辐射三种。第一步是炉膛里的高温烟气通过辐射和对流把热量传给管壁；第二步是管壁的导热，把热量从烟气侧传到炉水侧；第三步是管壁与炉水之间的对流换热，把热量传给炉水。

锅炉对流受热面的传热状况是：由于烟气温度较低，忽略了烟气的辐射以后，传热方式主要是对流和导热。烟气通过对流把热量传给受热面管壁，经过管壁的导热把热量从高温侧传到低温侧，然后通过对流，管壁把热量传给炉水。

在锅炉的实际运行过程中，水管锅炉中受热面的管子表面并不是清洁的，它的外表面有一层烟灰，内表面有一层水垢。虽然烟灰和水垢的厚度很小，但它们的导热系数很小，严重地影响传热效果。

目前船用辅锅炉大都采用液体燃料，这样才易于使其装置实现全自动化。本节所介绍的辅锅炉燃烧设备，是专指燃烧液体燃料的燃烧设备，包括炉膛、燃烧机构（燃烧器、调风装置与点火器）。燃油系统是指液体燃料供应系统。

2. 燃烧器

锅炉燃烧器由喷油器、配风器和点火装置等组成，一般装在锅炉前墙或顶部。喷油器将油雾化成细小油滴，并使油雾以一定的旋转速度从喷油嘴的喷孔中喷入炉内，形成有一定锥角的空心圆锥。油雾在前进中不断与空气掺混，离喷嘴越远，油雾层厚度越大，而浓度越小。

空气经配风器进入炉膛，它被挡风罩或挡风板分为两部分：一部分风紧贴着喷油器吹出，称为一次风（根部风），它的作用是保证油雾一离开喷油器就有一定量的空气与之混合，从而减少产生炭黑的可能性；另一部分风沿炉墙喷火口外围进入炉膛，称为二次风，其作用主要是供给燃烧所需的大部分空气。

空气可经配风器的斜向叶片形成与油雾反向旋转的气流，以利于油的蒸发和油气的混合。旋转气流在离心力作用下向外扩张，形成一定的扩张角。气流旋转越强烈，扩张角越大。这样气流中心便形成低压,吸引炉膛内高温烟气回流,形成回流区。也有的燃烧器采用圆环形挡风板分隔一次风、二次风,气流并不旋转,只靠挡风板后形成的低压区来造成回流。回流区内高温烟气加速了油雾的升温蒸发、分解和与空气混合,进而着火燃烧。

3.喷油器

喷油器(油枪)是一种向炉膛喷射旋转油流而实现雾化的装置。工作中的作用有两个:一是控制吸入炉内燃油的数量;二是将燃油雾化,保证在炉膛内的燃烧质量。喷油器的形式很多,对其要求主要有:

①有较大的调节幅度(即最大喷油量与最小喷油量之比),以适应不同蒸发量的需要。

②在要求的喷油量范围内,获得尽可能细的油滴。从有利于燃烧的角度出发,希望直径为 50 μm 的油滴能占 85% 以上,并且不要出现 200 μm 以上的大油滴。

③油雾的分布要有一个适当的雾化角。油雾离开喷油器后,燃油旋转着向前喷射,有轴向速度的同时还有切向速度。这样,油雾离开喷油器后立即扩张,形成空心的圆锥形,其圆锥的顶角叫作雾化角。雾化角应稍大于经配风器出口空气流的扩张角,使供入的油雾能与空气均匀混合;同时雾化角也应与喷火口相匹配,雾化角过大油雾会喷在喷火口上产生结炭,过小则从油雾锥体外漏入的空气不能与油雾很好地混合。

④油雾流的流量密度分布也要合适。流量密度沿着圆周方向的分布应当均匀,并避免在油雾流的中心部分有较大的流量密度,因为中心部分是回流区,过多的油喷入回流区对燃烧不利。

⑤结构简单,运行可靠,操作和调节方便,检修和清洗容易,并易于实现自动控制。

(1)压力式喷油器

压力式喷油器的结构如图 15-2-1 所示,主要由喷嘴体、雾化片和喷嘴帽组成。压力式喷油器前端的喷嘴对喷油量的大小和雾化质量起着决定性的作用。

燃油在 0.7～2 MPa 的油压作用下,经喷嘴体上 6～8 个通孔到达前端面的环形槽,然后沿雾化片的切向槽进入锥形的旋涡室,产生强烈的旋转。随着旋转半径不断减小,在中心处从前端喷孔喷出,呈空心圆锥形。旋转越强烈,则雾化角越大。

压力式喷油器前端的喷嘴(包括喷嘴体、雾化片和喷嘴帽)对喷油量的大小和雾化质量起着决定性的作用。在一定的供油压力下,喷油器的喷油量与雾化片的喷孔面积成正比,因此可以根据实际的耗油量来选定雾化片的型号。一台锅炉常配备有不同规格的雾化片,喷孔直径从 0.5～1.2 mm 分为几挡,可根据燃油品种和锅炉所采用的蒸发量选用。雾化片基本特性用标在其上的型号来表示。例如 25-60 号雾化片表示其喷油量为 25 kg/h,雾化角为 60°。

在喷孔尺寸一定的情况下,改变供油压力,可以改变喷油量,因此在实际运行过程中用改变油压的方法来适应不同的工况。当雾化片喷孔尺寸一定时,喷油量与油压的平方根成正比。一般供油压力的上限受到油泵特性的限制,约为 2 MPa,供油压力的下限受雾化品质的限制,下限值一般在 0.7 MPa 左右。压力式喷油器喷油量的调节范围比较小,调节比(最大喷油量与最小喷油量之比)不超过 2。

压力式喷油器调节喷油量的方法主要有三种:一是改变喷油压力;二是更换使用喷孔直径不同的喷嘴(或喷油器);三是改变投入工作的喷嘴(或喷油器)数目,属于有级

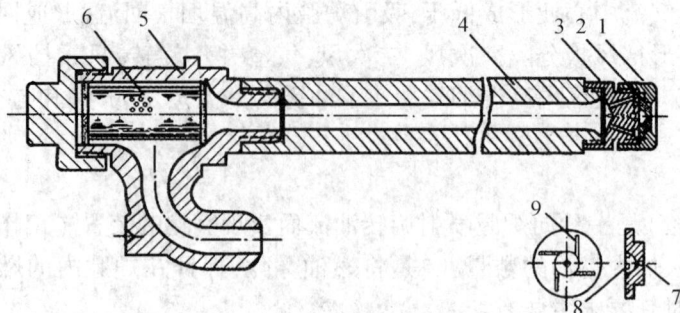

图 15-2-1　压力式喷油器

1—喷嘴帽;2—雾化片;3—喷嘴体;4—筒身;5—管接头;6—滤器;7—喷孔;8—旋涡室;9—切向槽

调节。

油从喷油器喷出后,由于油流本身的紊流脉动以及与空气的相互撞击,雾化成细小的油滴。影响压力式喷油器雾化质量的主要因素有:

①油压

喷油器前的油压越高,则油的喷出速度越快,紊流脉动越强烈,雾化质量就越好。但油压超过 1.5 MPa 以后,雾化质量的改善并不明显,耗能却增加。因此,一般船用燃油锅炉燃油系统的最高压力大多不超过 2 MPa。保证良好雾化的最低油压是 0.7 MPa 左右。

②喷孔直径

喷孔直径越小,形成的油膜越薄,则雾化质量越好,因而每个喷嘴的喷油量不宜过大。

③油流旋转的强烈程度

燃油在旋涡室旋转越强烈,喷出后油雾形成的圆锥直径就越大,油膜也就越薄,同时油流中的紊流脉动也越强烈,因而有利于雾化。

④油的黏度

油的黏度越小,阻力越小,雾化质量越好。雾化前燃油最佳黏度为雷氏黏度 R.W.No.1(38 ℃)60 s 左右(约相当于 13 mm²/s)。

因此,R.W.No.1 为 100 s 的柴油加热至 55~60 ℃,R.W.No.1 为 1 500 s 的中间燃料油应加热至 105~110 ℃,R.W.No.1 为 3 500 s 的重油需加热至 115~120 ℃。

为了防止在油压不足时喷油雾化不良、漏油和滴油,新式的压力式喷油器带有喷油阀,当供油压力低于某个数值时,喷油阀自动关闭,这种喷油器可带 1~3 个喷油嘴,如图 15-2-2 所示。

锅炉燃油泵所排出的燃油经过加热器后,送到喷油器的进口管。在喷油器的出口管上装有电磁阀,该阀开启时燃油压力较低,不能顶开喷油阀 12,燃油从循环油管接头 13 流回燃油泵进口或油柜,进行空载循环,使喷油器始终保持合适的温度。当出口电磁阀关闭时,油压迅速升高,作用在喷油阀 12 上,克服弹簧 9 的张力将阀顶开,油即经 1 号喷嘴 2 喷出。喷嘴内部装有旋流器(雾化片),进口端有的还装有过滤元件。O 形密封圈 10 后的漏油可通过喷油器尾部的漏油管引回油泵进口。

(2)回流式喷油器

回流式喷油器由压力式喷油器改进而成,其结构如图 15-2-3 所示。它主要由雾化片 2、旋流片 3、分油嘴 4、喷嘴座 5、外周的进油管 6 和中间的回油管 7 组成。工作时供

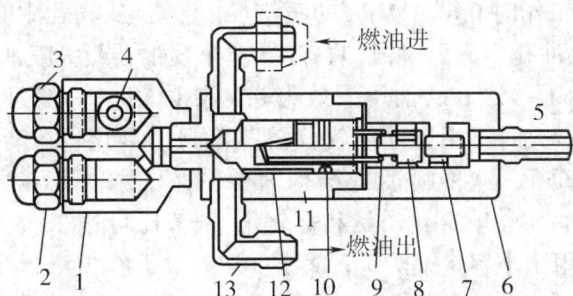

图 15-2-2　压力式喷油器

1—喷嘴接头;2—1 号喷嘴;3—2 号喷嘴;4—2 号喷嘴供油管接口;5—泄油管;6—喷油器盖;7—调节螺丝;
8—弹簧座;9—弹簧;10—O 形密封圈;11—喷油器体;12—喷油阀;13—循环油管接头

油压力在任何负荷下基本保持不变,使进入喷油器的油量也始终一样。但是,燃油由旋流片的切向槽至旋涡室后从分油嘴中部的回油通道引回一部分,这样,实际喷入炉膛内的燃油仅为剩余的部分。只要调节回油阀的开度,改变回油量,就能调节喷入炉内的油量,其调节范围可达 3~5。

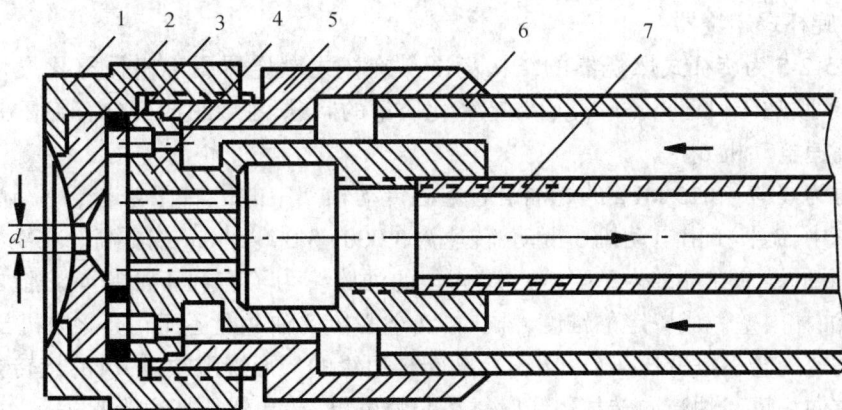

图 15-2-3　回油式喷油器

1—喷嘴帽;2—雾化片;3—旋流片;4—分油嘴;5—喷嘴座;6—进油管;7—回油管

回流式喷油器的工作原理与压力式喷油器相同。随着回油阀开度加大,回油背压变低,回油量增加,喷油量减少;由于供油压力都始终保持基本不变,油在切向槽内的速度也不变,喷油量虽然变了,但不影响油的雾化质量。通常,自动化锅炉的回油阀与燃烧器风门由联动机构(风油比例调节器)控制,以保持合适的风油比例。

回流式喷油器与压力式喷油器的主要不同点有:

①结构上,它将压力式喷油器的雾化片分开制造成雾化片和旋流片,回流式喷油器的雾化片上设有旋涡室,旋流片上设有切向槽;增设了分油嘴,分油嘴上开有回油孔,回油孔开在中心的称为集中回油孔式,开在偏离中心的圆周上且设多个孔的称为分散回油孔式。通过调节回油量而不是进油量来调节喷油量。

②性能上,在不影响喷油压力的情况下喷油量调节比更大。

(3)蒸汽式喷油器

蒸汽式喷油器采用一定压力的蒸汽或压缩空气来雾化燃油。图 15-2-4 为蒸汽式喷油器的 Y 形喷油嘴,工作时 0.6~1 MPa 的蒸汽(或空气)从气孔中高速喷出,被加压至 0.5~2 MPa 的燃油从油孔中流出时被"吹碎"。单个喷油器最大喷油量可高达10 t/h,船用锅炉通常所用的为 1~1.5 t/h,油压一般为 0.5~2.0 MPa,一般每千克燃油耗汽量为 0.01~0.03 kg。冷炉点火时可用压缩空气代替蒸汽帮助雾化。在清洗时要特别注意保持每个油孔和气孔畅通。这种喷油器结构简单,雾化质量较好,平均雾化粒度可达 50 μm;喷油量改变时,不影响雾化质量和雾化角,调节比可达 20。其缺点是要耗汽,工作时噪声较大,不能用于小容量锅炉。

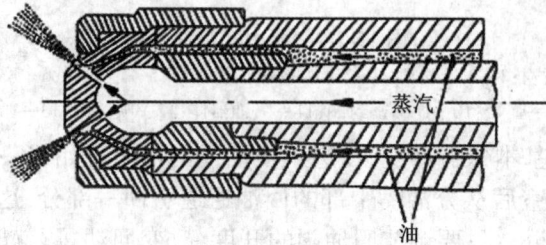

图 15-2-4 蒸汽式喷油器的 Y 形喷油嘴

(4)旋杯式燃烧器

图 15-2-5 为旋杯式燃烧器的结构简图。旋杯式燃烧器属于机械雾化燃烧器的类型,解决了喷油出口压力不够高而影响雾化质量的问题,主要组成部分有旋杯 1、雾化风机 5 和高速电动机 6。

压力为 0.07~0.15 MPa 的燃油沿着空心传动轴 9 中的供油管 2 送至一个高速旋转的旋杯 1 中,旋杯 1 由电动机 6 带动,转速为 3 000~8 000 r/min 或更高。在离心力的作用下,进入的燃油在杯的内壁形成一层均匀的油膜。为了有利于油膜向炉膛方向自动前进,将油杯内壁做成一定的锥度。同时,在空心传动轴 9 上还配有雾化风机 5,靠风机叶片的高速旋转引进低压风(一次风),从转杯边缘的环形缝隙吹过,风的旋转方向与转杯旋转方向相反。油流向转杯边缘时靠离心力甩出,并受到从杯边缘吹进一次风(风速为 60~80 m/s)的作用,油膜被粉碎成雾状。燃油形成的油膜与空气流相互冲击,加速了油膜的粉碎,使雾化质量得到了改善,燃料与空气的混合也趋向均匀,使燃料能燃烧完全。保证燃烧的二次风另有风机供给,从转杯周围的二次风口送入。用以雾化燃油的一次风量,占燃烧所需空气量的 15%~20%,可由风门 10 调节。

这种燃烧器的优点是:供油压力低(也可以使用高位油箱);调节比较大,可达 10 以上;调节方便,只需改变进油量即可,并且不会影响雾化质量,低负荷时雾化更好;油不通过喷孔之类狭窄流道,对杂质不敏感,对劣质燃油的适应性明显优于其他形式的喷油器;对雾化温度和压力要求不高。但整个燃烧器结构复杂、价格高是其缺点。这种喷油器在远洋船舶的辅锅炉中很常见。

4.配风器

锅炉的供风方式一般分为自然通风和人工通风两种。自然通风利用烟气受热后体积增加,比重减小的原理,产生自然对流。人工通风有压入通风、诱导通风和平衡通风三种方式。船舶锅炉通常采用人工通风并在炉前安装各种配风器。

配风器的作用是分配一次风和二次风,创造条件使空气与油雾充分混合,使油雾迅

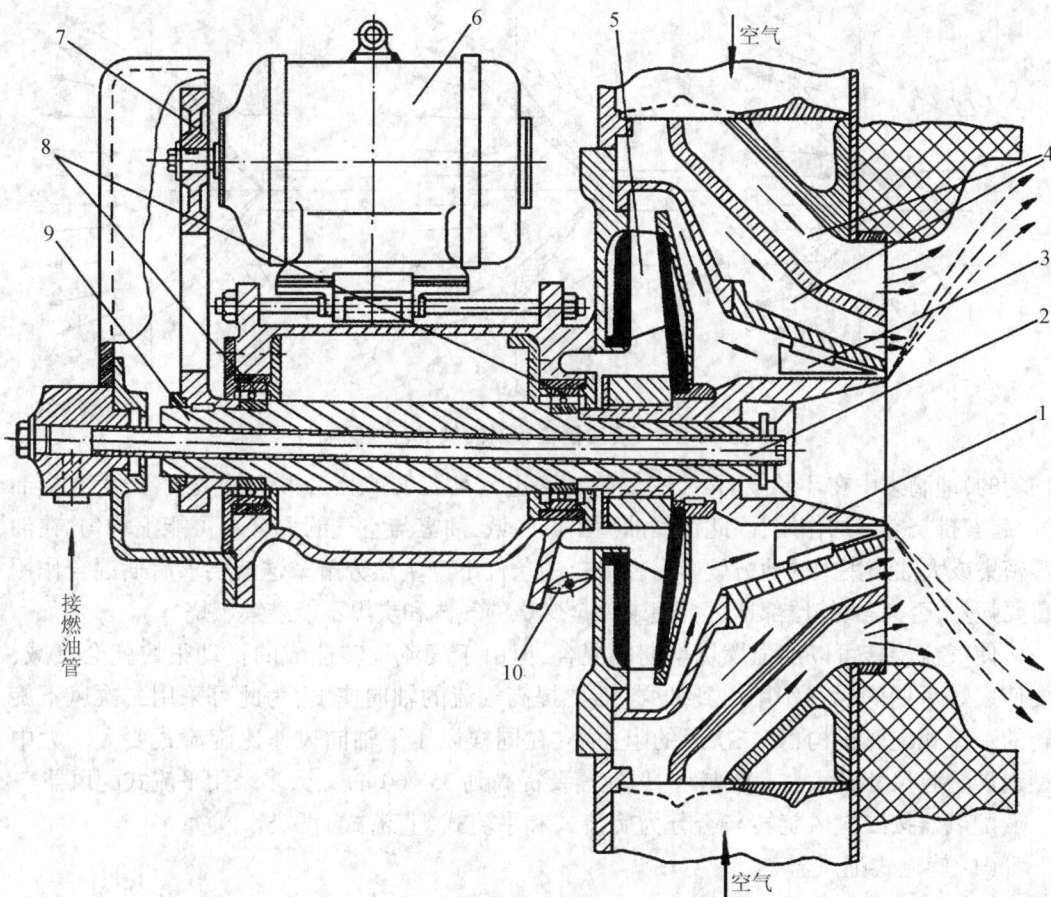

图 15-2-5　旋杯式燃烧器的结构简图

1—旋杯;2—供油管;3——次风风道;4—二次风风道;5—雾化风机;6—电动机;7—皮带传动轮;
8—前后滚动轴承;9—空心传动轴;10—风门

速汽化和受热分解,以利于稳定和充分地燃烧。好的调风机构除了能分配和调节一次风和二次风的风量外,还应具备下述能力:

①在燃烧器前方产生一个适当的回流区,以保证及时着火和火焰稳定。回流区与喷油器出口的距离应适当。太近,容易烧坏喷火口和燃烧器,而且喷出的油雾来不及与一次风充分混合,燃烧预备期太短,燃烧恶化;太远,又会使着火前沿后移,同样会燃烧不良。合适的回流区要靠配风器设计合理和风速适当才能保证。

②油雾在燃烧器出口与空气的早期混合必须良好。离喷燃器出口约 1 m 是燃烧燃油最多的地方,易发生不完全燃烧。为了使早期混合良好,要使气流扩张角小于燃油雾化角,这样空气才能以较高的速度进入油雾中;空气的旋转方向应与油雾相反,或者空气也可以不旋转。喷油器在喷火口的位置要保证油雾的外缘与喷火口相切,如图 15-2-6 (b) 所示,这样油雾在喷火口内就与气流相交而混合,由于此时气流速度高,混合较充分。如果喷嘴位置太靠前,如图 15-2-6(a)所示,油雾在离喷火口较远时才能与空气混合,使火炬拉长。如果喷嘴位置太靠后,如图 15-2-6(c)所示,油雾会喷在火口上,引起喷火口结炭。

③有足够大的风速,在燃烧后期也有良好的混合作用。喷油器喷出的油雾分布是不

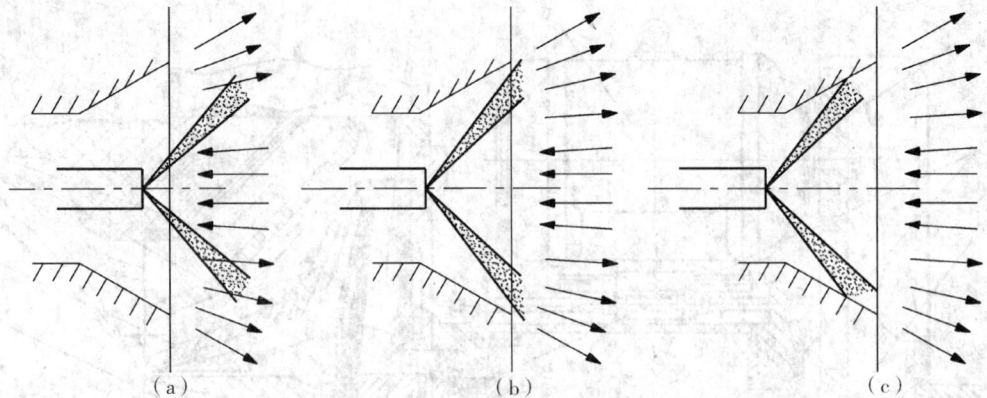

图 15-2-6 喷油器位置对油气混合的影响

均匀的,油滴集中在环形截面上,密集的油滴进入高温的炉膛后很快就蒸发,产生大量油气,起着排挤空气的作用,因此在喷油嘴出口区域,油雾与空气的混合不可能很均匀,在油雾密集或大油滴集中的地方就容易在缺氧的条件下产生热分解。这就要求后期混合作用也要强烈,否则,火焰尾部地区会使未完全燃烧的气体和炭黑不能继续燃烧。

使气流旋转可以加强燃烧早期的混合,但由于气流旋转造成的扰动很快就会衰减,要使燃烧后期的混合作用得到加强,需要提高气流的轴向速度,为此可采用二次风不旋转的平流式配风机构,其二次风的阻力小,在同样风压下轴向风速比旋流式要大。大中型锅炉炉膛尺寸较大,二次风轴向风速需要提高到 $35\sim60$ m/s,大多采用平流式配风器。

配风器按二次风旋转与否分为旋流式和平流式(直流式)两类。

(1)旋流式配风器

旋流式配风器的叶片可使空气产生旋转,进入炉膛时形成空心锥体,并与油雾的旋转方向相反,形成良好的混合,以利于完全燃烧。

图 15-2-7 为叶片固定型旋流式配风器的结构原理图。它安装在炉膛前面,与耐火砖砌成的喉口(风口)同心,喷油器装在配风器的中心轴线上。配风器外面与风箱相连,风机送入风箱的空气,经过配风器叶片后从喷油器周围进入炉膛。空气进入时不但有一定的前进速度,而且有一定的旋转速度,能与油雾形成良好的混合。在喷燃器中心管架的前端,有一个挡风罩 3,罩上开有槽孔,能让少量一次风通过此罩进入炉内。其余的二次风经固定的斜向叶片 1 旋转供入。在斜向叶片的作用下,在调风器内形成旋转的空气流,进入炉膛后形成辐射状的环形气流,因而在气流中心区域形成低压,使炉膛内的高温烟气流回火焰根部,形成回流区。用调节风罩的拉杆 7 移动挡风罩的轴向位置,可调节一次风的风量。在配风器内装有电点火器 4、火焰监视器 5 和人工点火孔 6。

旋流式配风器也可设计成叶片可调型。叶片可调型旋流式配风器的二次风经过可调叶片切向旋转进入炉内,调节叶片角度可改变流通面积,即可改变二次风量;其一次风则经过固定叶片轴向旋转供入。

(2)平流式配风器

平流式配风器的二次风不加旋转直接送入燃烧室。图 15-2-8 为小型平流式配风器,它有两个喷油嘴,可实现二级燃烧。由通风机送入风道的空气,少部分经挡风板 7 的中央圆孔吹出,形成一次风;其余大部分从挡风板外缘与调风器罩筒之间的缝隙吹

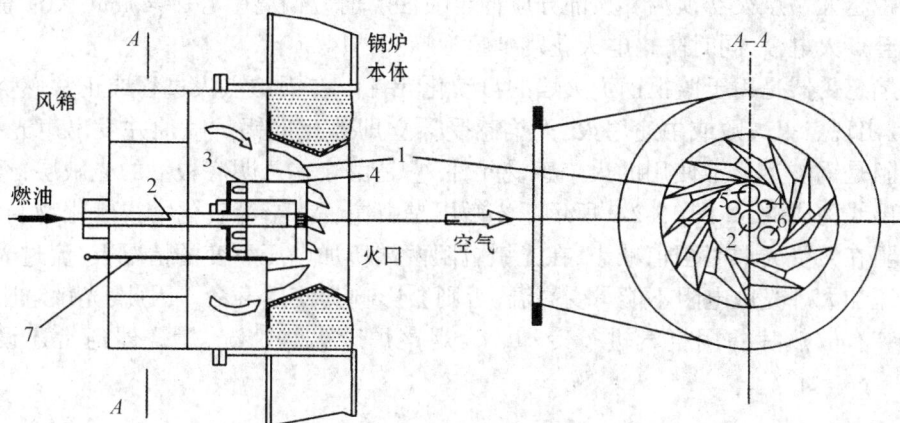

图 15-2-7 叶片固定型旋流式配风器

1—斜向叶片;2—喷油嘴管架;3—挡风罩;4—电点火器;5—火焰监视器;
6—看火孔(人工点火孔);7—调节风罩的拉杆

出,形成二次风。挡风板后的低压区形成回流,使着火前沿位置合适。有的挡风板上也适当地开有小孔和径向的缝隙,允许少量空气漏入。

有些平流式配风器在火焰根部即喷嘴出口处装有稳焰器,它是一个轴向叶轮,通过一定量的旋流风作为根部风,可改善风油的早期混合,同时产生一个大小和位置都合适的回流区,以保持着火前沿稳定。

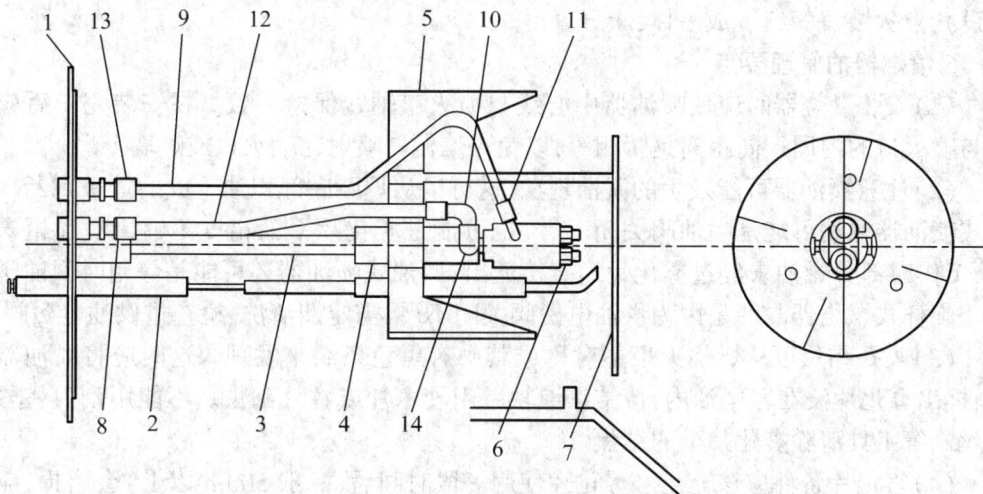

图 15-2-8 小型平流式配风器

1—燃烧器端板;2—点火电极;3—漏油管;4—喷油器;5—整流格栅;6—喷油嘴;7—挡风板;
8、13—直通接头;9—高压供油管;10、11—L 型接头;12—循环油管;14—弯头

5.电点火器及火焰感受器

船用锅炉的自动点火装置,大部分采用点火变压器,将交流电升压至 5 000 ~ 10 000 V,利用高压电尖端放电产生火花点火。产生电火花的部件称为点火电极,它是两根直径为 2 mm 的耐热铬镁金属丝,镍铬合金丝用耐高压电的瓷套管绝缘,固定在燃烧器上,两电极端部间距为 3.5 ~ 4 mm。电压越高或耐热铬镁金属丝直径越细,则两电

极的间距越大。点火器顶端发火部分应伸至喷油嘴前方偏离中心2~4 mm,要注意防止油雾喷至点火电极,同时防止电火花跳到喷油嘴和挡风罩上。

火焰感受器是用于监视锅炉火焰的自动化元件。在锅炉点火过程或正常燃烧过程中,一旦出现点火失败或中途熄火,火焰感受器立即停止向锅炉喷油并发出声光报警。光敏电阻是锅炉上最常使用的火焰感受元件,它是由涂在透明底板上的光敏层,经金属电极引出线构成的,如图15-2-9所示。光敏层是由铊、镉、铅等硫化物或硒化物制成的,光敏电阻在接受光照时阻值减小,在光敏电阻两端所加电压不变的情况下,流过光敏电阻的电流加大。光敏电阻不能承受高温,否则会影响其使用寿命。因此,光敏电阻火焰感受器装有散热片并用空气进行冷却。为观察炉膛火焰情况,燃烧器通常还设有看火孔。

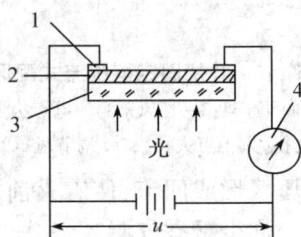

图 15-2-9　光敏电阻
1—金属电极;2—光敏层;3—透明底板;4—电流表

现代船用辅锅炉的燃烧器很多采用整装式燃烧器,它将油泵、风机、电加热器(有的不设)、点火装置等组装成一体,十分紧凑。

6.喷燃器的管理要点

(1)安装燃烧器时应使喷油器中心线与喷火口轴线保持一致。在安装完毕后应检查与喷火口的内周径向距离是否相等,以免火焰偏斜喷射在喷火口或炉墙上。

(2)注意喷油器可能发生的漏油现象,这可以从炉膛底部积油生成的量来判断。压力式喷油器漏油可能是喷油阀关闭不严,也可能是雾化片平面精度不够或喷嘴帽未拧紧,工作时部分燃油未经过雾化片而直接流出;回油式喷油器还可能是停用时回油阀漏油。旋杯式燃烧器漏油是因为供油电磁阀关闭不严,需定期清洗、检查进供油电磁阀。

(3)喷孔结焦可从燃烧火炬不对称或其中有黑色条纹来发现。这时应将喷油器取下,拆出雾化片浸在轻柴油内,待结焦泡软后用硬木片或竹片刮去。不能用刮刀、锯条、钢丝刷等工具清除雾化片上的结焦。

(4)雾化片备件应该充足。雾化片使用一段时间后(一般500 h以上)会磨损,应拆下喷油器,在专门的试验台上检查其喷油量、雾化角和喷出的油雾圆锥有否变形。喷油量超过额定值约10%时,应将雾化片更换或研磨减薄,减少其切向槽的深度,使喷油量减少。若各槽磨损不均匀(会使喷出的油雾圆锥形状歪斜)或雾化片磨损严重,应予更换。

(5)在装备多个燃烧器时,为了使不工作的配风器导向叶片不致被炉内火焰烤坏变形,风门关闭时应留有一定的间隙(0.5~2 mm),以便漏入少量空气起冷却作用。

任务2.2　船用辅锅炉燃油系统的组成及工作原理

锅炉燃油系统包括从日用油柜至锅炉燃烧器的管系及相关设备,其作用是供应燃油和控制燃烧的质与量。使用不同形式的燃烧器,燃用种类不同的燃油,系统会略有不同;燃用不同品牌的燃油,系统也会略有不同。现代船用辅锅炉日常工作时多使用与主柴油机相同的重油(燃料油),只有冷炉启动或准备停炉前才使用柴油。

1.采用回油式喷油器的燃油系统

图15-2-10为采用回油式喷油器的锅炉燃油系统图,它可以连续调节喷油量,一般无须停炉。

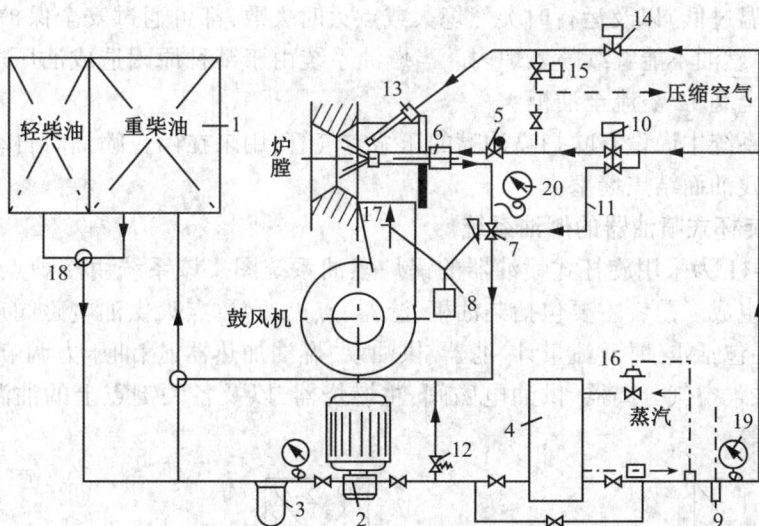

图15-2-10　采用回油式喷油器的锅炉燃油系统图

1—日用油柜;2—燃油泵;3—油滤器;4—燃油加热器;5—手动速闭阀;6—主喷油器;
7—回油调节阀;8—比例操作器;9—燃油温度继电器的感温管;10—主电磁阀;11—旁通管道;
12—安全阀;13—点火喷油器;14—辅电磁阀;15—压缩空气电磁阀;16—燃油温度调节器;
17—风道挡板;18—换油旋塞(三通阀);19—燃油压力表;20—回油压力表

日用油柜1有蒸汽加热管,可使燃油预热。油柜底部还有泄放口和承接漏斗,以便及时检查沉淀出来的水和杂质,将其泄放至污油柜。燃油泵2(常用齿轮泵)将燃油从日用油柜1经油滤器3吸出后送至燃油加热器4加热,加热温度由直接作用式燃油温度调节器16控制蒸汽流量来调节(用柴油时可不加热)。当主电磁三通阀断电时,加热后的燃油经旁通管道11返回油泵进口(或日用油柜)。当燃油温度加热至符合要求时,主电磁阀即可通电,使燃油经过手动速闭阀5送往回油式主喷油器6点火燃烧。在紧急情况下可用速闭阀迅速切断供油,该阀也可用钢丝绳在甲板上远距离切断燃油。

在冷炉点火时应转换油旋塞(三通阀)18,使锅炉燃油泵与柴油柜接通,燃烧器启动经预扫风后,辅电磁阀14开启,压力式点火喷油器13由电点火器点燃。只有当汽压产生,并将重油预热至要求温度时才将换油旋塞(三通阀)18转换至重油柜,并用点火喷油器的火焰将主喷油器6点燃。此外,在长时间停炉之前也需改烧柴油,以防停炉后重油在燃油管道内凝结,造成下次启动困难。

点火喷油器 13 每小时喷油量与最低蒸汽用量相适用。当蒸汽用量少,汽压达到上限时,辅电磁阀 14 开启,点火喷油器开始喷油,由炉内火焰点燃,然后主电磁阀断电,这样炉内可维持不断火。当用汽量增加,汽压降到下限时,主电磁阀通电,主喷油器就靠点火喷油器的火焰点燃,然后辅电磁阀 14 关闭,点火喷油器停止工作。只有在完全停炉重新点火时,才由电火花使点火喷油器用柴油点火。

回油式喷油器的喷油量可通过回油调节阀 7 的开度调节。该阀有比例操作器 8 根据蒸汽压力自动控制。当蒸汽压力超过额定工作压力时,自动使回油调节阀 7 开大,回油压力(由回油压力表 20 显示)降低,喷油量即减少;同时联动操作使风道挡板 17 关小,以保证过剩空气系数合适。当汽压到上限,或水位过低、油压过低、风压过低(有的锅炉包括油温过低)以及运行时突然熄火或点火时失败,都可通过安全保护系统使主电磁阀断电,使燃油不能继续喷入炉内。当燃油系统由于某种原因造成油压过高时,燃油即能顶开安全阀 12 溢流至油柜。

此燃油系统中尚设有吹扫喷油嘴的压缩空气管,用来在停止喷油时自动吹扫,防止喷油嘴因有残油而结焦堵塞。

2.采用旋杯式喷油器的燃油系统

图 15-2-11 为采用旋杯式喷油器的锅炉燃油系统图。该系统由冷炉点火系统和正常燃烧系统组成。前者主要包括柴油柜、滤器、点火油泵、点火供油电磁阀、点火燃烧器等;后者主要包括重油柜、流量计、滤器、供油泵、燃油加热器、燃油压力调节阀、油/气流量比例调节器、空气分离器、供油电磁阀、主燃烧器,以及各关键点上的油温、油压传感器或调节器等。

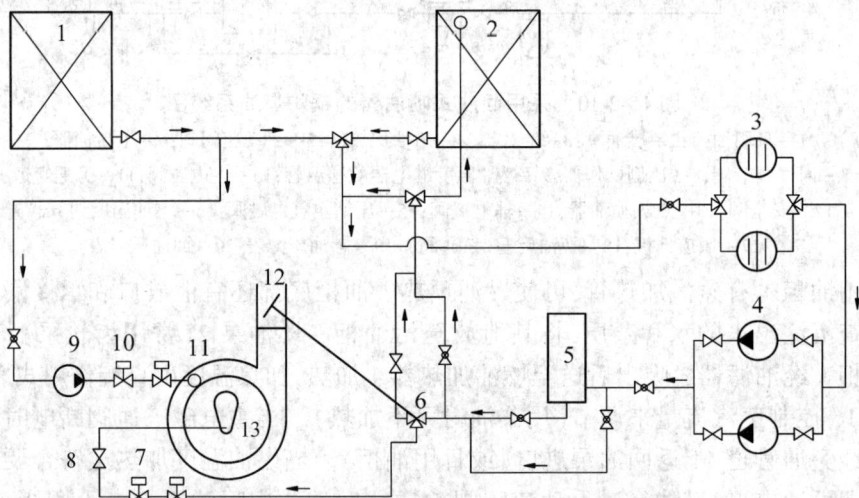

图 15-2-11 采用旋杯式喷油器的锅炉燃油系统图

1—柴油日用油柜;2—重油日用油柜;3—油滤器;4—燃油泵;5—燃油加热器;6—燃油调节阀;

7—主电磁阀;8—速闭阀;9—点火油泵;10—辅电磁阀;11—点火喷油器;12—风道挡板;13—主喷油器

正常燃烧时,燃油从重油日用油柜 2 经油滤器 3,被燃油泵送至燃油加热器 5 加热。当双主电磁阀 7 断电关闭时,加热后的燃油经燃油调节阀 6 返回油泵进口或油柜。当燃油温度加热至符合要求时进行点火操作,主电磁阀 7 通电,燃油送到旋杯式喷油器燃烧。在紧急情况下可用速闭阀迅速切断供油。

　　喷油器的喷油量可通过燃油调节阀 6 调节,同时,油/气流量比例调节器联动操纵风道挡板,使油气比例适当,以保证过剩空气系数合适。当汽压达到上限,或水位低至危险水位、油压过低、风压过低(有的锅炉包括油温过低)以及运行时突然熄火或点火时未能将油点燃,都可通过安全保护系统使主电磁阀断电,燃油立即停止喷入炉内。

　　在冷炉点火时如燃油由蒸汽加热,则重油因无蒸汽而无法预热,这时只能燃用柴油。此时,锅炉燃油泵应与柴油日用油柜接通,只有当重油预热至要求温度时才能进行转换。此外,燃用重油较长时间时在停炉之前几分钟,也需改烧柴油,以防停炉后整个燃油管系充满重油,在管道内凝结造成下次启动困难。

3.采用双喷嘴压力式喷油器的燃油系统

　　图 15-2-12 为采用双喷嘴压力式喷油器的锅炉燃油系统图。

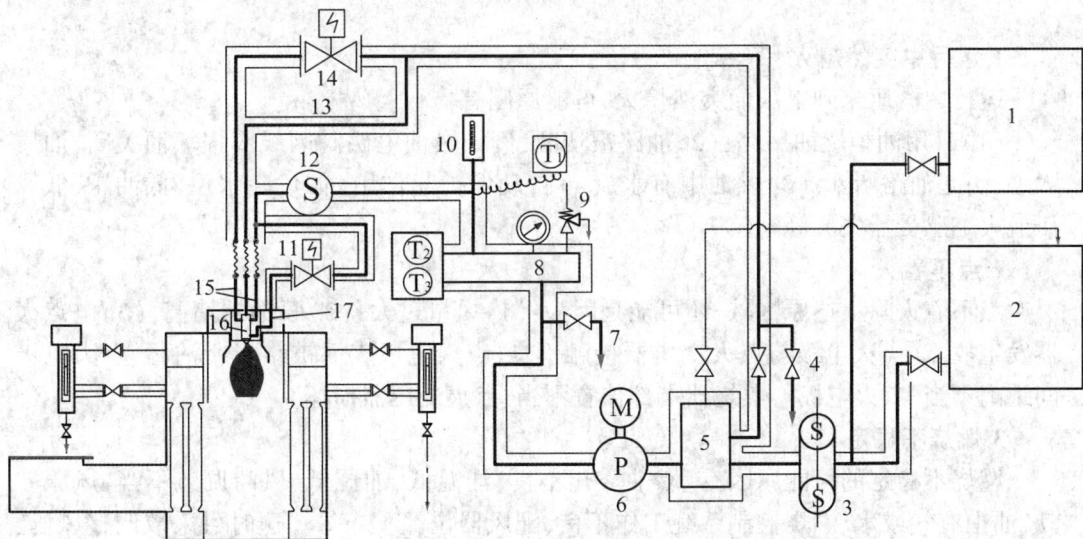

图 15-2-12　采用双喷嘴压力式喷油器的锅炉燃油系统图

1—柴油日用油柜;2—重油日用油柜;3—粗滤器;4—放气阀;5—空气分离器;6—燃油泵;7—泄放阀;
8—燃油电加热器;9—安全阀;10—温度计;11—常闭电磁阀;12—细滤器;13—泄油管;14—常开电磁阀;
15—循环油管;16—双喷嘴喷油器;17—油管

　　油柜底部有泄放口和承接漏斗,以便检查油柜中的水和杂质,将其泄放至污油柜。重油日用油柜 2 有预热燃油的蒸汽加热管。冷炉启动时,电动机带动燃油泵 6 和同轴的通风机运转。柴油日用油柜 1 来的油经粗滤器 3、空气分离器 5 进入燃油泵 6,再经燃油电加热器 8 和细滤器 12、循环油管 15 进入双喷嘴喷油器 16。这时常开电磁阀 14 未通电处于开启状态,油压不足以顶开 1 号喷油器的喷油阀,燃油经常开电磁阀 14 回到空气分离器 5;而常闭电磁阀 11 关闭,油管 17 不向 2 号喷油器供油。此时风机靠本身的抽力将燃烧器的手调小风门开启,进行预扫风。

　　预扫风结束后,电点火器通电点火;然后常开电磁阀 14 通电关闭,1 号喷油器前油压升高,顶开喷油阀后喷入炉内被点着;继而风伺服器将大风门打开,常闭电磁阀 11 通电开启,2 号喷油器也投入工作。当升汽后将重油日用油柜中的重油预热到要求温度时,可改烧重油。在停炉前应改烧一段时间柴油,让整个系统包括空气分离器内都充满柴油时再停炉。

锅炉工作时自动调节系统随气压变化(例如 0.5~0.7 MPa),通过开关常闭电磁阀11 使 2 号喷油器喷油或停止喷油来调节喷油量。如停用 2 号喷油器后喷油量仍然太多,汽压上升到上限(例如 0.75 MPa)时常开电磁阀断电,1 号喷油器也停止喷油,整个燃烧器停止工作,此时两扇风门皆自动关闭,防止冷空气进入炉内。待汽压下降到下限(例如 0.5 MPa)后,喷油器再重新点火工作。

T_1 为电加热器的温度继电器。T_2、T_3 分别为高油温继电器和低油温继电器。在油温过高或过低时会发出警报并使燃油电磁阀断电停止喷油,经后扫风后整个燃烧器停止工作。

任务 2.3 燃烧方面的常见故障

1.运行中突然熄火

运行中汽压未到上限而突然熄火,可能原因有:

(1)日用油柜燃油用完;(2)油路被切断,例如燃油电磁阀因线圈损坏而关闭,油质太差,引起油路堵塞;(3)燃油中有水;(4)自动保护起作用(如危险水位、低油压、低风压或火焰感受器失灵等)。

2.点不着火

点不着火除上述原因外,还可能是因为:(1)风量过大;(2)喷油器堵塞;(3)电点火器发生故障(点火电极与点火变压器接触不良、点火电极表面被结炭所沾污、点火电极间距离不当、点火电极与燃烧器端部位置不当、点火变压器损坏)。

3.燃烧不稳定

燃烧不稳定的可能原因:燃油雾化不良、油温低、油压低、风门调节不当、风压波动、油中有气或水、燃烧控制系统工作不良、配风器位置不当等。这时可采取调整风压、风门开度或者燃烧器位置,减小燃油压力后再慢慢增加等措施,使燃烧恢复正常。

4.炉膛内燃气爆炸

炉膛内燃气爆炸是燃油锅炉的一种危险事故,一般在点火或热炉熄火后发生,也称冷爆。其主要原因是操作管理不当,使大量燃油积存于炉膛底部,蒸发以后在炉膛内形成可燃气体,一旦被点燃,突然产生大量烟气,来不及从烟道排出,烟气压力剧增而爆炸。这可能使火焰从燃烧器向外喷出,严重时能使烟气挡板飞出或把锅炉外壳炸开,危及人身安全及引起火灾。

炉膛内燃气爆炸的原因主要有:

(1)点火前预扫风和熄火后扫风不充分,或点火失败后重新点火前没再进行充分的预扫风。

(2)停炉后燃油系统的阀件有泄漏,使燃油漏入炉膛又被余热点着,或积存在底部,下次重新点火时预扫风不足,就会发生爆炸。

为了防止锅炉发生燃气爆炸事故,对锅炉燃烧器及燃油系统要注意下列操作:

(1)预扫风要充分,点火失败后要重新预扫风再点火。

(2)紧急停用先关速闭阀,后扫风再停风机。

（3）万一需要人工用火把点火，操作要按以下顺序进行：燃油系统准备好后，先稍开风门供小量风，然后将火把（可用铁棍缠油棉纱）点着，侧身从燃烧器点火孔伸至喷油器前，开速闭阀，点着火后再将风门开大到适合的位置。

（4）加强对燃油系统及燃烧自动控制装置的检查，发现漏油或其他问题及时修理，以确保停炉期间没有燃油漏入炉膛。

5.锅炉喘振（炉吼）

锅炉喘振主要是因为燃烧不稳定，导致炉膛内压力波动。其主要原因有：（1）供油压力波动，或燃油雾化不良，大油滴滞燃；（2）风量不足成风压波动。

任务三 | 锅炉汽水系统的管理

学习目标：

1.能采取适当的措施确保炉水良好的循环
2.掌握影响蒸汽带水的因素并能正确使用和维护汽水分离设备
3.熟悉辅锅炉的蒸汽系统图、蒸汽供应系统及各部件
4.熟悉辅锅炉的典型蒸汽压力，掌握蒸汽压力调节方法
5.能正确管理锅炉汽水系统
6.能分析和排除船用辅锅炉汽水系统的常见故障

锅炉的汽水系统包括给水系统、蒸汽系统、凝水系统和排污系统等。在水管锅炉中，水和汽水混合物连续不断地通过蒸发受热面循环流动。水管锅炉的水循环方式有：一种是利用水与汽水混合物的密度差使汽水混合物经蒸发受热面循环流动，叫自然循环；另一种是利用泵使汽水混合物经受热面的强制循环。自然循环的优点是设备简单，无须专门的循环泵，目前大多数船用锅炉采用自然循环。

任务3.1　炉水的自然循环

1.基本原理

锅炉的水冷壁管与对流管束受到高温烟气的辐射和包围，大量的热量经过管壁传给炉水，使它加热、汽化。管壁温度介于烟气与炉水温度之间，不过只比炉水温度稍高一些，这是因为炉水对金属管壁有良好的冷却作用。管壁把热量传给炉水后，在管壁上要形成小的气泡，如图15-3-1所示。这种气泡必须及时离开，并让汽水混合物把热带走，才能保证炉水对管壁的有效冷却。如果形成的气泡停留在管壁上，由于水蒸气与管

壁之间的热交换远比水差,管壁就不能得到良好的冷却,会造成过热而烧坏。为了使汽水混合物及时离开受热面,必须建立可靠的水循环。

图 15-3-2 是炉水自然循环的简单回路。由上、下两个锅筒和两组管束组成。左边的管束受到高温烟气的加热,管中产生蒸汽,称上升管。右边管束被低温烟气加热或不加热,里面不产生蒸汽,称下降管。左边管子里形成了汽水混合物,比重较小。右边管子里是饱和水或接近于饱和状态的水,比重较大。由于两边管子里流体的比重不同,左边管内的汽水混合物就自然上升,右边管子里的水就自然下降,回路中的水和汽水混合物就产生了自然循环。

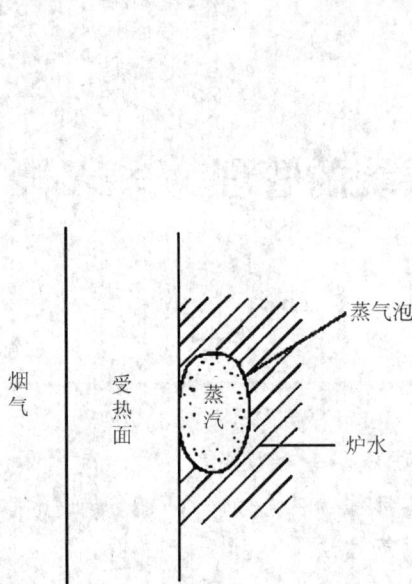

图 15-3-1　受热面管壁上形成的蒸气泡

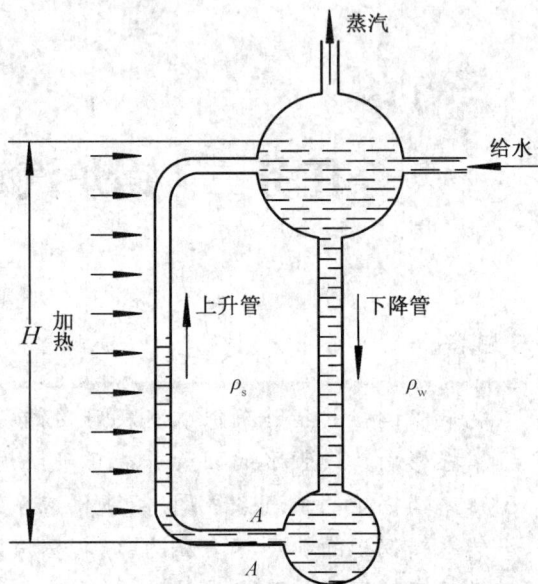

图 15-3-2　炉水自然循环回路的简单回路

产生自然水循环的动力是下降管与上升管的水和汽水混合物的压力差,以符号 Δp 表示:

$$\Delta p = H(\rho_{\mathrm{w}} - \rho_{\mathrm{s}}) g \quad \mathrm{Pa} \tag{15-3-1}$$

式中:H——从上升管出口中心到水包中心的高度,m;

　　　ρ_{w}——下降管内水的密度,$\mathrm{kg/m^3}$;

　　　ρ_{s}——上升管内汽水混合物的平均密度,$\mathrm{kg/m^3}$;

　　　g——重力加速度,$\mathrm{m/s^2}$。

水循环对锅炉的经济性与可靠性有直接的影响,良好的水循环给锅炉带来下列优点:蒸发受热面可有效地吸收烟气的热量,提高锅炉效率;可以防止受热面的过热,提高锅炉的工作可靠性;有利于降低各部分温差,降低热应力;可以缩短锅炉的升汽时间。

2.保证自然水循环良好的措施

为了防止蒸发受热面过热烧坏,除了防止受热面热负荷过大和严重结垢外,主要是保证水循环良好,即保证所有的上升管有足够的循环流速 w_0(以上升管入口处计)和进水流量 G,这要求上升管有足够的循环倍率 K。

$$K = G/D \tag{15-3-2}$$

式中:G——上升管进口处进水流量,kg/h;

D——上升管出口处蒸汽流量,kg/h。

循环倍率 K 越大,出口蒸汽干度 $x = D/G = 1/K$ 越小。当 $x < 0.25$ 时,管壁有完整的水膜,管内壁的放热系数大,管壁温升较小。当 $x \geqslant 0.5$ 时,管壁的水膜很薄,随时可能被中心气流撕破,形成细微水滴被带走,呈雾状流动,这时放热系数减小,管内壁温度升高,船用辅锅炉蒸发受热面大多采用低碳钢,允许工作温度大约为 450 ℃,为防止这种情况出现,K 至少应大于 $4(x < 0.25)$。

不同位置的上升管热负荷是不同的。热负荷大的上升管(如水冷壁、前排沸水管)含汽量多,由式(15-3-1)可知,循环动力也大,故进水流量和循环流速也大,这种现象称为自然循环的自补偿能力。热负荷小的上升管循环流速也小,换热特别弱的(例如管外积灰或管内结垢严重)可能出现循环停滞(一般认为 $K = 1$ 即属循环停滞)甚至循环倒流的情况,这样的管子会因冷却不良而烧坏。

为了保证良好的水循环,在设计和管理上应注意以下几个方面:

(1)尽量减少或避免下降管带汽。下降管带汽多会增加流动阻力,减小循环动力。因此,最好采用不受热的下降管。某些小型水管辅锅炉也有在烟气温度较低处用些管径较粗(水受热相对较少)的管作下降管的。下降管处水位高度要大于 150~200 mm(大于 4 倍管子内径);入口水速应小于 3 m/s,避免进口阻力太大;与上升管出口的间距应大于 250 mm,或两者之间设隔板,防止串汽;给水管应布置在下降管进口附近,使其进水有较大的过冷度。

(2)避免上升管受热不均现象加重。工作中,应保持燃油雾化良好,防止残油进入蒸发管束后继续燃烧造成局部过热;应防止部分受热面上结存灰渣严重,及时除灰;设多个燃烧器的炉膛,增减使用时应按规定顺序进行。

(3)避免上升管流动阻力过大。上升管的管径选得小虽可加大换热面积,但为避免流阻过大,亦不宜选得太小;在上升管高度既定条件下,管长应尽量短;使用中应避免结垢严重。

(4)尽量避免用汽量突然增大或减小,引起工作汽压急剧降低或升高。前者会使下降管中炉水闪发成汽,后者会使上升管中蒸汽凝结,这都会使循环动力突然降低。

(5)运行中不宜在下锅筒进行下排污,这会破坏水循环。

任务 3.2 影响蒸汽带水的因素和汽水分离设备

由汽包引出的饱和蒸汽带水过多,就会使蒸汽品质下降。蒸汽携水所带有的盐分可能加快汽、水管路和设备的腐蚀;若饱和蒸汽用于驱动蒸汽辅机,带水过多会引起这些机械的水击;对于装有过热器的锅炉,如蒸汽带水进入加热器,则水在过热器中被加热蒸发,溶解在水中的盐分就沉积在过热器的内壁上,使过热器管子烧坏。

1.影响蒸汽带水的因素

图 15-3-3 为锅炉汽包结构简图。汽包下部充满炉水,从上升管束中流出的汽要穿透这一水层进入汽包的蒸汽空间。水汽分界面到集汽设备之间的距离叫分离高度,用 H 表示。

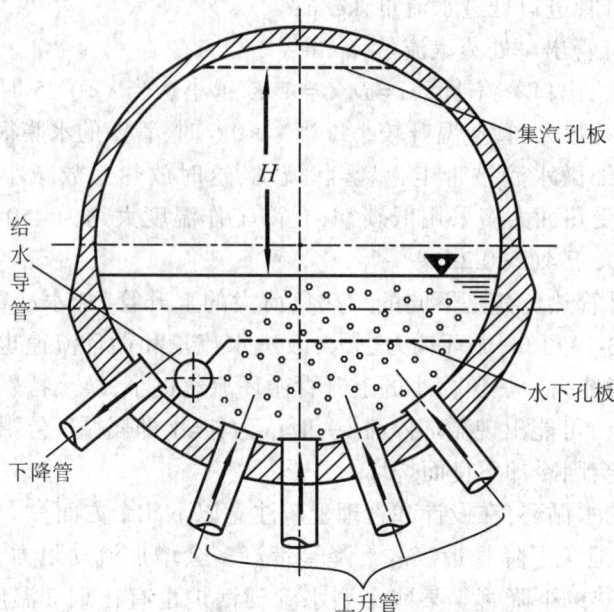

图 15-3-3　锅炉汽包结构简图

影响蒸汽带水量的主要因素有：

(1) 分离高度

分离高度越大，重力分离作用越强。当分离高度超过 0.5~0.6 m 后，对蒸汽的干度的影响很小，这是因为足够细小的水滴受气流推动产生的上升力和浮力之和已超过其重力，高度再高也无法分离。

当达到满水状态时，所供蒸汽大量携水，导致水击、腐蚀管路设备等危害。发现满水应立即停止送汽，进行上排污，直到水位恢复正常；同时开启蒸汽管路和设备上的泄水阀泄水；然后查明水位自动控制系统的故障并予以排除。

(2) 锅炉负荷

锅炉负荷指的是蒸汽用量。应该注意的是，锅炉运行时汽包中的实际水位常比水位计指示的高，这是因为沸水中存在大量气泡使之膨胀。锅炉负荷增加时，需要加强燃烧，汽包中水的含汽量增加，汽包中实际水位升高，分离高度降低；同时上升管出来的汽水混合物冲击水面使炉水飞溅数量增加；再加上蒸汽流速也增大，故蒸汽带水量增加。因此，高负荷时应保持水位计中的水位较低，每台锅炉都有其临界负荷，超过临界负荷时，直径较大的水珠也会被蒸汽带出，使蒸汽携水量大增。同时还要注意，锅炉的供汽量不宜增加过快，以防汽包内压力骤降，产生"自蒸发"现象导致气泡急剧增多，水位上升，分离高度减小。

(3) 炉水含盐量

当炉水含盐量达到某一极限值时，炉水表面形成很厚的泡沫层，形成汽水共腾现象。这一极限值称为临界含盐量。产生汽水共腾时，蒸汽空间的分离高度急剧降低，而且气泡破裂时产生大量飞溅水珠，使蒸汽品质急剧恶化。临界含盐量随锅炉工作压力升高而降低，这是因为压力升高时泡沫的体积变小，泡沫变厚，强度提高，泡沫寿命得以延长，更容易产生汽水共腾。锅炉的临界含盐量如表 15-3-1 所示。

表 15-3-1　锅炉的临界含盐量

锅炉工作压力 MPa	≤1	1~2.5	2~4.9	4.9~6
临界含盐量/[mg/L(NaCl)]	1 000	700	400	350

2.汽水分离设备

由于在汽包内借助分离高度对蒸汽携水进行重力分离有一定的局限,需要在汽包内装设些汽水分离设备以提高分离效果。锅炉汽包中设有汽水分离设备,有水下孔板、集汽管或集汽孔板。

（1）水下孔板

当汽水混合物由水空间引入汽包时,可利用水下孔板来均衡蒸发平面负荷。水下孔板使蒸汽在上升过程中受到一定的阻力,在孔板下形成汽垫;因而蒸汽能比较均匀地从孔板的各个小孔中穿出,并降低汽水混合物的动能。孔板放置在汽包水空间,一般在最低水位以下 100~150 mm,如图 15-3-3 所示。

（2）集汽管

聚集在汽包顶部的蒸汽一般通过集汽管引出。集汽管结构如图 15-3-4 所示。集汽管 1 沿汽包纵向布置,顶部开有许多进汽缺口 3,两端封死。饱和蒸汽出口 4 可在集汽管中部或一端。为了沿汽包长度方向均匀地收集蒸汽,进汽缺口 3 离出汽口较远处较密,较近处较稀。有的集汽管两侧装有波形百叶窗式挡板 2,以加强汽水分离作用。

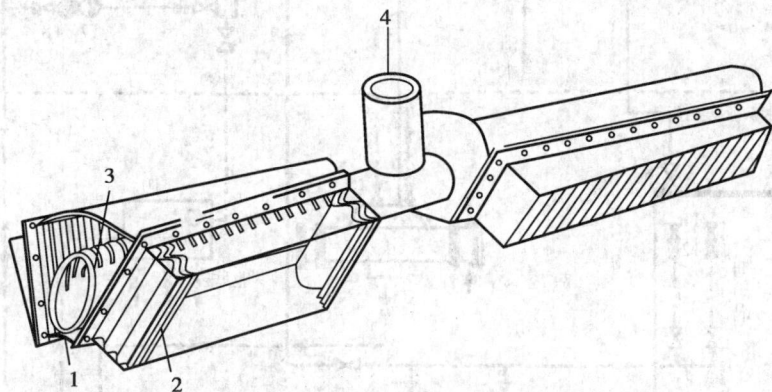

图 15-3-4　带波形挡板的集汽管
1—集汽管;2—波形百叶窗式挡板;3—进汽缺口;4—蒸汽出口

（3）集汽孔板

如图 15-3-3 所示,集汽孔板安装在汽包的上部,其结构简单、加工方便,流动阻力较小。用它代替集汽管可以距离水面更高,但其汽水分离的效果不如集汽管。

锅炉运行时为了防止供汽湿度过大,管理上应注意:防止水位过高,尤其不宜在高负荷下高水位运行;防止锅炉超负荷,同时还要避免负荷突变;防止炉水含盐量过高。

任务 3.3　锅炉的蒸汽、凝水、给水和排污系统

辅锅炉和废气锅炉所产生的蒸汽,通过管道输送到各用汽处所,供燃油加热、舱室

取暖、热水、蒸饭或推动船舶辅机。其中一部分蒸汽在使用过程中被直接消耗,如冲洗物件、空调器的加湿等,而极大部分在工作以后变为冷凝水,由凝水系统流回热水井,然后由给水系统再送回锅炉,循环使用。由于蒸汽的直接消耗和管道的泄漏,损失了一部分凝水,要经常向热水井补充给水,以保持锅炉水量的平衡。图 15-3-5 为船用辅锅炉与废气锅炉的汽水系统图。

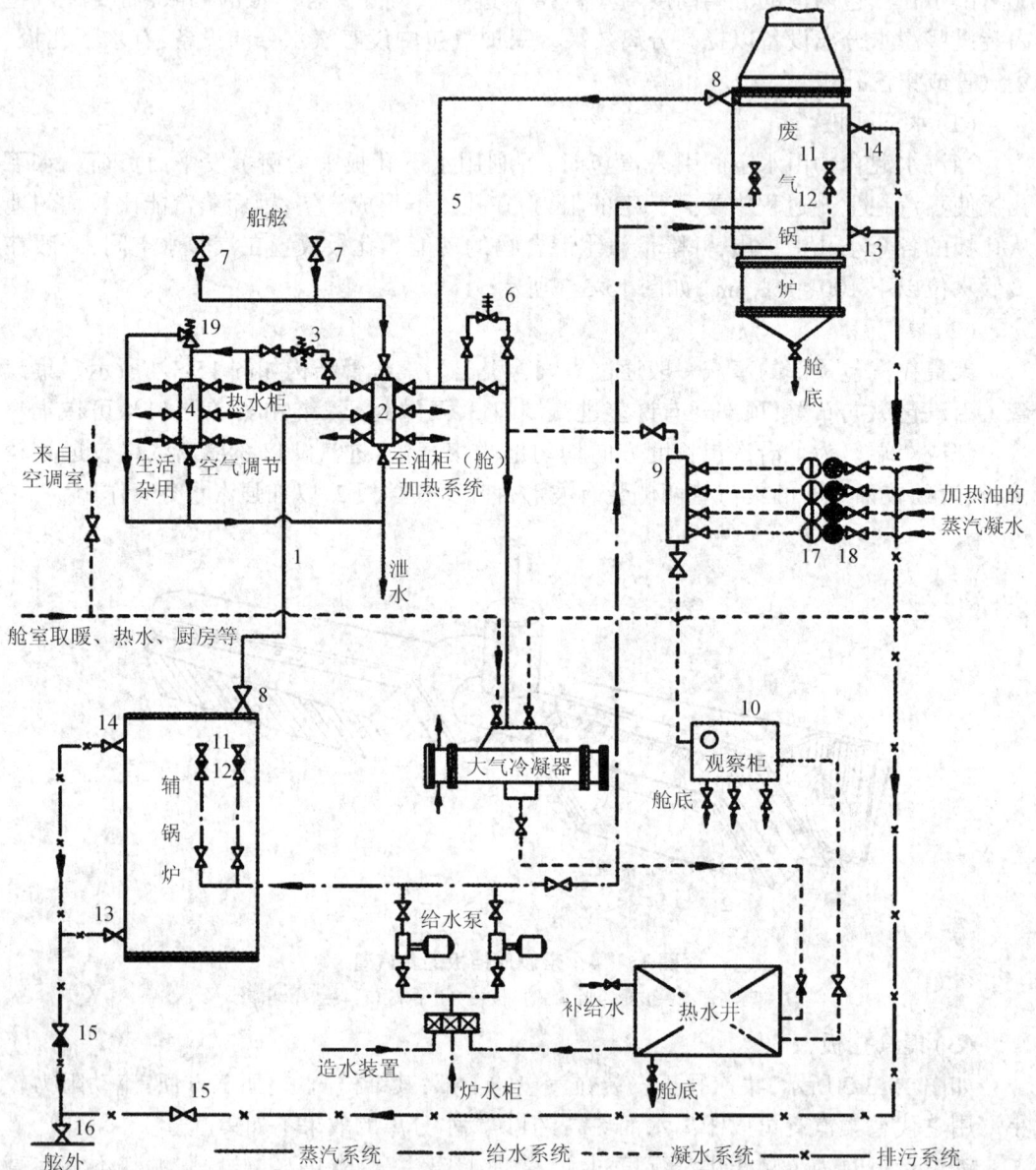

图 15-3-5　船用辅锅炉与废气锅炉的汽水系统图

1—(辅锅炉主)蒸汽管;2—总蒸汽分配联箱;3—减压阀;4—低压蒸汽分配联箱;5—(废气锅炉总)蒸汽管;
6—蒸汽调节阀;7—岸接供汽管;8—停汽阀;9—凝水回流联箱;10—凝水观察柜;11—截止阀;
12—(给水)止回阀;13—底部排污阀;14—上部排污阀;15—止回阀;16—舷旁排污阀;
17—阻汽器;18—滤器;19—安全阀

1.蒸汽系统

蒸汽系统将锅炉产生的蒸汽按照不同的压力需求,分别送至各个用汽设备。辅锅炉和废气锅炉所产生的蒸汽通过锅炉顶部的停汽阀8,沿蒸汽管1和5汇集于总蒸汽分配联箱2。由此,一部分蒸汽送至油舱(柜)的加热蒸汽分配箱,然后分别送至各油舱(柜)供加热之用;另一部分蒸汽经减压阀3将压力降低,再送至低压蒸汽分配联箱4,然后分各路供空调及生活杂用。另有一路蒸汽经温控阀进入热水井,用于在冬季对热水井加热,保持 60~90 ℃的给水温度。

在废气锅炉与总蒸汽分配联箱之间的蒸汽管5上,设有多余蒸汽释放阀(压力式),可用于在废气锅炉供大于求时释放多余蒸汽至大气冷凝器。

在总蒸汽分配联箱2上还接有岸接供汽管7,分别通至上甲板的左、右舷。当船上锅炉停用时,可由岸上或其他船舶供汽。在联箱的底部装有泄水管,用以放出凝结水,以免在通汽时产生水击。

2.凝水系统

凝水系统的任务在于回收各处的蒸汽凝水,并防止混入水中的油污进入锅炉。供各处加热油、水、空气的蒸汽在加热管中放出热量以后变为凝水,并经各加热设备回水管上的阻汽器17流回热水井。但阻汽器并不能完全做到只让水通过,而总会有一些蒸汽漏过。此外,凝水在流出阻汽器时,因压力降低而产生二次蒸汽,所以某些温度较高的凝水在进入热水井以前,先经大气冷凝器冷却,使其中的蒸汽凝结,然后才流回热水井。大气冷凝器为管壳式换热器,采用海水冷却。

加热油的凝水中可能因加热管不严密而漏进燃油,从而有可能把油带入锅炉中。炉水中有油对锅炉来说是非常危险的,它会使受热面传热急剧恶化,导致管子破裂或炉胆烧塌。因此,为了尽量使油少进入锅炉,让加热油舱、油柜等可能带油的蒸汽凝水先进入凝水观察柜10,加以过滤和观察。如凝水中有油,会立即黏附在观察柜的玻璃窗上,很容易被发现。如果发现凝水中有油,先将油舱(柜)回水放至污油柜,待查明原因并排除故障后,重新清洗凝水柜,才允许该路回水进入热水井。同时凝水观察柜内还设有油分探测器,在油分超标时会发出警报。

3.给水系统

给水管路的任务在于向锅炉供给足够数量和品质符合要求的给水。锅炉失水会导致严重事故。为了保证安全,每台锅炉必须有两台给水泵和两条给水管路,其中一台作为备用。在第一条给水管中紧靠锅炉处有一个截止阀11和一个给水止回阀12。截止阀用来连通或切断管路,要么全开,要么全闭,不允许用此阀对给水量进行节流调节,以免阀盘遭水流冲蚀而关闭不严。安装止回阀的目的是防止给水泵不工作时炉水沿给水管倒流,一般采用截止止回阀。

截止阀必须装在止回阀与锅炉之间,以便在必要时把止回阀与锅炉隔开,进行必要的修理。为了在锅炉工作时能更换截止阀阀杆填料,给水截止阀通常是反装的。

给水温度低,若进入锅炉后聚集在一角或直接与受热面接触,则会使该处产生热应力,所以一般在锅筒内设有内给水管。内给水管的下半部分开有许多小孔,水平安装在锅炉工作水面以下,给水从小孔流出时,既分布均匀,又被周围的炉水加热。热水井上通常还设置水温控制器,它通过蒸汽加热,使热水井的水温基本保持不变,这样可以减少水的含氧量,并使给水温不致过低。

锅炉的给水泵从热水井吸水,通过给水管路既可向辅锅炉,又可向废气锅炉供水。给水泵一般设两台,也有设三台的,其中一台使用,其余备用。由于内燃机干货船辅锅炉的蒸发量很小,在用电动离心泵或旋涡泵作给水泵时,多采用间歇供水的方式。如要采用连续供水的方式,则必须在管路上设有回流管或采用流量便于调节的蒸汽往复式给水泵,也有的锅炉采用压头较高的多级离心泵。

即使采用不间断供水方式,供入炉内的给水量和从各处汇集的凝水量也是不能平衡的,因此在凝水与给水管路之间要有个热水井作缓冲器。热水井还有过滤水中污物和油污的作用,也供加入补给水和投放水处理药剂之用。现在大多数船用辅锅炉给水系统对炉水的投药是在给水管路进入锅炉之前,设置专门的投药泵,按照一定流量连续进行,在给水泵吸入口设置盐度计,随时监测给水的含盐量,以防大气冷凝器的海水管路泄漏导致海水进入锅炉。

图 15-3-6 为热水井的示意图。水的流动方向用箭头表示。水经过过滤匣 1(内装丝瓜筋)、过滤篮 2(装丝瓜筋或焦炭)和裹以毛巾布的许多过滤筒 3。在三道过滤中,水均从前一道的底部流入下一道,使漂在水面的油滴尽量少带入下一道。一部分浮在水中的油滴和污物则黏附在丝瓜筋和毛巾布上,从而达到过滤的目的。丝瓜筋和毛巾布的吸附能力有限,当吸附一定数量油污以后便失去过滤作用,故需要定期清洗和更换。

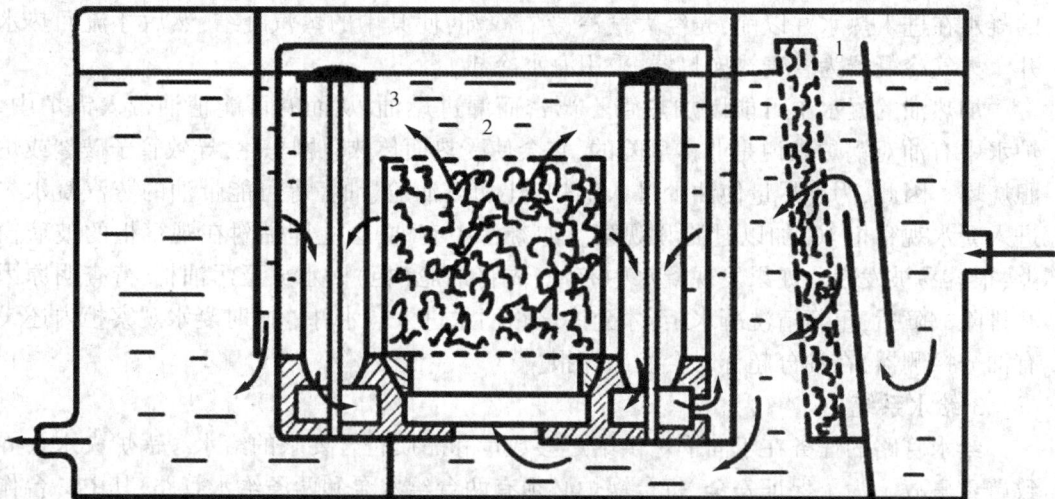

图 15-3-6　热水井
1—过滤匣;2—过滤篮;3—过滤筒

现代造船,通常将热水井、凝水柜、大气冷凝器、锅炉给水泵,以及连接这些设备的管路、阀件等附件组合在一个底座上,做成一个模块,出厂前对模块进行密封性和运转检查,合格后装船只要将外部接口与蒸汽凝水系统相应部分接通,便可工作。

4.排污系统

锅炉工作一定时间后,炉水中的含盐量增加,底部泥沙积聚,因此在锅炉底部需装底部排污阀 13(见图 15-3-5),以便在锅炉停止工作时能排去泥渣。下排污可定期在投放除垢药物后过一段时间进行,通常要求在熄火半小时后或锅炉负荷较低、压力降至 $0.4\sim0.5$ MPa 时进行,因为此时炉水比较平静,有更多的泥渣沉积在底部。水管锅炉为防止从底部放走大量炉水破坏正常的水循环,所以不允许在锅炉正常工作时进行下排污。每次排污时间不能过长,一般阀全开时间不超过 30 s,每次排污量为 1/3~1/2 水位计高度。

若发现炉水含盐量或碱度过高,发生汽水共腾,或者大修后初次使用,漂浮在水面上的泡沫和悬浮物太多,或者炉水进油等,则通过锅炉的上部排污阀 14,用定期放掉大量炉水的方法来排除。上排污漏斗设在高于锅炉最低水位 25 mm 处,水经其沿内部接管和上排污阀泄出。漏斗的数目和安装位置应便于将全部液面上的污物排除。

在进行表面排污时,首先将炉水提高到最高水位附近,以免排污时给水泵供不应求而造成失水。当水位下降至排污漏斗位置(一般在炉外做有记号)时,则应停止排污。如认为一次排污水量不够,可以重复一次。在排污时,应严格监视水位表上的水位变化。表面排污可在锅炉工作时进行,每天排污的水量和次数视水质化验结果而定。

废气锅炉也同样要排污。但是对于强制循环锅炉来说,由于炉水在不断循环,不需要排污,其底部的放水阀主要供停炉后放水之用。

排污阀的直径一般为 20~40 mm,不能用来调节排污水量。调节排污水量需要在管道上另装一只调节阀。排污时应先开舷旁通海阀以免发生水击,再开排污阀,要全部打开,最后开调节阀;停止排污时,先关调节阀,再关排污阀,以防止排污阀遭水流冲蚀而失去水密,最后关舷旁通海阀。各处的排污管均汇集到排污总管,经舷旁通海阀通至舷外。在排污总管上装有止回阀 15,以防止锅炉无压力时海水倒灌入锅炉中。

任务 3.4　船用辅锅炉汽水系统的常见故障

除了已讲述的自然水循环故障、蒸汽携水过多以外,锅炉汽水系统常见的故障还有:

1.失水

锅炉水位低于最低工作水位称为失水。失水是锅炉的一种严重事故,可能使上部受热面失去炉水冷却而烧坏。发现失水时要冷静处理,如关闭水位计上通汽阀仍能"叫水"进入水位计,则表明水位仍在水位计通水接管之上,可迅速加大给水;如"叫水"不来,千万不能向炉内补水,以防赤热的受热面突遇冷水而爆裂,甚至导致锅炉爆炸。这时应立即停炉,待冷却后进一步检查受热面损坏程度,并查明和排除给水不足的原因。

2.满水

水位高过最高工作水位时称为满水。满水会使所供蒸汽大量携水,导致水击、腐蚀管路设备等。发现满水应立即停止送汽,进行上排污,直到水位恢复正常;同时开启蒸汽管路和设备上的泄水阀泄水;然后查明水位自动控制系统故障,予以排除。

3.受热面管子破裂

因结垢严重、水循环不良等导致管壁过热,或腐蚀严重,都可能引起受热面管子破裂。管子破裂会使水位、汽压迅速降低,烟囱冒"白烟"(水雾),有时能听到异常的声音(往往被舱内的噪声掩盖),有的锅炉可从烟箱的泄放阀中放出水来。

如裂缝不太严重,仅为微小渗水,可暂时监视使用,谨防裂缝扩大。如水位下降较快,应立即停炉。除已严重失水的情况以外,在受热面温度降低前应继续给水,保持锅炉的正常水位，以防受热面因大量失水而被烧坏。停炉待锅炉冷却后，即可将其中的水放尽，进入炉内堵管。

锅炉运行中，如发现烟管或牵条烟管与管板的结合处有轻微的漏水，在停炉后可重新扩管或焊接使之水密；若在航行中无法采取上述措施，可用两端带螺纹和盖板的堵棒将破裂管堵死，如图15-3-7所示。堵管时，在堵棒的盖板和管板之间垫上密封垫，收紧螺帽即可。堵管的数不宜过多，以免影响加热的均匀性。堵管后应进行水压试验，证实不漏后才能再点火升汽。

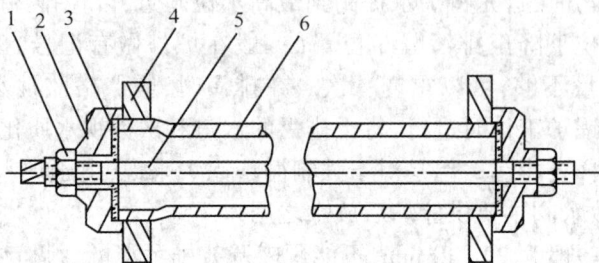

图 15-3-7　烟管锅炉的闷管

1—螺母；2—闷盖；3—石棉填料；4—锅炉管板；
5—拉紧螺杆；6—烟管

水管锅炉管子破裂多发生在靠近炉膛热负荷高的水管，比较容易被发现。如破裂管在中间，则寻找比较困难，可以在锅炉尚有汽压时先观察漏水破管的大概位置，待停炉放水后，再用木塞堵住管子下端，从上端灌水寻找。

受热面管子破裂如暂时不能换管，可临时堵管使用。堵塞水管锅炉水管的钢塞应具有一定锥度，涂上白铅油后，塞在破管的两端，如图15-3-8所示。然后用手锤敲紧，再借助于工作蒸汽的压力，即可保证其有一定的严密性。炉膛膜式水冷壁管封堵时，一定要灌满耐火水泥，否则在较短的时间内就会发生烧穿现象。

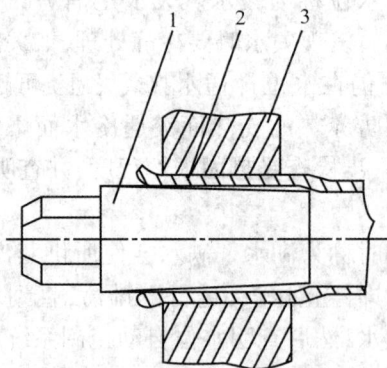

图 15-3-8　水管锅炉的堵管

1—实心闷头；2—水管；3—水筒或汽筒管板

如果发现针形管泄漏，采取临时性修理时要先停炉，使锅炉自然冷却并降至常压，放空炉水；然后进入锅炉烟箱在相关的针形管外管侧面切割一个透气孔，用钢丝刷清洁针形管外管内侧，选用和烟管等厚度的钢板，切割一块直径和针形管外管同样的圆形钢板,并把上边缘倒角30°,按图15-3-9所示位置焊接上密封板;最后进入炉膛,用上述同样的方法钻孔,焊接下密封板。这种临时性修理方法只允许密封泄漏针形管的数量在10%以下,否则必须要进船厂进行永久性修理。

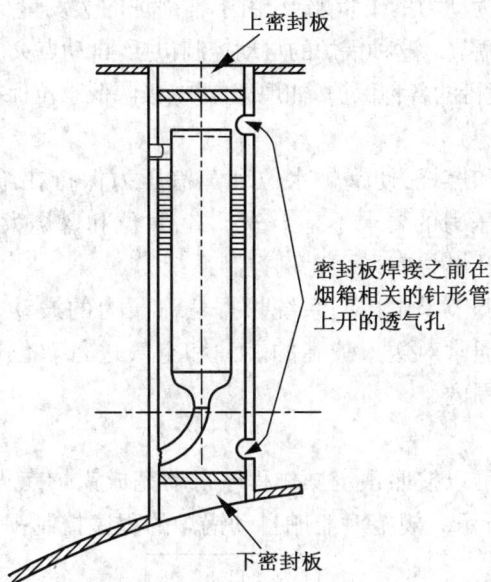

图 15-3-9 针形管的临时维修

任务四 船用辅锅炉的操作与管理

学习目标:

1.了解船用辅锅炉自动控制的内容

2.熟悉锅炉点火控制和补给水控制机理

3.能正确操作和保养船用辅锅炉

4.能进行船用辅锅炉炉水处理和水垢清洗

5.掌握船用辅锅炉检验的要求及内容、方法,能够判断水垢、裂纹、腐蚀等具体情况

6.能维修锅炉管道和炉膛墙面耐火砖

任务 4.1 船用辅锅炉自动控制的内容

目前,在以柴油机为动力的干货船上,由于辅锅炉的蒸发量少,对其蒸汽品质的要求也不高,大多数采用有差调节。这种锅炉的自动控制包括:自动点火、燃烧过程控制、给水控制、自动停炉及有关安全运行的各种保护(如熄火保护、极限低水位保护、低风压保护等)。

1.自动调节

能自动控制给水和燃烧,使锅炉水位和蒸汽压力保持在给定值或给定范围内。一般船用辅锅炉对蒸汽压力的要求不是十分严格,水位和燃烧大多采用双位控制系统,而油船上的辅锅炉水位及燃烧有采用比例控制系统的。

燃烧过程的自动调节是由控制系统根据蒸汽压力的波动方向和幅度、自动调节燃烧的强度来实现的。通常对送入炉膛的燃油和空气进行双位调节或比例调节,使蒸汽压力保持在一定的范围内。

2.程序控制

锅炉的程序控制可以按照预定操作程序自动完成锅炉点火启动过程和自动熄火停炉过程,如图 15-4-1 所示。规范对船舶自动锅炉的程序控制提出以下要求:

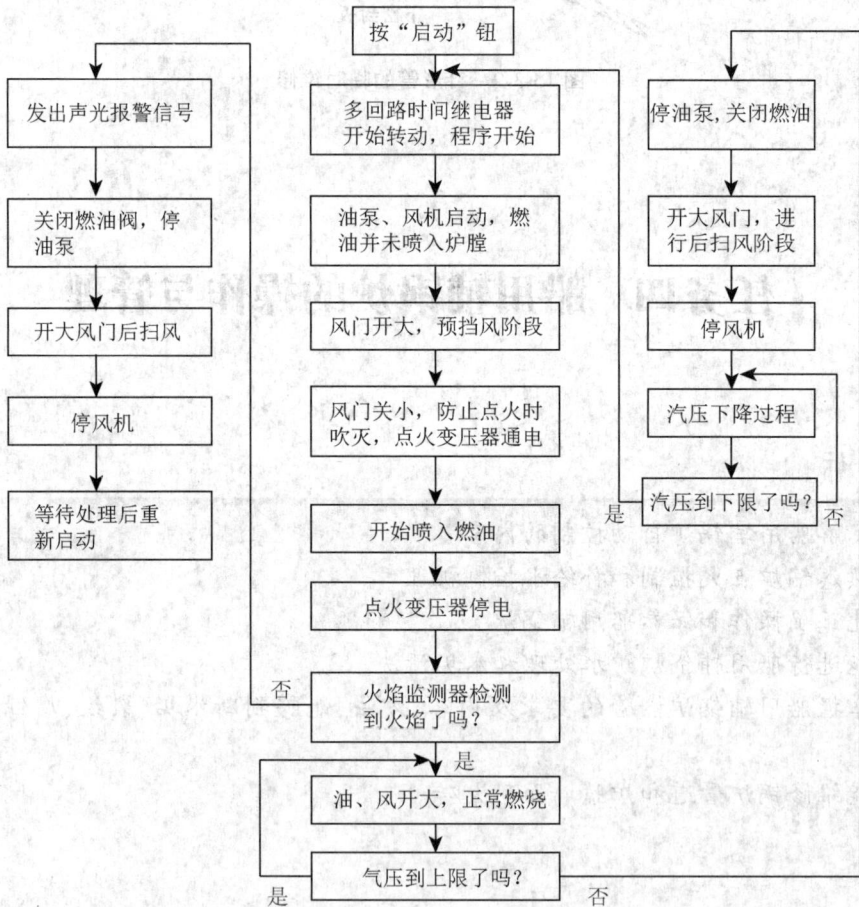

图 15-4-1 辅锅炉的程序控制

（1）喷油器开始点火前应进行预扫风,扫风时调节风门应全开,扫风时间应足以保证炉膛 4 次换气。

（2）点火应在预扫风后方可进行。喷油器进油阀应在点火火花出现之后方可打开。如果点火不着,点火装置和喷油器进油阀应自动关闭。进油阀从开启到关闭的时间不得大于 15 s。

（3）应设有火焰监测器,当故障熄火时能自动关闭喷油器的进油阀,关闭时间应不迟于熄火后 6 s。

3.安全保护和自动联锁

锅炉异常状态并影响安全运行时,例如水位低至危险水位、油压过低、风压过低(有的锅炉包括油温过低)以及运行时突然熄火或点火时未能将油点燃,能完成自动熄火停炉过程,同时发出相应的声光报警。

自动联锁装置是当设备发生误操作或故障时,自动阻止有关操作继续进行,避免事故发生,例如锅炉风机停止工作时,燃烧器就会立即停止喷油。

锅炉安全保护系统应符合表 15-4-1 所列的要求。

表 15-4-1　锅炉安全自动控制项目表

项目	指示或报警	安全系统动作类别
1.燃油辅锅炉		
应急熄火开关	Y	
燃烧器运行指示	0	
控制电源	0	
锅炉水位	0	
锅炉气压指示	0	
给水盐度指示	0	
1 号给水泵运行指示	0	
1 号给水泵运行过载	Y	
2 号给水泵运行指示	0	
2 号给水泵运行过载	Y	
1 号燃油泵运行指示	0	
1 号燃油泵运行过载	Y	
2 号燃油泵运行指示	0	
2 号燃油泵运行过载	Y	
燃烧风机运行指示	0	
燃烧风机运行过载	Y	
锅炉蒸汽压力指示、压力低、压力高	0、Y、Y	
燃油锅炉排气温度高	Y	
燃油锅炉水位指示、低位报警、低低位熄火	0、Y、Y	a

续表

项目	指示或报警	安全系统动作类别
燃烧器火焰故障	Y	a
一次风压低	Y	a
燃烧器铰链未合	Y	a
旋杯雾化器运行、过载	O、Y	
点火油泵运行指示、过载	O、Y	
烟道着火	Y	
燃油压力低备用泵切换	Y	c
给水泵出口压力低备用泵切换	Y	c c
燃油温度指示、油温低、油温过低	O、Y、Y	a
2.废气锅炉		
给水泵出口压力或流量低	Y	c
1号炉水循环泵运行、过载	O、Y	
2号炉水循环泵运行、过载	O、Y	
炉水循环泵流量低备用泵切换	Y	c
废气锅炉进口主机排烟温度指示	O	
废气锅炉出口主机排烟温度指示	O	
废气管道内起火	Y	
蒸汽压力高	Y	
3.热水井模块		
热水井水位低	Y	
热水井油分高	Y	

注：a——a类保护动作，如紧急停车熄火、切断电源等；

　　c——c类保护动作，如备用泵等备用设备启动并投入运行；

　　Y———般故障的组合报警；

　　O——本地或远程指示。

任务4.2　船用辅锅炉的冷态点火

　　锅炉的点火包括热态点火和冷态点火。热态点火是指锅炉在正常的压力和温度条件下的点火；冷态点火是指经过较长时间的停炉或者锅炉大修以后，锅炉处于完全冷却的条件下的点火。下面介绍锅炉的冷态点火。

1.船用辅锅炉点火前的准备工作

（1）船用锅炉的内部检查和外部检查

①锅炉周围保持清洁，锅炉间的通风良好，通风孔或者通风机开启。

②所有的阀门均处于正确的开关状态。空气阀、给水阀、压力表和水位表阀应开启；关闭排污阀；蒸汽阀关闭后再开启1/4圈，防止受热后咬死。确认没有异物遗留在锅炉内，所有的附件、检查孔、阀件均已装复，螺栓已经上紧。锅炉燃烧器安装合理，风机和电机的转向正确，风门和传动装置动作灵活。

（2）船用锅炉附属设备的检查

①热水井及其滤网清洁，供水系统的阀门开关正确。对于可以自动切换的供水系统，两条供水管线的阀门均应处于开启状态。供水泵转向正确，试运行正常。

②供油系统的阀门开关正确，供油泵试运转正常，燃油加热器运行正常。检查轻、重油柜的液位、油温并放残。燃油管路的阀门开关正确，确保滤器清洁，如果管路中存在空气，应设法放掉空气。锅炉在冷态点火时应尽量使用轻油，检查燃烧器各部件的安装是否正确，火焰感受器玻璃是否清洁。

（3）船用锅炉的上水

在上水时，检查热水井水位、水温、水质是否正常，热水井与炉内水空间壁面温度应相近，如果两者温差超过50 ℃，补水应缓慢进行，避免向炉内补入大量冷水，以免产生过大的热应力，补水应清洁无油迹并按规定加入水处理剂。烟管锅炉应上水至水位计的最高水位，以便能够在升压后，通过底部排污，分数次将位于锅炉底部温度较低的炉水放掉，促使整个锅炉中的水温均匀。水管锅炉应上水至水位计的最低水位，因为在产生蒸汽后，水管锅炉的炉水中含有较多气泡，从而使水位上涨至正常水位。对于有过热器的船用锅炉，切忌上水过高，否则会造成蒸汽大量带水，引起过热器腐蚀和损坏。

上水结束后观察半小时，水位不变才能确认承压部件没有发生漏水。如果水位降低或上升，应查明原因，及时消除故障。在船舶的无倾斜的状态下两支水位计的水位应在同一高度。

（4）控制系统

检查线路，正常后合闸送电，开启各指示电源及报警系统。

2.点火升汽

确保锅炉一切正常并完成以上准备工作，方可进行点火操作。为了便于控制，锅炉冷态点火最好采用手动点火。冷态点火加热速度不能太快，否则锅炉材料会因快速升温引起受热不均匀而产生过大的热应力。新炉启动或耐火层修理后启动锅炉，由于耐火层较湿，加热太快可能会因水分迅速蒸发和膨胀而使耐火层产生裂纹。因此冷态点火应手动控制，小火燃烧，将汽压升至比工作压力低0.05 MPa时再改用自动操作。

燃油锅炉点火前，一定要先开启风机进行预扫风，将锅炉内积存的油气彻底吹除，否则积存的油气遇明火有爆炸的危险。正常运行时的预扫风时间一般在35 s以上，冷态点火时可将预扫风的时间适当延长，一般不少于5 min，以便尽可能驱除炉膛内的油气。冷态点火时由于炉膛内的温度较低，有可能点火失败。如果发生点火失败，再次点火时仍需进行预扫风5 min。当出现多次点火失败时，应查明原因并排除故障后再点火。万一点火时发生爆炸回火，立即关闭燃油速闭阀和油泵，以免酿成火灾。

点火成功后应检查火焰的颜色、形状、稳定性。正常的火焰呈现橙黄色，轮廓清晰，火焰稳定无闪烁，排烟呈浅灰色。刚点完火开始工作时，炉膛内温度低，影响燃油蒸发，可能造成燃烧不良，烟囱冒黑烟；但随着炉膛内的温度升高，燃烧会趋于正常。

点火后开始阶段水循环差，燃烧强度不能过大。炉水沸腾产生气泡后水循环会加强，锅炉各部分温度也渐趋均匀，才可以提高燃烧强度。因此，升汽前的阶段应烧得慢些，蓄水量越大的锅炉此阶段应越长，汽压开始上升后燃烧可以加强。为了限制锅炉在点火升汽阶段炉水温度及汽压的上升速度，锅炉操作说明书一般都规定了点火升汽的时间表，应按照时间表执行。

若无时间表，点火可以参照以下程序进行：首次点火后第一个小时内每烧 1~2 min，熄火 8~10 min 后再点火，以后每次可以适当延长燃烧时间和缩短熄火时间，直至锅炉压力达到 0.1 MPa 方可连续小火燃烧。锅炉起压后，顶部的空气阀会有气体冒出，等到有大量的蒸汽冒出时关闭空气阀。蒸发量大的 D 型水管锅炉从冷炉点火到满压所需时间正常操作一般需 2~3 h；蒸发量小的烟管锅炉约需 2 h，水管锅炉因水循环良好只需用 15 min 左右。其中，从点火到产生汽压的时间约占整个点火升汽时间的 2/3。如不控制燃烧，从冷炉点火至产生汽压的时间一般烟管锅炉仅需半小时，有的水管锅炉仅需 6 min，这种快速升汽对锅炉保养十分不利，容易产生裂纹。

升汽过程中，汽压升至 0.05~0.1 MPa 时，应检查人孔、手孔、水位计、排污阀、法兰、阀门等接头是否渗漏。当温度升高后，上述接头会伸长变松，需要重新拧紧。如有渗漏，不能处理则应停止运行。对人孔和手孔，无论是否渗漏，均需再适当拧紧螺母，并冲水位计一次，防止出现假水位并给水位计预热，此后根据情况可以多次冲洗水位计。冲洗水位计时，必须缓慢进行，人不要正对水位计的玻璃板，以免玻璃板由于忽冷忽热而破裂伤人。操作时要戴防护手套，以免烫伤。

当汽压升至 0.1~0.2 MPa 时，再次检查各连接处有无渗漏现象。再拧紧一次人孔、手孔螺母。操作时应侧身，用力不宜过猛，禁止使用长度超过螺栓直径 15~20 倍的扳手操作，以免将螺栓拧断。在汽压继续升高后，禁止再次拧紧螺栓。

当汽压升至 0.3 MPa 时，试验给水设备及排污装置。对锅炉进行上排污可以清除锅筒表面的杂质和油脂。上排污应在锅炉高水位时进行。排污前应向锅内上水，排污时要注意观察水位，不得低于水位计的最低安全水位线。排污完毕，应严密关闭每一排污处的排污阀，并检查有无漏水现象。对通风及燃烧情况进行调节，当汽压达到锅炉额定工作压力时，应校验安全阀是否灵敏可靠，同时再次冲洗水位计。

完成上述操作后即可开始供汽，并将锅炉由手动改为自动操作。

3.供汽

供汽前应对蒸汽管路进行暖管和疏水工作。其方法是将蒸汽阀稍开，供汽加热蒸汽管路。同时开启蒸汽系统中各泄水阀进行泄水。暖管的时间不宜过短，不得少于 15~20 min，否则，管壁和管路上法兰及螺栓会产生较大的热应力；另外，管路中存在凝水，当开大蒸汽阀正式供汽时管路中会出现水击现象，可能损坏阀门、管路和设备。有些锅炉规定在升汽的同时就进行主蒸汽管的暖管工作，锅炉压力升至工作压力时，暖管工作已经结束，可立即投入使用。

如果要求两台锅炉并联工作，应先使两者汽压相同后再并汽。如果升汽后的锅炉要与工作中的锅炉并汽,后投入工作的锅炉的汽压应比主蒸汽管路中的汽压高出0.05 MPa 再并汽。

锅炉的安全阀应每个月进行一次手动强开试验。脱落的蒸汽管路绝热包扎应及时修补,盘根泄漏的阀门应及时更换盘根,关闭不严密的阀门及时进行研磨或者换新。漏汽的蒸汽管路应拆下焊补,如果暂时无法进行焊补,可以用铅皮进行临时包扎。

任务 4.3 船用辅锅炉的运行管理

辅锅炉在正常运行期间,必须监视汽压水位、水温、油位、油温、油压、炉膛内火焰的情况及排烟的颜色,并经常检查各部件和系统是否工作正常。日常的维护管理主要包括:锅炉水位控制、蒸汽压力监控、燃烧质量控制、炉水处理、锅炉附件的维护、锅炉的排污,以及防止受热面积灰和低温腐蚀等。

1.锅炉水位控制

锅炉水位控制极为重要,锅炉水位的变化会使汽压和汽温产生波动,甚至发生满水和失水事故。对于燃油锅炉绝对不允许干烧,废气锅炉在正常条件下一般也不允许干烧。锅炉给水泵应保持良好的工作状态,给水管路的阀门特别是止回阀应定期研磨,使其能够关闭紧密无泄漏。给水管路止回阀泄漏可以通过触摸给水管路的方法进行判断,如果给水管路的温度很高,并且越接近锅炉温度越高,则说明止回阀泄漏。水位计应经常冲洗,一般每 4 h 冲洗一次。运行中的锅炉水位必须经常保持在水位计的中间位置,最高水位不可超过水位计的 3/4,最低水位不得低于水位计的 1/4。对于周期性无人值班船舶至少每天冲洗水位计一次,通过冲洗水位计判断锅炉是轻微缺水还是严重缺水。如果锅炉属于严重缺水,应立即停止锅炉,严禁向锅炉补水。如果强行补水,由于温差过大会产生巨大的热应力。如果锅筒或炉胆被烧红,大量的水会突然蒸发变成蒸汽,体积剧增,压力突然升高,会造成水冷壁爆管或汽包破裂,引起锅炉的爆炸事故。注意控制热水井的温度,避免由于水温过低引起过大的热应力。

如果锅炉位于高水位,则应降低锅炉负荷,若水位还不下降,需上排污放掉部分炉水。在表面排污时,应注意锅炉水位,以防失水。

注意保持控制水泵的浮子或电极棒清洁,必要时应对浮子或电极棒进行清洗。两套供水设备应轮换使用,轮换的时间不宜过长,以免备用的设备因长时间不用而损坏。

2.蒸汽压力监控

锅炉工作时,必须经常监视压力表的指示值,保持汽压稳定在正常范围内,不得超过最高允许工作压力。汽压超过上限,锅炉应该自动停止燃烧,如果锅炉不能停止燃烧,应关闭主油路速闭阀熄火,并查明原因予以纠正。如果汽压超过安全阀的开启压力而安全阀未开,必须用手动强开机构开启;如果安全阀虽然自动开启,但汽压降不下来,则应立即停炉。以上情况应重新检查、调试安全阀。安全阀应每月进行一次手动强开试验。检查蒸汽分配箱上减压阀后的蒸汽压力,防止减压阀失效而损坏低压蒸汽设备。

锅炉在燃烧时,如果蒸汽压力始终低于工作压力下限,很长时间达不到上限,可根据锅炉补水情况大致判断是否是锅炉蒸发量过大。如果是,则应找出导致蒸发量过大的原因(是用汽量过大还是系统泄漏)。如锅炉蒸发量基本正常,则可能是燃烧调节不当或系统供油量不足,需重新调整或检查供油管路。

保持蒸汽压力还与合理选择雾化片的喷孔直径和恰当比例的助燃空气有密切的关系。对于采用比例调节的自动锅炉,必须调整好风油配比。

3.燃烧质量控制

锅炉在运行中,必须注意火焰的颜色、火炬的形状、排烟的颜色等。燃烧良好时,火焰中心在炉膛中部,火焰均匀地充满炉膛但不触及四壁;火焰高低合适,不冲刷炉底,也不延伸到炉膛出口处;着火点距燃烧器出口处适中,以免烧化喷油嘴和炉膛出口。一般火焰中心呈橙黄色,火焰尾部无黑烟,整个火焰轮廓清晰,外圈无雪片状火星,火焰以外烟气透明。如果炉内火焰发白,炉膛内极透明,烟色淡得几乎看不见,则表明空气量太多。如发现火焰呈暗红色,火焰伸长跳动并带有火星,炉内模糊不清,烟色加深以至浓黑,则表明空气量太少或燃油雾化不良,与空气混合不好。如果发现锅炉冒白烟,很可能是锅炉换热面泄漏所致。应经常检查锅炉的排烟颜色,因其和燃烧的好坏密切相关。在港口时尤其应引起轮机人员的重视,如果锅炉冒黑烟,可能会引起有关部门的处罚。

4.燃油系统的管理

对燃烧设备和系统实施定期维护;注意保持燃油柜的油位和油温正常,定时开启油柜泄放阀泄放沉淀的水和污渣;保持燃油系统的油压和油温在规定范围内,加热器应及时清洁;检查燃油滤器的压差,必要时及时清洗;及时清洁和维护喷油器,使之雾化良好,检查喷油器的位置和雾化角是否合适,以免在喷火口稳焰器和喷油器顶端结炭;风机及风道应及时清洁,风门调节机构定期注油保持活络。此外,为了提高燃烧效率,应尽可能减小过量空气系数,并保证空气与雾化油雾充分混合,以利于节约燃料。

燃油特别是轻柴油在使用中有一定的危险性。因此,应该很好地了解燃油的性能,慎重使用。油在燃烧时,先蒸发成气态,随后与空气混合,点火燃烧。如果对燃油预热,其加热温度不能超过闪点,否则容易引起自然。

燃油使用时的注意事项如下:

(1)因燃油是液体,容易从管子、泵、油柜等微小的缝隙中泄漏出来。对于泄漏处,可以用漆、石墨和甘油的调和物涂塞,达到止漏的目的。

漏出的燃油会蒸发成气态,并与空气混合,当浓度达到 1.2%~6.0%时,由于火花等原因,点火会引起爆炸。

(2)在开式油柜或其他开式容器里,燃油的加热温度不得高于闪点,否则会发生危险。因此,燃油的加热温度应严格控制比闪点低 4 ℃。

(3)溢出的油滴等必须及时擦掉,否则油滴会蒸发成气态,有引起爆炸的危险。

(4)含油的破布、棉纱等物不得乱放,应放在密闭的箱内保存,否则也会引起事故。

辅锅炉燃油的油柜必须定期测量记录其燃油消耗量,适时驳运。

5.锅炉低温腐蚀的防止措施

锅炉的低温腐蚀是指在烟气温度较低区域(约 500 ℃以下)的受热面烟气侧的一种腐蚀。低温腐蚀是因为受热面的壁温低于烟气中硫酸蒸气的露点,管壁上结有酸露而引起的,常发生在空气预热器的空气进口端和给水温度低的经济器中,也会发生在蒸发受热面的末端。

酸露的形成是由于燃油中含有硫燃烧后形成 SO_2,其中一部分进一步氧化成 SO_3,

SO_3和烟气中的水蒸气结合成为硫酸蒸气。烟气中硫酸蒸气的露点称为酸露点,它远高于烟气中水蒸气的露点。烟气中硫酸蒸气含量高,酸露点就高。当受热面壁温低于酸露点时,就会在管壁上凝结形成硫酸,使管壁腐蚀。有数据表明,当壁温比酸露点低20~40℃时,酸的凝结最快,腐蚀最强;以后随壁温下降,腐蚀速度放慢;当壁温达到烟气中水蒸气的露点(大约60℃)时,由于大量水蒸气凝结,硫酸浓度达到腐蚀性最强的40%~50%,烟气中大量SO_2直接溶解在水膜中形成亚硫酸溶液,腐蚀速度再次急剧加快。

根据产生低温腐蚀的原因,可以采取以下预防措施:

(1)对装有空气预热器的锅炉,可以采用装设空气再循环管道的方法来提高空气入口温度,即让一部分热空气与冷空气混合后,再送入空气预热器,以升高管壁温度使之不低于水蒸气露点温度。也可以采用旁通烟道或旁通空气道的方法,当锅炉点火升汽或处于低负荷运行时,将烟气或空气旁通,不经过空气预热器。

(2)改善燃烧。采用低过量空气系数的燃烧方式,它能减少SO_2的进一步氧化,从而减少硫酸的生成,有效地降低酸露点。当$\alpha = 1.15 \sim 1.2$时,烟气中SO_2的浓度为15ppm~25ppm,酸露点为150~180℃;当$\alpha = 1.1$时,酸露点约为130℃;当$\alpha = 1.01 \sim 1.02$时,烟气中SO_2的浓度为4ppm~8ppm,酸露点为60℃。良好的燃烧还能使生成的SO_3在离开炉膛前尽量分解。

(3)要及时进行吹灰,经常保持受热面的清洁,尽量减少其对生成硫酸的催化作用。在停炉检修时,要清除受热面上的铁锈和积灰。

(4)选用低硫油。

6.其他方面

在锅炉运行中,还要注意以下方面:维持自动控制及保护装置处于正常状态,电气元件尽量不受潮,以免烧坏;各种保护装置必须经常自检;火焰感受元件、水位感受元件及点火电极棒须经常清洁,以免产生故障;定期对炉水进行化验,并进行投药处理;经常进行上、下排污;查看凝水观察柜是否有油;防止锅炉受热面积灰。

任务 4.4　船用辅锅炉停炉操作及保养

1.船用辅锅炉停炉操作

(1)停炉之前,将自动改为手动操作,换用柴油(如燃油系统能保持热油循环,则无须换油)。设有压缩空气吹扫系统的应将喷油嘴吹扫干净。

(2)关闭炉顶停汽阀,手动熄火,进行后扫风。

(3)上水至水位计最高位,在水位升高后开启锅炉上的排污阀进行表面排污。

(4)停火后半小时,待水中悬浮杂质和泥渣沉淀后,进行下排污。排污后化验炉水,视需要加入水处理药剂。

(5)停火留汽期间应间断点火,保持汽压(最高升至工作汽压下限),防止空气漏入。

当锅炉要内部检查或需检修而停炉时,切断电源,关闭停汽阀、给水阀,让锅炉自然冷却。待锅炉内无压力显示时,打开空气阀,以免炉内产生真空。如要放空炉水,要等到炉水温度下降至50℃时,才允许放空。对于水管锅炉或强制循环锅炉,在紧急需要时,当蒸汽压力降至0.5 MPa时,允许通过底部排污阀将炉水放空。

2.船用辅锅炉停用后的保养

锅炉运行时靠热力除氧和化学除氧,水中含氧很少,若保持炉水碱度合适,则钢铁的锈蚀甚微。然而,放完水的锅炉经过一昼夜就会生锈。钢铁在空气中的锈蚀是因为相对湿度较高,表面出现液膜(受表面粗糙度和脏污程度影响很大),空气中的氧和其他腐蚀性气体、氯离子等溶入液体。相对湿度小于 30% 通常不会产生锈蚀,湿度大于 70%,钢铁表面会出现薄的液膜,容易腐蚀。

(1)减压保养法

减压保养法适用于停炉期限不超过一周的船用锅炉。采用减压保养法的锅炉,在停炉后需保持锅炉的余压在 0.01~0.1 MPa,炉水温度稍高于 100 ℃,炉水中不含有氧气。由于锅内的压力高于周围的大气压,可以阻止外界空气进入。为了保持炉水的温度,可以定期在炉膛内生微火、间断点火或利用相邻锅炉的蒸汽加热炉水。

减压保养前应加水至最高工作水位,以免因锅炉内水冷却收缩而看不到水位。压力降低后,炉水中悬浮杂质和泥渣会沉淀,应进行下排污。排污后化验炉水,视需要加入水处理药剂。减压保养期间通过间断点火来保持炉内低汽压,如果点火过于频繁,可以将汽压适当提高,但升压最多至工作汽压下限即熄火。若升压过高,熄火后可能因炉膛散热而使汽压继续升高顶开安全阀。

(2)满水保养法

如停炉时间较长,但不超过 1 个月,锅炉应采用满水保养法。满水保养法就是将锅炉汽水空间全部充满不含氧的碱性水,以防止腐蚀。其操作要点是彻底排出锅炉中的残存空气和保持炉水带有合适的碱度,pH 值为 9.5~10.5。

满水保养之前应将炉水全部放空,并清除锅炉内的水垢和其他污物,再打开空气阀,缓慢地向锅炉泵送加了碱性药物的蒸馏水或凝结水。为了使药剂均匀地混合和排出水中的氧,在水加满之前可点燃一个燃烧器,将炉水加热至沸腾,使水中的药剂混合均匀,并且尽量减少溶解的氧气,同时利用产生的蒸汽将锅炉中的空气从空气阀驱除。待空气阀连续冒出蒸汽时熄火,用给水泵将水加满,直至水从空气阀流出后才关闭空气阀。然后用给水泵在锅炉中建立 0.3~0.5 MPa 的压力,炉水冷却后,压力可降低至 0.18~0.35 MPa,能保证空气不漏入锅筒内。冰冻季节时,炉舱温度要保持在 8~10 ℃ 以上,必要时要烤炉,以防止炉水冻结而损坏锅炉。

碱性药物可采用氢氧化钠和碳酸钠,保持碱度为 300 mg/L(NaOH),相当于 7.5 mmol/L。水垢已经清除时也可用磷酸钠,否则它将与水垢反应使磷酸根的含量下降,并使炉水中充满悬浮的泥渣,炉水中磷酸根的含量应保持在 100~200 mg/L。

如果满水保养已超过 1 个月,但仍需继续保养,必须放掉部分水再加热除氧,然后化验碱度和磷酸根的含量,决定补水时是否需要加药。

(3)干燥保养法

如果锅炉停用时间较长,超过 1 个月或需要进行内部检修,或环境温度可能降至冰点以下,则应采用干燥保养法。干燥保养法的要点是保持锅炉的内部干燥,防止潮气造成锅炉腐蚀。经验证明,干燥保养法对停用 1 年以内的锅炉防蚀是有效的。

采用干燥保养法应在锅炉汽压降至 0.3~0.5 MPa(温度 140~160 ℃)时放空炉水;保持炉膛严密,防止冷空气进入使炉膛散热太快;然后打开锅筒上的人孔盖和联箱上的手孔盖,用余热(废气锅炉可用柴油机的排气)使锅炉内水分蒸干到相对湿度小于30%,在关闭人孔盖和手孔盖之前,可以在锅筒内放置一盘燃烧的木炭,以耗尽封闭在锅炉内部的氧气。停用时间长,应在锅炉内放置干燥剂(如无水氯化钙1 kg/m³)。有的干燥剂吸湿后对钢板有腐蚀作用,则干燥剂应盛在开口容器内,不得与锅炉钢板直接接触,也有使锅炉内部充满氮气或专用腐蚀抑制剂来保养停用的锅炉。具体操作方法可以根据相关的说明书进行。

任务4.5 船用辅锅炉炉水处理

锅炉的补水来自船舶装载的淡水或船上造水机制造的淡水。这些淡水大都含有各种盐类、气体和多种杂质,若不经过一定的处理就进入锅炉,会使锅炉和加热设备及其管道附件结垢、腐蚀和发生汽水共腾现象,危害很大。

1.锅炉水质控制的主要项目

低压锅炉水质控制的主要项目包括硬度、碱度和含盐量。

(1)硬度

炉水硬度即水中含有Ca^{2+}和Mg^{2+}离子的浓度,单位是毫克/升(mg/L)。Ca^{2+}和Mg^{2+}形成的碳酸盐、硫酸盐、硅酸盐在水中溶解度较小,水温升高时溶解度还会降低。补给水进入锅炉后受热蒸发,浓度可以浓缩至30~300倍,钙镁的难溶化合物极易在受热面上浓缩并析出,形成水垢。

一般水垢的导热系数很小,为钢板的1/50~1/30,因而在锅炉的受热面上稍有附着,就会使管壁温度急剧增加,严重时会将受热面管子烧坏,影响锅炉工作的可靠性。同时形成水垢后,由于受热面的传热系数减小,锅炉的排烟温度升高,效率降低,燃料消耗增加。一般锅炉受热面内壁产生1 mm厚的水垢,热效率可降低5%以上,会使燃料耗量增加2%~3%。此外,水垢生成后,会减小受热面管子内水的流通面积,使流阻增加,严重时会堵塞管子,从而破坏了锅炉正常的水循环,导致管子烧坏,甚至破裂。另外,结垢后往往促使电化学腐蚀作用加强,引起垢下腐蚀,加速受热面管子的损坏。

为了减少水垢的生成,低压锅炉一般要求给水硬度不大于1 mg/L,常用的方法是炉水中加入磷酸钠($Na_3PO_4 \cdot 12H_2O$,也称磷酸三钠)或磷酸二钠($Na_2HPO_4 \cdot 12H_2O$),它们在水中离解后生成的磷酸根与Ca^{2+}、Mg^{2+}结合生成分散的胶状沉淀,当炉水pH值为10~12,过剩PO_4^{3-}在要求范围内时,能生成松软而无附着性的泥渣,可通过下排污除去。因此,现有的炉水处理方法只测量和控制水中过剩PO_4^{3-}的浓度,而不再直接控制给水硬度。

(2)碱度

炉水的碱度就是使水带碱性的氢氧根(OH^-)、碳酸根(CO_3^{2-})、碳酸氢根(HCO_3^-)和磷酸根(PO_4^{3-})等离子在水中的当量浓度之和。

如果炉水的碱性不足,并且溶有较多的O_2、CO_2、盐和Cl^-,将会促进锅炉受热面发生电化学腐蚀。但是当炉水的碱性太强,在高度浓缩的碱性溶液和高度应力的作用下,加上炉水中缺少硝酸盐、磷酸盐这些保护性盐类时,会使锅炉金属结晶之间产生细微裂纹,称为苛性脆化。由于细微裂纹很难被发现,苛性脆化可能引起锅炉爆炸事故。苛性脆化通常发生在铆钉接缝处,所以当锅炉由焊接代替铆接后,苛性脆化已很少见,偶尔发生在管口扩接处。

锅炉水处理常用磷酸钠降低炉水硬度,同时提高炉水碱度。有时为了迅速提高碱度,也使用 Na_2CO_3。提高碱度的效果为 1 kg Na_2CO_3 大约可抵 4 kg 磷酸钠。万一投药不当使碱度太大,可通过上排污并补充淡水来使碱度下降。

(3)含盐量

含盐量太大会引起汽水共腾,恶化蒸汽品质,加剧管路设备腐蚀。海船炉水的含盐量以氯盐居多,故通常化验氯离子浓度来反映含盐量的多少,单位为 mg/L(NaCl)或 mg/L(Cl^-)。1 mg/L(NaCl) = 0.606 mg/L(Cl^-)。如果加入某些水处理药,如磷酸钠、硝酸钠(用于除 O_2)太多,氯离子浓度虽不增加,但含盐量会增大。当含盐量太大时应该用上排污和加强补水的办法来降低。当炉水含盐量太高,通过上排污难以降到要求时,必须停炉换水。因此,限制补给水的含盐量也是非常重要的。

蒸发量较大、工作压力较高的锅炉应每天化验一次炉水,以便控制上述各项指标在要求的范围内。蒸发量小、工作压力较低的辅锅炉可 2~3 天化验一次。因为水中只要有足够的过剩 PO_4^{3-} 浓度就可以保证炉水的硬度和碱度合适,故现在有的炉水处理方法以测量和控制水中过剩 PO_4^{3-} 浓度来代替硬度和碱度的测量和控制。必要时也要化验港口或水舱的补给水。炉水取样前应先将取样阀开放 2~3 min,排出管路中的残水后,再正式取样。进行一次性投药的船舶,应在投药后 4 h 取样。取炉水水样应通过冷却器。没有安装冷却器的船舶,取样时应使用干净的、可以减少炉水蒸发的器皿,以免影响水样的浓度。取样前,用炉水洗涤取样器皿 2~3 遍。取出水样后,应迅速装入玻璃瓶中,盖上瓶塞,冷却至 30~40 ℃才可化验。

2010 年实施的《船用辅锅炉水质要求》(GB/T 24947—2010)中规定的给水和炉水水质标准如表 15-4-2 所示,可供在船舶水质控制中参考,准确指标应参照锅炉生产厂家及船舶公司的要求与规定。

表 15-4-2 蒸汽锅炉水质标准

项目	给水			炉水		
额定压力/MPa	≤1.0	>1.0~1.6	>1.6~2.5	≤1.0	>1.0~1.6	>1.6~2.5
总硬度(以 Ca^{2+}、Mg^{2+} 计)/(mg/L)	<1	<1	<1	—	—	—
总碱度(以 OH^-、CO_3^{2-} 计)/(mg/L)	—	—	—	≤450	≤350	≤350
盐度(Cl^-)/(mg/L)	≤10	≤10	≤10	≤600	≤500	≤400
pH(25 ℃)	7~9	7~9	7~9	10~12	10~12	10~12
悬浮物/(mg/L)	≤5	≤5	≤5	—	—	—
溶解氧/(mg/L)	≤0.1	≤0.1	≤0.05	—	—	—
溶解固形物/(mg/L)	—	—	—	<4 000	<3 000	<2 500
含油量/(mg/L)	≤2	≤2	≤2	<20	<15	<15
含铁量/(mg/L)	≤0.3	≤0.3	≤0.3	—	—	—
亚硫酸盐(SO_3^{2-})/(mg/L)	—	—	—	10~30	10~30	10~30
磷酸盐(PO_4^{3-})/(mg/L)	—	—	—	10~30	10~30	10~30

2.锅炉水质的测定方法

目前,大多数船舶采用化学药剂公司提供的简易方法进行炉水化验。即每天取水样,待样品冷却后立即按照药剂公司提供的化验说明书的方法进行,并将结果记录在药剂公司提供的记录表上,然后按照结果进行相应的投药作业。这种药剂一般都能够控制锅炉水的碱度、硬度和泥渣等综合性能。因此,具体操作时十分简便。

在实际操作中,仔细阅读药剂公司提供的说明书,并按照其方法进行即可。

3.锅炉水处理药剂

目前世界各船公司采用的控制标准化验方法和处理药剂不尽相同,但大同小异。国外各化学品公司提供的船用低压锅炉水处理方法大多采用单一的混合药剂,主要成分亦多为磷酸钠,根据酚酞碱度决定投放量,可同时起到提高碱度、降低硬度、增加泥渣流动性而防止其生成二次水垢等作用。我国各船公司采用磷酸三钠或磷酸二钠(后者在碱度已够时使用)为主要药剂,掺配栲胶使用。

栲胶外观呈黄棕色,是粉状或块状的弱酸性天然有机物,可溶,毒性很低,其主要成分是丹宁(占65%~70%)。丹宁可吸附和凝聚炉水中的钙、镁离子,阻止炉水中的钙、镁离子以水垢的形式沉析出来,使它们变成流动性很好的泥渣而随排污排出炉外。同时丹宁在碱性介质中能吸附水中的氧,以及与过剩的 PO_4^{3-} 一起形成一层中性保护膜,防止金属表面的腐蚀。栲胶用量按下列标准投放:初次投放量为每吨水 80 g;日常补给水投放量为每吨水 100 g。

磷酸三钠的用量计算如下:

凡新装炉水按锅炉水容量吨数,每吨投药 0.5 kg,投药后运行 4 h 以后,取水样化验碱度,并按下列公式进行调整

$$G=V(A-B) \cdot K \tag{15-4-1}$$

式中,G——磷酸三钠用量,g;

V——锅炉工作水位的水容量,t;

A——总碱度控制值(10 毫克当量/升);

B——总碱度的实测值,毫克当量/升;

K——磷酸三钠的当量系数,为 127。

4.船用锅炉汽水共腾及处理

锅炉运行时,锅筒上部蒸发面会产生泡沫,泡沫层会因积累而不断加厚,当泡沫层达到某一高度时,锅炉内呈现出汽水界面不分、水中带汽、汽中带水的状态,这种蒸汽携带大量水滴而使蒸汽品质显著恶化的现象称为汽水共腾。汽水共腾发生时一般会产生以下现象:水位计内的水面剧烈波动;上锅筒输出的饱和蒸汽的湿度与蒸汽含盐量均明显升高;可能引发蒸汽管道的水击事故,发出很大的敲击声。

(1)汽水共腾的原因

汽水共腾的原因有:一是水质不良,即炉水中碱性物质、油污、盐分过高导致炉水起沫;二是供气量突增使气压下降过快,引起水位瞬间上升;三是水位过高;四是燃烧过强。

在沸腾状态下,纯净水的水面不会形成泡沫。水中起泡物质的浓度较高时,水面上会形成泡沫层。容易引起水面起泡的物质为有机物、微小粒径的渣和悬浮物、溶解固形

物与碱性物质等。一般情况下,炉水水面的起泡大多是由溶解固形物或碱性物质的浓度过高所致,而其他起泡物质的浓度不容易达到起泡的浓度。溶解固形物浓度升高,炉水的黏度就升高,炉水的表面张力增大,气泡不容易破裂,导致气泡层变厚。气泡破裂时飞溅出的水滴总量增多,水滴群中能随蒸汽一起流动的最大直径的水滴的份额也增多,最终导致蒸汽携带水滴的总质量增加,引发汽水共腾。

当锅炉超负荷运行时,锅筒内蒸汽湿度会呈高次方曲线的规律急剧增加,从而导致锅筒输出的饱和蒸汽湿度及饱和蒸汽含盐量急剧增加。

当汽水共腾发生时,水位计中显示的水位高度实际是锅内水面与气泡层折合成液体水高度的总高度。气泡的产生与消亡是动态的,所以水位计中显示的水位高度剧烈变化,造成水位计内的水位面剧烈波动。当汽水共腾事故发生时,水面上泡沫层增厚,致使锅筒内的蒸汽空间高度降低,也导致锅筒内饱和蒸汽湿度急剧增加。

(2)汽水共腾事故的处理

当发生了汽水共腾,但未引发蒸汽管道的水击事故时,应按以下的操作进行处理:

①减弱燃烧,降低锅炉的蒸发量。当锅炉蒸发量降低时,上升管内产生的气泡数量减少,则上锅筒内的气泡量减少。锅炉蒸发量降低后,减少了由于气泡破裂而飞溅出的水滴的量,可以降低锅内饱和蒸汽的湿度。锅炉蒸发量降低后,锅内蒸汽上升速度降低,则水滴的飞升直径变大,即蒸汽携带的水滴的量减少,由此也可以降低饱和蒸汽的湿度。

②停止向炉内加药。锅炉化学药剂多含有 Na、K 或有机物,这些物质会使炉水表面泡沫的产生量增多。故当汽水共腾事故发生时,应暂停向锅内加药,以减少水面泡沫的生成量。但对于消泡剂类的药剂,因其有助于减少炉水表面泡沫的生成,仍需继续加入锅内。

③全开蒸汽管道上的手动疏水阀。此项操作的目的是将汇集于蒸汽管道内的水及时排出,防止由于管道内积水过多而引发蒸汽管道的水击事故。

④全开表面排污阀。此项操作是为了将上锅筒水面下能引起发泡的高浓度的物质,如溶解固形物、碱性物质等,以最快的速度排出,使炉水水质迅速好转,以减少由于炉水的水质差而导致的泡沫产生量,消除发生汽水共腾事故的根源。

⑤缩短炉水水质监测的间隔时间。在锅炉正常运行时,炉水水质一般较稳定,炉水水质监测的时间间隔通常为 1~2 天。当锅炉发生汽水共腾时,由于完全开启了表面排污阀,炉水水质处于不稳定状态,此时需要及时判断炉水的水质是否达到合格标准。

⑥冲洗水位计并校对锅筒上的两支水位计的水位是否相同。由于在汽水共腾时,水面泡沫层内黏附了大量的水渣、铁锈等固体杂质,这些固体杂质随泡沫流入水位计,沉积于水位计的连通管内,容易造成水位计的假水位。

任务 4.6 锅炉水垢的清洗

锅炉运行中即使注意保持水质良好,长时间运行后仍有可能结水垢,故须定期检查结垢情况。通常,当垢层厚度不大于 0.5 mm 时,不清洗;当垢层厚度大于 0.5 mm(有过热器)或大于 1 mm(无过热器),且所占面积比例较大时,应设法清除水垢。水垢厚度一般不应大于4 mm。清除锅炉水垢习惯称为洗炉。早先以人工用机械除垢,劳动强度大,现已很少采用,目前多用化学清洗法除垢。此外,新装和大修后的锅炉都需要清洗(碱煮)以除去金属水侧表面的油脂、焊渣和其他杂质。

1.碱洗法

碱洗又称碱煮或煮炉,是用碱性溶液在高温下与垢层发生化学反应,使之成为松散或易溶的物质脱落;新装或大修后的锅炉须碱煮将金属表面的油脂皂化、灰尘(硅化合物等)清除,并生成磷酸铁和氧化铁钝化膜防蚀。碱煮无须让溶液强迫循环流动,不需要专用设备,安全并且较容易操作。碱溶液应根据水垢的成分按炉水容积来配制。因为碱液对铜有腐蚀,所以在碱洗前应将接触液体的铜件换下。使用 Na_2CO_3、$NaOH$、Na_3PO_4 混合投入煮洗,水垢较薄时可使用磷酸钠煮洗,排污后补水时补入磷酸钠。碱煮过程中保持最高水位,周期性地使汽压在 0~0.3 MPa 变动,使水垢松动。定期下排污(每降至0.1 MPa时)。当碱度不再下降时,即可结束煮洗。

操作步骤如下:

(1)为提高煮炉效果,减少药品消耗,煮炉前用压力水冲洗除去泥渣、腐蚀产物和松软的水垢。

(2)将配制的碱溶液充入锅炉至最高水位和中间水位之间。

(3)点炉升压,额定汽压低于 0.78 MPa 的锅炉维持 0.3~0.4 MPa 的压力,压力更高的锅炉维持 50%的额定汽压。

(4)煮炉 10 h(垢厚大于 3 mm 时煮炉时间可延至 16 h),其间每隔 2 h 用各下排污阀排污 1 min,排除脱落的垢渣。当水位低至接近最低水位时,熄火泄压,补充药液恢复水位。降压与再点火升压的温度变化,可加快垢层脱落。煮炉期间应每 2 h 采水样化验溶液碱度和磷酸根浓度,控制碱度不小于 50 mmol/L,磷酸根不小于 200 mg/L。

(5)煮炉结束时熄火降压,大量下排污,当压力消失后放尽碱液。

2.酸洗法

清除水垢最彻底的办法是酸洗。酸能与各种钙、镁盐(或氢氧化物)形成的水垢发生化学反应,使之变为可溶物质。酸能渗入水垢内层起溶解反应,因此除垢很快。此外,酸洗还能使铁、铜的腐蚀产物(氧化物)经化学反应变成可溶物质,有除锈作用。

低压锅炉以碳酸盐垢为主,一般用盐酸清洗;但有时除碳酸盐垢外也可能含有难溶于盐酸的硅酸盐、硫酸盐垢,则应先碱煮使之转换为盐酸可溶的物质,并在盐酸中添加氢氟酸或氟化氢铵等助溶剂清洗。

盐酸能使金属表面的保护膜完全溶解,对金属有腐蚀作用,故酸洗溶液中必须添加缓蚀剂。锅炉在酸洗时的腐蚀速率会超过正常运行时的上千甚至上万倍,故防垢优于除垢,碱洗能满足要求则不酸洗。

《锅炉化学清洗规则》规定酸洗的间隔不得少于两年,并只在符合下列条件之时锅炉才考虑酸洗:(1)受热面被水垢覆盖80%以上,日平均水垢厚度大于等于 1 mm(无过热器)或大于等于 0.5 mm(有过热器);(2)锅炉受热面有严重锈蚀。钢铁锈蚀的产物是高价氧化铁,在锅炉运转中成为氧的提供源,每1 kg 氧化铁可提供300 g 的氧元素,可使1.05 kg 钢铁腐蚀。

严重腐蚀的锅炉不能用盐酸清洗。这类锅炉往往有孔蚀甚至晶间腐蚀,氯离子进入腐蚀孔和晶间很难洗出,会进一步造成严重的腐蚀。这种情况可用醋酸、羟基醋酸加甲酸等弱酸清洗。酸洗技术较复杂,须由有相关资质的专业人员进行。

酸洗工艺分静态浸泡清洗、氮气鼓泡清洗和循环清洗。静态浸泡加氮气鼓泡有较好的冲击搅动作用,使除垢速度和除垢率较单纯静态浸泡明显提高,可代替循环清洗以降低费用。若水垢以铁的氧化物为主(40%以上),则用氮气鼓泡清洗也难收到预期效果,须采用循环清洗。

酸洗前应在汽包内堵塞蒸汽引出管、仪表管等,以免酸雾侵入;并需要拆除锅筒内有妨碍的设备;必要时可将人孔门、排污阀等临时更换以防腐蚀;酸洗时还应装入与被洗金属材质相同的腐蚀指示片。酸洗开始前先用水冲净内部积垢,后面的主要工序包括:

(1)点火升温至 90 ℃以上碱煮 8 h 以上,除油,并使不溶入一般酸的硅酸盐和硫酸钙转型,以碳酸盐为主的低压小容量锅炉可免除此项。

(2)酸洗 4~6 h,水垢较厚的接触酸液时间一般至多 12 h。此阶段严禁点火加热酸液,以防过热和爆炸。

(3)用碱液(药量与新炉碱煮相同,水温 90~95 ℃)钝化处理 8 h 以上。酸洗后未被钝化的钢铁表面 1 h 内出现锈迹。

上述每道工序后均需用水清洗。水管切不可被脱落的水垢堵塞,否则适得其反,造成烧坏水管等后果,故必须仔细检查。酸洗必须切实掌握操作方法,配制恰当酸洗液和控制酸洗时间。钝化效果应达到在 80%以上相对湿度的常温下至少 15 天无锈蚀。但如果较长时间不投入运行,尤其是暴露在高温、高湿、有盐雾的空气中,钝化膜将被破坏,锅炉难免被腐蚀,应该用干燥保养法或满水保养法防锈。

任务 4.7　船用锅炉的检验

1.检验间隔期

主水管锅炉(包括再热锅炉)、重要用途的所有其他锅炉和工作压力超过 0.35 MPa 或受热面积超过 4.5 m² 的非重要用途锅炉(生活锅炉),其内部检验每 5 年内不少于 2 次,5 年内 2 次最大间隔期应不超过 3 年;主烟管锅炉,在 10 年内锅炉内部检验每 5 年内不少于 2 次,最大间隔期应不超过 3 年;其后锅炉内部检验每年 1 次,可给予不超过 6 个月的锅炉内部检验展期。船舶的每次年度检验应对锅炉进行外部总体检查。检验由专职的验船师进行,但这项工作与使用管理有密切关系,所以轮机人员要熟悉。

2.锅炉检验项目

锅炉检验的内容不但包括锅炉本体及其主要部件,还有主要的附件和指示仪表,例如水位计、安全阀、压力表也在检验的范围内。检验的目的不仅是要找出腐蚀、变形和损坏的存在,还要研究其产生的原因和以后妥善维护管理的方法,同时还要确定是否需要修理和修理的范围。

锅炉的内部检验应包括锅炉、过热器、经济器和空气加热器及其相关的下列项目:

(1)鼓、板、管、牵条管,必要时可要求对其厚度进行测量以确定其安全工作压力。

(2)必要时,可要求对压力元件进行液压试验。

(3)锅炉、过热器和经济器的附件应拆开进行检验。

(4)安全阀在蒸汽压力下进行整定,其整定压力应不大于设计压力,但废气锅炉安全阀可由轮机长在海上进行整定,并将结果报告 CCS。

(5)为强制循环锅炉或经济器服务的泵应拆开进行检验。

(6)燃油燃烧系统在工作情况下进行总体检验,燃油柜的阀和管及甲板控制机构和燃油泵到燃烧器间的油管,应进行总体检验。

(7)对于那些因结构不能直接对锅炉壳板、汽水鼓和联箱进行内部目视检验的,验船师在安全工作压力下凭借遥控、目视仪器超声波等进行检验或用 1.25 倍工作压力的液压试验替代。

(8)仪表和自动化设备应进行检验和试验。

锅炉的外部检验应包括下列项目:

(1)锅炉底座、绝缘、附件、防撞防摇装置管系、燃烧装置、安全保护装置(包括应急切断装置等),确认其处于良好工作状态。

(2)安全阀在工作压力下进行校核。

3.船用锅炉的内部检验

(1)内部检验前的准备

进入锅炉检查前,如果有其他并联的锅炉在使用,应隔断待检锅炉连通其他锅炉的蒸汽管路和给水管路,用铁丝等将所关的截止阀绑住,并挂上告示牌,以防误开造成严重人身事故。锅筒内有人工作时,锅筒外应有人照应。进入锅筒之前,一定要对内部进行充分的通风,以保证有足够的氧气。锅筒内不允许用明火照明,照明用工作灯的电压不准超过 24 V。禁止在锅筒内吸烟。带入的工具和物件要清点登记,并用小盒存放,出锅筒时要逐一核对。无关用品和易燃物不准带入锅筒内;进行锅筒内部检查时,汽水分离设备、给水管、排污管等内部附件如果妨碍检查,可以暂时拆卸。

(2)锅炉内部检验的主要内容

①水垢和水处理状况

受热面的水侧水垢的厚度是水处理好坏的标志,是炉水品质好坏的象征。如果炉水处理恰当,金属表面仅附着一层薄而疏松的水垢,它们用钢丝刷一刷就会脱落。

如果水垢大于 2 mm,且具有结晶结构,并牢牢附在金属面上,这说明炉水中碱度不够,炉水硬度太高,过剩磷酸根不足,钙、镁离子没有完全转变为泥液。这时要注意受热面状态,看是否产生变形、鼓凸和裂纹,特别应对高温区的受热面做详细检查。

如水垢较厚但并不紧密,且略带半透明的大晶粒,放在淡水中 2~3 h 便极易破碎,则是易溶解的盐形成的水垢。这表示炉水中盐度过大,应注意表面排污,同时注意给水凝水系统有无海水漏入。

如果水垢坚硬光滑,呈薄瓷片状,则说明炉水中含有硅盐,这种水垢的导热性很差,最危险。

若在工作水面附近的锅筒壁上发现了油污带,或在底部的泥渣中发现含有泥球时,这说明炉水中油污过多。平时炉水含油越多,泥球直径越大,应注意油舱加热回水的滤油工作。

如果锅筒水位线附近壁上黏附有油污,则从油污区的宽度和油污层的厚度可以判断进入锅炉的油污量。如果油污量较大,应予清洗,查明原因并解决。如果在锅筒水位线以上壁面黏附有泥渣,则说明炉水可能发生了汽水共腾,应加强上排污,降低炉水的含盐量。若底部堆积泥渣很多,可能是下排污不足或下排污管布置不合理。

②腐蚀与裂纹以及管子变形

检查锅炉内部的腐蚀和裂纹应在水垢未清除之前进行,因为有些腐蚀裂纹能够通过水垢的表面特征显示,除垢后反而不易觉察。如有细微的裂纹存在,水垢的颜色在该处会呈深红色或深褐色的条纹,其余地方则为均匀的淡黄色。如果是局部腐蚀,那么腐蚀区域上的水垢由于含有氧化铁成分,局部也会变为深色。如果腐蚀处于活化阶段,则水垢呈褐色,轻轻一敲即掉下来,在水垢的下层有黑色氧化铁;如果水垢牢固地贴附在麻点上,颜色也较淡,则是已停止腐蚀的老麻点。

检查先从锅筒的蒸汽空间开始。蒸汽空间筒壁的腐蚀比较少见,容易腐蚀的是水位波动处的壁面。人孔和安装附件的孔口边缘的内侧最容易出现裂纹。补焊的地方也容易出现腐蚀和裂纹,须用手锤敲击检查。人孔盖及其横梁上的孔的变形一般是由过度上紧螺栓所致。注意检查锅筒封头弯角处以及给水管与锅筒连接处是否有裂纹。应特别注意腐蚀的深度和范围的大小,如发现深度较大,应测量其深度。管端可用电灯照射和放大镜观察确定有无腐蚀和裂纹。应更换有裂纹的管子。所有检查的结果应做记号并记录。

受热面管子要检查是否有鼓包变形和腐蚀麻点。管子的鼓包和变形可以从管外检查。腐蚀麻点可能发生在管子的内部和外部,所以除了从表面观察外,还应从锅筒管口处的腐蚀情况间接地判断管子内部的腐蚀情况。如果腐蚀麻点的深度达到管壁厚度的一半,就要考虑是否需要将这些管子切割一部分进行检查,以确定是否需要换管。受热面管子最容易损坏的是靠近炉膛的几排管子和水冷壁管子,这些管子的外部损坏可以在炉膛中观察到,管子变形的允许值为管子下垂量不超过管径的两倍,管距变化不超过25%~35%。还应检查管端扩接处有无泄漏,这可从烟气侧有无盐渍来判断。如发现有泄漏,可以再次扩管。如果泄漏严重或再扩管仍无效,则需换管。

测量局部腐蚀麻点深度的方法常用的有两种:

①压饼法。将软铅合金压入麻点内,用手锤敲平,然后取出测量其厚度。

②金属浇铸法。将低熔点的金属(焊锡)熔化后注入麻点中,凝固后取出,测量其厚度。

大面积的均匀腐蚀可用测厚仪测定受热面现存的壁厚。锅筒、联箱等厚度普遍减薄超过原厚度的10%时,应重新验算强度,必要时降压使用。

如因腐蚀减薄量不超过原厚度30%(弯边处不超过20%),则采用堆焊修补,但面积不允许超过 $2\,500\ cm^2$。

个别腐蚀凹坑最大值不超过3倍厚度,相邻凹坑距离不少于120 mm,则减薄量超过上述规定也可焊补,所有焊补应采取相应的工艺,预热工件或焊后保温,以防骤冷硬化,增加应力。

裂纹有表面裂纹和穿透裂纹两种,除了可从水垢的颜色间接地显示裂纹的位置以外,还可用下列两种方法判断是否有裂纹。

①煤油白粉法。先用14%的硫酸溶液浸湿需要检查处,然后用煤油浸湿,待25 min

后擦干再涂上白粉,如有裂收,则煤油会透过白粉显示出裂纹的轮廓。

②超声波探伤法。超声波探伤仅用来发现平行于锅筒表面的内在裂纹。

因为裂纹对应力特别敏感,因此原则上不允许有裂纹存在。如发现仅少数几处有裂纹且未穿透筒壁,征得验船师同意后可用补焊方法修理,焊补面应将原裂缝处铲除。若多处出现裂纹且其深度大,或裂纹发生在管板管孔间,则应考虑予以更换。

4.船用锅炉工作蒸汽压力下的检验

工作蒸汽压力下检验的目的是确定蒸汽、水是否泄漏以及安全装置是否可靠运行。

(1)锅炉本体的焊缝、附件、人孔盖、手孔盖等与锅炉连接处不得有漏汽现象。

(2)锅炉给水阀、主蒸汽阀等所有阀件或旋塞的启闭应灵活可靠。

(3)燃油、调风装置工作正常,燃油总管的速闭阀能可靠地快速关闭。

(4)水位计、排污装置工作正常。

(5)炉衣绝热完好,炉衣外表温度不应超过 60 ℃。

(6)压力表工作正常,压力表应按规定定期校验,验船师应确认其有效性。

(7)锅炉安全装置的效用试验:极限低水位、点火故障、风压低等能自动停炉并发出声光报警。

(8)报警装置的效用试验:高水位(若有)、低水位、燃油低温、燃油压力低、高温(若有)、低压(若有)、高压等报警。

5.船用锅炉的临时检验

船用锅炉在下列情况下应申请临时检验:

(1)船用锅炉停用一年以上,需恢复使用时。

(2)船用锅炉在使用中发生重大事故,如缺水、过热、变形、裂纹等。

(3)锅炉舱失火,船用锅炉移装、移位、重装或船舶失事后船用锅炉浸水等。

(4)船用锅炉增加或减少重要设备或改变船用锅炉性能。

(5)船用锅炉改变燃烧方法。

(6)船用锅炉原缺陷有明显发展时。

6.船用锅炉的水压试验

(1)一般规定

当船用锅炉新装船而原设计不能进行内部检验、重大修理后仅进行了部分内部检验、锅炉长期停用后重新启用时或验船师认为必要的情况下,需要进行锅炉的水压试验。水压试验的目的是检查锅炉本体的结合缝是否完好、焊缝有无缺陷、管子和管板的扩接是否完好等。水压试验前,验船师根据内部检验和修理情况决定是否全部或部分拆除炉衣、炉墙。水压试验尽可能在周围温度高于 5 ℃时进行,低于 5 ℃时应注意防冻。用于水压试验的水的温度应保持高于周围露点的温度,以防锅炉表面结露难以检查,一般以 30~70 ℃为宜。船用锅炉整体水压试验至少应装有两个经校验合格的压力表,确认连接管路畅通及阀门处于开启位置,避免压力指示不准而造成超压。

水压试验压力为 1.25 倍锅炉设计压力,如锅炉损坏经过重大修理后进行水压试验,试验压力为 1.5 倍锅炉设计压力。

（2）水压试验的程序

①关闭主蒸汽阀、排污阀和泄放阀,安全阀要用专用夹具(不能靠压紧安全阀弹簧)锁紧,取下所有不能承受试验压力的零件和仪表。将相关的出口阀锁紧和闷堵,确认没有工具和物料遗留在炉内。

②打开空气阀,向锅筒内充水,确认排污阀和泄放阀无泄漏。空气阀溢水后关闭。

③开启压水泵缓慢升压,压力升高速度不超过 0.25 MPa/min,达到工作压力后,进行各项检查,必须有专人监视压力表读数,防止超压。

④确认在工作压力下各项目正常、无渗漏后,继续升压至 1.25(1.5)倍的工作压力,维持至少 20 min,然后降压并保持在工作压力下进行全面检查,试验完毕后缓慢降压。

⑤试验中发现炉内有异常响声时,即停止试验,查明原因并消除故障后再试验。

⑥在试验中没有发现裂纹、永久变形或者泄漏,则认为水压试验合格。

任务 4.8 炉膛墙面耐火砖的维修

炉墙表面与火焰接触的耐火层通常采用耐火砖。耐火砖之间有一定的接缝,在锅炉正常工作时可以受热膨胀,这个接缝绝不能堵死。但是在工作过程中,多种因素也会导致耐火砖出现额外的裂缝。

这些裂缝是否需要修理,需要根据具体情况判断:如果锅炉工作时裂缝能够完全闭合,就不需要修理;不能完全闭合,就需要修理。

对于小面积的临时维修,可以用耐火水泥进行填充修理。修理后的耐久性与位置有关,越靠近高温,时间就越短。对于垂直位置的临时修理,在允许的情况下可以开设燕尾槽后填充耐火水泥进行修理,如图 15-4-2 所示,这样可以使耐火水泥与原来的耐火砖贴合更牢固。

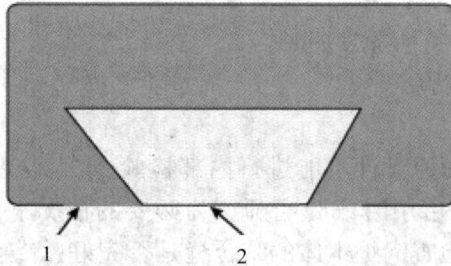

图 15-4-2 垂直位置耐火砖的维修

1—耐火砖;2—燕尾槽

任务五 船舶热油锅炉

学习目标：

1. 了解热油加热系统的作用
2. 了解船舶热油锅炉供热系统的特点
3. 了解热油锅炉系统的组成和功能、工作过程
4. 了解热油锅炉及其系统的运行管理要求和安全措施
5. 了解热油的选用

任务 5.1 热油锅炉供热系统的特点

热油锅炉也称有机载体锅炉，是一种新型的热能转换设备。它将燃料燃烧产生的热能传递给有机热载体，有机热载体被加热到一定温度后泵入用油设备，释放热量后的热载体再返回锅炉重新被加热，循环往复向外供热。这种锅炉的热载体一般使用无化学刺激、热容量高、黏度较低的矿物油。

热油锅炉的性能参数包括：供热量或热功率、供油温度、回油温度、工作压力、循环流量、适用热载体、适用燃料、燃料消耗量、热效率、排烟温度、烟尘排放温度及烟气黑度。

热油锅炉供热系统具有以下特点：

（1）在常压下热油的初馏点比水的蒸发温度要高得多，在 320 ℃ 下仍不汽化并保持常压，而此温度的饱和水蒸气的压力已高达 11.29 MPa。因此，热油锅炉的工作压力一般不高于 1 MPa，能以低压的供热系统取代高压的供热系统，可以降低设备和管道的投资，容易保证运行的安全性和可靠性。

（2）热油传热均匀，热导率较高。在 100 ℃ 时，饱和水蒸气的热导率为 0.023 7 W/(m·K)，热油的热导率为 0.09 W/(m·K)，是水蒸气的 3.8 倍。

（3）热油的热稳定性好，对普通碳钢设备和管道基本上无腐蚀作用，不需要采取类似蒸汽系统的给水软化脱盐、除氧等复杂的处理过程，因此容易管理。

（4）液相循环供热，无须汽水分离和冷凝设备，无冷凝热损失，供热系统热效率较高。

（5）容易实现精确的温度控制。

随着技术的进步，热油锅炉得到了不断的发展和应用，现在船用的热油锅炉也可以

用柴油机的废气来加热。

任务 5.2　船用热油锅炉供热系统

1.系统的组成及工作过程
图 15-5-1 为某船热油锅炉供热系统原理图。

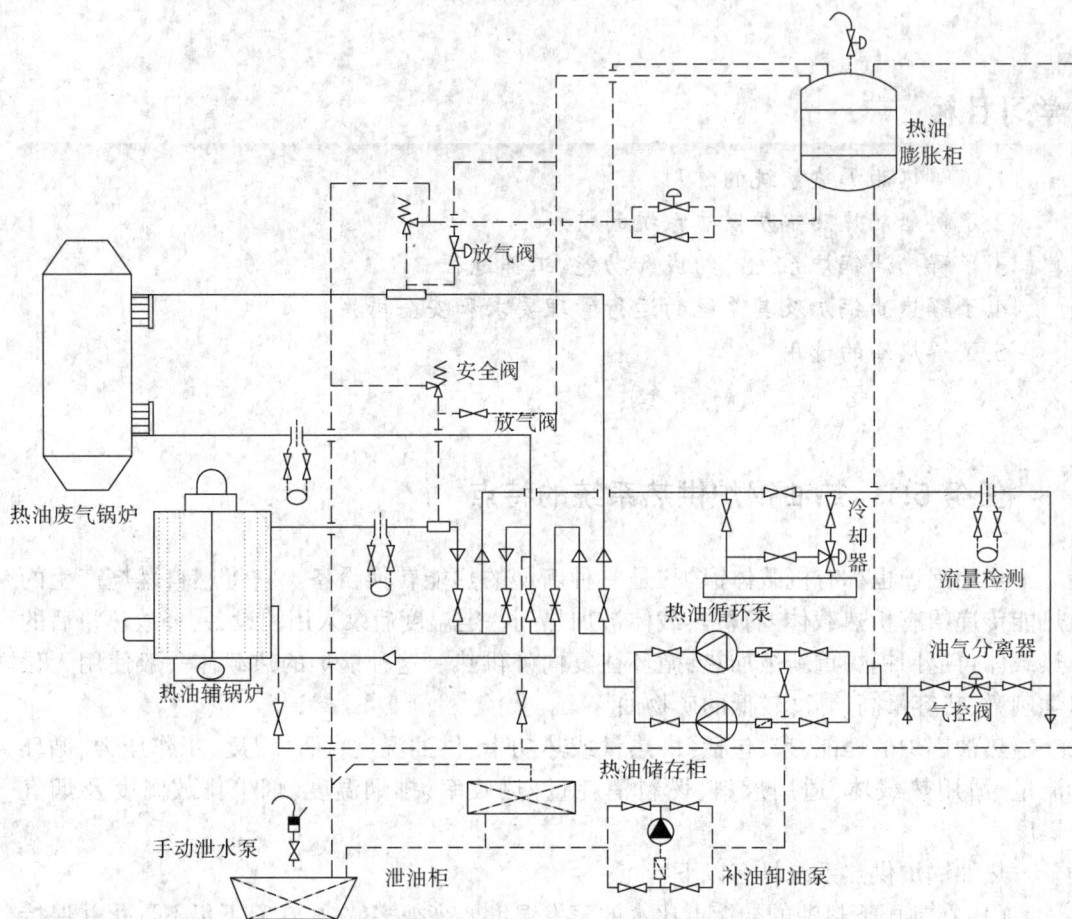

图 15-5-1　某船热油锅炉供热系统原理图

该系统的主要性能参数如下：

热油辅锅炉：供热量为 1 000 kW,最大允许工作压力为 1.0 MPa,试验压力为 1.5 MPa,最大允许工作温度为 250 ℃,热油容量为 650 L,热油循环量 53 m³/h。

热油废气锅炉：供热量为 870 kW,最大允许工作压力为 1.0 MPa,试验压力为 1.5 MPa,热油最大允许工作温度为 250 ℃,热油容量为 1 500 L,热油循环量为 53 m³/h。

热油循环泵：驱动功率为 18 kW,循环流量为 53 m³/h。

余热冷却器：热容量为 1 000 kW,热油最大允许工作压力为1.0 MPa,试验压力为 1.5 MPa,工作温度为 220 ℃,最大允许工作温度为 250 ℃,热油循环量为 53 m³/h。

热油循环泵排出的油液经过单向阀后首先进入热油废气锅炉的上部,从其下部流出后进入热油辅锅炉的下部,再由其上部流出,然后进入用热设备,热油在用热设备处释放热量后返回热油循环泵。在辅锅炉和废气锅炉中,热油和烟气的流动方向为逆流,这样有利于传热。热油首先吸收主机废气的热量,如果废热不能满足要求,热油辅锅炉将自动点燃。如果废气锅炉或者是辅锅炉出现故障,可以通过开关图15-5-1中相应的阀门将出现故障的设备从系统中隔离。

由于热油锅炉进油口紧邻着循环油泵出油口,锅炉本体是整个循环系统压力最高的区段,而用热设备的工作压力较低。系统中的回油是经过循环泵吸入、加压后才被送进锅炉中加热升温的,所以循环泵的工作温度较低。油气分离器布置在循环回路中压力最低区域,并通过膨胀管与高位膨胀柜连通。过滤器紧接在循环油泵入口处,以便滤去热油在高温下形成的聚合物和残渣。

2.系统的辅助装置

热油锅炉循环系统中的辅助装置主要有膨胀柜、热油储存柜、泄油柜、循环泵、安全阀、油气分离器、过滤器、流量检测装置、温度控制装置等。

（1）膨胀柜

膨胀柜的热油容量为1 500 L,试验压力为0.3 MPa,最大允许工作温度为200 ℃。膨胀柜是一个长圆形的钢质容器,置于系统的高处,是热油锅炉及系统中的重要安全装置,其主要作用有:

①容纳热载体受热后引起的膨胀量,防止系统超压。

②补充系统中的热载体。

③在新油装入系统后,在升温过程中排除锅炉和系统中气体。

④向锅炉及系统中注油。

⑤在突然停电时,膨胀柜中的冷介质可以置换锅炉中的热介质,防止锅炉过热。

⑥置于高位,可以保证循环泵的吸入压头。

膨胀柜有开式和闭式两种,均应装一支液位计。开式膨胀柜可不装安全阀,如与系统可以隔断,则应在系统上设安全阀。闭式膨胀柜应安装安全阀,如与系统可以隔断,则在系统和膨胀柜上均应安装安全阀。闭式膨胀柜还应安装压力表。

膨胀柜必须具有足够的容积才能容纳热载体的膨胀量。一般要求膨胀柜的调节容积应不小于锅炉和系统中热载体在工作温度下因受热膨胀所增加的容积的1.3倍。

为避免膨胀柜中的热载体溢出引起火灾,减轻膨胀柜内的热载体的受热程度,膨胀柜一般不得安装在热油锅炉的正上方,膨胀柜的底部与热油锅炉顶部的垂直距离应不小于1.5 m。

膨胀柜应设有遥控的速开阀,发生应急情况时可以通过速开阀将柜内的热油释放到泄油柜。

为防止热油高温氧化,膨胀柜内的热油的温度不得超过70 ℃。

系统与膨胀柜连接的膨胀管应尽量不用弯头,必须转弯时弯曲角度不宜小于120 ℃。膨胀管上不得安装阀门且不得有颈缩部分。

（2）热油储存柜和泄油柜

热油储存柜和泄油柜应尽可能放在系统最低位置,最好位于船舶的双层底内,以便放净锅炉中的热油。泄油柜的容积应该至少足够容纳系统中可以隔断部分的最大容积,储存柜容积应该至少为系统中热油容积的40%。

储存柜和泄油柜应装有必要的测量和控制设备,例如排气管和液位计等。储存柜和泄油柜均应设置手动的泄水泵,便于泄放油柜底部的水分。

一个电动的补油泄油泵一般应设置在储存柜和泄油柜的附近。

（3）循环泵

循环泵在整个循环系统中起着非常重要的作用。循环泵持续运行在较高的温度下,应选用密封性好的专用泵,泄漏率应小于 1 mL/h。循环系统至少安装两台电动循环泵,一台泵工作时,另一台备用。工作的循环泵发生排出压力低或者驱动电动机过载故障时,备用泵自动启动,投入运行。循环泵配备过滤器、截止阀、截止止回阀、泄油阀和压力表等。循环泵的流量和扬程的选取应保证热油在热油锅炉中必要的流速。流量不足会导致系统释放热量不足,还会导致热油在管内油膜加厚,导致热油过热结焦和早期老化,甚至发生爆管事故。油泵启动阶段的升温速度以 50 ℃/h 为宜。

（4）过滤器

热油循环泵入口处应装设过滤器,以便滤去热油在高温运行下形成的聚合物和残渣。过滤器既可保护循环泵,又可防止这些聚合物和残渣流入受热面,影响传热。过滤器的过滤效果在很大程度上取决于过滤器元件材料的性能。目前,国内外常用的过滤元件多由金属烧结和金属丝网多孔材料制成。金属烧结多孔材料过滤性能好,但阻力大,价格较高;而金属丝网价格低廉,也有较好的过滤效果。

（5）油气分离器

油气分离器安装在用热设备的回油管路上,膨胀管路连接在油气分离器的底部并通向膨胀柜。系统升温过程中热油的膨胀量可以通过膨胀管进入膨胀柜。系统运行中的油气也可以通过该管路进入膨胀柜。

3.系统的控制和安全设备

热油锅炉供热系统在运行中需要对热油的压力、温度和流量进行控制,因此,系统设置安全阀、温度控制器、冷却器和流量控制器等控制和安全设备。

（1）安全阀

热油废气锅炉和辅锅炉均装有安全阀,热油废气锅炉的安全阀位于废气锅炉的进口管路,热油辅锅炉的安全阀位于辅锅炉的出口管路。安全阀的出口通过管路和泄油柜相通,开启压力设定为 1.0 MPa。

（2）温度控制器

热油辅锅炉设置温度控制器,温度控制器通过控制辅锅炉的燃烧负荷实现对热油温度的调节。温度控制器的温度检测器安装在辅锅炉的热油进口和出口,出口温度作为温度控制器的控制输入脉冲。通过热油进口温度检测器也可实现显示进口热油温度。系统还设置一个超温控制器,其设定温度为热油最大允许工作温度 250 ℃,超过该温度时,超温控制器使辅锅炉燃烧器停止运行并发出报警。

（3）流量控制器

流量低会导致热油在用油设备处释放热量不足,导致热油温度升高,严重时还会引起锅炉局部过热。流量低还会导致管内油膜加厚,致使热油过热结焦和早期老化,甚至发生爆管事故。因此,热油锅炉需要设置流量控制器。流量控制器的检测装置分别安装在热油废气锅炉和辅锅炉的热油出口管路。检测装置检测通过一个节流口的压差,在100%的流量下,压差为0.035 MPa,如果压差下降到0.025 MPa,热油辅锅炉将停止燃烧并发出报警。因此,热油辅锅炉投入运行前必须首先启动循环泵,冷态投入运行时还必须按下取消流量控制的按钮,这样辅锅炉才可能进行点火。热油温度缓慢升至150 ℃左右时,检测节流口压差可超过0.025 MPa,这时应将流量控制器重新投入监控。

（4）溢流控制装置

为保证流过供热系统的热油的流量稳定,热油锅炉设有溢流控制装置,该装置由流量监测器、气控三通阀和截止阀组成。流量监测器位于热油废气锅炉和辅锅炉共同的热油出口管路,其输出的压差信号送到溢流控制器,溢流控制器的输出信号指挥气控三通阀动作。

（5）油位浮子开关

为了防止系统热油量不足,膨胀柜上装有油位浮子开关,当膨柜内的油位下降到最低控制位置时,油位浮子将发出报警信号,热油辅锅炉和循环泵停止运行。只有当膨胀柜的油位恢复正常后,油位浮子开关才能复位。油位浮子开关设有试验按钮。

任务 5.3　热油锅炉的运行管理

1.初次运行

（1）供油系统的检查和热油充注

在注入热油及进行装置包扎之前对热油管路系统、燃油系统、用热系统、灭火系统等进行检查,确保一切正常。必须尽可能清除系统内的焊渣和锈垢,由于会对阀座和阀杆造成损害,清除时不得使用酸洗或钝化方法。用空气或氮气对系统进行压力为0.05~0.1 MPa的密封试验,试验不能用水进行,密封试验时用合适的皂液对接头进行检查。

向装置充入规定的热油,充注应从系统最低处进行以利于气体的排除。当液位达到膨胀柜的最低液位时停止充注。充注结束后,开启系统各部分放气旋塞进行放气,必要时补充热油。启动热油循环泵,清洗热油滤器。反复进行上述放气和滤器清洗操作,直到系统内气体完全被放出并且滤器十分清洁。

（2）压力试验

充注完成后应对受压部件进行压力试验（热油锅炉重大修理后也要进行压力试验）,试验压力取热油锅炉工作压力的1.5倍。热油锅炉内的介质属于易燃品,压力试验比一般的锅炉更重要。制造单位可进行水压试验,使用单位不宜进行水压试验,因为水压试验后不易将水排干净。使用单位最好用所使用的热油进行液压试验。

压力试验主要用于检查非焊接连接部位,如各种空的密封处,各种法兰、阀门的连接处等严密情况。对焊接连接处,因为焊接方法、检验要求都有规定,焊接质量可以得到保证。由于结构上的问题,有些焊接部位也无法检查。

（3）排气

热油锅炉在启动过程中,随着热油的加热,含在其中的其他气体逐渐被分离出来。如热油含有水分,也会随着加热而发生汽化,应随时将这些气体排出,以利于热油锅炉的安全运行。热油锅炉在点火启动时要反复打开排气阀以排净热油锅炉中的空气、水与热油的混合蒸气。

在下列情况下需要进行排气操作:①初次启动后;②更换热油之后;③装置维修以后;④装置长时间停止运行后(1个月以上)。

排气操作应按以下顺序进行:

①启动热油循环泵。②将温度控制器设定在100℃,启动燃烧器开始加热。③调整燃烧负荷,使温度缓慢上升。④打开通向膨胀柜的放气阀。⑤在100℃左右运行大约1 h。⑥使温度上升至工作温度,该过程必须尽可能缓慢进行,最好分段进行。升温过程中应使流量控制设备投入进行。⑦整个过程中注意检查各种部件的紧固程度和管路的膨胀情况。⑧关闭放气阀,停止燃烧。温度下降后对所有的滤器进行清洗。

2.正常运行

供热系统日常的启动应按照下列顺序进行:

①合上主电源开关;②启动热油循环泵;③对流量控制装置进行复位;④启动燃烧器;⑤将温度控制器设定在期望的工作温度;⑥装置在低负荷下逐渐运行至工作温度,开始阶段应进行监视。

3.停止运行

①停止燃烧器;②出口温度下降到50℃后,停止各循环泵;③关闭主电源开关。

4.热油定期化验

热油经过长时间使用或热油温度过高,都会造成热油性能指标的下降,主要表现为热油的残炭、酸值、黏度、闪点的变化。所以,我国规范规定,使用中的热油每年应对其残炭、酸值、黏度、闪点进行进一步分析,当有两项不合格或热油分解成分含量超过10%时,应更换热油或对热油进行再生。

5.不同热油的混用问题

试验证明,不同热油混合后各项性能指标并无大的改变。我国规范没有硬性规定不同的热油不准混合使用,但如需要混合使用,热油生产单位要提供混合使用的条件和要求。两种不同热载体混用时,其混合热载体出口温度不得超过两种热载体中任何一种的最高允许使用温度。

6.停电保护

突然停电将导致热油在系统中停止流动。停留在热炉内的热油温度将急剧上升,使之裂解和结焦,甚至引起炉管受热变形损坏。为防止热油在高温下氧化与裂解甚至自燃,在突然停电时,应将热油冷却至150℃以下,再送入储存器。

任务5.4　热油的选用

热油的选用首先要考虑工作温度要求及热油的最高使用温度,热油严禁超温使用,并且所选择的热油允许的最高使用温度应比供热温度高10~15℃。另外,选择热油时,还应考虑热油的性能特性指标,如:密度、黏度、闪点、酸值、残炭、比热容、热导率、馏分、水分和最高温度下的蒸汽压。

对热油的要求包括:

(1)无毒,无臭,无污染,无任何毒性,无致癌物质,无难闻气味。

(2)挥发性小,安全可靠,闪点在200℃左右,自燃点在500℃以上。

（3）酸度低,pH 值接近中性,对设备无腐蚀性。

（4）热稳定性好,抗氧化性强,在不高于最高使用温度下使用,其热分解速度极慢。年添加量仅为 5% 左右。

表 15-5-1 为不同温度下的热油性能参数。

表 15-5-1　不同温度下的热油性能参数

性能指标	热油牌号	温度/℃									
		−50	0	50	100	150	200	250	300	350	400
密度/ (kg/m³)	HT280		875	850	810	780	750	710			
	HT350		875	850	810	780	750	710	680		
	HT370		1 050	1 010	975	940	900	870	830	800	
	HT400			1 040	1 000	950	910	860	820	770	720
	LHT10/370	1 040	1 000	970	930	890	850	810	770	740	
动力黏度/ (mm²/s)	HT280		22	5.0	1.8	1.0	0.65	0.5			
	HT350		300	30	5	2	1.3	0.9	0.7		
	HT370		180	10	3	1.5	0.9	0.6	0.4	0.3	
	HT400			2	1.0	0.6	0.4	0.3	0.25	0.21	0.20
	LHT10/370	190	7.5	2.2	1.1	0.7	0.5	0.4	0.35	0.31	
比热/ (kJ/kg·K)	HT280		1.8	2	2.2	2.4	2.5	2.7			
	HT350		1.8	2	2.2	2.4	2.5	2.7	2.9		
	HT370		1.5	1.7	1.8	2.0	2.2	2.4	2.5	2.7	
	HT400			1.7	1.9	2.0	2.1	2.2	2.3	2.4	
	LHT10/370	1.4	1.6	1.7	1.9	2.0	2.2	2.4	2.6	2.7	
导热系数/ [W/(m·K)]	HT280		0.135	0.13	0.128	0.125	0.12	0.117			
	HT350		0.135	0.13	0.128	0.125	0.12	0.117	0.113		
	HT370		0.135	0.13	0.120	0.120	0.11	0.107	0.10	0.10	
	HT400		0.135	0.13	0.126	0.12	0.11	0.105	0.10	0.09	0.08
	LHT10/370	0.14	0.135	0.13	0.12	0.115	0.11	0.10	0.09	0.09	
饱和压力/ (10⁻¹ MPa)	HT280				0.004	0.02	0.1	0.3	1.1		
	HT350						0.005	0.05	0.1	0.7	
	HT370						0.04	0.02	0.1	0.4	
	HT400					0.06	0.26	0.93	2.5	5.7	11
	LHT10/370						0.13	0.5	1.4	3.2	

任务六 | 船舶废气锅炉管理

学习目标:

1. 熟悉典型废气锅炉的系统组成、工作过程、控制原理和特点
2. 掌握废气锅炉烟灰积垢与着火的影响因素
3. 能采取有效措施防止烟灰积垢与着火
4. 能正确进行吹灰操作

任务6.1 典型废气锅炉系统

废气锅炉是船舶使用较早且成功利用主机排烟废热进行能量回收的设备。废气锅炉蒸汽系统可设计成许多不同的形式,有单供气压力和双供汽压力,有带给水预热器和不带给水预热器,有单一的废气锅炉和与燃油锅炉组成的混合式锅炉等。二冲程超长行程柴油机的热效率高达55%,使排烟温度下降。目前大型低速柴油机在额定负荷下透平后的排气温度为240~270 ℃,降低负荷运转时将会更低些。因此,可利用的排气余热减少,在废气锅炉产生的饱和蒸汽不能满足船舶加热系统的需要时,燃油辅锅炉可作为补充。

MAN B&W 公司推出两种典型的废气锅炉系统。

其一为典型废气锅炉系统,如图15-6-1所示。该系统用于产生饱和蒸汽,供加热使用。废气锅炉由单一的蒸发器组成,是简单的单压蒸汽系统。给水直接泵送到燃油锅炉,废气锅炉与燃油辅锅炉之间有循环水泵并共用一个汽鼓,也可各自单独采用汽鼓,则一个锅炉故障时另外一个锅炉仍可运转。该系统组成简单、投资成本低,能够完全满足船舶加热所需蒸汽量的要求,因而得到广泛应用。

其二为带透平发电机的废气锅炉系统,如图15-6-2所示。该废气锅炉系统更先进些,它是带有给水预热器、蒸发器和过热器的单压蒸汽系统。其蒸汽除用于加热之外还可以用于驱动透平发电机,系统中燃油辅锅炉的汽鼓一般也作为共用汽鼓。废气锅炉可独立工作,也可与燃油锅炉同时工作。燃油锅炉不管是否供入燃油锅炉工作,其汽水空间始终供废气锅炉使用。给水经热交换器供入燃油锅炉,再由经济器循环泵供入废气锅炉经济器,与废气逆流换热后回到燃油锅炉水空间,再由经济器循环泵供入废气锅炉蒸发器,与废气顺流换热后回到燃油锅炉汽空间进行汽水分离后产生饱和蒸汽。此饱和蒸汽一部分供用汽设备使用后回到热水井;另一部分供入过热器,与废气逆流换热

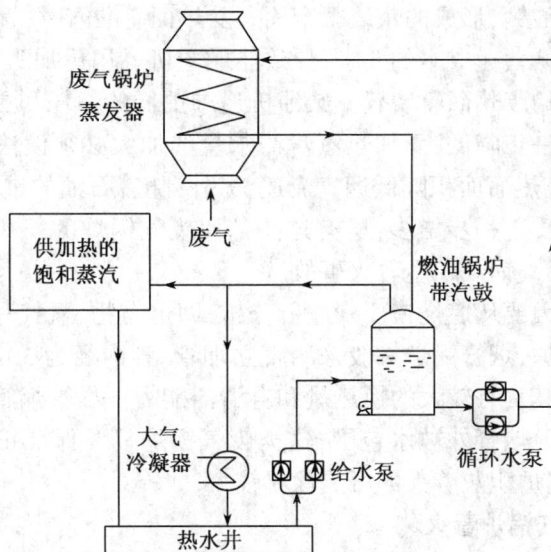

图 15-6-1　典型废气锅炉系统

后产生压力更高的过热蒸汽,用来驱动透平发电机,然后经冷凝器冷凝后回到热水井。该系统能产生两种不同压力的蒸汽,故也称为双压力系统。可以看出这种系统的废热利用率更高,符合低碳绿色的世界潮流。

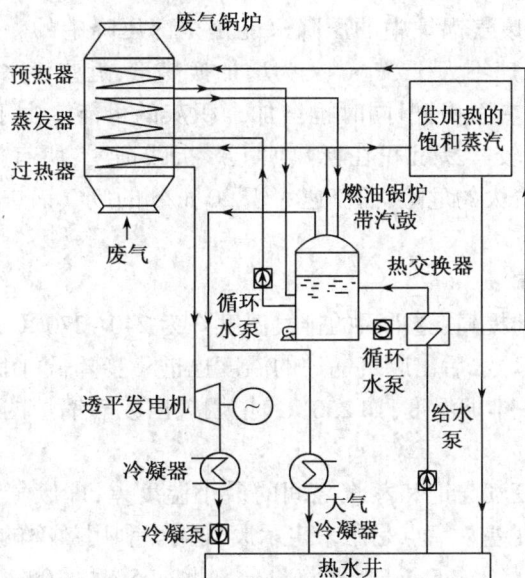

图 15-6-2　带透平发电机的废气锅炉系统

任务 6.2　废气锅炉烟灰积垢与着火的分析及预防

燃油不完全燃烧会生成炭粒,极易附在受热面上,燃烧不良时炭粒量可能占积灰的80%~90%。此外,燃油含有 0.3% 左右的灰分,其中含有硫、钒、钠,它们的化合物熔点很低,会在高温受热面的烟气侧形成积灰;当燃油灰分含钙时,燃烧后生成的氧化钙与二氧化硫作用生成硫酸钙,形成的灰渣很牢固。受热面有酸露时,管壁湿润更易沾灰。

　　船舶对节能和降低营运成本的要求,导致船舶主机燃用更加劣质的燃油,并用废气锅炉作为最简单常用的废热回收装置。柴油机追求更低的油耗和更高的热效率,因此,柴油机的排烟温度进一步降低,而加热蒸汽需求量的加大必须设法提高废气锅炉的换热量,即进一步加大换热面面积降低烟气流速;另外,随着石油的进一步精炼,渣油中的沥青、残炭、硫分等杂质进一步增多,所有这些都使废气锅炉的积灰有增加的趋势。如管理不善,将会导致废气锅炉发生着火事故。

　　废气锅炉着火原因要从燃烧三要素进行分析,即可燃物、氧气和火源。废气锅炉分为烟管锅炉与水管锅炉,烟管锅炉一般采用直立烟管,管内径为 30~100 mm,通常这类锅炉烟气流速较高使其具有较大的换热量和自清洁能力。尽管烟管也有可能被积灰堵塞,也需要定期清洗,但烟管外被水包围,这类废气锅炉只要保证正常水位一般不会着火。然而,水管废气锅炉积灰着火的可能性就较大。

1.积灰形成与废气锅炉着火

（1）积灰的形成

烟气积灰的形成主要与以下三方面因素有关:烟气流速、烟气温度、烟气成分。

①烟气流速的影响

　　柴油机排烟带走的废热占燃料燃烧热值的 1/5~1/4,现代大型柴油机的效率不断提高,对排气背压有较严格的要求,一般不大于 350 mmH_2O,在设计阶段都不大于 300 mmH_2O,而排烟在废气锅炉中的压降只能是全部压降中的一部分。为防止排气背压过高,一般取烟气流速不大于 35 m/s,为增加换热量,近些年水管式废气锅炉均采用肋片管、针形管增加换热面积,但同时也增加了积灰的可能。由于锅炉排气速度低时,自清洁能力差,积灰比较容易沉积在换热面上。实践证明,所有排烟速度小于 10 m/s 的废气锅炉均有积灰着火的危险,而流速大于 20 m/s 的废气锅炉积灰着火的可能性大大减小。

②烟气温度的影响

　　随着柴油机效率的提高,透平后的排气温度降为 240~270 ℃,而在提高废气锅炉换热量的同时,烟气加热炉水后出废气锅炉的温度也进一步降低,图 15-6-3 为某一废气锅炉的 T-Q 图,即在某一排烟温度,如 250 ℃时,烟气出废气锅炉的温度与换热量之间的关系曲线。

　　废气锅炉窄点是废气与饱和蒸汽之间的最小温度差,即废气离开蒸发器时的温度和饱和蒸汽之间的温度差。窄点是用来表示废气锅炉利用效率的一个参数。当废气锅炉窄点由 15 ℃变为 10 ℃或 5 ℃时,蒸汽量分别增加 5%和 10%,而废气锅炉受热面积分别增加 41%和 130%,因此造成废气流动压力损失增大,在压降限制的废气锅炉中适当降低烟气流速,而低废气流速对形成烟垢有特别明显的影响。

　　烟气离开废气锅炉时的温度既取决于柴油机的排气温度,也与废气锅炉设计与工作时的窄点有很大关系。烟气中的灰分能否沉积到换热面上,除与其速度有关外,还与其黏性有关。当排气温度较低时,特别是达到酸露点时,烟灰比较黏,容易沉积;当排气温度较高时,烟灰处于较干的状态,不太容易黏结在一起,所以相同排烟速度时比较容易被吹出炉体。

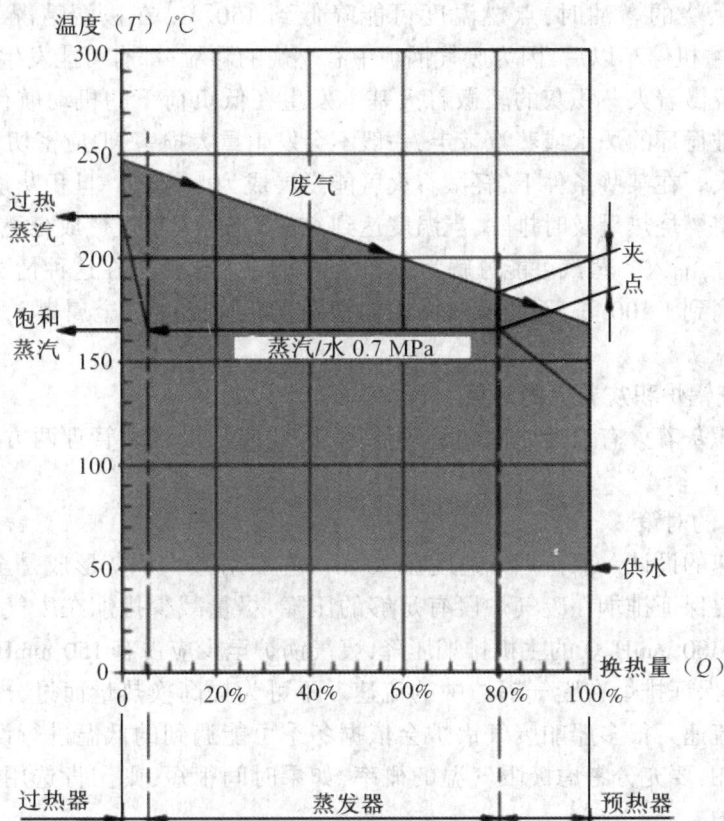

图 15-6-3　废气锅炉的 T-Q 图

③烟气成分

烟气成分与积灰形成有很大关系，如果柴油机燃烧优质柴油，且燃烧充分，烟气中能够产生沉积的灰分就很少。反之，现代船舶柴油机燃用劣质燃油，使烟气中含有相对较多的硫、钒、钠等灰分，加之机动航行时由于燃烧不充分，部分未完全燃烧的燃油、气缸油随排烟排走。而就在燃烧不充分时的低负荷情况下，排气速度较低，排气温度低，因而加剧积灰的形成。有试验表明，肋片管式废气锅炉的积灰中 70% 为可燃成分。烟气中未燃烧的碳氢化合物，大型柴油机可达 300ppm，与燃油喷射系统的维护管理、燃油种类、气缸油的供给量有很大关系。

（2）烟气中的氧含量

提高柴油机效率的方法中最直接、有效的方法就是改善燃油燃烧，而为能使燃油充分燃烧，一方面应提高雾化质量，另一方面应提高过量空气系数。因而，柴油机排烟中是含有相当比例的氧气的，而这些氧气足够为积灰着火助燃所用。典型柴油机排放气体中的氧气含量高达 14%。

（3）着火温度的形成

锅炉积灰着火可能分为 2~3 个阶段，锅炉积灰的着火通常为有限的着火，在极端情况下可能发展为高温火焰。

①积灰的点燃。积灰的点燃产生于有足够的氧气，可燃积灰暴露在足够高的温度下并产生可燃蒸汽，可能被火花或火焰点燃。积灰点燃温度可能在 300~400 ℃，当积灰

中存在未完全燃烧的燃油时,点燃温度可能降低到 150 ℃,在极端情况下可能达到 120 ℃,甚至在主机停车以后,因为废气锅炉中有燃烧的颗粒,都有可能发生着火。

②积灰的轻微着火。积灰的轻微着火基本发生在低负荷下的机动航行阶段,着火产生的热量可被循环的炉水或蒸汽带走,一般不会发生重大损害,但应密切注意。

③高温着火。在某些条件下,轻微着火可能发展成为大火。一旦积灰烧起来后,若废气锅炉不能将燃烧热量及时排除,当温度达到 650 ℃时,大量可燃成分燃烧。当温度达到 1 000 ℃时,漏入的蒸汽可能分解为氢和氧,并产生"氢燃",在这种情况下,局部温度会进一步升高到 1 100 ℃,而使换热面中的铁发生燃烧,称为"金属燃",直至全部受热面烧毁。

2.避免废气锅炉积灰着火的对策

废气锅炉积灰着火有设计原因和管理原因,因此应从设计和管理两方面避免积灰着火。

(1)设计上的对策

①烟气流速的设计。保持烟气速度在 20 m/s 左右对减少积灰形成是至关重要的,因而在设计时要保证排烟在废气炉段有足够的压降,尽量减少排烟在废气炉以外管段的压降。例如,300 mmH$_2$O 的主机排烟压降,废气锅炉至少应占有 150 mmH$_2$O 的压降,只有这样,才能保证排烟在废气锅炉中的流速。不可为提高换热量而过分增大换热面积而降低烟气流速。很多船舶废气锅炉会依据冬季可能遇到的低温进行设计,而对于全球航行的船舶,要充分考虑极限气温的概率,如果时间很短,则宁肯选用换热面积小一点的废气锅炉。

另外,废气锅炉烟气进口段应设计成能使烟气较均匀地进入废气锅炉的形式,防止出现局部烟气流速较低和积灰增加。

②烟气出废气锅炉温度的设计。烟气温度直接影响积灰的干度和黏性,正常情况下,烟气出废气锅炉的温度应至少高于蒸汽饱和温度 15 ℃,最好能达到 20 ℃,烟气在废气锅炉出口的温度应不低于 165 ℃,否则可能出现硫酸凝结增加。因此,在尽量提高废热利用率的同时,要充分考虑换热面积灰问题,即烟气出废气锅炉温度不可过低。

③关于烟气旁通的设计使用。早期的废气锅炉,有很多采用烟气旁通法作为调节废气锅炉蒸发量的方法之一,在船舶蒸汽耗量较少时,为防止锅炉工作压力过高,采用将部分主机排烟旁通的方法。这种方法的危害是导致废气炉内烟气流速和温度降低,增加烟灰的沉积,因而现代船舶几乎不采用这种方法调节锅炉蒸发量。然而,如果船舶处于特殊航区,机动航行时间相对较长,则应该设计安装烟气旁通装置。当主机负荷低于 40%SMCR 时,将主机排气经旁通管路排走,以防止废气锅炉烟灰沉积;当主机负荷高于 40%SMCR 时,再将主机排烟经过废气锅炉,以保证足够的烟气流速和烟气温度。

(2)管理上的措施

①尽量提高主机燃烧质量。主机燃烧质量的好坏直接关系到排烟的成分,尤其是在换气质量差、燃烧室密封不好、燃油雾化质量不佳时,直接导致烟气中不完全燃烧产物增多。管理上应注意柴油机扫气压力、温度在合适的范围,定期测试各缸的压缩压力与爆发压力。维护增压器、空气冷却器处于最佳工作状态,保证气口、气阀清洁,保证燃油雾化质量,确保组织燃烧良好。尽量减少烟气中的碳粒及未完全燃烧的燃油与气缸

油。对于燃油辅锅炉同样应注意燃油雾化质量和风油配比，以保持较好的燃烧质量。

②按要求进行锅炉吹灰。燃油锅炉和废气锅炉在设计时保证蒸发管束间有较高的烟气流速，因而有自清洗能力。但长期工作，尤其是燃用劣质燃油或燃烧不良，积灰是难免的。废气锅炉定期吹灰能够减小可燃积灰的堆积，从根本上防止积灰着火。同时废气锅炉吹灰还能减小柴油机排气背压，改善燃烧。在设计时可尽量采用压缩空气吹灰，因为压缩空气压力较蒸汽压力高，吹洗效果较好。

锅炉受热面积灰可用吹灰器吹除。吹灰器是若干根以压缩空气或锅炉蒸汽为工作介质的带喷嘴的吹灰管，用来吹除受热管烟气侧表面的积灰。吹灰器有控制进气的阀门和泄放凝水的泄放阀，在炉外有手轮可使吹灰管在既定范围内转动或移动，也有的吹灰器是电动的。

关于吹灰频度，主管轮机员应该定期检查受热面的积灰情况和吹灰效果，同时观察被吹扫的加热管的表面状况，相应调整吹灰气压和频率。吹灰过于频繁、气压和流速过高、气体中有水都可能引起管子表面刷蚀或腐蚀。对于燃油锅炉，一般是在排烟温度比烟灰已清除时高 $10\sim20$ ℃时，或风压损失明显增大时，小型锅炉增加 $10\sim20$ mmH$_2$O，应该除灰；对于废气锅炉，应观察主机定速航行时锅炉烟气进、出口压差，一般来说每天都要进行吹灰。

实施吹灰时应注意以下几点：

a.吹灰器耗气量较大，吹灰期间应保持足够高的吹灰介质压力。例如：蒸汽吹灰前加强锅炉燃烧，提高蒸汽压力；压缩空气吹灰前启动两台主空压机。在换用下一个吹灰器前，应让压力恢复到最初水平。废气锅炉吹灰时尽量在主机处于较高负荷下进行，因为此时主机排烟速度较高，可将吹下的烟灰及时排除。对于某些船舶如因航次需要，主机使用较低负荷运行时，应定期(每天或每两天一次)短时间(如 1 h)高负荷运转，并配合吹灰工作。

b.蒸汽吹灰要先开进汽阀暖管并泄水，空气吹灰供气后也要开管系泄放阀泄去可能有的凝水，用带水的气体吹灰可能损伤受热面。另外，要坚持废气锅炉烟气侧投药，增加烟灰的干度，降低烟气黏度，减少积灰沉积。

c.按烟气流动方向逐个地开启吹灰器蒸汽阀，每个吹灰器吹扫数秒钟，可循环重复 $3\sim4$ 次。力求吹扫全面，避免局部区域未被吹扫造成各受热管束传热不均，引起水循环不良。

d.吹灰完后关进汽阀，开吹灰管泄放阀。吹灰器蒸汽阀要关严，避免蒸汽漏入烟道。

e.吹灰应尽量选择在甲板上的风向和风速适宜时进行，避免吹出的烟灰落在甲板上。

f.每次开航后，经过低速的机动航行到定速航行，应及时吹灰，为确保吹灰效果，应尽量提高吹灰介质压力。

③定期进行锅炉水洗。尽管锅炉平时通过吹灰会减少积灰的形成，但时间久了，换热面上还是会有部分积灰形成，而且会越积越多，以致部分换热面过热，增加积灰着火的危险性。

同时，废气锅炉蒸发量会大幅下降，柴油机排气背压明显上升，燃烧效果变差，排烟温度上升，直至产生恶性事故。锅炉水洗可较为彻底地清除换热面上的积灰，水洗时应注意清洁吹灰时不易吹到的部位,水洗时尽量彻底,防止湿积灰没有清除干燥后更加坚硬,下次更不容易清除。水洗后及时干燥,以防产生腐蚀。

水洗应注意以下六点:

a.在燃油锅炉熄火、废气炉停,柴油机温度降至110 ℃以下再进行。

b.水洗时要开启炉膛底部的泄水阀,及时将污水泄放。从进水冲灰到污水泄出有滞后,注意别进水太快,以防泄放口堵塞。水洗时热的金属表面会产生蒸汽,应留心,别被烫伤。

c.冲洗可用淡水或海水,用海水冲过后必须再用淡水彻底清洗,以免金属表面沉积盐分。可用压力水柜的压力水冲洗或用增压泵适当提高水压,这样效果会更好。使用温度为65~70 ℃、压力为1.3 MPa的温水最为有效。

d.污水对钢材有腐蚀作用,故水洗不宜持续太长时间,也不要中途停止,否则湿润的灰渣变干后会变得更硬,以后更难清除。

e.应防止弄湿附近的电气设备,炉膛的耐火砖应罩以帆布,以防吸水过多。

f.洗完后炉膛底部须用碱水清洁,所有污水和脱落的积灰必须从炉内清除,然后可每隔15 min交替点火和熄火,缓慢烘干耐火砖墙,否则残留的烟灰和水会产生强腐蚀性的硫酸。

④手工除灰。手工除灰包括用小锤、凿子、刮刀等工具来除灰,也可以用压缩空气喷枪吹除吹灰器吹扫不到的区域的浮灰。坚硬的灰渣不宜用工具用力敲击。手工清除的积灰不应随意丢弃,应收集起来以备有关部门检查。老锅炉的钢材有脆化倾向,不宜手工除灰。

⑤用除灰剂除灰。除灰剂分为硝酸盐和铵盐两大类。用硝酸盐除灰的机理是:在高温下它会分解并析出氧气,降低可燃性烟灰的着火点,促使大量烟灰氧化烧掉;硝酸盐和灰分中的金属盐类生成低熔点共晶体,使硬质灰垢变得疏松、干燥,易于脱落,使其能随废气通过烟道或由烟灰吹出过程将其消除;硝酸盐在高温下分解出来的亚硝酸盐对钢材有一定的钝化作用,可减缓锅炉的腐蚀。用铵盐除灰的机理是:它在高温时会放出 NH_3,使烟气中的有害物质氧化成 N_2 和 H_2O。除灰剂中的碱金属盐类在高温下产生的碱金属阳离子,附在灰粒表面上使灰粒不凝聚,扩大烟灰氧化表面,使其完全燃烧。

锅炉除灰剂操作简便。对炉膛呈负压锅炉,可将棒状除灰剂从点火孔或前检查孔直接投入正在燃烧的炉膛内;对炉膛呈正压的锅炉或因结构因素不便投放时,可采用喷枪,利用压缩空气使粉状药剂呈雾状喷入正在燃烧的火焰中。投药时炉膛温度要高于1 000 ℃,投药后应保证燃烧20~30 min,否则达不到应有的效果。除灰剂用量为每天燃油耗量的1/1 000,初次投药可为常用量的2~3倍。废气锅炉吹灰剂的投放应在每天吹灰前0.5 h进行。

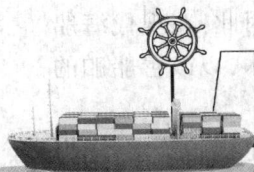

项目十六

船用海水淡化装置的操作与管理

任务一 认识海水淡化装置

学习目标:

1. 了解船舶对淡水的需求情况
2. 掌握海水淡化的主要方法及其在船上的应用

任务 1.1 船舶对淡水的需求情况

淡水,一般是指总含盐量在 1 000 mg/L 以下的水。船舶在营运过程中,每天都需要消耗大量的淡水。船上淡水主要用作柴油主机冷却水、锅炉补给水、洗涤和饮用水等。

水的含盐量一般以 mg/L 为单位。大洋中海水中总含盐量平均为 35 000 mg/L。海水所含各种盐的比例大体不变,其中最多的是 $NaCl$(77.7%)和 $MgCl_2$(10.9%),水中的含盐量越大,其导电性越好。用水的导电性来检测其含盐量迅速方便,常以 mg/L($NaCl$)来表示含盐量(便于配制标准溶液来标定),也可以 Cl^- 来表示含盐量(1 mg/L $NaCl$=0.606 mg/L Cl^-)。在船上,根据淡水使用场合的不同,对它的数量和质量要求也就不相同。柴油机冷却用淡水对水质没有特殊的要求。需求量以主机功率计,柴油机船每千瓦日需求量为 0.2~0.3 L。锅炉补给水对含盐量的要求最为严格,我国船用锅炉给水标准规定补给水的含盐量应小于 10 mg/L($NaCl$)。辅锅炉的补水量可按蒸发量的 1%~5% 估计。饮用水必须不含有有害健康的杂质、病菌和异味,含盐量小于 500~1 000 mg/L,氯离子浓度小于 250~500 mg/L(Cl^-),pH 值为 6.5~8.5。洗涤水一般要求氯离子浓度不大于 200 mg/L(Cl^-)、硬度不大于 7 毫克当量/升。生活用水日需求量为 150~250 L。

船舶所需的淡水虽然可用水舱(或水柜)来携带,但这样做不仅会减少船舶的营运吨位,降低航次收入,妨碍运输能力的发挥,而且贮水过久会使水变质,甚至无法使用。此外,靠携带淡水也很难在数量上满足因情况变迁而产生的需要。因此,在现代海船上,也都设置海水淡化装置,以便利用取之不尽的舷外海水来制造淡水,以改善船舶的供水条件,并获取一定的经济效益。

船用造水机所造淡水的含盐量一般设定为小于 10 mg/L,可以满足锅炉给水、动力装置冷却用水、饮用和洗涤水在含盐量等方面的要求。需要提醒的是,造水机所生产的淡水所含人体需要的矿物质太少,长期直接饮用对健康不利,要求加入某些矿物质后再供饮用。

现代远洋船舶所装设的海水淡化装置的最高容量视主机功率而定,一般为 7 500 kW 左右,装设一台造水量为 20~25 t/d 的淡化装置,就足可满足动力装置和 50 名左右船员的生活需要。至于大型客船,视情况装设几台较大的装置即可满足要求。

任务 1.2　海水淡化的主要方法及其在船上的应用

海水是一种含有 80 多种盐类的水溶液。其中,含量超过 1 mg/L 者有 11 种,称为海水的主要组分。不同海域的海水含盐量虽然不同,但各主要盐类所占的比例基本不变。当海水含盐量为各海域平均值时,各种盐类的含量可如表 16-1-1 所示。其中以氯盐含量最多,氯离子约占 55%。

表 16-1-1　海水中各种盐类的含量

盐类	NaCl	$MgCl_2$	$MgSO_4$	$CaSO_4$	K_2CO_3	$CaCO_3$	$MgBr_2$	总计
每千克海水中的含盐克数/(g/kg)	27.7	3.8	1.7	1.2	0.9	0.1	0.1	35.5
占总含盐量的比例	77.7%	10.9%	4.8%	3.4%	2.6%	0.3%	0.3%	100%

海水淡化的目的就在于去除各种盐类和有害杂质。目前,海水淡化的主要方法有蒸馏法、电渗析法、反渗透法和冷却法等。现分别介绍如下:

1.蒸馏法

蒸馏法是最早应用的海水淡化方法。它根据溶液(盐水)生成蒸汽时,蒸汽本身不能携带盐分的原理,将海水加热蒸发成蒸汽(称为二次蒸汽),再将蒸汽引入冷凝器中冷凝,以获得淡水(蒸馏水)。

用蒸馏法淡化海水必然伴随相态变化,而水的汽化潜热较大,所以耗能较多,而且处理热海水须注意防止装置内部的结垢和腐蚀。但蒸馏法可直接利用热水或废汽等加热,便于废热利用;同时所产淡水的纯度较高,一次脱盐即可获得含盐量为 5~10 mg/L 甚至低于 1 mg/L 的淡水,从而满足各种用途的水质要求。此外,蒸馏装置工作稳定,适用于各种规模的生产。因此,到目前为止,蒸馏法仍是船舶主要应用的海水淡化方法。

2.电渗析法

电渗析法是使海水中的阴、阳离子在外加直流电场的作用下,做定向迁移,通过相间排列的有选择性的阴、阳离子渗透膜(或称离子交换膜),使一部分海水中的离子转移到另一部分海水中去,从而实现海水淡化的一种方法。

电渗析法淡化海水的关键元件是渗透膜,它分为阴膜和阳膜。阴膜只允许阴离子透过,阳膜则仅允许阳离子透过,如图 16-1-1 所示,若将阴膜与阳膜交替排列,并在两端装设惰性电极,即可组成若干个相互独立的隔室(两端是极室,中间是淡室和浓室)。这样,当海水流经各室时,由于直流电场的作用,淡室海水中的阴、阳离子,就会分别向阳、阴两极迁移,于是,阴离子透过阴膜被阳膜阻留在浓室中,阳离子则透过阳膜被阴膜阻留在浓室中。这样,流经淡室的海水因离子浓度的逐渐降低而淡化。

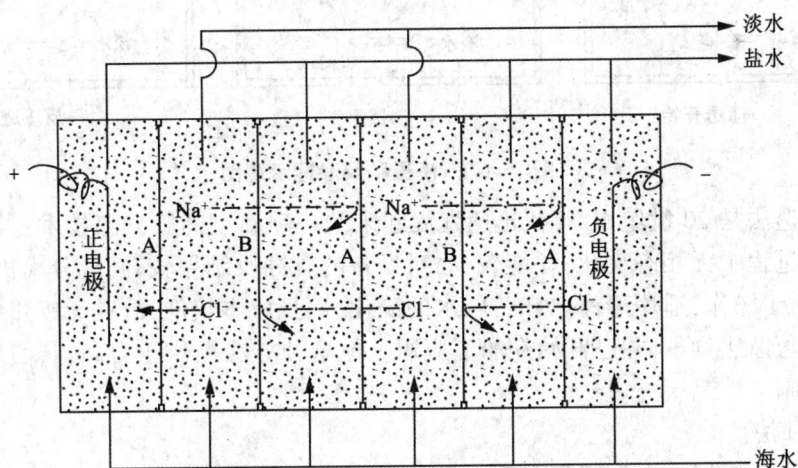

图 16-1-1 电渗析海水淡化示意图
A—阴离子交换膜;B—阳离子交换膜

电渗析技术自 1954 年在工业上获得实际应用以后,一直处于稳定的发展之中,主要用于苦咸水的淡化、纯水制备和工业废水的处理等方面,现在又已成功地用于海水淡化。我国于 1981 年在西沙首先建成了当时世界最大的日产 200 t 淡水的电渗析海水淡化站,它将含盐量为 35 000 mg/L 的海水脱盐至 500 mg/L,完全符合饮用水的卫生标准。

电渗析法因不需要液体发生相变,所以其耗能比蒸馏法少,但必须耗用电能,且耗电量随原水浓度的增加而增加。在常温下,电渗析淡化海水的电耗为 15 ~ 25 kW·h/m³,淡水的含盐量约为 500 mg/L。如欲进一步提高水质,不仅设备复杂,耗电量也将增加。因此,对有大量废热可利用的船舶来说,其经济性反而不如蒸馏法。此外,为了防止结垢和膜的污染与老化,还必须对海水进行预处理,并定期进行酸洗和倒换电极,操作管理也较复杂。因此,电渗析淡化装置目前只在那些无适当热源的船舶上有所采用。

3.反渗透法

反渗透法是将海水加压到水的渗透压以上,以使其通过半渗透膜,利用反渗透原理使海水中的溶剂(淡水)反渗透出来,从而使海水淡化的一种方法。

图 16-1-2 为渗透和反渗透示意图。后者是前者的逆过程。当淡水和海水(或其他两种不同浓度的溶液)被半透膜隔开时,稀溶液中的溶剂就会通过半透膜自发地向浓溶液一侧扩散,见图 16-1-2(a),这种现象称为渗透。由于渗透的结果,浓溶液一侧的液面就会逐渐升高,直到因此所产生的静压差达到一个定值 $\pi = \rho g h$ 时,扩散即停止,渗透也

就达到了静态平衡,见图 16-1-2(b),这个静压差值 π,就称作渗透压。渗透压的大小与溶液的绝对温度成正比,并与浓度近似成正比。然而,如果在浓溶液的一侧加压,并使其超过渗透压力,就可迫使渗透逆转,亦即使浓溶液中的溶剂反而向稀溶液中渗透,从而实现反渗透过程,见图 16-1-2(c)。反渗透淡化装置就是利用这一原理设计而成的。

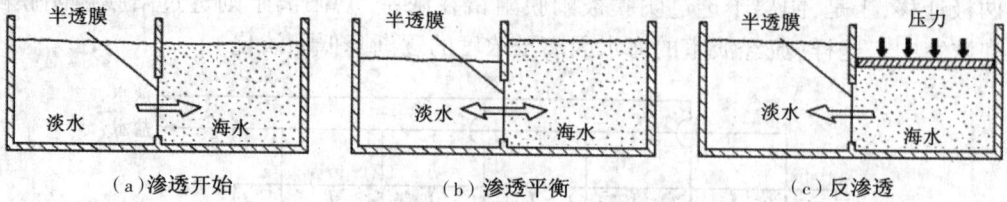

(a)渗透开始　　　　　　(b)渗透平衡　　　　　　(c)反渗透

图 16-1-2　渗透和反渗透示意图

反渗透法是 20 世纪 60 年代迅速发展起来的一项新型的膜分离技术。其特点是液体在工作过程中无相态变化,耗能较少,对设备的腐蚀及结垢较轻,能分离机械杂质,设备简单,易于操作,适用于海水和苦咸水的淡化,而且成本较低,故在无废热可用的场合已开始与蒸馏法竞争,并已开始在船上应用。但这种方法操作压力高,其使用寿命受半透膜的限制。

4.冷却法

冷却法是根据一定浓度范围的盐溶液,在其降至冰点时,就会析出冰晶来实现海水淡化的一种方法。因此,只要取出冰晶,用淡水洗去晶体表面及其间隙中的残留海水,然后将其融化,即可获得淡水。

由于冰的融化热较小,约为水的汽化潜热的 1/7,冷却法的能耗比蒸馏法低。此外,因其操作温度低,结垢和腐蚀亦轻。然而,冷却法对操作技术要求较高,冰晶的洗涤也较困难,且需消耗部分淡水,所以在工业上目前还处于中间试验阶段,尚未能获得大规模应用。

任务二　船用海水淡化装置的主要类型和工作原理

学习目标:

1.了解真空沸腾式海水淡化装置的结构与原理
2.掌握真空闪发式海水淡化装置的结构与原理

海水淡化装置的类型很多,目前在船上应用普遍的还属蒸馏式海水淡化装置。蒸馏式淡化装置的工作是建立在水的蒸发和蒸汽冷凝的理论之上的,故其主要的设备就是各种热交换器。根据具体换热过程的不同,各种蒸馏式淡化装置的工作也就有所差异,并可按海水汽化方式的不同分为沸腾式和闪发式两种。

任务2.1 沸腾式海水淡化装置

沸腾式海水淡化装置主要由蒸发器和冷凝器组成,其中海水的加热和沸腾汽化都在蒸发器内进行,二次蒸汽的凝结则在冷凝器内完成。根据蒸发器和冷凝器内工作压力的不同,沸腾式淡化装置又可分为压力式和真空式两种。目前,船上一般都采用真空沸腾式海水淡化装置。

采用真空沸腾式海水淡化装置的原因主要有:一是使用低温工质作为热源,以利用船舶动力装置的废热(例如当真空度为93%时,对应的海水沸点仅为38.66 ℃,因此利用温度为60~65 ℃的柴油机缸套冷却水,即可作为加热工质),从而提高整个动力装置的经济性。目前,船用蒸馏式海水淡化装置真空度皆大于80%,沸点不高于60 ℃。二是保持较低的工作温度,将大大减轻蒸发器换热面上的结垢。

图16-2-1示出带竖管蒸发器的真空沸腾式海水淡水装置原理图。蒸馏器1的下部是竖管蒸发器,加热工质(热水或蒸汽)供入竖管蒸发器,热的工质在竖管外流过,管内的海水被加热后沸腾汽化。海水汽化产生的蒸汽流经蒸馏器中部的汽水分离器,除去所携带的大部分水滴后被引入蒸馏器顶部的冷凝器。冷凝器中的横管中有冷却海水流动,管外的二次蒸汽被冷凝成淡水落入冷凝器底部,然后由凝水泵4抽送至淡水舱(柜)。

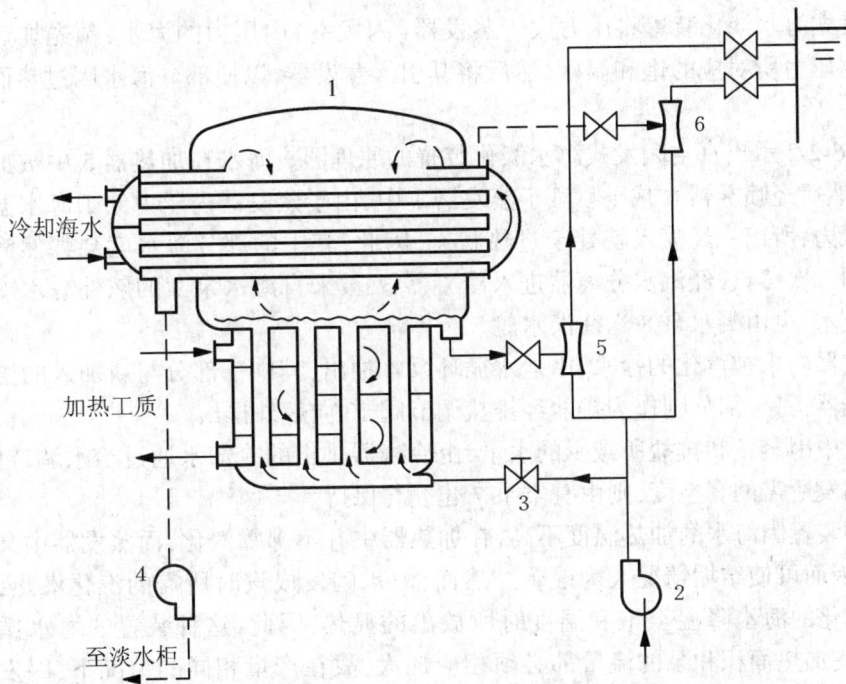

图16-2-1 带竖管蒸发器的真空沸腾式海水淡化装置原理图
1—蒸馏器;2—造水机海水泵;3—给水调节阀;4—凝水泵;5—排盐泵;6—真空泵

蒸发器中的海水由于不断蒸发而浓缩,其含盐量势必增加,称为盐水。为了控制盐水的浓度,以免影响二次蒸汽的质量,就需由排盐泵 5 将盐水不断地排出舷外(称为排盐),并由造水机海水泵 2 向蒸发器内连续地补给海水。至于蒸发器和冷凝器内所需的真空,则由射水抽气式真空泵 6 建立和保持。

这种蒸发和冷凝在一种压力下进行的简单系统,即称为单效(或单级)淡化装置。

目前,船上采用的蒸馏式淡化装置,大多是既可用热水又可用蒸汽来作为加热工质。通常,在柴油机船上,一般都使用主机缸套水作为热源,只有那些淡水耗量很大的客船或渔业加工船等,因动力装置的废热不敷需要,才使用低压蒸汽。至于汽轮机船,则一般都采用主机或辅机使用过的蒸汽来作为热源。

在以蒸汽作为热源的沸腾式海水淡化装置中,为了节省蒸汽,提高装置的产水比——淡水产量与加热蒸汽量之比,就需采用多效蒸发,即将两个以上的单效装置串联起来,并以前一效产生的二次蒸汽作为后一效的加热蒸汽。显然,要保证适当的传热温差,后一效蒸发器工作压力就必须比前一效低。经验表明,多效蒸发的产水比为 $(0.8 \sim 0.85)N$,其中 N 为效数。增加效数虽然可以提高装置的经济性,但船用的很少超过 2~3 级,大多为单级,这是因为装置末级的真空度受冷却水温和真空泵性能的限制(一般不高于93%),而为了防止蒸发表面的结垢,第一效的蒸发温度又不宜过高。此外,在可用的总温降范围内,过分增加效数还会使传热温差降低,导致装置过于庞大和复杂。

任务 2.2　闪发式海水淡化装置

闪发式海水淡化装置将压力大于蒸发器(闪发室)内压力的海水,预先加热至高于蒸发器内压力所对应的饱和温度,然后将其引入蒸发器,以使部分海水因过热而骤然蒸发成气。

图 16-2-2 示出真空闪发式海水淡化装置的原理图。海水在加热器 5 中被加热到一定温度,然后经喷雾器 6 减压喷洒于蒸发器 1 中,由于蒸发器内压力低于海水温度对应的饱和压力,所以一经喷入就处于过热状态,因此,其中的部分海水就会骤然汽化。闪发生成的二次蒸汽,经汽水分离器进入冷凝器 3,被来自海水泵 9 的舷外海水冷却凝结而成为淡水,再由凝水泵 8 送往淡水舱。

蒸发器内未被汽化的盐水,由盐水循环泵 4 抽出,其中一部分与新加入的给水一起重返加热器,另一部分则作为排盐经排盐调节阀 10 向舷外排出。

装置中因蒸发和排盐所减少的水量,由冷凝器排出的冷却水通过给水调节阀 11 来补充。闪发所需的真空度,则由真空泵 7 建立与保持。

这种装置因海水的加热温度不高,在加热器中并不沸腾汽化,而蒸发器中又没有换热表面,因而可使结垢情况大为改善。然而,海水闪发成汽时所需的汽化潜热,完全取自未被汽化的海水降温至饱和温度时所放出的显热,因此,这种装置的海水循环量很大,这就使加热面积和泵的流量都必须相应加大,故在产量相同的情况下,闪发式海水淡化装置的造价也就要比沸腾式高 35%~50%。此外,排盐量大,热损失增加,效率亦将随之降低。

为了提高经济性,增大产水比,闪发式海水淡化装置也可采用多级的型式,即将若

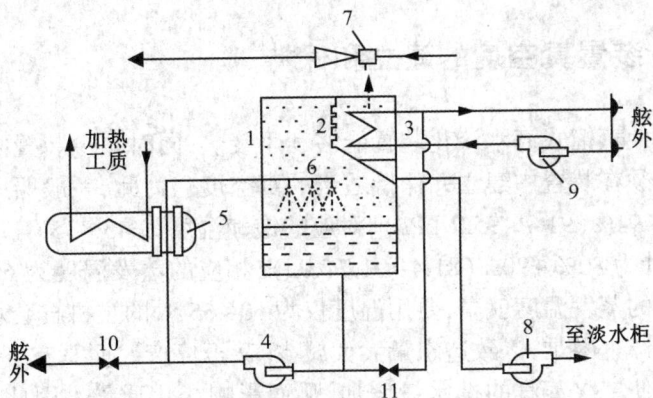

图 16-2-2　真空闪发式海水淡化装置原理图

1—蒸发器；2—汽水分离器；3—冷凝器；4—盐水循环泵；5—加热器；6—喷雾器；7—真空泵；8—凝水泵；
9—海水泵；10—排盐调节阀；11—给水调节阀

干个压力依次降低的蒸发器加以串联。这样，在上一级中没有汽化的海水，就可在下一级内继续闪发汽化，这时，从冷凝器流出的冷却水，也就全部作为给水供入加热器，并在加热后依次进入各级蒸发器闪发，盐水则在最末级由排盐泵排出。

　　显然，多级闪发式海水淡化装置因从二次蒸汽中回收了更多的热量，故能减少耗热。理论上，在淡水产量相同的情况下，N 级装置的耗热量将只为单级的 $1/N$。但是，与多效沸腾式一样，级数也不能太多，船舶装置一般不超过 2 级，间或也有 4~5 级者。

　　与多效沸腾式淡水装置相比，多级闪发式结构紧凑，不易结垢，加热温度可以提高，有利于增加产水比，所以在需水量较多，并以蒸汽作为热源的船舶上，应用较为广泛。

任务三｜真空沸腾式海水淡化装置的运行管理

学习目标：

1.掌握装置真空度的建立和保持的方法
2.掌握影响装置淡化质量的因素
3.掌握影响淡水产量的因素

　　建立和保持一个合适的真空度，是装置正常工作的前提。为了保证所造淡水的质量和产量，必须分析相关的影响因素。同时，在生产过程中还要注意防止加热面上结垢。

任务 3.1　装置真空度的建立和保持

前已述及,为使蒸馏式海水淡化装置能够利用废热,同时减少装置内部的结垢和保证淡水的产量,必须在装置中建立并保持适当的真空度。为此,一般船用装置大都将真空度维持在 90%~94%(91.7~95.7 kPa),对应的饱和温度为 45~35 ℃。也有海水淡化装置将真空度设计为 80%~90%(81.4~91.7 kPa),相应的蒸发温度为 60~45 ℃。如果真空度太低,对应的蒸发温度就高,要用温度仅为 60~65 ℃的主机缸套水将海水加热到沸腾或过热,就会产生困难,以致造水量大大减少,甚至停产。而真空度太高,又会导致沸腾或闪发剧烈,使二次蒸汽的携水量增加,从而影响淡化质量。因此,保持蒸发器和冷凝器中适当的真空度,是保证真空蒸馏式淡化装置正常工作的基本条件。

怎样才能在装置中建立并保持必要的真空度呢?首先,必须在装置启动之初,即用射水真空泵将装置中的空气排除,以建立起装置工作所需要的真空度(93%左右),此后,当加热器投入工作并产生二次蒸汽时,就需使冷凝器投入工作,以使所产生的二次蒸汽及时冷凝,然后用淡水泵不断抽出。这样,在蒸发量和冷凝量相平衡的稳定工作条件下,在装置的内部即可保持一个稳定的低压。因为海水中溶有不凝性气体,当海水蒸发时会释放出来,同时装置的不严密处也会漏入空气,故真空泵只有不停地工作才能维持已经建立的真空度。

图 16-3-1 为壳管式冷凝器简图。由图可见,冷凝器的冷却管束由隔板 3 分为主冷却管束 1 和空气冷却器 2 两部分。当蒸汽流过主冷却管束时,其中的绝大部分就会凝结成水,并流至下部集水箱 4 中。空气与少量尚未凝结的蒸汽,则因真空泵的抽吸而绕过隔板,进入空气冷却器进一步冷却。这样一方面可使剩余的蒸汽尽量冷凝,另一方面又可使空气进一步冷却并使容积减小,以利于增加真空泵的质量流量。

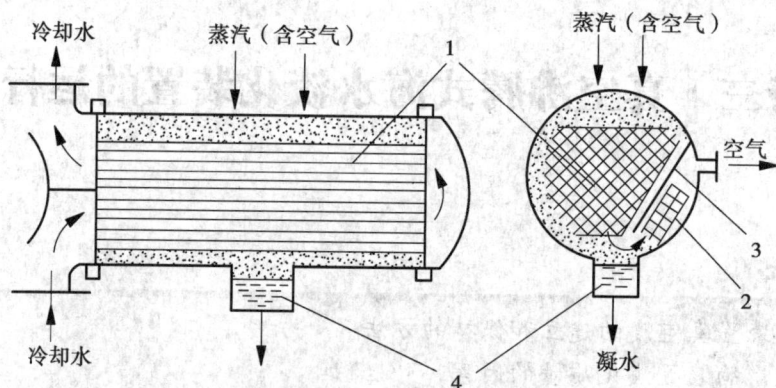

图 16-3-1　壳管式冷凝器简图
1—主冷却管束;2—空气冷却器;3—隔板;4—集水箱

根据以上分析可知,使蒸馏器内保持合适真空度的条件是:

(1)维持与蒸发量相适应的冷凝能力。如果冷凝器的换热能力下降(冷却水温度升高或流量不足、冷却水侧"气塞"、冷凝器换热面脏污或凝水水位过高使冷凝换热面积减小等),则会使真空度下降;此外,如果加热介质流量过大或温度过高导致蒸发量过大,也会使真空度降低。在各种影响因素中,通常最主要的是冷却海水温度的变化。

(2)真空泵应具有足够的抽气能力。水射真空泵的工作水压过低或工作水温过高、排除背压过高(>8 mmH₂O)、喷嘴磨损、堵塞、安装不当、吸入止回阀卡死等都会使真空泵的抽气能力下降。

(3)蒸馏装置要保持良好的气密性。如果蒸馏装置的密封性不佳,也会因外界的空气漏入过多而无法建立起足够的真空度,从而影响产水量,甚至使装置完全不能工作。

任务 3.2　影响装置淡化质量的因素

如前所述,盐水生成的蒸汽中含盐量是很低的,因此所造淡水按理应该是非常纯净的。然而实际上,船用蒸馏装置所产的淡水往往含有一定的盐分,有时甚至还会因含盐量过多而使水质不能符合要求。作为轮机管理人员,必须首先弄清影响淡化质量的各种因素,然后才能正确地进行维护管理。

海水在剧烈沸腾时,会产生许多细小水珠并被蒸汽携带进入汽空间。虽然因水的密度比蒸汽大,部分较大的水珠会重新落回盐水中,但比较细小的水珠会被带到冷凝器中,使凝结的淡水含有盐分。可见,装置所产淡水的含量 S,完全取决于汽流携入冷凝器中的水珠量和水珠的含盐量,亦即取决于进入冷凝器的二次蒸汽的湿度 ω 和蒸发器内盐水的含盐量 S_B,即

$$S = \omega S_B \quad mg/L \tag{16-3-1}$$

从管理角度来讲,淡水含盐量过高的主要原因有:

(1)装置的负荷(蒸发量)过大,沸腾过于剧烈,导致二次蒸汽湿度过高。其可能原因是加热介质流量过大或温度过高,真空度过高。应采取的措施是减小冷却水流量或稍开真空破坏阀。

(2)蒸发器水位太高。对竖管式蒸发器而言,蒸发器内水位以达到上管板为宜。如设有水位计,则水位指示应在半高处。水位过高应减小给水量。

(3)盐水含盐量太大。盐水的浓度是靠调节给水倍率 μ——给水量与产水量之比来控制的,给水倍率 μ 大,盐水浓度就低,这不仅有利于保证淡化质量,还有助于防止硬垢的生成。但是,过分增加给水倍率 μ,不仅会使装置的耗电量和耗热量增加,还可能使总的结垢量增加。因此,一般认为,船用真空沸腾式海水淡化装置最适宜的给水倍率为 3~4,最合适的盐水浓度为海水的 1.5~1.3 倍。因此,应保证足够的排盐量,维持合适的给水倍率。

(4)冷凝器泄漏,使冷却海水漏入凝水侧。在日常管理中,应注意做好冷凝器防漏、检漏和灭漏工作。

任务 3.3　影响淡水产量的因素

蒸馏式海水淡化装置产水量的多少,实际就是蒸发量的多少,主要取决于加热水向海水传热量的多少。根据传热学原理,传热量与蒸发器的传热系数、换热面积,加热水的平均温度和海水的沸点及给水温度有关。从管理角度看,造成淡水产量低的原因及

其措施有：

（1）换热面脏污结垢，使蒸发器的传热系数减小。应及时进行清洗。

（2）加热侧发生"气塞"，里面的气体会影响加热介质流动而妨碍换热。可通过放气旋塞把气放掉。

（3）蒸发器水位太低，使加热水与被加热海水间的实际换热面积减小。蒸发器内最适当的水位是正好到达上管板的位置。

（4）真空度不足，这会导致海水的沸点提高。

（5）加热水流量不足或温度太低，以致加热水的平均温度降低。应适时增大加热水的流量。

（6）给水量（给水倍率）增大或给水温度降低，更多的热量被预热消耗或被盐水带走，使蒸发量降低。

（7）凝水回流电磁阀关闭不严，使一部分淡水漏回蒸馏器。

造水机能否造出淡水，以及产水量多少，对其影响最大的是能否建立和保持合适的真空度；而造水机工作日久后产水量逐渐减少，主要原因往往是加热面脏污和结垢。

任务 3.4　影响加热面上结垢的因素

加热面上结垢是蒸馏式海水淡化装置实用中的重要问题。因为水垢的导热系数远比金属要小，若加热面结垢增加，传热能力下降，造水量就会减少，严重时要停产清洗。

蒸馏装置中水垢的主要成分是 $CaCO_3$、$Mg(OH)_2$ 和 $CaSO_4$。它们在海水中的溶解度都很低，而且随着温度的升高而降低。因此，在海水侧的加热面上，上述成分很容易析出并形成结垢。

水垢中含有的 $CaSO_4$ 成分非常有害，它将形成难以消除的硬垢，且导热能力要比不含该成分的水垢降低 90%。$Mg(OH)_2$ 结垢尤其是干垢也难以清除。因此，应该控制这两种成分的结垢。

蒸馏装置加热面水垢生成的速度和成分取决于以下几个方面：

（1）海水被加热的温度

蒸馏装置的工作压力越高，即海水的蒸发温度越高，海水中结垢盐类的溶解度都将降低，加热面上水垢的增长速度就越快。海水加热温度的高低不仅影响水垢的数量，同时也决定着水垢的成分。

如图 16-3-2 所示，当水温不太高时，水垢的主要成分是 $CaCO_3$、$Mg(OH)_2$，主要呈泥渣沉淀。在温度超过 75 ℃时，$Mg(OH)_2$ 水垢的比例迅速增加；在温度超过 82～83 ℃时，$Mg(OH)_2$ 很快就会形成硬垢，并会取代 $CaCO_3$ 而成为水垢中的主要成分。因此，在真空式海水淡化装置中，如不添加防垢剂，则给水的加热温度一般不应超过 75 ℃。

（2）盐水浓度

在同样的工作压力和传热温差下，盐水的浓度越大，析出的难溶性盐越多，生成的水垢也就越多。当给水倍率较小时，盐水浓度较大，流经加热器的时间也长，盐类也就更易于在加热面形成结垢。

$CaSO_4$ 在海水中的含量较少（约 1 200 mg/L，仅占总含盐量的 3.4% 左右）。在船用

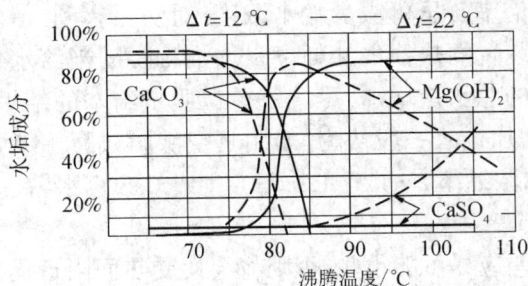

图 16-3-2 水垢成分与加热温度和传热温差的关系

真空蒸馏装置中,传热温差一般不大,只有当盐水浓度达到海水的 1.5 倍时,$CaSO_4$ 才开始析出,而在达到 3 倍时,才大量析出。因此,蒸发器中的盐水浓度一般不允许超过海水的 1.5 倍。

盐水浓度是通过调节给水倍率来控制的。按照蒸发器中的盐量平衡关系(如图 16-3-3 所示),如略去蒸汽携出的微量盐分($W \cdot S' \approx 0$),则

$$W_0 \cdot S_0 = W_B \cdot S_B$$

式中:W_0——给水(海水)的流量,L/h;

$\quad\quad S_0$——给水的浓度,mg/L;

$\quad\quad W_B$——盐水的流量,L/h;

$\quad\quad S_B$——盐水的浓度,mg/L。

盐水浓度 S_B 与海水浓度 S_0 之比称为浓缩率 ξ,即

$$\xi = \frac{S_B}{S_0} = \frac{W_0}{W_B} = \frac{W_0}{W_0 - W} = \frac{\mu}{\mu - 1} \quad\quad\quad (16\text{-}3\text{-}2)$$

可见,给水倍率 μ 越大,海水的浓缩率 ξ 就越小,所以要使 $\xi < 1.5$,给水倍率 $\mu = W_0/W$ 即应大于 3。

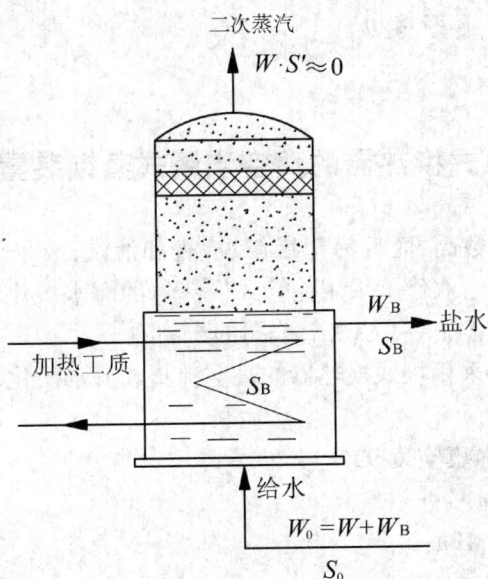

图 16-3-3 蒸馏器的盐量平衡图

应该指出,增大给水倍率 μ 虽可减少盐水浓度,对防垢有利,但同时也会因排盐泵和海水泵流量的增加,使装置的热损失和耗电量增加;此外,当给水倍率增大到一定的程度后,由于流经加热器的总水量增加,尽管每单位质量给水的结垢量减少,但受热面上的总结垢量反而可能增加。故一般认为,船用真空沸腾式海水淡化装置适宜的给水倍率 $\mu = 3 \sim 4$,此时的海水浓缩率 $\xi = 1.5 \sim 1.3$,不会生成 $CaSO_4$ 水垢。

(3)加热温差

装置工作时,加热温差应尽可能小些,否则将会使受热面附近局部地区的盐水浓度过高。这不仅会使结垢量增加,还容易生成 $Mg(OH)_2$ 和 $CaCO_3$ 硬垢。鉴于此,当装置采用蒸汽加热时,就应先用蒸汽加热淡水,然后用淡水作为造水机的加热工质。

可见,船用真空式海水淡化装置中由于海水沸点不高,加热温差也不大,只要保持适宜的给水倍率,结垢是轻微的。为了能更有效地防止水垢生成及清除水垢,市场上有各种化学防垢剂和除垢剂出售,轮机管理人员可以按照说明正确使用各种药剂。

任务四 船用海水淡化装置的操作与管理

学习目标:

1.掌握带板式换热器的真空沸腾式蒸馏装置的系统组成
2.掌握带竖管式蒸发器的真空沸腾式蒸馏装置的系统组成
3.掌握海水淡化装置的使用

任务 4.1 带板式换热器的真空沸腾式蒸馏装置

板式换热器传热系数高,而且易于维修、检查和清洗,故采用板式换热器的真空沸腾式海水淡化装置几乎已取代了采用壳管式换热器的海水淡化装置。远洋船上使用较多的是阿尔伐-拉法尔(ALFA-LAVAL)公司的产品。

图 16-4-1 为典型的采用板式换热器的真空沸腾式海水淡化装置工作系统图。系统的工作参数为:

蒸发温度:约 40 ℃(真空度 93%);

加热水温度:55~90 ℃;

加热蒸汽压力:0.3 MPa;

平均耗热量:767~814 kW·h/m³;

淡水含盐量:<1.5 mg/L。

　　热交换工质在蒸发器和冷却器中的流程如图16-4-1所示。为了使盐水和二次蒸汽能够从蒸发器的上方流出,在蒸发器换热板海水一侧的上部不设密封垫。换热板上的载荷,由板上的许多金属触点来支承。

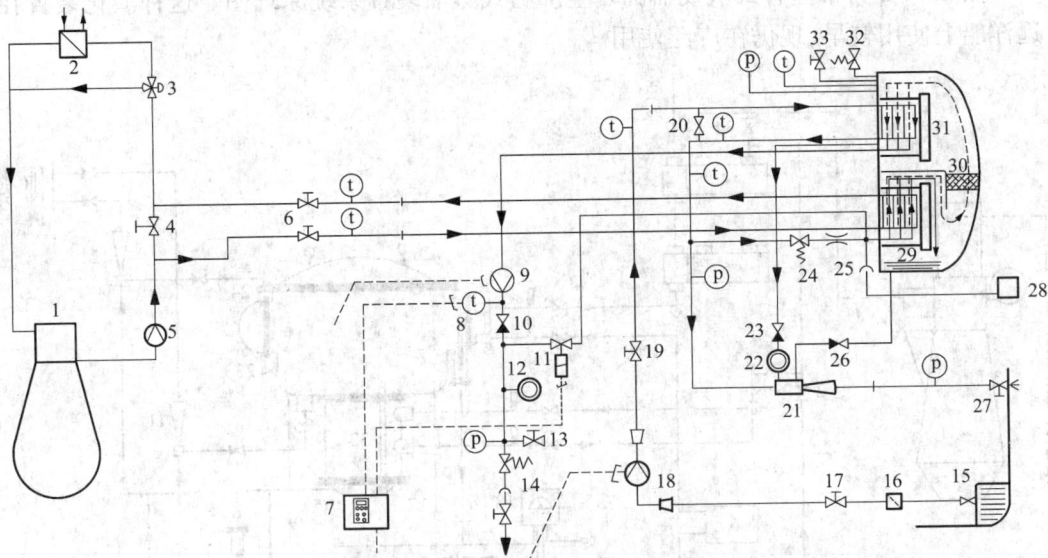

图16-4-1　采用板式换热器的真空沸腾式海水淡化装置工作系统图

1—主柴油机;2—缸体水冷却器;3—缸套水调节阀;4—加热水旁通阀;5—主机缸套水泵;6—加热水进、出阀;
7—盐度计;8—盐度传感器;9—凝水泵;10、23、26—止回阀;11—回流电磁阀;12—流量计;13—凝水泄放阀;
14、24—弹簧加载阀;15—海底门;16—吸入滤器;17—进口阀;18—造水机海水泵;19—出口阀;
20—冷却海水旁通阀;21—喷射泵;22—观察镜;25—节流孔板;27—出海阀;28—加药柜;29—蒸发器;
30—汽水分离器;31—冷凝器;32—安全阀;33—真空破坏阀

　　这种蒸馏器不仅可通过孔板严格控制给水量,而且给水通过蒸发器的时间很短,所以换热面上的结垢也就很轻。

　　海水自舷外由造水机海水泵18从海底门15经吸入滤器16、进口阀17吸入,再经出口阀19进入冷凝器31,作为冷凝器的冷却水。从冷凝器出来的部分海水经弹簧加载阀24和节流孔板25进入蒸发器29,供生产淡水用;其余海水经出海阀27排至舷外。真空泵的吸入管上设有止回阀23、26,以防喷射泵因某些原因(例如海水泵排压下降或喷射泵出口背压过高)失去抽力,致使海水向蒸发器中倒灌。

　　加热介质一般由主机的缸套冷却水系统引至蒸发器,流过各并联的换热板通道,加热在相间隔的各通道流过的海水,使之沸腾,汽水混合物从蒸发器上部流出。盐水落到蒸馏器底部,蒸汽则上行,经汽水分离器30滤除水滴后,再绕行至冷凝器上方,向下进入各换热板通道,被从各相间隔的通道流过的海水所冷却。产生的淡水由凝水泵9抽出,经止回阀10、流量计12、弹簧加载阀14排至淡水舱。不能凝结的空气由喷射泵抽走。

　　淡水含盐量监控设备主要由盐度传感器8、盐度计7及回流电磁阀11等组成。当所产淡水含盐量超过设定值时,盐度计会给出声光报警,同时通舱底的回流电磁阀开启,将凝水排往舱底,而通淡水舱的弹簧加载阀14自动关闭,停止向淡水舱送水。

任务 4.2　带竖管式蒸发器的真空沸腾式蒸馏装置

图 16-4-2 为带竖管式蒸发器的真空沸腾式蒸馏装置系统原理图。这种淡化装置在远洋船上使用较早,现仍在广泛使用。

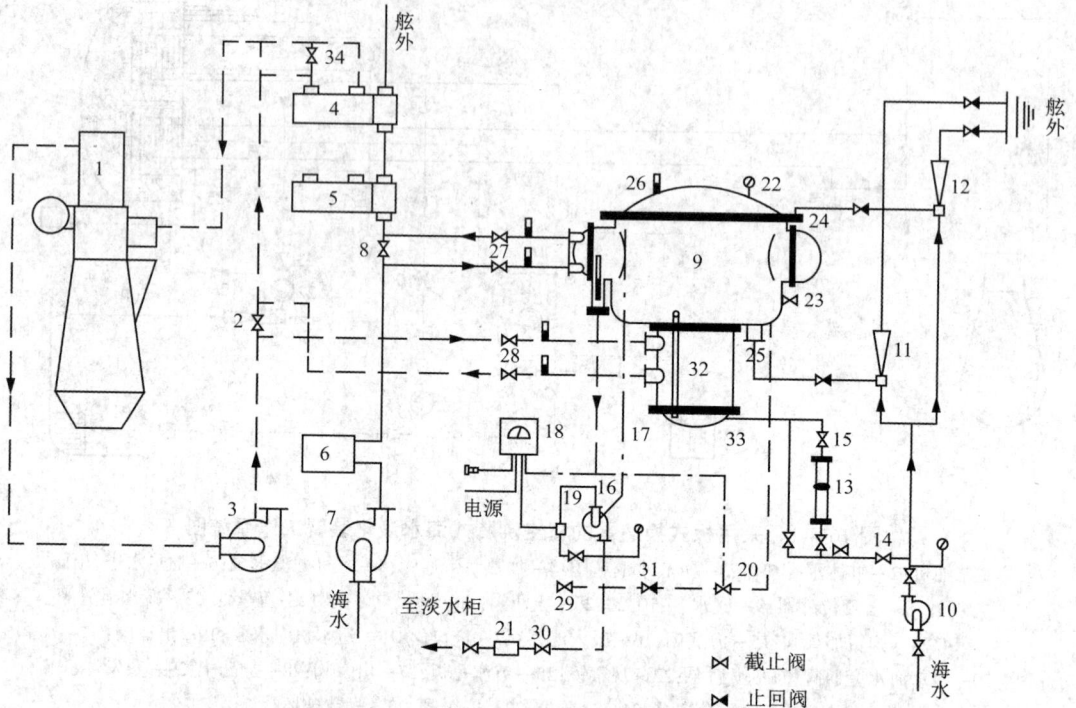

图 16-4-2　带竖管式蒸发器的真空沸腾式蒸馏装置系统原理图

1—主柴油机;2—加热水调节阀;3—主机缸套水泵;4—主机缸套水冷却器;5—主机滑油冷却器;
6—主机空气冷却器;7—主海水泵;8—海水调节阀;9—蒸馏器;10—海水泵;11—排盐泵;12—喷水式真空泵;
13—浮子式给水流量计;14—减压阀;15—给水调节阀;16—凝水泵;17—凝水泵平衡管;18—盐度计;
19—盐度传感计;20—回流电磁阀;21—凝水流量计;22—真空流量计;23—真空破坏阀;24、25—放气旋塞;
26—蒸发温度计;27—冷凝器冷却水进、出口阀;28—加热淡水进、出口阀;29—取样阀;30—凝水排出阀;
31—止回阀;32—水位计;33—泄水阀;34—旁通阀

该造水装置的整个系统包括加热、冷却、抽气、给水、凝水以及排盐等部分。系统的主要参数是:

加热水温度:60～85 ℃;

蒸发温度:35～45 ℃(真空度 94%～90%);

喷射泵的工作水压不低于:0.3～0.4 MPa;

淡水的含盐量:<10 mg/L。

海水自舷外由海水泵 10 吸入,其中一部分作为给水经减压阀 14、浮子式给水流量计 13 和给水调节阀 15 进入蒸发器下端,在加热管内自下而上流动;其余海水则作为喷水式真空泵 12 和排盐泵 11 的工作水,以便连续地将蒸发器中的盐水和冷凝器中的气体排出舷外,防止喷射泵因某种原因(如海水泵压力下降或喷射泵背压过高)而失效,以致海水倒灌。因此,在喷射泵的吸、排管路上都设有止回阀31。

　　加热用淡水由主机冷却系统引来,流入蒸发器后对管内海水进行加热,其流量可由加热水调节阀2调节。现在多数蒸馏器必要时(如柴油机停用时)还可用低压蒸汽来加热,只是为防加热工质温度过高,导致结垢严重,引起蒸发器管板泄漏或内部涂层损坏,一般都是先以蒸汽作为喷射泵的工作流体,对淡水提供循环动力并同时加热淡水,然后以这样的淡水作为造水机的直接热源。具体设备和操作方法后面再做介绍。

　　冷凝器的冷却水系统大多与主机的海水冷却系统串联,冷却水流量由海水调节阀8和冷凝器冷却水进、出口阀27调节。

　　冷凝器的凝结水由凝水泵16抽出,经凝水流量计21排入淡水舱(柜)。由于冷凝器内的真空度较高,淡水泵的安装位置就须较低,以提供必要的流注高度。为了防止空气漏入泵内,泵的轴封处设有水封环。为了防止因凝水水位过低而使泵产生气蚀,或因泵内积有气体发生"气塞",在泵的吸入口与冷凝器的汽空间之间,还设凝水泵平衡管17,借以使泵吸入口积聚的气体得以及时返回冷凝器。

● 任务4.3　装置的使用

1.启动和停用

下面对照图16-4-2进行具体的说明。

(1)启动

①启动前的准备

关闭蒸馏器的真空破坏阀23、泄水阀33、凝水排出阀30、给水调节阀15和流量计的旁通阀。

开启冷凝器冷却水进、出口阀27,将海水引入冷凝器,再开启蒸发器加热淡水进、出口阀28,将主机缸套冷却水引入蒸发器;然后开启冷凝器、蒸发器的放气旋塞24和25,直到流出整股水流后关闭。(注意:加热水和海水的调节阀2和8要保持全开。)

②抽气和供水

开启海水泵10的吸入阀、喷射泵的舷外排出阀等,启动海水泵10,向喷射泵供水,蒸馏器中便开始出现真空。为了保证真空泵的正常工作,供水压力应不低于0.35~0.40 MPa(表压)。

开启给水调节阀15,并按流量计所示的流量,调节阀的开度,以保持适当的供水量。

③供入热水,开始加热

当蒸馏器中的真空度达到93%左右时,关小加热水调节阀2使主机冷却水在蒸发器中循环,以加热蒸发器中的海水。这时,一方面,应注意通过加热水调节阀2调节加热水的流量,以保持适当的蒸发器负荷;另一方面,主机缸套水冷却系统相当于多了一个冷却器,应注意调节缸套水冷却器的旁通阀,防止主机冷却水的进口温度降低太多,给主机造成不良影响。

注意通过开关加热水调节阀2调节加热水的流量,一方面要保持适当的蒸发量,另一方面要防止海水沸腾过于剧烈而使淡水含盐量过高。

④供入冷却水

当开始产汽后,关小海水调节阀8,调节冷凝器的冷却水量,从而保持合适的真空度。

⑤排出凝水

当冷凝器中的凝水水位达到水位计的半高时,即可启动凝水泵16,继而打开凝水泵排出阀30,向淡水舱供水,同时接通盐度计的电源。

至此,经盐度计检测,如淡水水质符合要求,即可使装置进入正常运行。对于设有水位自动调节器的装置,这时即可将控制按钮转换至自动位置。

(2)停用

当船舶驶近港口或在离海岸不超过20 n mile 的海域航行时,为了防止海水中的污物、病菌之类污染淡水,应停止装置的工作。停止的一般步骤如下:

①停止加热。首先开大加热水调节阀2,然后关闭蒸发器的加热淡水进、出口阀28,并注意调节主机冷却水进入主机时的温度。

②关闭凝水泵排出阀30,停止淡水泵的工作。

③待蒸发器冷却后,关闭浮子式给水流量计13前的截止阀,停止海水泵10。

④停止冷凝器的海水供应。

⑤打开真空破坏阀23,若停用时间较长,要打开泄水阀33,放空蒸发器中的盐水。如长期停用,还应用淡水将蒸发器内部冲洗一遍。

设备停用后,应注意防止热水或海水的漏入,以免结垢、锈蚀和堵塞蒸发器的加热管束。

2.淡水水质的监控

目前,船用海水淡化装置都设有淡水盐度监控设备,以使其连续检测所造淡水的含盐量,并在盐分超过给定标准时发出声光警报信号,同时将不合格的淡水重新送回蒸发器或将其泄入舱底,以免污染淡水舱(柜)内的淡水。

淡水含盐量监控设备主要有盐度传感器、盐度计、电磁阀和蜂鸣器等。盐度计利用水的导电性随含盐量的增加而增强的特性工作,只要通过传感器测出水的实际电阻值,并经温度修正,就可直接读出淡水的含盐量。

检测含盐量的方式主要有三种。它们的基本原理并无差异,都是将一对电极浸没在欲测定的水溶液中,利用溶液的导电能力的不同来测定含盐量。检测具体包括:测定通过电极的电流,测定电极两端的电位差,通过测量电桥的一臂来测定水的电阻。根据上述原理,检测仪表反映的是水中含盐量,但检测仪表的刻度一般常用标准氯化钠溶液来标定,单位是 mg/L(NaCl) 或 ppm。

盐度传感器实际上就是一对测量用的电极,如图 16-4-3 所示,电极的表面镀有铂或铑,它装在淡化装置的凝水管路中,当凝水不断流过时,在两根电极间就会不断地有电流通过。电极的尺度、间距和表面状态,对被测参数都有一定的影响,因此,使用时对电极应定期(约一个月)进行清洁,并注意勿使铂铑镀层受到损伤。

盐度计的类型很多,图 16-4-3 所示为 ALFA-LAVAL 公司生产的 DS-20 型盐度计外形。它监测的含盐量范围是 0.5ppm~20ppm。水温会影响电阻值,因此盐度计的电路有温度补偿功能,能在水温为 5~85 ℃自动修正读数。

使用时,接通电源开关 3 和报警开关 2,盐度计即投入工作,相应的指示绿灯亮,可直接显示淡水的盐度值,范围是 0.5ppm ~ 20ppm。含盐量报警值设定在 0.5ppm ~ 20ppm。要试验报警装置时可按试验按钮 4,盐度计指示值应为 10ppm,报警设定值如低于 10ppm,盐度计就会发出声光报警,同时电磁阀开启。要重新设定报警值时,应先接通电源开关,并关闭蜂鸣器,并不影响电磁阀工作。

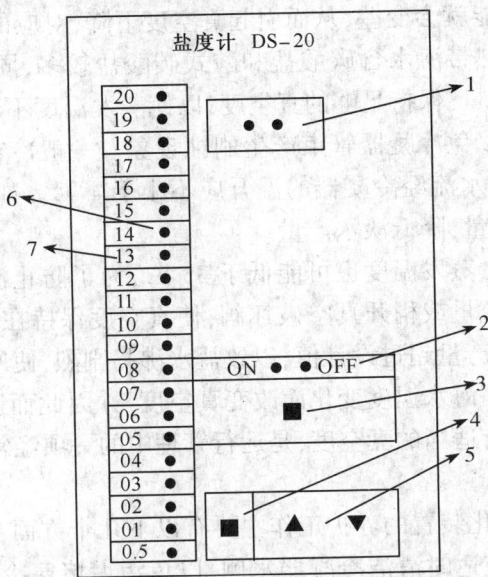

图 16-4-3 DS-20 型盐度计外形图

1—报警指示灯;2—报警开关;3—电源开关;4—试验按钮;5—调节开关;6—盐度指示灯;7—盐度值

3.装置运行中的管理

为了获得质优量多的淡水,运行中尚应注意做好下列各项工作:

(1)保持适当的给水倍率,维持适宜的盐水浓度和水位

水位过高和给水倍率太低,导致蒸发器中的盐水浓度过大,都会使所造淡水的质量变差,而水位太低又会影响淡水的质量。盐水浓度过大,也会导致结垢增加。给水倍率太大,则盐水带走的热量增多,会使产水量减少,同时会导致水位过高。

通常,给水倍率 μ 应控制在 3~4,并使蒸发器中的水位处于水位计的半高处。如因真空度或加热水温变化以致造水量和水位发生变动,就需借给水调节阀来适当调节给水量。

(2)调节淡水泵的流量,维持适当的凝水水位

装置运行时,即应注意调节淡水泵出口阀的开度,以使淡水泵流量与造水量相适应。一般应将凝水水位维持在水位计的 1/3 ~ 1/2 高度处。凝水水位越高,冷凝器中被凝水淹没的管束就越多,冷凝能力下降。而凝水水位过低,凝水泵会因流注高度太低产生气穴现象,甚至失吸。淡水泵不应在无水的情况下工作,否则轴封会因发热而损坏。

(3)控制加热水流量,保持适宜的造水量

当蒸发压力一定时,装置的造水量就仅取决于加热水的流量及温度。加热水流量的调节,可借加热水的进水阀及旁通阀来进行。

通常,加热水流经蒸发器后的温降为 6~9 ℃。当热水进口温度降低时,为了保持造

水量,应适当加大热水的流量,但需注意不要因此引起沸腾加剧而影响水质。

(4)控制冷却海水的流量,维持适当、稳定的真空度

装置的蒸发温度保持在 35~45 ℃(相应的真空度为 94%~90%)。真空度可通过冷凝器的冷却水量来控制,一般应使冷却海水的温升保持在 5~6 ℃。

当船舶进入热带航区时,海水温度可达 30~32 ℃或更高,这时因冷凝器的冷凝能力降低,真空泵的抽吸性能就会变差,从而引起真空度下降,对应的蒸发温度升高,结垢也将随之而加剧。另外,热带海水含碳酸盐和酸式碳酸盐较多,同样也会使结垢量增加。为此就应加大冷却水流量,保持足够的真空度,以使蒸发温度不超过 45 ℃。但是,冷却水量也不宜过分增加,以免冷凝器管束产生刷蚀现象。一般冷却水量应不超过额定流量的 130%,亦即冷却海水流经冷凝器的温升应不小于 4 ℃。如果真空度仍然较低,就需相应减少加热水的流量,降低淡水产量。

当海水温度较低时,蒸发温度也可能低于 35 ℃,为了防止沸腾过于剧烈而影响水质,这时可减少冷却水流量或稍开真空破坏阀,使真空度保持在 90%~94%。这时不宜加大加热水流量使淡水产量超过设计值,以致盐水沸腾剧烈,使所产淡水含盐量过高。

装置运行中,常会因海水温度变化而改变真空度,并因此而影响到所产淡水的质量和数量。因此,注意维持适当的真空度,是运行管理中的一项经常而重要的工作。

4.装置的养护

真空蒸馏式海水淡化装置的养护工作主要有以下几个方面:第一,为保证装置能够维持足够高的真空度,应适时清洁冷凝器水侧,以免污垢堵塞冷却水管和污染换热面,同时要注意检查和保持装置的气密性。第二,因结垢而影响淡水产量时,及时对蒸发器除垢。有条件的装置,可对给水进行连续投药处理,预防结垢。第三,当所产淡水含盐量过高时,排除操作方面的原因后,应检查并消除冷凝器可能存在的泄漏。第四,定期维护装置所属的各水泵及盐度检测报警设备,使其工作正常可靠。盐度传感器每使用一个月左右拆出清洁一次,以免电极脏污,使测量不准确。清洁时应在热淡水中浸泡,勿用硬物刮刷,以免损坏电极表面的铂铑镀层。第五,每年应检查冷凝器和蒸发器中的防蚀锌板,当其耗蚀过半时应予以换新。

以下是某些方面的具体说明:

(1)漏水及检验

装置运行时,应定期(如每隔 6 个月左右)打开人孔门或蒸发器的下端盖,检查蒸发器管束的结垢和渗漏情况。

对冷凝器的冷却管,也应做类似的检查,以观察有无渗漏或堵塞。

检验冷凝器是否漏水,可停用造水机,关闭凝水泵出水阀,继续供给冷凝器冷却水。如果凝水水位逐渐升高,则表明冷凝器泄漏,即冷却海水漏到了凝水一侧。这一点可通过短时间关闭通往淡水柜的截止阀,启动凝水泵,检验盐度予以证实。为进一步确定泄漏部位,可在蒸馏器内部建立真空后,关闭冷却水进、出口阀,先将冷却海水泄空,再拆下冷凝器端盖,用线香法或烛火法检查。经验表明,泄漏大多是由管与管板的扩接不良造成的。

(2)漏气检验及堵漏

对各水泵和有关系统,要检查各结合处的严密性、填料函的密封性、轴的磨损以及

叶轮的情况等。

为了检查装置的密封性,可将蒸馏器通外界的各阀关闭,然后启用真空泵抽空,直至真空度达到93%时停止抽气,如在1 h内真空度下降超过10%,则必须进行检漏。

通常最易漏气的地方是淡水泵的轴封和有关各阀的阀杆填料箱处。运行中,可采用烛火法或线香法检漏,持烛火或线香沿各接合面慢慢移动,如发现火焰或香烟向内移动,即表明该处有漏气。

对填料函的渗漏,可通过调整紧度或更换填料的方法来解决;对固定部件结合处的泄漏,可采用涂布密封或油漆的办法来解决;至于漏缝或漏孔,则可先充塞适当的填充物,再在表面涂敷油漆、沥青或环氧树脂。

(3)给水处理

正确地调节与控制淡化装置的有关参数,对减轻结垢甚为重要,但要更加切实、可靠防止结垢,还需利用防垢药剂对给水进行化学处理。有些海水淡化装置中设有给水投药处理设备。水处理剂的作用是:①使海水中的难溶物质在析出时不形成水垢,而形成很小的形状不规则的松散易脱落晶体,从而被排盐泵连续排出;②含油消泡剂,能减少小气泡,防止海水飞溅,可以降低淡水的含盐量,便于加大蒸发率,提高淡水产量。

目前国外公司供应的海水淡化装置水处理剂种类很多,例如德鲁(Drew)船用化学品公司的AME ROYAL蒸发器处理剂、碧浪灵(Perolin)船用化学品公司的FORMET 343、马力达(Magnus)船用化学品公司的HI-LO-VAP、加美仑(Gamlen)化工产品公司的GAMAVAP等。这些药剂大多对眼睛、皮肤有刺激性,必须密封贮存,操作时应戴手套和护目镜,万一接触皮肤或溅入眼睛要及时用清水冲洗。

图16-4-4示出海水淡化装置给水投药处理典型系统图。将稀释好的药剂倒入贮液桶1中,装置工作时即可靠重力通过流量指示器3从药剂进口5补入造水机的给水中。药剂的投入量计算如下:①先按药剂说明书查出每天应投的药剂量。通常都是按每天的淡水产量计,一般为24~30 mL/(t/d),有的还要求按盐水密度做出修正;②流量指示器所用单位是mL/min,在指示器的工作范围内任取一个数值,例如100 mL/min,然后计算每日流过的容积(L):100 mL/min×60 min/h×24 h/d÷1 000 mL/L = 144 L/d;③将按①查出的每日投药量倒入容积约200 L的贮液桶,并用海水或淡水将药剂稀释到144 L;④海水淡化装置开始工作时,打开贮液桶的出口阀,将流量指示器调节到预选的100 mL/min处,即可实现连续处理;⑤每24 h配加药水一次。

(4)装置的除垢

当传热面上结垢较厚时,就应设法加以清除。除垢的方法有:

①机械除垢

利用金属刷、扩孔锥或其他刮垢器等进行刷洗和清除。此法简便有效,但功效较低,强度亦大。

②化学清洗

为减轻劳动强度,目前多用化学除垢法进行清除。除垢剂多是一些酸性物质,如干酸粉、柠檬酸和乙醇酸钠等。

干酸粉以氨基磺酸为主要成分,并伴有缓蚀剂和指示剂。使用时,只需在每升水中溶入0.1 kg的干酸粉并将其注入蒸发器中即可。溶液的浓度可根据积垢情况适当增

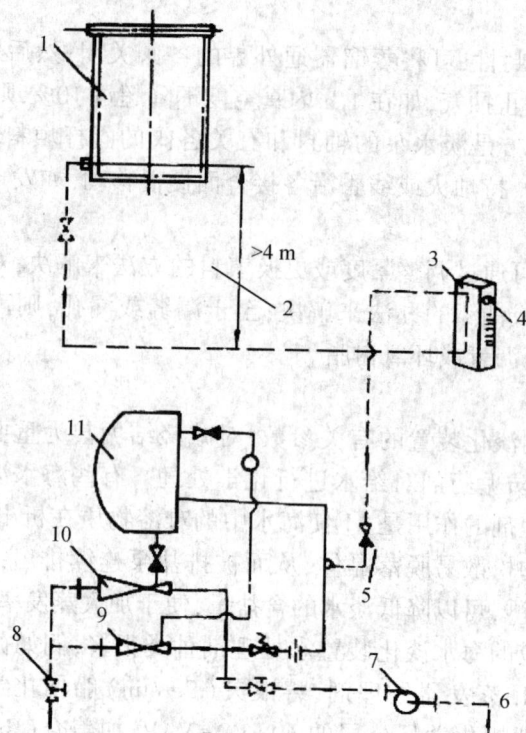

图 16-4-4　海水淡化装置给水投药处理典型系统图

1—贮液桶;2—该高度至少 4 m;3—流量指示器;4—流量调节旋钮;5—药剂进口;6—海水进口;
7—造水机海水泵;8—海水通舷外的排出阀;9—真空泵;10—排盐泵;11—海水淡化装置

减,如能将溶液加热(温度不高于 70 ℃),并使其经蒸发器循环流动,则更可加快除垢的
速度。当水垢已被溶解而药剂又已耗去 85% 以上时,干酸粉溶液的颜色就会由红色转
为橙黄,这时即应将其放出,然后重新换入新的溶液,直至水垢全部除净,酸洗工作即可
完成。

　　为了除垢,在船上还常使用 GAMLENXD 和 ATLASH 400 等药剂,其清洗方法与上
述类同,至于溶液的浓度,则按说明书配制即可。对难清除的 $CaSO_4$ 垢,则可用 15%(重
量)的乙醇酸钠溶液再添加适量的缓蚀剂 Rodine N2446,经管束循环约 24 h,就可有效
清洗。

　　蒸发器竖管外壁的脏污,常用碳酸钠(碱)煮洗,碳酸钠水溶液的浓度宜保持在 1%
左右,碱煮时间应持续 8 h。

附录　常用液压元件图形符号

新旧对照表(部分)

一、管路及连接

名称	图形符号	
	新	旧
工作管路	————————	同左
控制管路	- - - - - - - - -	同左
泄油管路	- - - - - - - -	
连接管路		同左
交叉管路		
柔性管路		同左

二、动力源及执行机构

名称	图形符号	
	新	旧
单向定量液压泵		
双向定量液压泵		
单向变量液压泵		
双向变量液压泵		

续表

名称	图形符号	
	新	旧
电动机	M	D
单向定量液压马达		
双向定量液压马达		
单向变量液压马达		
双向变量液压马达		
液压源		
摆动马达		
单作用单活塞杆缸		
单作用弹簧复位式单活塞杆缸		
单作用伸缩缸		
双作用单活塞杆缸		同左
双作用双活塞杆缸		同左

续表

名称	图形符号	
	新	旧
双作用可调单向缓冲缸		
双作用伸缩缸		

三、控制方式

名称	图形符号	
	新	旧
手柄式人力控制		
按钮式人力控制		
踏板式人力控制		
弹簧式机械控制		同左
顶杆式机械控制		
滚轮式机械控制		
直控式液压控制		同左
先导式液压控制		
单作用电磁控制		
电磁-液压先导控制		
三位定位机构		同左

四、压力控制阀

名称	图形符号	
	新	旧
溢流阀	一般符号或直动型溢流阀 先导型溢流阀 	直动型或先导型溢流阀
电磁溢流阀 先导式比例		
减压阀	一般符号或直动型减压阀 先导型减压阀 	直动型或先导型减压阀
顺序阀 内部压力控制	一般符号或直动型顺序阀 先导型顺序阀 	直动型或先导型顺序阀
顺序阀 外部压力控制		

续表

名称	图形符号	
	新	旧
平衡阀(单向顺序阀)		
压力继电器		

五、流量控制阀

名称	图形符号	
	新	旧
不可调节流阀		同左,又称固定节流器
可调节流阀	简化符号	
可调单向节流阀		
截止阀		同左
带温度补偿的调速阀	简化符号	
调速阀简化符号		
单向调速阀	简化符号	

续表

名称	图形符号	
	新	旧
旁通型调速阀		又称溢流节流阀
分流阀		同左
集流阀		同左
分流集流阀		同左

六、主向控制阀

名称	图形符号	
	新	旧
单向阀	可在阀芯左边加弹簧	
液控单向阀		同左
液压锁		
或门型梭阀		同左
常闭式二位二通换向阀		同左
常开式二位二通换向阀		同左
二位三通换向阀		

续表

名称	图形符号	
	新	旧
二位四通换向阀		同左
二位五通换向阀		
三位三通换向阀		
三位四通换向阀 （中位机能 O）		同左
三位四通手动换向阀 （中位机能 O）		
二位二通手动换向阀		
三位四通液动换向阀 （中位机能 H）		同左
三位四通电磁换向阀 （中位机能 Y）		
三位四通电液换向阀 （中位机能 O）		
二通伺服阀		
三通伺服阀		

续表

名称	图形符号	
	新	旧
四通伺服阀		

七、辅件和其他装置

名称	图形符号	
	新	旧
油箱		同左
充压油箱		
蓄能器	 一般符号	同左
弹簧式蓄能器		同左
重锤式蓄能器		同左
气体隔离式蓄能器		
温度调节器		
加热器		同左

续表

名称	图形符号	
	新	旧
冷却器		同左
滤油器	一般符号 带磁性滤芯 带污染指示器 	粗滤油器 精滤油器
压力计		
流量计		
温度计		
转速仪		

参考文献

［1］　交通运输部海事局.船舶辅机:操作级［M］.北京:人民交通出版社,2022.

［2］　郑学林,宋立国.船舶辅机:二/三管轮［M］.大连:大连海事大学出版社,2021.

［3］　郑学林,任福安,宋立国.船舶辅机:操作级［M］.大连:大连海事大学出版社,2021.

［4］　陈立军,王涛,单高永.船舶辅机［M］.大连:大连海事大学出版社,2020.

［5］　刘晓晨,张守俊.船舶辅机［M］.大连:大连海事大学出版社,2013.

［6］　袁健.船舶辅机［M］.大连:大连海事大学出版社,2018.

［7］　张心宇.船舶辅机［M］.哈尔滨:哈尔滨工程大学出版社,2020.

［8］　中华人民共和国海事局.中华人民共和国海船船员适任培训大纲,2021.

［9］　郑仲金.船舶辅机［M］.北京:人民交通出版社,2021.

［10］　潘新祥.船舶辅机［M］.大连:大连海事大学出版社,2012.

［11］　陈海泉.船舶辅机［M］.大连:大连海事大学出版社,2010.